R. Das/H. Schwarzlose

Praktische Seemannschaft in Bildern

Robbert Das
Harald Schwarzlose

Praktische Seemannschaft in Bildern

Delius Klasing Verlag

ISBN 3-7688-0504-2

Printed in Germany 1985
Layout: Rasmus Mahler
Umschlag: Siegfried Berning
Gesamtherstellung: Ludwig Auer GmbH, Donauwörth

Inhaltsverzeichnis

An- und Ablegen ohne Ärger

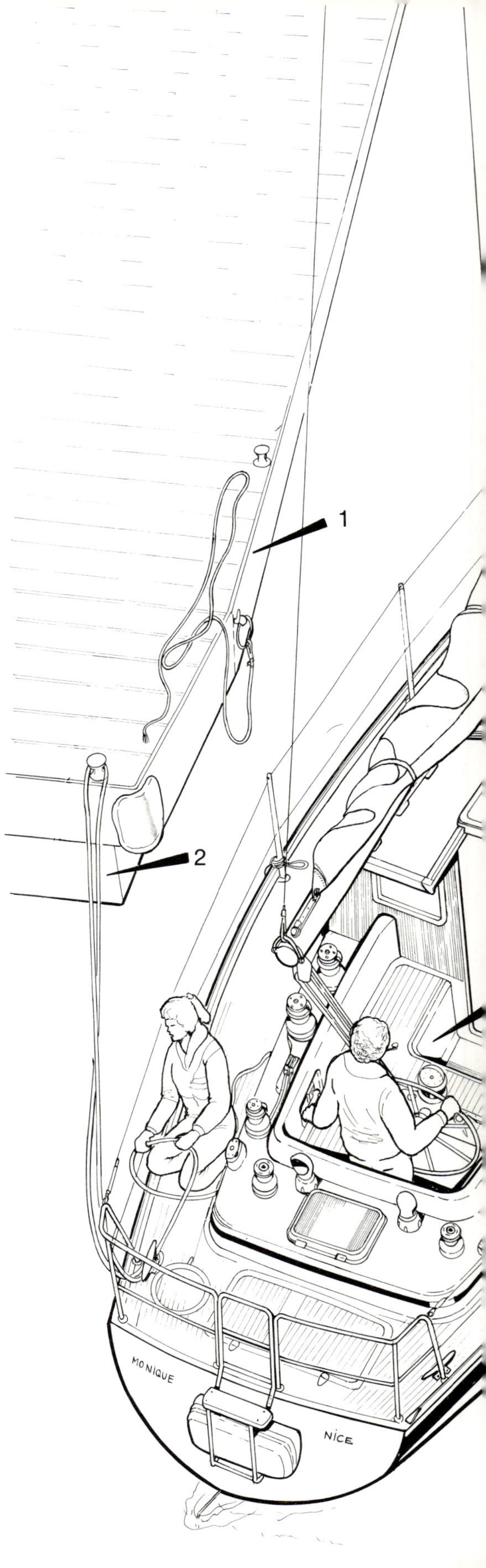

Wer mit einem neuen oder noch unbekannten Boot den Liegeplatz verläßt, wird möglicherweise ein wenig unsicher diesem ersten entscheidenden Manöver entgegensehen. Dabei ist das Ablegen aus der Box fast immer am einfachsten, vorausgesetzt, es werden einige Grundregeln beachtet:
Bevor die Leinen losgeworfen werden, vergewissert man sich, ob keine losen Tampen im Wasser hängen. Allzu leicht können sie in den Propeller geraten. Die Festmacher-Leinen werden sorgfältig auf den Steg gelegt **(1)**.
Am günstigsten ist es, wenn jeweils ein Crewmitglied eine der beiden Achterleinen einholt. Zur Sicherheit wird die am Fingerschlengel festgemachte Leine auf Slip gelegt und von Hand aufgefiert **(2)**, während man die andere Achterleine über die Seereling hebt, so daß sie von Hand bis mittschiffs geführt werden kann **(3)**.
Die vorderen Festmacher läßt man so lange auf den Klampen belegt an Deck liegen, bis das Manöver vollständig gelungen ist **(4)**.
Beim Absetzen vom Nachbarschiff sollte man nicht gegen die Seereling beziehungsweise Stützen drücken, da diese auf vielen Yachten nicht fest genug montiert sind beziehungsweise im Kunststoffdeck Haarrisse entstehen können. Statt dessen setzt man das eigene Boot mit einem Bootshaken ab, der eine weiche, kugelgeschützte Kunststoff-Spitze hat. Diese wird am Fuß einer Relingsstütze oder in den Löchern der Alu-Decksschiene eingesetzt **(5)**.
Lose Schoten und Leinen an Deck sind gefährlich – man kann leicht darauf ausrutschen. Darum alle Bewegungen an Deck langsam und vorsichtig ausführen **(6)**.
Begrenzungsleinen für die Box machen das Manövrieren einfacher. Daran kann das Schiff auch per Hand verholt werden **(7)**.
Die wichtigste Regel aber lautet: mit der Maschine ganz langsam und ohne Panik zurückgehen. Das ist der Schlüssel zum Erfolg **(8)**.

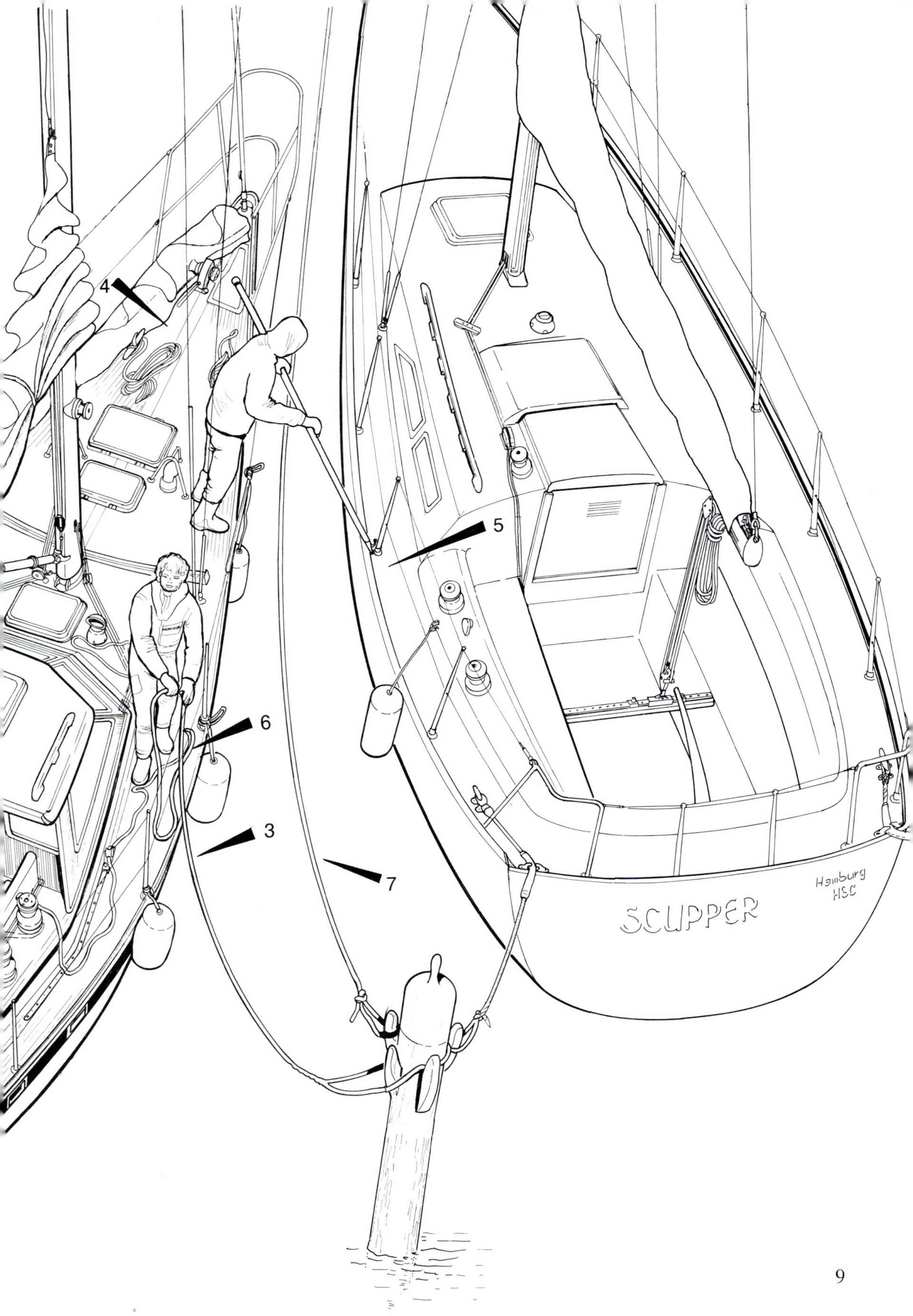
4
5
6
3
7
SCUPPER
Hamburg
HSC

Leinen klarmachen

Wer kennt die Szene nicht: Eine Yacht legt an, der Festmacher wird hektisch aus der Backskiste hervorgekramt und zum Steg hinübergegeben. Natürlich ist er vertörnt, und der Tampen fällt in den Bach, weil der Skipper versäumt hat, ihn vorher an Deck zu belegen . . .

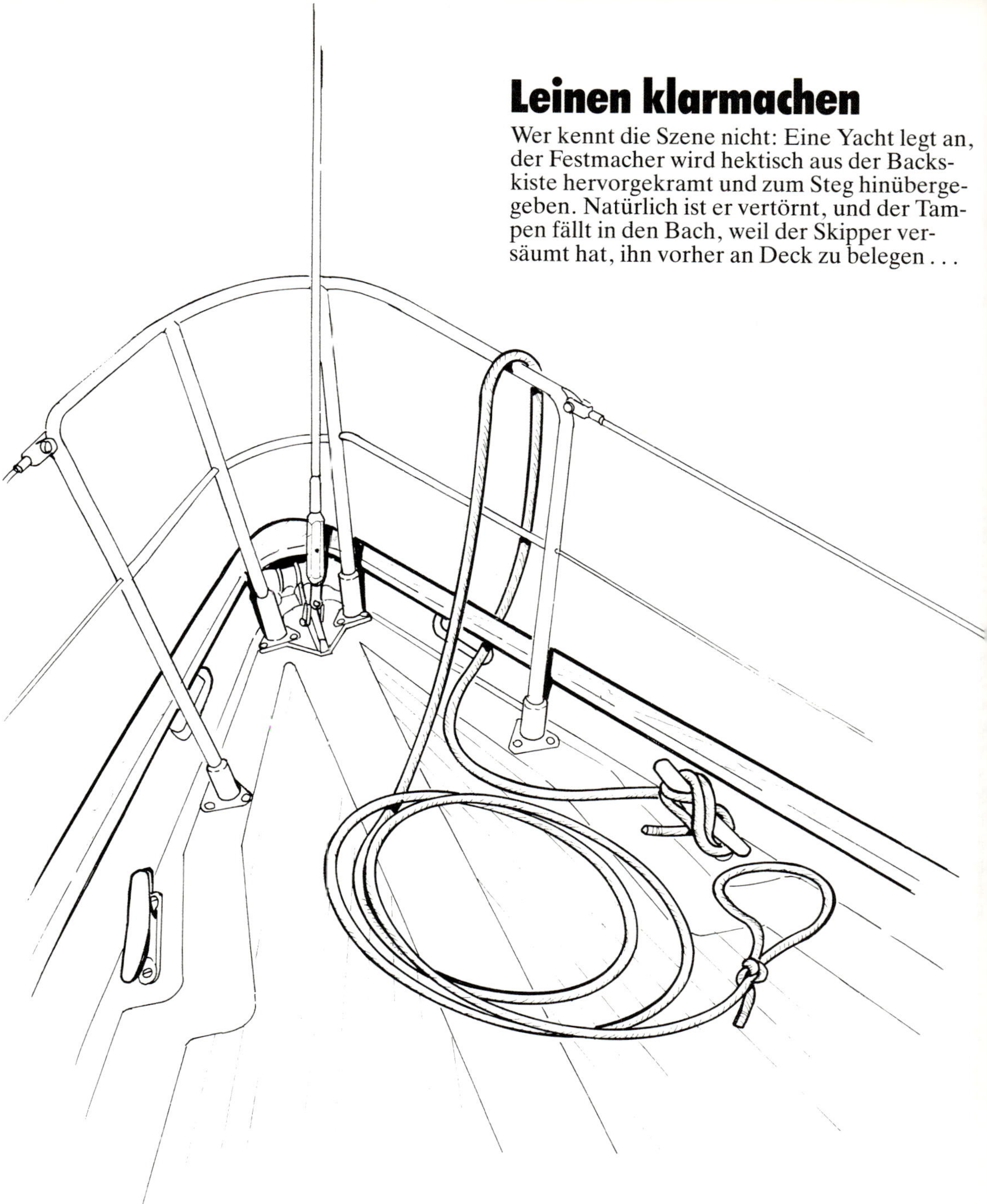

. . . Daher lautet vor dem Anlegen das erste Gebot: Die Festmacher klarlegen! Die Leinen werden vorsorglich auf den Decksklampen belegt und jeweils durch die Schanzaugen oder Lippklampen außenbords geführt. Danach hebt man sie über die Seereling wieder innenbords, wo sie sauber aufgeschossen werden. Auf dem Steg oder dem Nachbarschiff werden die Leinen grundsätzlich kurz festgemacht, während das längere Ende an Bord geholt und dort dichtgesetzt wird.

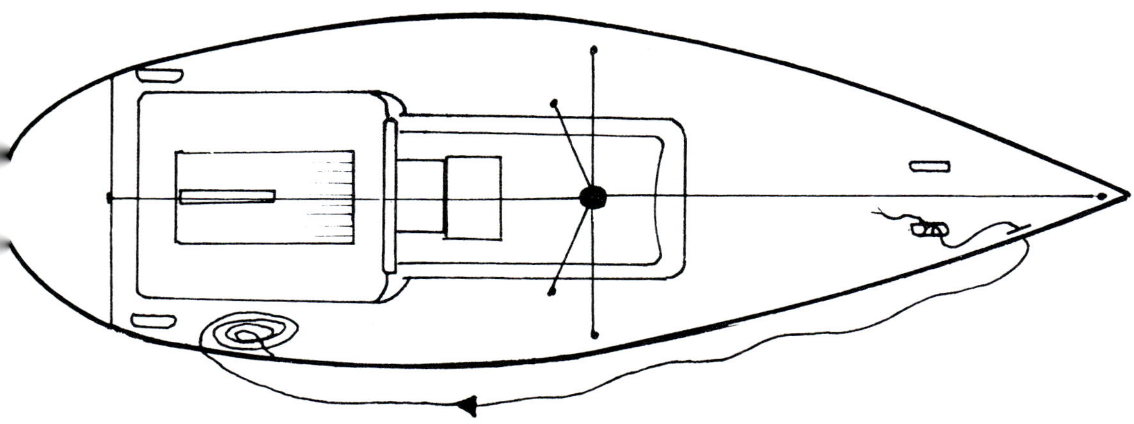

Auch die Vor- und Achterspring werden vor dem Anlegen an Deck klargemacht. Dazu führt man jede Spring von der Decksklampe aus durch Auge oder Lippe in der Schanz außenbords ganz nach achtern beziehungsweise vorn, hebt sie – genau wie die Festmacherleinen – innenbords und schießt sie sauber an Deck auf.

Ein mißglücktes Anlegemanöver entsteht meistens durch ungenügende Vorbereitung. Der Skipper instruiert seine Mannschaft nicht, wo und wie er das Boot festmachen will. So, wie auf der Zeichnung dargestellt, läuft das Manöver dann meistens ab: Der Vordecksmann versucht verzweifelt, die vertörnte Vorleine zu klarieren, und der Skipper hält – halb außenbords hängend – das Boot am Pfahl fest, weil er keine Achterleine ausbringen kann. Die Yacht treibt daraufhin je nach Wind- und Stromrichtung gegen Pfähle und Nachbarlieger, es kommt zu Kollisionen.

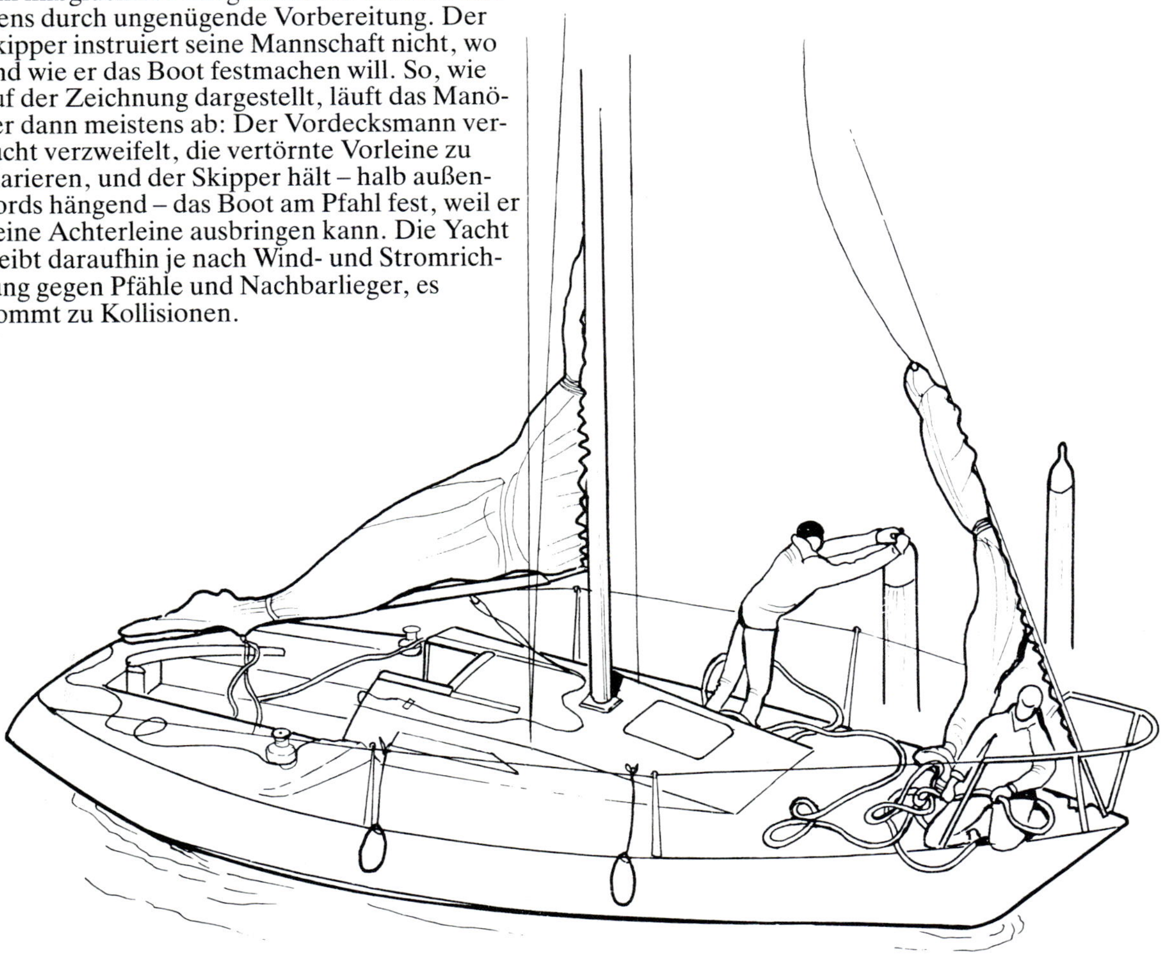

Eine weitere, häufig beobachtete Ursache für mißglückte Anlegemanöver ist die falsche Einschätzung der Boxlänge. Es werden zu kurze Achterleinen ausgebracht, während das Boot einläuft. Die Vorleinen können nicht zum Steg hinübergegeben werden. Die Folgen: Das Boot treibt quer, und Havarien an den Nebenliegern sind wiederum nicht auszuschließen.

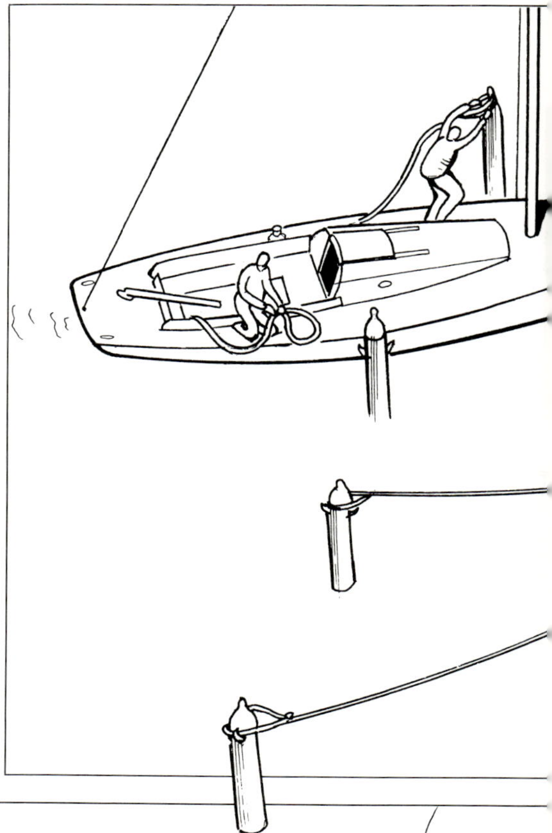

Falls man beim Einlaufen in eine Box die Achterleinen nicht rechtzeitig auf den Heckpfählen ausbringen kann, ist es richtig, zuerst eine Vorleine am Steg zu befestigen und dann mit dem Motor rückwärts zu manövrieren. Der Vordecksmann fiert dabei die Vorleine zügig auf. Hilfreich ist es, wenn der Skipper große Buchten in die Achterleinen knotet und diese mit dem Bootshaken über die Pfähle hebt. Niemals nur an hölzernen Pfahlklampen festmachen. Sie halten gewöhnlich starkem Zug oder Schwell nicht stand.

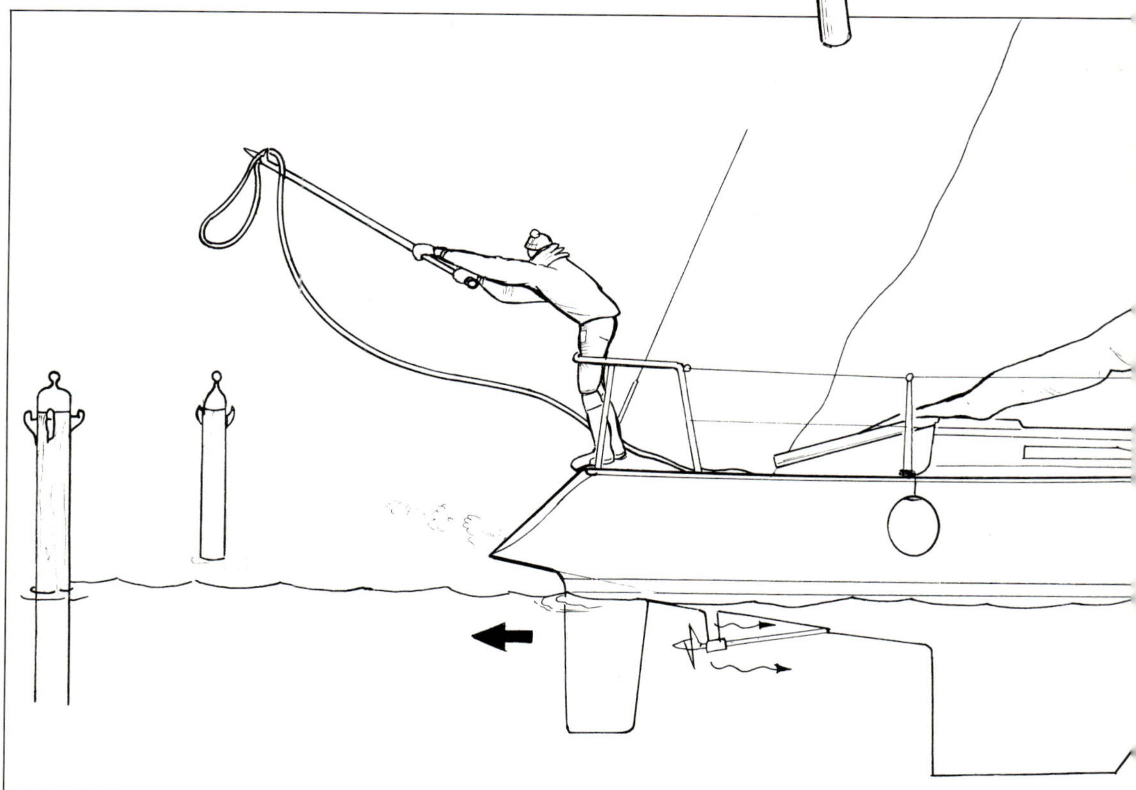

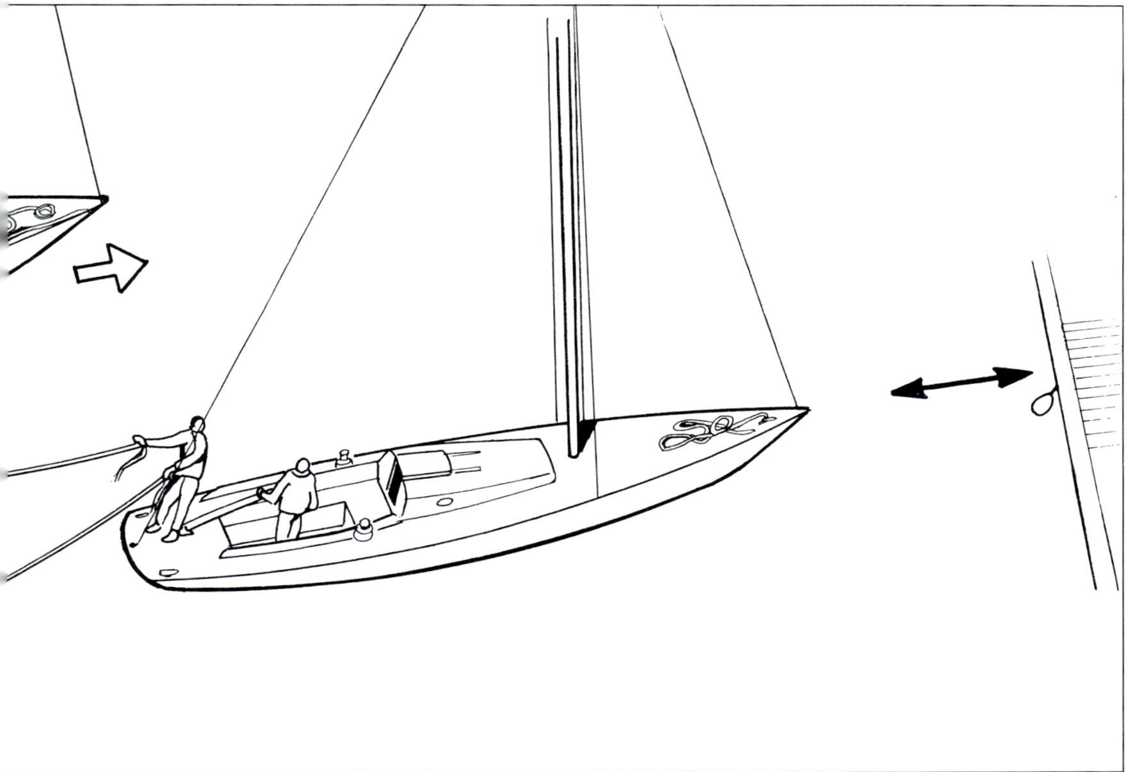

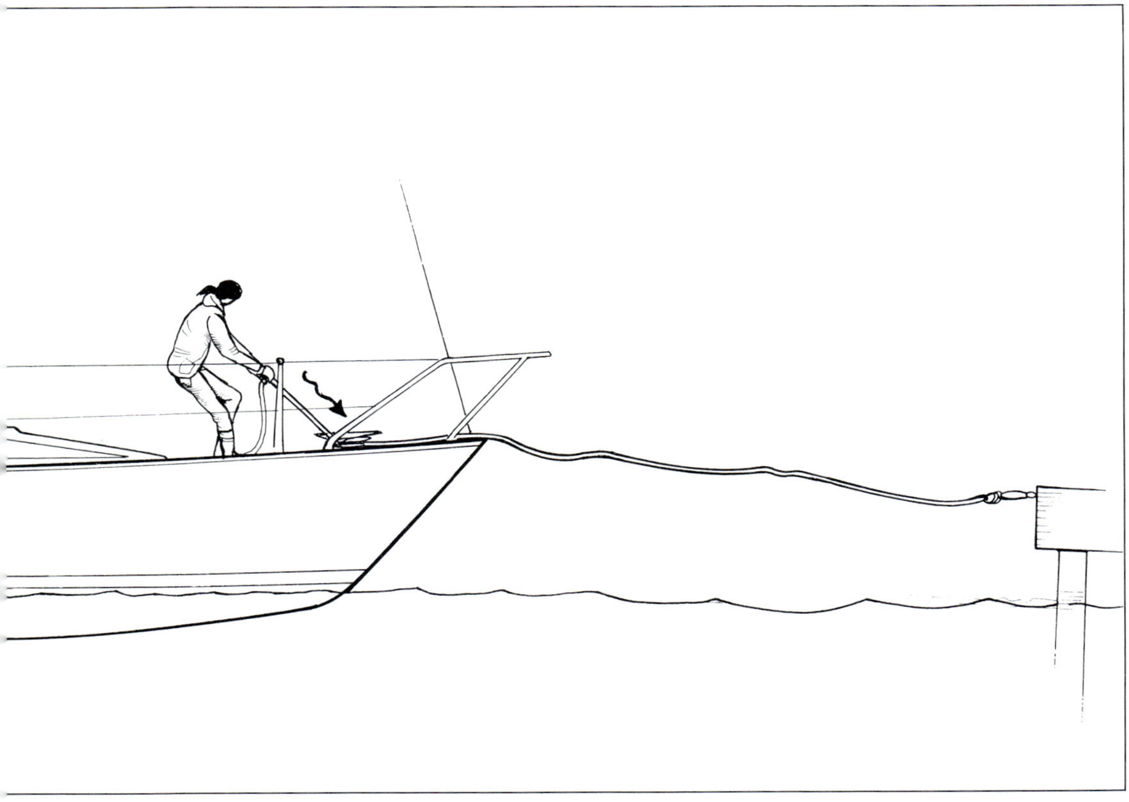

Wind und Strom quer zur Box

Schwierig ist es, bei starkem seitlichen Wind oder quersetzendem Strom in eine Box einzufahren. Versucht man es mit dem Wind oder Strom, so wird der Bug gegen den Lee-Pfahl gedrückt, das Heck schwenkt sehr schnell herum und das Boot wird wieder aus der Box gezogen. In einer derartigen Situation gelingt es kaum, die achteren Festmacher auszubringen. Das Manöver glückt jedoch sicher, wenn

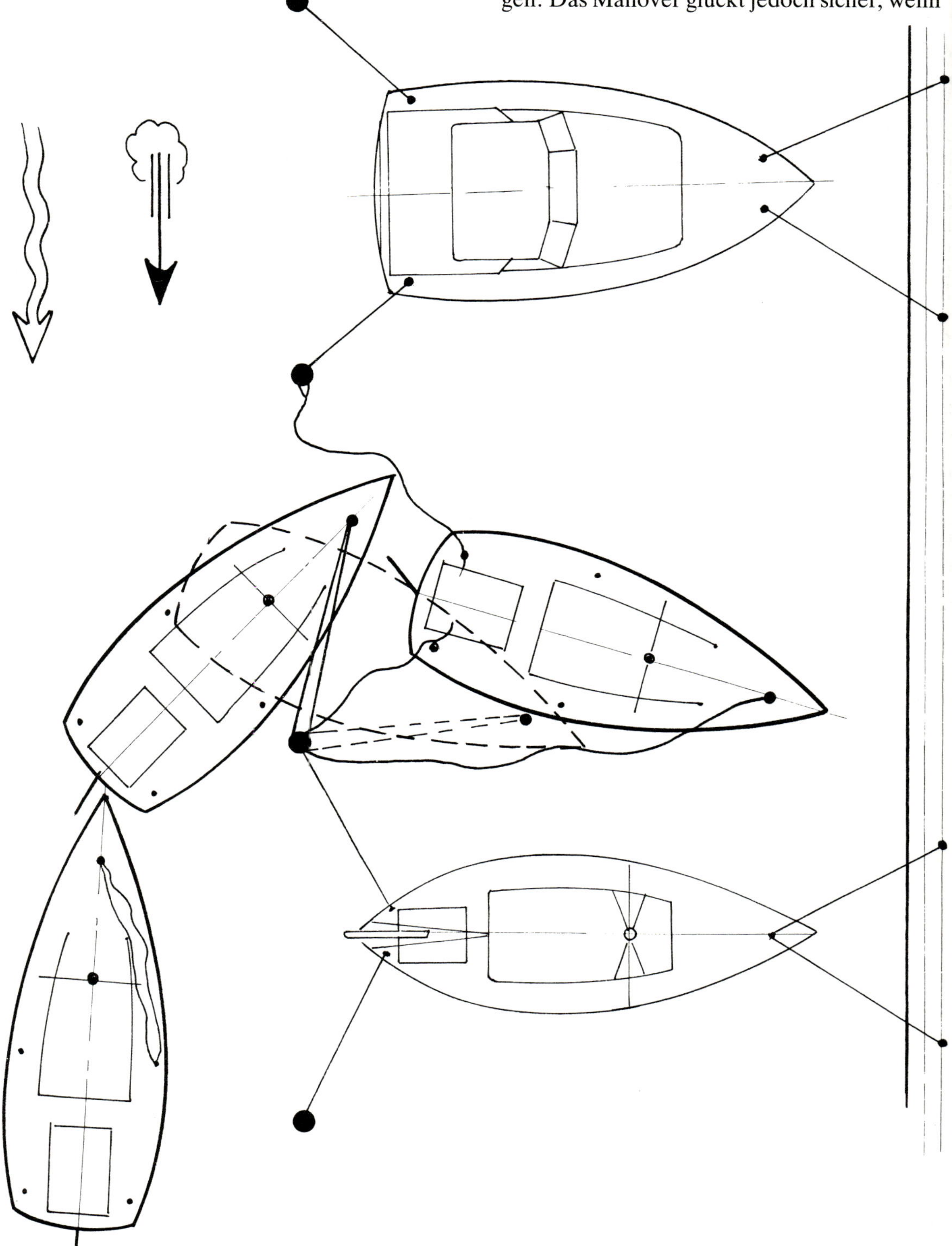

man das Boot unter Motor mit Hilfe einer Vorspring um den leewärtigen achteren Pfahl gegen den Strom oder Wind in die Box eindreht. Sobald das Heck weit genug an den Pfahl in Stromluv herangeschwojt ist, wird dort ein achterer Festmacher übergehängt. Erst wenn das Boot ganz in die Box eingeschwenkt ist, wird die Vorspring aufgefiert und nach achtern genommen, wo sie als zweite Achterleine dient. Dadurch ist das Heck gesichert, während das Boot zügig an den Steg manövriert wird. Bei rauhen Pfählen müssen mehrere Fender im Drehbereich ausgebracht und so fixiert werden, daß sie sich nicht beiseite schieben.

Ablegen aus der Box bei Wind oder Strom quer

Das Ablegen aus einer Box bei Wind oder Strom quer ist einfacher, da hier bereits eine Leinenverbindung zu den Pfählen und zum Steg besteht, die man sich zunutze machen kann. Zuerst wird der vordere Lee-Festmacher gelöst und der luvwärtige Festmacher auf Slip gelegt. Er muß ausreichend lang sein, da er den Bug bis zur Pfahlreihe fixieren soll. Danach wird der leewärtige Heckfestmacher geslippt **(1)**. Ist dies nicht möglich, so muß damit gewartet werden.
Das Boot wird jetzt von zwei Crewmitgliedern per Hand aus der Box gezogen, wobei vorne gefiert und achtern dichtgeholt wird. Hat das Heck den Achterpfahl erreicht, wird hier der Festmacher von der Klampe genommen und per Hand nach mittschiffs geführt **(2)**. Ist der Strom zu stark, muß unter Umständen eine Hilfsleine zu einer Klampe mittschiffs geschoren werden. Falls die Lee-Achterleine noch nicht gelöst werden konnte, muß dies in dieser Position geschehen, indem man die Luvleine fiert und das Heck zum Leepfahl driften läßt. Unter Fieren der Vorleine wird das Boot so weit achteraus geholt, bis sich der achtere Festmacher mittschiffs befindet **(3)**. Erst jetzt löst man die Vorleine, legt das Ruder gegen den Strom oder Wind und zieht das Boot unter Motor in diese Richtung aus der Box heraus, wobei die Luv-Heckleine noch so lange per Hand nach vorn geführt wird, bis der Bug den Nachbarlieger beziehungsweise Leepfahl klar passiert hat **(4)**. Die Drehrichtung des Propellers ist bei diesem Manöver unwesentlich, da der Strom beziehungsweise Wind den Bug stärker nach Lee versetzt als das Heck. Beim Segelboot wirkt sich hier die Lateralfläche von Rumpf und Kiel aus, beim Motorboot ist es der meist vorlich angeordnete hohe Aufbau, der den größten Windwiderstand bietet.

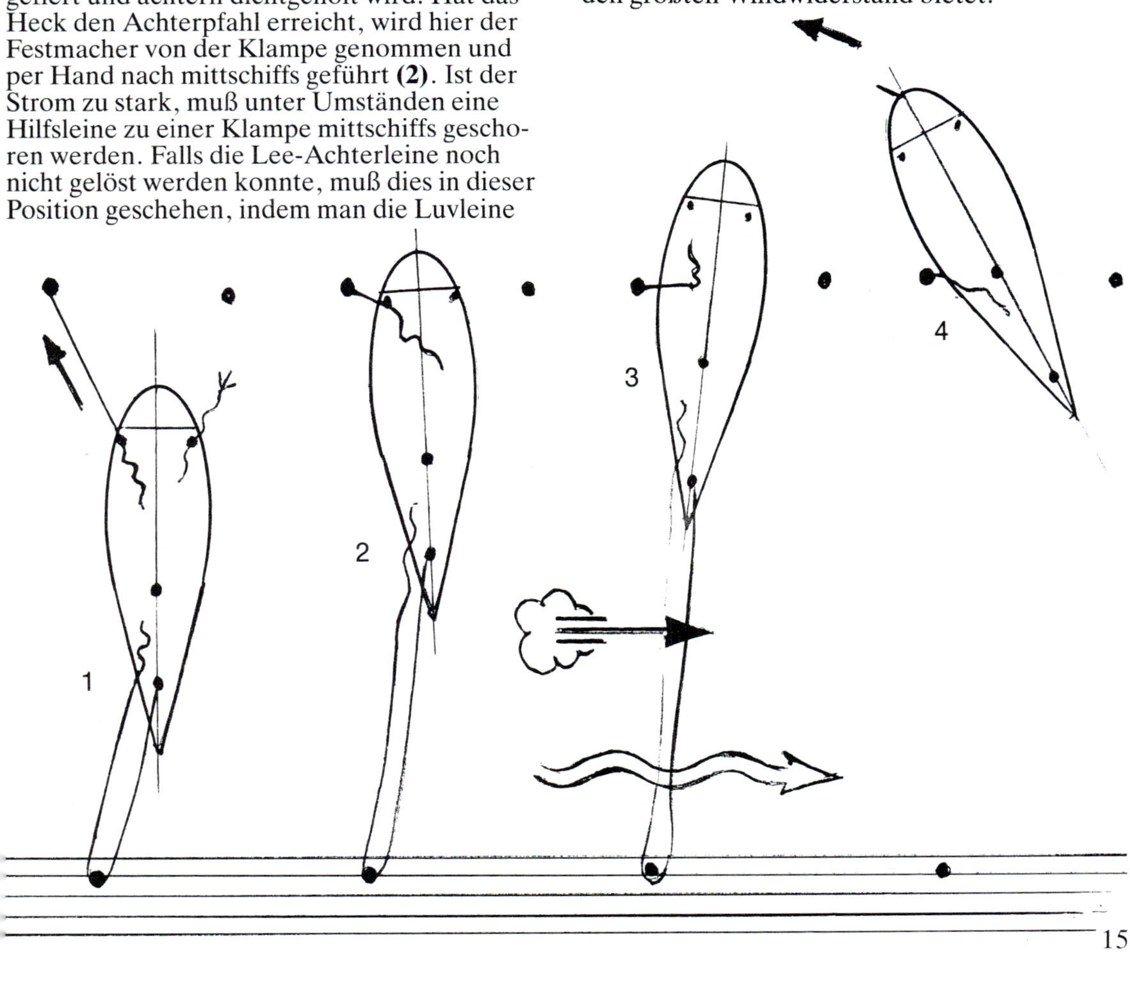

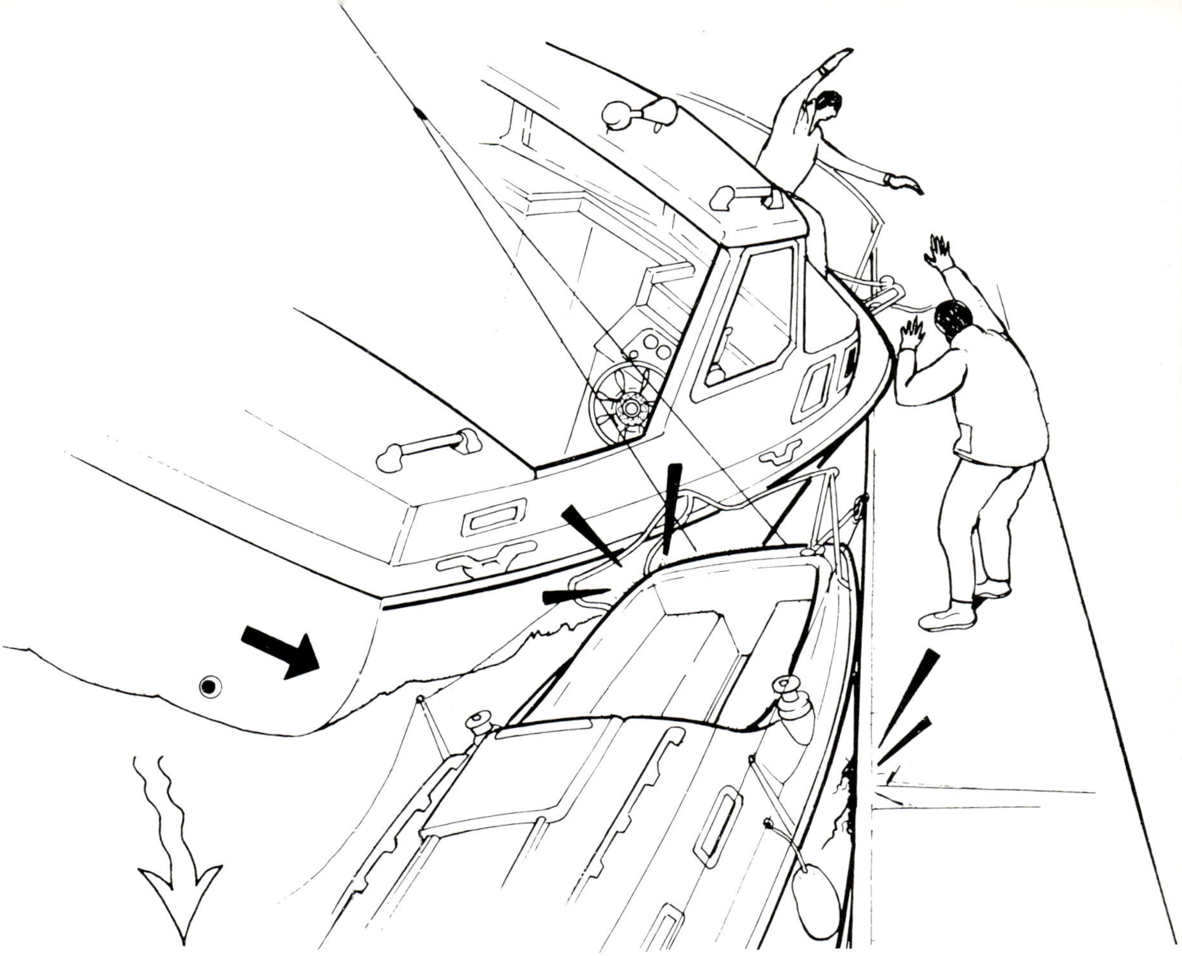

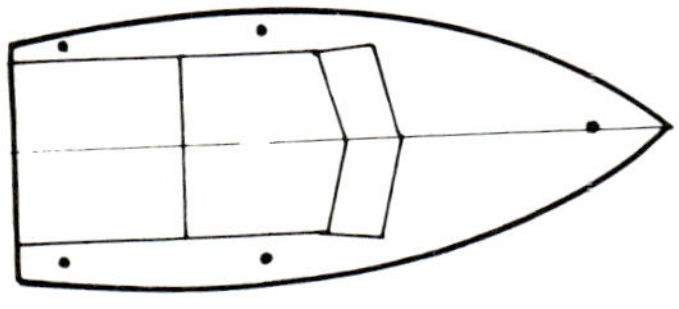

Anlegen im Strom

Welche Auswirkungen ein falsch eingeleitetes Anlegemanöver im Strom haben kann, zeigt diese Havarie.
Der Skipper einer Motoryacht erblickte am Steg voraus eine Segelyacht und dahinter einen freien Platz zum Festmachen. Geradewegs fuhr er auf die Lücke zu, ohne den achterlichen Strom und Wind zu beachten. Zuerst wurde die Vorleine zum Steg ausgebracht und umständlich festgemacht.
Diese Zeit reichte aus, um das Heck weit vom Steg abschwojen zu lassen. Das Boot driftete

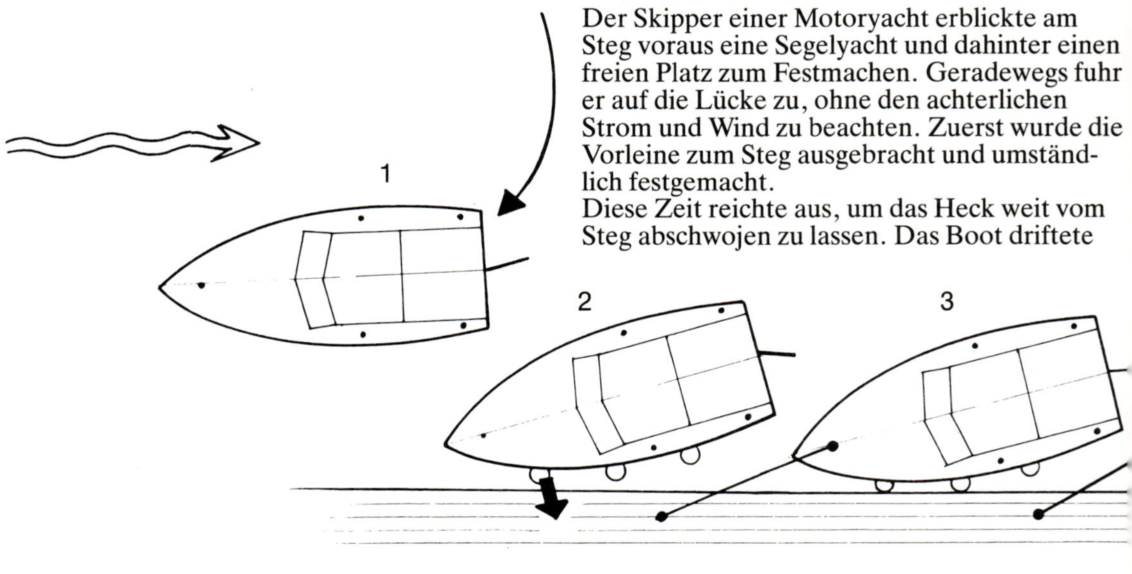

Anlegen vor Buganker

In südlichen Häfen wird überwiegend der Buganker ausgebracht und mit dem Heck zur Pier festgemacht. Damit dieses Manöver gelingt, muß man genau wissen, ob der Propeller in Rückwärtsfahrt links oder rechts herum dreht. Denn je nachdem wird das Boot beim Rückwärtsfahren mit dem Heck nach Backbord oder Steuerbord ausschwenken, so daß man die Lücke zwischen den anderen Booten unter Umständen verfehlt.
Bei der Yacht **A** dreht der Propeller in Rückwärtsfahrt rechts herum. Man läuft daher in einem Winkel von etwa 45 Grad über Steuerbord auf die Ankerposition zu. Nachdem der

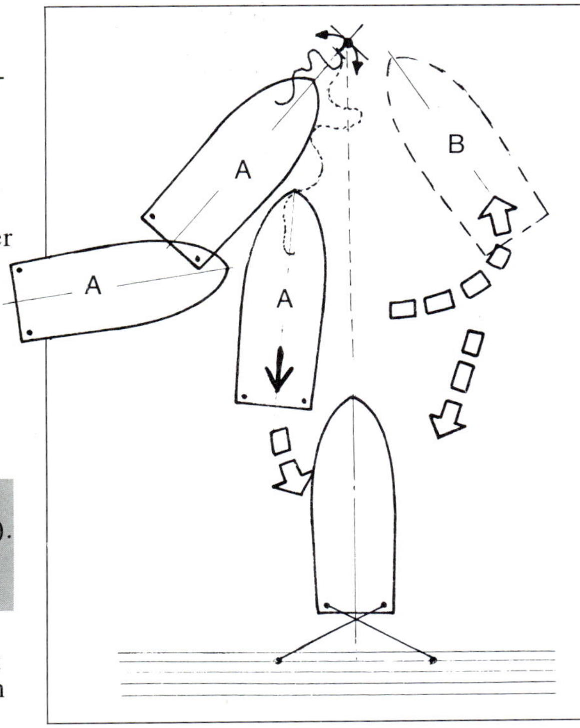

Merke: Propeller rückwärts rechts herum – Heck schwenkt auch nach rechts (Steuerbord). Propeller rückwärts links herum – Heck schwenkt auch nach links (Backbord).

Anker gefallen ist und reichlich Kette gesteckt wurde, fährt man das Schiff aus dieser Position rückwärts zum Kai. Dabei schwenkt das Heck nach Steuerbord aus, und der Anlegeplatz wird genau getroffen.
Bei der Yacht **B** dreht der Propeller in Rückwärtsfahrt links herum. Man fährt über die Mittellinie hinaus und stoppt das Boot über Backbord ebenfalls auf etwa 45 Grad. Nach dem Ausbringen des Ankers wird hier in Rückwärtsfahrt das Heck nach Backbord auswandern.

---

sehr schnell um 180 Grad herum, kollidierte stark mit dem Achterschiff der Segelyacht, die wiederum gegen den Steg gedrückt wurde und dort in der Außenhaut durch einen vorstehenden Festmacherring ein Leck erhielt.
Die beschriebene Havarie macht deutlich, daß grundsätzlich gegen Strom oder Wind angelegt werden muß. Der Strom hat jedoch stets Vorrang vor der Windrichtung, sofern seine Fließgeschwindigkeit wenigstens einen halben bis einen Knoten beträgt.
(1) Wird der Liegeplatz mit dem Strom angesteuert, so muß der Skipper das Boot in ausreichendem Abstand zum Steg in die entgegengesetzte Fahrtrichtung bringen.
(2) Ist der freie Platz am Steg erreicht, läßt man das Boot mit langsamster Fahrt voraus und Ruderlage Richtung Steg eindriften.
(3) Der Rumpf sollte möglichst auf ganzer Länge abgefendert sein. Zuerst wird die Vorleine ausgebracht.
(4) Unmittelbar darauf muß die Achterspring festgemacht und durchgesetzt werden, da sie die Position des Bootes am Steg fixiert. Ihr fällt also die wichtigste Aufgabe zu.
(5) Danach folgt die Vorspring und schließlich die Achterleine **(6)**, die kaum auf Spannung steht.

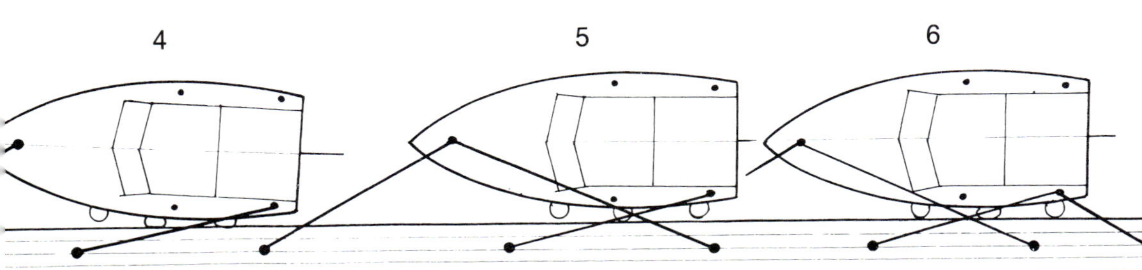

Anlegen bei auflandigem Wind

Das Anlegen bei auflandigem Wind ist einfach, vorausgesetzt, man nutzt die Windkraft behutsam aus. Beim längsseitigen Festmachen setzt man das Boot vorsichtig im spitzen Winkel zuerst mit dem gut abgefenderten Bug gegen den Steg, da sowohl beim Motorboot als auch beim Segelboot der Bug stets zuerst nach Lee driftet **(1)**. Hier wird sofort die Vorspring ausgebracht. Der Wind versetzt dabei das Heck gegen den Steg, so daß das Boot in Ruhe festgemacht werden kann.

Weht der auflandige Wind sehr stark, so wird

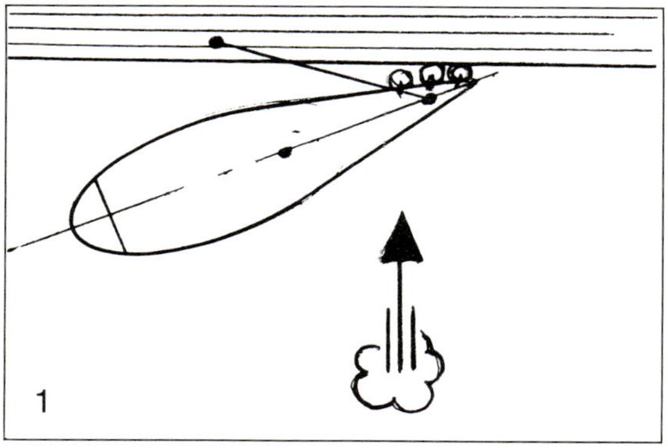
1

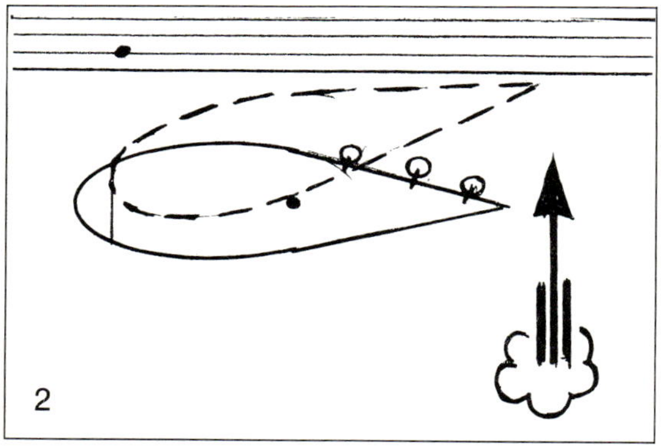
2

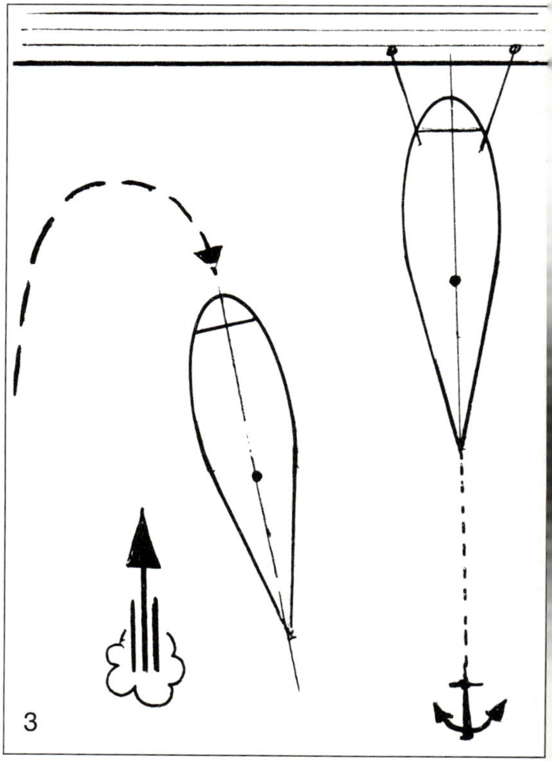
3

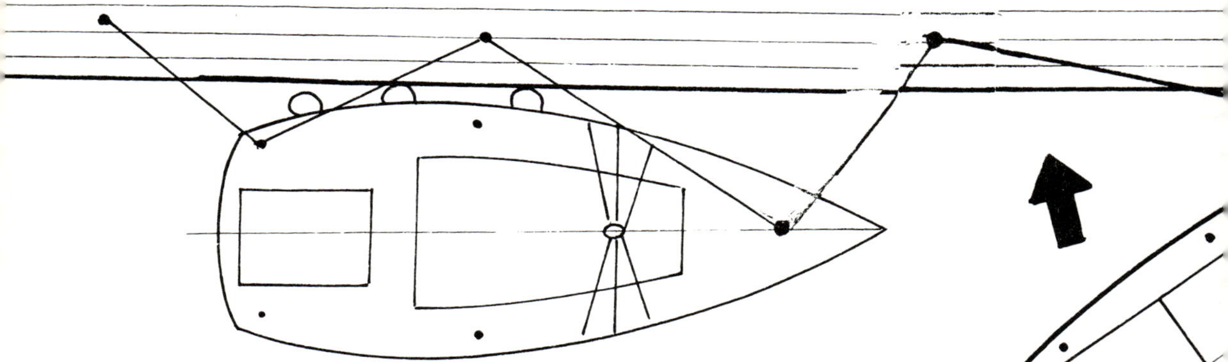

Einparken in eine schmale Lücke

Das Anlegen in stehenden Gewässern ist immer dann ein Problem, wenn der freie Liegeplatz gerade die Größe der eigenen Yacht hat. Da ist man auf die Hilfe der Vorspring ange-

as Boot parallel zum Anlegeplatz aufge-
toppt, worauf der Bug durch den Winddruck
elbständig gegen den Steg versetzt wird **(2)**.
teht starker Schwell auf die Pier oder Stegan-
ige und sind keine Heckpfähle vorhanden, so
st es besser, das Boot mit einem Aufschießer
ı ausreichendem Abstand vor den Buganker
u legen und an der Kette beziehungsweise Lei-
e zurückdriften zu lassen, bis die Heckleinen
usgebracht werden können **(3)**. Allerdings
einhaltet dieses Manöver stets die Gefahr,
aß der Anker im Seegang slippt und Heck
der Ruder mit dem Steg kollidieren.

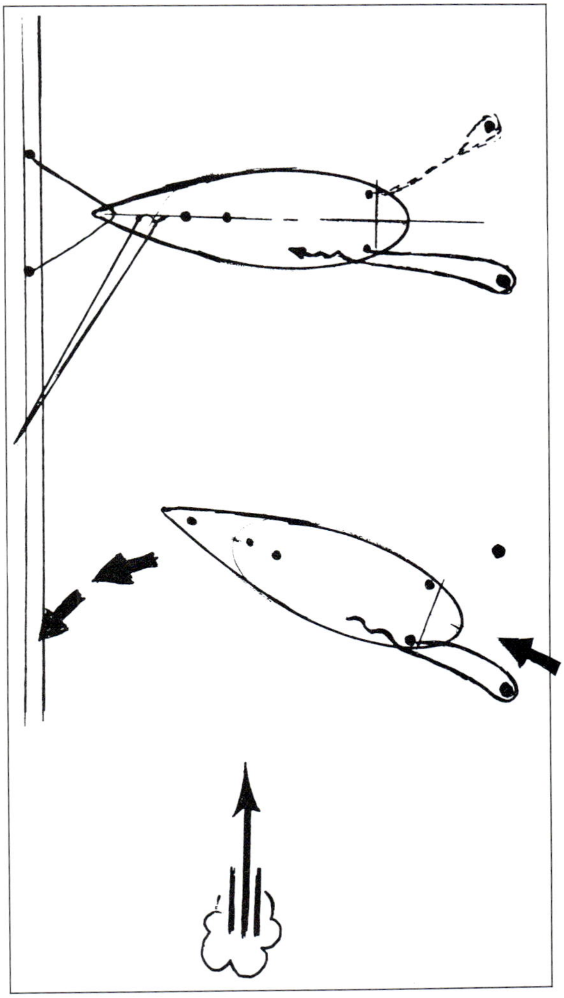

Anlegen bei seitlichem Wind

chwierig ist es, bei starkem seitlichen Wind in
ine Box einzulaufen. Man fährt mit ausrei-
hender Fahrt möglichst nahe an den luvwärti-
en Pfahl heran und legt im Vorbeifahren die
uvwärtige Achterleine auf Slip. Sie wird so
veit aufgefiert, bis ein Mann mit einer langen
eine auf den Steg hinüberspringen kann. Die-
e wird sofort weit in Luv festgesetzt. Vom
/ordeck aus holt man jetzt die Yacht an der
Hilfsleine in die richtige Position, bis die bei-
len vorderen Festmacher übergeben werden
können. Erst wenn diese am Steg sicher festge-
nacht sind, wird das Boot unter Fieren beider
/orleinen und Dichtholen der Luv-Achterleine
So weit nach achten verholt, daß auch die lee-
värtige Achterleine auf den Pfahl gehängt wer-
len kann.

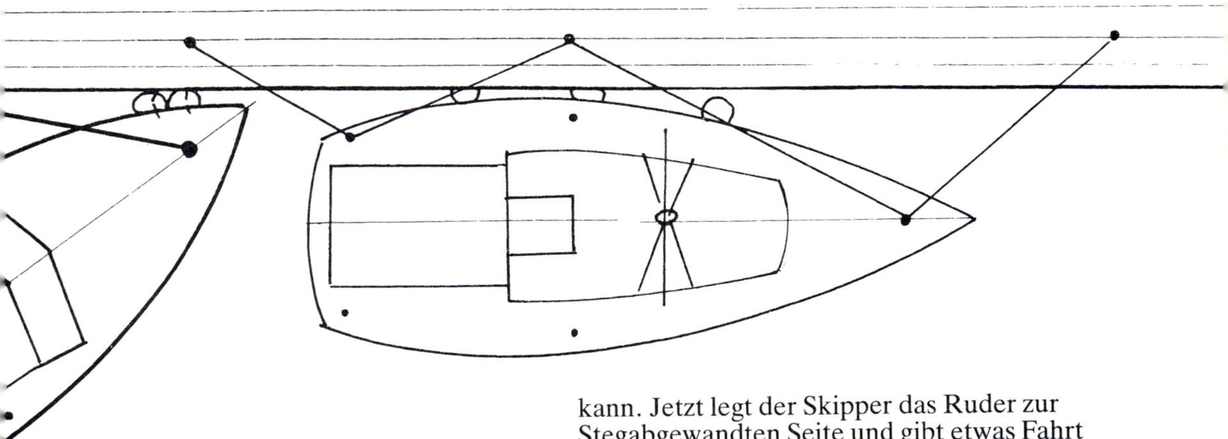

wiesen. Der gut abgefenderte Bug wird vor-
sichtig an den Steg heranmanövriert, so daß
der Vordecksmann übersteigen und die Vor-
spring – möglichst weit achterlich – festsetzen
kann. Jetzt legt der Skipper das Ruder zur
Stegabgewandten Seite und gibt etwas Fahrt
voraus. Das Heck wird dadurch langsam an
den Steg herangedrückt. Man nennt dieses Ma-
növer auch „Eindampfen in die Spring", weil
es üblich ist, Berufsschiffe so an begrenzten
Plätzen anzulegen.

Ablegen bei auflandigem Wind

Schwierig ist das Ablegen, wenn der Wind auf den Steg steht und andere Boote den Liegeplatz begrenzen. Auch hier muß wieder die Vorspring eingesetzt werden. Mit Backbord-Ruder (in diesem Fall) und langsamer Fahrt voraus wird das Heck möglichst weit vom Steg abgedrückt **(1)**. Bei diesem Manöver muß der Bugbereich besonders gut abgefendert werden. Ist man sicher, mit Rückwärtsfahrt von den Nachbarliegern freizukommen, wird Steuerbord-Ruder und langsame Fahrt zurück gegeben. Erst wenn das Boot eindeutig klar vom Steg achteraus fährt, wird die vorher auf Slip gelegte Vorspring losgeworfen **(2)**.
Bei genügendem Sicherheitsabstand zum Steg geht man mit Steuerbord-Ruder auf Fahrt voraus **(3)**.

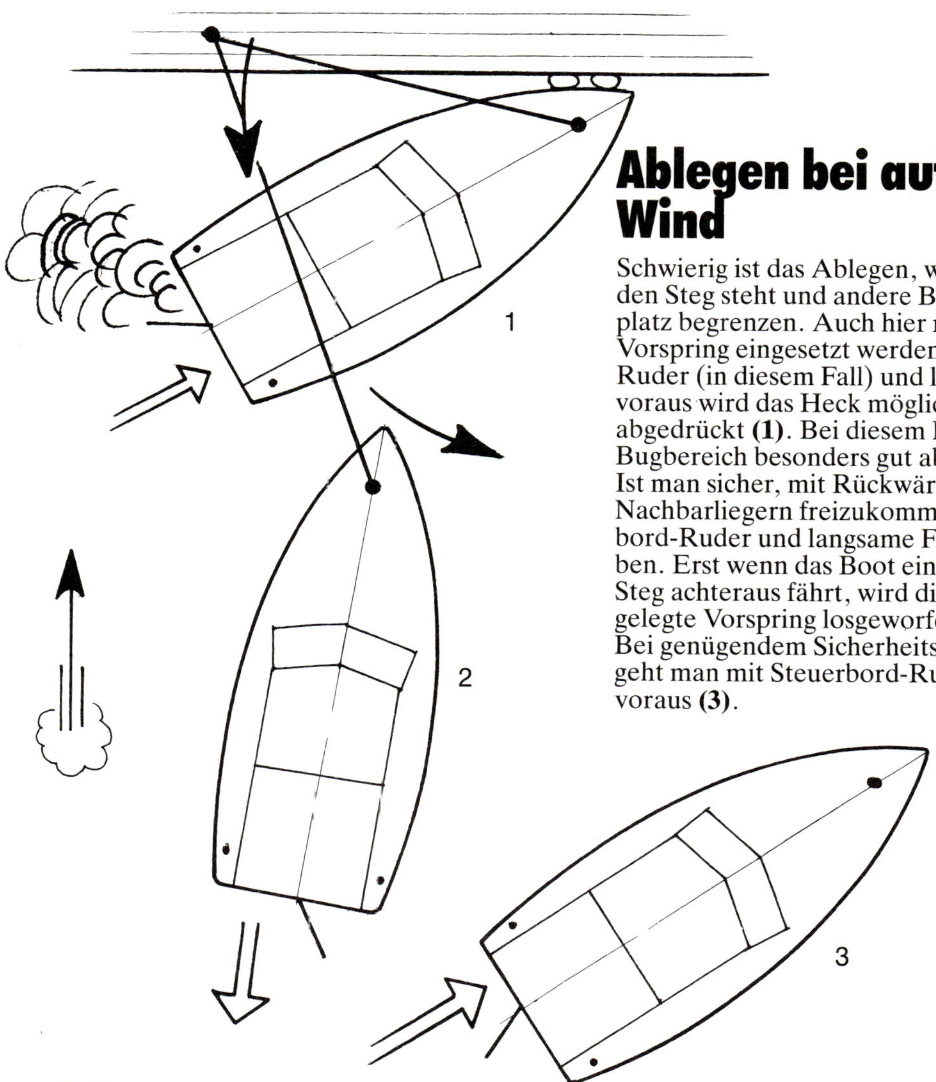

Ablegen gegen den Strom

Das Ablegen erfolgt ebenfalls grundsätzlich gegen den Strom – entweder in Vorausfahrt oder in Rückwärtsfahrt. Zuerst wird (bei Vorausfahrt) die Achterleine gelöst **(1)**, danach die Vorspring **(2)**. Auch die Vorleine kann jetzt ohne Schwierigkeiten eingeholt werden, da die Achterspring das Boot sicher im Strom hält **(3)**. Diese wird auf Slip gelegt, so daß sie leicht von Bord aus losgeworfen und eingeholt werden kann.
Der Vorschiffsmann drückt den Bug leicht vom Steg ab und geht mittschiffs an Bord. Der

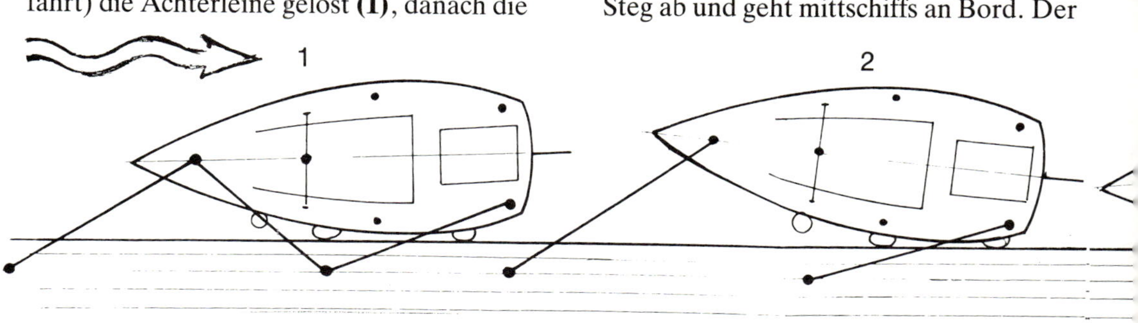

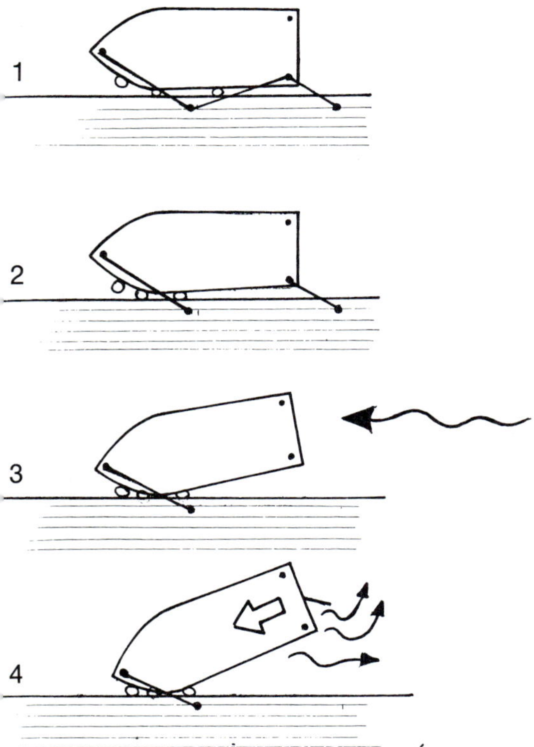

Ablegen mit Strom von achtern

Das Ablegen mit Strom von achtern ist wesentlich schwieriger als das Ablegen gegen den Strom. Auch hierbei ist die richtige Handhabung der Spring unerläßlich.
Zuerst löst man die Vorleine **(1)**. Die auf Slip gelegte Vorspring hat die Hauptarbeit zu leisten. Daher wird zuerst die Achterspring losgeworfen **(2)** und anschließend die Achterleine **(3)**.
Damit das Heck zügig vom Steg abschwenkt, gibt man mit der Maschine etwas Fahrt voraus, während das Ruder zum Steg hin zeigt **(4)**.
Den Bug gut abfendern.
Der Strom wird jetzt das Heck schnell weiter herumschwenken. Daher muß zügig die Vorleine eingeholt und das Boot unter Maschine rückwärts vom Steg abgezogen werden, wobei das Ruder zum Fahrwasser hin zeigt **(5)**.
Erst wenn das Boot einen ausreichenden Abstand vom Steg erreicht hat, wird die Vorausfahrt eingeleitet **(6)**.

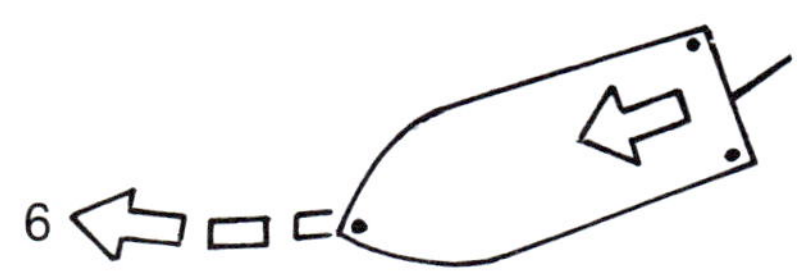

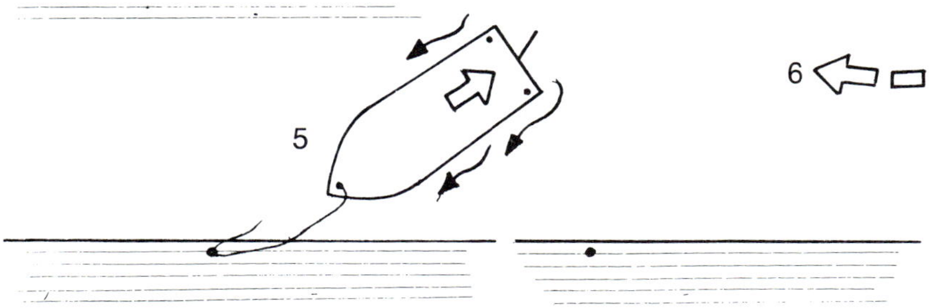

kipper legt Ruder zur Strommitte hin und gibt ɪichte Fahrt voraus **(4)**.
ɪrst wenn das Boot so weit abgeschwojt ist, aß ungehindert von anderen Yachten Fahrt ufgenommen werden kann, wird auch die ɪchterspring eingeholt **(5)**. Vorsicht, daß das Ieck nicht gegen den Steg schlägt.

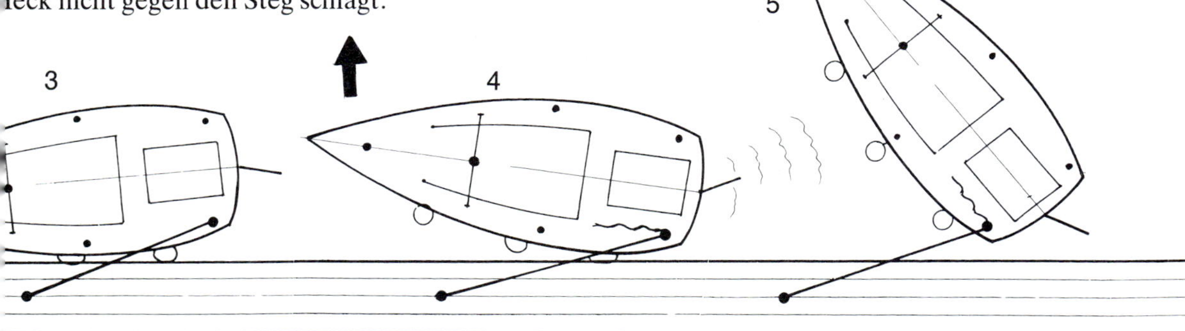

Keine Angst vor dem Festmachen

An der Vertäuung des Bootes erkennt man den erfahrenen Skipper, heißt es, und diese Weisheit ist zweifellos richtig. Sie sollten sich daher ganz besonders mit den Praktiken des Festmachens befassen und Ihr Boot stets am Steg oder an der Kaimauer so gut sichern, daß keine Havarien entstehen können. Nur wer hierbei perfekte Seemannschaft demonstriert, wird von den anderen Wassersportlern Anerkennung erhalten.

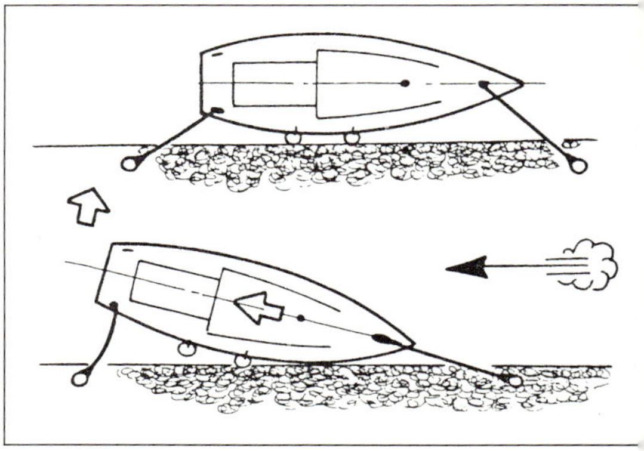

Das richtige Festmachen eines Bootes gehört zu den Grundkenntnissen beim Erwerb eines Segelführerscheines. Dennoch kann man immer wieder beobachten, daß einzelne Skipper ihr Boot nur mit Vor- und Achterleine am Steg sichern. Dies reicht nicht aus, denn durch den Strom- oder Winddruck kann das Boot hin- und herschwojen, wodurch die Fender verrutschen beziehungsweise eine Kollision mit dem Steg oder Nebenliegern erfolgt.

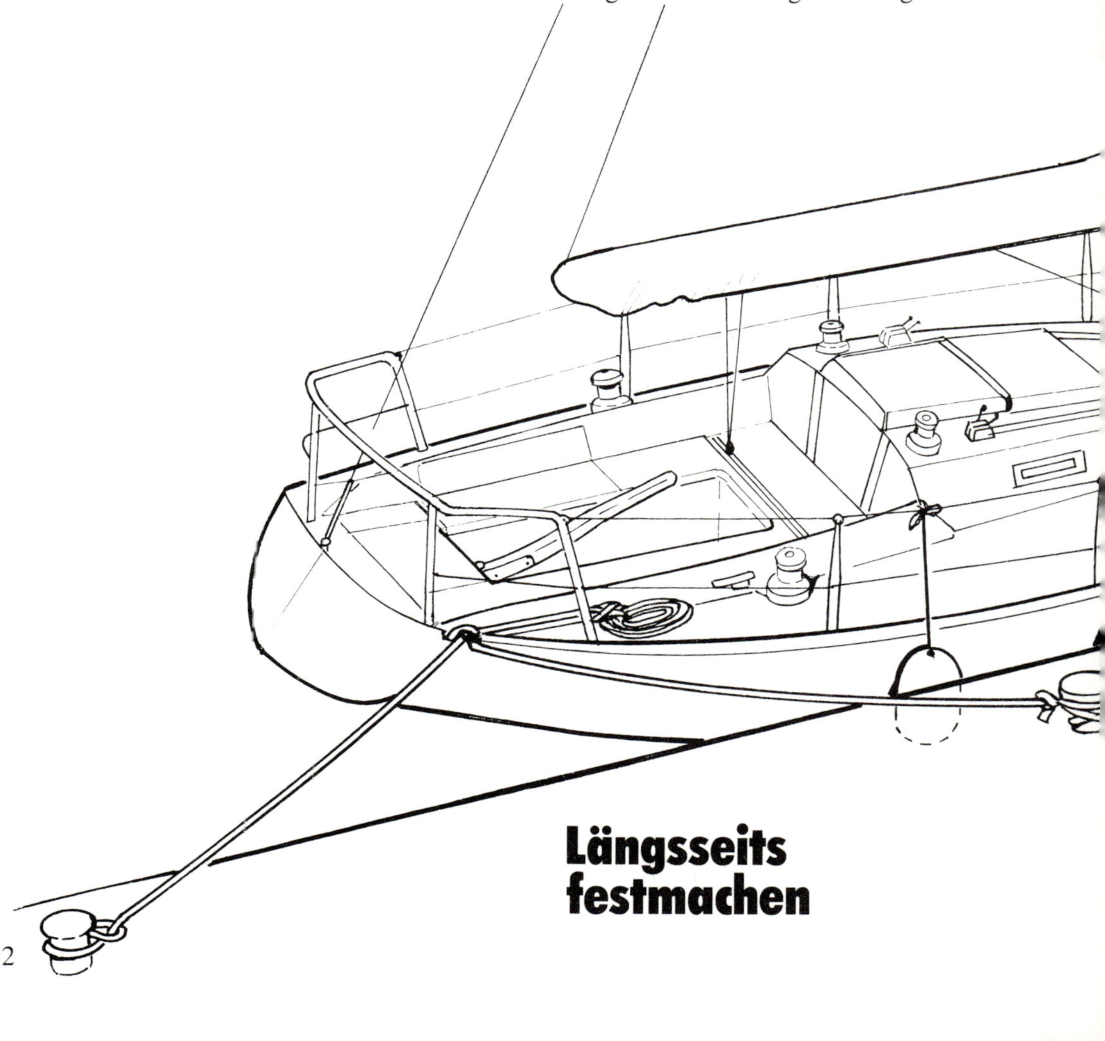

Längsseits festmachen

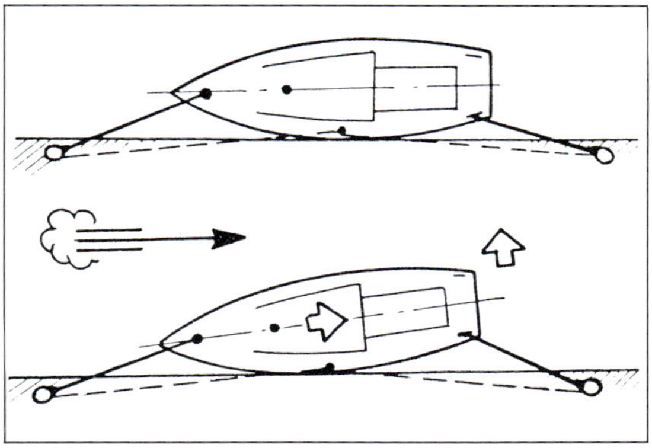

Nicht viel sicherer ist das Festmachen mit sogenannten „falschen" Springs, die von einer Mittschiffsklampe aus nach vorn und achtern auf die Stegpoller geführt werden. Auch hier bleibt dem Boot noch zuviel Spielraum, so daß es mit dem Bug beziehungsweise Heck schwojen kann. Wenn weitere Boote längsseits anlegen, reichen „falsche" Springs zum sicheren Festmachen keinesfalls aus.

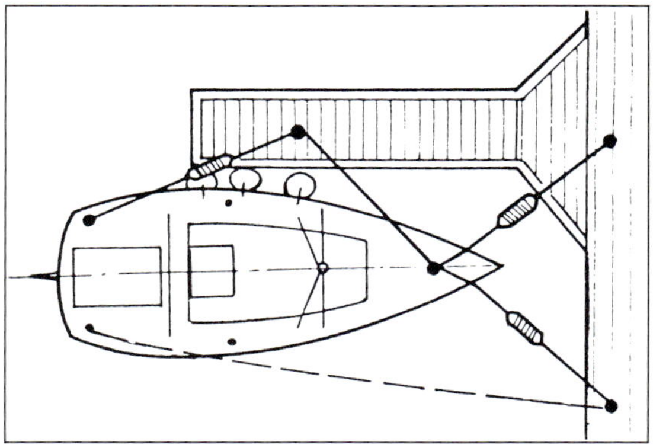

So wird eine Yacht zweckmäßig einseitig an einem Stegausleger vertäut: Zum Bug führen zwei Vorleinen, die direkt auf dem Hauptsteg angeschlagen sind. Gummifedern mildern das Rucken bei Schwell. Die Vor- und die Achterspring werden auf eine Klampe am Ende des Auslegers geführt, wobei die Achterspring wiederum ein Federelement erhält. Zusätzlich kann eine Leine auf der entgegengesetzten Seite des Auslegers vom Heck zum Steg geführt werden, um die Auflage der Fender zu mildern, sofern hierfür Platz ist.

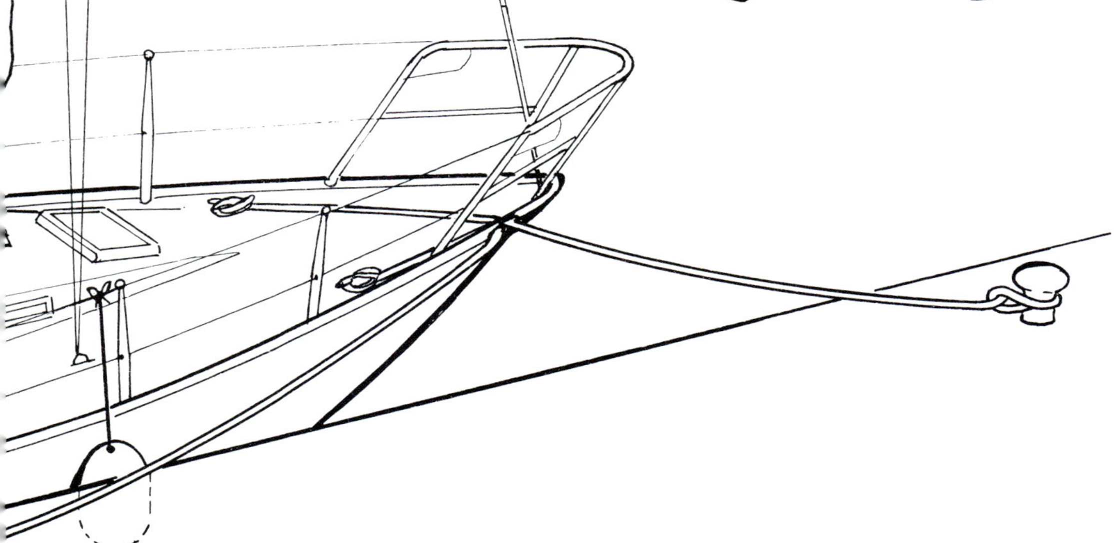

So wird eine Yacht optimal längsseits festgemacht: Drei Fender sichern in richtiger Position und Höhe die Bordwand. Alle Festmacherleinen sind durch Lippklampen zu den Stegpollern geführt. Vor- und Achterspring laufen vom Vor- beziehungsweise Achterschiff zu einem mittleren Poller auf dem Steg. Der Abstandswinkel zur Bordwand ist groß genug, so daß die Springs nicht am Rumpf scheuern. Die Poller für Vor- und Achterleine haben einen ausreichend großen Abstand zum Boot. Schwellbewegungen werden gut ausgeglichen.

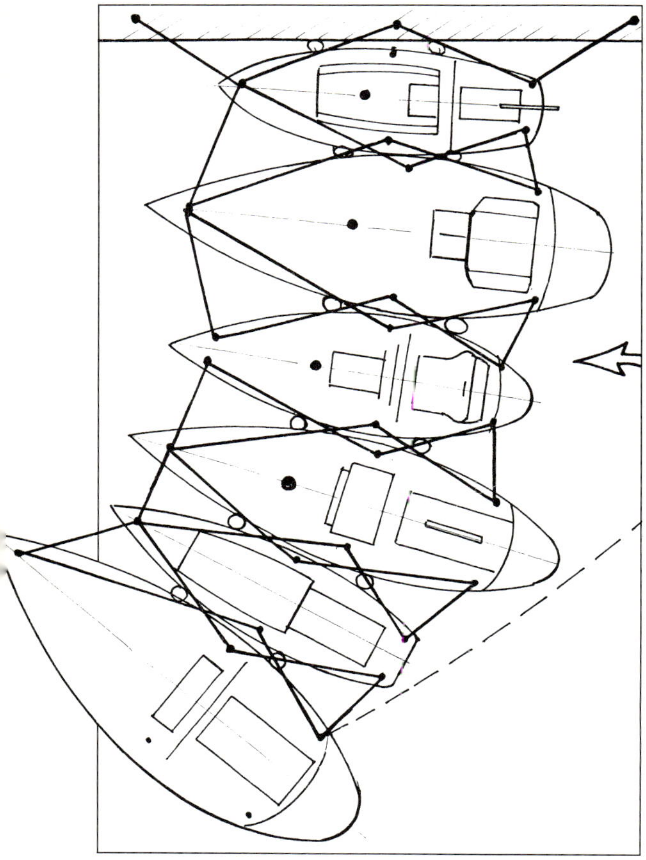

Festmachen im Päckchen

Boote, die nebeneinander „im Päckchen“ festgemacht haben, bieten seitlichem Wind oder Strom eine große Angriffsfläche. Sie müssen daher besonders sorgfältig mit Springs gesichert werden. Häufig „vergessen“ die Skipper der außenliegenden Boote, zusätzliche lange Festmacherleinen zum Kai oder Steg auszubringen. Dadurch kann es zu Kollisionen mit vorausliegenden Booten kommen.

Und so werden mehrere, im Päckchen nebeneinander liegende Yachten richtig festgemacht: Steht Schwell im Hafen, legt sich das jeweils hinzukommende Boot in die andere Fahrtrichtung neben den Innenlieger. So wird vermieden, daß die Masten mit den Salingen zusammenschlagen. Das jeweils außen liegende Boot bringt die Vor- und Achterleine direkt zum Steg aus, um den Winddruck abzufangen. Bei größeren Päckchen ist es ausreichend, wenn nur die Außenlieger zusätzlich lange Leinen zum Steg ausbringen. Die Innenlieger machen dann ihre Vor- und Achterleine am Nebenlieger fest.

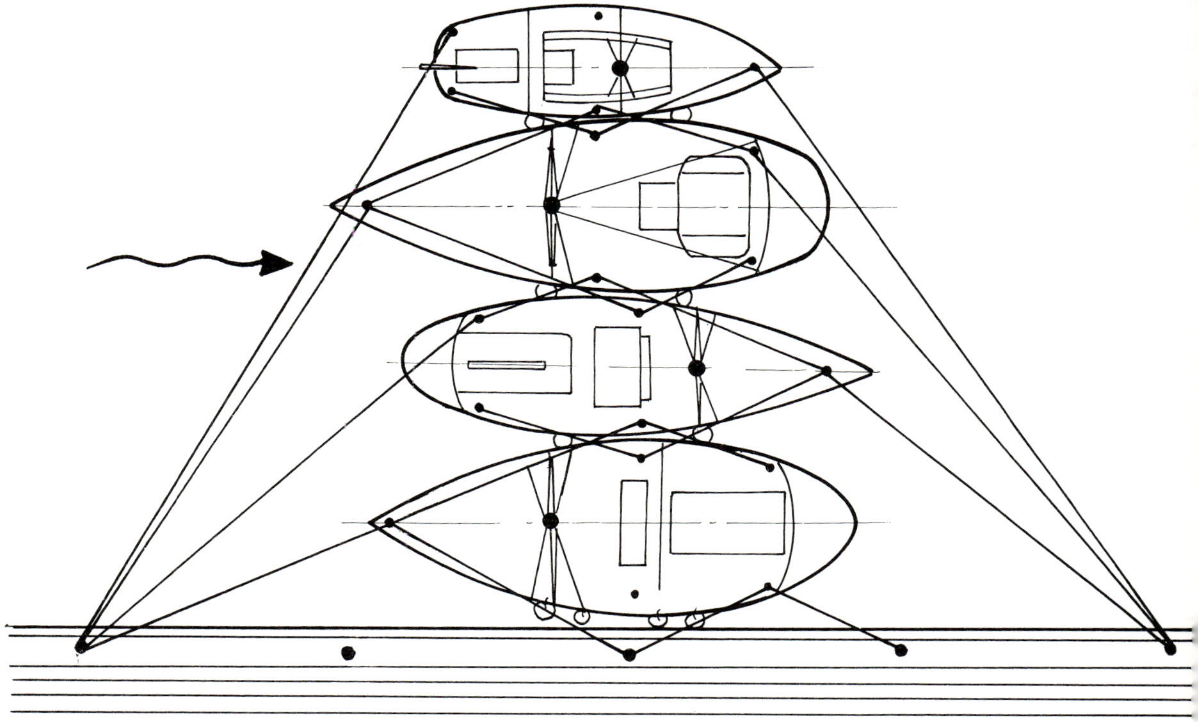

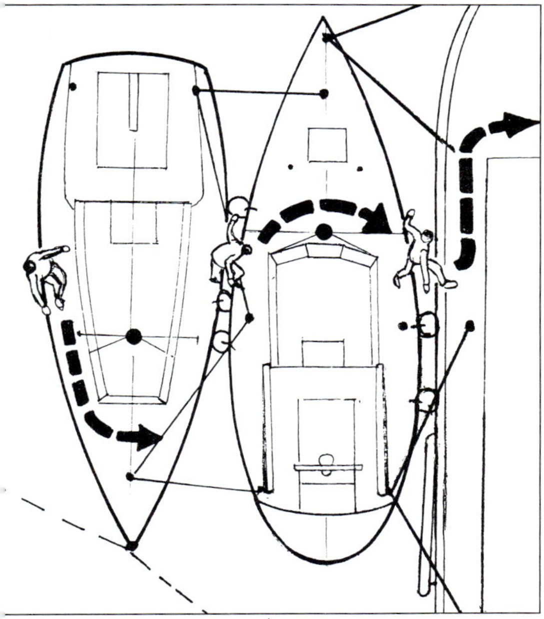

Wenn nun das Boot sorgfältig und richtig vertäut ist, so muß noch die „Yacht-Etikette" beachtet werden. Das Vonbordgehen bei Booten, die im Päckchen liegen, erfordert eine bestimmte Zeremonie, will man sich nicht den Zorn der Nachbarn einhandeln: Grundsätzlich führt der Weg über das Vorschiff und nicht durch die Plicht, wo sich die Crew durch neugierige Blicke belästigt fühlt. Auch bei einem Berufsschiff ist es üblich, über das Vordeck zu gehen. Natürlich trägt man zum Landgang weiche Bordschuhe, die keinen Krach an Deck verursachen. Will man auf feste Schuhe oder Holzpantinen nicht verzichten, so zieht man diese erst an Land an. Ebenso zieht man festes Schuhzeug aus, bevor das erste Boot nach dem Landgang betreten wird.
Wenn zwei Mann zugleich auf eine Bootsseite steigen, wird der Eigner hocherfreut reagieren – vermutlich ist der Morgenkaffee über Stag gegangen. Merke daher: Man betritt erst dann ein fremdes Deck, wenn ein weiteres Crewmitglied bereits die andere Seite des Bootes erreicht hat, um möglichst wenig Krängung zu erzeugen. Niemals mit zwei oder mehreren Personen zugleich eine Schiffsseite belasten!

Festmachen in der Box

Wesentlich erleichtern kann man sich die An- und Ablegemanöver in einer Box, die als ständiger Liegeplatz dient, indem von den Heckpfählen zum Steg Leinen ausgebracht werden. Sie verhindern, daß das Boot seitlich gegen die Nebenlieger treibt. Die Crew kann sich daran festhalten und das Boot bei seitlichem Wind an der Luvseite entlangführen.
In der Box liegt das Boot am ruhigsten, wenn die Achterleinen über Kreuz geführt werden. Dabei entsteht das Problem des Schamfilens. Es läßt sich lösen, indem über die Leinen an den betroffenen Abschnitten Plastikschläuche gezogen werden, die man von Zeit zu Zeit austauschen kann. Das Auffischen beziehungsweise Anbordnehmen der Festmacher wird wesentlich vereinfacht, wenn sie durch Leinen mit den Heckpfählen verbunden sind (gestrichelt). Die Leinen liegen bei leerer Box auf dem Grund, werden nach dem Festmachen aber an Deck genommen.

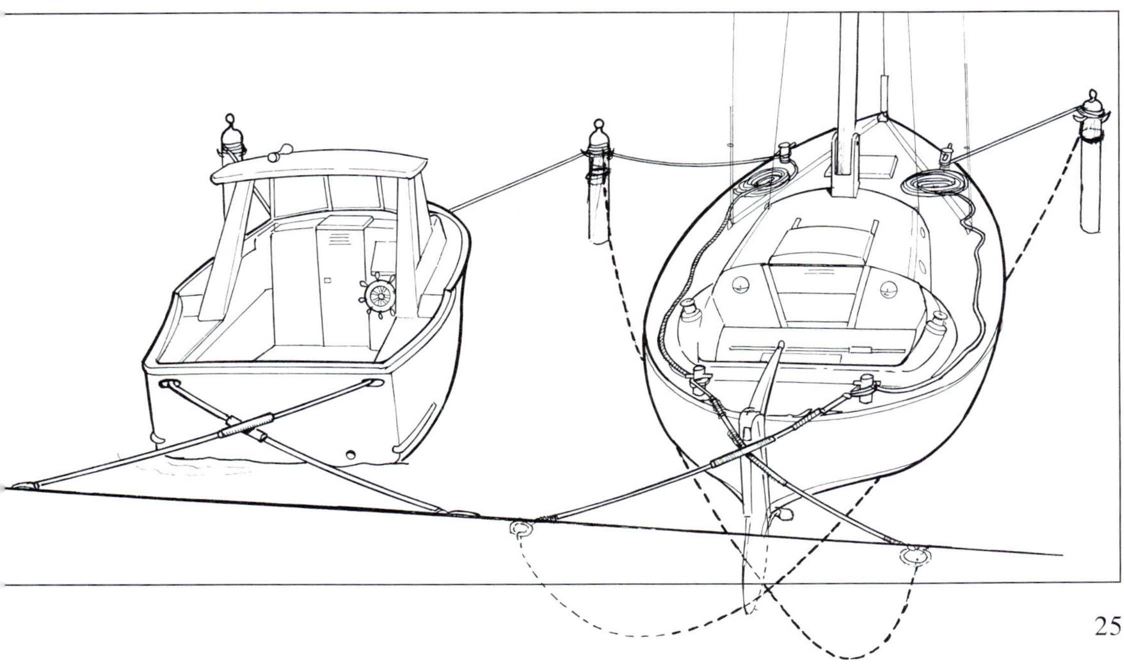

Festmachen in Schleusen

Das Einlaufen und Festmachen in unbekannten Schleusen ist besonders dann problematisch, wenn sie auch von Berufsschiffen frequentiert werden. Diese laufen stets zuerst ein. Grundsätzlich gilt, daß Sportbootfahrer erst nach den entsprechenden Schleusensignalen beziehungsweise Anweisungen des Schleusenpersonals einlaufen dürfen. Verantwortungsbewußte Lotsen und Kapitäne der Berufsschiffe lassen die Maschine stoppen, wenn sich Sportboote nähern. Häufig aber wird dies mißachtet, und der Propeller verursacht dann eine starke Sogwirkung und Querströmung, die jedem kleineren Schiff gefährlich werden kann **(1)**. Daher ist es auch ratsam, an dem Berufsschiff vorbeizufahren und im vorderen Schleusenbereich festzumachen, da dann die Möglichkeit besteht, ohne Behinderung sofort beim Öffnen der Schleusentore auszulaufen.

Auf keinen Fall darf man hinter dem Heck des Berufsschiffes festmachen und darauf warten, daß dieses zuerst ausläuft. Der Propellerstrom würde die Yacht gegen die Kaimauer drücken, wodurch ernste Beschädigungen entstehen können. Nicht minder gefährlich ist der Wind, der in Schleusenkammern durch die Düsenwirkung bei geöffneten Toren sehr stark einfallen und ebenfalls die Yacht gegen die Schleusenmauern oder andere Schiffe treiben kann **(2)**. Schließlich erzeugt das abfließende oder hinzukommende Wasser von den Schleusentoren her eine starke Strömung, die das An- und Ablegen erschwert **(3)**. Man sollte sich daher vor jeder Schleusung in einem unbekannten Revier über die günstigsten Plätze zum Festmachen informieren. Wer neben einem Berufsschiff anlegt, hat die geringsten Probleme, da hier der fallende beziehungsweise steigende Wasserstand nicht berücksichtigt werden muß. Beim Festmachen selbst sind die nachfolgend beschriebenen Maßnahmen zu beachten.

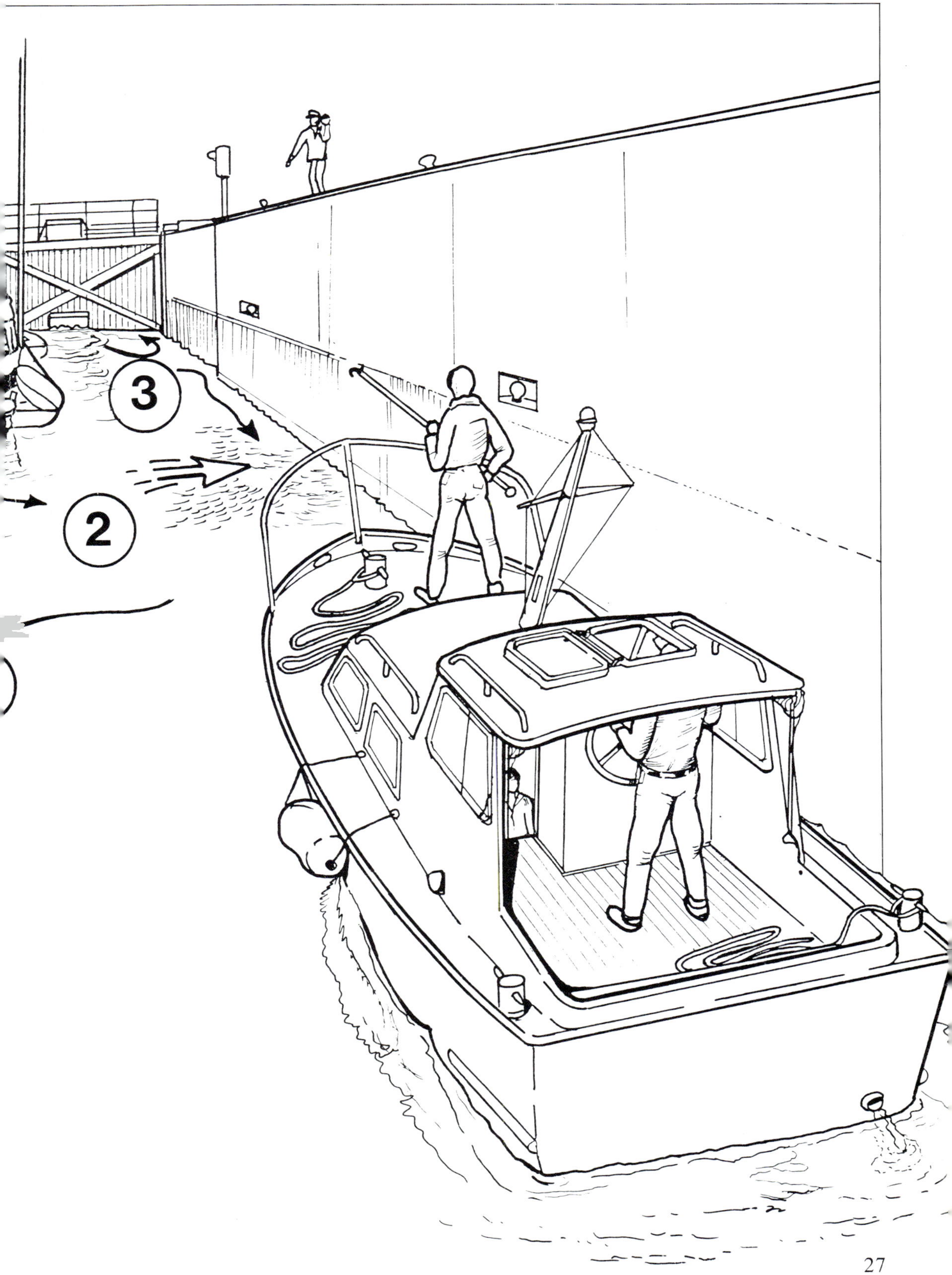
3
2

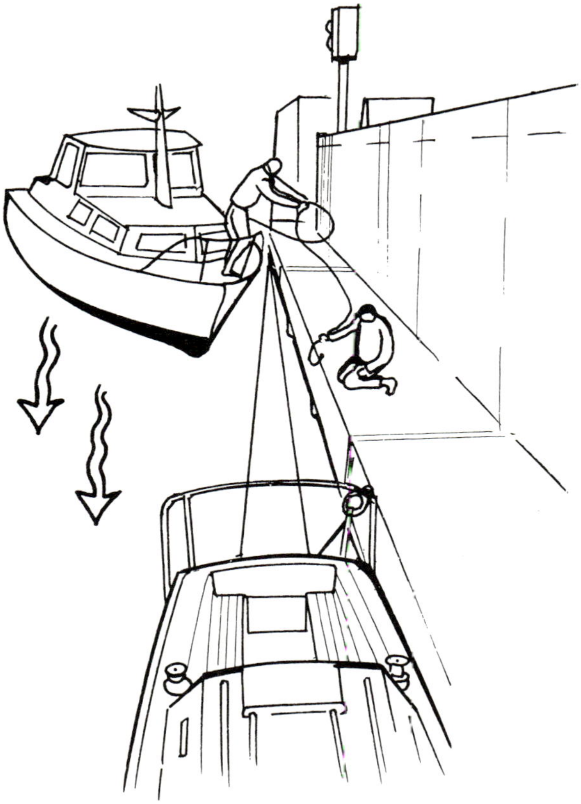

Das Einfahren in die Schleusenkammern mit Winddruck und – unter Umständen – Strom von achtern ist ein Problem für sich. Häufig wird dabei der Fehler gemacht, daß die Mannschaft zuerst den vorderen Festmacher zum Schwimmschlengel ausbringt statt der Achterleine. Dadurch ist das Heck ungesichert und kann unter dem Einfluß von Wind, Strom und einer möglichen Restfahrt vom Schlengel abschwojen. Ist das Boot aber erst einmal unter derartigen Einflüssen verdriftet, wird der Skipper es schwer haben, die vorgesehene Position am Schlengel wieder einzunehmen.

Am günstigsten ist es, wenn nach dem Einfahren in die Schleusenkammer die Achterleine um den Poller oder Ring in der Schleusenwand gelegt wird **(1)**. Die restliche Fahrt des Bootes wird dann genutzt, um den vorderen Festmacher-Poller zu erreichen, wobei die Achterleine zügig aufgefiert wird. Notfalls kann das Manöver mit Maschine voraus unterstützt werden. Die Vorleine liegt derweil klar auf dem Vordeck, wobei der Tampen auf dem Schleppoller festgesetzt ist, damit der Festmacher nicht unbeabsichtigt auslaufen kann **(2)**. Je nachdem, ob das Wasser stark fallen oder steigen wird, führt man die Vorleine unter dem Bugkorb hindurch oder darüber hinweg **(3)**.

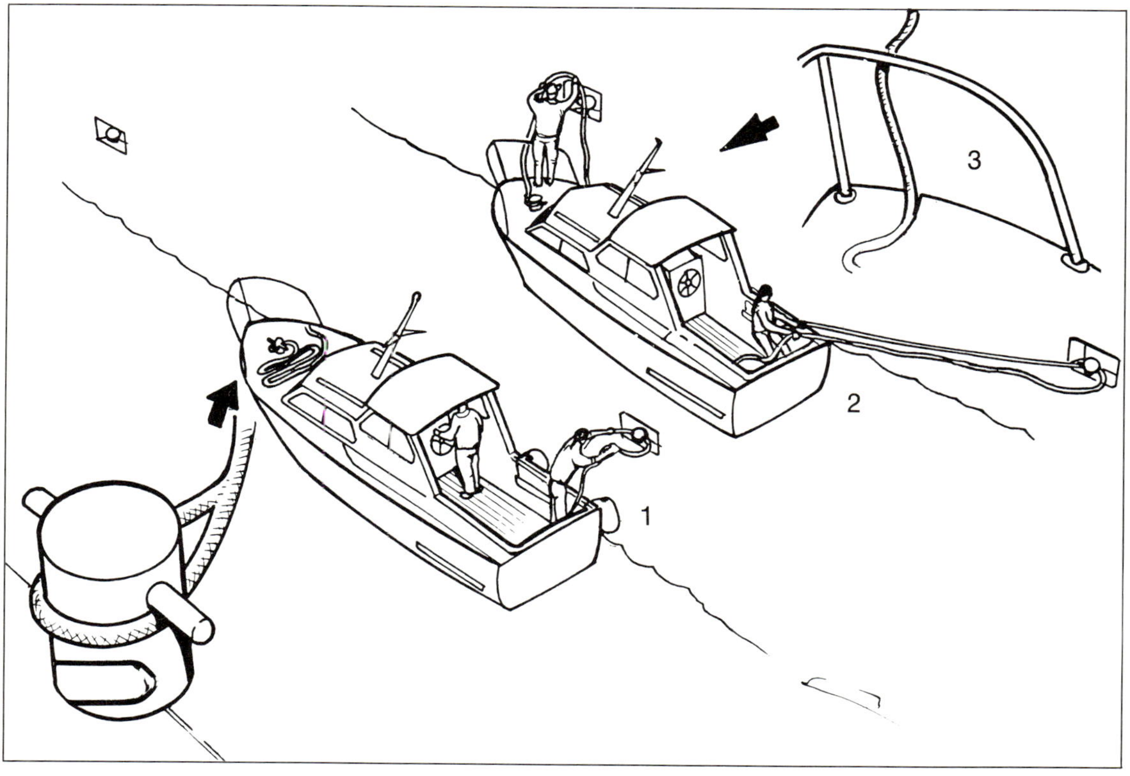

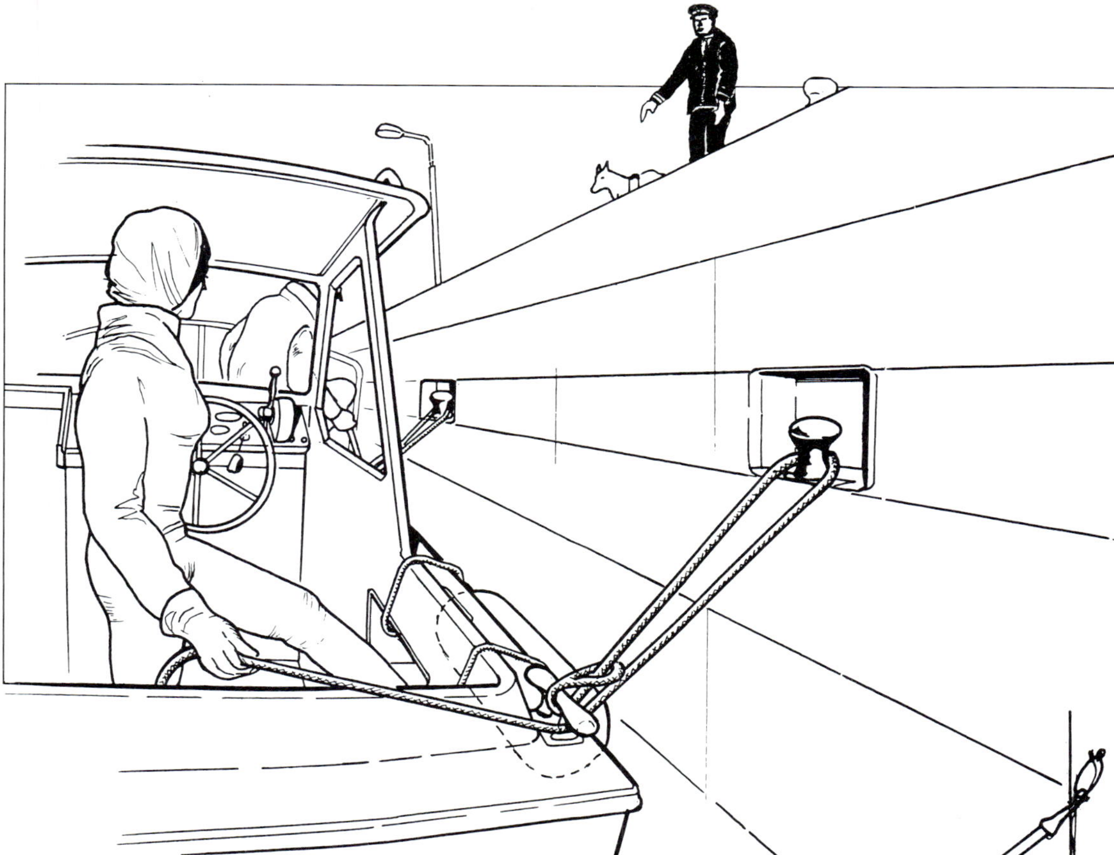

So sieht die zweckmäßige Führung der Festmacherleinen aus: Die Tampen werden (hier mit Hilfe eines eingespleißten Auges) auf der vorderen beziehungsweise achteren Decksklampe belegt. Die Leinen legt man um den Poller oder Ring in der Schleusenmauer und führt sie auf Deck zu den Festmacherklampen zurück, wo sie untergehakt werden. Die Besatzung hält die Tampen in der Hand und ist so in der Lage, die auf Slip gelegten Leinen durch Dichtholen oder Fieren dem jeweiligen Wasserstand anzupassen.

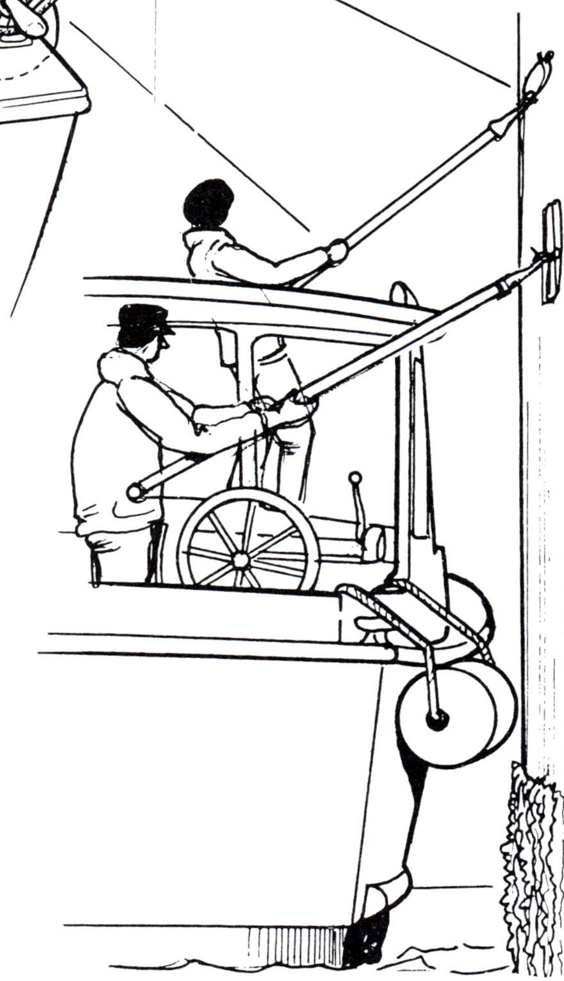

In Schleusen mit geringer Wasserturbulenz beziehungsweise geringen Niveau-Unterschieden ist es auch möglich, auf die Festmacherleinen ganz zu verzichten und die Yacht statt dessen mit Bootshaken an der Kammermauer festzuhalten (links).
Bei wenig fallendem Wasser ist es günstig, die Fender horizontal auszubringen, damit sie nicht in die durch Algen verschmutzte Zone an der Schleusenmauer gelangen.

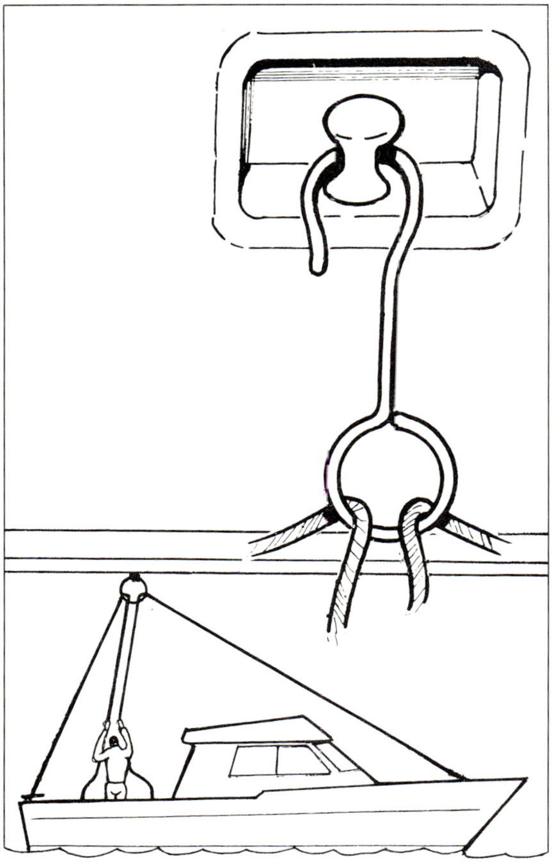

Wie ein Boot von nur einer Person beim Schleusen in Kammern ohne Schwimmschlengel auf Position gehalten werden kann, zeigt diese Zeichnung: Die Vor- und die Achterleine werden durch einen Ring an der Schleusenmauer gezogen und mittschiffs wieder an Deck geführt, wo man sie je nach Wasserstand auffiert oder dichtsetzt. Hierfür läßt sich auch ein spezieller Haken verwenden.

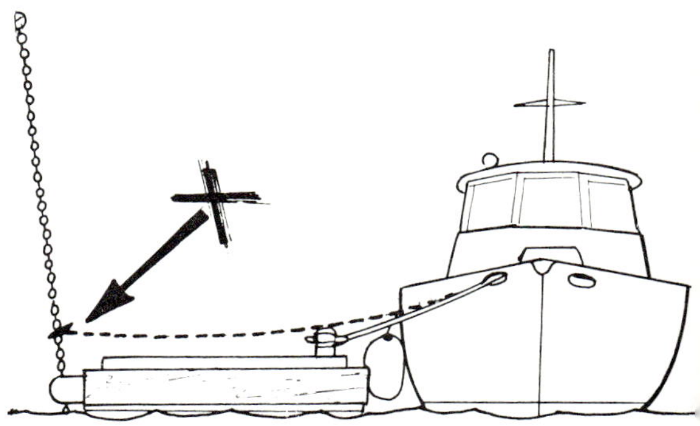

So macht man richtig an Schwimmschlengeln in Tidengewässern oder Schleusen fest: Grundsätzlich werden nur die Klampen oder Ringe auf den Schlengeln zum Belegen der Festmacher benutzt. Auf keinen Fall dürfen die Ketten oder Pfähle, an denen die Schlengel befestigt sind, zum Festmachen verwendet werden.

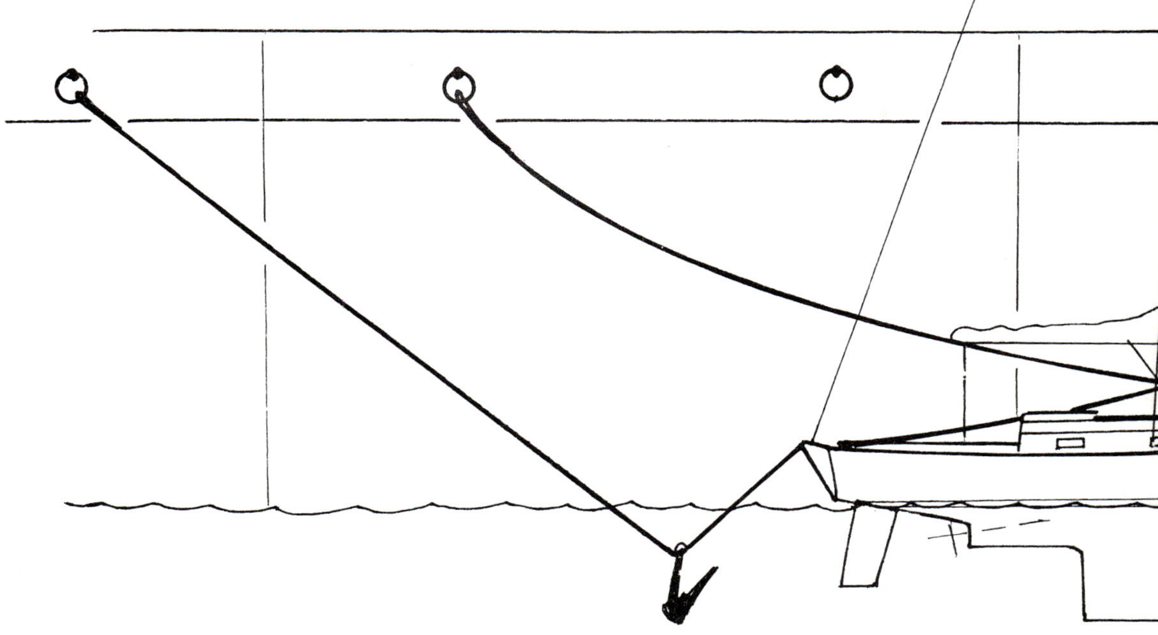

Festmachen in Tidengewässern

Beim Festmachen längsseits an einer Kaimauer auf einem Tidengewässer ist stets damit zu rechnen, daß sich die Yacht zur Seeseite überlegt, wenn der Kiel auf den Grund stößt. Dieses läßt sich vermeiden, wenn zusätzlich zu den Festmacherleinen ein Klappläufer an ein stramm durchgesetztes Fall gesteckt wird, der über einen möglichst kurzen Stropp mit einem Poller oder Ring auf der Kaimauer verbunden ist. Der Klappläufer wird mit sinkendem Wasserstand an dem Fall nach oben rutschen und das Boot aufrecht halten.

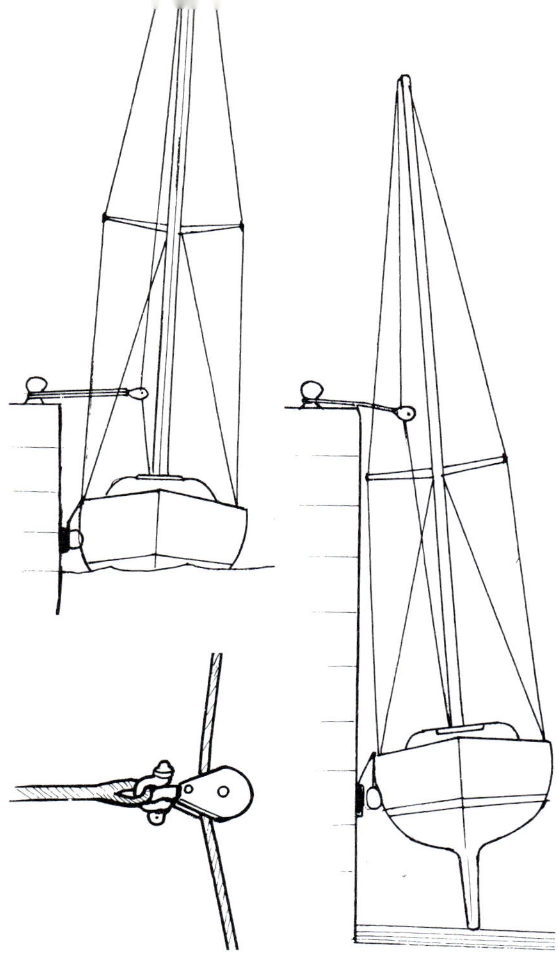

Muß man im Tidenbereich an einer Kaimauer festmachen, so ist es unerläßlich, Vor- und Achterleine sowie die Springs so lang wie möglich auszubringen, so daß sie den Tidenhub ausgleichen können. Als Faustregel gilt, daß ein Meter Differenz im Wasserstand etwa eine halbe Schiffslänge zusätzliche Trossenlänge zur normalen Festmacherlänge erfordert. Damit die Vor- und Achterleine bei steigendem Wasser nicht ihre Haltekraft verlieren, werden sie mit Gewichten beschwert.

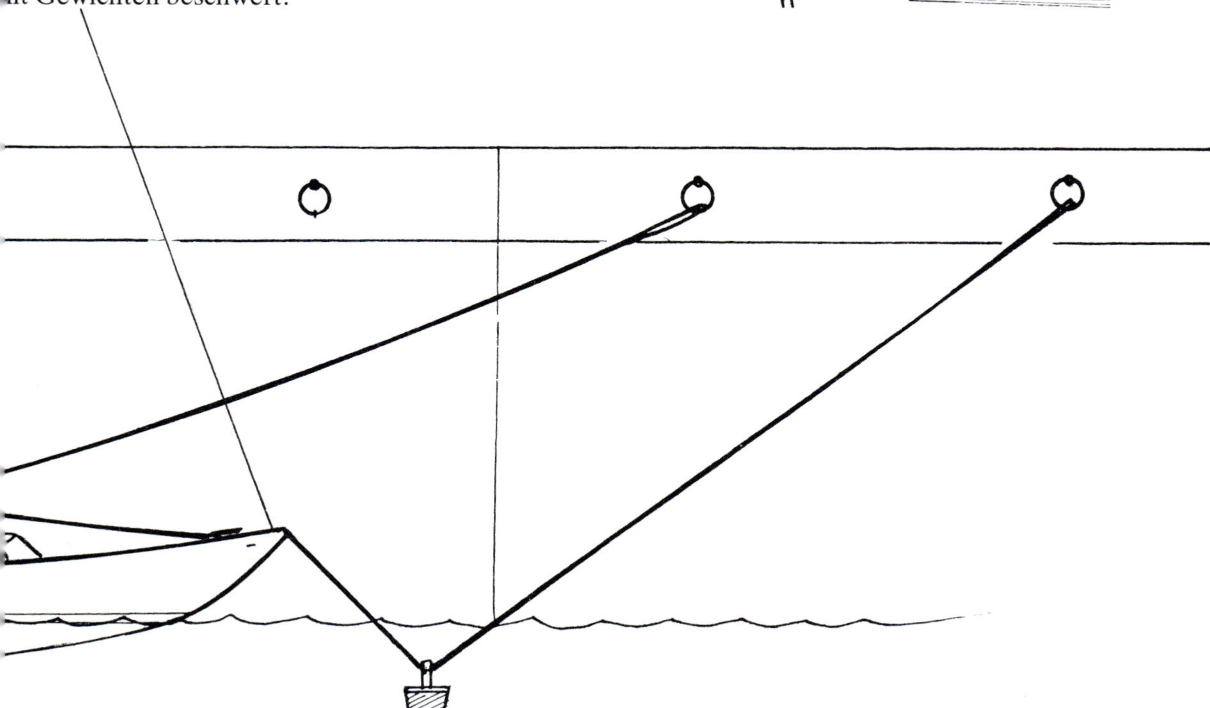

Die Festmacher

Es gibt unterschiedliche Möglichkeiten, eine Leine an einem Stegpoller oder Ring festzumachen:

1: Ein doppelter Rundtörn mit zwei halben Schlägen davor hindert den Tampen am Scheuern. So setzen gewöhnlich Berufsskipper ihre starken Leinen fest.

2: Ist ein Auge in den Tampen eingespleißt, so läßt sich der Festmacher leicht mit einer „laufenden Bucht" über den Poller legen.

3: Auch mit einem Palstek kann eine größere Bucht schnell eingeknotet werden. Diese Lösung hat den Vorteil, daß sich die Festmacher unter oder über Leinen von anderen Booten belegen beziehungsweise losmachen lassen.

4: Auch in einen Stegring kann der Festmacher mit einem Palstek eingebunden werden. Nachteil: An rostigen Ringen scheuert sich die Leine schnell auf. Es ist daher günstiger, vor dem Einknoten des Palsteks einen Rundtörn auf den Ring zu legen.

5: Die beste und schnellste Möglichkeit ist jedoch, die Leine mit einem doppelten Rundtörn und zwei halben Schlägen davor auf den Ring zu stecken. Der Rundtörn reduziert sofort die Zugkraft, während die halben Schläge auch ein ungeübter Mitsegler einknoten kann.

Zur Vermeidung von Scheuerstellen an den Festmachern haben sich passende Plastikschläuche bewährt, die im Bereich der Lippklampen oder Decksdurchführungen aufgezogen werden. Der Zubehör-Fachhandel bietet sie in dem richtigen Durchmesser zu den gängigen Festmacherstärken an. Bei der Anschaffung von Lippklampen sollte man darauf achten, daß der Durchlaß groß genug für den benötigten PVC-Schlauch ist.

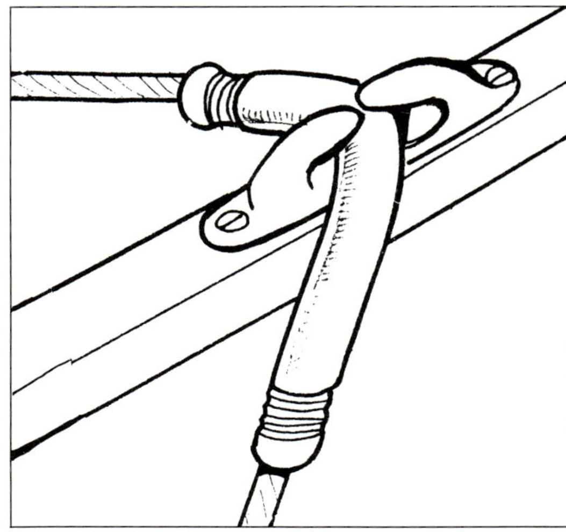

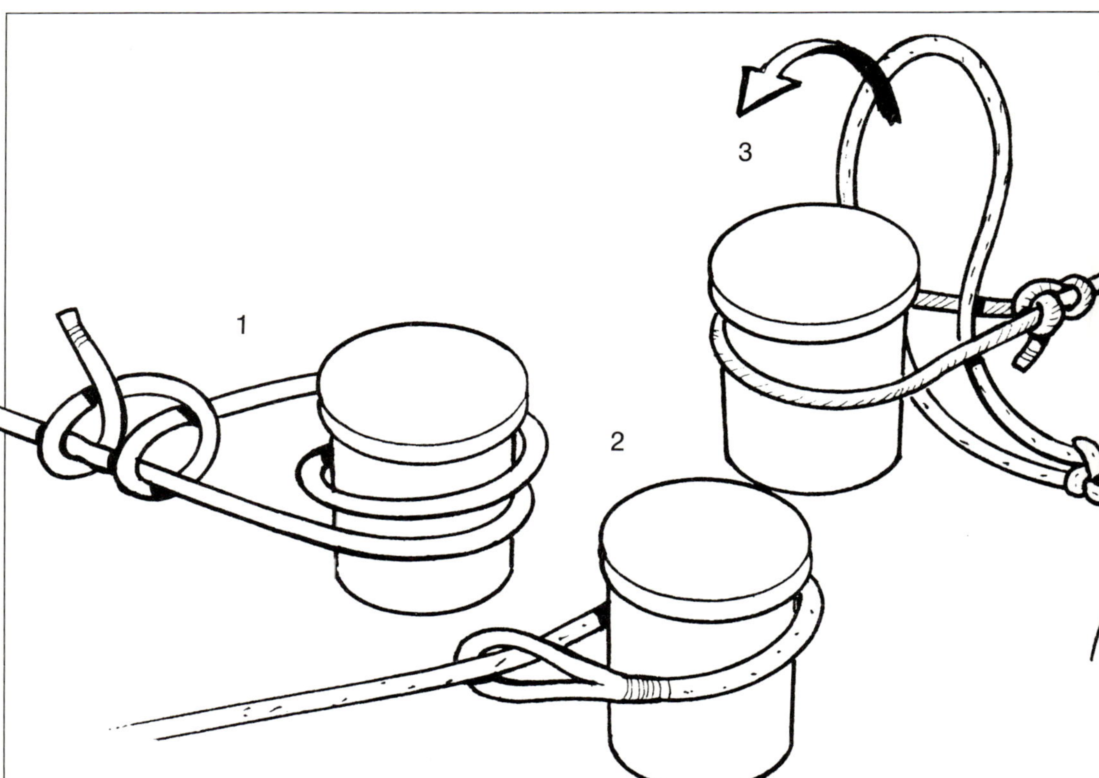

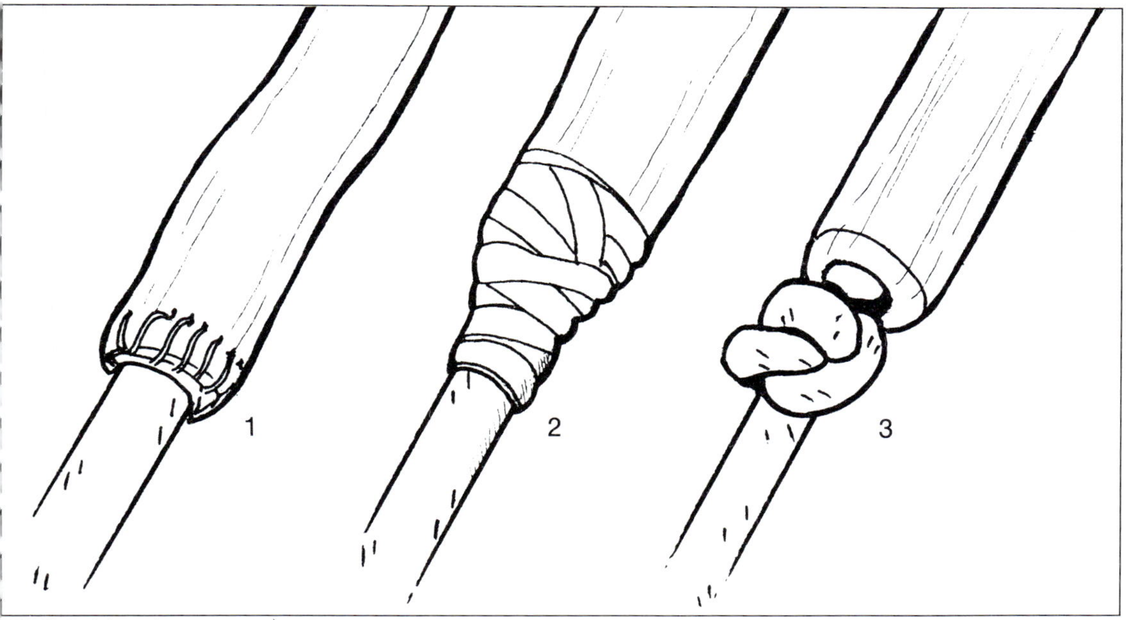

PVC-Schläuche müssen auf den Leinen befestigt werden, da sie andernfalls verrutschen.
1: Schwierig, aber korrekt ist das Aufnähen mit Takelgarn. Das Kunststoff-Material ist zäh und läßt sich schlecht mit der Segelnadel durchstechen.
2: Am einfachsten – und sehr haltbar – ist das Umwickeln der Enden mit Tape.
3: Auch Knoten als Begrenzung sind möglich, jedoch empfiehlt sich dies nur bei dünneren Festmachern, wobei die Knoten die Bruchfestigkeit verringern.

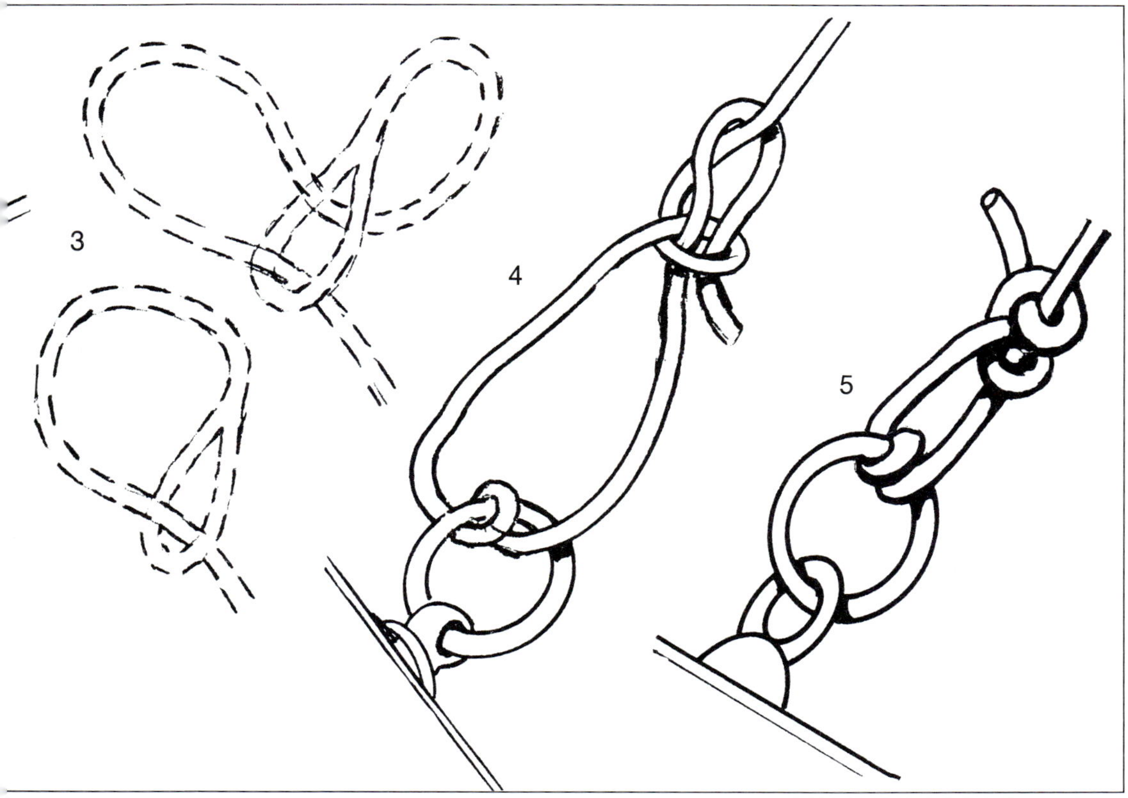

So sollte ein Festmacher für eine größere Yacht aussehen: Eine Stahlfeder wird direkt in den Stegring eingeschäkelt. Der Tampen des Festmachers erhält ein eingespleißtes Auge mit Kausch, das über einen Schäkel mit der Feder verbunden wird. Die Scheuerstelle in der Decksdurchführung ist durch ein Stück PVC-Schlauch geschützt. Zur Sicherung gegen einen eventuellen Federbruch wird ein kurzes Stück Kette eingeschäkelt. Statt der Stahlfeder kann auch eine Gummifeder verwendet werden.

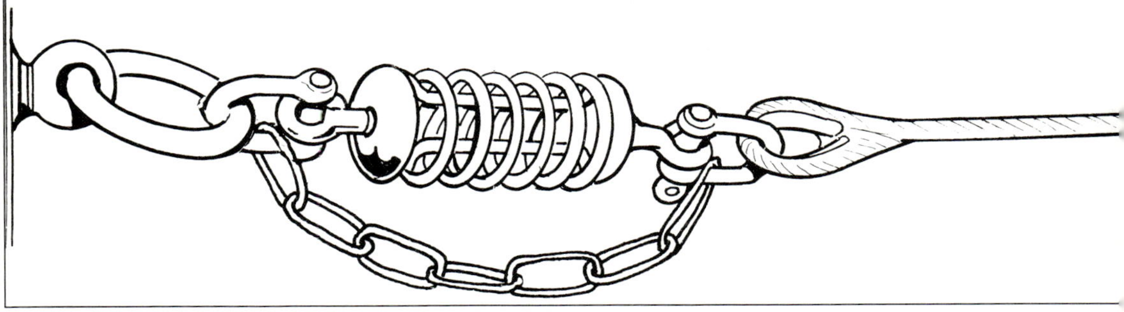

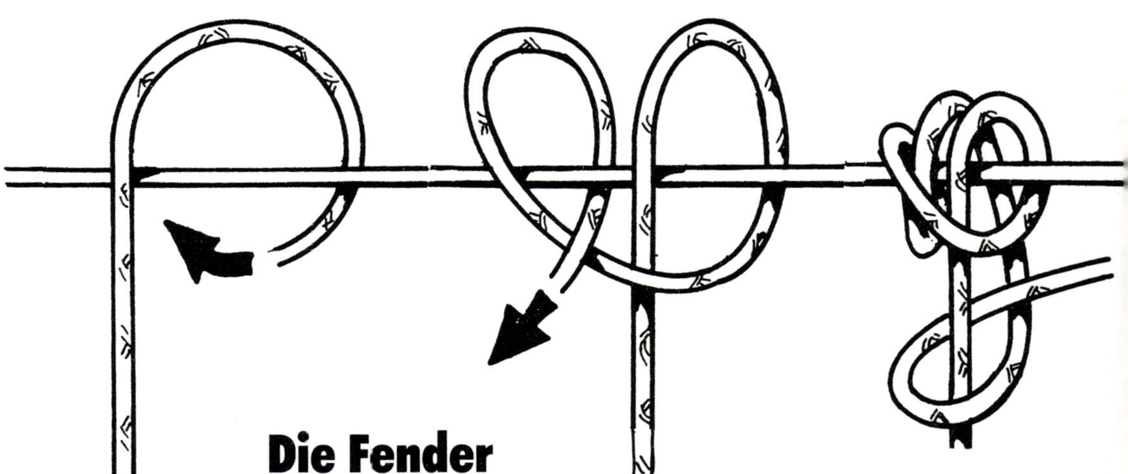

Die Fender

Die Fender werden vor dem Anlegen ausgebracht. Als Faustregel gilt, daß wenigstens drei Fender die Bordwand schützen sollten, einer mittschiffs und je ein weiterer vorlich und achterlich davon. Die Fender werden am einfachsten mit einem Webeleinstek am Relingsdurchzug festgeknotet, wobei ein zusätzlicher halber Schlag ein Lockern des Knotens verhindert.

Liegen mehrere Yachten im Päckchen oder wird das Boot durch Wind und Schwell gegen den Kai gepreßt, so müssen die Fender großen Belastungen standhalten. Damit sie in ihrer Position fixiert bleiben, knotet man sie am besten am Fuß der Seerelingsstütze mit zwei Rundtörns und einem Webeleinstek fest. Ist sehr starker Schwell zu erwarten, so sollten die Fender nur an stabilen Decksbeschlägen befestigt werden.

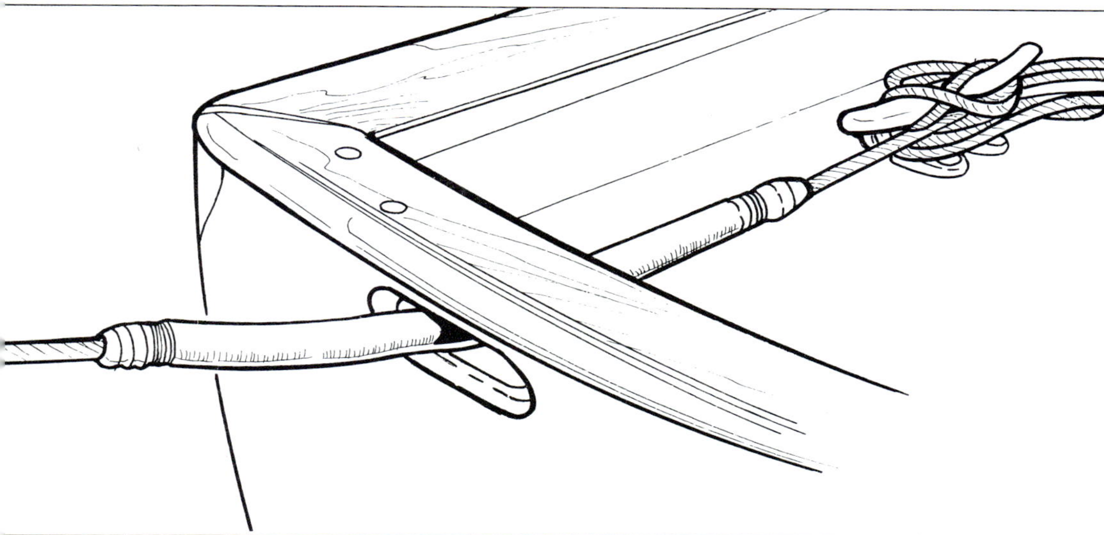

Steht Schwell im Hafen, so ist es oftmals günstiger, die Fender in Längsrichtung zur Bordwand festzumachen. Dadurch können sie auf- und abrollen, passen sich also den Bewegungen des Bootes besser an und scheuern nicht an der Außenhaut. Außerdem wird ihre Position fixiert. Günstiger ist es, wenn die Fender unterhalb der Scheuerleiste liegen, sofern sie so hoch angebracht werden können.

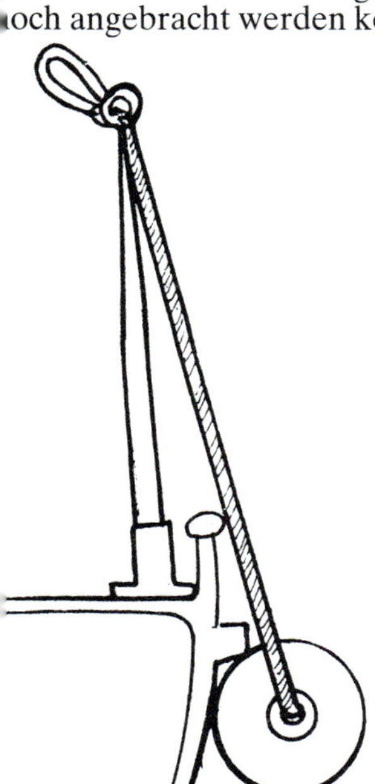

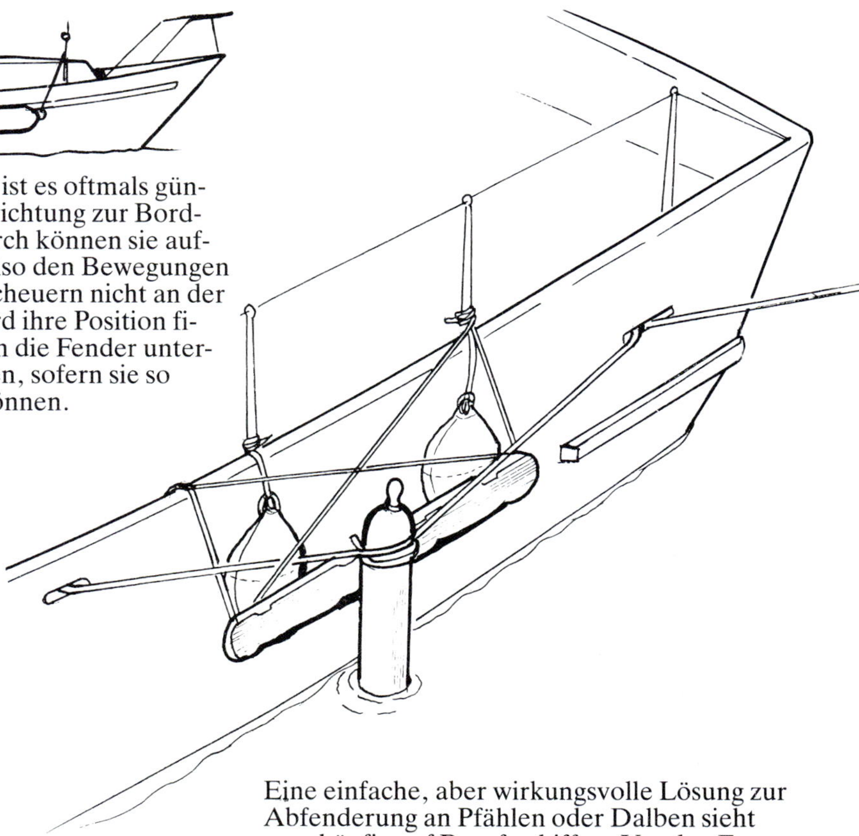

Eine einfache, aber wirkungsvolle Lösung zur Abfenderung an Pfählen oder Dalben sieht man häufig auf Berufsschiffen: Vor den Fendern wird ein Querholz befestigt, das zum Pfahl hin eine lange Auflagefläche bietet. Die Fender können also nicht neben den Pfahl rutschen. Ein solcher Brettfender empfiehlt sich auch für Yachten, die häufig an schmutzigen Kaimauern festmachen müssen.

Sandiger Grund
Grober Kies steinig
Korallen-stöcke
Steine, Felsen
Schlick und Kleie
Bewachsener Grund
1
2
3
4
5

Klar bei Anker

Einen Anker für jede Art von Ankergrund gibt es nicht. Daher ist es ratsam, wenigstens zwei Anker an Bord mitzuführen, von denen jeder einen möglichst großen Wirkungsgrad auf verschiedenen Bodenstrukturen hat. Grundsätzlich sollte ein konventioneller Gewichtsanker an Bord sein, der auch in steinigem oder mit Seegras bewachsenem Grund hält, und ein moderner Leichtgewicht-Plattenanker, dessen großformatige Flunken in lockerem Boden genügend Widerstand bieten.

Die gebräuchlichsten Ankertypen

Diese Zeichnung verdeutlicht die Einsatzbereiche der gebräuchlichsten Ankertypen.

: Der klassische Stockanker ist mit am universellsten einsetzbar. Er hält auf felsigem, steinigem oder korallenhaltigem Grund ebenso wie auf Seegras-Bewuchs.

: Der Pflugscharanker ist vorwiegend für Sand- oder Schlickgrund geeignet und hat dort eine hohe Haltekraft.

: Der Danforth-Anker gehört zu den Leichtankern und hat die höchste Haltekraft in Sand, Schlick und grobem Kiesgrund. Zwei Plastikkugeln auf dem Stock bei der Bass-Ball-Ausführung verhindern das Verkanten beim Eingraben.

: Der relativ schwere D'Hone-Anker hat ebenfalls gute Haltekraft in Sand, Schlick und grobem Kies, ist aber eher für größere Yachten geeignet.

: Ungewöhnlich, aber dennoch bewährt ist der aus Skandinavien stammende Sea-Grip-Anker, dessen Flunken sich ineinander drehen lassen. Er hält auf Sand, Schlick, Kies und Geröll sowie auf Seegras-Bewuchs. Allerdings ist die Haltekraft begrenzt, da sich stets nur eine Flunke eingräbt.

6: Altbewährt ist der Umsteck-Draggen, der sich gut hinter Felsen, Geröll und Korallen verhakt. In weichem Schlick gräbt er sich ebenfalls ein, während ihm Seegras, harter Ton und fester Sandboden Probleme bereiten.

7: Ähnlich verhält es sich mit dem Klapp-Draggen, dessen schmale Flunken aber in weichem beziehungsweise sandigem Grund nur eine geringe Haltekraft entwickeln. Dafür dringen sie durch verkrauteten Grund und verhaken sich zwischen den Pflanzenwurzeln.

8: Relativ neu ist der aus England stammende Bruce-Anker, der ursprünglich für das Vermuren von Bohrinseln und das Ankern in der Nordsee entwickelt wurde. Seine Eigenschaften sind denen des Pflugscharankers ähnlich, er hält gut auf Sand- und Schlickgrund. Bei Bewuchs gräbt er sich sehr schlecht ein. Dem Bruce-Anker wird eine gute Haltekraft nachgesagt, jedoch benötigt er eine möglichst lange Ankerkette beziehungsweise eine Leine mit langem Kettenvorlauf, da er sich nur dann gut eingräbt, wenn der Schaft parallel zum Grund liegt. Auf Yachten wird der Anker gern wegen seiner einfachen Halterung am Bug gefahren. Er paßt sich gut der Rumpfform an.

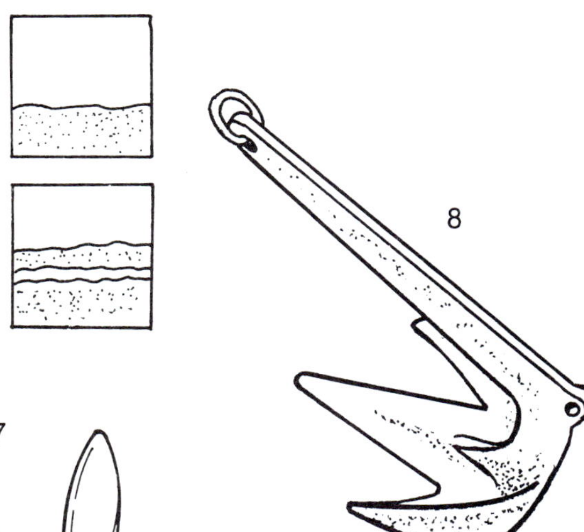

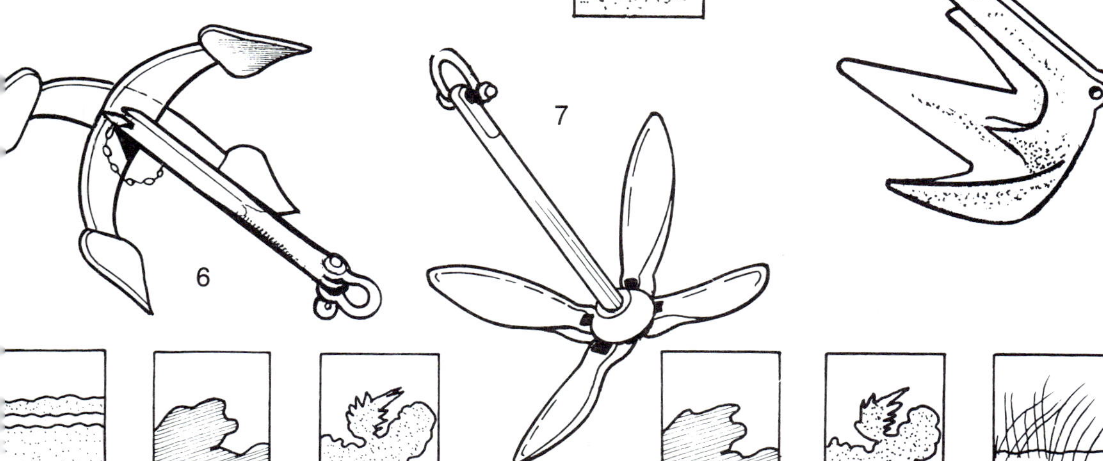

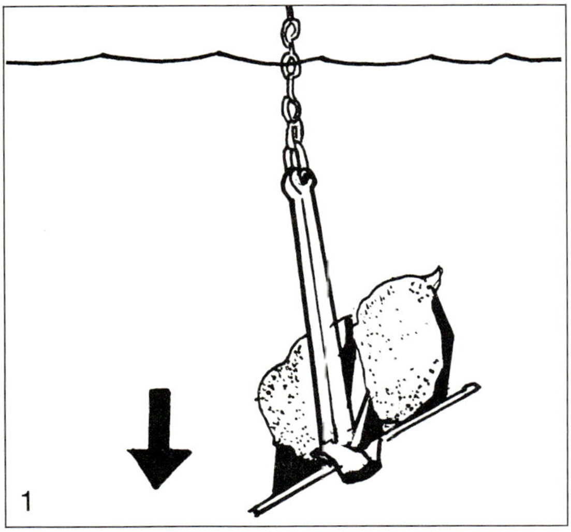

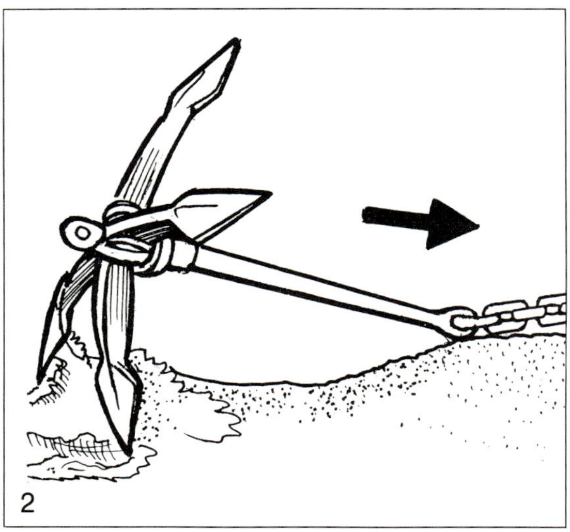

Weshalb hält der Anker nicht?

Ankermanöver können ihre Tücken haben. Mancher Skipper ist erstaunt, daß sein Boot nach dem Ausbringen des Ankers vertreibt, obwohl das vorher niemals der Fall war. Warum hält der Anker nicht? Die unterschiedlichsten Gründe können ursächlich dafür sein:

1: Häufig wird zum Beispiel der Anker nicht ganz aufgeholt, wenn das Ankermanöver wiederholt werden muß, weil man zu dicht an einen Nebenlieger geraten ist. Der Vordecksmann bemerkt dadurch nicht, daß größere Schlickballen auf den Flunken haften geblieben sind, die dann beim erneuten Ausbringen ver-

Das unerklärliche Vertreiben einer Yacht in Tidengewässern kann auch eine andere Ursache haben: Zäher Kleie- beziehungsweise Tonboden bleibt beim Ausbrechen des Patentankers häufig als Ballen auf den großflächigen Flunken haften. Nach der Stromkenterung und damit entgegengesetzter Zugrichtung des Bootes klappen die Flunken auf die andere Seite um, werden dort aber durch die Tonballen am Eingraben gehindert. Der Anker rutscht also auf diesen Polstern über den Grund.

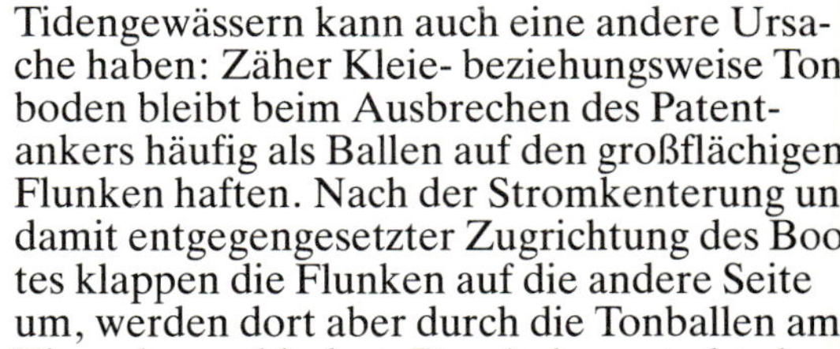

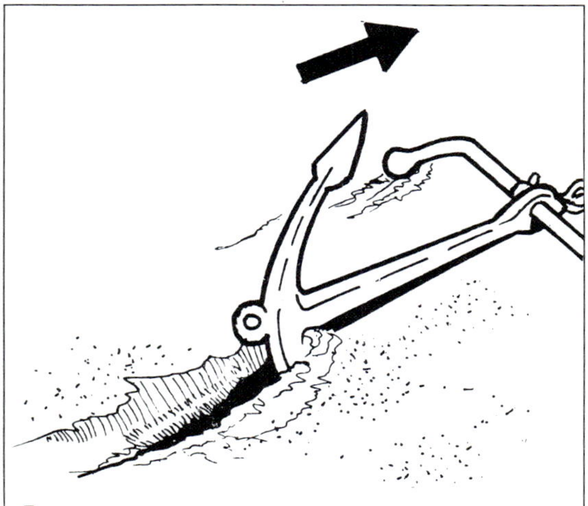

5

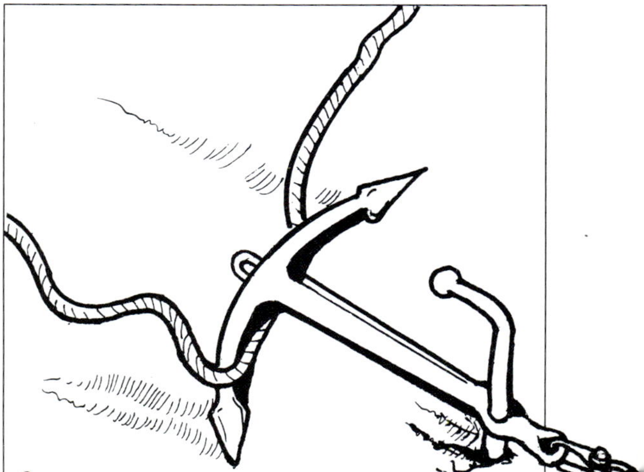

6

hindern, daß der Anker sich ausreichend tief eingräbt.

2: Klappdraggen, deren vier Arme fächerartig vom Schaft abgespreizt werden können, graben sich häufig schlecht ein, wenn die Flunken einen zu großen Anstellwinkel haben.

3: Die Ankerkette beziehungsweise -leine sollte so lang ausgebracht werden, daß der Ankerschaft möglichst parallel zum Grund zu liegen kommt, der Zug also horizontal erfolgt. Wird der Schaft dagegen infolge einer zu kurzen Kette angehebelt, so können sich die Flunken nicht eingraben, sondern furchen mit den Spitzen durch den Grund.

4: Besonders empfindlich reagieren leichtgewichtige Patentanker auf zu kurze Ketten oder Trossen. Ebenso ist die Beschaffenheit des Grundes von besonderer Bedeutung, denn Grasbewuchs oder Steine, Korallen und Geröll verhindern, daß sich die breiten Flunken festsetzen. Über Seegras rutschen Patentanker häufig einfach hinweg.

5: In zu weichen, muttigen Gründen greifen andererseits die kleinen Flunken eines Stockankers nicht zuverlässig. Es kann passieren, daß der Anker durch den Schlick gezogen wird, wenn Strom oder Wind einen starken Druck auf das vor Anker liegende Boot ausüben.

6: Schließlich hat schon mancher Skipper seinen Anker unbemerkt über die Ankerleine oder -kette des Nachbarn geworfen. Sobald diese unter Arme oder Flunke gerät, wird sie den Anker aus dem Grund brechen.

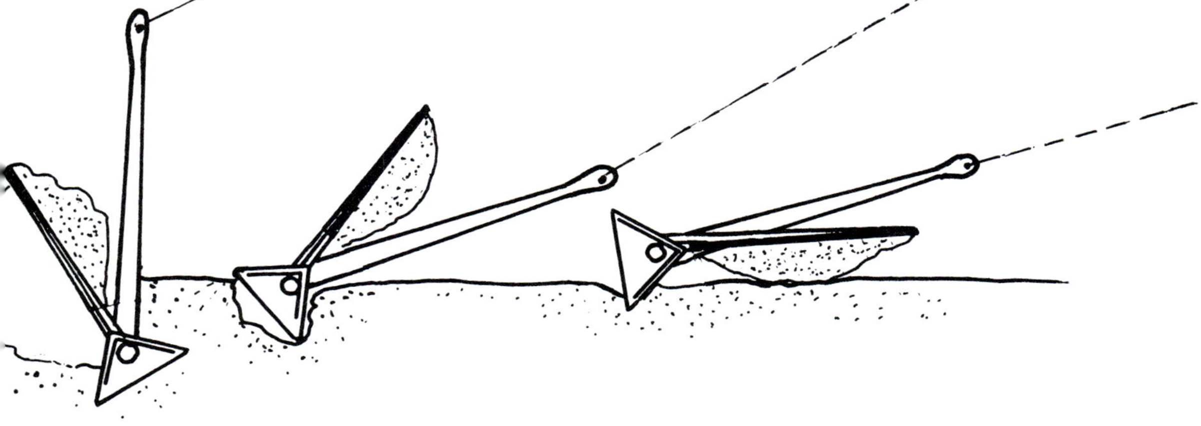

Kette und Trosse

Die Länge der Ankerkette beziehungsweise Ankerleine ist von zwei Faktoren maßgeblich abhängig: von der Wassertiefe und vom Materialgewicht. Eine Kette ist naturgemäß schwerer als eine Leine und hält somit eher den Ankerschaft parallel zum Grund, so daß der Anker nicht ausbrechen kann. Wer nur mit einer Kette ankert, sollte wenigstens die vierfache Länge der herrschenden oder zu erwartenden (in Tidengewässern) Wassertiefe stecken. Mit einem Kettenvorlauf, der nicht kürzer als die Schiffslänge sein sollte, ist zumindest die sechsfache Wassertiefe zu stecken, und beim Ankern nur mit einer Leine ist bereits eine Länge erforderlich, die der zehnfachen Wassertiefe entspricht.

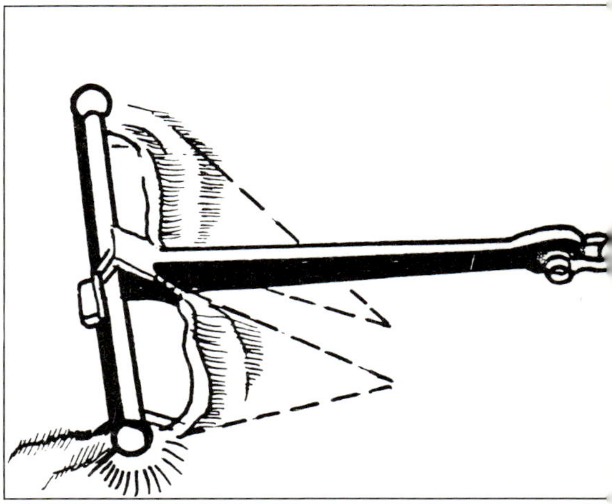

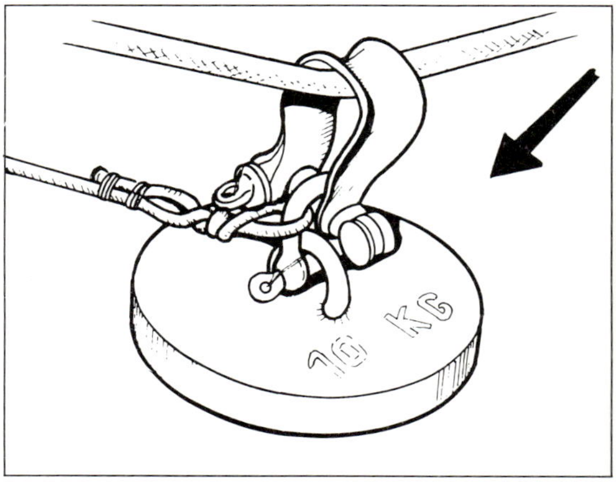

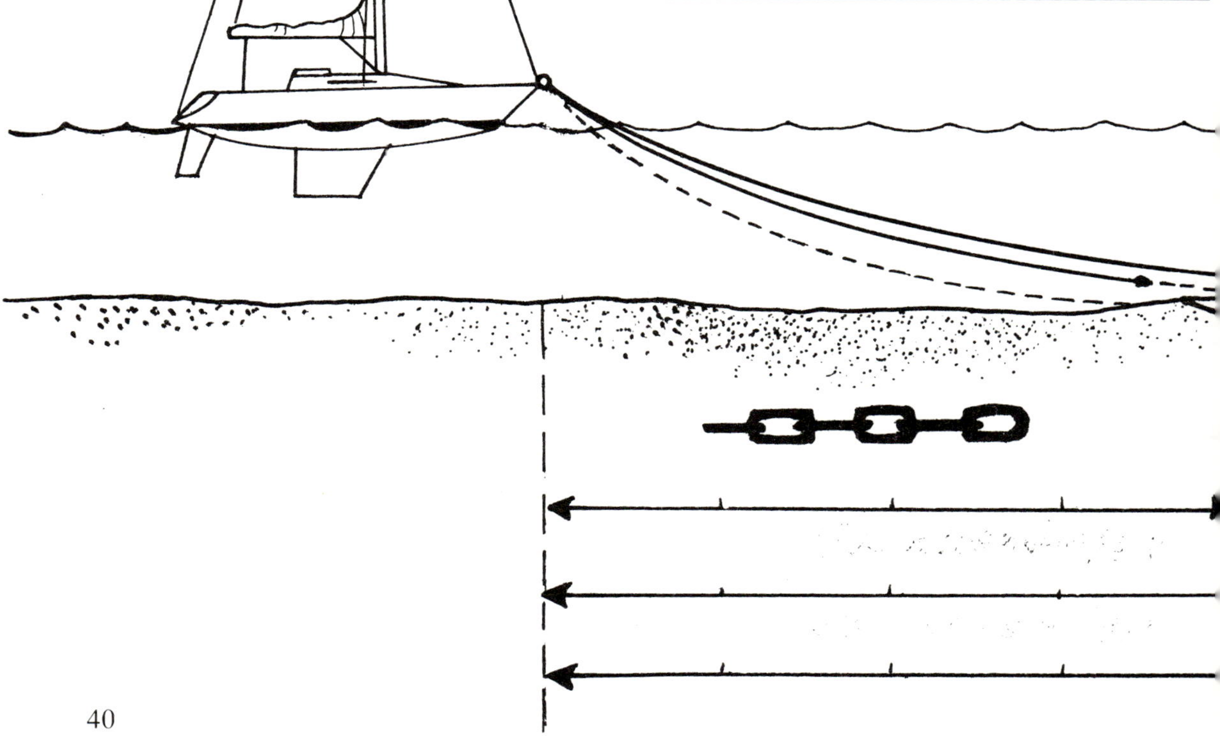

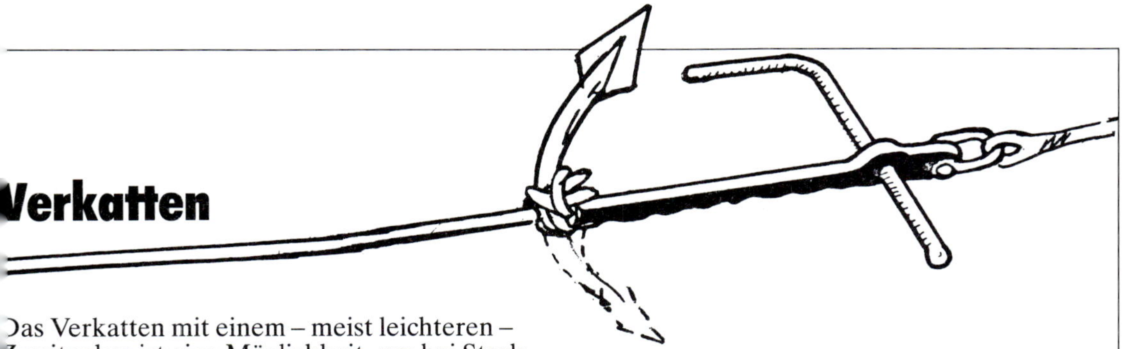

Verkatten

)as Verkatten mit einem – meist leichteren – Zweitanker ist eine Möglichkeit, um bei Starkwind oder Seegang die Haltekraft des Hauptankers zu erhöhen. Zu diesem Zweck wird der Kattanker über ein wenigstens fünf Meter langes Ende mit dem Hauptanker verbunden.

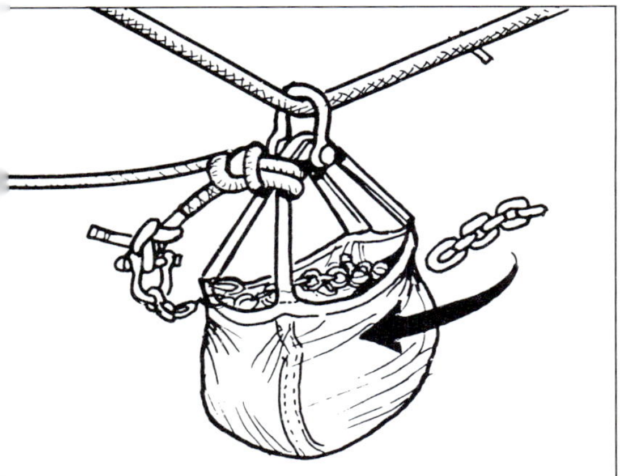

Reitgewichte

Ein Reitgewicht, das auf die Kette gehängt und bis zum Grund hinabgelassen wird, kann die Haltekraft des Ankers wirkungsvoll erhöhen beziehungsweise die Leinen- oder Kettenlänge verringern. Hierfür gibt es Gleitschäkel, die groß genug bemessen sind, um über die Kettenglieder rutschen zu können. Eine dünne, angesteckte Leine ermöglicht das Aufholen des Reitgewichtes vor dem Anker-auf-Manöver. Der Zubehörhandel bietet heute speziell konstruierte Reitgewichte an. Wer ein solches nicht an Bord hat, kann sich mit einem Segelsack oder einer Tasche behelfen, die mit einem Stück Kette oder Werkzeug beschwert wird.

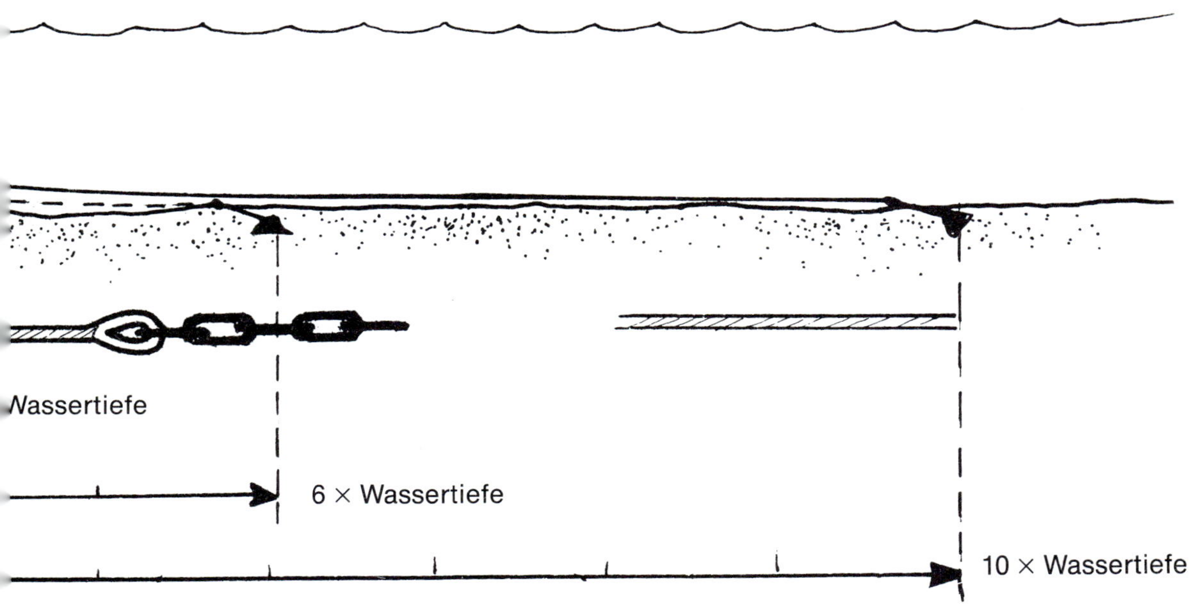

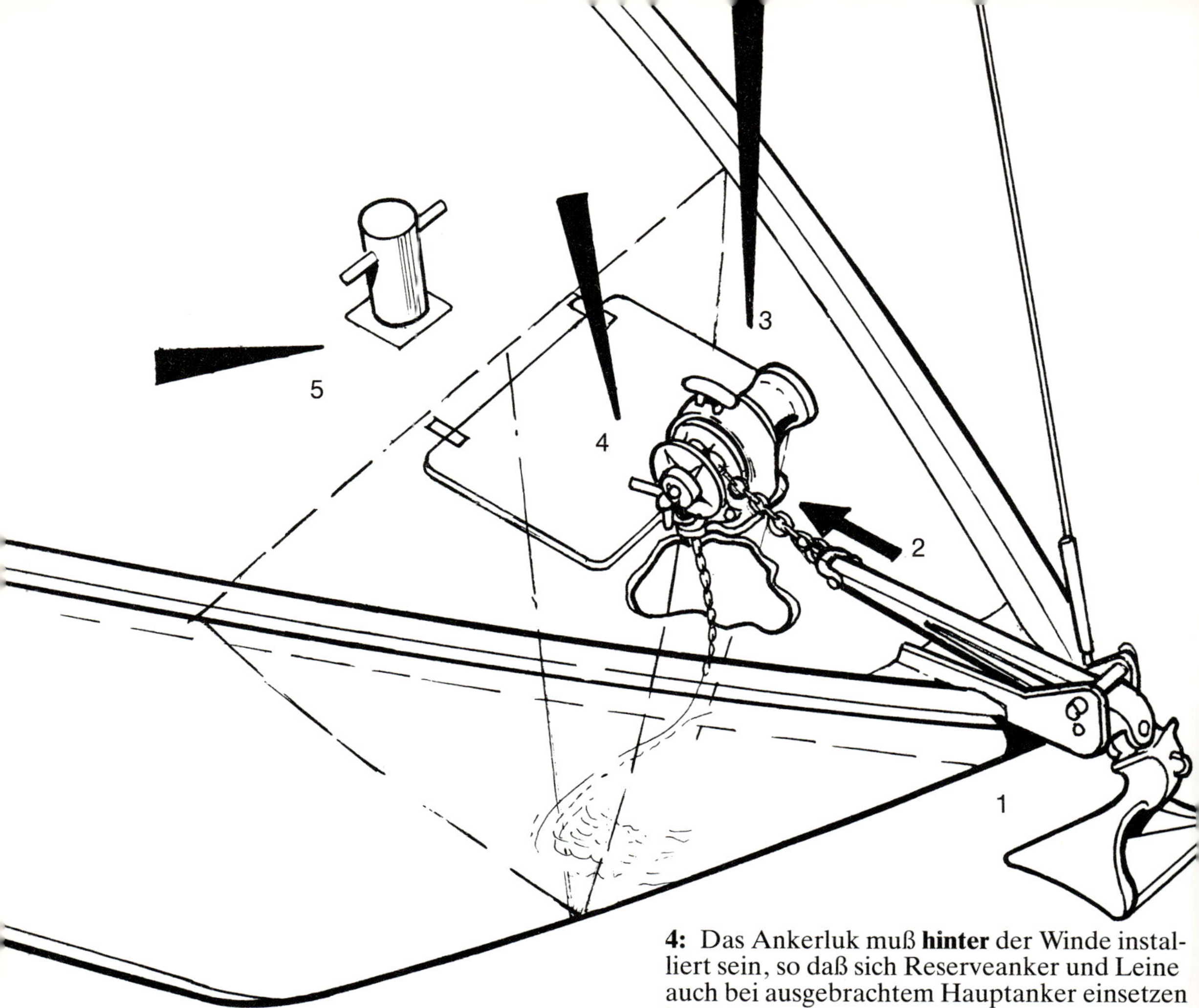

Ankerhalterungen

Für ein Boot von zirka sechs Tonnen Verdrängung und einer Länge über alles von zirka zehn Metern hat sich die folgende Ankerausrüstung bewährt.
1: Im Bugbeschlag wird ein Pflugschar-Anker oder ein ähnliches Modell so gehaltert, daß die Flunkenspitzen in aufgeholtem Zustand den Bug nicht beschädigen können. Das heißt, die Ankerrolle muß entsprechend über den Steven hinausragen.
2: Zur Sicherung von Anker und Kette ist ein Splint beziehungsweise Schraubbolzen erforderlich. Eine Ankerwinde für Handbetrieb sollte ab dieser Bootsgröße vorhanden sein. Die Kette muß ohne Verkantung direkt auf die Kettennuß laufen und in freiem Fall in den Kettenstauraum gelangen können.
3: Empfehlenswert ist es, wenn die Winde auch mit einer Trommel zum Einholen einer Ankerleine ausgerüstet ist.
4: Das Ankerluk muß **hinter** der Winde installiert sein, so daß sich Reserveanker und Leine auch bei ausgebrachtem Hauptanker einsetzen lassen.
5: Ein stabiler, durchgebolzter Poller oder eine entsprechende Klampe auf dem Vorschiff sind notwendig, um die Ankerwinde von Kette beziehungsweise Leine entlasten zu können.

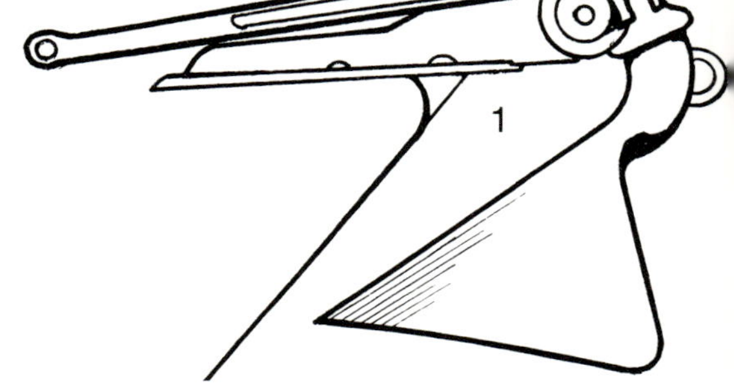

Der Ankerkasten

Es sind nicht wenige Yachten, die hilflos nach einem Ankermanöver in die Drift gingen, weil die Ankerkette oder der Ankertampen an Deck beziehungsweise im Ankerstauraum nicht festgesetzt waren. Es ist also wichtig, daß die Kette mit einem starken Ende an einem Auge im Ankerstauraum gesichert ist. Auf keinen Fall darf die Kette direkt angeschäkelt werden, da sie sich dann in einer Notsituation, zum Beispiel beim Not-Slippen des Ankers, nicht loswerfen läßt. Das letzte Kettenglied wird mit einer mehrfach geschorenen dünnen Leine festgesetzt. Das Auge sollte solide verbolzt sein und den Belastungen einer auslaufenden und ruckartig aufstoppenden Kette standhalten können. Natürlich müssen Kette oder Ankertampen beim Ankern unabhängig von dieser Sicherung an Deck belegt werden. Eine unklare Ankerkette hat schon manches Ankermanöver vereitelt. Wenn zwischen der Kettenklüse im Deck und dem Kettengatt genügend Freiraum vorhanden ist, wird sich die Kette normalerweise niemals vertörnen. Bei manchen Yachten wird sie jedoch durch ein langes und manchmal schräg verlaufendes Rohr in den Kettenstauraum unter den Vorschiffskojen geführt. Wenn hier die Höhe zu niedrig ist, so daß die Kette beim Einlaufen unter dem Rohr stockt, kann sie sich beim Auslaufen vertörnen.

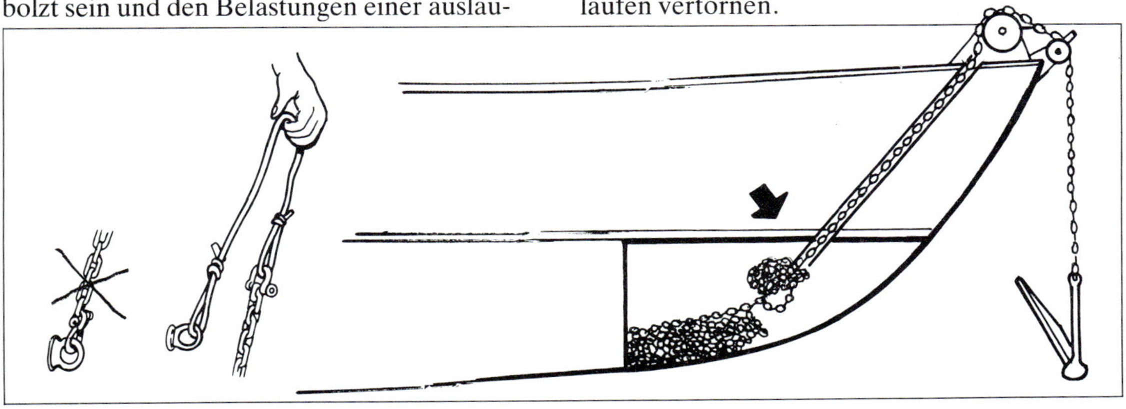

Ein optimal gestalteter Ankerstauraum sollte durch ein Längsschott unterteilt sein, so daß Ankerkette und Anker mit Kettenvorlauf und Leine gesondert verstaut werden können. Das Ankerluk ist im günstigen Fall so groß bemessen, daß der Reserve- beziehungsweise Plattenanker hindurchpaßt. Der Ankerstauraum muß zum Vorschiffsbereich durch ein stabiles Querschott wasserdicht separiert sein und einen Wasserabfluß haben. Der Bugbeschlag sollte zwei Rollen und einen Sicherheits-Splint aufweisen, damit zwei Anker mit Leine bzw. Kette ausgebracht werden können.

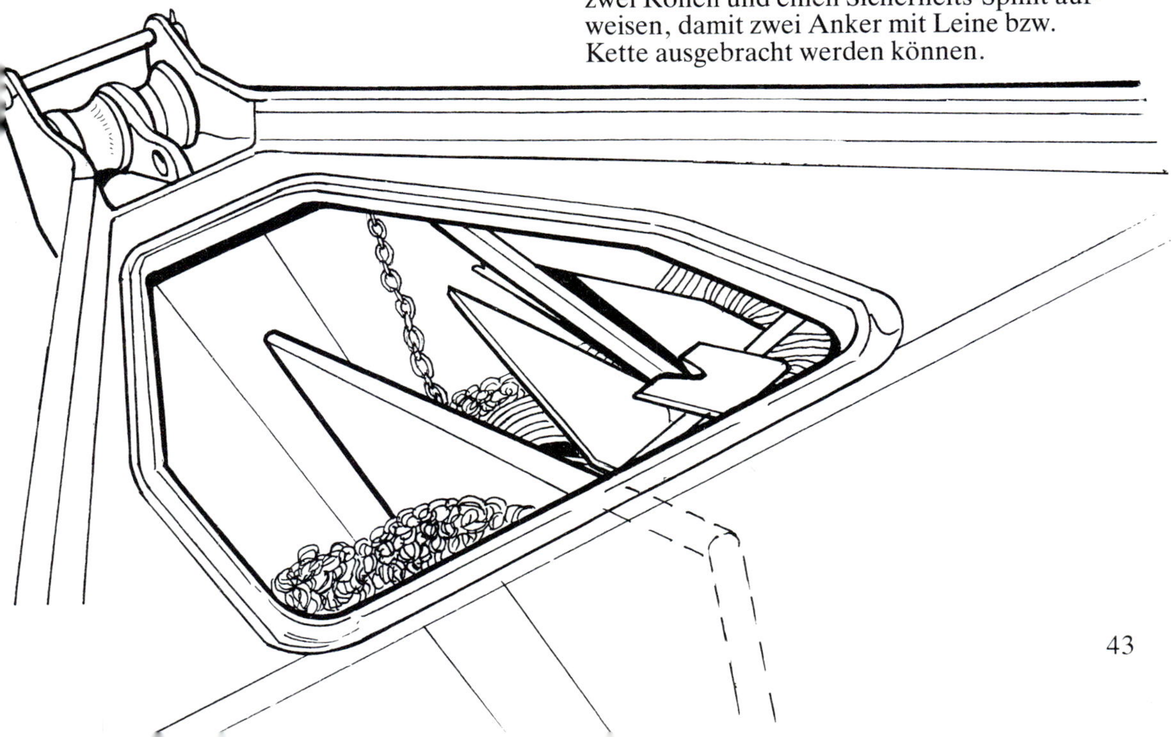

Ankerhilfen

Eine von Einhandseglern erprobte Methode, das Ankermanöver vom Cockpit aus zu fahren, zeigt diese Zeichnung. Der Anker wird klar zum Fallen über den Bugbeschlag gehängt, während ein kurz eingeschäkelter Stropp die Kette am Auslaufen hindert. Es wird jedoch kein Schäkelbolzen verwandt, sondern ein herausziehbarer Splint, der mit einer zum Cockpit umgelenkten Leine verbunden ist. Die gleiche Vorrichtung läßt sich auch sehr gut als „Feder" einsetzen, um das Einrucken der Kette im Seegang zu verhindern. Die Leine wird dann allerdings fest eingeschäkelt und so weit gefiert, daß sie über die Bugrolle noch mindestens einen Meter hinausreicht.

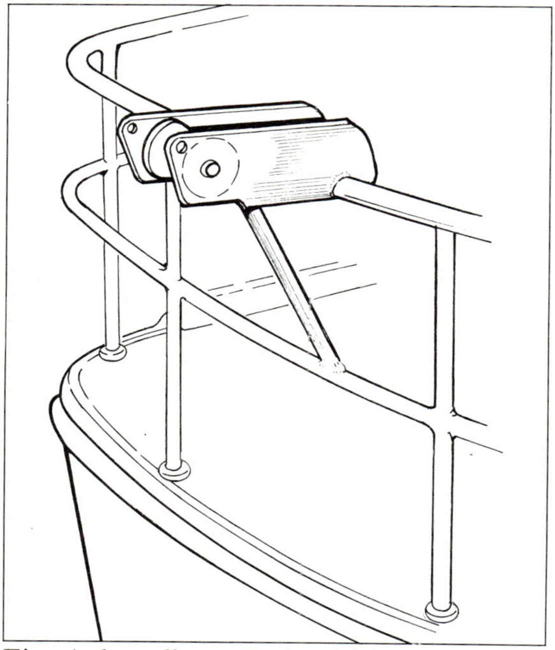

Eine Ankerrolle am Heck erleichtert das Ausbringen und Einholen des Heckankers. Ein entsprechender Beschlag kann direkt mit den Stahlrohren verschweißt werden. Über die Kunststoffrolle läßt sich die Leine zur Schot- und Fallwinsch führen, falls der Anker nicht per Hand aufgeholt werden kann. Zum Belegen wird die Ankerleine aus der Rolle genommen und auf der Achterklampe festgesetzt.

Für den Heckanker hat sich ein neuartiges Gurtband als Ankerleine bewährt. Es wird mit Hilfe einer Winschkurbel auf einer Kunststoff-Trommel aufgespult, die am Heckkorb gehaltert ist. Beim Ausbringen des Ankers läuft das Band problemlos von der Trommel, das Vertörnen der Ankerleine ist also ausgeschlossen. Die Bruchlast liegt sehr hoch, so daß dieses Band die gleiche Sicherheit bietet wie eine herkömmliche Ankerleine.

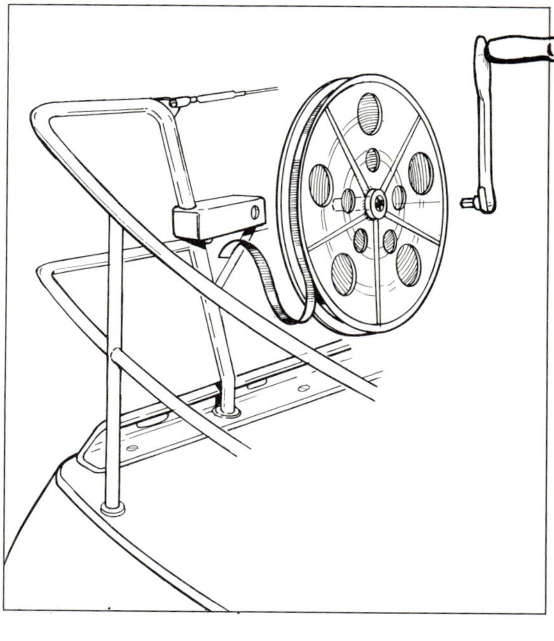

Ankermanöver mit Aufschießer

Das Ankermanöver unter Segeln wird nur mit dem Großsegel gefahren. Nachdem der geeignete Ankerplatz feststeht, birgt man die Fock und führt die Ankerleine beziehungsweise -kette über die Ankerrolle im Bugbeschlag nach außenbords und von dort über den Bugkorb wieder an Deck, wo der Anker angesteckt wird **(1)**.
Der Rudergänger fährt einen Aufschießer gegen den Wind oder Strom und beobachtet durch Landpeilungen, wann die Fahrt über Grund gestoppt ist **(2)**.
Dann gibt er das Kommando: „Laß fallen Anker!" Die Ankerkette wird zügig Hand über Hand gesteckt, jedoch nicht unkontrolliert über Bord geworfen, sobald das Boot rückwärts driftet. Auf keinen Fall darf sie bereits jetzt aufgestoppt werden **(3)**.
Erst wenn die als ausreichend erachtete Kettenlänge nahezu vollständig ausgelaufen ist, darf sie vorsichtig gestoppt werden **(4)**.
Dann steckt man den Rest und beobachtet, ob das Boot in den Wind dreht. Dies ist ein Zeichen dafür, daß der Anker gefaßt hat. Zur Sicherheit ist es empfehlenswert, das Eingraben des Ankers durch kurzes Rückwärtsgehen mit der Maschine zu verstärken. Dabei peilt man – sofern vorhanden – über zwei hintereinanderliegende Landmarken, ob die Ankerposition beibehalten wird **(5)**.
Steht der Wind gegen den Strom, so wird vor dem Ausbringen des Ankers ebenfalls ein Aufschießer gefahren, um das Segel im Wind zu bergen. Dann fiert man den Anker seitlich an der Bordwand Hand über Hand weg, bis er den Grund berührt. Jetzt werden zügig einige weitere Meter Kette oder Leine gesteckt. Danach stoppt man das weitere Auslaufen durch Belegen der Leine auf der Bugklampe. Der Anker wird ruckweise fassen, wodurch das Boot herumschwojt und sich in den Strom legt. Erst jetzt wird die restliche Kette oder Leine gesteckt und nach dem sicheren Fassen des Ankers endgültig belegt.

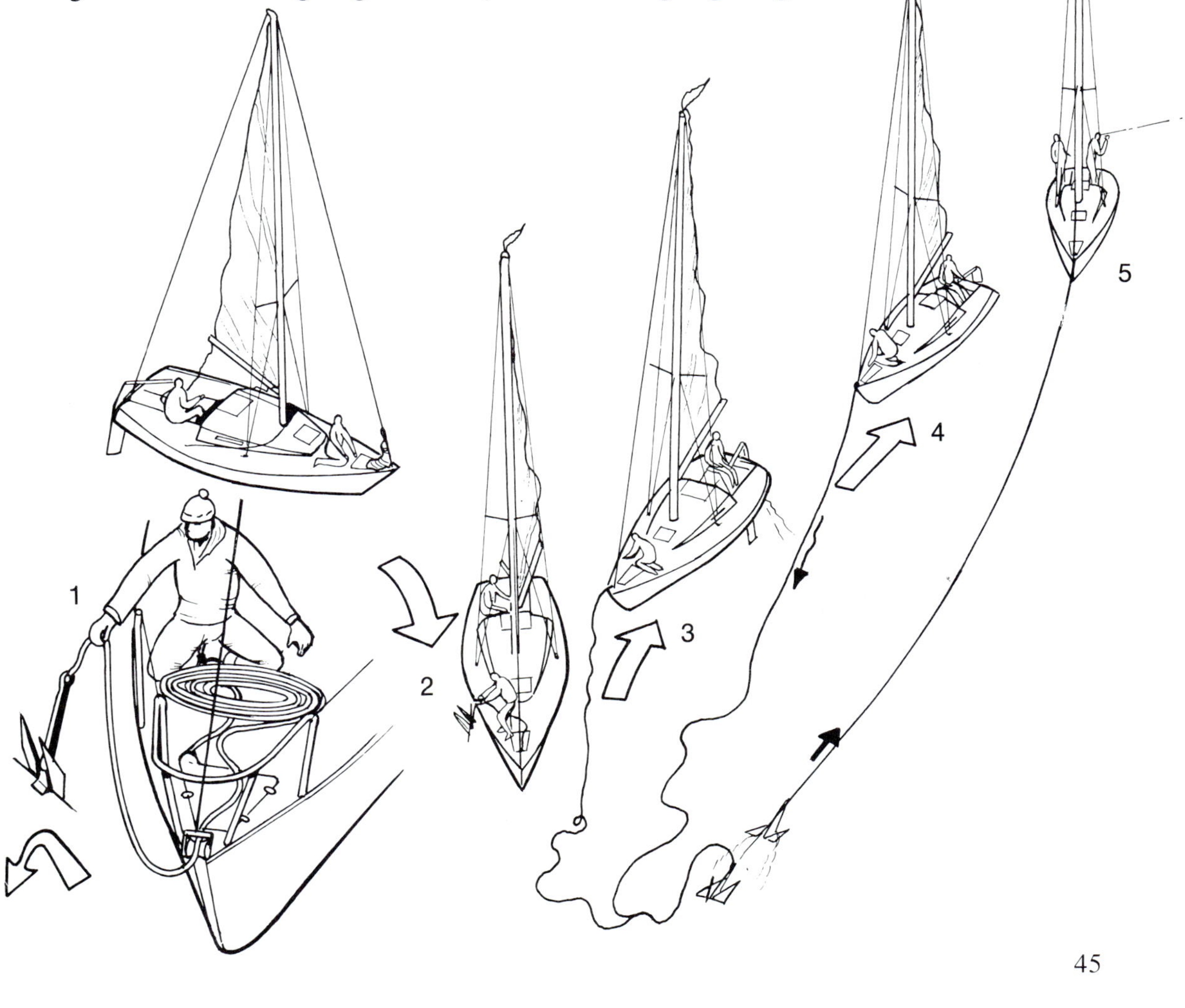

Ankern mit dem Motorboot

Auch mit dem Motorboot oder mit der Segelyacht unter Motor wird das Ankermanöver grundsätzlich gegen den Wind beziehungsweise Strom gefahren **(1)**.
Sobald das Boot im Wind liegt, stoppt der Rudergänger die Fahrt durch Rückwärtsgehen **(2)** und gibt das Kommando „Laß fallen Anker!", wenn das Boot achteraus driftet.
Der Anker wird auf kleineren Motorbooten seitlich vom Deck gefiert, da es bei einem niedrigen Bugkorb gefährlich werden kann, wenn man sich über den Bug beugt und der Rudergänger aus Versehen ruckartig die Rückwärtsfahrt forciert. Daher ist es wichtig, daß die Ankerleine oder -kette vorher sorgfältig außen um den Bugkorb herum klargelegt und der Tampen auf der Vordecksklampe belegt wird **(3)**.
Kurz vor dem Ausgeben der erforderlichen Länge stoppt der Vordecksmann die Leine ab und fiert den Rest Hand über Hand, während der Rudergänger den Kurs achteraus beobachtet **(4)**.
Sobald die Ankerleine sicher belegt ist, gibt der Rudergänger verstärkt rückwärts Gas und bringt so den Anker zum Eingraben **(5)**.
Eine anschließende Seitenpeilung über einen Nachbarlieger – sofern einer da ist – zu einem Punkt an Land gibt Aufschluß darüber, ob die Position gehalten wird **(6)**.

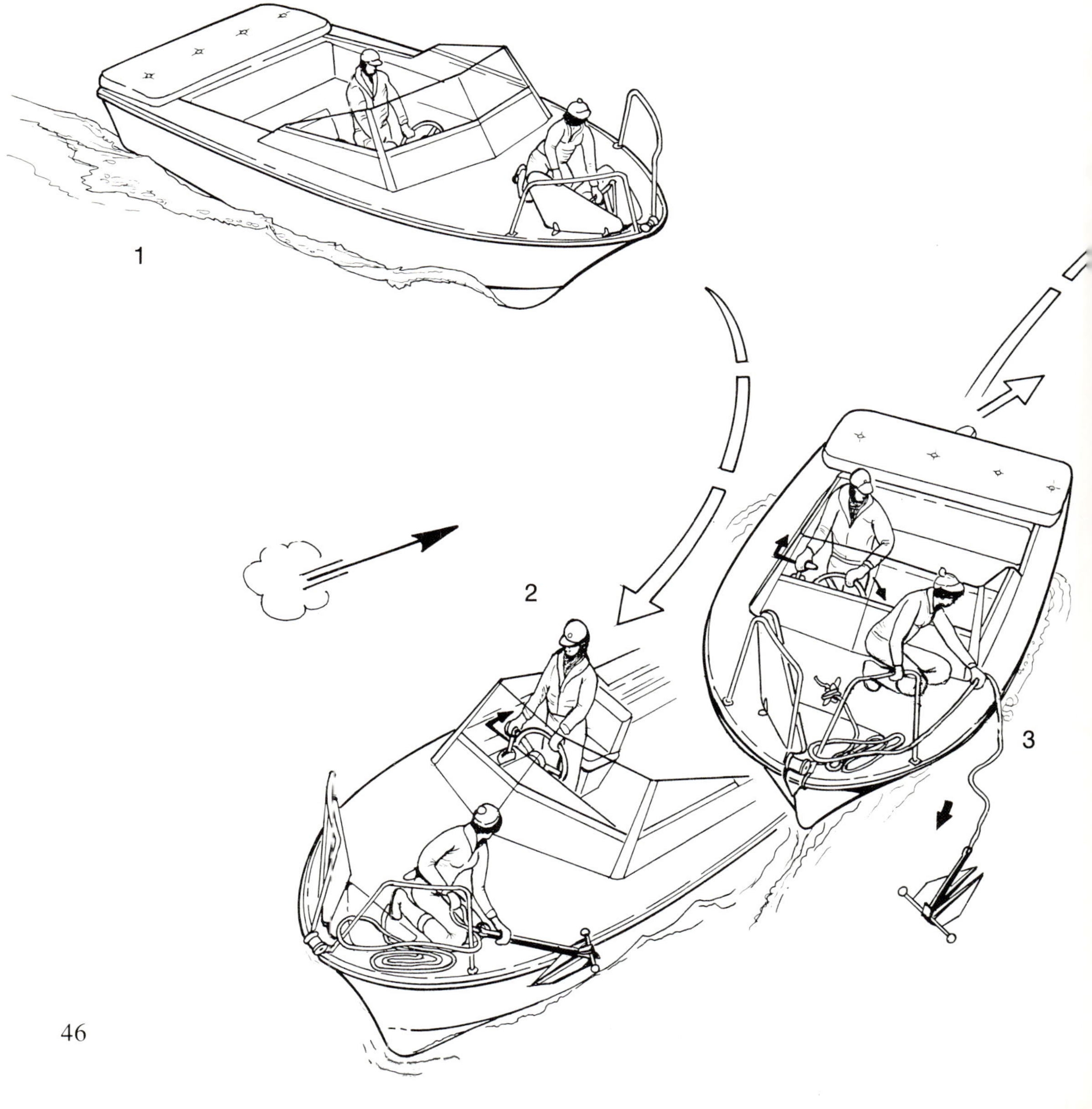

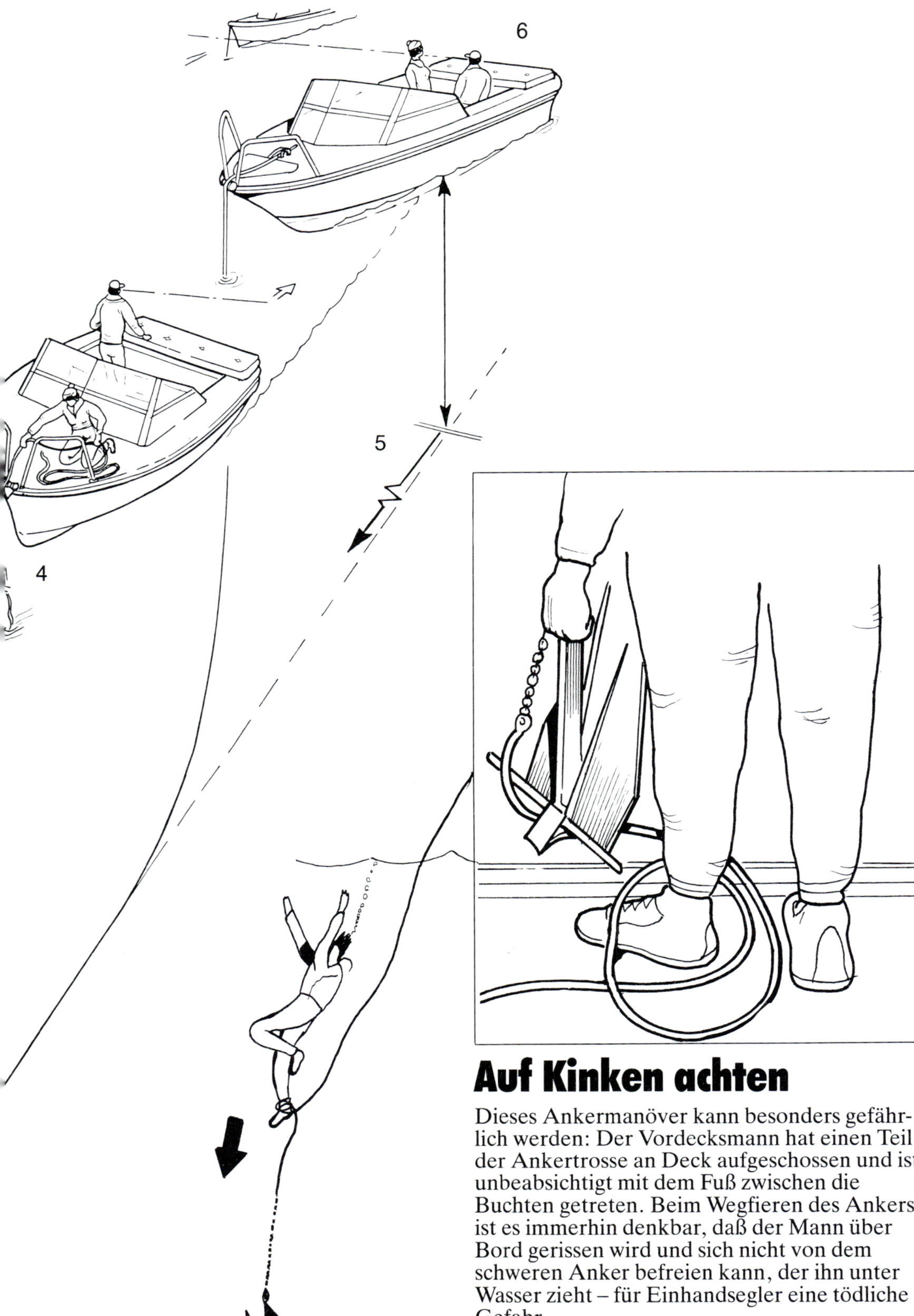

Auf Kinken achten

Dieses Ankermanöver kann besonders gefährlich werden: Der Vordecksmann hat einen Teil der Ankertrosse an Deck aufgeschossen und ist unbeabsichtigt mit dem Fuß zwischen die Buchten getreten. Beim Wegfieren des Ankers ist es immerhin denkbar, daß der Mann über Bord gerissen wird und sich nicht von dem schweren Anker befreien kann, der ihn unter Wasser zieht – für Einhandsegler eine tödliche Gefahr.

Vermuren

Das Hin- und Herschwojen einer ankernden Yacht läßt sich reduzieren, indem man sie vor zwei Anker legt. Der schwerere Anker dient auch hier als Hauptanker. Man bringt ihn zuerst aus und fixiert seine Position mit einer Ankerboje **(1)**.
Nachdem der Hauptanker sicher gefaßt hat, fährt man in einem Winkel von etwa 35 Grad zur Ankerboje mit Motorkraft voraus, bis diese querab peilt **(2)**.
Hier darf der zweite Anker noch nicht weggefiert werden, da er dann auf gleicher Höhe neben dem Hauptanker zu liegen kommt und sich mit diesem vertörnen kann, falls sich beide Anker bei aufkommendem Starkwind zusammenziehen sollten.
Man fährt daher noch einige Bootslängen weiter, bevor der zweite Anker geslippt wird **(3)**. Jetzt läßt man das Boot im Wind zurücktreiben. Auf halber Strecke wird die Kette oder Leine durch Belegen aufgestoppt. Mit Maschine rückwärts gräbt sich der zweite Anker fest ein **(4)**.
Danach läßt man das Boot ganz zurück sacken, bis beide Anker gleichmäßig auf Zug liegen **(5)**.

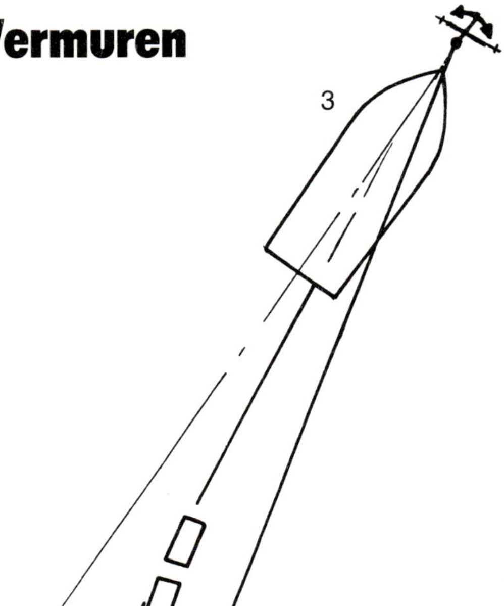

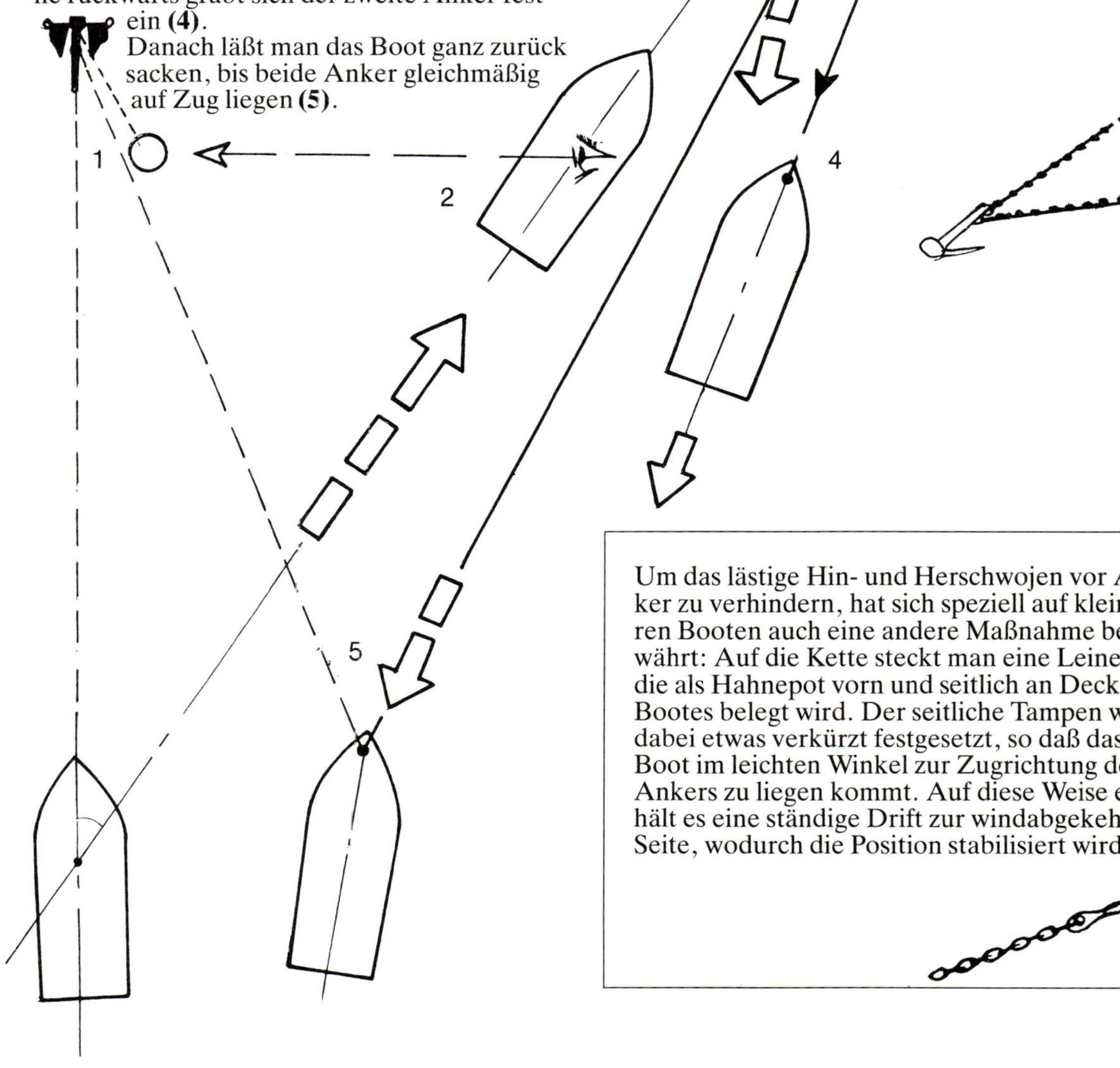

Um das lästige Hin- und Herschwojen vor A ker zu verhindern, hat sich speziell auf klein ren Booten auch eine andere Maßnahme be währt: Auf die Kette steckt man eine Leine, die als Hahnepot vorn und seitlich an Deck Bootes belegt wird. Der seitliche Tampen w dabei etwas verkürzt festgesetzt, so daß das Boot im leichten Winkel zur Zugrichtung de Ankers zu liegen kommt. Auf diese Weise e hält es eine ständige Drift zur windabgekehı Seite, wodurch die Position stabilisiert wird.

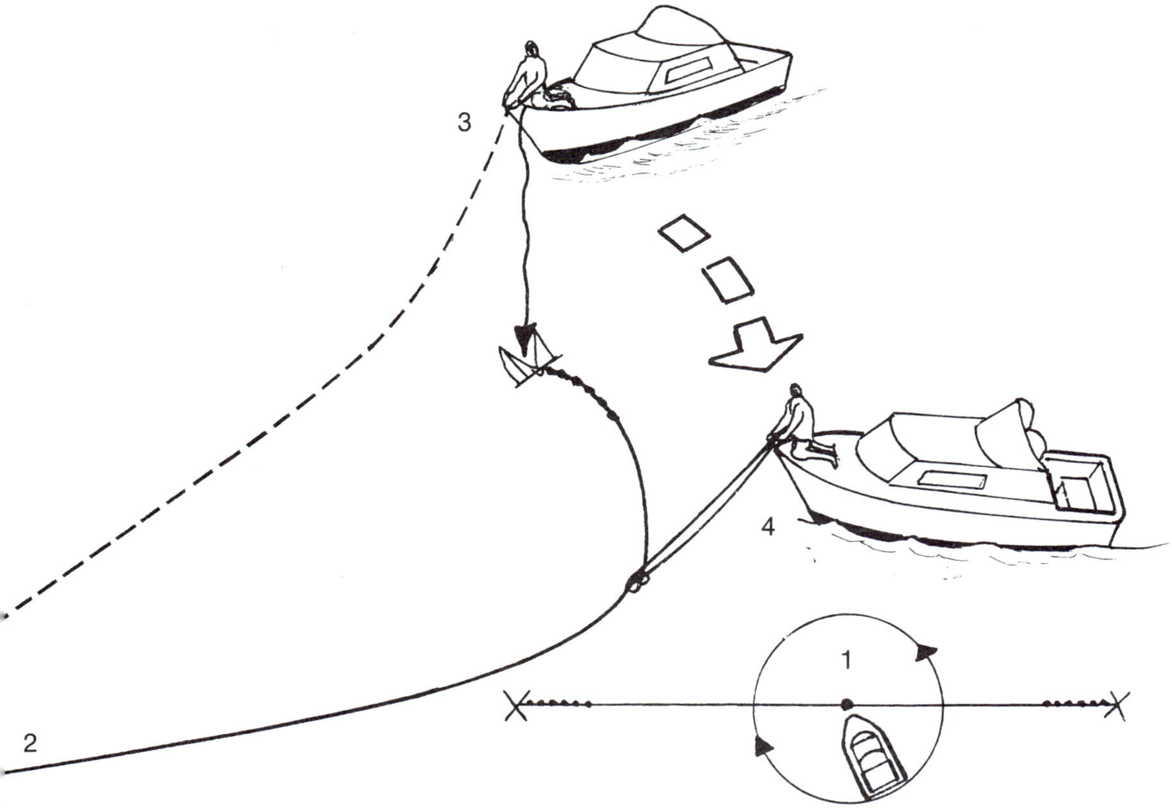

In Tide-abhängigen Naturhäfen der Nordseeküste werden Boote häufig mit zwei Ankern vermurt, um den Schwojkreis zu verkleinern **(1)**.
Der Hauptanker wird gegen die Stromrichtung ausgebracht **(2)**. Dann läßt man das Boot so weit zurückdriften (gestrichelt), bis die doppelte Leinen- oder Kettenlänge als normalerweise notwendig gesteckt ist **(3)**.
Jetzt wird der zweite Anker weggefiert und ebenfalls reichlich Kette beziehungsweise Leine gegeben. Anschließend holt man das Boot an der Kette des zuerst ausgebrachten Ankers gegen den Strom zurück, bis es sich etwa in der Mitte zwischen den beiden Ankern befindet. Hier schäkelt oder lascht man beide Ketten beziehungsweise Leinen in einer solchen Tiefe zusammen, daß das Boot an einem kurzen Tampen darüber hinwegschwojen kann **(4)**.

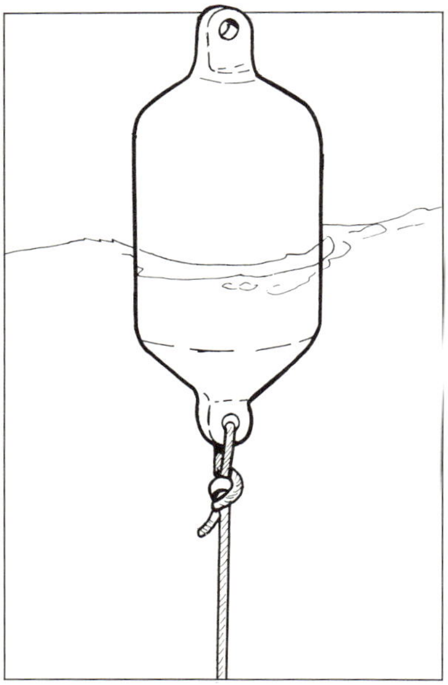

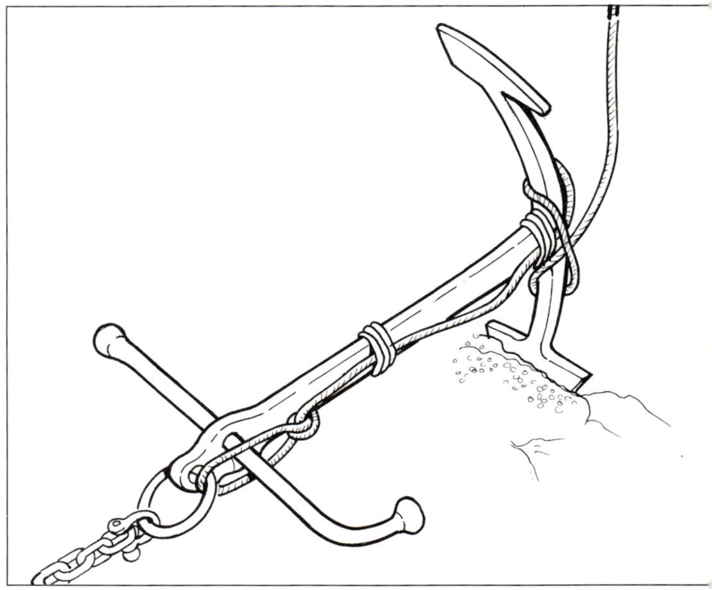

Die Ankerboje

Eine Ankerboje sollte man immer dann ausbringen, wenn mehrere Yachten dicht beieinander ankern. Sie signalisiert anderen Skippern, wo der Anker liegt und ermöglicht das Aufholen, falls eine fremde Kette eingefangen wurde. Dieses ist aber nur möglich, wenn die Bojenleine direkt im Kreuz des Ankers festgelascht wird, da sich die Flunken anderenfalls nicht unter der Kette hervorziehen lassen. Als Ankerboje eignet sich gut ein Fender, sofern er genügend Auftrieb besitzt.

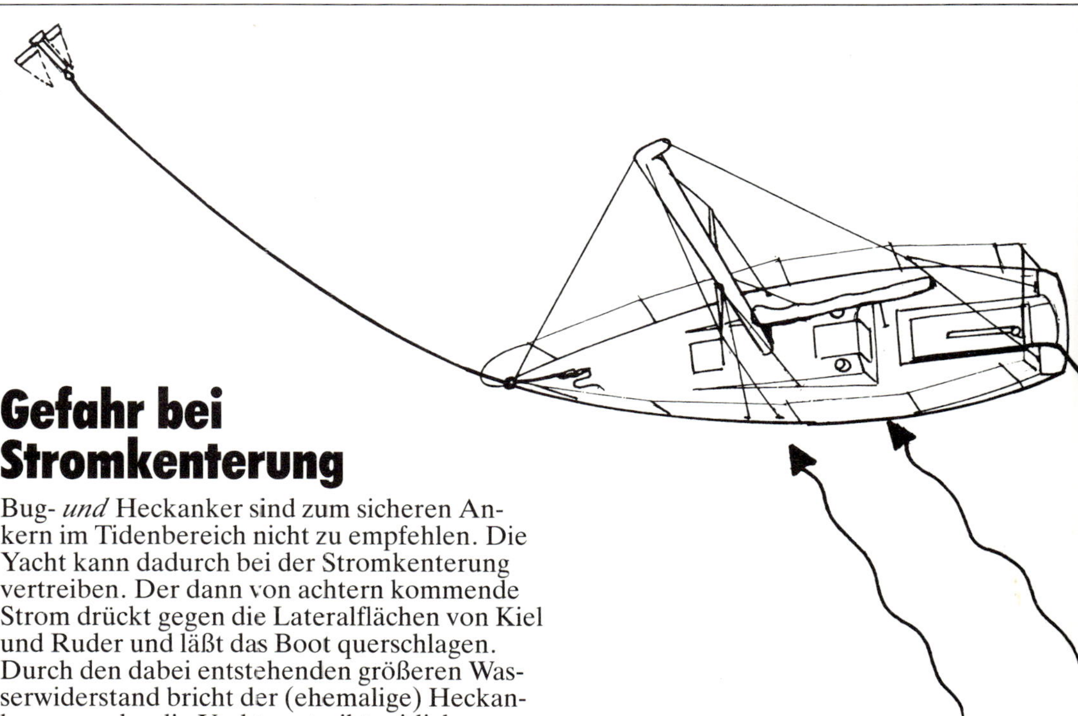

Gefahr bei Stromkenterung

Bug- *und* Heckanker sind zum sicheren Ankern im Tidenbereich nicht zu empfehlen. Die Yacht kann dadurch bei der Stromkenterung vertreiben. Der dann von achtern kommende Strom drückt gegen die Lateralflächen von Kiel und Ruder und läßt das Boot querschlagen. Durch den dabei entstehenden größeren Wasserwiderstand bricht der (ehemalige) Heckanker aus, oder die Yacht vertreibt seitlich.

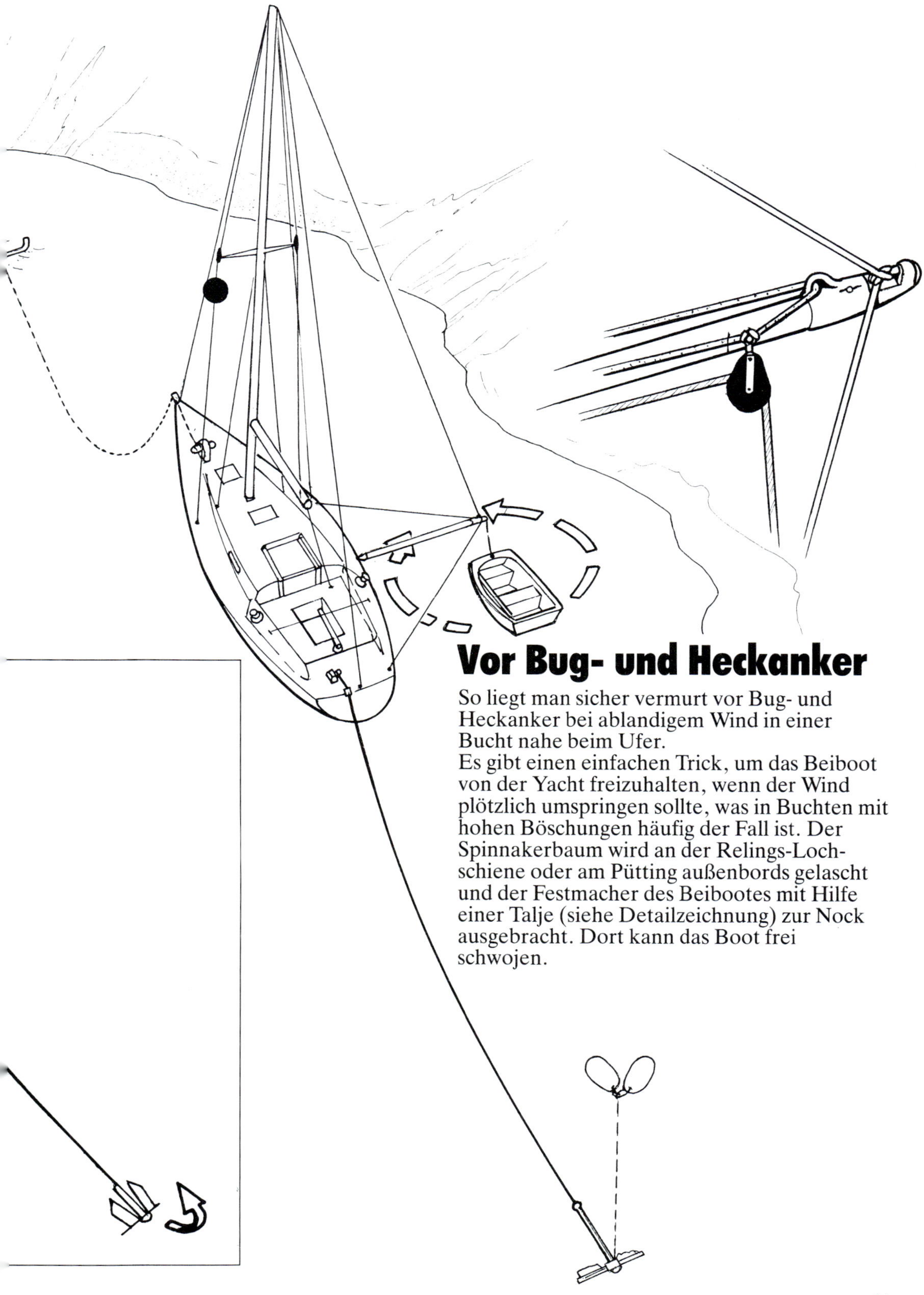

Vor Bug- und Heckanker

So liegt man sicher vermurt vor Bug- und Heckanker bei ablandigem Wind in einer Bucht nahe beim Ufer.
Es gibt einen einfachen Trick, um das Beiboot von der Yacht freizuhalten, wenn der Wind plötzlich umspringen sollte, was in Buchten mit hohen Böschungen häufig der Fall ist. Der Spinnakerbaum wird an der Relings-Lochschiene oder am Pütting außenbords gelascht und der Festmacher des Beibootes mit Hilfe einer Talje (siehe Detailzeichnung) zur Nock ausgebracht. Dort kann das Boot frei schwojen.

Abstand halten

Um Strandungen zu vermeiden, sind die Wahl des Ankerplatzes sowie die Bemessung der Ketten- beziehungsweise Trossenlänge von besonderer Bedeutung. Man sollte nach Möglichkeit nur dort ankern, wo ein ungehindertes Schwojen um 360 Grad möglich ist. Die Distanz zum Ufer sollte dabei so groß sein, daß die Yacht noch eine Strecke vertreiben kann, bevor es zur Strandung kommt.

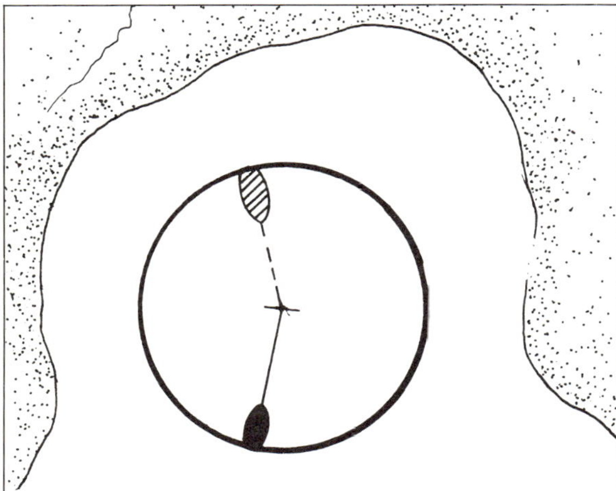

Der Anker muß so geworfen werden, daß beim Schwojen um 360 Grad kein anderer Ankerlieger im Schwojradius berührt wird **(1)**.
Das ist meistens allerdings illusorisch, da der Platz zum Ankern für mehrere Yachten gewöhnlich zu knapp ist. Zur Kollision muß es deswegen aber nicht kommen, da bei Winddrehung alle Yachten gleichzeitig schwojen – vorausgesetzt, daß kein Strom gegen den Wind steht **(2)**.
Wichtig ist, daß achteraus, zum Ufer hin, keine Kollisionsgefahr mit Achteraus-Liegern besteht, die möglicherweise vor zwei Ankern liegen oder direkt am Ufer festgemacht haben **(3)**.

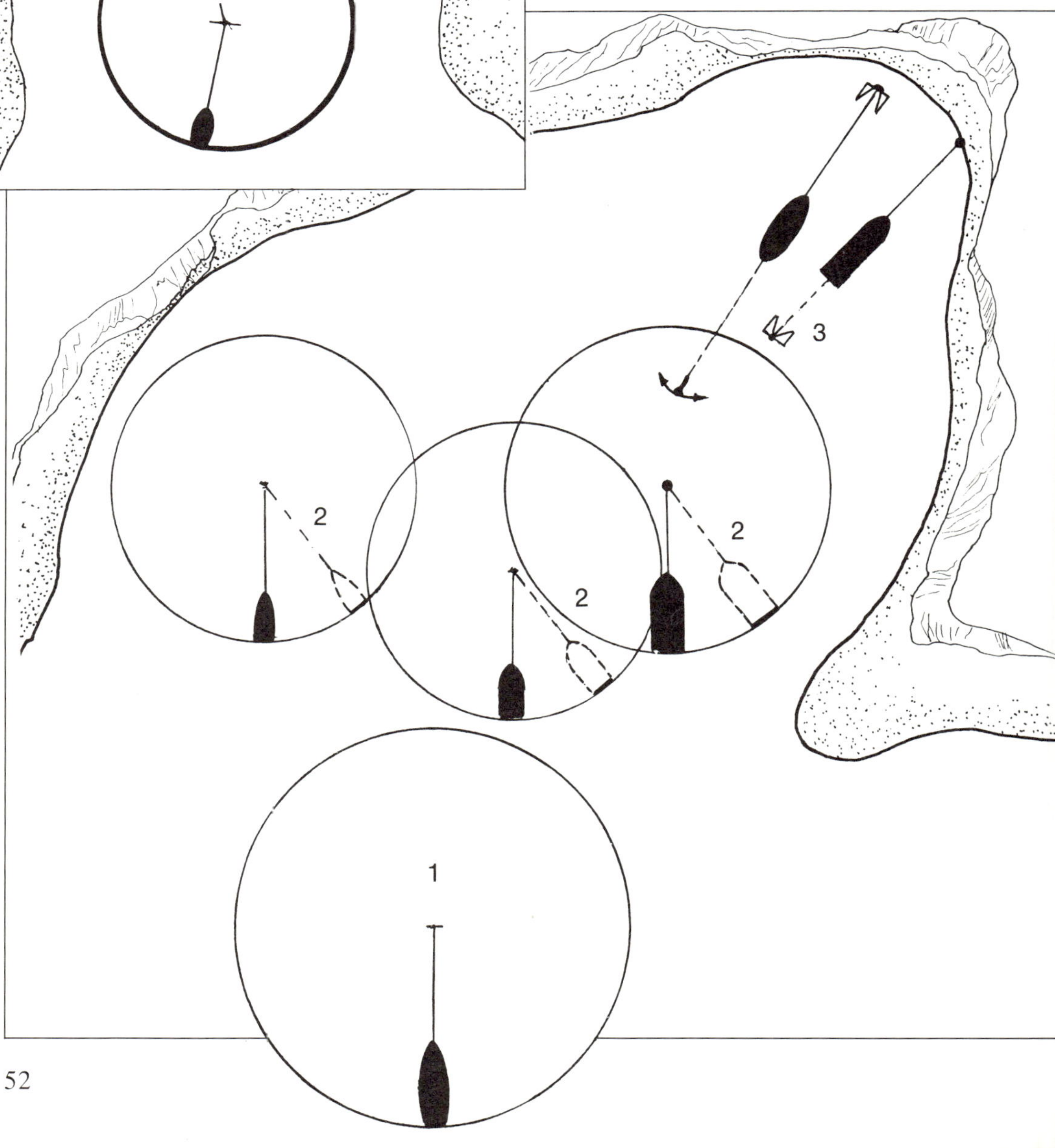

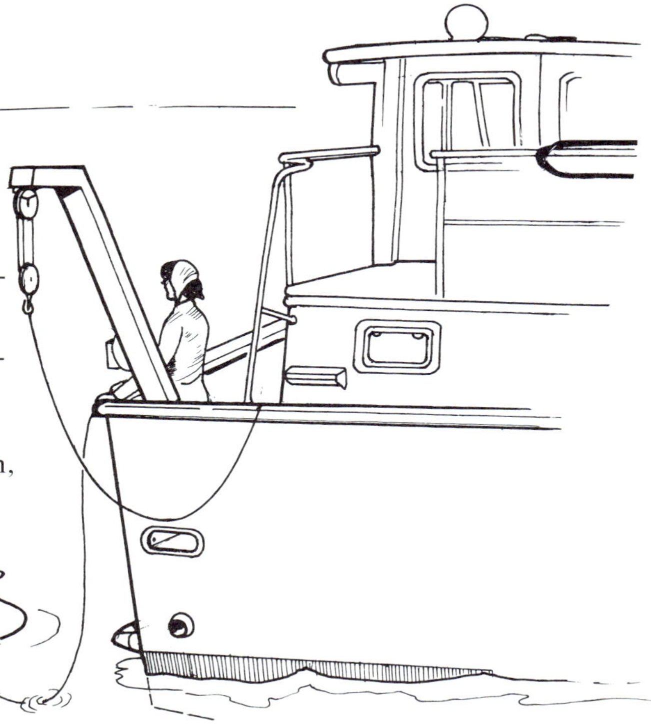

ʲach dem Ankern in unbekannten Buchten,
ıeren Wassertiefen nicht in der Seekarte ange-
eben sind, muß der Schwojradius mit dem
ɜeiboot ausgelotet werden (Handlot) bezie-
ungsweise nach Unterwasserhindernissen ab-
esucht werden. Stellt man hierbei Untiefen
əst oder ist der Uferbereich zu nahe, sollte
ntweder ein größerer Abstand zur Küste ge-
ʼählt oder ein Heckanker ausgebracht werden,
er das Schwojen verhindert.

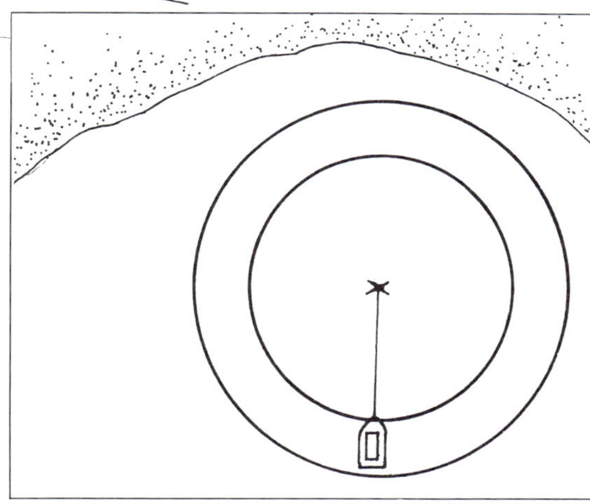

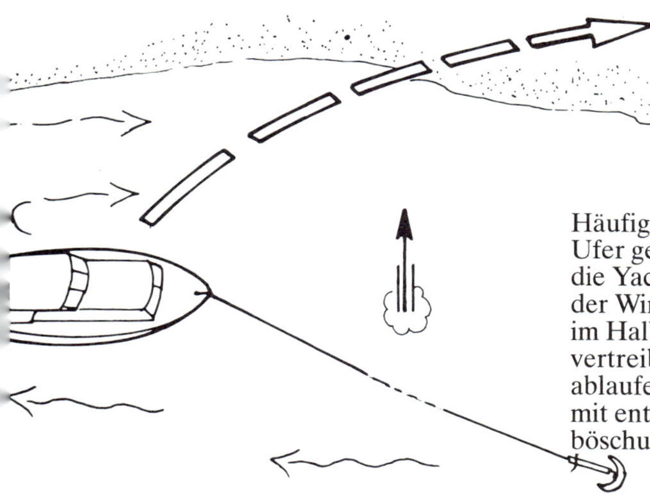

Häufig wird in Tidengewässern zu dicht am Ufer geankert. Kentert der Strom, so schwojt die Yacht um 180 Grad herum. Seitlich stehender Wind kann dabei bewirken, daß das Boot im Halbkreis in voller Länge der Ankerkette vertreibt. Ein Festkommen am Ufer hat bei ablaufendem Wasser dann ein Trockenfallen mit entsprechender Krängung an der Uferböschung zur Folge.

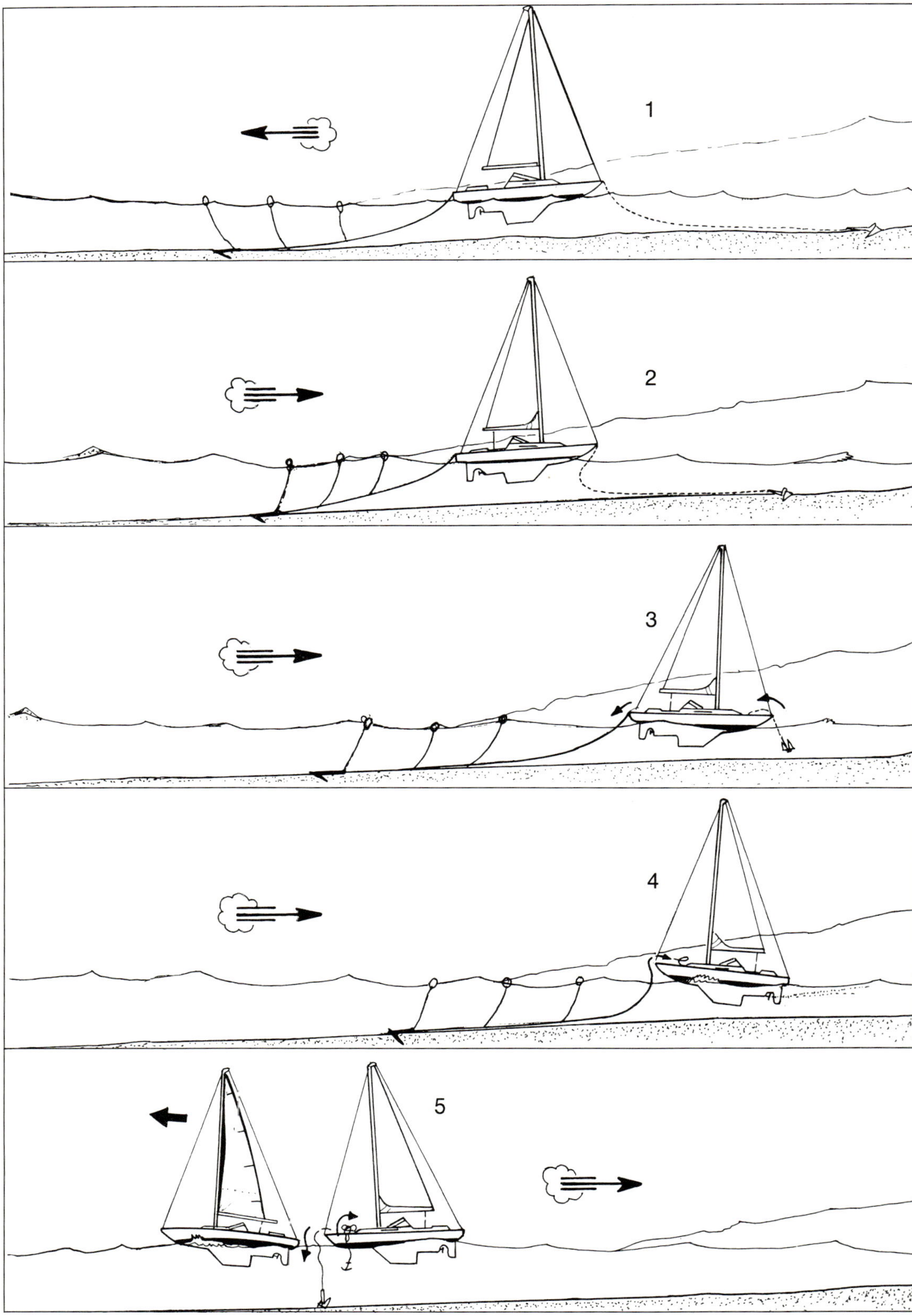
1
2
3
4
5

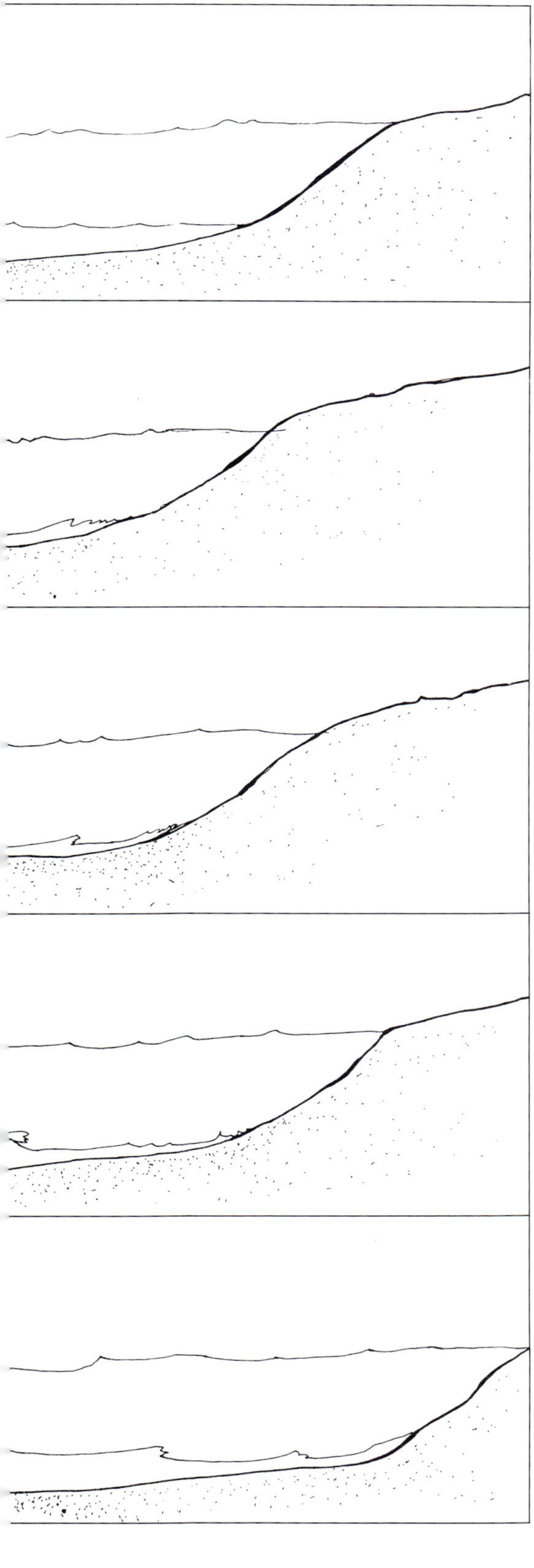

Weg von Legerwall: Unter Motor . . .

In engen Buchten wird das Boot grundsätzlich mit Heckanker vorbeugend gegen eine Winddrehung und Schwojen auf Legerwall gesichert. Da hierfür im allgemeinen ein zweiter, leichterer Anker genommen wird und die Wassertiefe nach See hin oft stark zunimmt, wird dieser Heckanker mit Kettenvorlauf und doppelt so langer Ankertrosse als normal ausgebracht. Dies geht nur, wenn keine Yachten in dieser Richtung ankern. Die Lage des Ankers kennzeichnet man durch eine Boje, besser noch durch eine Bojenkette (drei bis vier Fender), damit neu hinzukommende Yachten auf den Heckanker aufmerksam werden. Wichtig: Der Anker und die gesamte Kette werden vor dem Ausbringen ins Beiboot verladen, da man sich andernfalls mit nachschleppender Kette nicht von der Yacht freirudern kann **(1)**.
Wenn der Wind auf Legerwall dreht, muß der kleinere Heckanker das Schiff auf Position halten. In einer solchen Situation sollte man sofort Ankeraufgehen **(2)**.
Dazu wird noch mehr Ankertrosse für den Heckanker gesteckt, bis der Buganker aufgeholt werden kann **(3)**.
Jetzt wird das Boot vor Heckanker gedreht und mit dem Motor Fahrt voraus aufgenommen. Dabei wird die Ankertrosse immer mit Gefühl und auf leichten Zug eingeholt **(4)**.
Wenn die Anker-Markierungsboje erreicht ist, wird der ehemalige Heckanker aufgeholt und der Ankerplatz unter Maschine und stehendem Großsegel verlassen **(5)**.
Wie das Drehen der Yacht ausgeführt wird, zeigt die Detailzeichnung. Auf die Ankertrosse des Heckankers wird eine Leine mit einem Stopperstek aufgesteckt. Diese Leine führt man außenbords zum Vorschiff und belegt sie auf der Bugklampe. Jetzt wird die Heckanker-Trosse losgeworfen und so weit aufgefiert, bis das Heck herumgeschwojt ist und die Hilfstrosse auf Zug liegt.

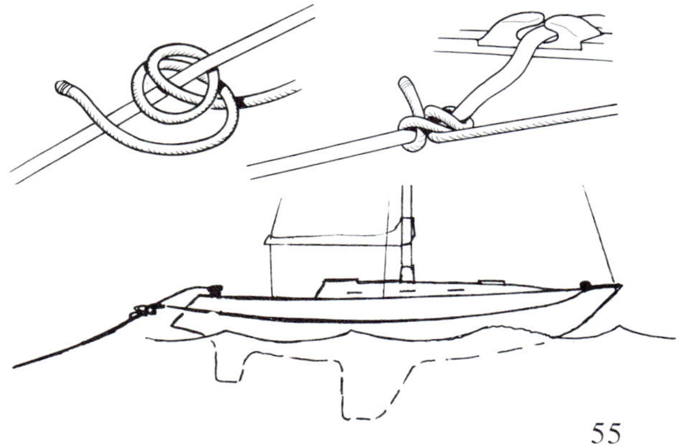

. . . und unter Segeln

Läßt sich der Motor aus irgendeinem Grund nicht starten, so muß der Ankerplatz unter Segeln verlassen werden. Dabei wendet man folgende Taktik an:
1: Zuerst wird das Großsegel gesetzt, während die kleinere Arbeitsfock (auch bei leichtem Wind) auf dem Vordeck fertig angeschlagen liegen bleibt.
2: Jetzt nimmt man das Großsegel dicht und holt langsam, nicht ruckartig, die Kette beziehungsweise Trosse ein, bis vom Vorschiff das Kommando ,,Anker auf und nieder" kommt.
3: Der Anker ist aus dem Grund gebrochen. Danach wird das Großsegel sofort bis auf Halbwind aufgefiert und auch ein Halbwindkurs gesteuert, soweit dies aufgrund der Uferstruktur möglich ist, um Fahrt aufzunehmen.
4: Ist diese ausreichend vorhanden, geht man langsam höher an den Wind, wobei das Groß gleichzeitig dichter gesetzt wird. Mit Fahrt wird die Wende eingeleitet **(5)** und auf dem neuen Bug möglichst schnell die Fock gesetzt **(6)**.
Das beschriebene Manöver zur Befreiung aus einer Legerwall-Ankersituation unter Segeln ist bei größeren Yachten mit schwerem Anker wesentlich schwieriger, da die Ankerwinsch überlastet sein kann und der Anker daher mit Hilfe der Fahrt unter Segeln ausgebrochen werden muß.

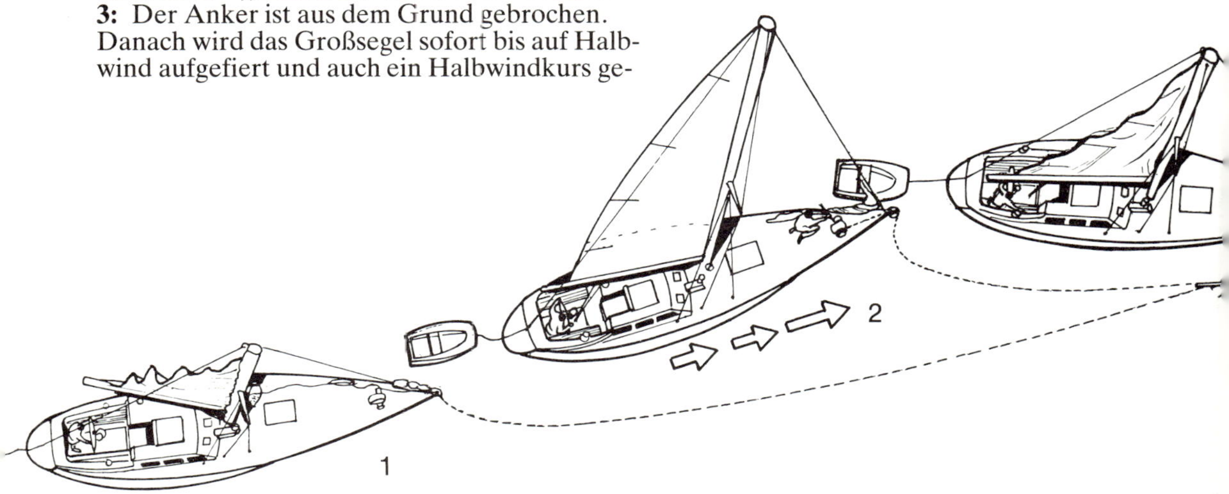

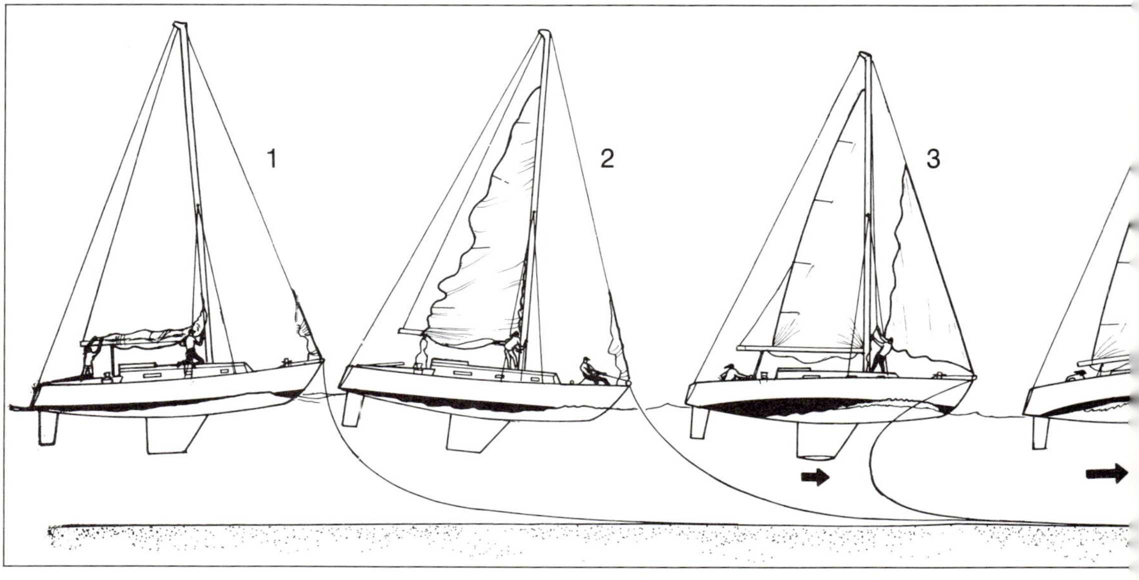

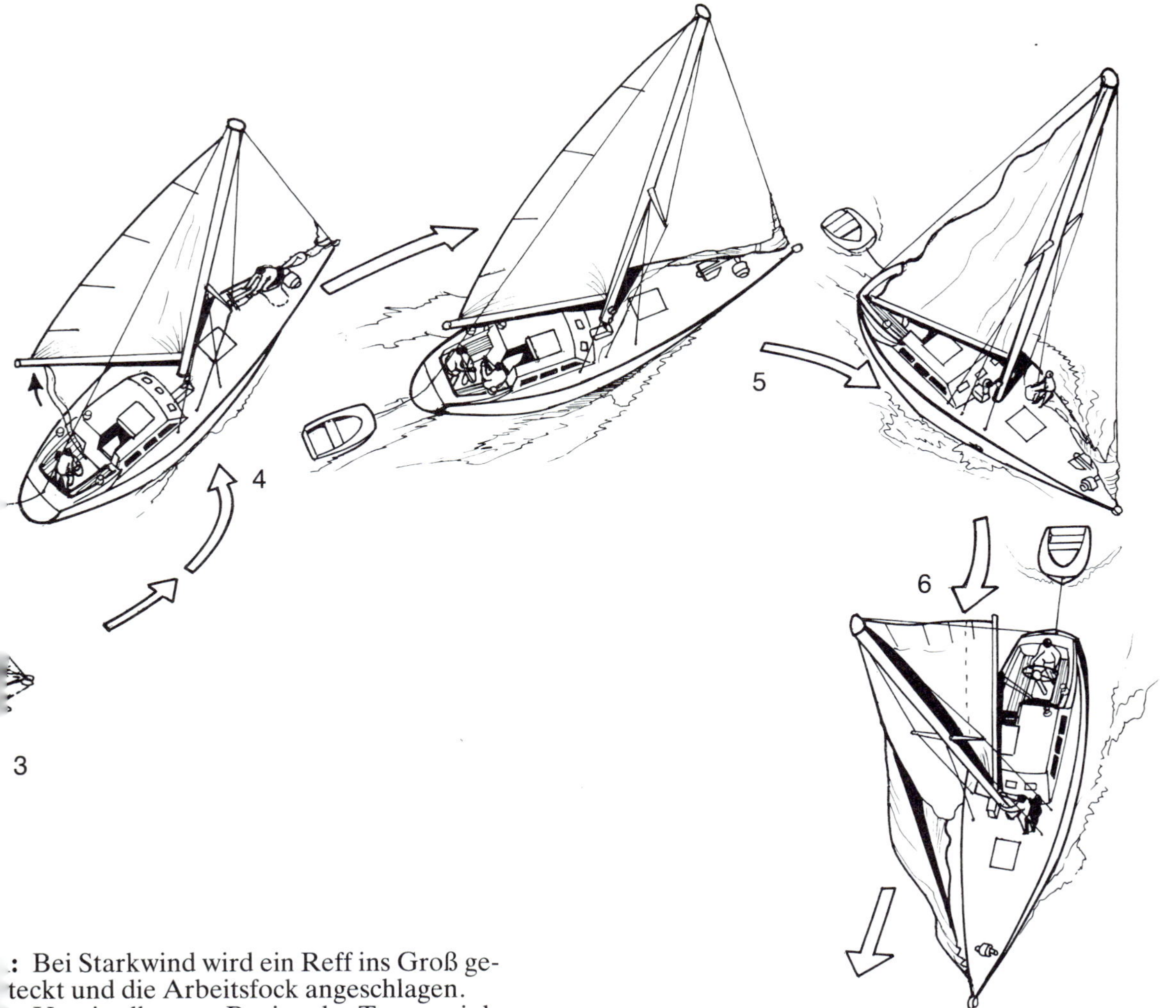

: Bei Starkwind wird ein Reff ins Groß ge-
teckt und die Arbeitsfock angeschlagen.
: Unmittelbar vor Beginn des Trosseneinho-
ens setzt das zweite Crewmitglied das Groß-
egel.

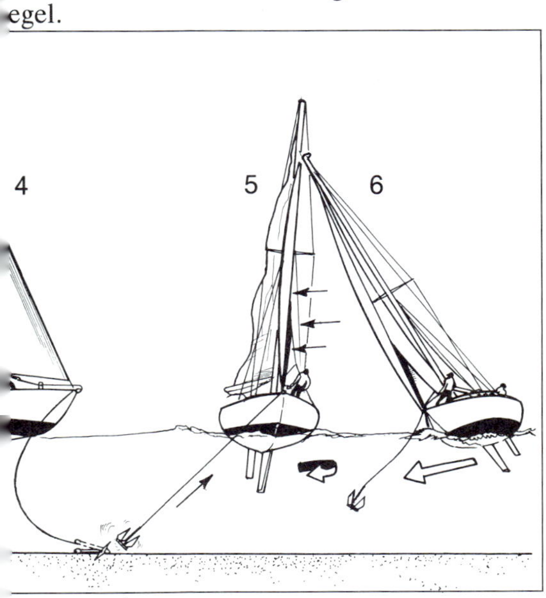

3: Danach begibt es sich sofort wieder ans Ruder, nimmt das Groß dicht und fällt etwas ab.
4: Sobald das Schiff etwas Fahrt voraus macht, stoppt der Mann auf dem Vordeck das Einholen der Kette beziehungsweise Trosse und setzt die Fock, deren Schot vom Crewmitglied in der Plicht sofort dichtgenommen wird.
5: Jetzt holt man die Trosse oder Kette so weit wie möglich auf. Sobald sie steif kommt, muß eine Wende eingeleitet und die Fock backgehalten werden. So driftet die Yacht über ihren Anker.
6: Sobald keine Lose mehr einzuholen ist, sollten Kette oder Trosse gesichert werden. Die Fock wird jetzt auf dem neuen Bug dichtgenommen und die Yacht bricht, unterstützt durch Segeldruck und Fahrt, den Anker aus dem Grund. Daraufhin kann das Aufholen des Ankers ohne Schwierigkeiten fortgesetzt werden, während die Yacht bereits einen sicheren Kurs unter Segeln steuert.

Wenn der Anker nicht ausbricht

Bei leichteren, trimmempfindlichen Yachten ist es durchaus möglich, den festsitzenden Anker durch Gewichtsverlagerung aus dem Grund zu brechen. Hierzu begibt sich die gesamte Mannschaft aufs Vorschiff, wobei die Ankerkette kurzstag geholt und festgesetzt wird. Anschließend wechselt die Crew zum Heck und versucht, das Boot in Stampfbewegungen zu versetzen. Zumindest wird der Anker dadurch so weit gelockert, daß er anschließend wahrscheinlich ohne Schwierigkeiten aus dem Grund gebrochen und aufgeholt werden kann.

Steht Schwell auf den Ankerplatz, so kann man sich die Wellen zunutze machen, indem man die Ankerkette mit der Winsch so weit wie möglich kurzstag setzt. Durch die Stampfbewegungen des Bootes bricht der Anker aus, wobei der Rudergänger mit der Maschine leichte Fahrt voraus gibt. Herrscht am Ankerplatz kein Seegang, so läßt sich der Anker zuverlässig nur durch die Maschinenkraft ausbrechen. Auch hier wird die Kette zuerst so weit wie möglich eingeholt, dann von der Winsch genommen und auf der Bugklampe festgesetzt. Der Anker wird daraufhin in Strom- oder Windrichtung überfahren, wobei die Motordrehzahl vorsichtig dosiert werden sollte, um Beschläge und Festmacherklampen nicht übermäßig zu belasten.

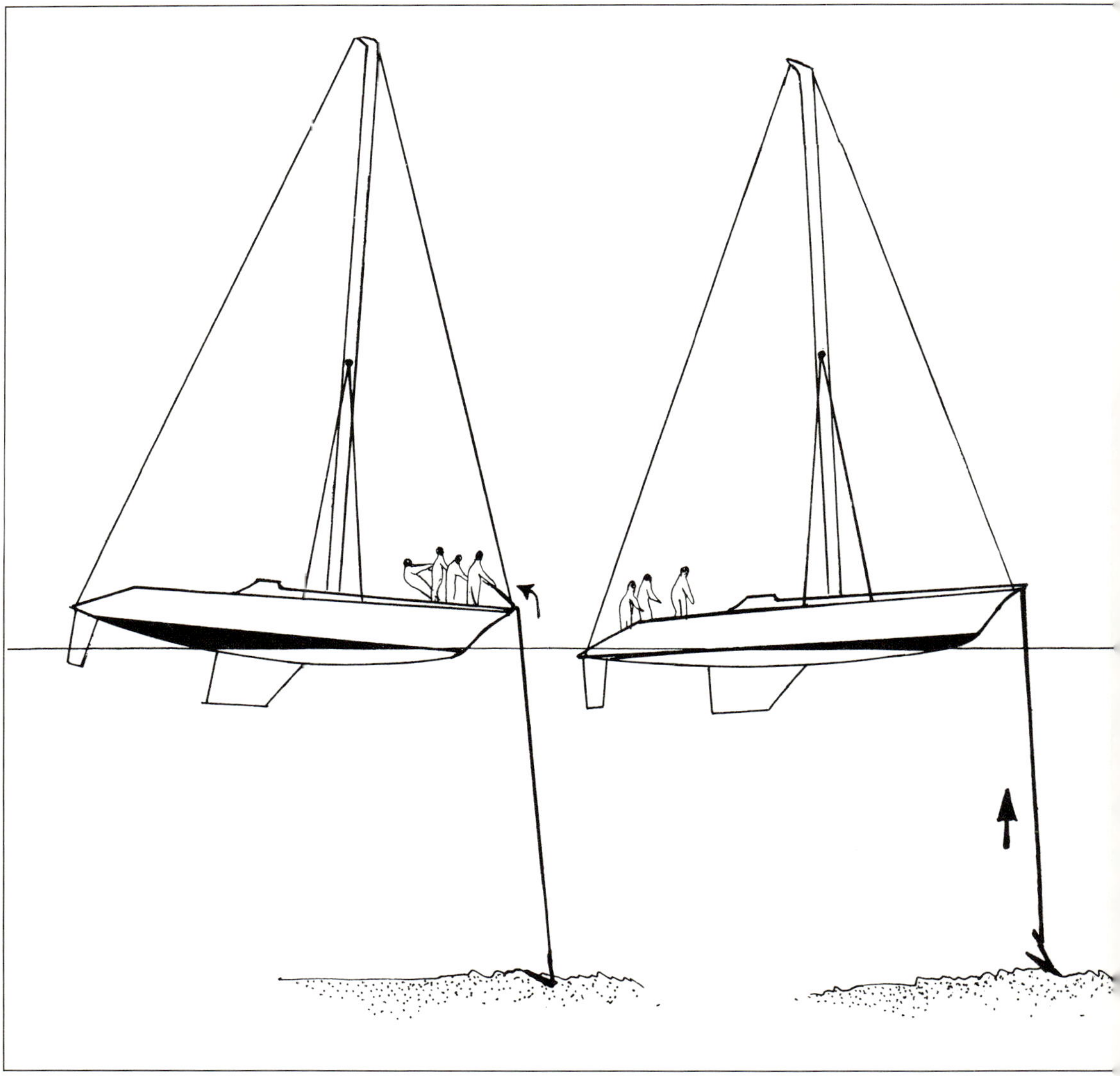

Unklare Anker

Da Winddrehungen häufig sehr plötzlich einsetzen, driften die Boote nicht in eine Richtung, sondern schwojen hin und her. Dabei kommt es zum Vertörnen der Ankergeschirre. Liegt ein Tampen beziehungsweise eine Kette unter dem Anker einer anderen Yacht, so wird dieser durch den steileren Zugwinkel des vertörnten Tampens aus dem Grund gebrochen **(1)**.

Oftmals bewirkt schon ein leichtes seitliches Verziehen des Ankergeschirres eine erhebliche Verringerung der Haltekraft und ein Ausbrechen des Ankers aus dem Grund **(2)**.

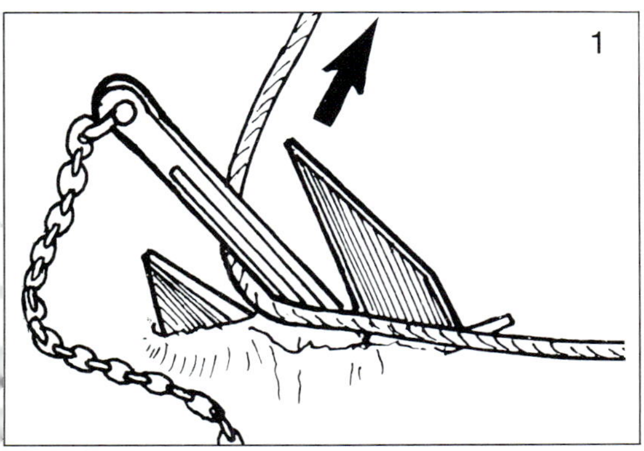

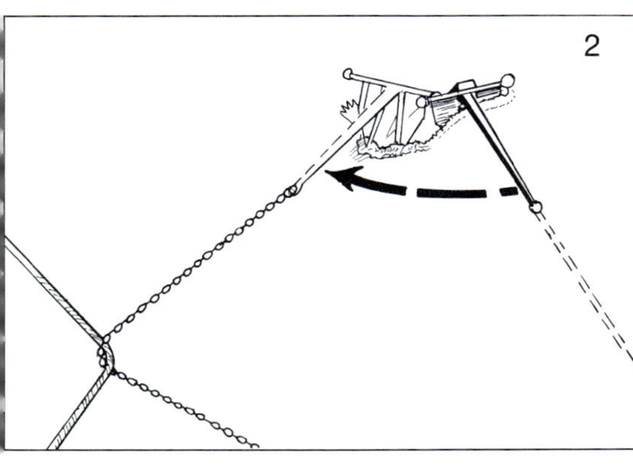

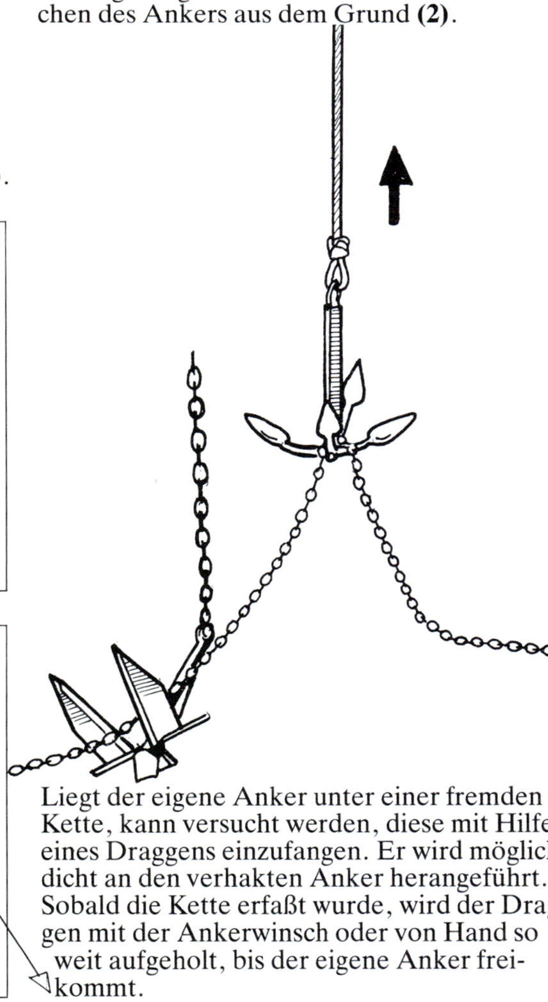

Liegt der eigene Anker unter einer fremden Kette, kann versucht werden, diese mit Hilfe eines Draggens einzufangen. Er wird möglichst dicht an den verhakten Anker herangeführt. Sobald die Kette erfaßt wurde, wird der Draggen mit der Ankerwinsch oder von Hand so weit aufgeholt, bis der eigene Anker freikommt.

Schleppen mit Verstand

Abschleppen ist bei ruhigem Wetter ein Vorgang, über den man nicht viele Worte zu verlieren braucht, vorausgesetzt, die Schleppgeschwindigkeit stimmt. Anders sieht es freilich aus, wenn hoher Seegang hinzukommt. Dann kann nämlich durch ruckartige Belastungen ein Bruch der Schlepptrosse vorkommen. Auch können Beschläge ausreißen. Eine zurückschnellende Trosse aber wird zur tödlichen Gefahr für die Besatzung auf Schlepper und geschlepptem Boot.

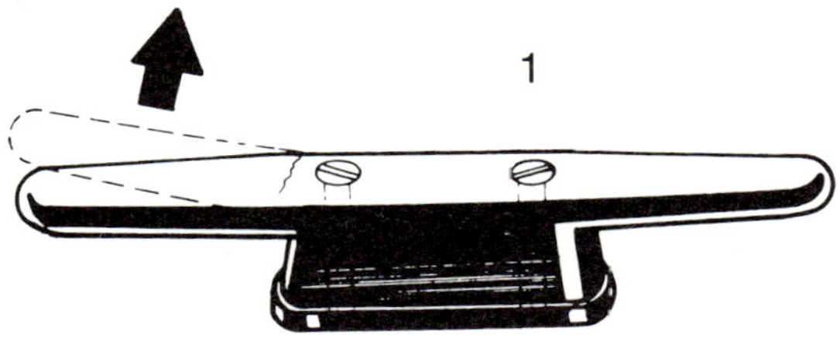

1

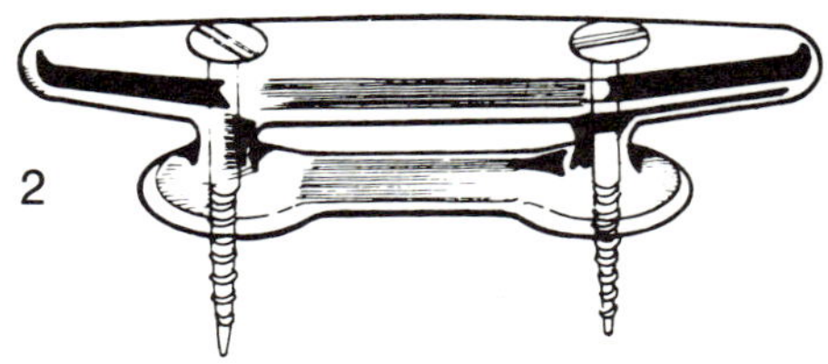

2

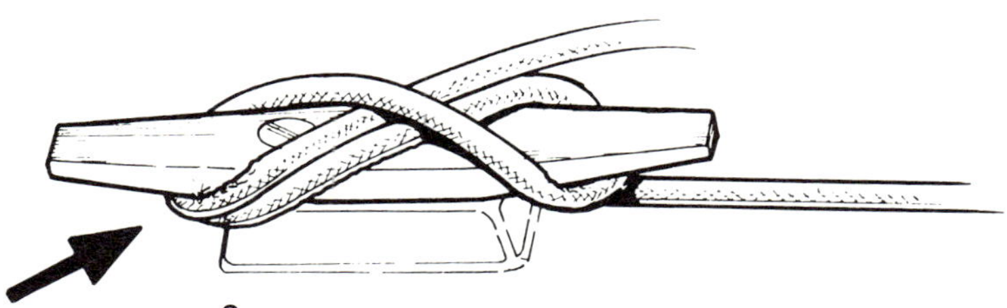

3

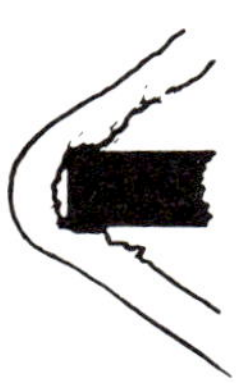

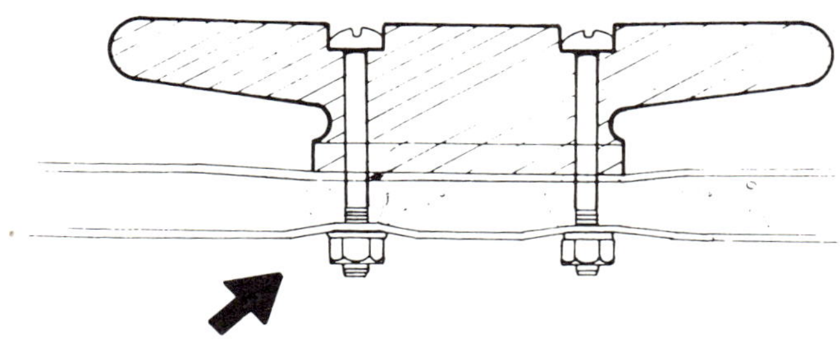

4

Die Schleppklampen

Der Bootszubehör-Handel bietet zahlreiche Klampen-Modelle für die unterschiedlichsten Einsatzbereiche an. Sehr häufig werden untaugliche Typen als Schlepp- und Festmacherklampen an Deck montiert oder nur unzureichend befestigt. Unter Schlepplast kann es zu einem Bruch der Flunken **(1)** oder zum Ausbrechen aus dem Deck kommen, sofern nur Holzschrauben zur Befestigung verwandt wurden **(2)**.
An scharfkantigen Modellen scheuern sich Schlepptrossen durch **(3)**.
Soll eine Klampe größeren Belastungen standhalten, so muß sie unbedingt mit Bolzen aufgesetzt werden, die durch das Deck reichen. Es nützt allerdings wenig, wenn das Deck die Zugkraft der Bolzen nicht aufnehmen kann und eingedrückt wird, was häufig bei Sandwich-Decks der Fall ist **(4)**.
Vor allem auf Motorbooten erinnern Bugklampen oft an Kühlerfiguren alter Autos. Sie sind mehr Schmuck als nützliche Ausrüstung. Derartige Zierklampen sind zum Schleppen in einer Notsituation vollkommen ungeeignet. Das sichere Belegen eines Tampens ist nicht möglich. Kleinere Motorboote sollten daher mit einem durchgebolzten Schleppauge am Bug ausgerüstet sein **(5)**.

5

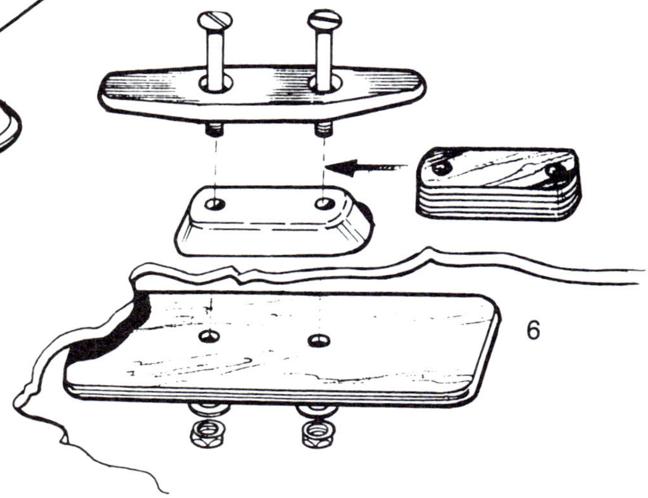

6

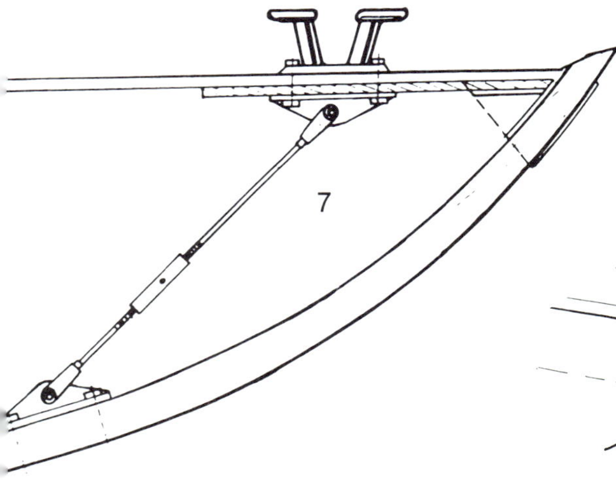

7

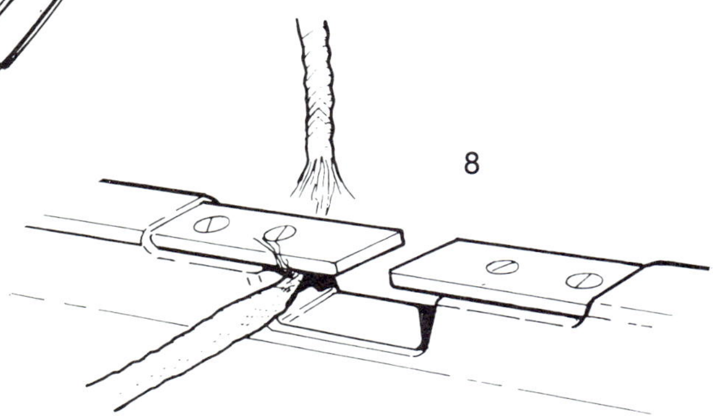

8

Unzureichende Vordeck-Klampen kann man nachträglich so umrüsten, daß sie zum Schleppen geeignet sind. Dazu wird ein (zu niedriger) Klampenfuß durch ein Sperrholz-Zwischenstück erhöht (bei Klampen aus einem Stück wird es untergesetzt) und eine Sperrholz-Verstärkung unter Deck beigelegt. Anschließend werden starke Bolzen durchgesetzt und von unten verschraubt. Unter Umständen ist hierfür eine Vergrößerung der Bohrungen erforderlich **(6)**. Wie eine wirkungsvolle Verstärkung für einen Schleppoller unter Deck installiert wird, zeigt diese Zeichnung **(7)**. Für hölzerne Yachten auf Tiden- und Flußrevieren war eine derartige Sicherung früher selbstverständlich, wenn der Konstruktionsplan keinen durchgehenden Schleppoller vorsah. Aber auch auf modernen Kunststoffyachten läßt sich ein Poller-Stag mit Spanner meistens nachträglich einbauen.
Für das Brechen der Schlepptrosse sind häufig falsch konstruierte Lippklampen verantwortlich. Sie sind scharfkantig gestaltet und auf vielen Yachten so in die Fußreling eingearbeitet, daß die Trosse beim Schleppen stark abgeknickt wird und binnen kurzem durchscheuert. Man sollte es daher auf jeden Fall unterlassen, die Trosse vor dem Schleppen hinter einem unbekannten Schiff in die Lippklampe einzulegen **(8)**.

Leinenübergabe an ein Berufsschiff

Soll der Schlepp durch ein Berufsschiff erfolgen, kann man nicht erwarten, daß dieses das Anlaufmanöver fährt, um die Schleppleine zu übernehmen. Vielmehr muß sich eine Yacht mit der nötigen Vorsicht dem großen Bruder nähern. Wer stellt die Schlepptrosse? Hier gilt allgemein die Regel, beim „Gefälligkeitsschlepp" immer derjenige, der sich schleppen

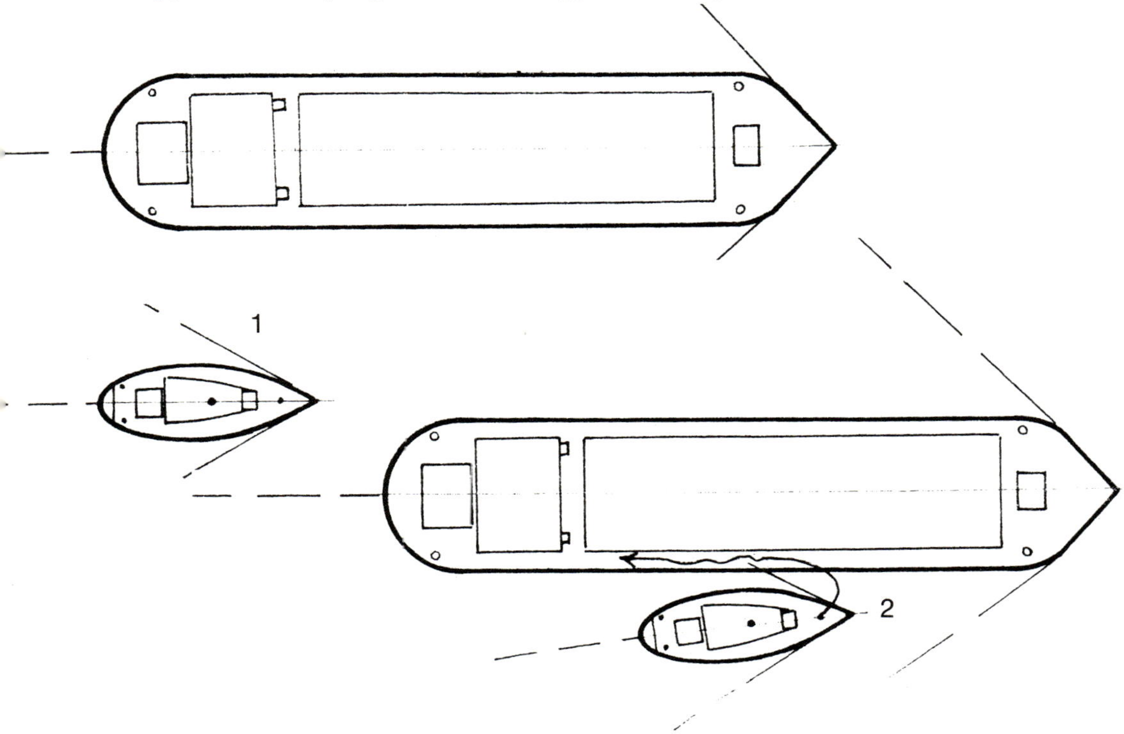

lassen will. In Notsituationen, beim Abbergen zum Beispiel, wird eine ausreichend starke Trosse vom Schlepper an den Havaristen übergeben. Im Normalfall nähert sich die Yacht mit ausreichendem seitlichem Sicherheitsabstand von achtern dem Berufsschiff, das mit langsamer Fahrt weiterfährt **(1)**. In Mittschiffsposition steuert man etwas näher an den Schlepper heran und wirft auf kurzer Distanz die ersten, sorgsam aufgeschossenen Meter der Schleppleine hinüber **(2)**. Nicht die ganze Schleppleine überwerfen! Der Mann auf dem Schlepper fabriziert garantiert eine Wuling.
Jetzt geht man mit der Fahrt zurück, läßt sich langsam achteraus sacken und steckt immer nur soviel Leine, wie notwendig ist. Der Schlepptampen darf nicht durchsacken oder etwa unter das Boot geraten **(3)**! Erst wenn die ganze Schleppleine ausgesteckt ist, gibt man das Zeichen zum Anschleppen **(4)**.
In der Praxis drehen die Kümoschipper leider meistens sofort auf, wenn die Schleppleine belegt ist. Man muß sich daher bemühen, die Endposition achteraus möglichst schnell zu erreichen beziehungsweise die letzten Meter Hand über Hand aufzustoppen. Natürlich muß die Schleppleine an Bord der Yacht bereits vor diesem Manöver sorgfältig belegt worden sein, denn unter Zugbelastung ist dieses kaum noch möglich.

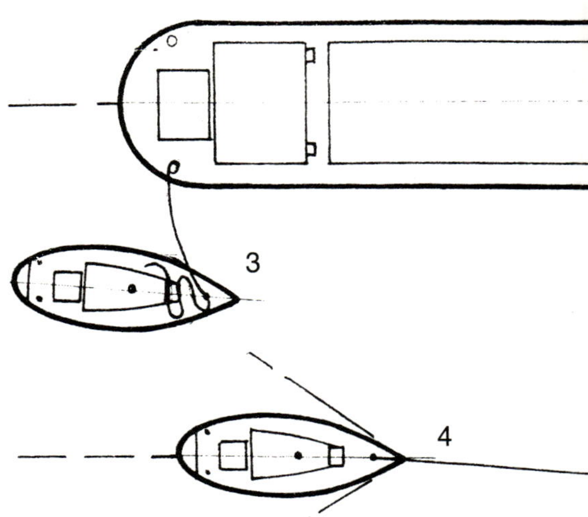

)as Aufschießen und Werfen einer Leine ist :ine Kunst, die sich aber erlernen läßt. Je nach- lem, ob man Links- oder Rechtshänder ist, chießt man zuerst die gesamte Leine in gleich- näßig großen Buchten in der Hand auf, mit der nan nicht wirft. Dann nimmt man mit der Vurfhand gerade so viele Buchten ab, wie zur Jberbrückung der Distanz notwendig sind.)iese Buchten werden mit seitlichem Arm- chwung, im wesentlichen aber von unten nach ben gezielt zum Mann auf dem Nebenschiff inübergeworfen. Die Buchten entrollen sich, vährend die Leine durch die Luft fliegt. Nur in kurzes Stück des Tampens sollte drüben nkommen. Erst nach dem Auffangen wird veitere Leine gesteckt.

Umgang mit der Schlepptrosse

Ein gefühlvolles Aufstoppen der Schlepptrosse ist nur bei einem Poller möglich, da man bereits mit ein bis zwei Rundtörns die auftretenden Kräfte sicher im Griff hat. Nachdem die endgültige Länge der Schleppleine erreicht ist und die Schiffe Fahrt aufgenommen haben, läßt sich die Trosse immer noch sorgfältig belegen.

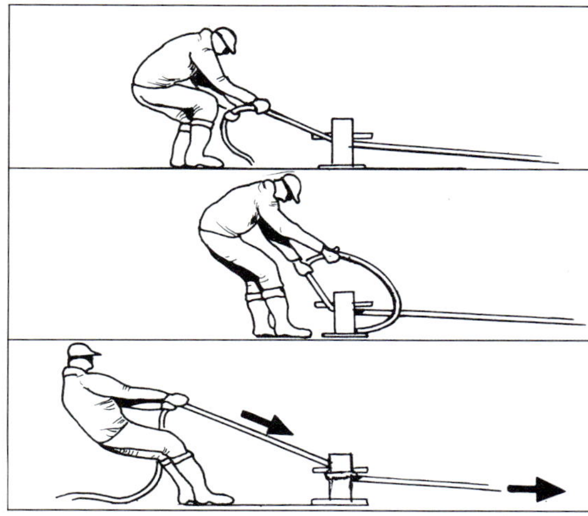

Die Zeichnungen zeigen, wie die Schleppleine auf dem Schlepproller richtig belegt wird: Entweder durch einen Webeleinstek **(1)** oder, bei vorhandenem Pollerstock, mit einem Rundtörn und mehreren halben Schlägen **(2)**.
Da der Webeleinstek sich sehr festzieht, können auch mehrere Rundtörns um den Poller gelegt und mit einem halben Schlag gesichert werden, wobei der Tampen vor dem Belegen unter der Zugpart hindurchgeholt wird **(3)**.

1 2 3

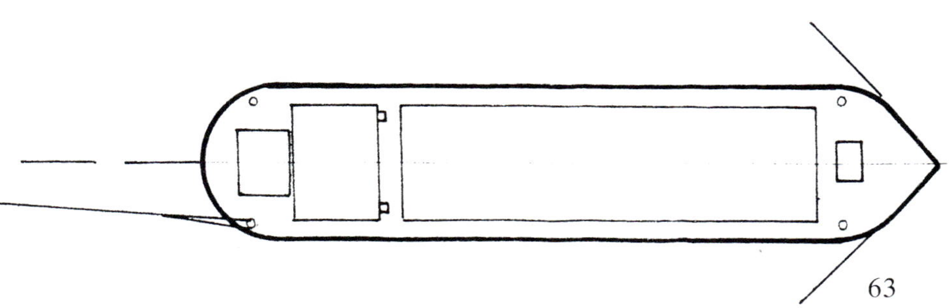

Auf den großen Doppelpollern der Berufsschiffe wird die Schlepptrosse mehrfach kreuzweise belegt, so daß sich die einzelnen Schläge unter Zugbelastung bekneifen. Die Rundtörns um die Poller absorbieren bereits weitgehend die Zugkräfte.

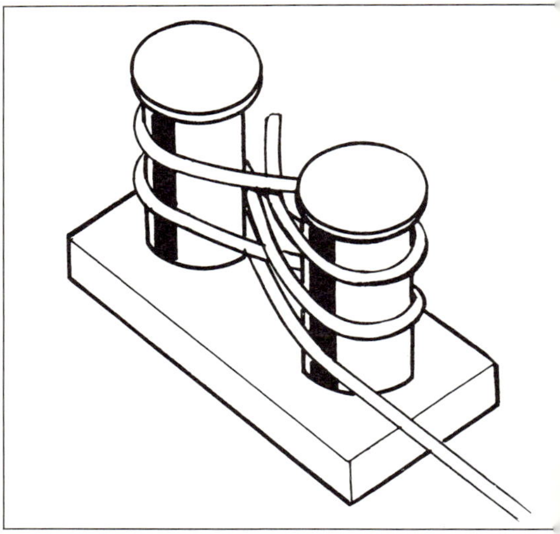

Auf schweren Motoryachten werden die Zugkräfte der Schlepptrosse am besten durch die Ankerkette aufgefangen. Hilfsleinen mindern die Belastungen auf der Ankerwinsch und wirken als Feder. Allerdings darf die Ankerkette nur wenige Meter gesteckt werden, da sonst die Schockbelastungen zu groß werden. In jedem Fall muß die größte Distanz zwischen Schlepper und Yacht durch die angesteckte Schleppleine überbrückt werden. Auch ist es wichtig, daß die Ankerkette auf der Bugrolle durch einen Bolzen gesichert wird.

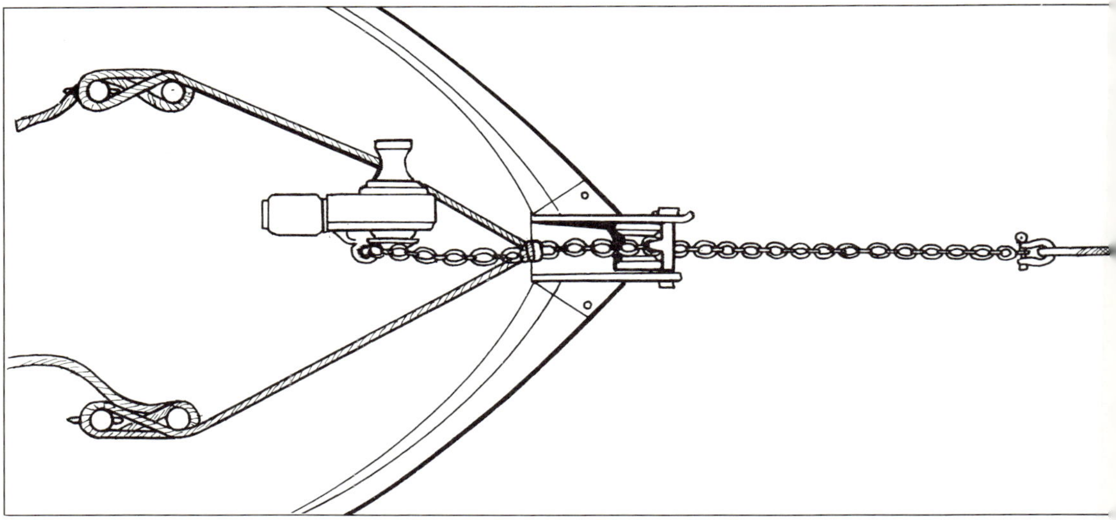

Da Seenot-Rettungskreuzer havarierte Schiffe heute fast ausschließlich mit einer Stahltrosse abschleppen, sollte man sich rechtzeitig über geeignete Knoten Gedanken machen, mit denen der Schlepptrossen-Vorlauf an Bord mit der Stahltrosse verbunden wird. Die Zeichnung **(1)** zeigt eine Lösung, die sich immer dann bewährt, wenn festes Material, in diesem Fall Drahttauwerk, mit weichem, dehnungsfähigem zusammengesteckt werden soll. Unter Zugbelastung zieht sich die mit der Hand vorgepreßte Drahtschlinge zusammen **(2)**. In der Regel wird die Stahltrosse jedoch ein eingespleißtes Auge haben. Die einfachste Lösung ist dann ein doppelter Rundtörn mit zwei halben Schlägen **(3)**. Statt der halben Schläge kann auch ein Palstek eingeknotet werden. Dann können allerdings die Rundtörns Lose bekommen.

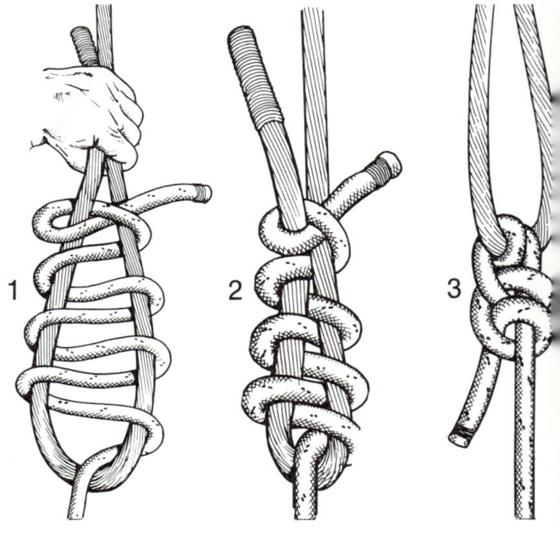

1

2

3

Handzeichen

/orgeschriebene Handsignale für Schlepp-
nanöver gibt es nicht, jedoch haben sich in der
'raxis einige Gesten bewährt:
: Wer geschleppt werden möchte, stellt sich
ns Boot und schwenkt mit einer Hand die auf-
;eschossene Schleppleine auf und nieder.
: Ist die Leine belegt, werden die Arme ge-
preizt vor dem Bauch gekreuzt.
: Das Signal zum Anschleppen (Andrehen)
st eine kreisende Bewegung der erhobenen
Hand.
: Das Auf- und Niederbewegen der gestreck-
en Arme mit abwärts gehaltenen Händen wird
llgemein als Aufforderung zur Fahrtdrosse-
ung verstanden.
: Das Kreuzen der Arme vor der Brust und
inmalige Auseinanderziehen bedeutet das En-
le der Schleppfahrt beziehungsweise Lösen der
chleppleine.
: Die ausgestreckte Faust mit erhobenem
)aumen wird international als zustimmende
Geste, alles o. k., verstanden.

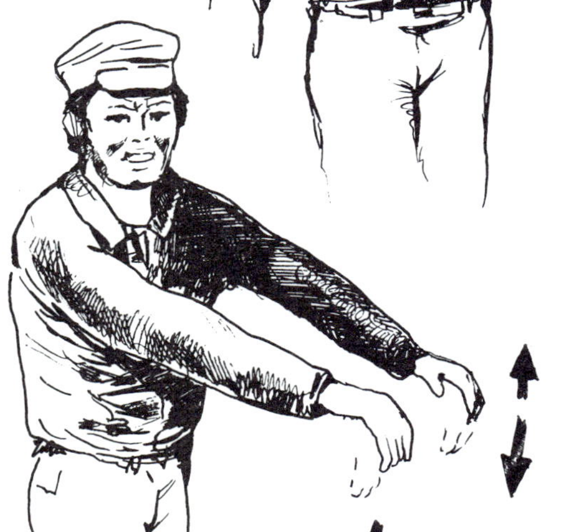

4

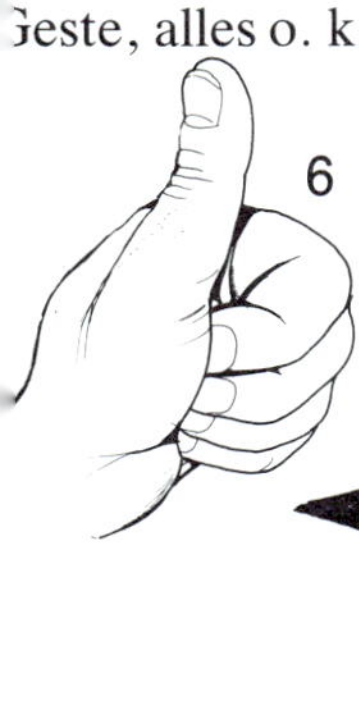

6

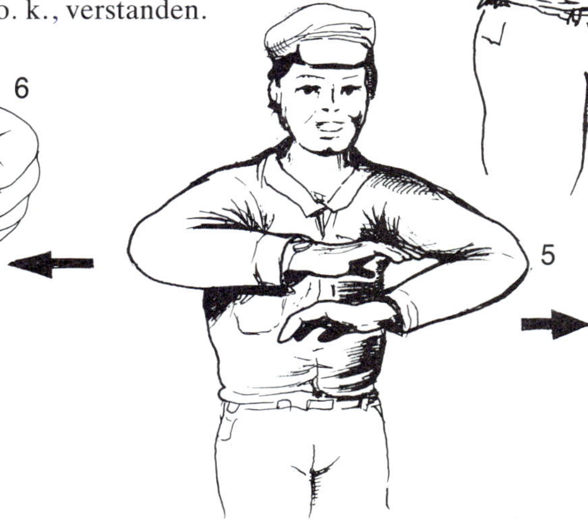

5

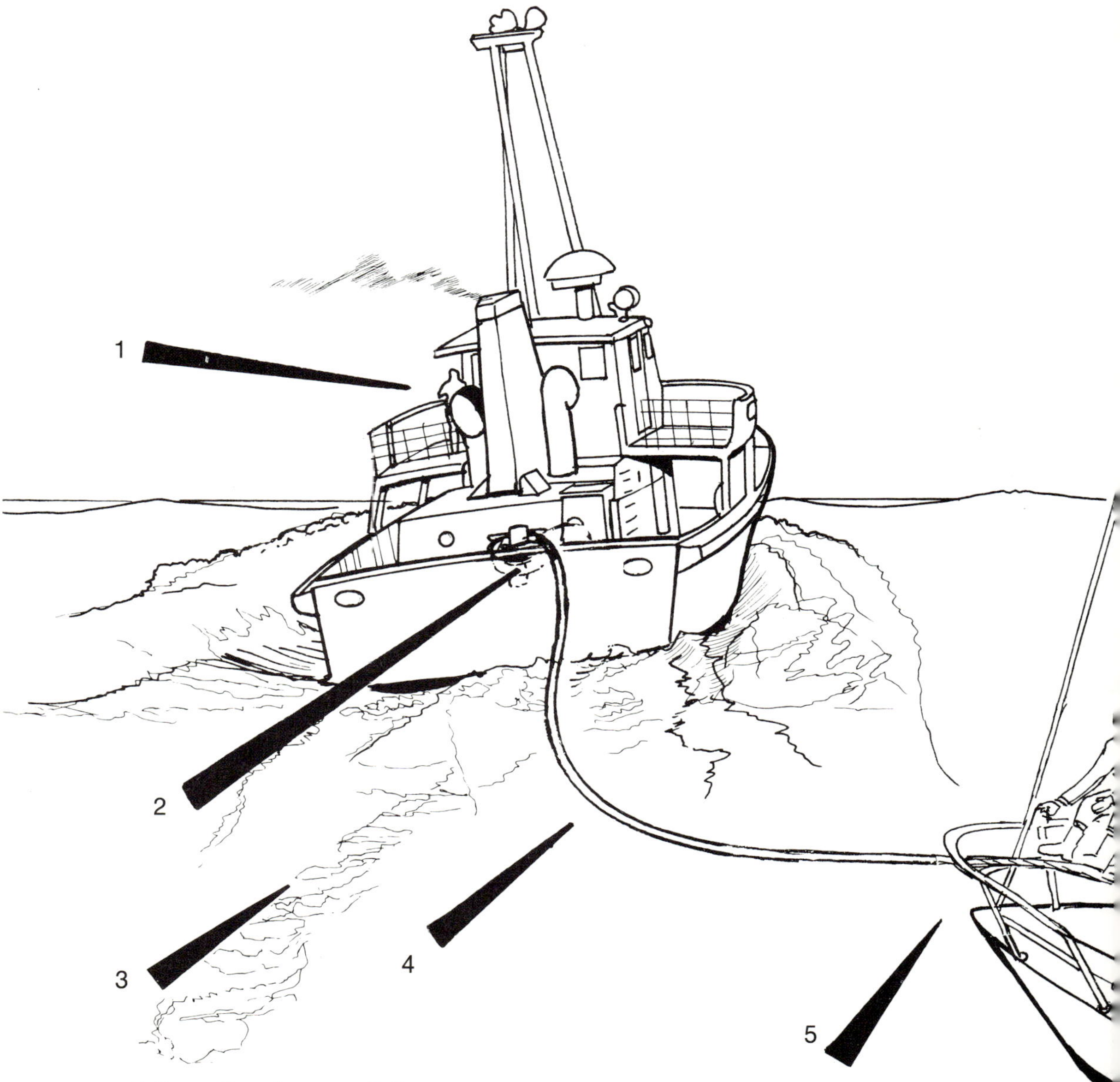

Fehler beim Schleppen

Beim Schleppen größerer Yachten werden häufig Fehler gemacht, die zu schweren Unfällen führen können. Es ist unbedingt notwendig, daß der Schiffsführer des Schleppers das Manöver beobachten kann und seine Anschleppgeschwindigkeit entsprechend reguliert. Oftmals ist dies wegen der schlechten Rundumsicht im Ruderhaus oder auf der Brükke nicht möglich **(1)**. Wenn der Schlepptampen über scharfe Deckskanten geführt wird, besteht die Gefahr des Schamfilens oder Brechens **(2)**. Sehr häufig wird die Anschleppgeschwindigkeit zu hoch **(3)** und die Schlepptrosse zu kurz bemessen **(4)**. Läuft sie ungesichert durch den Bugkorb, kann dieser bei seitlichem Zug wegbrechen **(5)**. Das Vorstag ist ebenso in Gefahr wie die beiden Crewmitglieder, die sich vor dem Befestigungspunkt der Trosse befinden **(6)**. Vor dem Abschleppen müssen alle Fallen festgesetzt **(7)**, die Fock abgeschlagen und das Groß aufgetucht werden **(8)**.
Steht der Mast an Deck, so sollte man die Schlepptrosse nicht am Mastfuß belegen **(9)**. Der Mastschuh ist häufig nicht durchgebolzt, da er kaum seitliche Kräfte aufzunehmen hat, und die Achse, mit der der Mastfuß gesichert wird, ist zu schwach dimensioniert, um einer extremen Zugbelastung standzuhalten **(10)**. Wichtig ist auch der herrschende Seegang **(11)**. Bei steiler, kurzer Welle, wie sie beispielsweise bei Strom gegen Wind in Tidengewässern auftritt, ist besonders langsam zu schleppen.

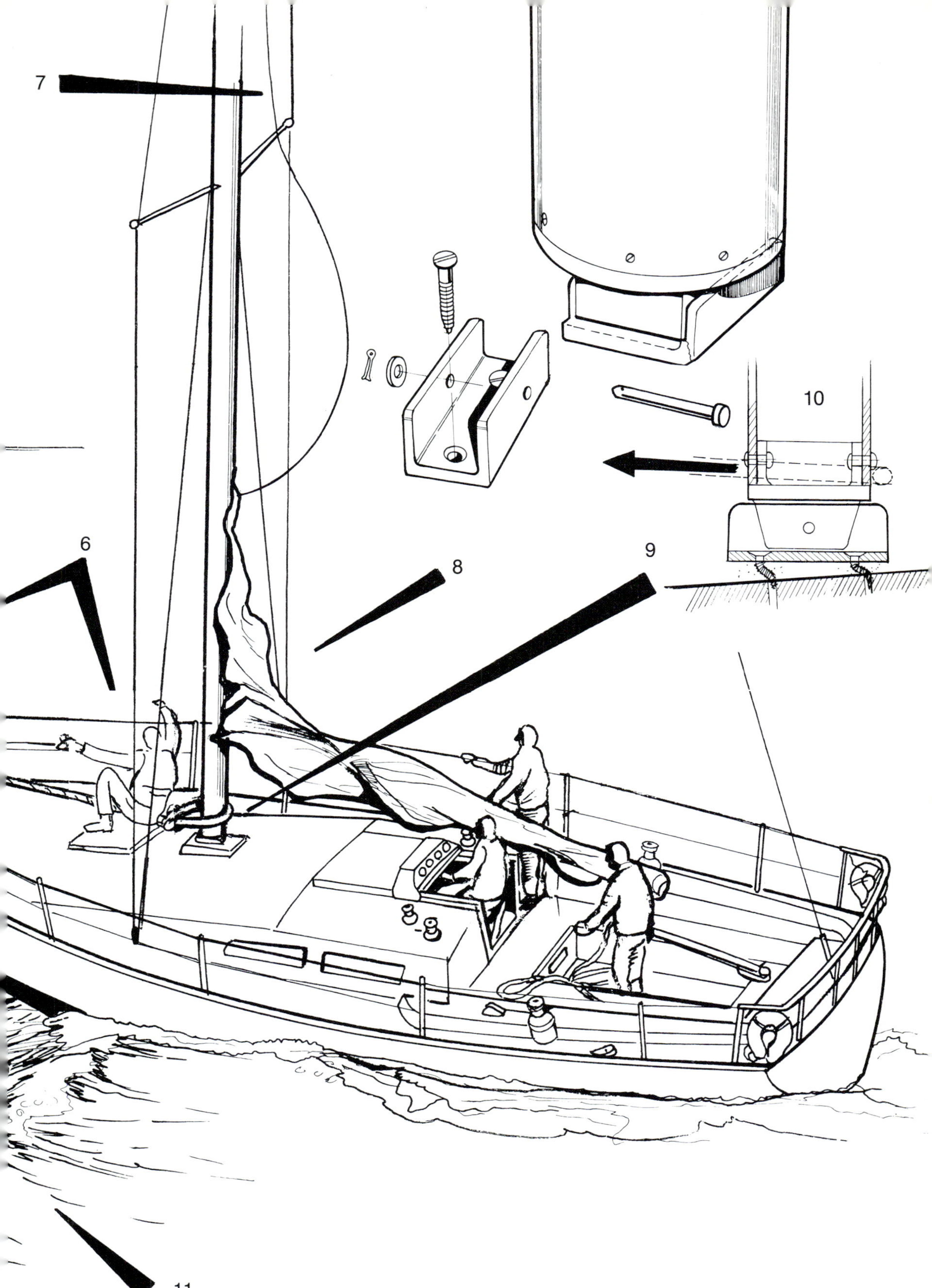
7
10
6
8
9
11

Bei Motoryachten mit unzureichenden Schleppklampen auf dem Vordeck ist es meistens unumgänglich, ein starkes Ende zum Einbinden der Schleppleine außen um das Schiff herumzulegen. Voraussetzung ist allerdings, daß die Yacht einen weitgehend senkrechten Spiegel hat und eine Sicherung oberhalb der Wasserlinie am Heck möglich ist. An den Spiegelkanten muß ein Trossenschutz gegen Schamfilen angebracht werden. Die Hilfsleine wird außerdem an den Relingstützen auf der gewünschten Bordwandhöhe fixiert. Gegebenenfalls muß die Rettungsleiter durch ein zwischengeschobenes Kantholz vor Beschädigung geschützt werden **(1)**. Der Rudergänger steuert aus Sicherheitsgründen im Ruderhaus **(2)**. Zum Zusammenstecken der Leine vor dem Bug eignet sich am besten ein Palstek, der mit beiden Parten gleichzeitig geschlungen wird. Der längere Tampen wird an Bord zurückgeführt und zur Sicherheit belegt.

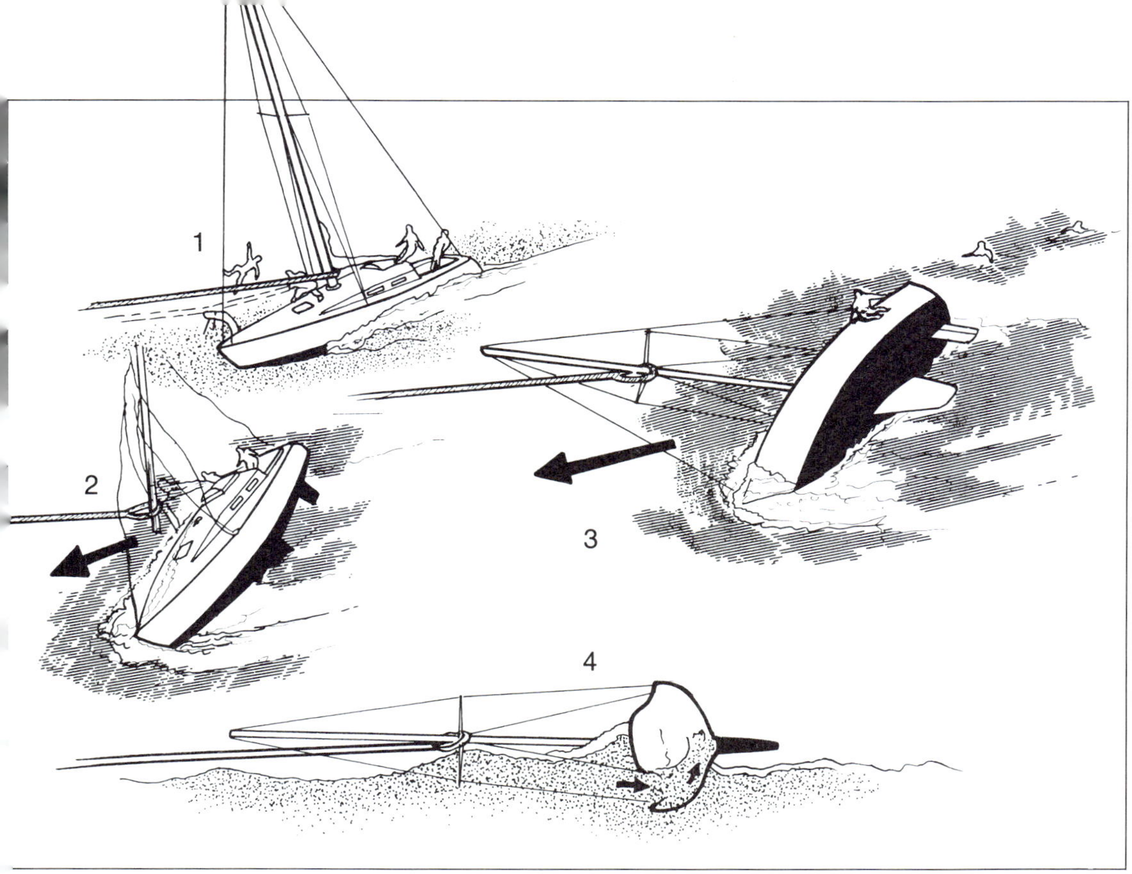

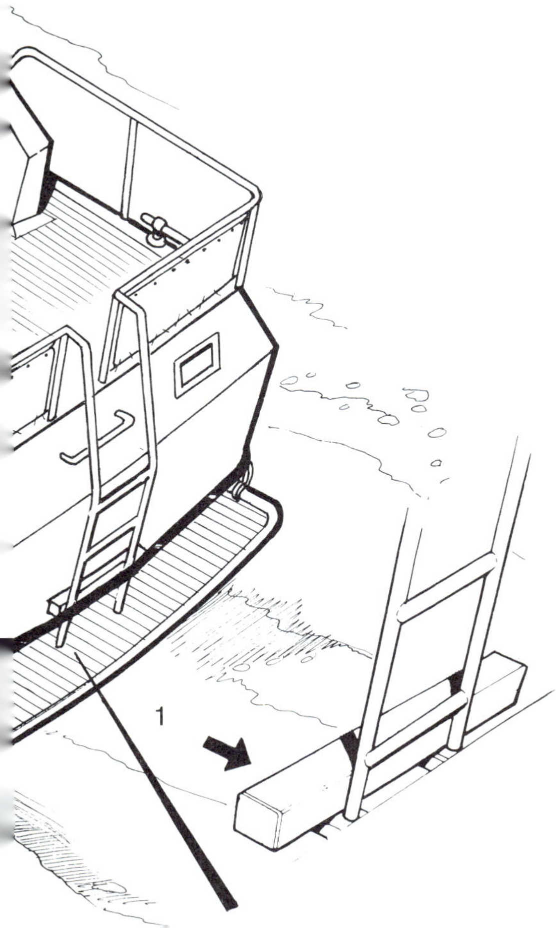

Ungesicherte Schlepptrosse am Mastfuß

Was passieren kann, wenn die Schlepptrosse auf einer seegehenden Yacht unsachgemäß am Mastfuß angeschlagen wird, zeigt dieser Szenenablauf. Beim Hinuntergleiten von einer größeren Welle reißt die am Bug ungesicherte Trosse den Bugkorb aus seiner Verankerung und schleudert das dort wachende Besatzungsmitglied über Bord **(1)**. Die ungesichert um den Mastfuß gelegte Bucht rutscht am Mast empor und bricht ihn aus seiner Verankerung **(2)**. Das gesamte Rigg kommt von oben. Auch wenn der Mast hält, sind fatale Folgen möglich. Die Bucht des Schlepptampens kann bis zur Saling hochrutschen, wodurch das Boot krängt und quer zur Fahrtrichtung gezogen wird **(3)**. Dies kann eine Kenterung mit Wassereinbruch durch Cockpit und Niedergang nach sich ziehen **(4)**, wobei die übrige Crew viel Glück haben muß, um nicht über Bord zu gehen, da sie bei einem Schleppmanöver meistens nicht angeleint ist.

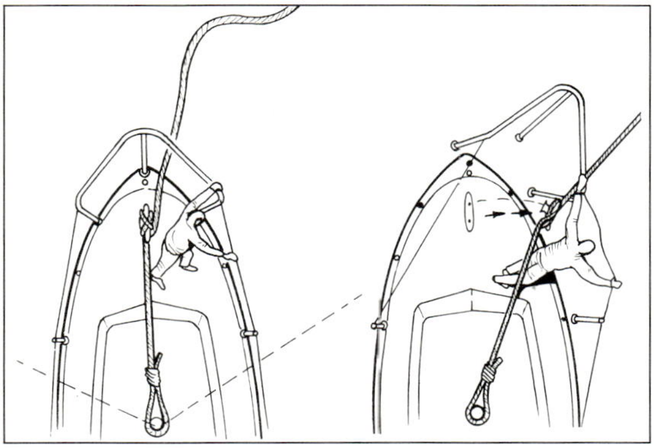

Raus aus dem gefährlichen Sektor

Im englischen Lake District ereignete sich dieser Unfall. Ein Motorsegler sollte von einer Legerwall-Küste abgeborgen werden. Da der Schlepper seitlich anziehen mußte, war die Bugklampe starken Querkräften ausgesetzt. Als sie ausbrach, riß der Schlepptampen den Bugkorb von Deck und brach dem beobachtenden Crewmitglied beide Beine. Die gestrichelte Linie zeigt den Winkel, in dem man sich bei diesem Manöver nicht aufhalten sollte.

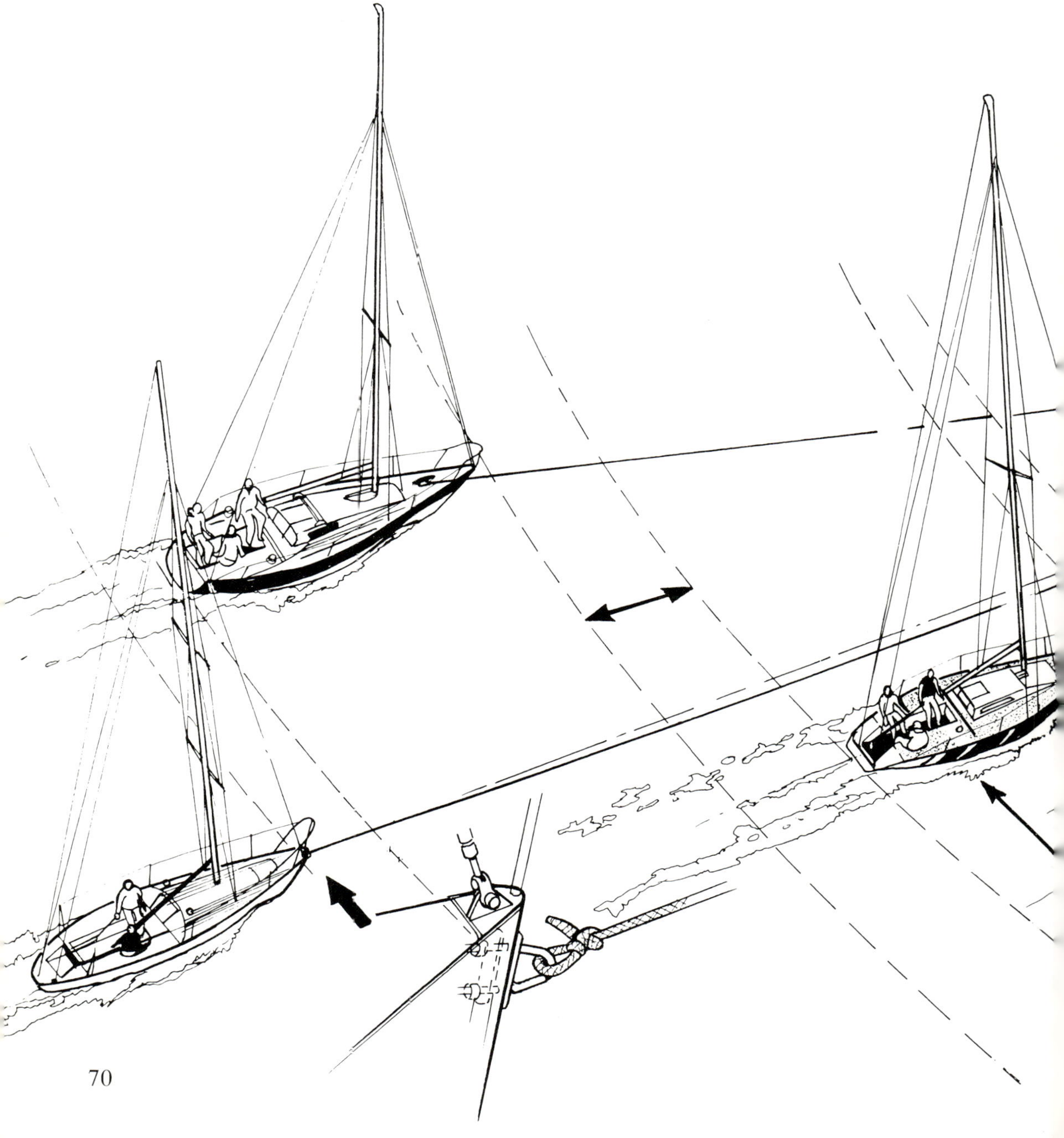

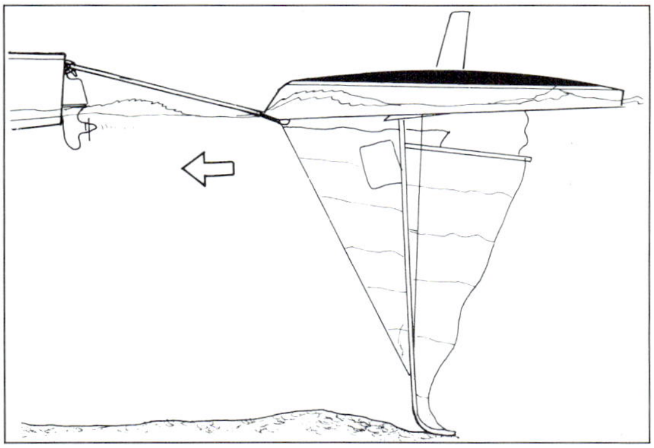

Jollen vor dem Schleppen erst aufrichten

Aus Unkenntnis werden durchgekenterte Jollen häufig in den Hafen zurückgeschleppt, ohne sie vorher aufzurichten. Dabei sind Grundberührungen mit dem Mast und entsprechende schwere Schäden im Rigg fast unvermeidlich. Außerdem kann durch den Wasser-Staudruck der Rumpf teilweise zerstört werden. Es ist vorgekommen, daß bei zu schnellem Schleppen einer gekenterten Jolle der gesamte Spiegel herausgerissen wurde.

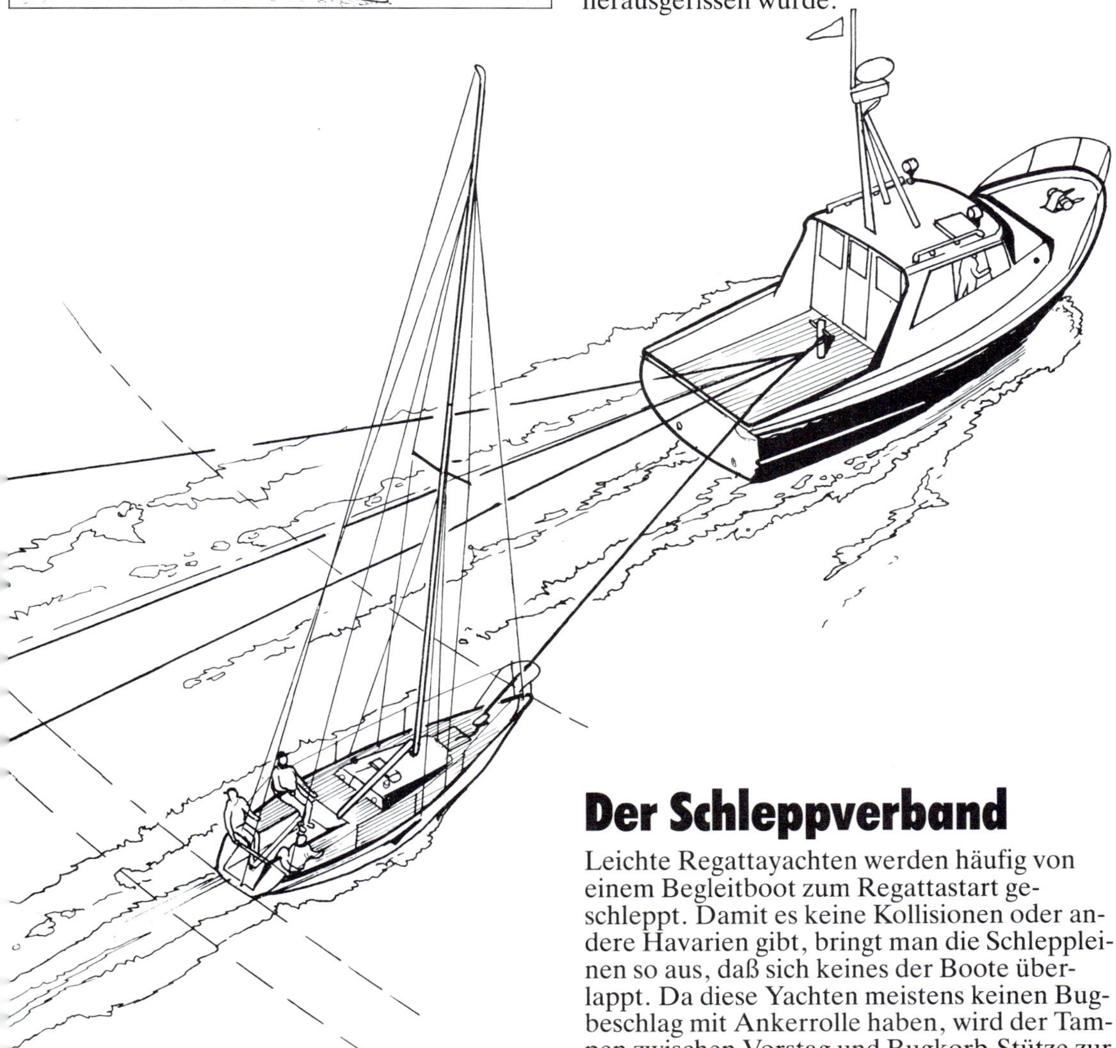

Der Schleppverband

Leichte Regattayachten werden häufig von einem Begleitboot zum Regattastart geschleppt. Damit es keine Kollisionen oder andere Havarien gibt, bringt man die Schleppleinen so aus, daß sich keines der Boote überlappt. Da diese Yachten meistens keinen Bugbeschlag mit Ankerrolle haben, wird der Tampen zwischen Vorstag und Bugkorb-Stütze zur Vordeckklampe geführt. Um ein Schamfilen der Schleppleine am Vorstag zu vermeiden, schert der Steuermann ein wenig zur entgegengesetzten Seite der Tampendurchführung aus. Lediglich Yachten mit Stevenauge oder -rolle halten ihren Kurs in Kiellinie.

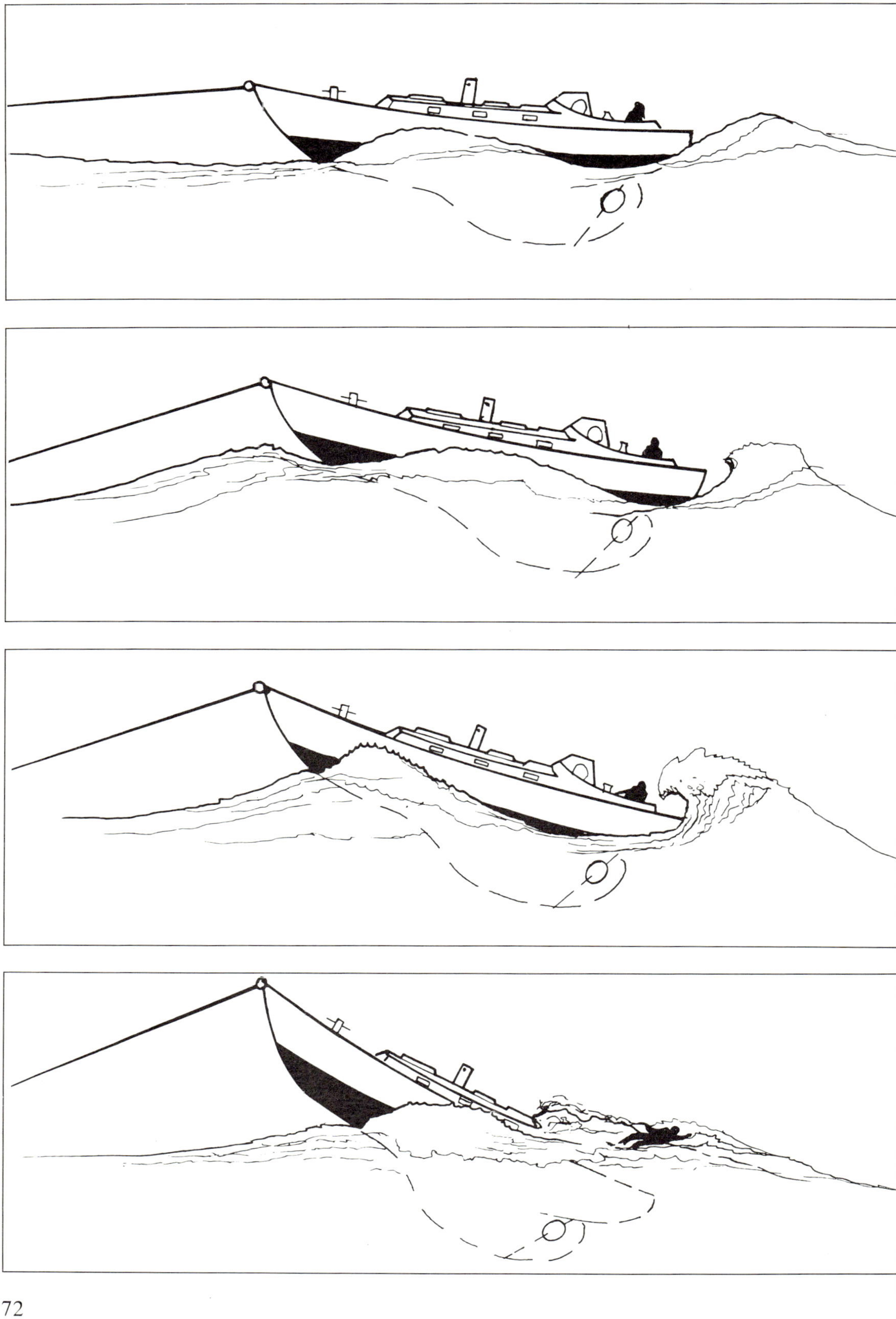

Schleppgeschwindigkeit

Segelyachten, die aufgrund ihrer Rumpfform keinen Gleitzustand erreichen können, sind bei zu schneller Schleppgeschwindigkeit, wie sie zum Beispiel große Berufsschiffe erzielen, besonders gefährdet. Wird die berechenbare maximale Rumpfgeschwindigkeit überschritten, baut sich eine größere Widerstandswelle im Bugbereich sowie eine Heckwelle auf. Mit zunehmender Fahrt sackt das Heck tiefer in das Wellental, die Hecksee steigt steil an, überschlägt sich und erfaßt das Achterschiff. Durch die Sogwirkung kann die Welle so stark ansteigen, daß die Yacht achtern unter Wasser gedrückt und die Besatzung in Sekundenschnelle außenbords geschwemmt wird.
Umgekehrt kann eine Motoryacht bei zu schnellem Schlepp in grober See unterschneiden, wenn die übermäßig hohe Bugwelle mit einem natürlichen Wellenberg zusammentrifft. Ein solcher Unfall ereignete sich im westlichen Mittelmeer, als eine havarierte Grand-Banks-Trawleryacht zu schnell von einem Fischdampfer geschleppt und mit dem Vorschiff unter Wasser gedrückt wurde. Die Motoryacht ging verloren.

Worauf zu achten ist

Elf wichtige Punkte sind zu beachten, wenn eine etwa zehn Meter lange Segelyacht in einer schwierigen Situation, zum Beispiel bei Grundberührung oder in schwerer See, von einem starken Schlepper auf den Haken genommen werden soll.

1: Falls der Motor noch intakt ist, sollte er zwar startklar, der Propeller aber nicht eingekuppelt sein.

2: Der Steuermann nimmt eine stehende Position ein, um den größtmöglichen Überblick zu haben.

3: Das Niedergangsluk wird geschlossen und das untere Steckschott eingesetzt. Die übrige Crew geht unter Deck und achtet auf den Steuermann.

4: Baum und Großschot werden zur Seite gelascht, um dem Steuermann möglichst freie Sicht voraus zu geben.

5: Alle Lüfter und Luks werden geschlossen.

6: Ein starkes Ende wird seitlich durch die Schotleitblöcke über die Winschen um das ganze Schiff gezogen und seitlich an den Vordeckklampen beigebunden. Die Laschungen an den Klampen fangen bereits einen Teil der Zugkräfte auf. Hier muß die Leine gegen Schamfilen umwickelt werden **(7)**.

Beide Tampen werden so zusammengebunden, daß sich das Auge etwa zwei bis drei Meter vor dem Bug befindet. An das Auge wird die Schlepptrosse mit einem Palstek oder einem Schotstek gesteckt. Es ist empfehlenswert, einen derartigen Schlepptrossen-Vorlauf, passend zum eigenen Schiff, fertig vorbereitet an Bord zu fahren, da Seenotkreuzer, wie beschrieben, stets mit einem Tauvorläufer eine Stahltrosse an den Havaristen übergeben, die nirgends an Bord belegt werden kann. Sie muß in das Auge des – eigenen – Schlepptrossen-Vorlaufs eingebunden oder eingeschäkelt werden.

Diese Befestigung des Ringtampens erfordert großformatige Schotwinschen und solide Unterbauten. Die oft propagierte Lösung, das Ende achtern um den Kajütaufbau zu legen, ist indessen selten praktikabel und auch gefährlich, da häufig das Achterschott der Kajüte schräg gestellt ist, die Trossenbucht also hochrutschen kann. Bei modernen Bootskonstruktionen ist zudem der Abstand zwischen Cockpitsüll und Kajütdach so gering, daß die Schlepptrosse keinen Halt findet. Bei starker Zugbelastung können außerdem die Ecken des Kajütaufbaus eingedrückt werden.

Ähnlich verhält es sich mit der Lösung, die Ringleine um das Heck zu legen. Der Spiegel ist ebenfalls bei vielen Booten schräg gestellt,

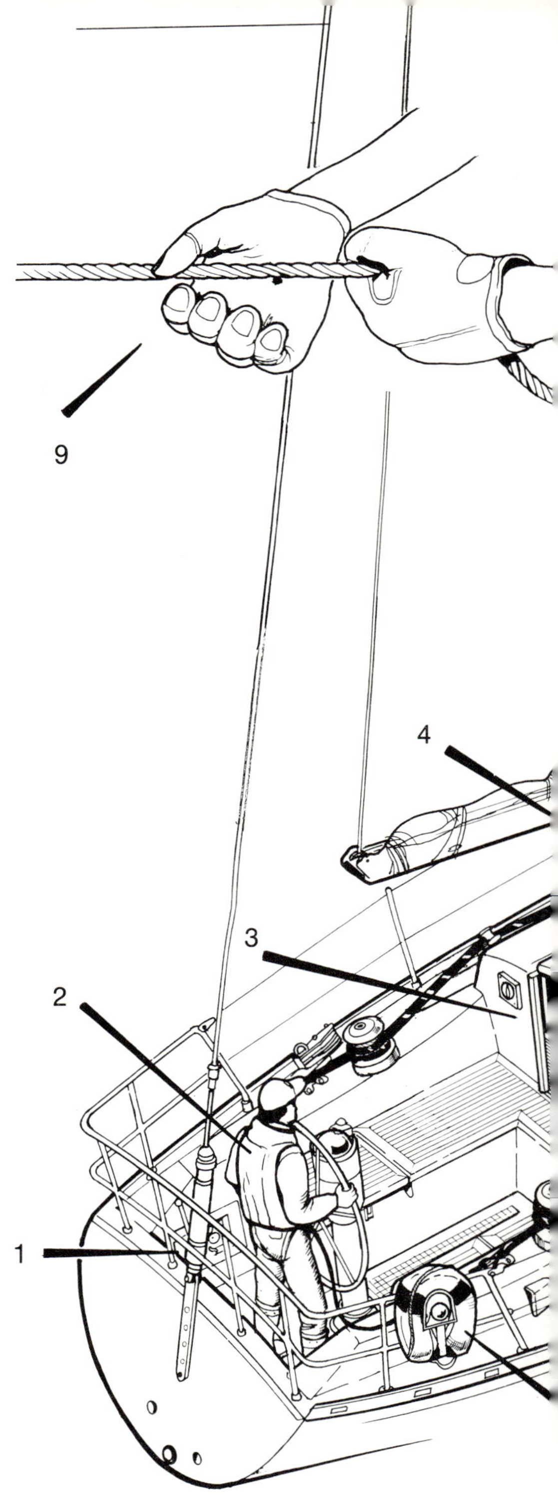

eine Sicherung der Trossenbucht kann kaum durchgeführt werden.

8: Als weitere Vorbereitungen müssen der Schwimmkragen mit angesteckter Wurfleine zum Einsatz klariert und

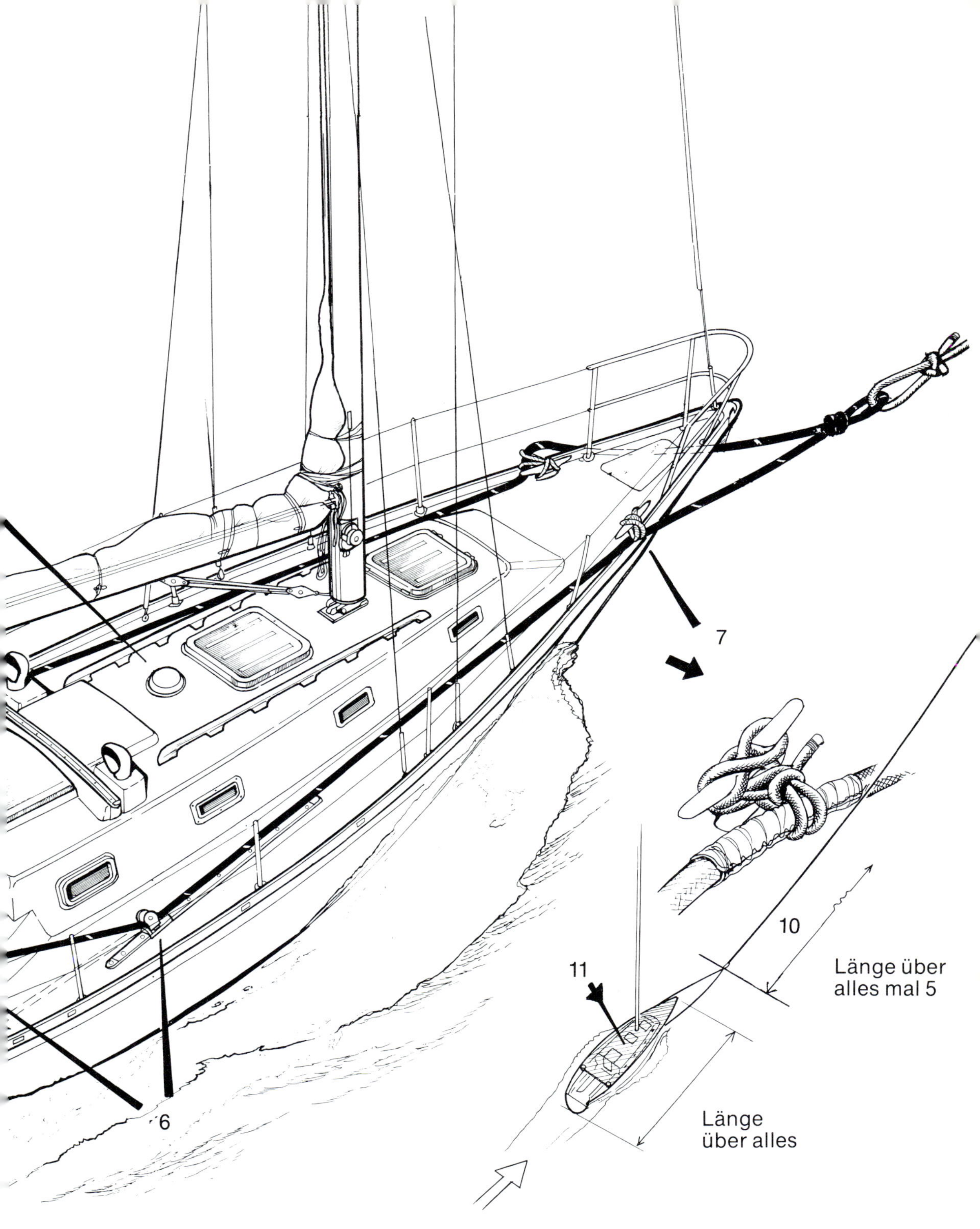

9: Arbeitshandschuhe angezogen werden.
10: Die Schlepptrosse sollte wenigstens fünfmal so lang wie die Yacht sein.
11: Der Aufenthalt im schraffierten Sektor ist gefährlich. – Moderne Kunststoff-Trossen sind zwar sehr elastisch, entwickeln aber bei einem Bruch durch das plötzliche Zurückschnellen eine enorme Energie. Dadurch haben sich schon viele schwere Unfälle, zum Teil mit tödlichem Ausgang, ereignet.

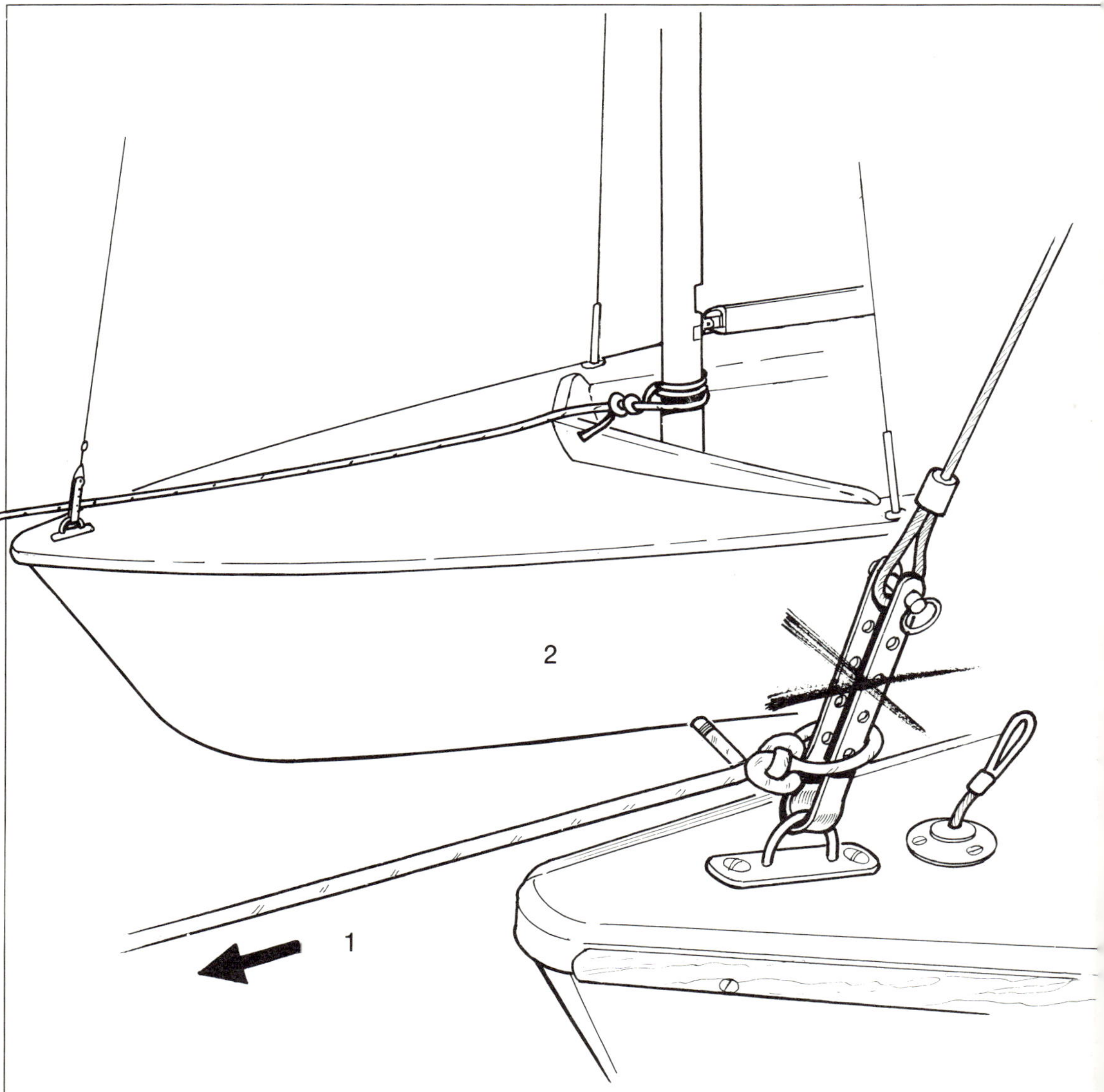
2
1

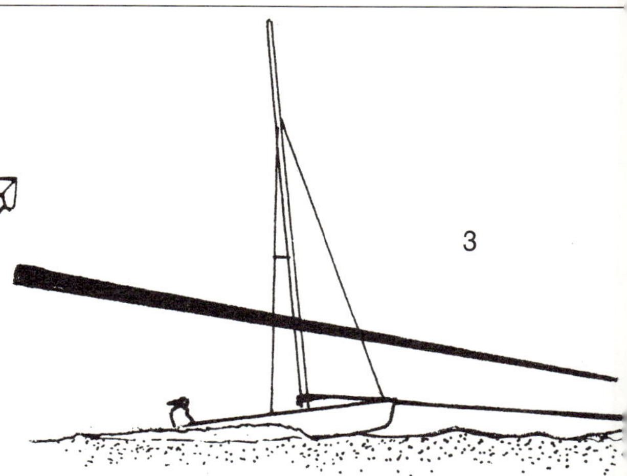
3

Wie man Jollen schleppt

1: Moderne Jollen haben häufig überhaupt keine Schleppklampe an Deck. So wird der Schlepptampen aus Unwissenheit anstatt um den Mast um den Vorstag-Beschlag geknotet, der für diese Belastungen nicht ausgelegt ist. Es kann zum Bruch des Beschlages oder zu einem Ausbrechen aus dem Deck kommen, was wiederum nicht selten den Verlust des Mastes und andere Havarien nach sich zieht.

2: Der Schlepptampen wird mit zwei Rundtörns um den Mast gelegt und mit zwei halben Schlägen gesichert. Dabei ist darauf zu achten, daß er in Deckshöhe angeschlagen wird, damit der Mast kein Biegemoment erhält. Steht dieser frei im Schiff, was bei vielen Leichtbaujollen der Fall ist, muß der Schlepptampen um den Mast herum zum Großschot-Fußbeschlag oder zum Reitbalken geführt und dort belegt werden.

3: Sollen mehrere Jollen geschleppt werden, so ist es meistens schwierig, die Schleppleine des Hintermannes festzusetzen, da moderne Jollen gewöhnlich kleine Klampen an Deck haben. Die Leine wird daher mit zwei Rundtörns und zwei halben Schlägen zur Sicherung auf dem Reitbalken belegt, und zwar möglichst nahe an der Deckhalterung, damit er nicht verbiegen kann.

4: Günstiger ist es indessen, wenn auf dem Motorboot eine lange Schleppleine mit mehreren Augen, jeweils im Abstand von mehr als einer Bootslänge, vorbereitet worden ist. In diese Schlaufen brauchen dann die Regattacrews nur hineinzugreifen, oder kurze Hilfsleinen werden eingebunden und am Mastfuß festgesetzt.

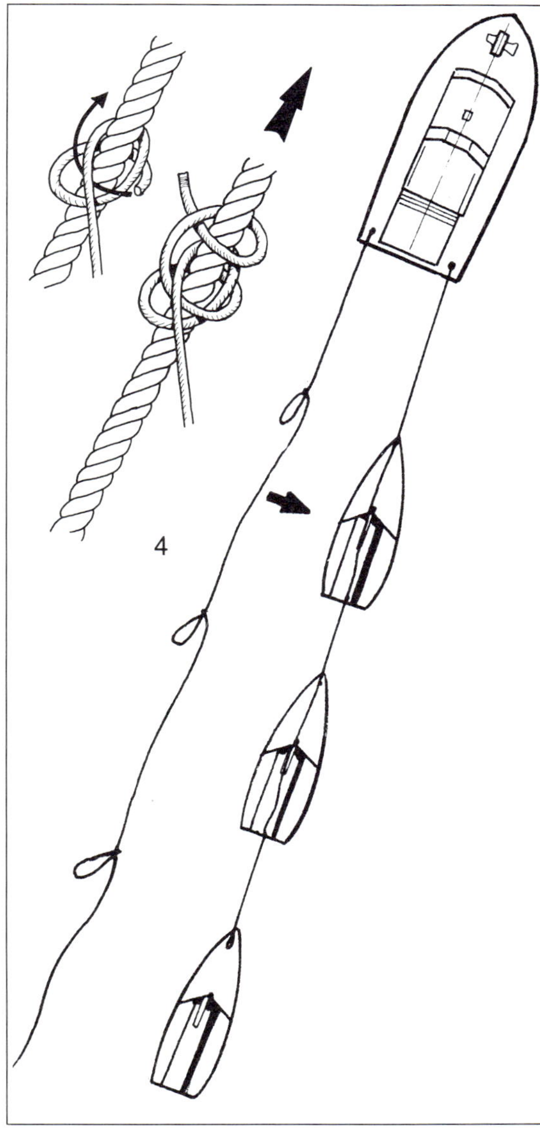

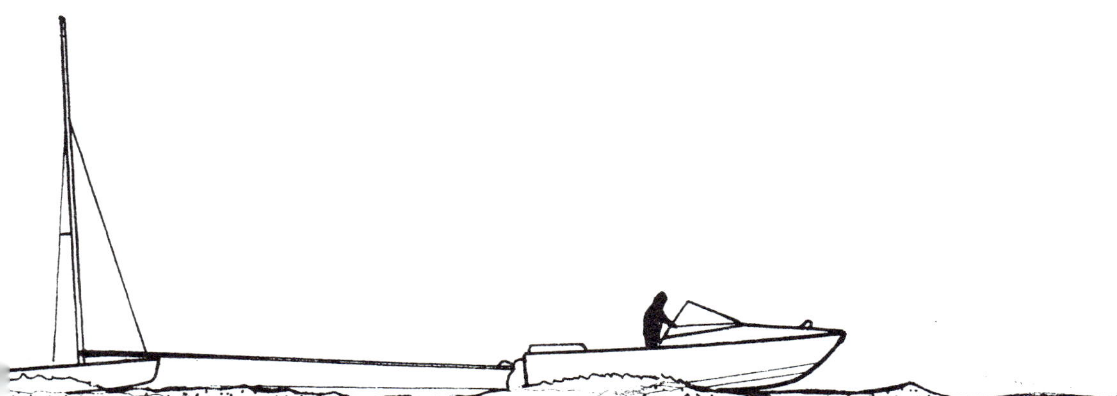

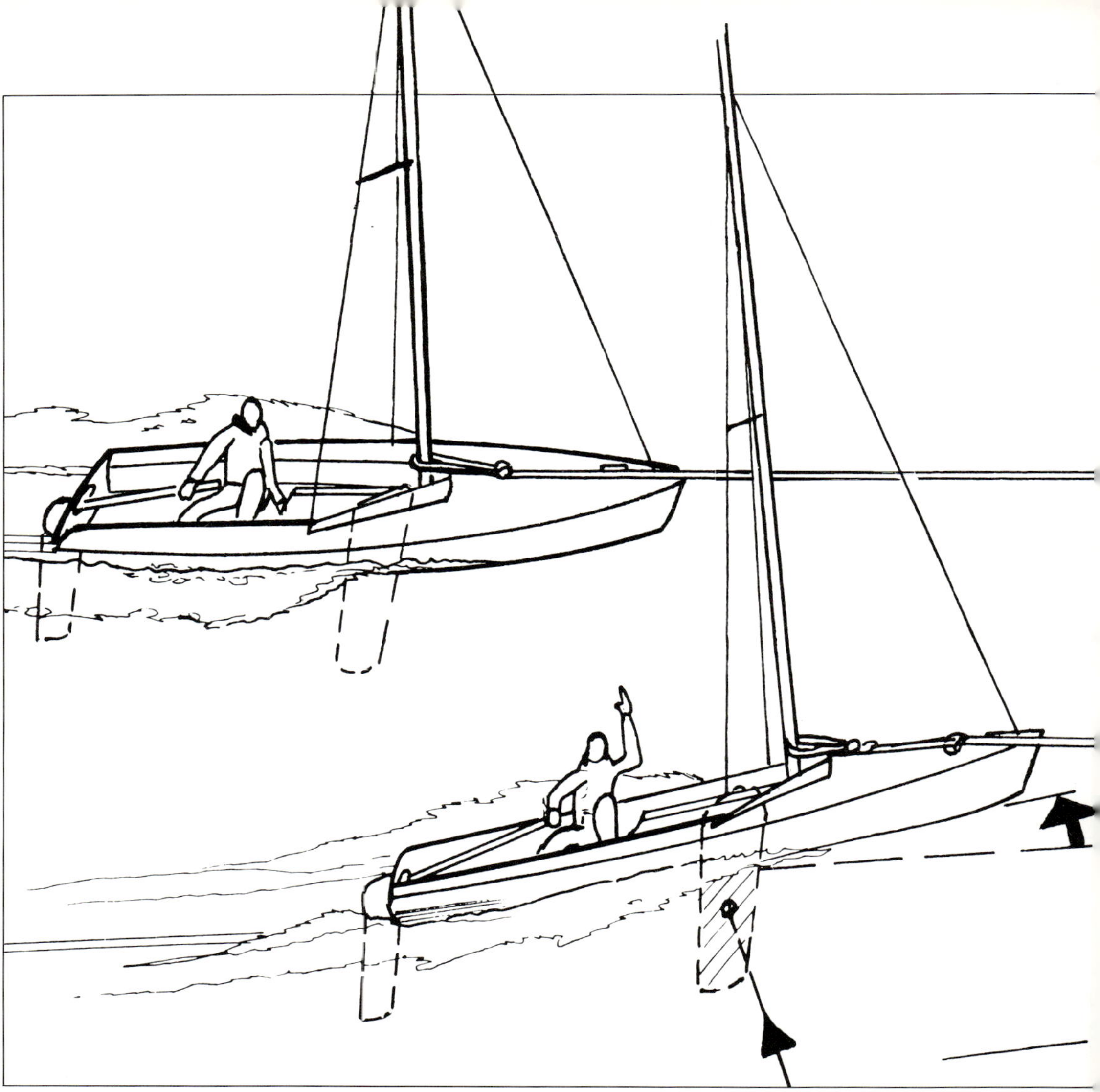

Der Schlepp des Dingis

Feste Beiboote lassen sich in der Regel unproblematisch schleppen, während Schlauchboote mit dem Heck eine starke Sogwirkung erzielen und leicht von achtern vollaufen oder vom Wind umgeworfen werden. Die Schleppleine sollte allerdings so weit aufgefiert werden, daß der Bug des Beibootes die Heckwelle der schleppenden Yacht „hinauffährt“. Andernfalls ist es möglich, daß der Bug sich in die Hecksee bohrt und das Boot vollschlägt.

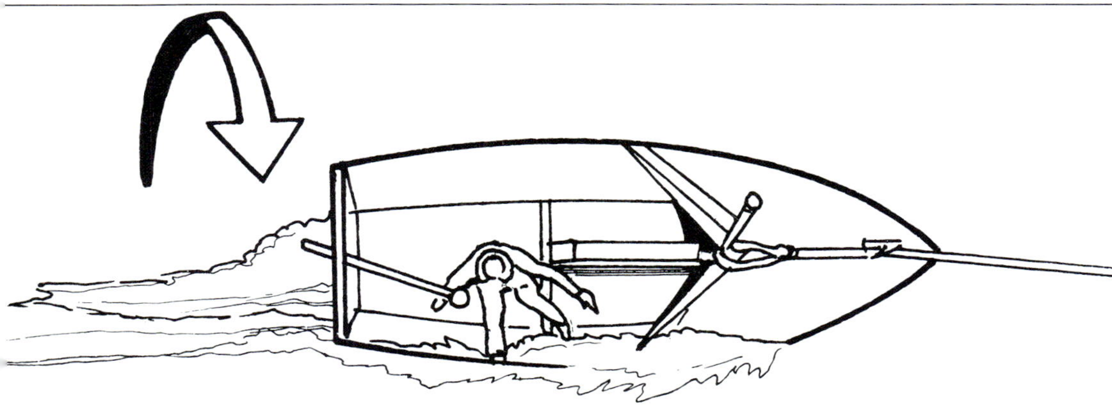

Gleitfähige Jollen und Yachten sind im Schlepp weniger gefährdet, da sich der Rumpf bei schneller Geschwindigkeit auf die Wasseroberfläche hebt und dadurch der Wasserwiderstand überwunden wird. Allerdings können bereits kleine Unachtsamkeiten des Steuermanns zur Kenterung führen, speziell dann, wenn das Schwert gesteckt ist. Schon ein leichtes Ausscheren aus der Zugrichtung erzeugt am Schwert einen starken Auftrieb, der das Boot blitzartig krängen läßt. Daher sollte das Schwert bei hoher Schleppgeschwindigkeit stets ganz oder bis auf wenige Zentimeter aufgeholt sein.

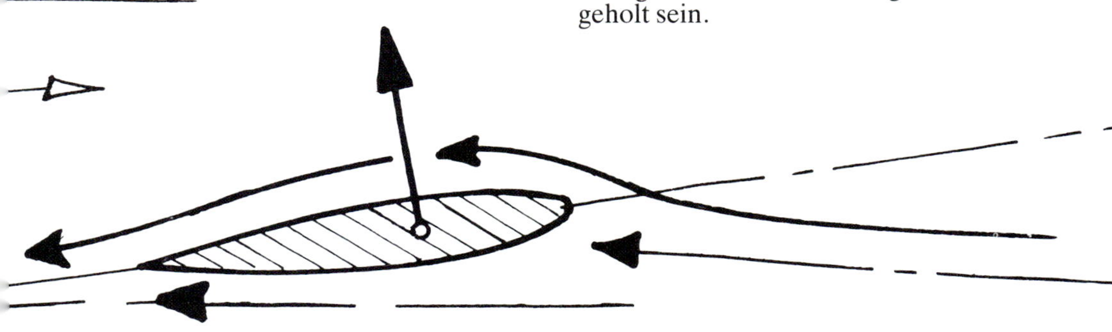

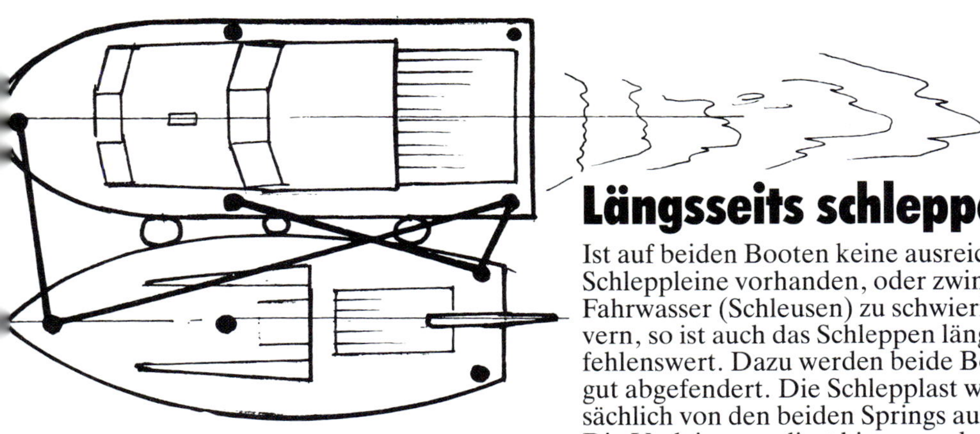

Längsseits schleppen

Ist auf beiden Booten keine ausreichende Schleppleine vorhanden, oder zwingt ein enges Fahrwasser (Schleusen) zu schwierigen Manövern, so ist auch das Schleppen längsseits empfehlenswert. Dazu werden beide Boote sehr gut abgefendert. Die Schlepplast wird hauptsächlich von den beiden Springs aufgefangen. Die Vorleine reguliert hingegen den Anpreßdruck der beiden Boote. Sie wird während der Schleppfahrt so weit aufgefiert, daß beide Schiffe sich mit den Fendern gerade berühren.

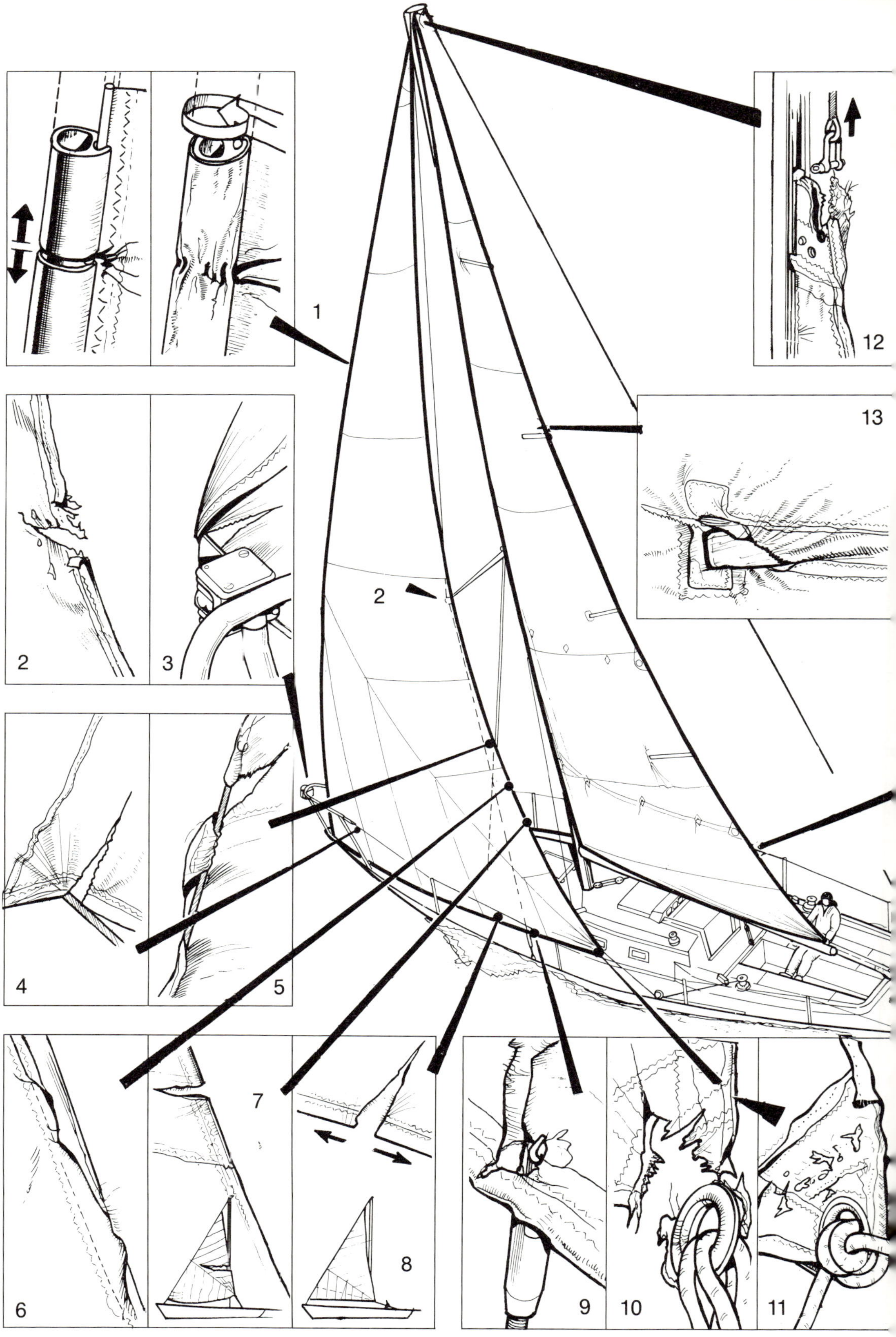
1
2
3
4
5
6
7
8
9
10
11
12
13
2

Selbsthilfe bei Segelpannen

An den Segeln entstehen im Laufe der Zeit durch natürliche Abnutzung kleinere Schäden, die man gern übersieht oder sie als nicht weiter wichtig erachtet. Dabei werden aber die Auswirkungen nicht einkalkuliert, die entstehen können, wenn die Segel bei aufkommendem Sturm Schwerarbeit leisten müssen. Unter dem Druck des Windes weiten sich unscheinbare

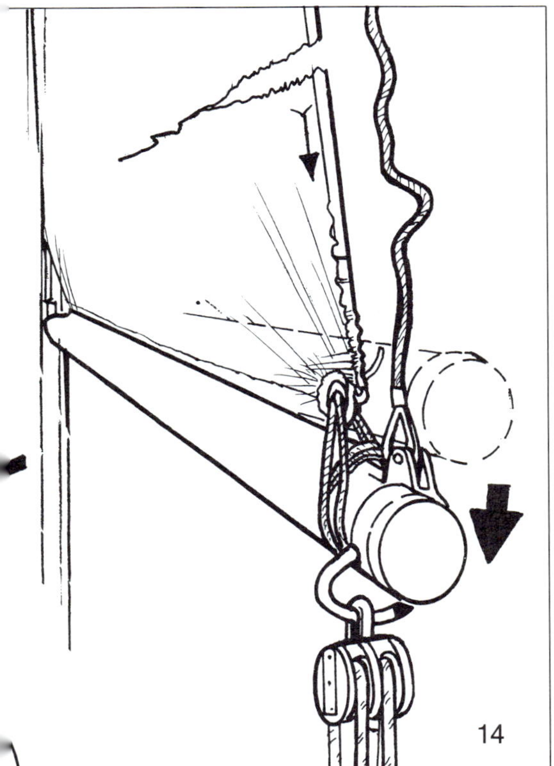

14

Scheuerstellen oder aufgegangene Nähte plötzlich zu klaffenden Rissen, die es unmöglich machen, die Segel optimal zu trimmen und dem Boot auf schwierigen Kreuzkursen noch genügend Fahrt hoch am Wind zu geben.

Segel werden überall dort am ehestens beschädigt, wo sie sich an Riggteilen und Beschlägen aufscheuern können. Diese Zeichnung zeigt die gefährdetsten Punkte.

1: Rollreffanlagen sind häufig aus Profilsegmenten zusammengesetzt. An den Nahtstellen dieser Segmente können sich bei unsachgemäßer Konstruktion oder durch Korrosion scharfe Kanten ergeben, an denen sich das Vorliek und das Segeltuch aufscheuert. Bei modernen Fabrikaten verhindern Paßstücke oder eingelegte Kunststoffnuten diese Unzulänglichkeiten.

2: An der Salingnock wird das Achterliek des Vorsegels bei übermäßigem Dichtholen am häufigsten in Mitleidenschaft gezogen.

3: Auf Kursen mit raumem Wind hakt das Vorsegel leicht hinter Beschlägen am Bugkorb oder hinter Positionslampen. Beim unkontrollierten Dichtholen mit der Winsch reißt es dann ein.

4: Das Unterliek ist durch häufiges Scheuern auf dem Relingsdraht gefährdet.

5: Beschädigungen, besonders des Achterlieks, können auch von einem Babystag verursacht werden, um das die Fock bei den Wenden jeweils herumgezogen werden muß.

6: Für das Achterliek ist ferner häufiges und intensives Killen sowie Scheuern an den Wanten gefährlich. Dadurch reißt es am ehesten aus.

7: Wenn dann auch noch die Schotführung falsch gewählt wird, der Schotzug also zu steil nach unten auf den Umlenkblock führt, ist es meistens um das Vorsegel geschehen. Es reißt in ganzer Bahnlänge auf.

8: Wird der Schotzug hingegen zu flach, also zu weit nach achtern geführt, kommt es zu starken Belastungen des Unterlieks, das dadurch ebenfalls einreißen kann.

9: Gefährliche Stellen für tiefreichende Genuas sind die leider immer noch gebräuchlichen Splintsicherungen in den Wantenspannern.

10: Durch ein übermäßiges Schlagen der Vorsegel im Sturm ist es sogar möglich, daß die Kausch aus dem Schothorn gerissen wird.

11: Wahrscheinlicher ist es allerdings, daß dabei zuerst die Nähte der Dopplungen aufgehen.

12: Beim Großsegel ist das Segelbrett am Segelkopf besonders gefährdet. Durch zu starkes Durchsetzen des Großfalls kann die Kopfkausch ausreißen.

13: Die häufigsten Segelpannen dürften aber wohl an den Lattentaschen entstehen. Sie sind durch dauernde Bewegung und den Druck der Segellatten besonders gefährdet und müssen ständig kontrolliert werden, sonst kann das Großsegel bis zum Vorliek einreißen.

14: Ein häufiger Fehler ist auch eine zu dicht gesetzte Trimmleine im Achterliek, um ein Killen zu verhindern. Beim Setzen des Großsegels wird manchmal vergessen, die Dirk zu fieren. An der Kreuz, bei dichtgeholter Großschot, fällt es dann dem Skipper plötzlich ein, und wenn die Dirk jetzt ruckartig gefiert wird, kann es zu einem Bruch der Trimmleine und einem Riß im Achterliek kommen.

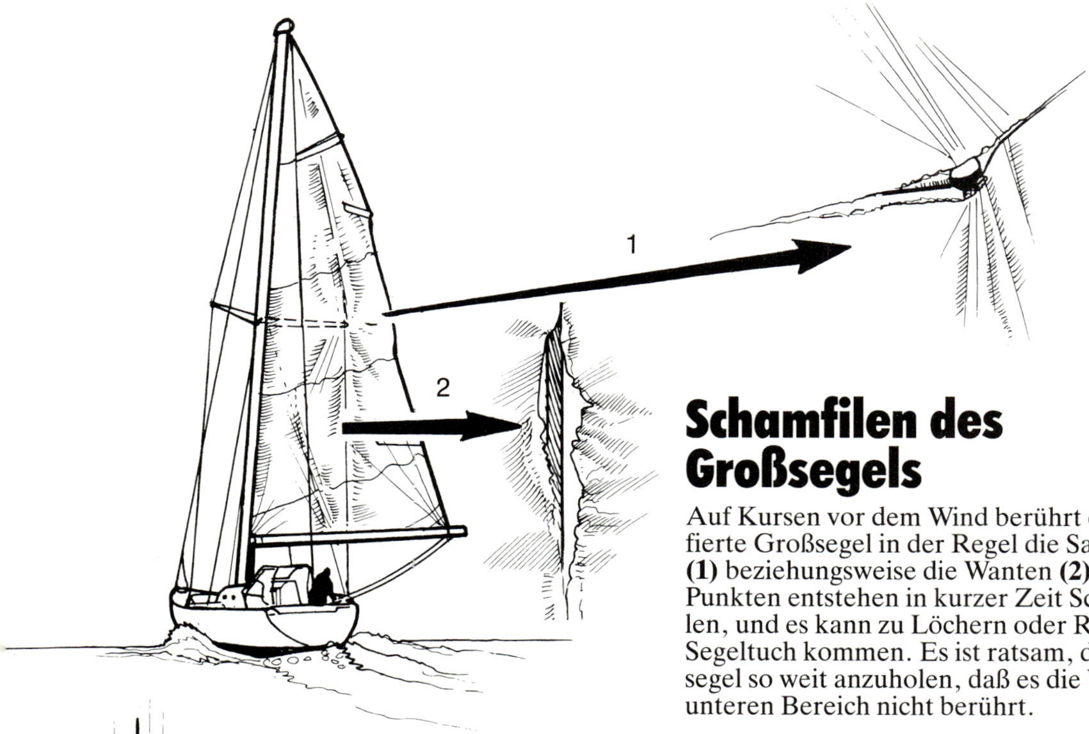

Schamfilen des Großsegels

Auf Kursen vor dem Wind berührt das ausgefierte Großsegel in der Regel die Salingnock **(1)** beziehungsweise die Wanten **(2)**. An diesen Punkten entstehen in kurzer Zeit Scheuerstellen, und es kann zu Löchern oder Rissen im Segeltuch kommen. Es ist ratsam, das Großsegel so weit anzuholen, daß es die Wanten im unteren Bereich nicht berührt.

Probleme beim Reffen

Manche Yachten sind mit einem Drehreff ausgestattet. Wenn das Großfall nicht genügend gefiert wird, entsteht durch das Aufwickeln des voluminösen Tauvorlieks ein starker Zug, der einen Riß im Vorliek auslösen kann. Beim Ausreffen eines Bindereffs ist hingegen ein vergessenes Reffbändsel häufig die Ursache für das Ausreißen einer Kausch.

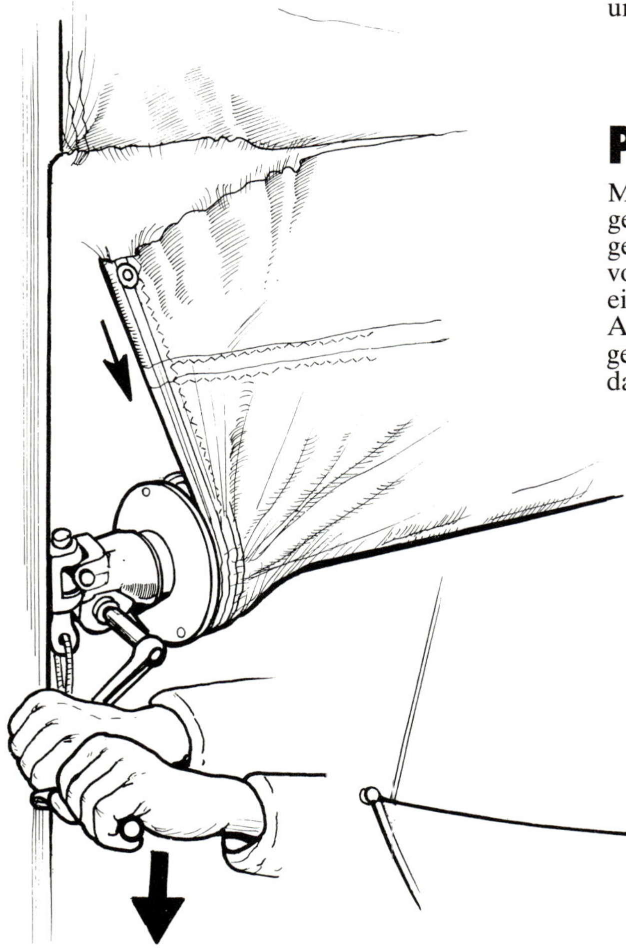

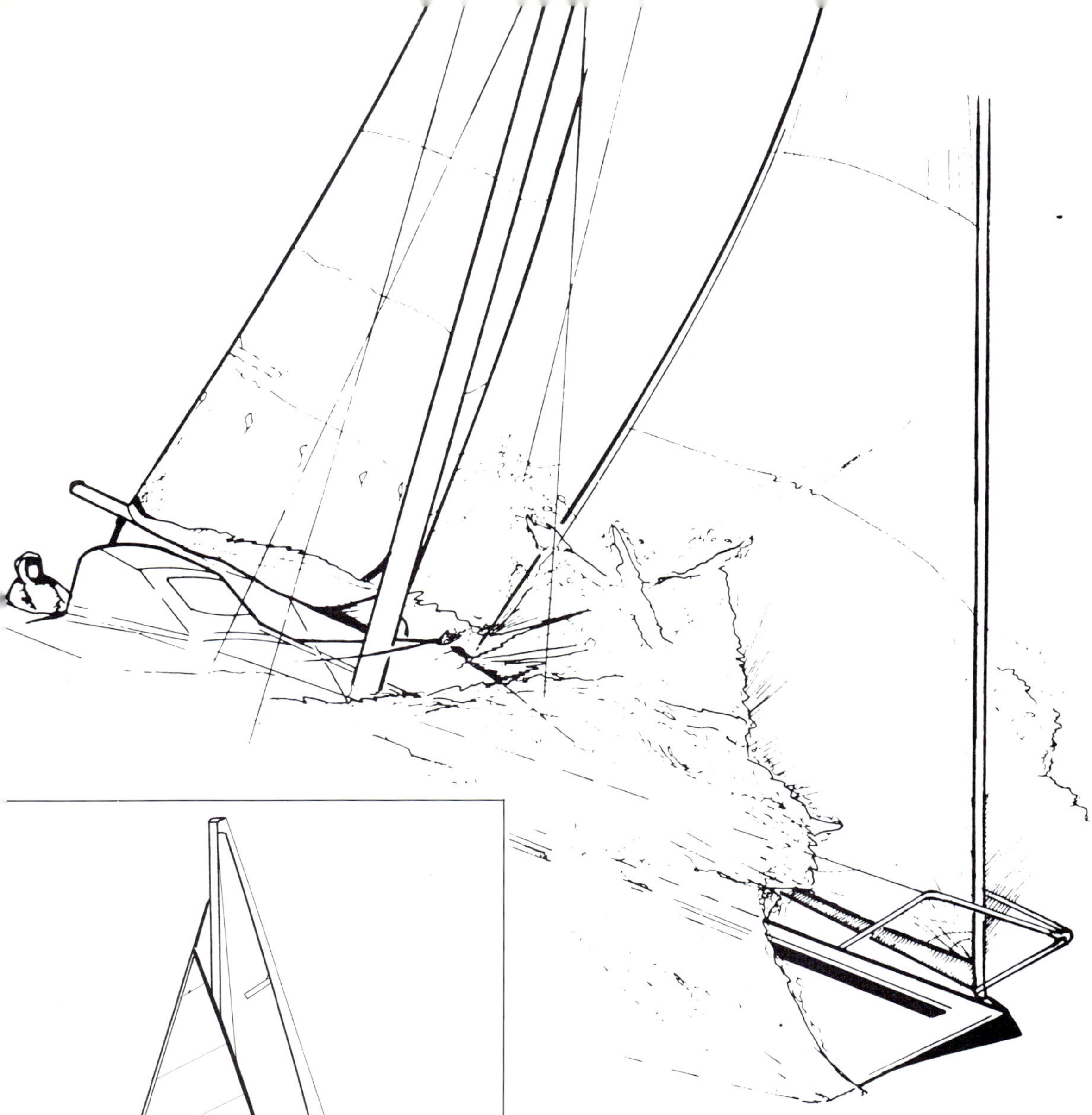

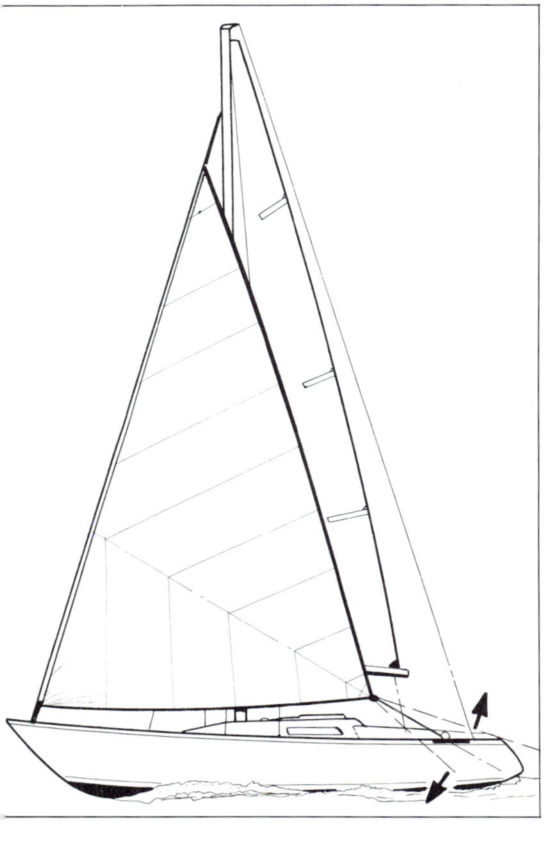

Wasser in der Genua

Überkommende Seen sind in der Lage, eine tiefgeschnittene Genua so zu belasten, daß sie aus den Lieken reißt. Beim Hochsee-Regattasegeln ist dies wiederholt vorgekommen. Bei Starkwind und grober See sollte man daher rechtzeitig auf kleinere und im Schothorn höher geschnittene Vorsegel umwechseln.

Mit einer entsprechenden Schotführung läßt sich das Unter- oder Achterliek des Vorsegels entlasten, wenn es beschädigt oder eingerissen ist. Wird der Holepunkt nach achtern verlegt, verringert sich die Spannung auf dem Achterliek, wird er weiter vorlich plaziert, kommt weniger Druck auf das Unterliek.

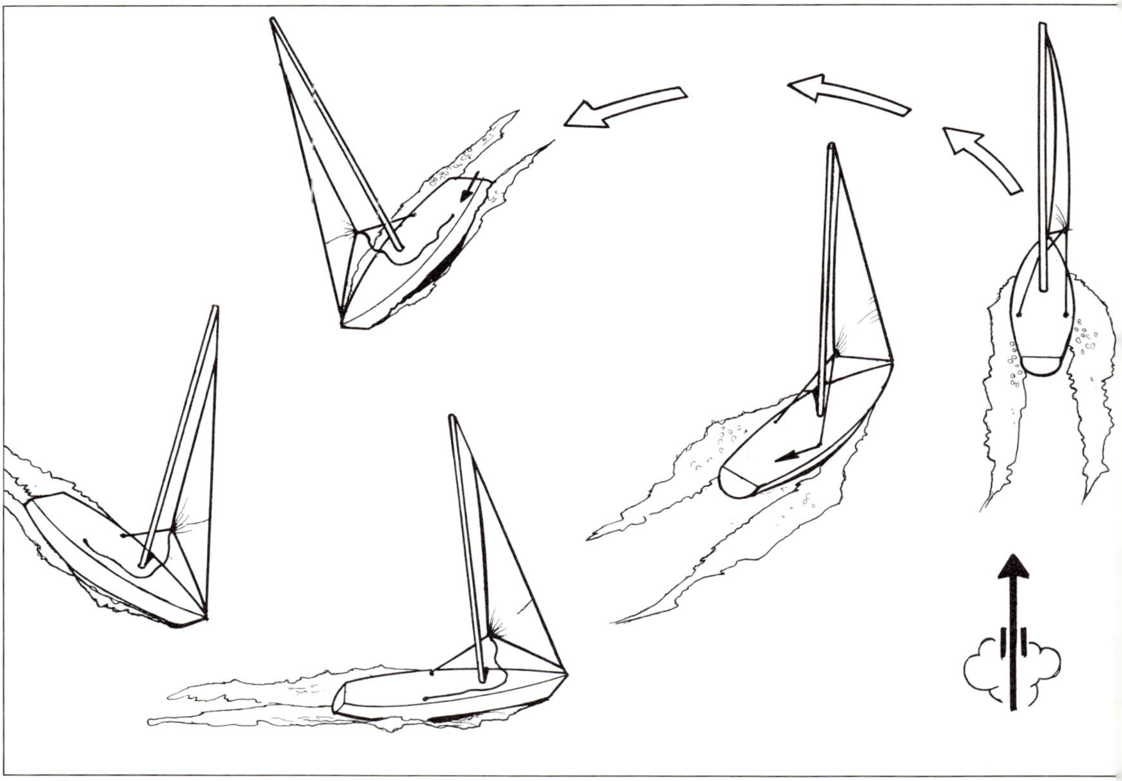

Halsen statt wenden

Wenn die Fockschot bei einer Wende im Sturm losgeworfen wird, kann das Segel durch starkes Schlagen und Killen sofort zerreißen. Diese Zeichnung zeigt, wie man es verhindert: Das Boot wird durch eine Halse auf den anderen Bug gelegt, wobei sowohl die Luv- als auch die Leeschot vollkommen dichtgenommen wird, wenn die Vormwind-Position erreicht ist. Das Segel klappt dann ohne zu killen auf den anderen Bug. Erst wenn das Boot wieder am Wind liegt, wird die Luvschot gefiert.

Probleme mit der Rollfock

Eine Rollreffgenua wird auch im Hafen häufig nicht abgeschlagen. Vor dem Aufrollen ist darauf zu achten, daß die Wicklungen eng am Profilstag anliegen. Ist nämlich Lose vorhanden, so wird diese vom Sturm weiter aufgebeutelt, was schließlich zum Zerreißen des Segels führt. Die einzelnen Tuchstücke wickeln sich weiter ab und fliegen davon. Schon mancher Eigner stand nach einigen Sturmtagen vor einer total demolierten Rollfock.

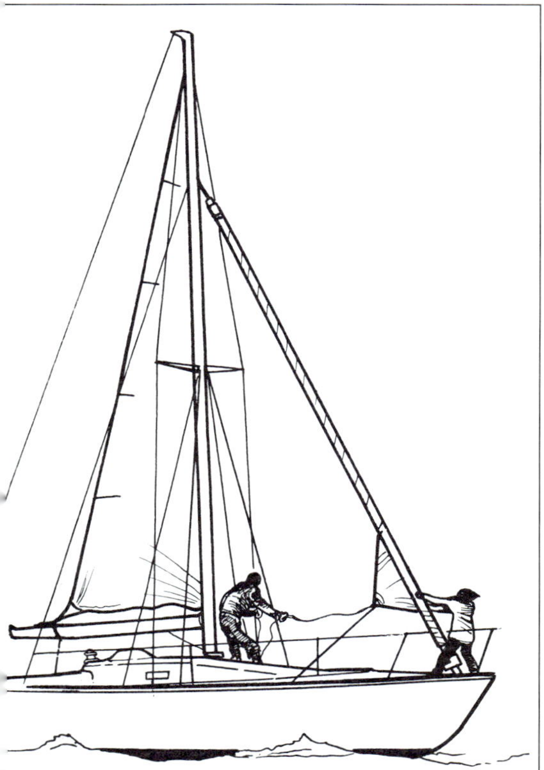

)ie sichere Funktion einer Rollreff-Vorsegel-
.nlage muß unter allen Umständen gewährlei-
tet sein. Qualität ist hier oberstes Gebot.
Kommt es zu technischen Pannen, läßt sich
ınter Umständen weder ein eingerolltes Segel
.bdrehen noch ein ausgezogenes entsprechend
ler Windstärke verkleinern beziehungsweise
vegnehmen. Auch ein notwendiger Segelwech-
el ist dann in Frage gestellt.

Probleme mit der Genua

Ähnlich sieht es aus, wenn sich die Genua nicht nehr bergen läßt. Bei viel Wind kann das Boot lann ernsthaft in Gefahr geraten. Auch wenn nan es sich nicht vorstellen kann: Es ist bei insetzendem Sturm unmöglich, eine Genua von Hand so um das Vorstag zu wickeln, daß ie schließlich wie eine Reffgenua aufgetucht st. Der Wind reißt das Segel immer wieder aus len Händen und beutelt die ersten Wicklungen ofort zu schlagenden Buchten auf.
Jrsächlich für ein verklemmtes Fall ist meistens eine ausgeschlagene oder abgeschliffene Fall-Umlenkrolle im Masttopp (rechts). Gerät das Fall (oder gar der Schäkel) zwischen Vandung und Rolle, verklemmt es sich gewöhnlich so stark, daß es nur durch direktes Eingreifen – also durch Aufwinschen eines Mannes bis zum Topp – wieder gelöst werden kann. Regelmäßige Kontrollen der Scheiben im Winterlager sind daher unumgänglich.

Vor dem Fieren des Falls sollte man sich überzeugen, daß keine Kinken im Tau sind. Dann wird Hand über Hand Lose gegeben. Nicht das ganze Fall auf einmal auslaufen lassen! Es könnte leicht zu Törns und Knoten kommen, die sich vor Block oder Umlenkrolle setzen.

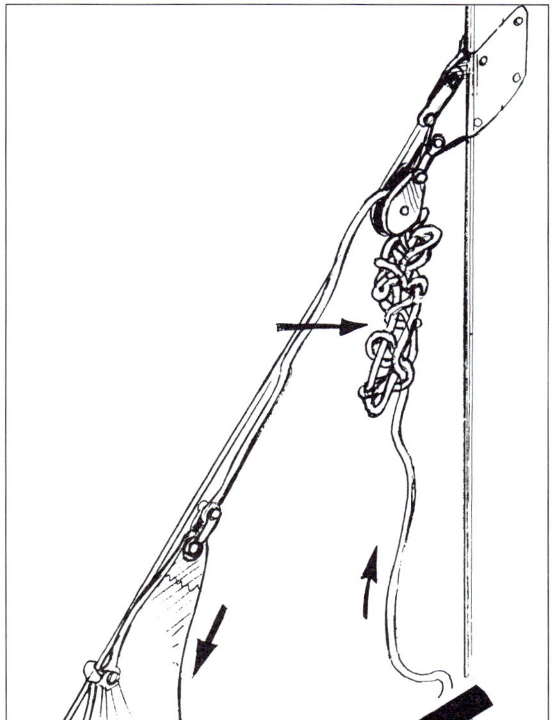

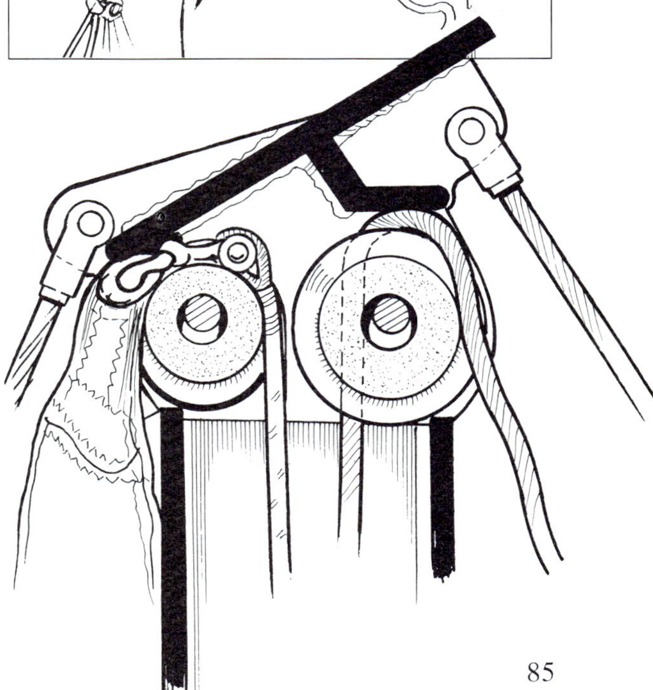

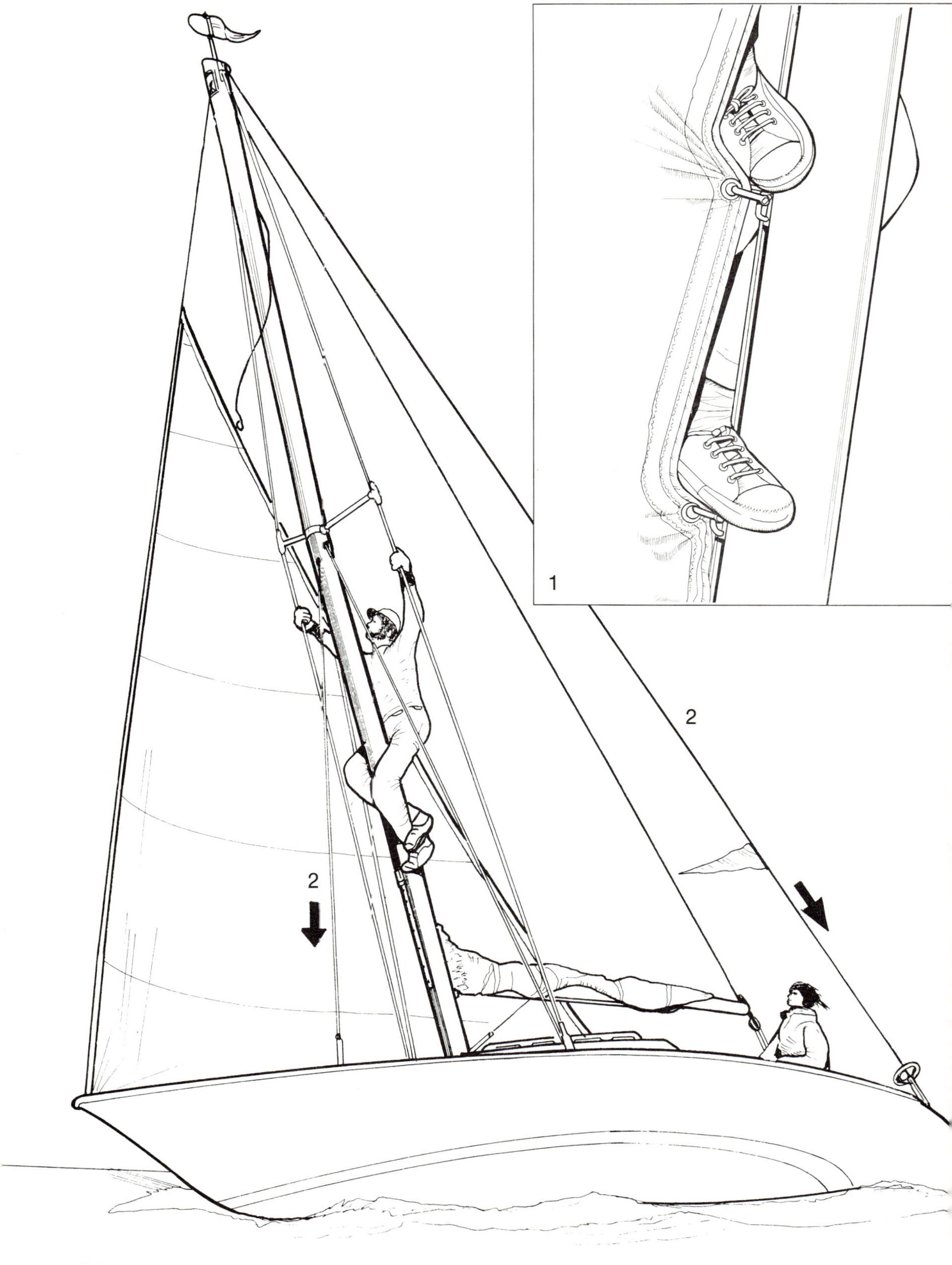
1
2
2
2

In den Mast

Wenn ein Fall im Masttopp verklemmt ist, muß auch auf See unter Umständen ein Mann in den Mast. Dieses gefährliche Manöver läßt sich nur auf größeren Yachten durchführen und erfordert ein sportliches Besatzungsmitglied. Es ist jedoch oft der einzige Ausweg: Das Großfall wird etwas gefiert, so daß die Füße Halt in den Buchten zwischen den Großsegel-Rutschern finden **(1)**.
Auf kleineren Yachten sollte man auf See Reparaturen im Mast überhaupt nicht durchführen, es sei denn, eine akute Notsituation erfordert dies. Die ungünstigste Situation ist hier dargestellt: Das Großfall ist bis über die Saling ausgelaufen, und eine Reservefall ist nicht vorhanden. Auch hier ist es besser, wenn das Boot mit der Fock am Wind weitergesegelt wird, um eine gewisse Stabilität der Bewegung im Seegang zu erzielen. Bis zur Saling kann man sich unter Umständen am Mast hochziehen, indem die Beine über Kreuz um den Mast gelegt und die Wanten mit den Händen ergriffen werden. Handschuhe anziehen! Über die Saling darf man nicht ohne Bootsmanns-Stuhl und Sicherungsgurt hinaufsteigen. Vor dem Manöver wird der Mast durch Dichtsetzen des Achterstags und Anziehen des Babystags gestützt **(2)**.

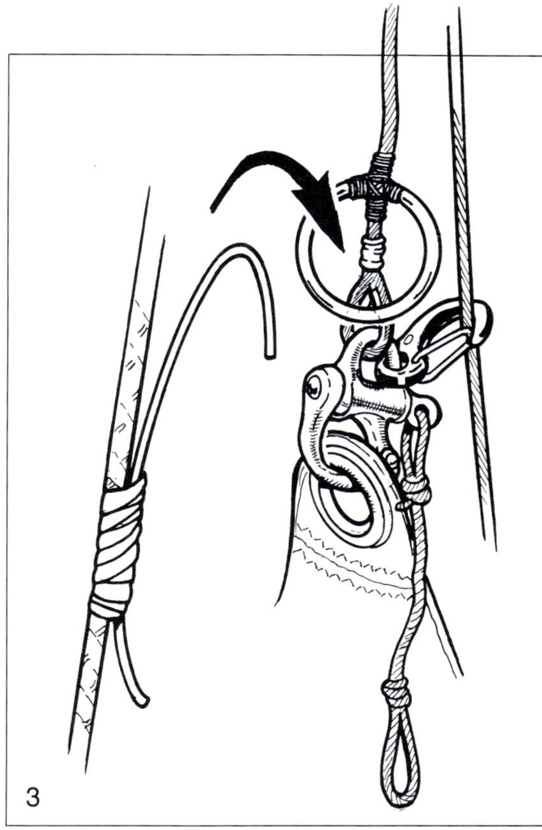

3

Tips für die Fallen

Diese vorbeugende Maßnahme, um ausgelaufene Fallen vom Masttopp wieder zurück an Deck zu bekommen, hat sich in der Praxis bewährt: Über dem Schraub- oder Schnappschäkel wird ein leichter Stahlring in das Drahtfall eingebunden. Im Notfall wird aus einem Draht-Kleiderbügel ein Haken zurechtgebogen und mit Tape an einem Reservefall befestigt. Damit läßt sich der Ring am Masttopp einfangen und das Fall niederholen.
Ein zusätzlicher Klipp-Karabinerhaken, der am Vorstag eingepickt wird, erleichtert den Segelwechsel: Das Fall kann nicht auswehen **(3)**.

So sollte man das Großfall am Segelkopf anschlagen. Der Extra-Rutscher in der Mastnut stabilisiert das Kopfbrett und führt das Fall sicher zur Umlenkrolle, so daß es nicht verklemmen kann. Allerdings müssen zwei Schäkel zum Anschlagen des Falls verwendet werden: der leichte „Stabilisierungsschäkel" für den Rutscher und der Hauptschäkel für Fall und Kopfbrett. Mit den modernen Patentschäkeln ist dies aber kein Problem.
In das Großfall wird – wie beim Fockfall – ein Stahlring eingebunden, um das Niederholen des hochgelaufenen Falls zu ermöglichen **(4)**.

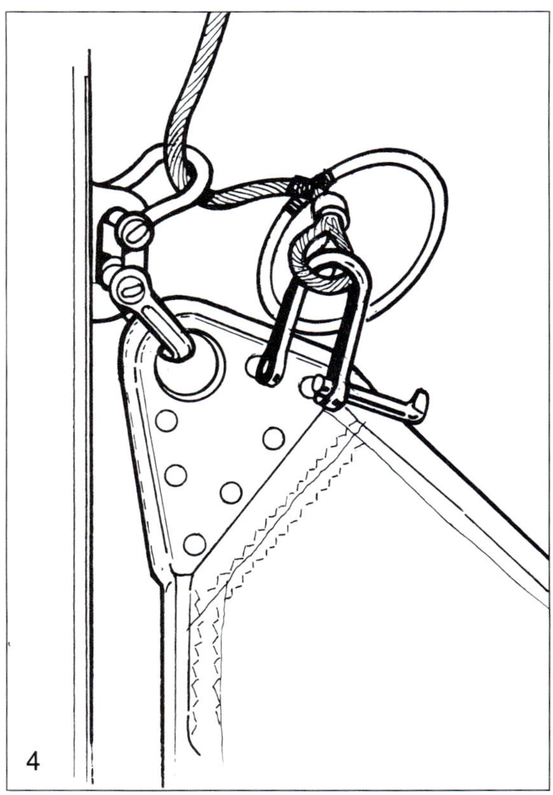

4

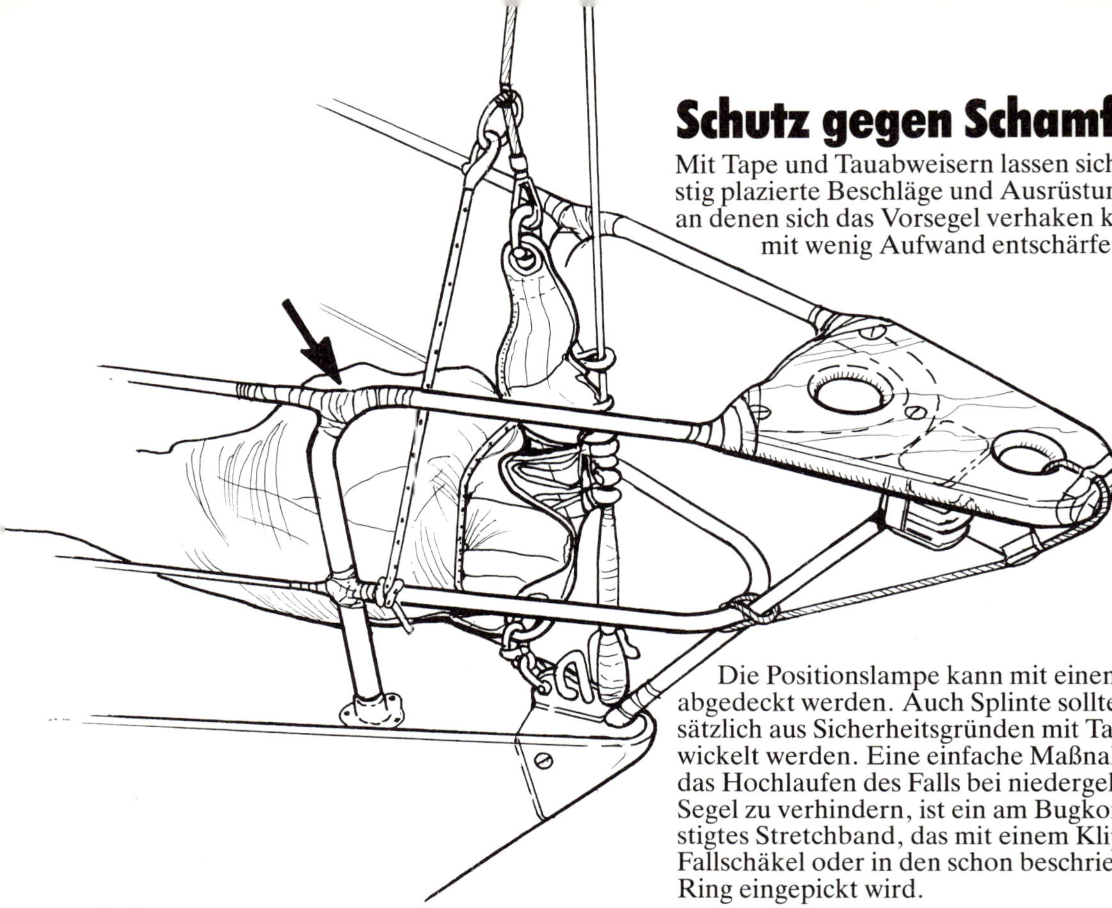

Schutz gegen Schamfilen

Mit Tape und Tauabweisern lassen sich ungünstig plazierte Beschläge und Ausrüstungsteile, an denen sich das Vorsegel verhaken kann, mit wenig Aufwand entschärfen.

Die Positionslampe kann mit einem Brett abgedeckt werden. Auch Splinte sollten grundsätzlich aus Sicherheitsgründen mit Tape umwickelt werden. Eine einfache Maßnahme, um das Hochlaufen des Falls bei niedergeholtem Segel zu verhindern, ist ein am Bugkorb befestigtes Stretchband, das mit einem Klipp in den Fallschäkel oder in den schon beschriebenen Ring eingepickt wird.

Um die Salingnocken zu entschärfen, sind etliche Maßnahmen geeignet. Handelsüblich sind Plastikkappen, die für fast jede Metallsaling passend geliefert werden **(1)**. Ebenfalls im Handel erhältlich sind verschiedene Ringbügel-Abweiser, die sich auch für Holzsalinge eignen **(2)**. Wer basteln will, kann sich zwei eingekerbte Holzscheiben zurechtsägen, die nach dem Aufstecken versetzt zusammengeschraubt werden **(3)**. Die einfachste, aber nicht weniger wirkungsvolle Methode ist das Umwickeln der Nocken mit Tape **(4)**.
Die Splint- oder Ring-Sicherungen der Wantenspanner sollte man auf jeden Fall mit Tape umwickeln **(5)**. Es gibt aber auch Kunststoff-Abdeckhülsen zu kaufen, die für alle Spannergrößen passen. Sie sind ebenso zu empfehlen wie Kunststoff-Schläuche, die im unteren Bereich zum Schutz gegen Schamfilen über die Wantendrähte gezogen werden **(6)**.

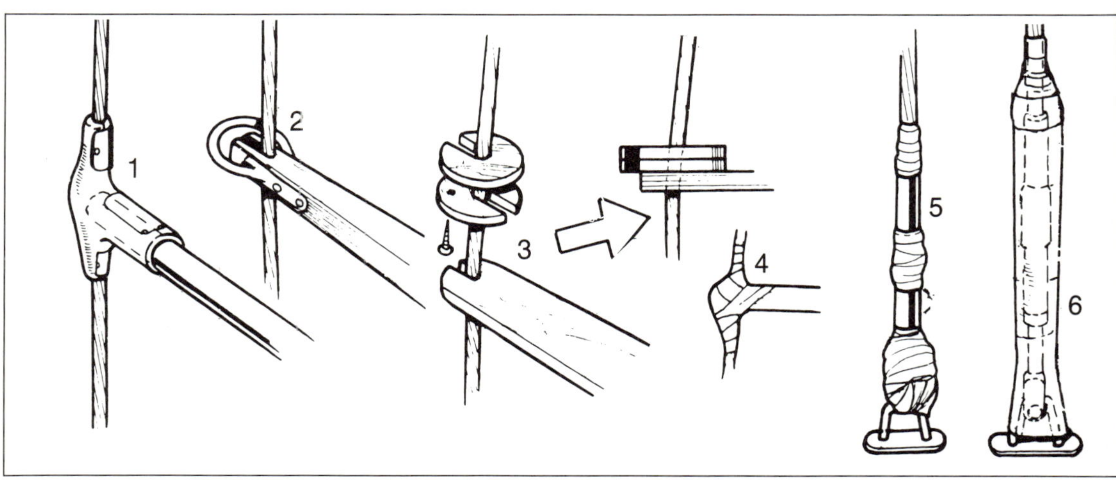

Schäden am Großsegel durch Aufscheuern an den Wanten und Nocken auf Vormwind-Kursen lassen sich vermeiden, indem der Großbaum absolut ruhiggestellt wird. Dies ist durch drei kombinierte Maßnahmen möglich: Erstens wird der Baumniederholer **(1)** dichtgesetzt. Zweitens wird die Bullentalje **(2)** angeholt, was vom Cockpit aus möglich ist, wenn sie sich über Blöcke auf dem Vorschiff nach achtern umlenken läßt, und drittens wird (zuletzt) die Großschot etwas angeholt **(3)**, die das Ganze auf Spannung bringt und den Baum von den Wanten freihält.

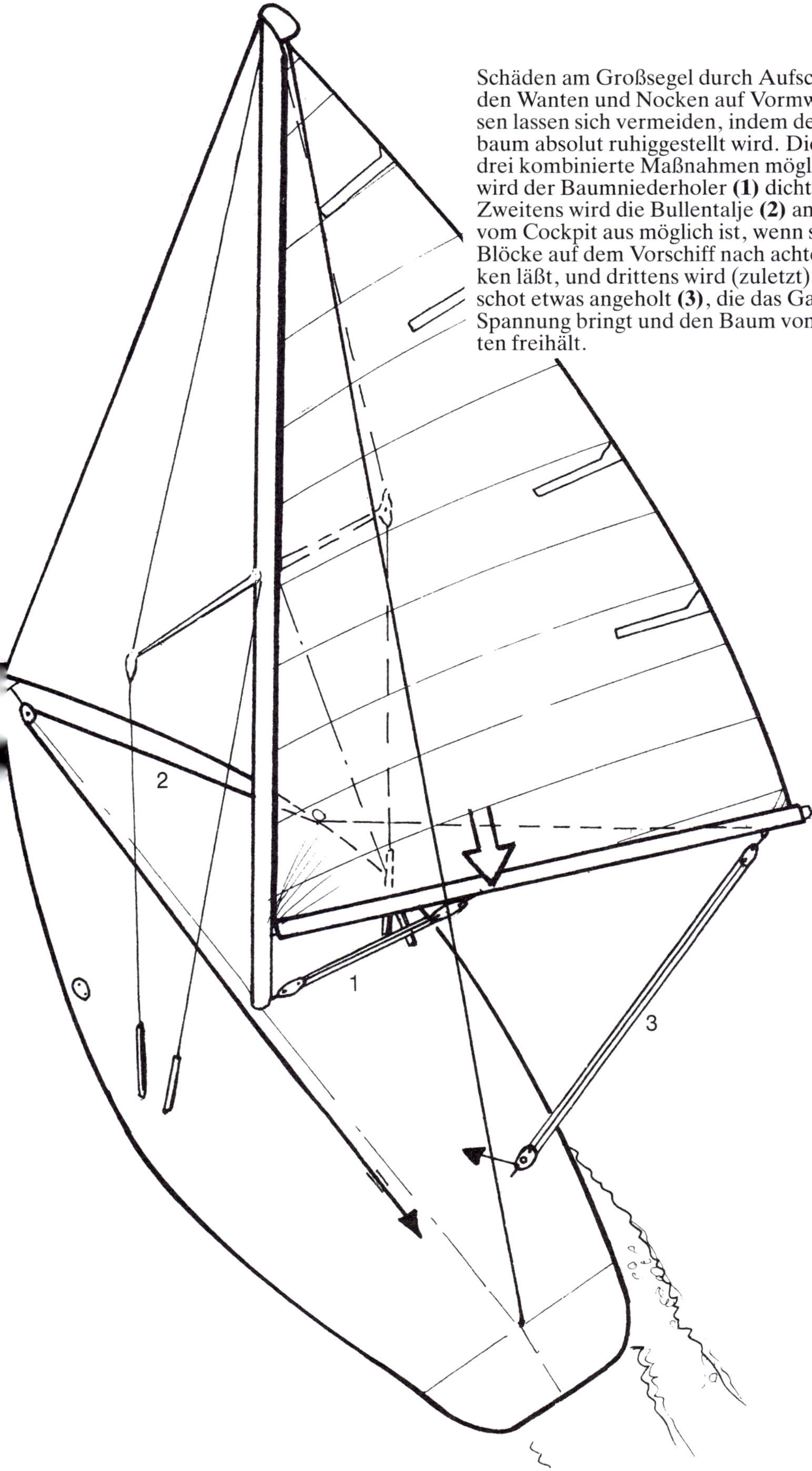

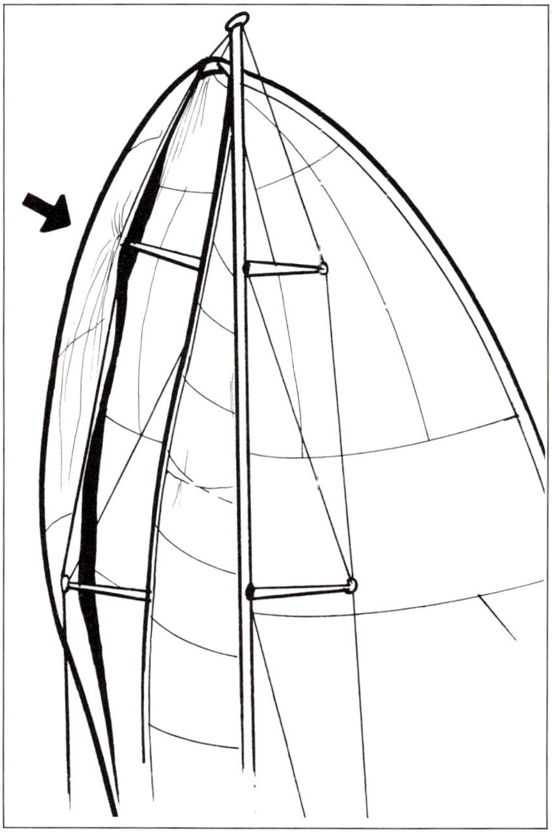

Probleme mit dem Spinnaker

Gefährlich für die Spinnakerlieken sind ebenfalls die Salingnocken. Hakt ein Liek beim Einfallen des Spinnakers in Lee dahinter, kann es sich unter Umständen nicht selbst wieder befreien. Bei der nächsten kräftigen Windfüllung des ,,Ballons" reißt es an den Verhakungen auseinander.

Die möglichen Schäden an Spinnakern sind mannigfaltig. Häufigste Ursache für eingerissene Tuchbahnen oder gar Totalverlust ist die berüchtigte ,,Eieruhr". Dabei dreht sich der Spinnaker – meistens infolge des plötzlich vorlicher einfallenden Windes – mit mehreren Wicklungen so um das Vorstag, daß oben und unten zwei heftig schlagende Blasen entstehen. Es ist bei stärkerem Wind auf See oftmals unmöglich, diese Eieruhr wieder zu entwirren. Die einzige Chance besteht darin, den Spinnaker weiter unten um das Vorstag zu wickeln, indem die Spinnakerschoten abgeschlagen werden. So kann der nächste Hafen erreicht werden. Erst dann ist ein Abdrehen der Wicklungen möglich, wozu gewöhnlich ein Mann vorgeheißt werden muß. Es hat schon Fälle gegeben, bei denen die ,,Reparatur" nur noch mit einem scharfen Bordmesser gelang.

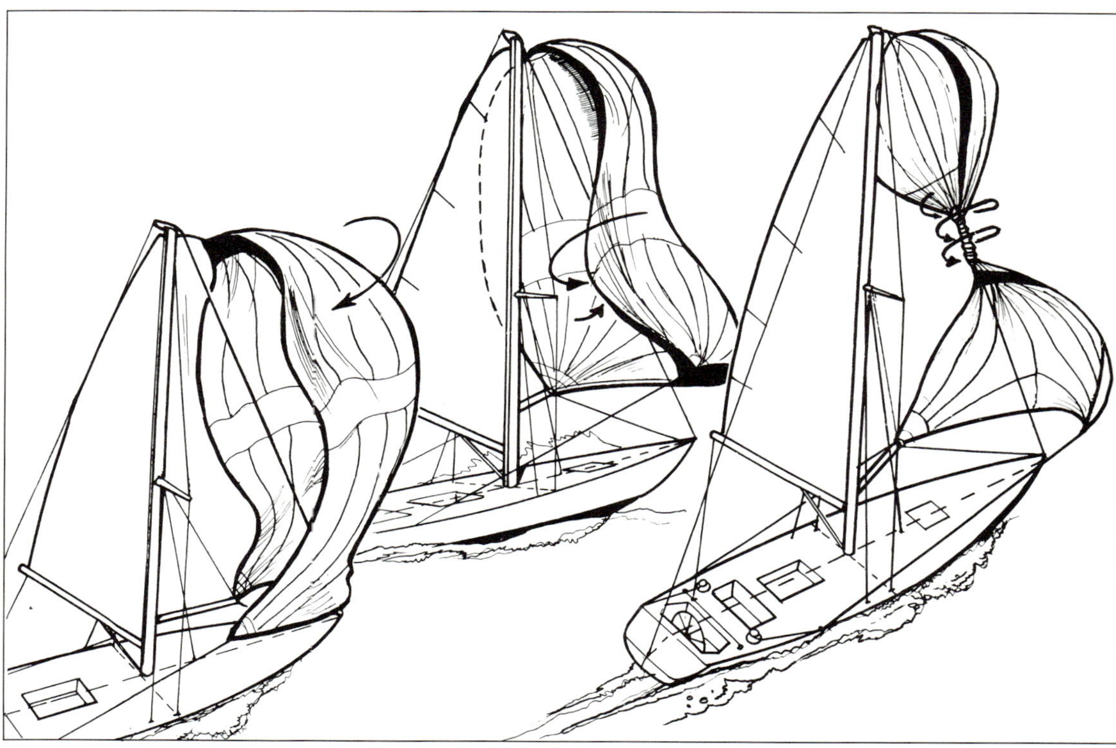

Die gefürchtete „Eieruhr“ läßt sich vermeiden, wenn zusätzlich eine Fock gesetzt wird. Auf raumeren Kursen zieht diese, sobald sie vollsteht, noch mit. Allerdings sollte sie möglichst hoch und schmal geschnitten sein, damit der Spinnaker nicht zu sehr abgedeckt wird. Segelmacher bieten hierfür spezielle Vorsegel an (rechts).

Zwei Maßnahmen haben sich bewährt, um das Vertörnen des Spinnakers beim Setzen zu verhindern: Über eine Plastikpütz ohne Boden werden zahlreiche Gummibänder gespannt. Der Spi wird der Länge nach durch die Pütz gezogen, wobei man in regelmäßigen Abständen Gummibänder über das Tuch schiebt **(1)**. Anschließend läßt sich der Spi geschlossen setzen. Werden nun die Schoten angeholt, platzen die Ringe von unten nach oben auf und der Spi füllt sich gleichmäßig **(2)**.
Handelsüblich sind verschiedene Spinnaker-Strümpfe oder Ringe, die den gleichen Effekt haben: Nach dem Setzen der Spinnaker-„Wurst“ wird der Strumpf mit einem speziellen Fall zum Topp gezogen, wo er, quasi zusammengeschrumpft, verbleibt **(3)**.
Umgekehrt kann man mit dem Beiholer den Strumpf wieder herabholen und so auch einen voll stehenden Spi vor dem Bergen zusammenziehen **(4)**.

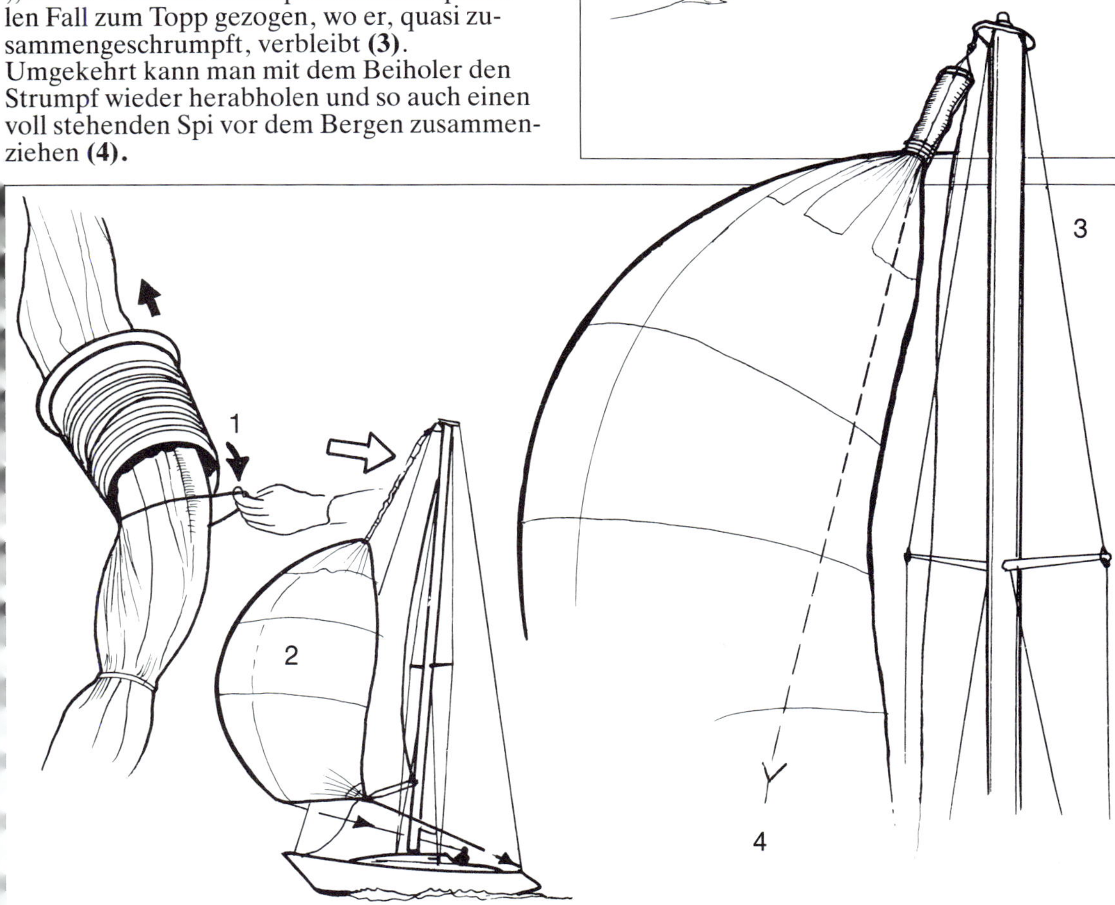

Segelreparaturen

Dreieckig eingerissene Segel oder großformatige Scheuerstellen **(1)** werden am haltbarsten mit einem Segeltuch-Flicken repariert, der deutlich größer als die beschädigte Stelle sein muß **(2)**. Die Kanten des Flickens werden nach innen umgelegt und mit Stecknadeln fixiert **(3)**. Anschließend werden die Umrisse des Flickens angezeichnet **(4)**. Jetzt schneidet man die beschädigte Fläche so knapp wie möglich rechtekkig aus **(5)**. Anschließend wird der Flicken wiederum mit den eingefalteten Kanten auf dem Tuch fixiert. Beim Aufnähen mit einfachen Rundstichen werden die Kanten zwischen Daumen und Zeigefinger gehalten **(6)**. Jetzt dreht man das Segel um und falzt die Kanten des ausgeschnittenen Rechtecks nach innen unter den Flicken **(7)**. Sie werden ebenfalls vernäht **(8)**.

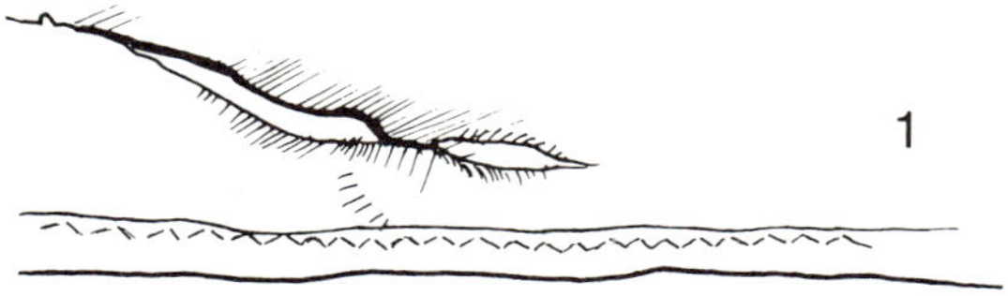
1

2

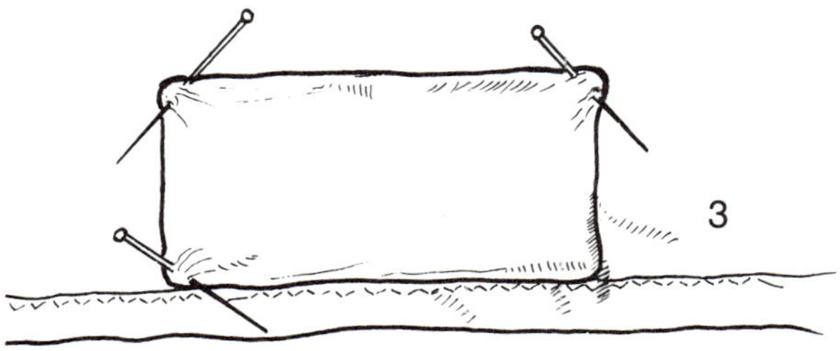
3

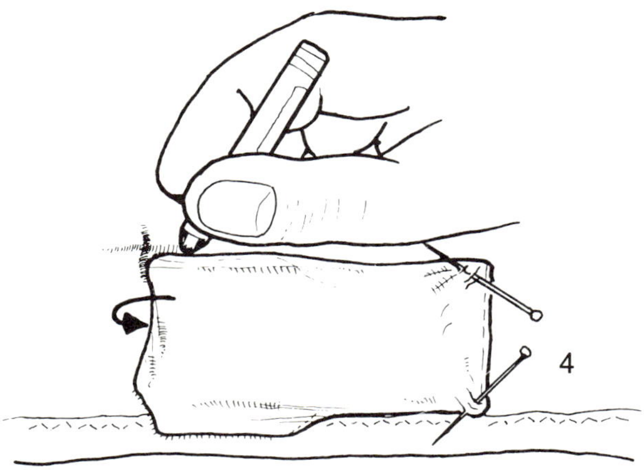
4

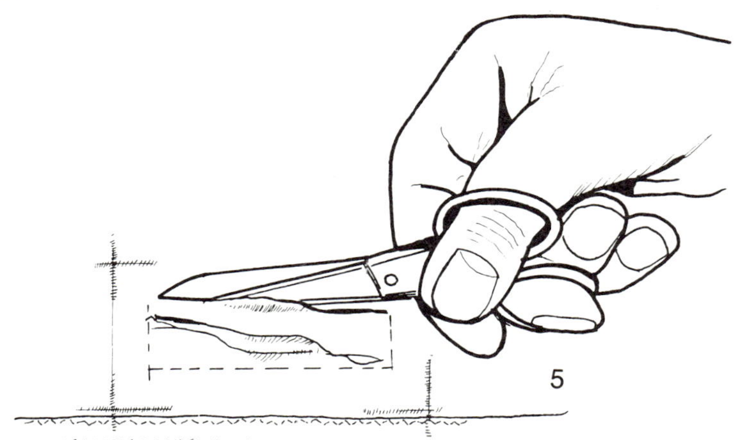
5

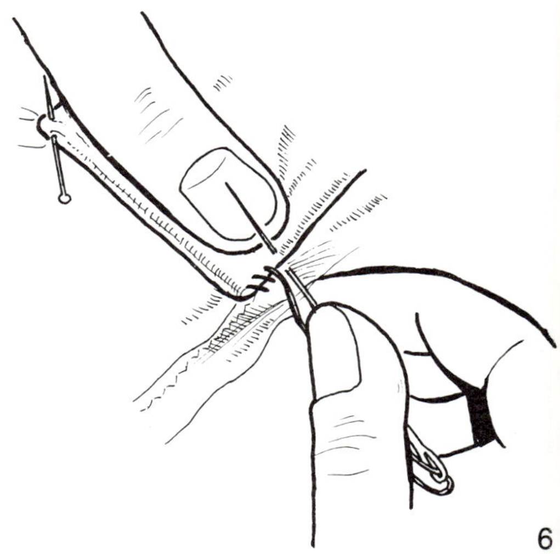
6

7

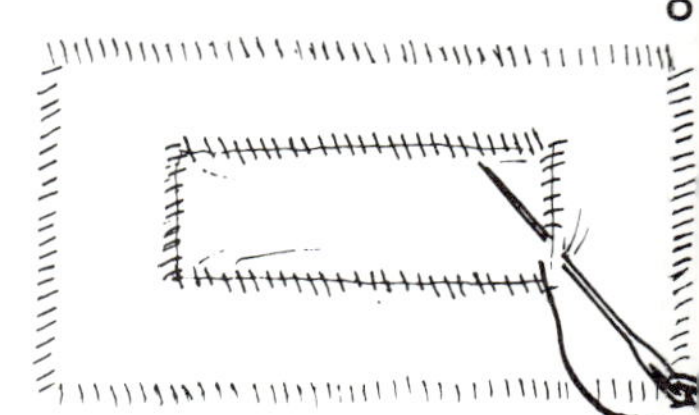
8

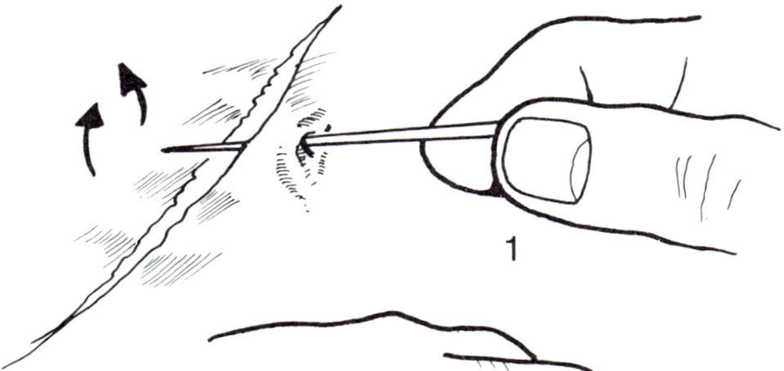

1

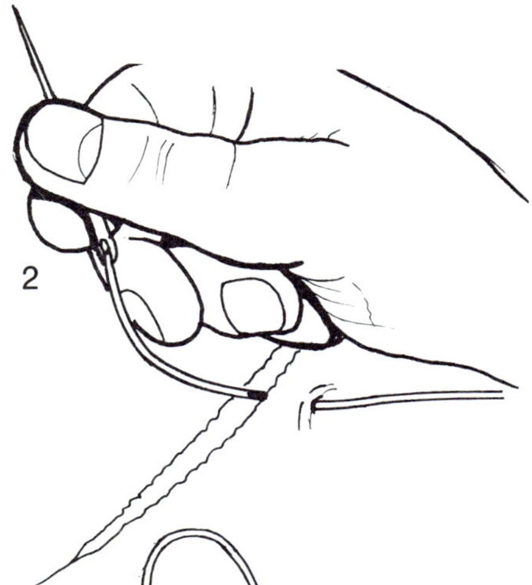

2

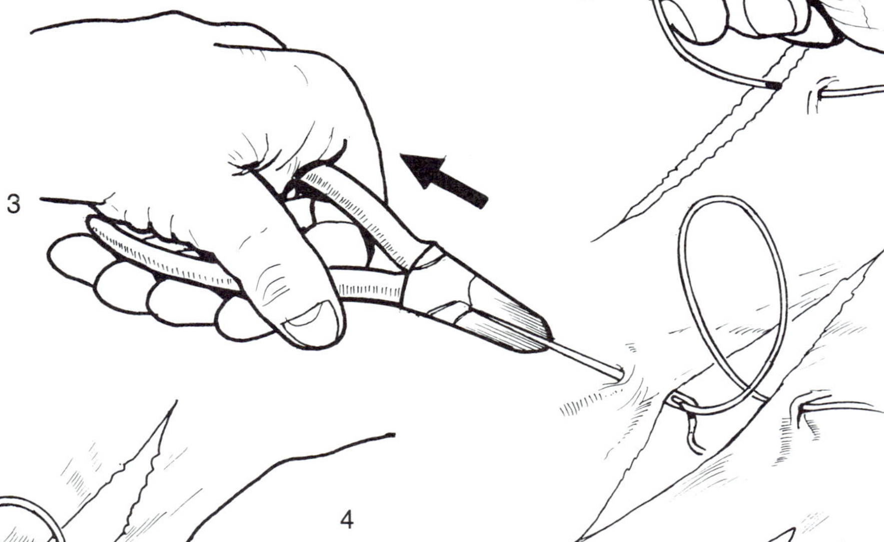

3

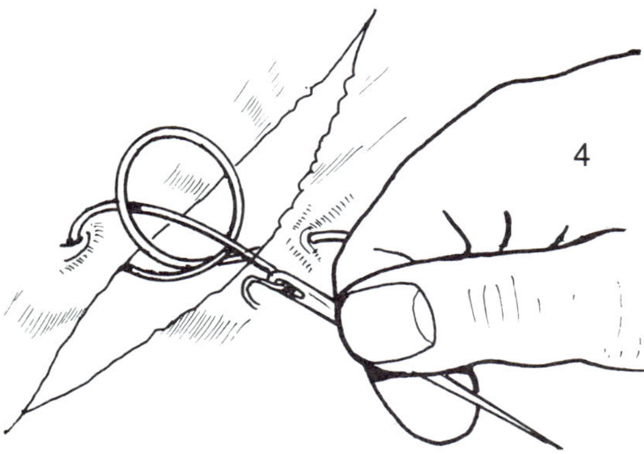

4

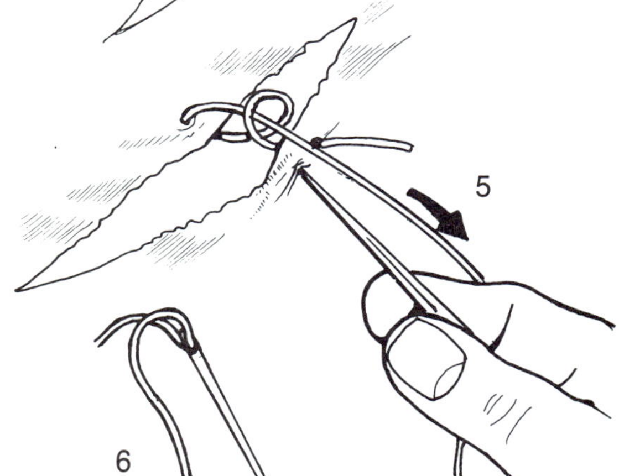

5

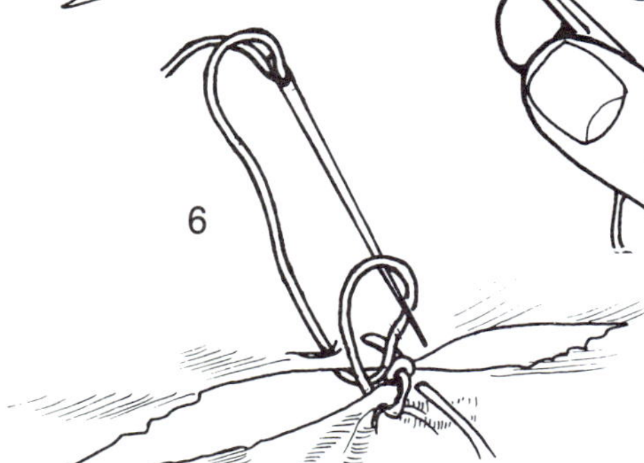

6

Risse im Segel repariert man am besten mit einer sogenannten Bootsmannsnaht. Dafür benötigt man mittelstarke Segelnadeln, geeignetes Kunstfaser-Garn sowie eine Flachzange oder einen Segelhandschuh. Die Nadel wird von oben in den Rand des Risses gestochen **(1)** und von unten durch den Riß geschoben **(2)**. Über der Beschädigung bildet man eine Schlaufe und steckt die Nadel wiederum durch den Riß von unten in den gegenüberliegenden Rand. Mit der Zange läßt sich die Nadel leicht durchziehen **(3)**. Jetzt wird die Nadel durch die Schlaufe zurückgeführt **(4)**. Der nächste Einstich erfolgt in gleicher Weise einige Millimeter versetzt **(5)**, und es wird die zweite Schlaufe gebildet **(6)**. Schließlich muß sich eine gleichmäßige Naht ergeben, die die Ränder des Risses zusammenzieht, ohne daß diese sich überlappen **(7)**.

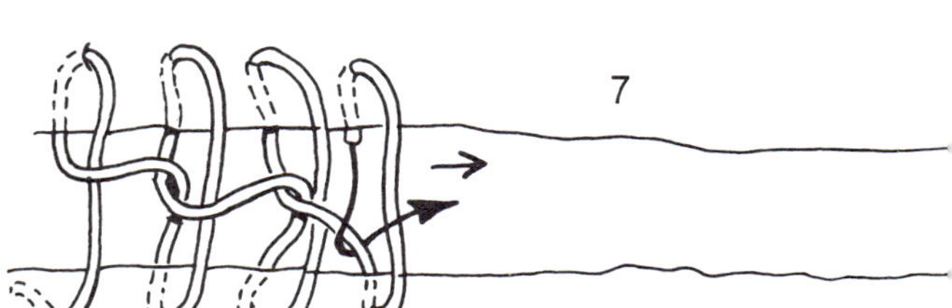

7

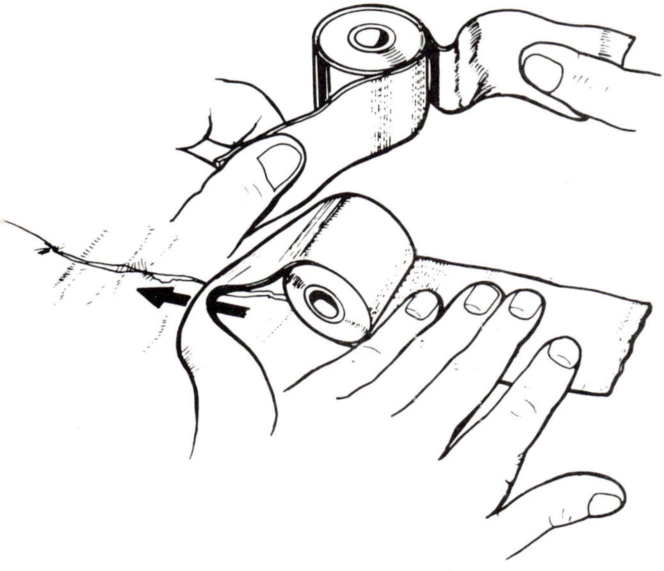

Für kurzfristige Segelreparaturen bietet sich ein selbstklebendes Band an, das außergewöhnliche Klebe- und Haltekraft hat. Es ist im Zubehörhandel erhältlich und sollte an Bord stets vorhanden sein. Aufgegangene Nähte beziehungsweise lose Fäden werden damit einseitig, Risse beidseitig und zur Verstärkung noch mehrfach vertikal beklebt.

Ein zerrissenes Achterliek ist am schwierigsten zu reparieren, da es starke Zugkräfte aufnehmen muß. Um diese abzufangen, wird eine Trippleine mehrfach von der Reffkausch, die dem Riß am nächsten liegt, zur Baumnock beziehungsweise zum Kopfbrett geschoren **(1)**. Nach dem Zusammenziehen darf der Riß beim Dichtholen der Großschot nicht mehr auseinanderklaffen. Anschließend wird die Rißstelle mehrfach beidseitig mit Segelreparatur-Tape beklebt **(2)**.

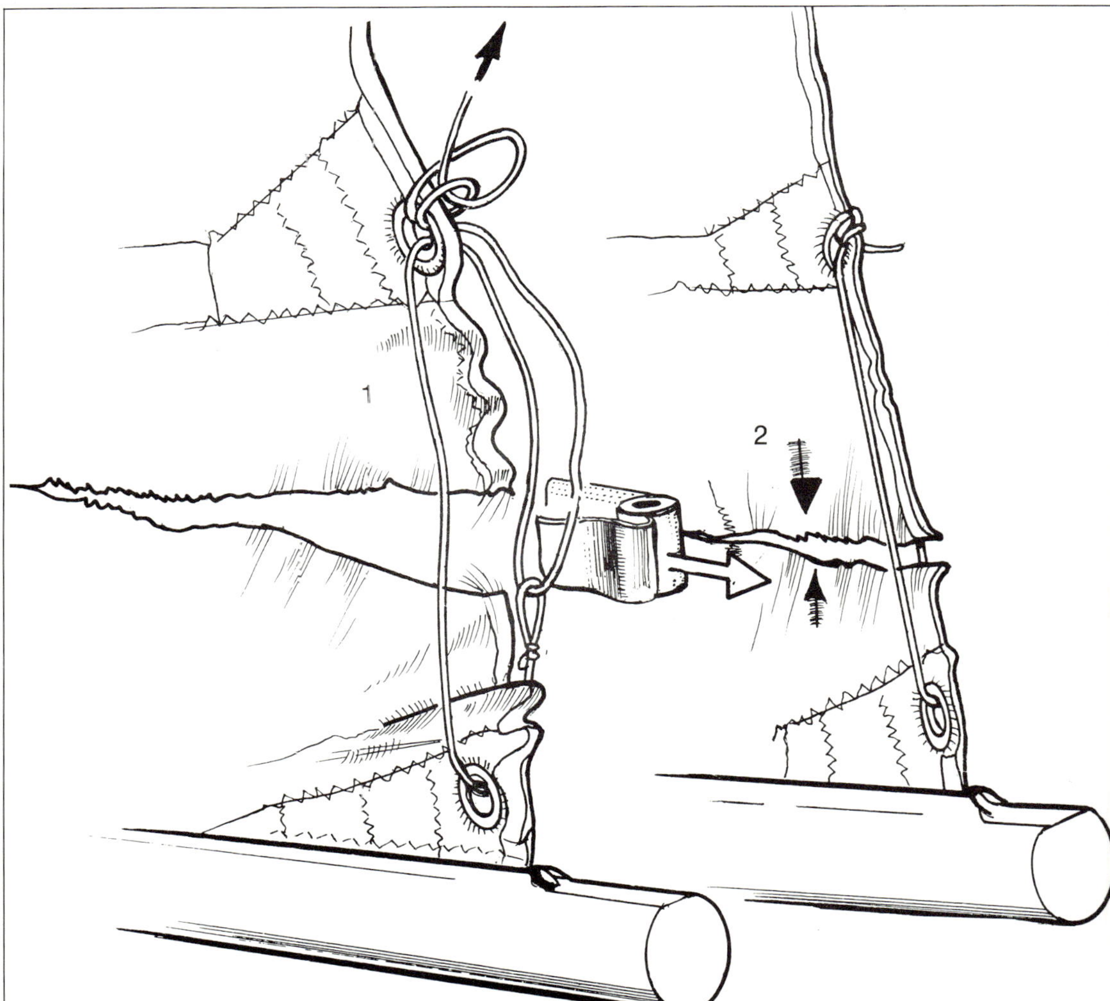

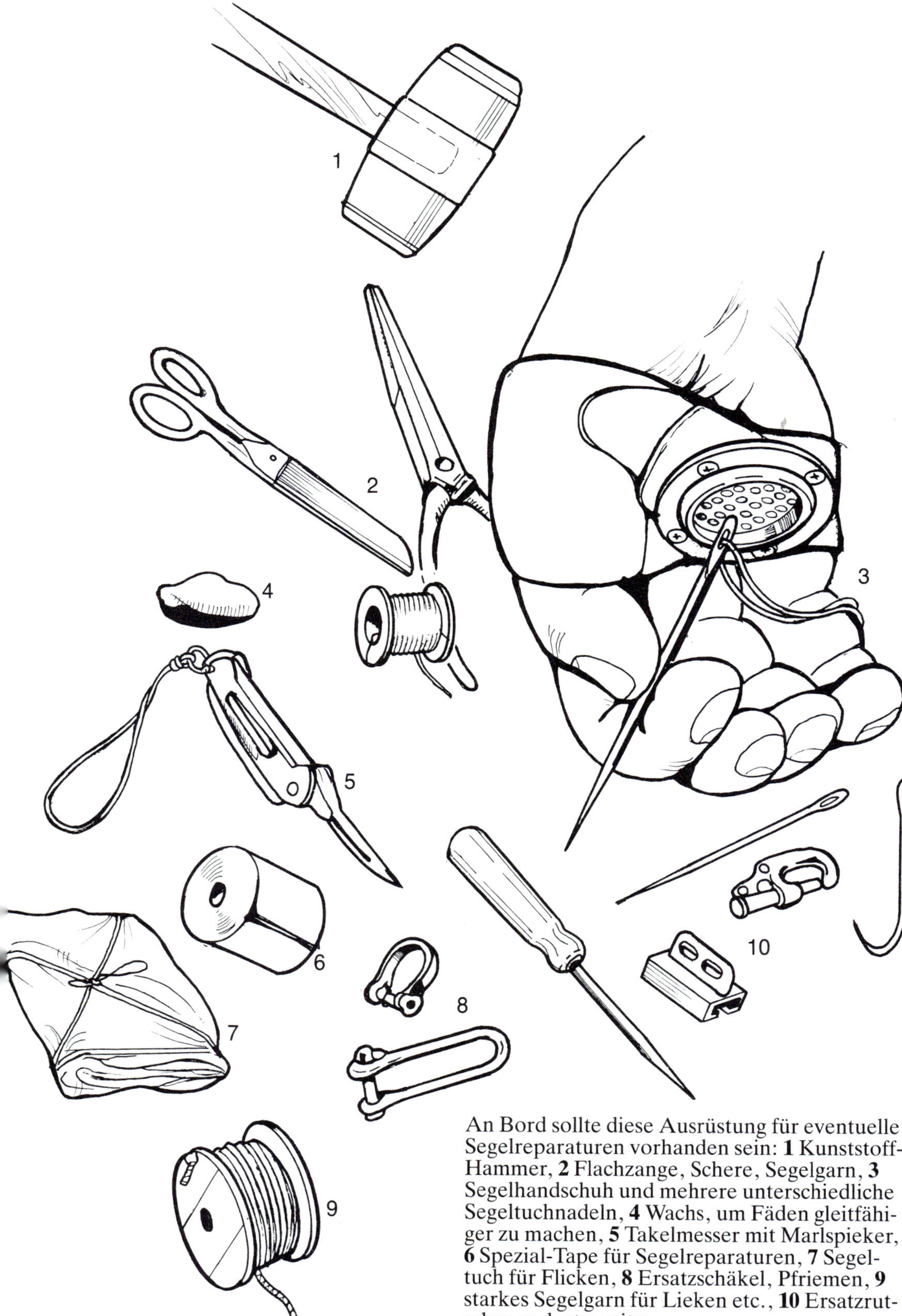

An Bord sollte diese Ausrüstung für eventuelle Segelreparaturen vorhanden sein: **1** Kunststoff-Hammer, **2** Flachzange, Schere, Segelgarn, **3** Segelhandschuh und mehrere unterschiedliche Segeltuchnadeln, **4** Wachs, um Fäden gleitfähiger zu machen, **5** Takelmesser mit Marlspieker, **6** Spezial-Tape für Segelreparaturen, **7** Segeltuch für Flicken, **8** Ersatzschäkel, Pfriemen, **9** starkes Segelgarn für Lieken etc., **10** Ersatzrutscher und -stagreiter.

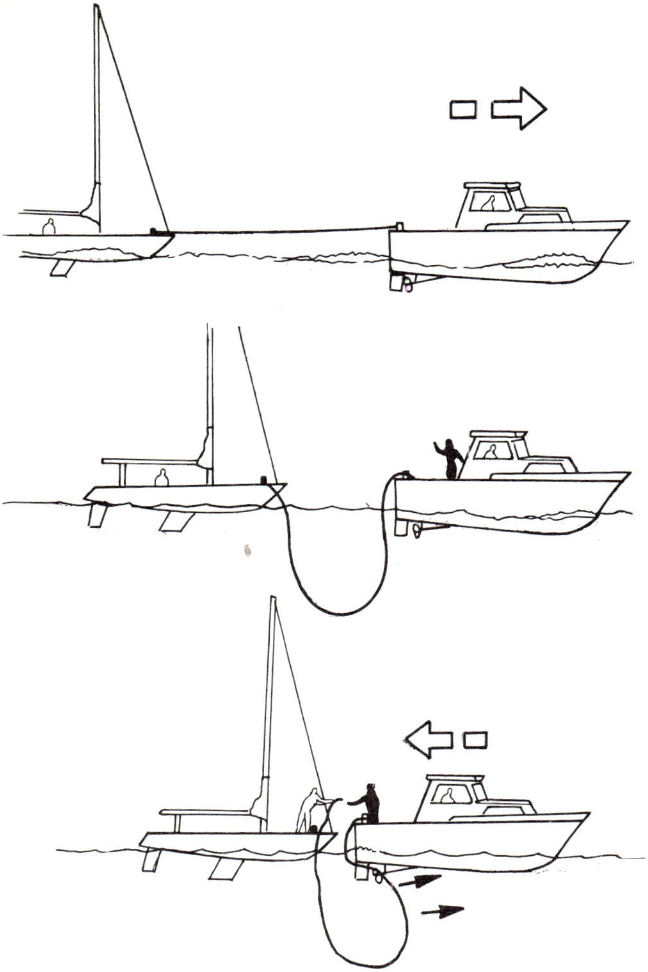

Komplikationen unter dem Kiel

An Schwierigkeiten, die ein blockierter Propeller verursacht, ist nicht selten die Crew selbst schuld, denn häufig genug ist es ein über Bord gerutschter Tampen des eigenen Schiffes, der den Motor zum Stillstand bringt. Auch Treibgut kann für Ärger sorgen. Besonders gefürchtet ist im Wasser schwebendes Plastik, das trotz aller Appelle an das Umweltbewußtsein noch häufig anzutreffen ist. Gefährlich sind auch ausgebrachte Angeln in Ufernähe. Speziell bei Kanalfahrt heißt es wachsam zu sein. Gerade Anfänger auf dem Wasser unterschätzen leicht, wie weit die Angelsehne ins Fahrwasser hineinreichen kann (oder übersehen sie überhaupt). Deshalb ist es beim Sichten von Anglern stets ratsam, so viel Abstand wie möglich von der Uferböschung zu halten.
Crews von Booten, die ein Tauchgerät an Bord mitführen, sind gut dran, wenn ihnen ein Tampen in der Schraube die Maschine stillegt. Falls auch noch geeignetes Werkzeug an Bord ist, dürfte es kein Problem sein, den Schaden in kürzester Zeit zu beheben. Es kann aber auch sein, daß der Taucher die Reparatur nicht schafft. Dann bleibt nur ein Ausweg: abschleppen lassen und aufslippen.

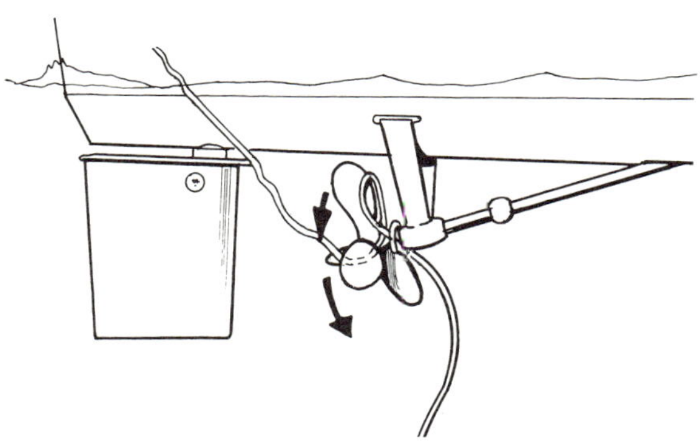

Tampen im Propeller

Die häufigste Ursache für das Vertörnen einer Leine im Propeller ist ein unfachmännisch aufgestopptes Abschleppmanöver. Sobald das schleppende Fahrzeug auf Rückwärtsfahrt geht, läuft das geschleppte Boot von achtern auf. Dabei wird die Schlepptrosse durch den Propellerstrom direkt in die Schraube gezogen

Und so wird dies verhindert: Ein Crewmitglied holt auf dem Vorschiff des geschleppten Bootes die lose kommende Schleppleine Hand über Hand ein, bis die Verbindung zwischen beiden Booten gelöst wird.

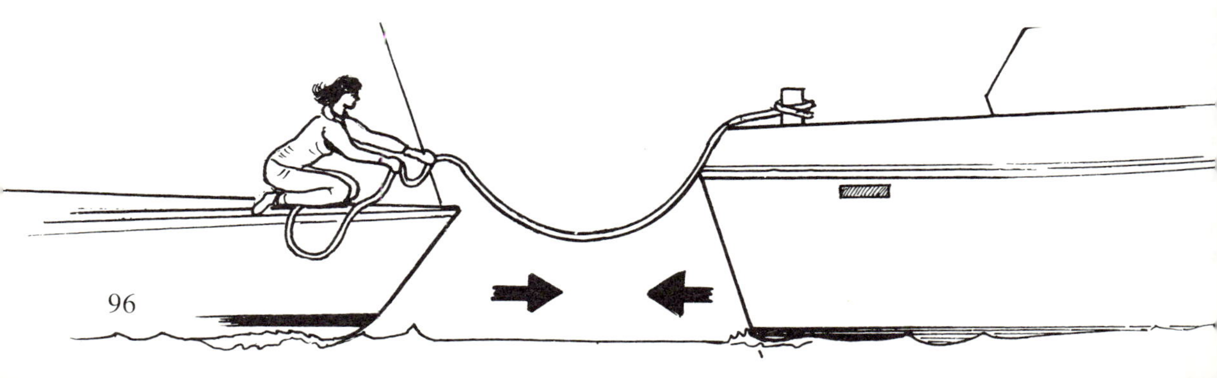

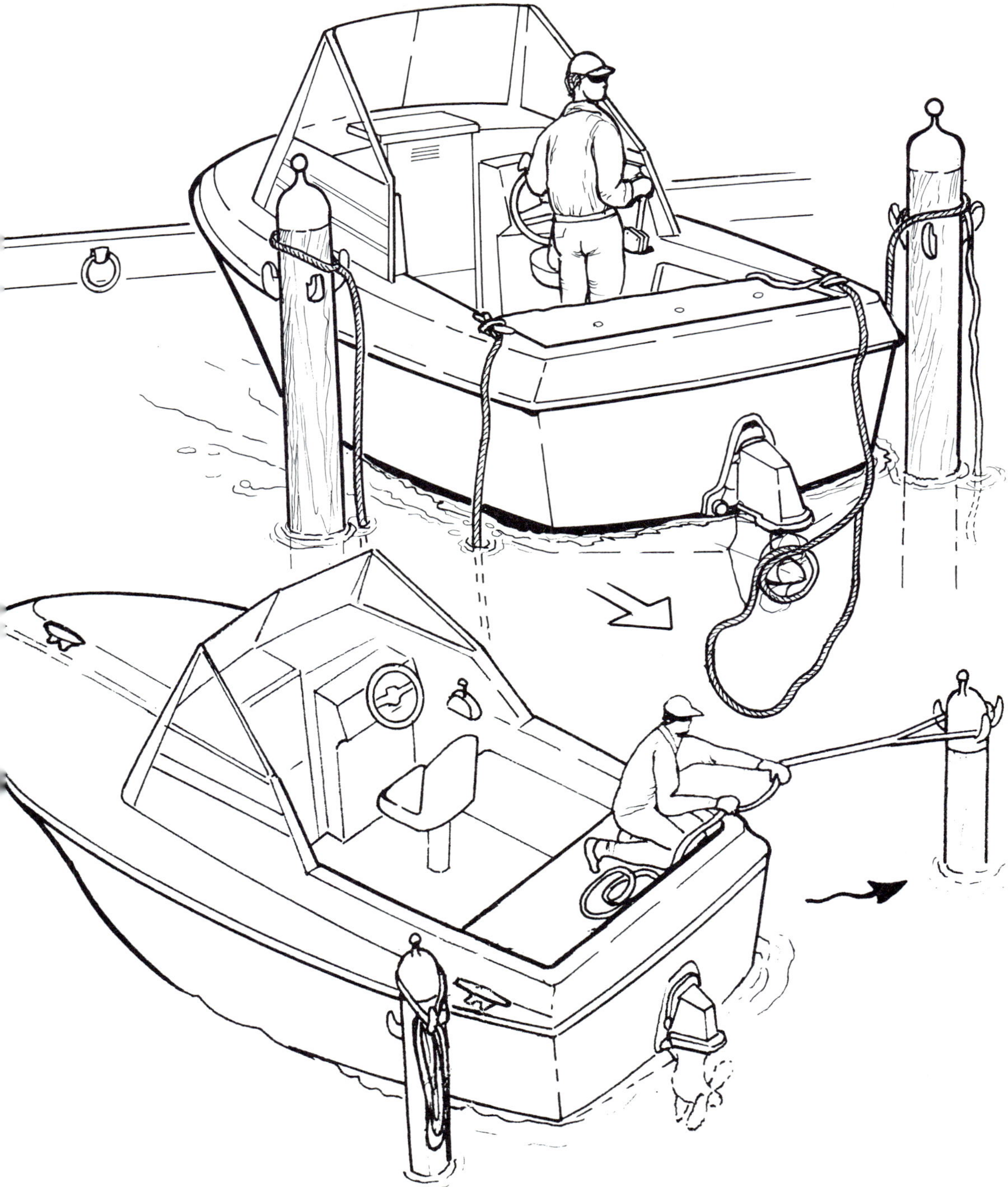

Wachsam muß man auch bei An- und Ablegemanövern im Hafen sein, insbesondere, wenn nur ein Mann an Bord ist. Beim rückwärtigen Ausscheren aus einer Box kommt es häufig vor, daß die achteren Festmacherleinen unter den Bootsrumpf gedrückt werden und sich im Propeller vertörnen. Dies passiert besonders dann, wenn die Pfähle einen großen Abstand zum Steg haben und das Boot im Verhältnis zur Boxlänge relativ klein ist, die Festmacherleinen folglich lang ausgebracht sind.

Deshalb ist es am sichersten, die Achterleinen per Hand einzuholen, sie an Bord zu nehmen oder auf die Pfähle zu hängen. Korrekt und ruhig führt man das Manöver ohne Motorhilfe aus. Nach dem Loswerfen der Vorleinen wird zuerst das Heck des Bootes per Hand an einen der Pfähle herangezogen und der Festmacher aufgeschossen. Danach wird das Heck zum anderen Pfahl hinübergezogen und der Festmacher ebenfalls gesichert. Erst jetzt manövriert man das Boot langsam heraus.

Außenbords gewehte Leinen

eder Regattaskipper kennt die Situation: Auf lem Wege zum Start werden bei Motorfahrt lie Segel gesetzt und die Schoten klariert. Speiell die Spinnakerschoten sind sehr lang und ommen oftmals erst kurz vor dem Segelmanöer zum Einsatz. Davor liegen sie lose an Deck ınd können so leicht über Bord rutschen und in len Propeller geraten. In ungünstigen Fällen vird die Schot durch das Aufwickeln auf Spanıung gebracht, was wiederum zur Beschädiung des Speedometer-Gebers führen kann.)er Start zur Regatta ist damit meistens in rage gestellt.

chon mancher Skipper ist unmittelbar in der Iafeneinfahrt durch eine Unachtsamkeit in are Bedrängnis geraten. Gewöhnlich werden die Festmacher noch vor dem Einlaufen an Deck klariert. Durch den Winddruck und die Bewegungen im Seegang kann es leicht passieren, daß eine Festmacherleine vom Vorschiff unbemerkt über Bord rutscht. Sobald sie das Wasser berührt, wird sie durch die Fahrtgeschwindigkeit achteraus gerissen und durch den Propellerstrom unter das Boot gedrückt. Eine Blockade des Motors in der gefährlichsten Einlaufphase ist die Folge.

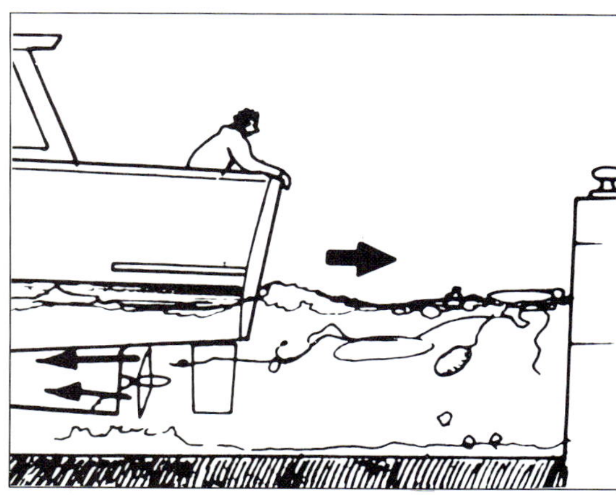

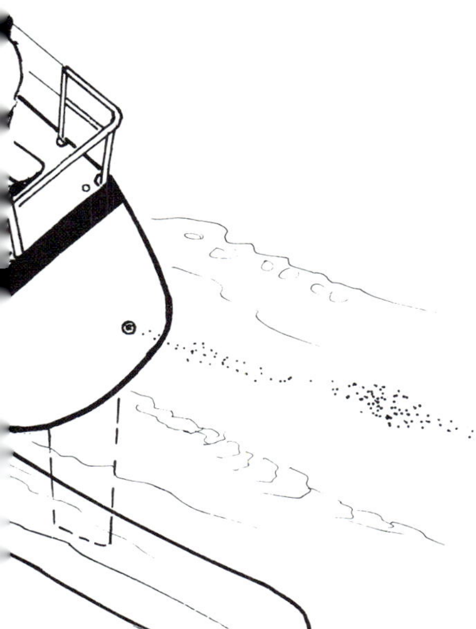

Propellerkiller am Fuß von Kaimauern

Vorsicht ist auch beim Anlegen mit dem Heck zur Pier speziell in südlichen Häfen geboten. Vor der Kaimauer sammelt sich in den Hafenbecken viel Unrat, Plastik und alte, schwimmfähige Kunststoffleinen. Dies ist besonders ausgeprägt bei auflandigem Wind. Außerdem hängen in vielen Mittelmeerhäfen verschmutzte Festmacherleinen von Ringen ins Wasser hinab. Sie können durch den Propellerstrom leicht um Schraube und Welle gewickelt werden, sofern man sie nicht vorher mit dem Bootshaken auffischt.

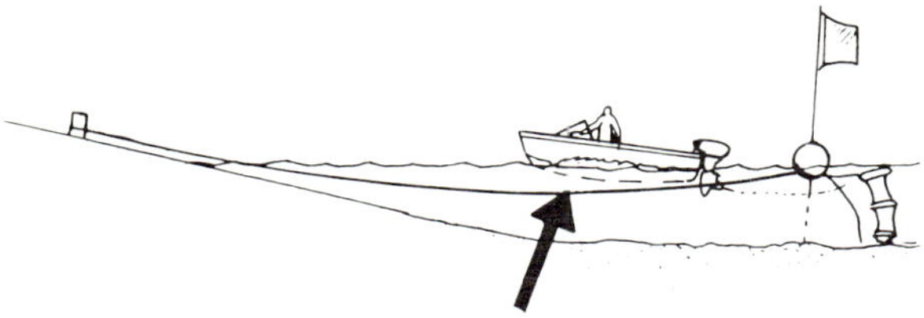

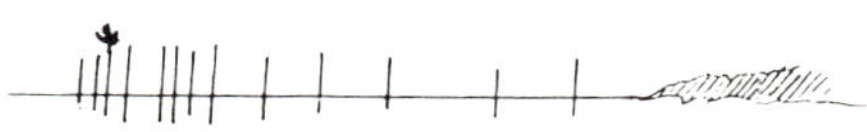

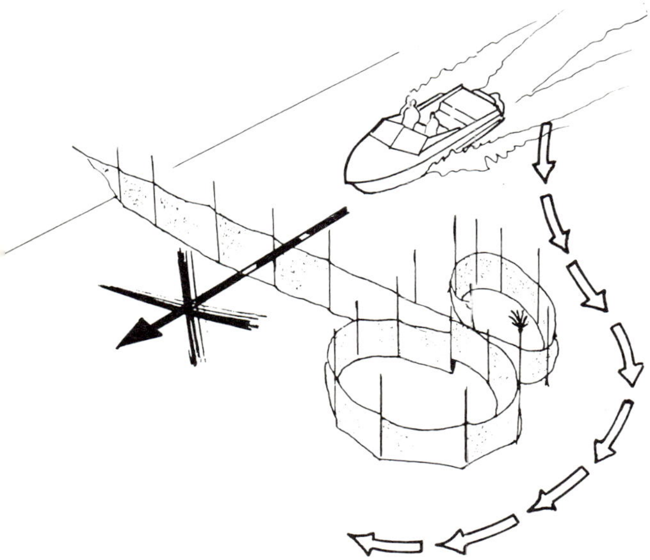

Fischernetze

In Ufernähe sind Reusen-Markierungsbojen gewöhnlich durch eine Leine mit einer Landbefestigung verbunden, so daß sich die Reuse vom Ufer aus einholen läßt. Da die Verbindungsleine meistens unter Wasser liegt, kann sie Booten gefährlich werden, die zu dicht am Ufer fahren. Sportboote mit Außenbordern haben dadurch schon häufig Reusen vom Grund hochgerissen und verschleppt.

An manchen Küsten, besonders im Ostseeraum, werden Stellnetze in Ufernähe an langen Pfählen verankert, die vom Ufer im rechten Winkel seewärts führen und in zwei kreisförmigen Becken enden. Die Oberkante des Netzes reicht gerade bis an die Wasseroberfläche. Daher ist es meistens nicht auszumachen, und schon mancher Skipper, der die Durchfahrt zwischen den Pfählen versuchte, mußte dies mit einer schwierigen Netzhavarie büßen. Das Hindurchfahren zwischen den Pfählen ist grundsätzlich nicht erlaubt. Das Ende der Stellnetz-Anlage wird meistens durch Toppzeichen oder Besen auf den äußeren, seewärtigen Pfählen gekennzeichnet. Allerdings sind fast alle Anlagen nachts unbeleuchtet.

Fischerbojen mit farbigen Fähnchen markieren Stellnetze oder Reusen auf dem Grund. Sie liegen gewöhnlich so tief, daß man ohne Bedenken zwischen den Bojen hindurchfahren kann (die Zeichnung verdeutlicht nur den Aufbau einer solchen Anlage). Allerdings ist dies abhängig von der jeweiligen Wassertiefe und dem Tiefgang des eigenen Bootes. Speziell auf dem IJsselmeer, das ja stellenweise nur zwei bis drei Meter tief ist, sollte man die luvwärtige Fischerboje ausmachen und auch in Luv um sie herumfahren. Die Verbindungsleinen zwischen Bojen und Netz können sehr lang sein und driften entsprechend der Windrichtung.

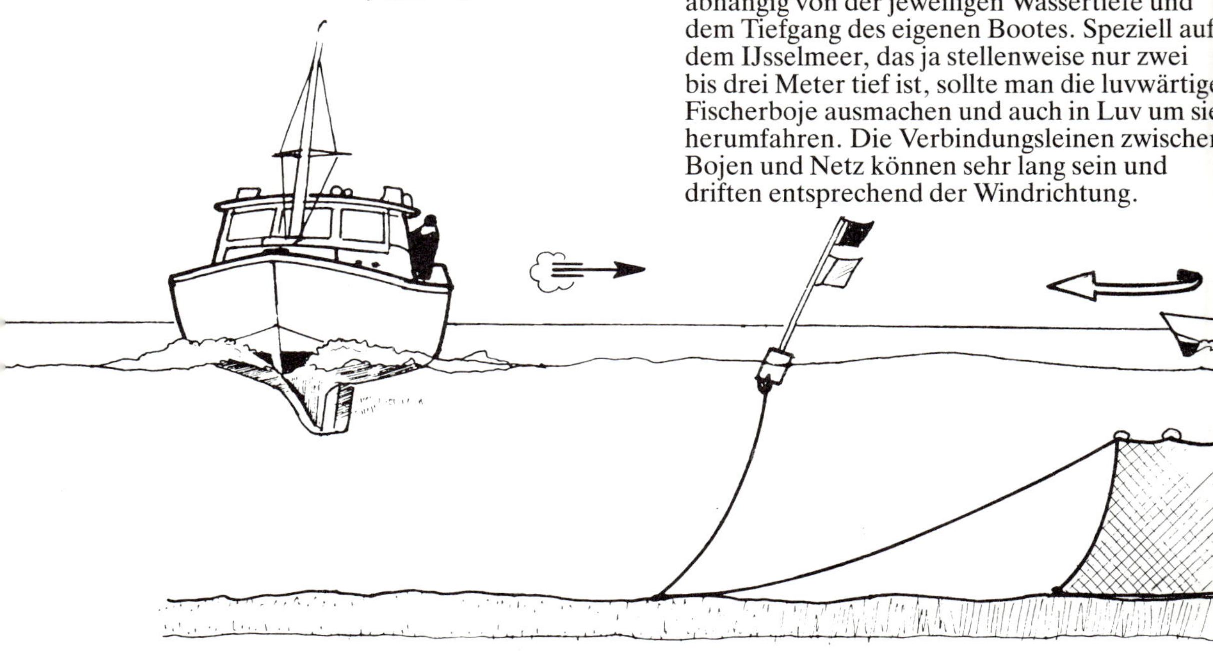

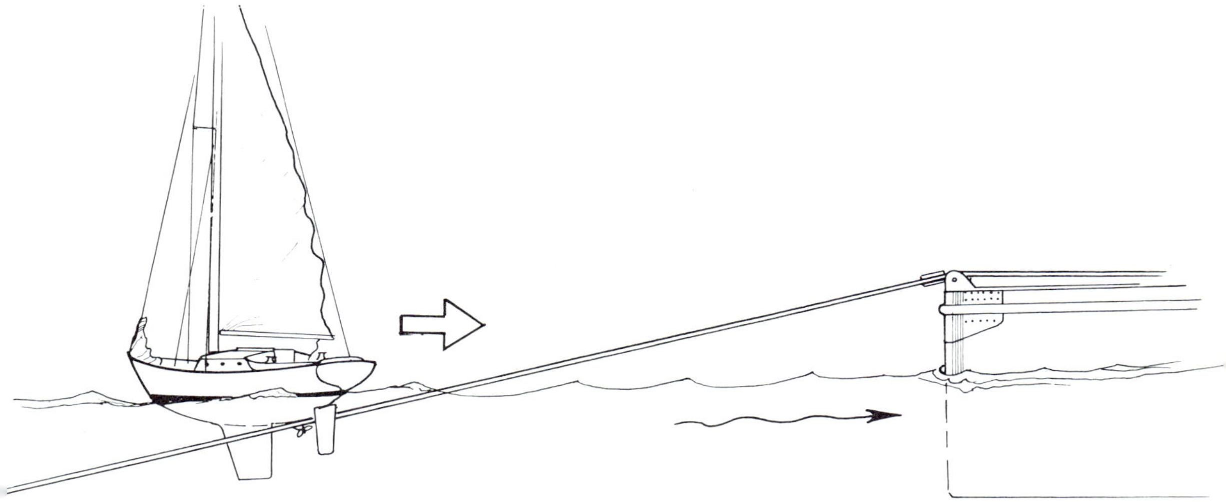

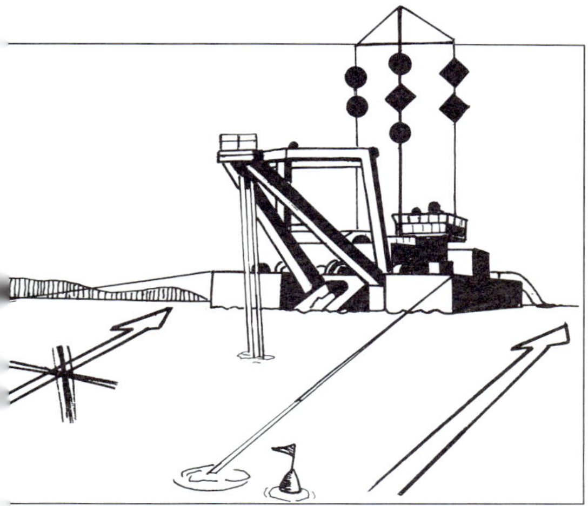

Baggertrossen

Wenn eine Yacht durch Unachtsamkeit des Skippers im Strom auf die Ankertrosse eines Baggers treibt, ist eine schwerwiegende Havarie unausbleiblich. Die Trosse wird sich zwischen Kiel und Ruder verfangen. Strom – und eventuell auch Wind – drücken das Boot jetzt immer weiter zum Bagger hin, wodurch eine Befreiung unmöglich wird. Die Baggerbesatzung kann die Ankertrosse nicht fieren oder kappen, da hierfür Schlepperassistenz notwendig wäre. So bleibt auch für die havarierte Yacht nur eine Abbergung durch einen Schlepper übrig, da der eigene Motor nicht einsatzfähig ist.

Bagger zeigen durch zwei Rhomben übereinander an (nachts zwei grüne Rundumlichter), auf welcher Seite passiert werden muß. Besonders auf Kanälen und Flußläufen sind diese Signale auch von der Sportschiffahrt genau zu beachten, da Bagger oftmals Abspannungen zum Ufer haben, die schlecht oder gar nicht auszumachen sind (die Seite der Behinderung wird durch zwei Bälle übereinander, nachts durch zwei rote Rundumlichter übereinander markiert). Bei Havarien mit stark gespannten Stahltrossen treten am Rumpf, Kiel oder am Propeller größere Schäden auf, die auch zum Verlust des Bootes führen können.

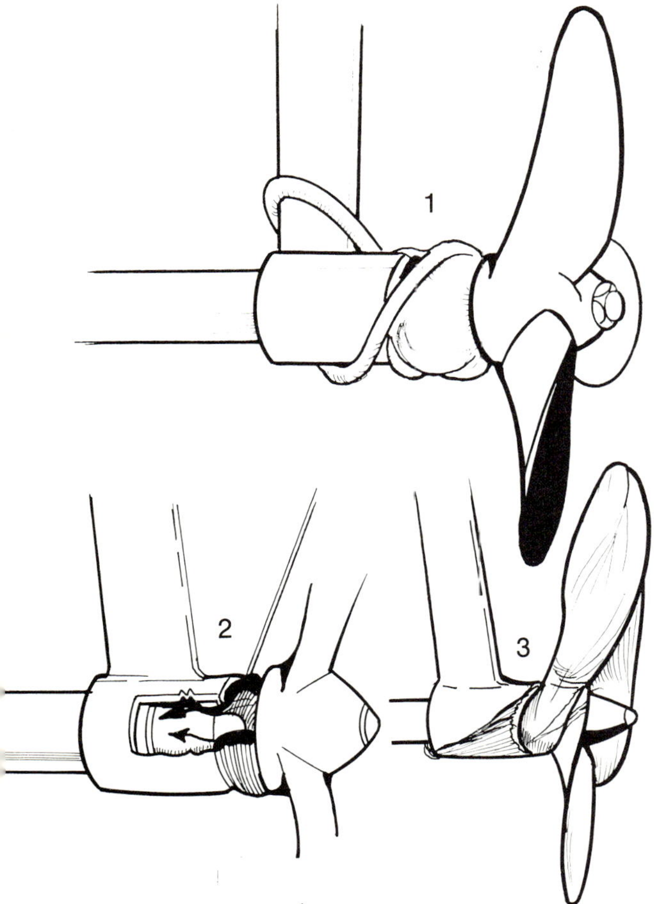

Propellerschäden

1: Die Reibungskräfte, die beim Vertörnen eines Tampens um die Propellerwelle entstehen können, sind so groß, daß Kunststoff-Tauwerk regelrecht verschmolzen wird – und dies trotz des umgebenden kühlen Wassers.
2: Eine um die Propellerwelle vertörnte Angelsehne führt zu einer besonders kritischen Havarie: Infolge der Reibung verschmilzt auch die Kunststoffsehne zu einem kompakten Knäuel. Läuft der Motor trotz dieser Umwicklungen weiter, so kann sich die Sehne bis in die Wellenlager hineinziehen – je nach Konstruktion. Ein Totalschaden der Lager ist nach kurzer Fahrt die Folge, der nur behoben werden kann, indem das Boot aufgeslippt wird.
3: Nicht anders sieht es mit Plastiktüten oder -folien aus, die sich im Propeller verfangen haben: Auch sie verschmelzen am Wellenaustritt und verschweißen Wellenbock, Welle und Propellerflügel miteinander. Plastiktüten geraten häufig in den Propeller, weil sie die unangenehme Eigenschaft haben, etwa einen halben Meter unter der Wasseroberfläche zu treiben. Daher lassen sie sich in trübem Wasser meistens auch nicht rechtzeitig sichten.

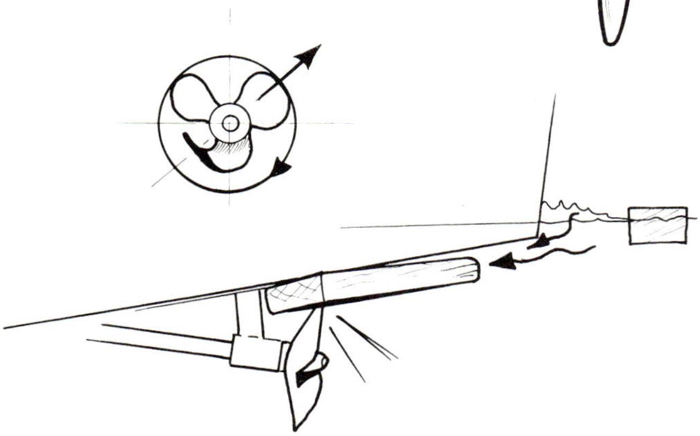

Bei Rückwärtsmanövern ist besonders auf Treibholz zu achten. Der Schraubensog drückt das Treibgut unter den Schiffsboden, wo es sich verkeilen kann. Verbogene Propellerflügel führen zu einer Unwucht, die eine längere Weiterfahrt unter Maschine unmöglich macht. Versucht man es trotzdem, sind schwere Lagerschäden und unter Umständen Wassereinbruch am Wellenbock die Folgen.

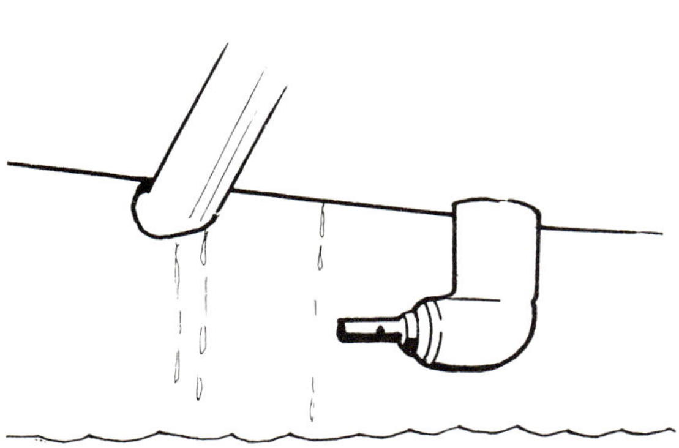

Schwerwiegend kann eine solche Kollision bei einem Saildrive-Antrieb sein. Durch den Aufprall des Treibgutes kommt es zu einem Bruch des Sicherungssplintes, was in einzelnen Fällen den Verlust des Propellers zur Folge haben kann. Dies ist allerdings abhängig von der jeweiligen Konstruktion. Bei einigen Antrieben ist – wie beim Außenborder – ein Scherstift als Bruchsicherung eingebaut. Schert dieser ab, so bleibt zwar das Getriebe heil und der Propeller eventuell verwendungsfähig, aber das Boot muß zur Erneuerung des Scherstiftes aus dem Wasser genommen werden. Die meisten Firmen verwenden heute jedoch eine Rutschkupplung zur Sicherung des Propellers, so daß selbst kräftige Stöße aufgefangen werden, ohne daß das Getriebe Schaden nimmt.

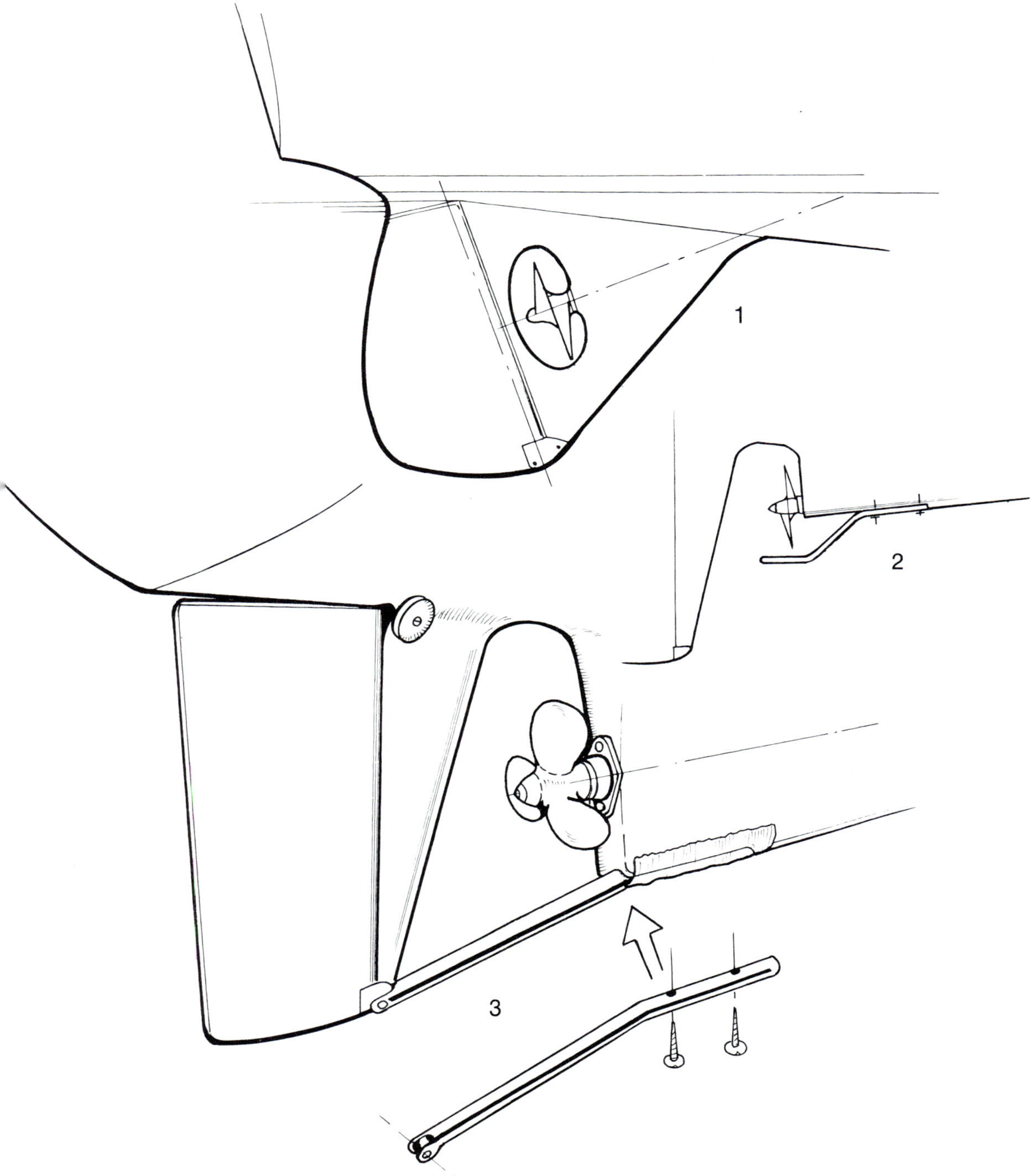

1: Am wirkungsvollsten läßt sich der Propeller schützen, wenn er in eine Hacke vor dem Ruder, auch Skeg genannt, eingebettet wird. Leinen und Treibgut werden durch diese Leitfläche abgewiesen. Allerdings läßt sich ein Skeg nur schwer nachträglich anbauen. Fahrtensegler sollten daher beim Kauf eines neuen Bootes darauf achten, daß das Ruder entsprechend konstruiert ist.

2 und **3:** Tampenabweiser können aber auch nachträglich verhältnismäßig einfach angebracht werden. Schienen aus nichtrostendem Stahl werden gabelförmig gebogen und angeschraubt beziehungsweise als Verbindungsstück zwischen Kiel und Ruder mit Schrauben und Bolzen befestigt und zusätzlich anlaminiert. Die erzielten Vorteile wiegen einen Geschwindigkeitsverlust bei weitem auf.

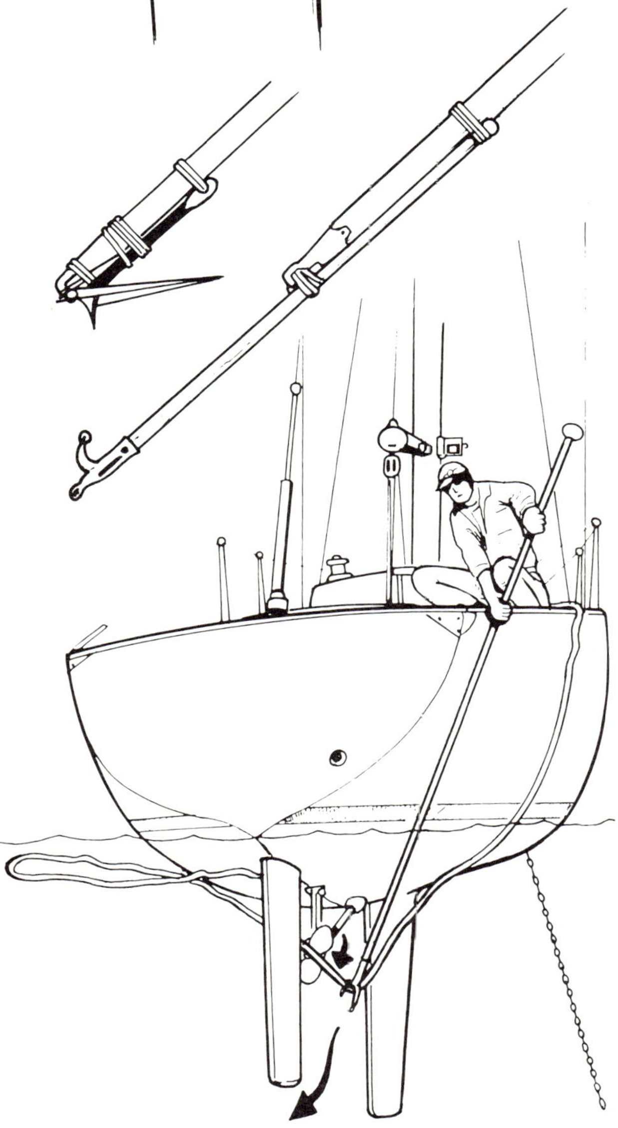

Tampen im Ruder

1: Freistehende Ruder sind besondere Tampenfänger. Kritisch wird es, wenn eine Leine sich zwischen Ruderblatt-Oberkante und Unterwasserschiff verfängt. Bei halbbalancierten Rudern wird der Tampen fast immer von der vorstehenden Rudernase eingefangen. Verkeilt er sich um das Ruderlager, so kann das Boot vollkommen manövrierunfähig werden.
2: Gegen derartige Havarien kann ein kleiner Abweiser aus nichtrostendem Stahl schützen, der vor der Rudernase am Rumpf angeschraubt oder anlaminiert wird. Der Keil muß zum Ruder hin fächerförmig gespreizt sein, damit er auch bei leichter Ruderlage noch wirkungsvoll ist.

Klarieren mit dem Bootshaken

Ist ein gespannter Tampen (oder ein Fischernetz) zwischen Kiel und Ruder unter den Rumpf gerutscht, ohne sich im Propeller zu vertörnen, so bietet der Bootshaken die beste Möglichkeit, den Tampen unter dem Ruder nach achtern zu drücken. Aber: Wie sehen die meisten Bootshaken aus? Sie sind viel zu kurz! Ein Bootshaken sollte wenigstens die Länge von Handhöhe über Deck bis Ruderunterkante haben.
Ein Spibaum ist ebenfalls geeignet, um einen Tampen unter dem Ruder hindurch nach achtern zu drücken. Da die Spinnakerbaum-Beschläge aber an der Außenkante rund geformt sind, wird man die Leine nicht einfangen können. Daher ist es zweckmäßig, einen Bootshaken am Ende des Baumes festzulaschen. Wenn kein Bootshaken an Bord ist, mag das Manöver auch mit einem am Spi-Baum gelaschten Anker gelingen.

Unterwasserarbeiten

Wenn ein Tauchmanöver unumgänglich ist, um den Propeller von einem Tampen zu befreien, sollte der Taucher gut vorbereitet und entsprechend ausgerüstet diese Arbeit vornehmen.

1: Wichtigste Utensilien sind Taucherbrille und Schnorchel.

2: Ist kein Neopren-Anzug mit Bleigürtel an Bord, so muß sich der Taucher mit warmer Unterwäsche und einem Ölzeugoverall gegen die Wasserkälte schützen. Auch in nassem Zustand wärmt eine derartige Bekleidung.

3: In den üblichen Lifebelt **(3)** wird eine Sicherungsleine **(4)** eingepickt, die ein Crewmitglied oben an Deck in den Händen behält.

5: Alles Werkzeug muß mit einer durchgehenden Sorgleine gesichert sein. Da nur mit einer Hand gearbeitet werden kann (die andere wird zum Festhalten benötigt), muß alles Werkzeug einhändig einsetzbar sein.

6: Warme Socken halten die Wasserkälte von den Füßen fern.

7: Schwimmflossen sind unbedingt notwendig, um unter Wasser den Körper zu stabilisieren und den Einsatzort schnell zu erreichen.

Und dieses Werkzeug ist zweckmäßig: Messer, Eisen-Bügelsäge, Flach- und Kneifzange, stählerner Dorn und grobe Rundfeile, Handstichsäge.

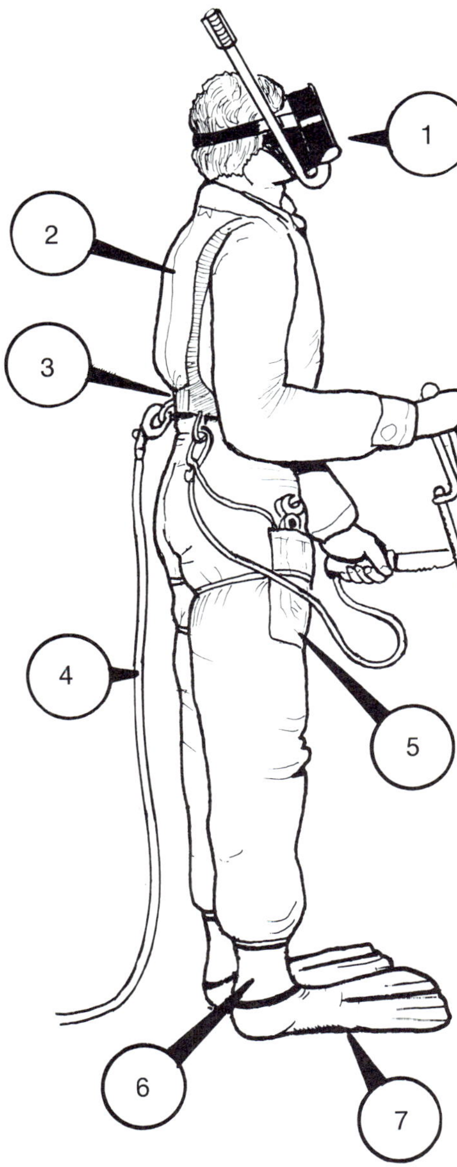

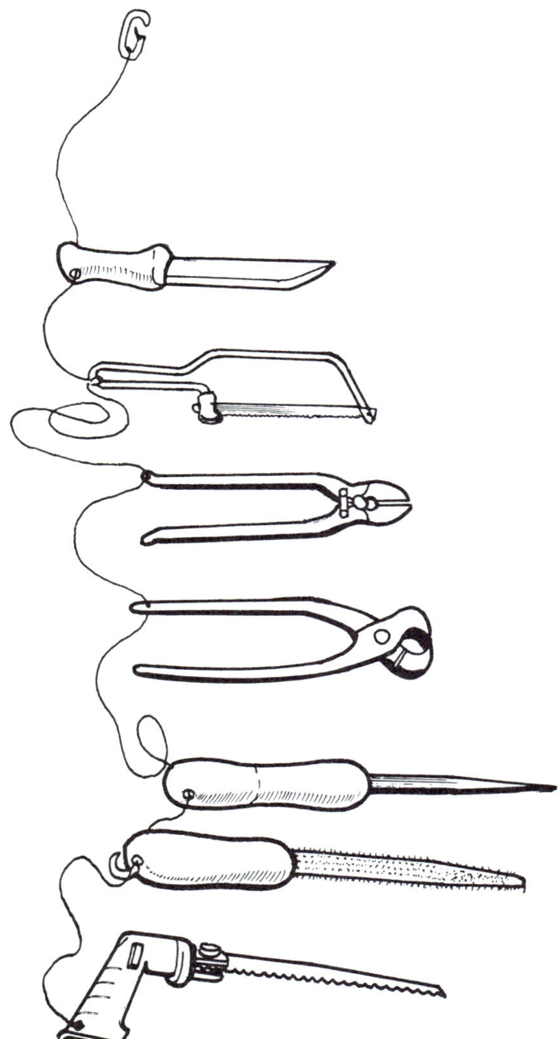

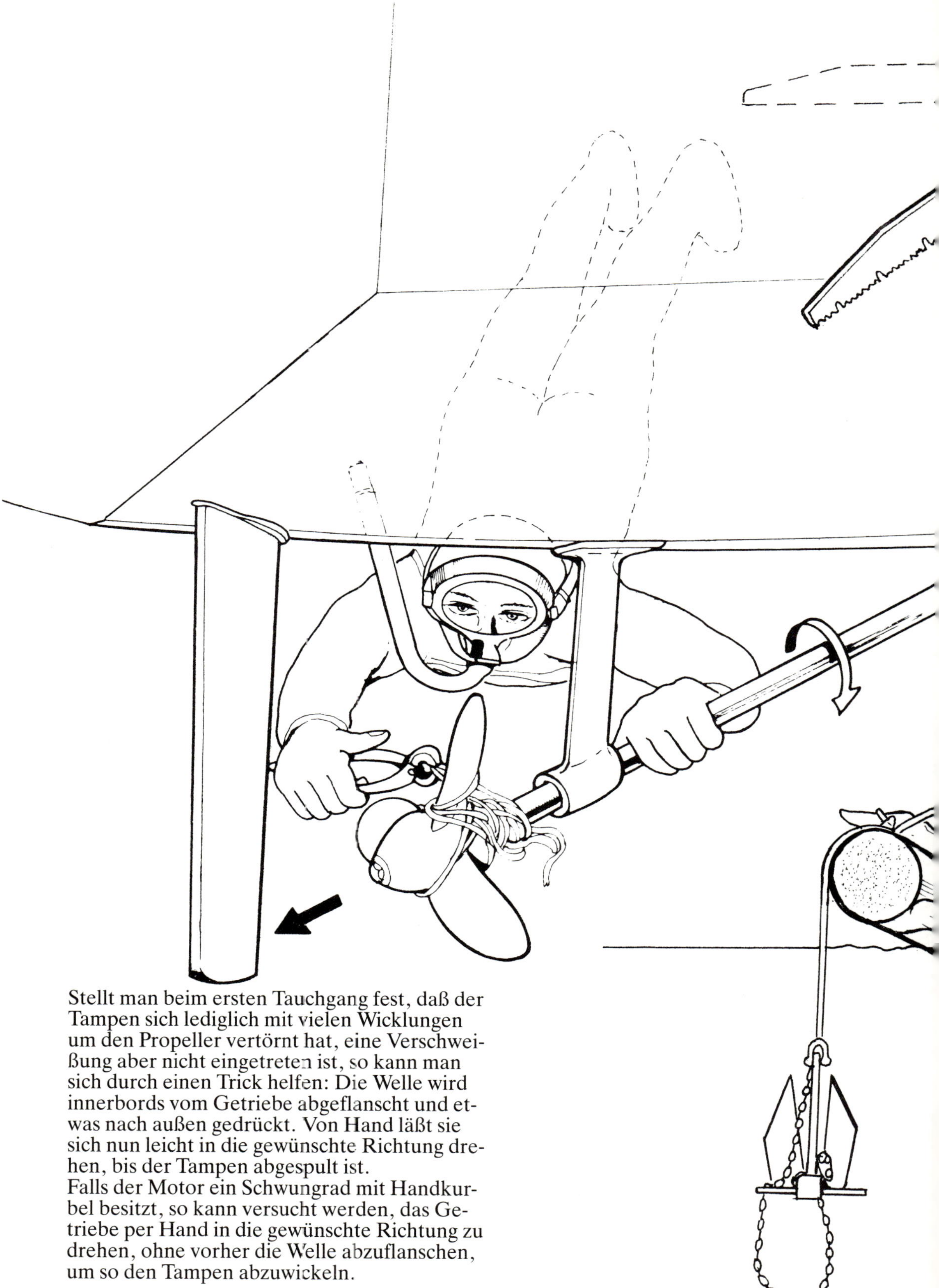

Stellt man beim ersten Tauchgang fest, daß der Tampen sich lediglich mit vielen Wicklungen um den Propeller vertörnt hat, eine Verschweißung aber nicht eingetreten ist, so kann man sich durch einen Trick helfen: Die Welle wird innerbords vom Getriebe abgeflanscht und etwas nach außen gedrückt. Von Hand läßt sie sich nun leicht in die gewünschte Richtung drehen, bis der Tampen abgespult ist.
Falls der Motor ein Schwungrad mit Handkurbel besitzt, so kann versucht werden, das Getriebe per Hand in die gewünschte Richtung zu drehen, ohne vorher die Welle abzuflanschen, um so den Tampen abzuwickeln.

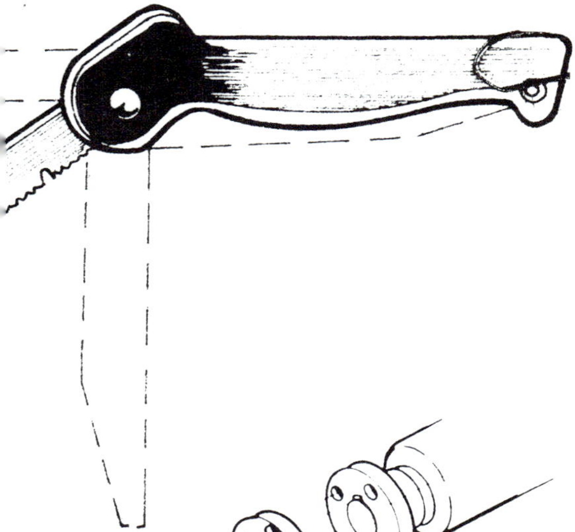

Empfehlenswert für das Freischneiden verschmolzener Kunststoff-Tampen ist eine ausklappbare Taschensäge, wie sie der Fachhandel bereithält.

Will oder kann man nicht tauchen, um einen Tampen aus der Schraube zu bekommen, so gibt es zwei Möglichkeiten: entweder das Achterschiff mit einem Kran anheben oder mit mehreren Personen und allen schweren Ausrüstungsgegenständen das Vorschiff belasten. Vom Beiboot aus kommt man dann bei modernen Booten, deren Propeller weit achtern eingebaut ist, an die Schraube heran.
Vielleicht gelingt es auch von einem größeren Schwimmkörper aus (Luftmatratze, Schlauchboot), an den Propeller heranzukommen. Ein Schlauchboot darf für diesen Einsatz nur schwach aufgepumpt sein. An die äußere Bordwand wird als Gegengewicht ein Anker gehängt. Auch hier ist eine Sicherung des Tauchers mit Lifebelt und Sorgleine notwendig. Allerdings ist dieses Manöver nur dann erfolgversprechend, wenn der Propeller sich dicht unter der Wasseroberfläche befindet. Im Gegensatz zum freischwimmenden Taucher kann man aus der hier gezeigten Lage zum Luftholen nur sehr schwierig unter dem Bootsboden hervorkommen.

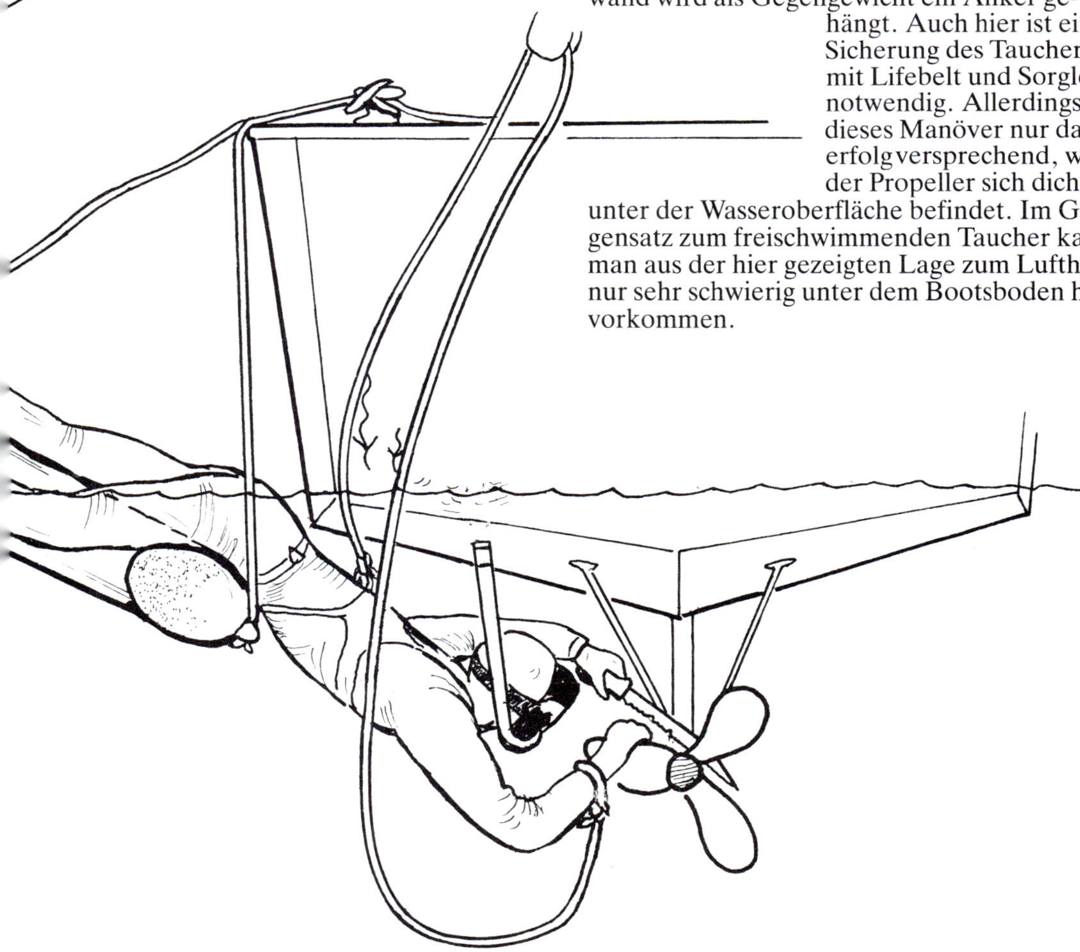

Wahrschau bei Gewittern

Auf See gibt es nur wenige Dinge, vor denen sich erfahrene Skipper wirklich fürchten. Dazu gehören zweifellos Gewitter, die besonders in den Tropen eine große Gewalt entwickeln können. Es ist vor allem die Hilflosigkeit, mit der man den Naturgewalten ausgeliefert ist, denn trotz technischer Vorkehrungen durch aufwendige Blitzschutzanlagen ist das Boot nicht vor Blitzeinschlägen gefeit.

Es wird immer wieder behauptet, daß Blitze auf dem Wasser nicht einschlagen können und Sportboote somit auch nicht gefährdet sind. Diese Ansicht ist in jedem Fall falsch, wie viele Yachtunfälle als Folge von Blitzeinwirkung beweisen. Besonders groß ist die Wahrscheinlichkeit eines Einschlags bei Regen und nassen Segeln beziehungsweise Spieren. Die frei an Deck in Wantennähe sitzende Crew (auf der Abbildung weiß) auf einer Regattayacht ist sich in dieser Situation kaum der tödlichen Gefahr bewußt.

Blitzeinschläge auf Yachten können verheerende Auswirkungen haben. Durch die Zunahme des Yachtsports ist es auch zu vermehrten Unfällen mit unterschiedlichen Folgen gekommen. Sie reichen von relativ harmlosen, äußeren Zerstörungen am Rigg bis hin zum Totalverlust der betreffenden Yacht. Auch Verletzungen und Verbrennungen der Crew an Bord sind bekanntgeworden, in einigen Fällen sogar mit Todesfolge. Es ist also durchaus sinnvoll und wichtig, dem vorbeugenden Blitzschutz an Bord mehr Aufmerksamkeit zu widmen.

Unten sind die Wege, die der Blitz gewöhnlich bei einer Segelyacht zur Erdung im Wasser nimmt, schematisch dargestellt: In erster Linie wird er über den Aluminium-Mast und das elektrische Leitungssystem zur Motorwelle beziehungsweise zu den elektronischen Geräten im Rumpf (Echolotgeber, Logge-Impeller) geleitet. Seltener wird die elektrische Spannung über die Wanten, Stage und Püttings geerdet. Häufig aber wurde eine Kombination von beiden Wegen beobachtet.

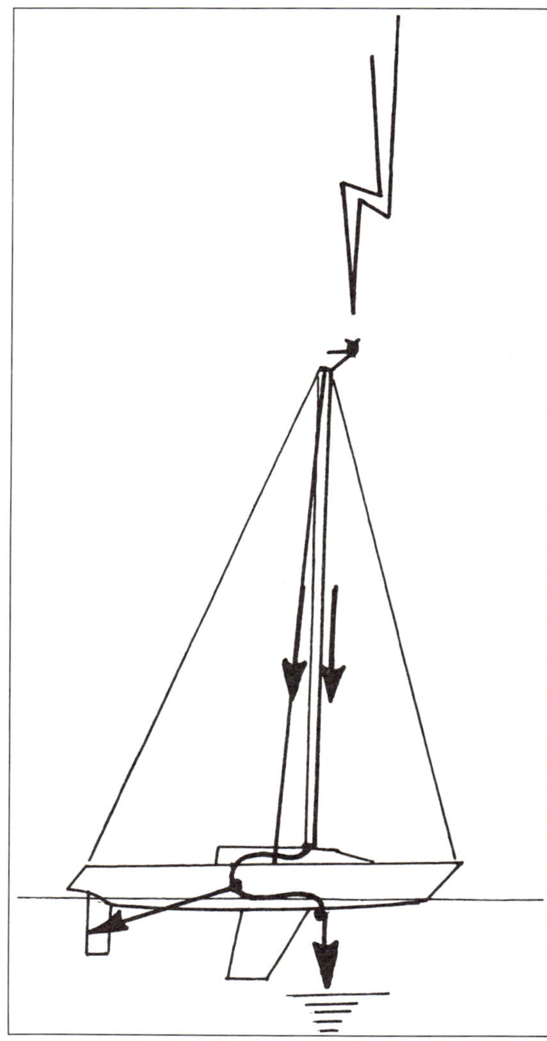

Schäden durch Blitzschlag

Die Zerstörungen und Schäden an Boot und Crew sind abhängig von dem Material, aus dem die Yacht gebaut wurde. Am sichersten geschützt ist die Crew in einem Stahlschiff, da seine geschlossene Metallaußenhaut wie ein Faradayscher Käfig wirkt, der die elektrische Spannung an seiner Oberfläche ableitet.
Anders sieht es bei einem Holzboot aus. Der Blitz sucht sich gewaltsam von den leitenden Metallteilen des Riggs den Weg zum Potentialausgleich ins Wasser. Dabei durchschlägt er Holzplanken und schmettert nicht selten ganze Holzteile heraus, so daß die Yacht in kurzer Zeit sinken kann.
Noch gefährlicher ist ein Blitzeinschlag auf einer Kunststoffyacht. Durch Kabelverschmorungen kann das Kunststofflaminat zu brennen anfangen, wodurch sich augenblicklich hochgiftige Dämpfe im Boot bilden **(1)**.
Seltener wird der Blitz über die Oberwanten und Püttings durch den Rumpf ins Wasser geleitet **(2)**. Auf Booten mit Aluminiummasten folgt der Blitz gewöhnlich dem großen Querschnitt des Mastprofils, da dieses den geringsten Widerstand bietet. Häufig verzweigt er sich unter Deck in den elektrischen Leitungen des Bordnetzes. Der Spannungsausgleich erfolgt in solchen Fällen über den Motor und die Motorwelle. Dabei können die Lichtmaschine sowie der Anlasser zerstört werden.
Der Blitz kann auch über den Geber des Echolotes und die Logge ins Wasser gelangen. Selbst ein Unterbrechen durch den Hauptschalter bietet hier keine Sicherheit, er wird einfach übersprungen. Fast immer werden dabei die elektronischen Anzeigegeräte zerstört **(3)**. Im ungünstigsten Fall können die Gehäuse der Echolot- und Speedometer-Geber im Bootsrumpf wegschmelzen, wodurch die Yacht zu sinken droht **(4)**.
Eine Blitzableitung über die Propellerwelle ist stets problematisch, da die Lager zerstört werden können **(5)**.

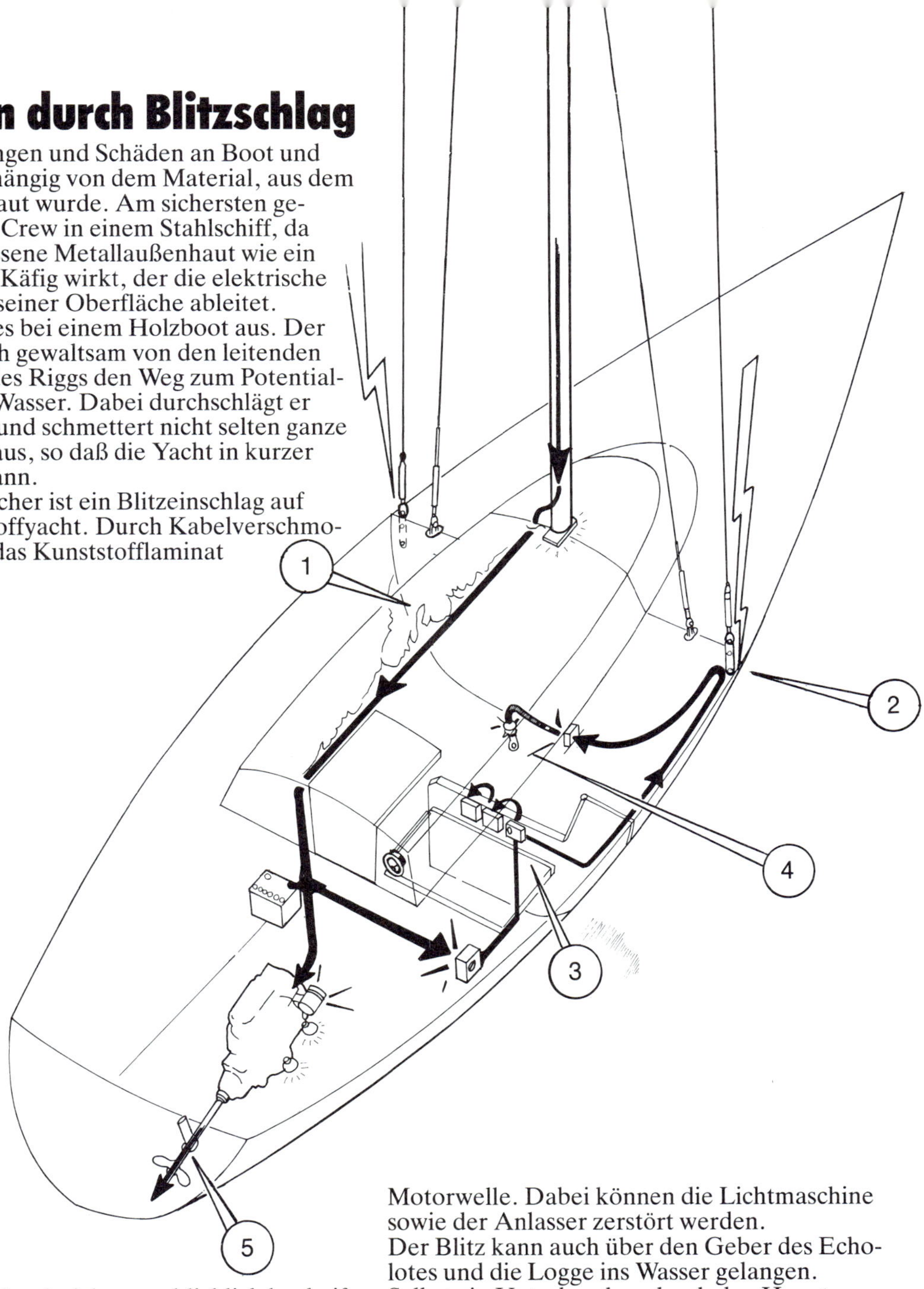

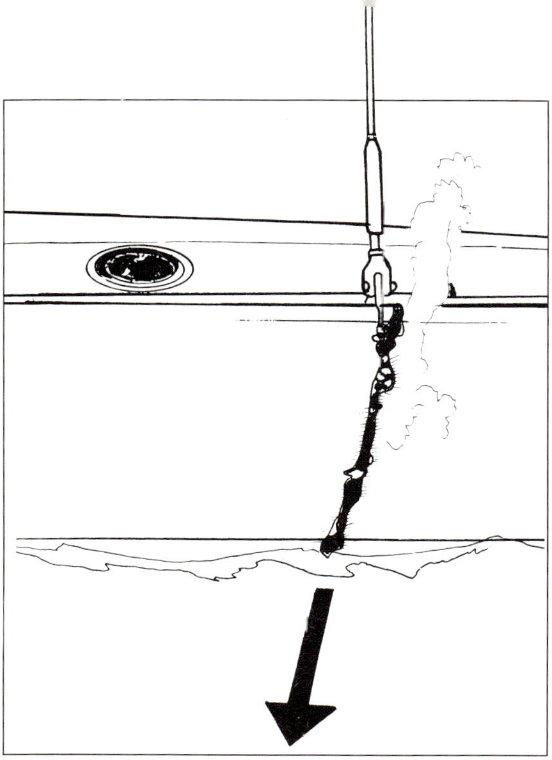

Bei einer Ableitung des Blitzes über Wanten und Püttings können auf einer Kunststoffyacht besonders schwerwiegende Probleme entstehen: Das Laminat schmort beziehungsweise schmilzt im Bereich der Püttings durch, was unterhalb der Wasserlinie einen sofortigen Wassereinbruch zur Folge hat.

Blitzschutzmaßnahmen

Die nebenstehende Zeichnung zeigt, welche Blitzschutzeinrichtungen an Bord möglich sind. Entscheidend ist es, dem Blitz den Weg ins Wasser möglichst leicht zu machen, also alle leitenden Riggabspannungen und sonstigen Beschläge, die elektrische Energie aufnehmen können, sorgfältig zu erden.

1: Das Achterstag. Es wird bei einem Blitzschlag und geerdetem Alumast stets als Nebenleiter fungieren. Schwierig wird hier die Erdung, weil das Achterstag gewöhnlich auch als Antenne dient und daher mit zwei Isolatoren in der Nähe des Masttopps und des Stagspanners ausgestattet ist, die den Fluß des elektrischen Stromes unterbrechen. Hier muß man sich mit einem Trick helfen: Der Handel bietet Spezial-Isolatoren mit eingebauter Funkenstrecke an, die bei einem Blitzschlag übersprungen wird, während die normale Antennenspannung diese Hürde nicht überwinden kann.

2: Eine stählerne Dirk vom Masttopp zur Großbaumnock läßt sich hingegen nicht erden.

3: Am günstigsten ist es, wenn der Blitz seinen Weg über die Oberwanten ins Wasser nimmt. Wenn die Püttings nicht werftseitig direkt mit den Bolzen des Metallkieles oder, bei Kunststoffkielen, mit einer großflächigen Metallplatte unter dem Bootsboden verbunden sind, kann man sich mit einer mobilen Blitzschutzeinrichtung behelfen, die der Handel anbietet. Hier werden mit starken Hebelklemmen Verbindungen vom Mastfuß zu den Wantenspannern hergestellt. Am Mastfuß werden die Kabel mit Hilfe einer Spezialklemme auf einem Kugelkopf-Bolzen fixiert. Starke Kupferbänder leiten die elektrische Energie ins Wasser ab. Eine derartige Blitzschutzanlage wurde inzwischen amtlich geprüft.

4: Die wichtigste Maßnahme vor dem Gewitter lautet: Alle Segel bergen. Nasse Segel leiten elektrische Energie besonders gut, ja, sie ziehen sie regelrecht an.

5: Da der Blitz den Mast als Hauptleiter wählt,

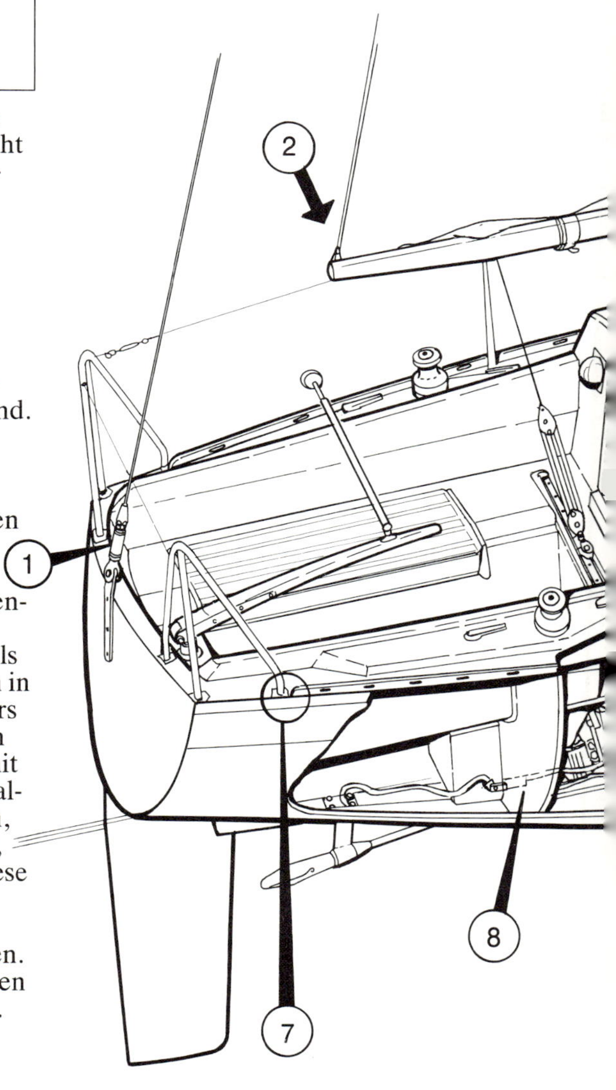

muß der Mastfuß bis zum Kiel fachgerecht durchgeerdet werden.
6: Weiter müssen Bugkorb sowie Vorstagbeschlag mit dem Kielbolzen verbunden werden. Hat die Yacht eine umlaufende Metall-Fußreling, so lassen sich diese Teile einschließlich des Heckkorbs auch direkt mit der Reling verbinden. Es muß dann auf jeder Schiffsseite eine Ableitung von den beiden Fußrelingen zum Kiel erfolgen **(7)**.
8: Besonders wichtig ist eine durchgehende Erdung des Motors einschließlich des Brennstofftanks.
9: Falls die Püttings der Ober- und Unterwanten nicht bereits von der Werft mit dem Kiel verbunden worden sind, sollte man nachträglich Erdungskabel (mindestens 16 Quadratmillimeter Querschnitt) anbringen und eine Verbindung zu den Kielbolzen schaffen.

10: Bei anlaminierten Kielen, die nur Innenballast tragen, ist keine Erdung möglich. Ein wirkungsvoller Blitzschutz wird hier schwierig sein. Notwendig ist die Anbringung einer Kupferplatte von wenigstens einem Viertelquadratmeter Fläche unter dem Rumpf oder seitlich am Kiel. Die Platte kann auch vor dem Endlaminieren nach der ersten Glasgewebe-Matte in die Rumpfform eingebracht werden. Dadurch entfallen Rumpfdurchbrüche für die Erdungskabel. Mit dieser Platte müssen alle Erdungskabel über einen Zentralleiter (mindestens 25 Quadratmillimeter Querschnitt) verbunden werden.
11: Wenn der Kiel hingegen aus Blei oder Gußeisen besteht und unter den Rumpf gebolzt ist, reicht es, wenn die Hauptleiter von Mast und Wanten mit einem Kielbolzen verbunden sind.

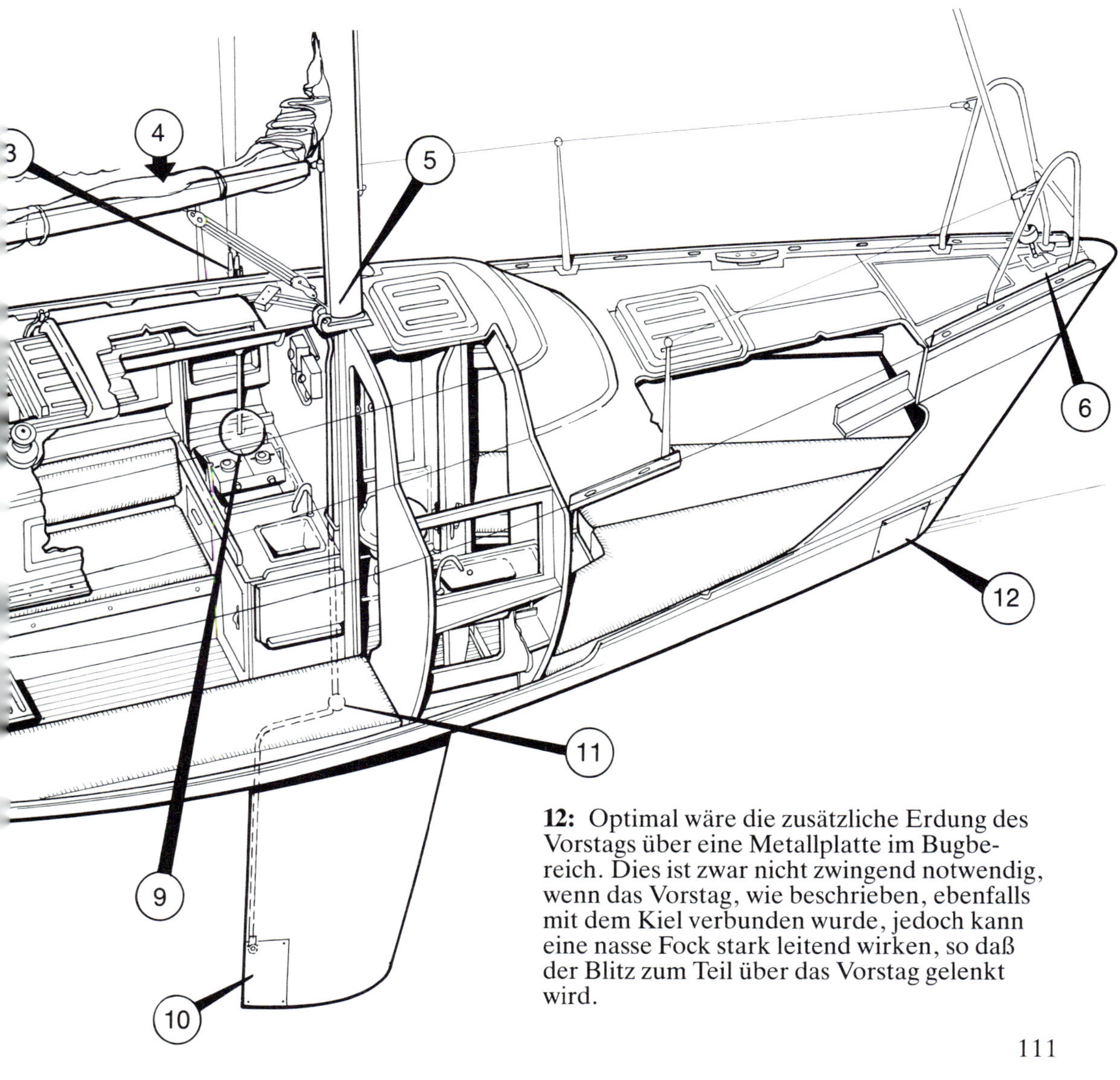

12: Optimal wäre die zusätzliche Erdung des Vorstags über eine Metallplatte im Bugbereich. Dies ist zwar nicht zwingend notwendig, wenn das Vorstag, wie beschrieben, ebenfalls mit dem Kiel verbunden wurde, jedoch kann eine nasse Fock stark leitend wirken, so daß der Blitz zum Teil über das Vorstag gelenkt wird.

1: Die Zeichnung zeigt, wie eine Verbindung des Mastfußes mit dem Erdungskabel unter Deck ausgeführt werden muß. Wichtig ist ein möglichst großer Querschnitt des Bolzens, und auch der Kabelschuh unter Deck sollte eine großflächige, leitfähige Verbindung mit dem Metall und damit einen möglichst geringen elektrischen Widerstand haben.

2: Metalltanks, die mit elektrischen Tankanzeigern ausgerüstet sind, benötigen ebenso eine Erdung zu den Kielbolzen wie Seereling und Relingsschiene **(3)**. Es ist ausreichend, wenn eine Relingstütze jeweils an Backbord und Steuerbord mit der Schiene kurzgeschlossen wird und von dieser die Erdungskabel zum Kielbolzen führen.

4: Ein Kupferkabel, das nur mit den Wanten verbunden und über Bord gehängt wird, stellt eine Notlösung dar. Diese Erdung garantiert nicht, daß der Blitz auch wirklich über diesen Weg abgeleitet wird. Immerhin ist die Installation besser als gar nichts. Wichtig ist aber, daß die Kabel einen Querschnitt von mindestens 25 Quadratmillimetern haben und eine möglichst große Leitfläche im Wasser bieten, zum Beispiel in Form einer angeschraubten Kupferplatte. Auf keinen Fall dürfen die Kabel nur mit einfachen Metallklammern an den Wanten befestigt werden. Sie benötigen ebenfalls eine großflächige Schraubverbindung.

5: Alle Erdungskabel, die zum Kielbolzen führen, müssen einen Querschnitt von wenigstens 16 Quadratmillimetern haben. Wichtig ist die großflächige Verbindung von Bolzen und Leitern. Hierzu werden speziell angefertigte Stahlplatten verwendet, die gleichzeitig als Unterlegscheiben dienen.

6: Bei den Verbindungen der Erdungskabel unter Deck mit den Püttings gelten die gleichen physikalischen Gesetze. Der Kontakt sollte möglichst großflächig und fest sein, so daß ein ,,Wackelkontakt" nicht auftreten kann. Die üblicherweise verwendeten Steckbolzen mit Splintsicherung sind daher nicht geeignet.

7: Diese Zeichnung zeigt einen Achterstag-Antennenisolator, der speziell dafür konstruiert wurde, daß im Falle eines Blitzschlages die Isolationsfähigkeit überwunden wird. Für die wesentlich schwächeren Antennenspannungen gibt es hingegen keine Rumpfverbindung. Verschiedene Firmen bieten die unterschiedlichsten Modelle an.

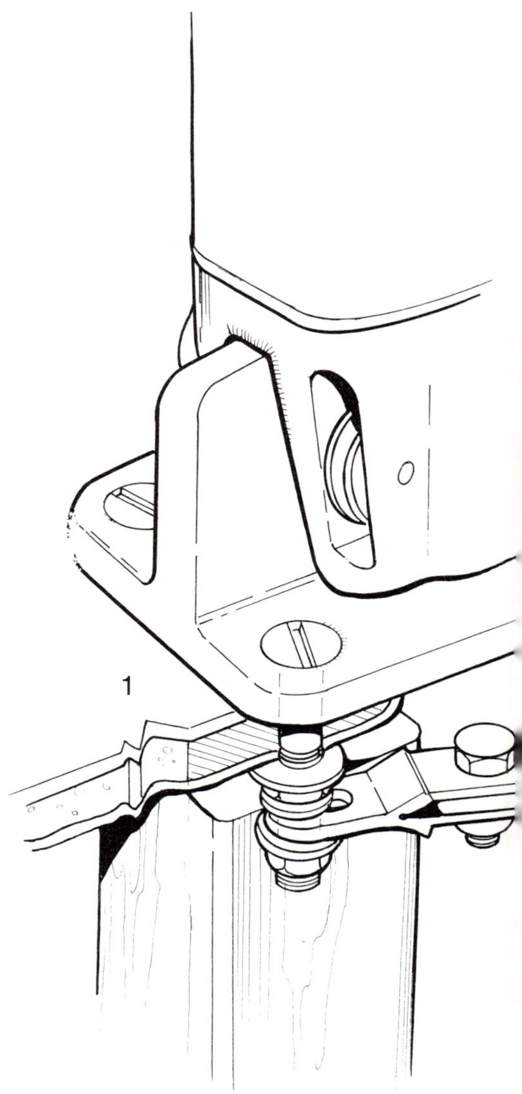

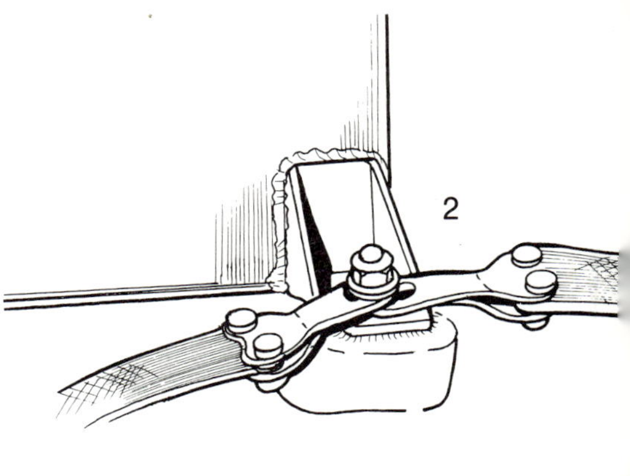

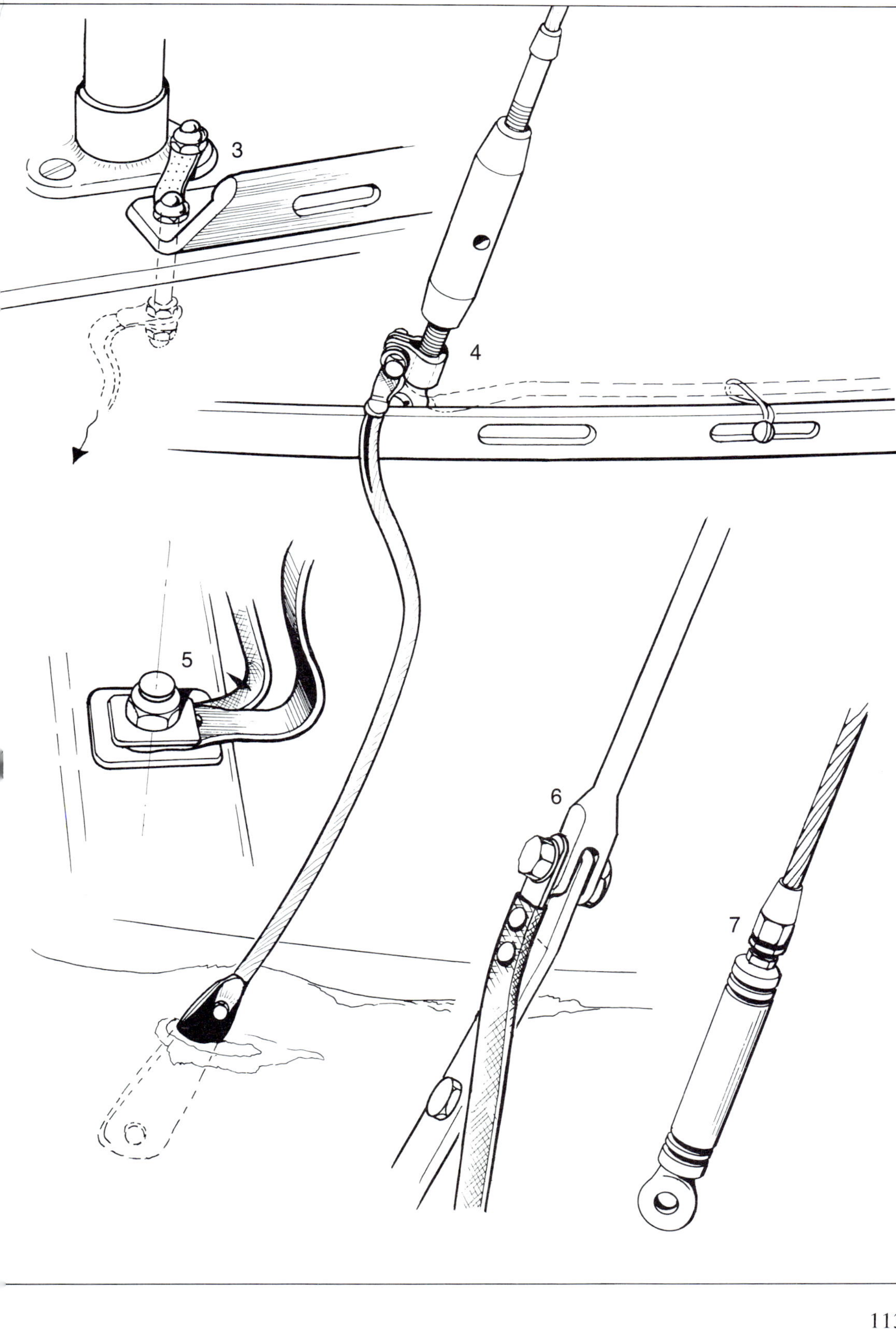
3
4
5
6
7

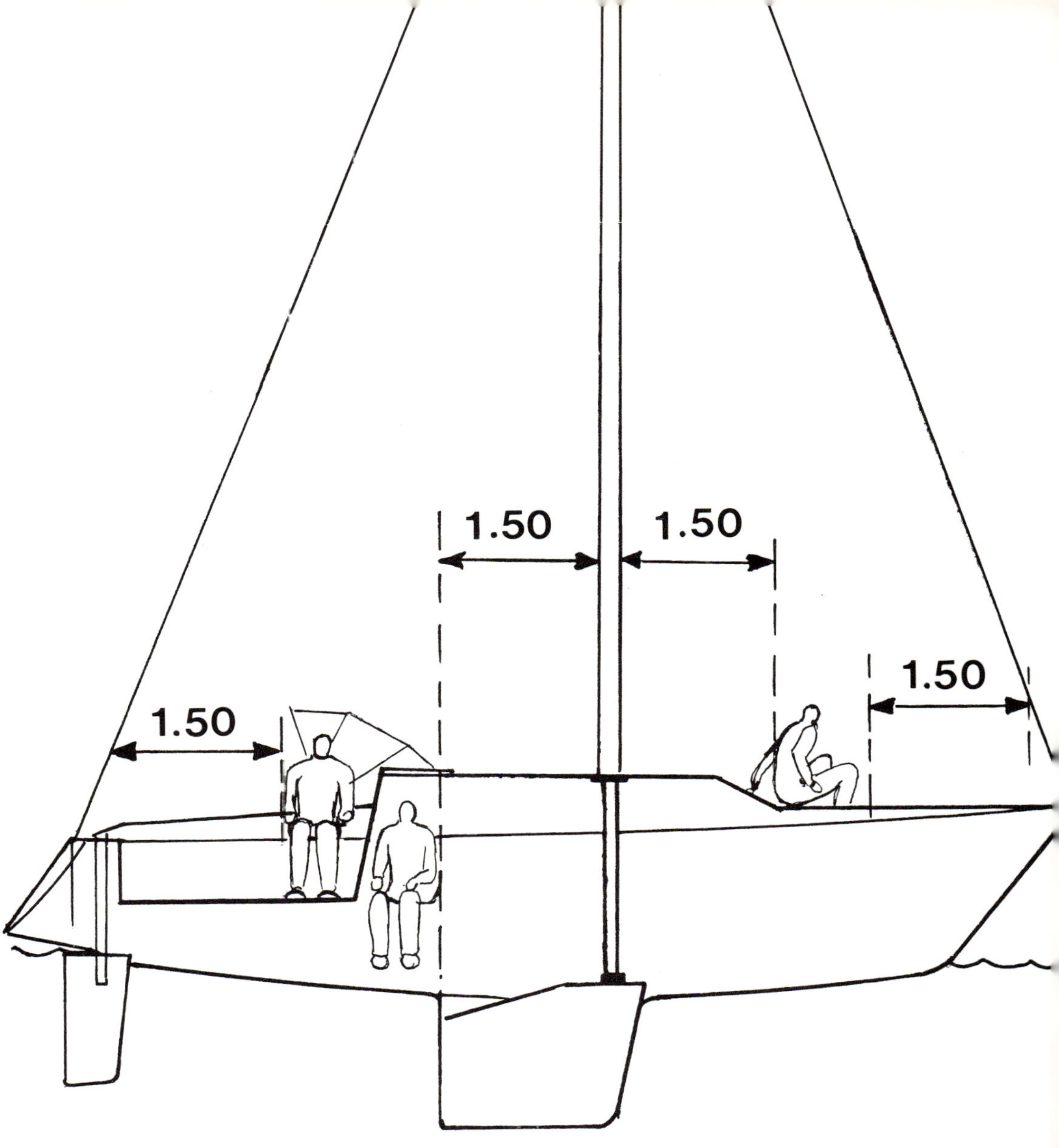

Sicherheitsabstand für die Crew

Es ist nicht gleichgültig, wo sich die Crew im Gewitter an Bord aufhält. Versuche haben gezeigt, daß der Abstand von den Blitzableitern, in unserem Fall Mast, Wanten und Stagen, etwa 1,50 Meter betragen soll. Der günstigste Platz ist daher in der Kajüte direkt am Achterschott, da das Kajütdach zusätzlich schützend wirkt – vorausgesetzt, daß sich hier keine elektronischen Instrumente befinden. In der Plicht sollte man so weit wie möglich zum Niedergang aufrücken. Der Vorschiffsbereich ist ganz zu meiden, da nur auf größeren Yachten der Sicherheitsabstand eingehalten werden kann.

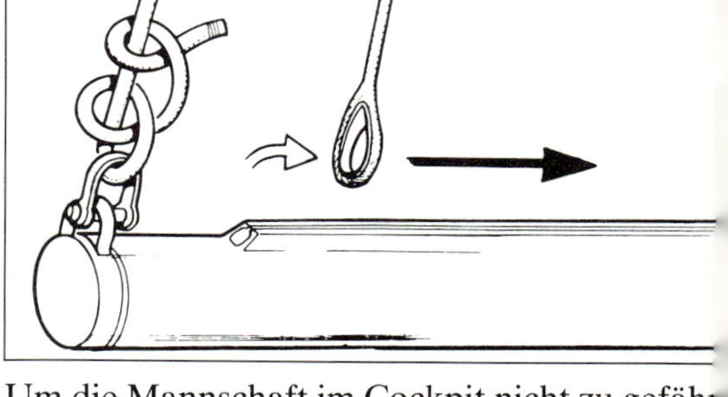

Um die Mannschaft im Cockpit nicht zu gefähr den, sollte die Draht-Dirk abgeschäkelt und am Mast beigebunden werden. Als Ersatz läßt sich ein Taufall verwenden. Besser ist es, von vornherein eine Dirk aus nicht reckendem Tau werk zu riggen.

Ein Blitzableiter auf dem Masttopp schützt über einen Kegelwinkel von zirka 60 Grad das Schiff, die Besatzung und die teuren Instrumente, wenn die notwendige Länge eingehalten wird. Natürlich ist auch hier eine durchgehende Erdung vom Blitzableiter durch den Mast bis zum Kielbolzen beziehungsweise zur Metallplatte am Rumpf notwendig.

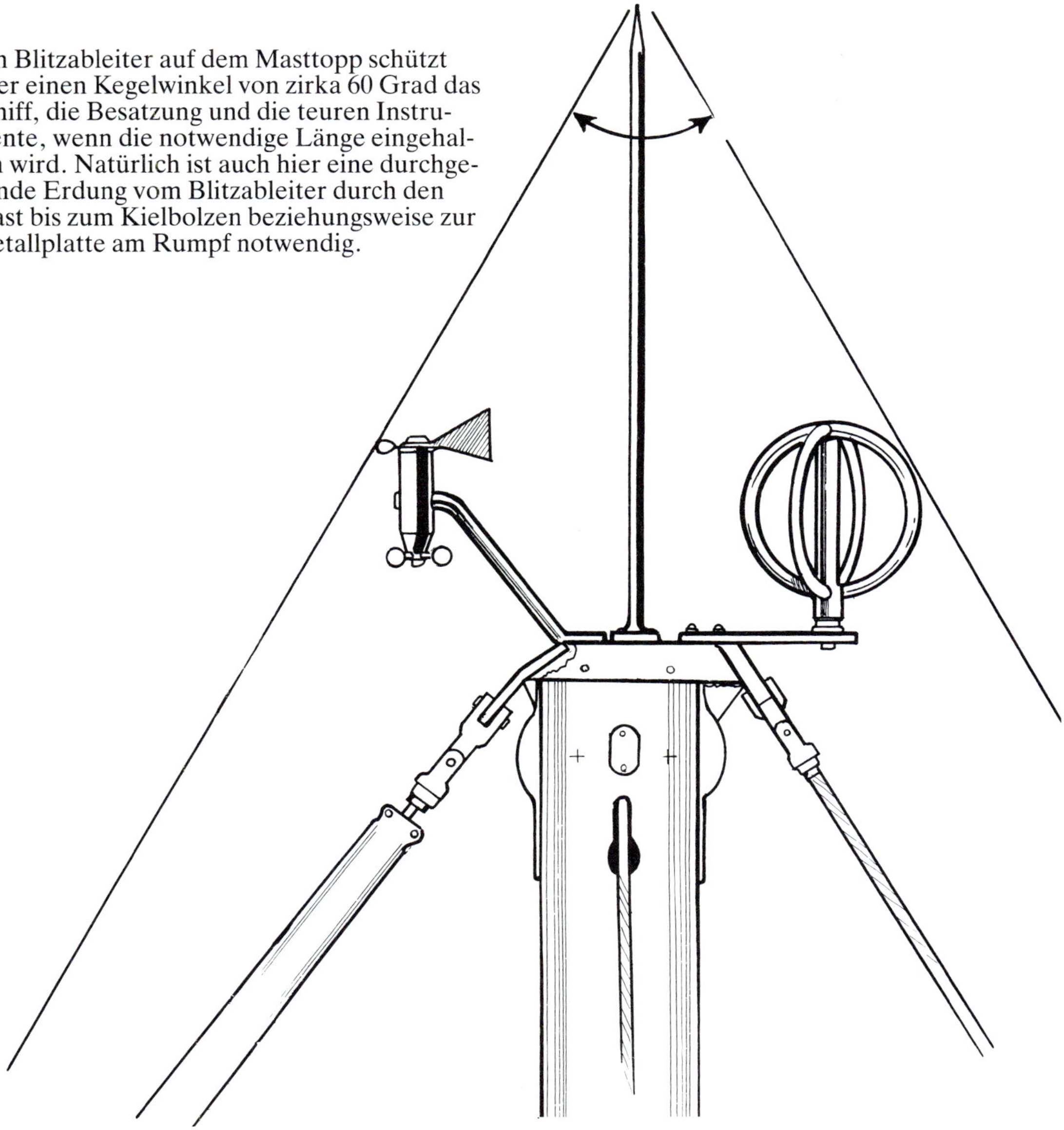

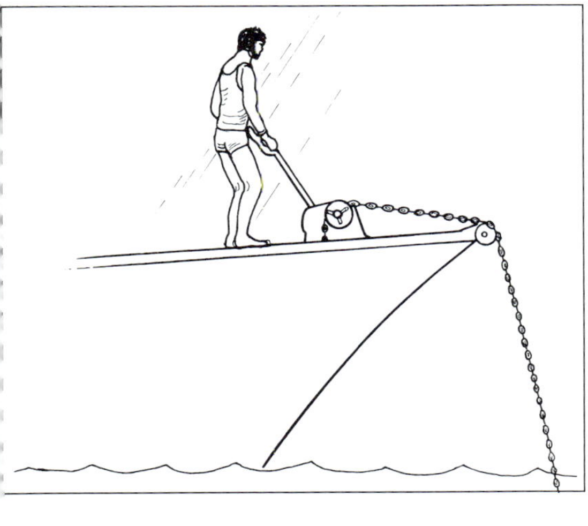

Wer im Gewitter barfuß versucht, die Ankerkette einzuholen, spielt mit seinem Leben! Der Blitz – oder zumindest ein Teil seines elektrischen Potentials – wird den direkten Weg über Vorstag und Ankerkette ins Wasser nehmen. Der Mann auf dem Vorschiff steht, sobald er den Winschhebel berührt, mit der Ankerkette in Verbindung. Wenn dieses Manöver unumgänglich ist, sollte man wenigstens Schuhe mit isolierenden Gummisohlen sowie Kleidung tragen. Die generelle Regel lautet: Keine Ankermanöver im Gewitter!

Ruderbruch – was tun?

Auf dem Gebiet der Ruderanlagen für Sportboote sind immer wieder eklatante Fehler gemacht worden. Konstrukteure wie Werften sparen hier nicht selten am falschen Ende, beziehungsweise unterschätzen die angreifenden Kräfte und Verschleißerscheinungen, die eine Ruderanlage fortwährend belasten. Vor allem die Mode der freistehenden Ruder hat viele Havarien nach sich gezogen. Da hier eine sichere Halterung an der Ruder-Unterkante fehlt, müssen Schaft, Blatt und Rumpflager alle Kräfte auffangen. Eine regelmäßige Kontrolle aller möglichen Schwachpunkte ist daher bei allen Rudersystemen besonders wichtig. Anfällig für technische Defekte sind bei unsachgemäßer Wartung vor allem Seilzug-Radsteueranlagen, die auf kleineren Motor- und Segelyachten mit Mittelcockpit vorzugsweise eingebaut werden.
Dennoch haben sie sich auf Yachten sehr bewährt. Etwas weniger störempfindlich sind Ruderübertragungen mit Kardanwellen und -gelenken, die allerdings nur auf größeren Yachten Verwendung finden. Ölhydraulik-Anlagen haben anfangs durch Leck- und Dichtungsprobleme im Leitungssystem Schwierigkeiten bereitet, doch sind die heute im Handel erhältlichen Anlagen technisch ausgereift.

Defekte an Seilzug-Radsteuerungen

Aus Unkenntnis werden beispielsweise die Seilzüge häufig übermäßig stark gespannt, um keinerlei Leerlauf am Ruderrad zu spüren. Dies kann zum Ausbrechen der Scheibenblock-Achsen **(1)** oder zum Abbrechen der Beschlagbefestigungen **(2)** führen.
Sind hingegen die Seilzüge zu locker eingestellt, ist die Gefahr des Ausscherens aus den Umlenkrollen unterhalb der Steuersäule groß **(3)**. Auch können Seilzüge durch Abnutzung und Schamfilen brechen **(4)**. Eine Kontrolle jährlich ist daher mindestens erforderlich.
Weitere Ursachen für Pannen an der Seilzug-Radsteuerung sind ungesicherte Blockachsen **(5)**, angebrochene Ruderquadranten **(6)**, aus der Quadranten-Nut wegen zu geringer Spannung herausgerutschte Seilzüge **(7)**, gebrochene Seilzug-Spannschrauben **(8)** oder ein Bruch der Schraubverbindung von Quadrant und Ruderschaft **(9)**.

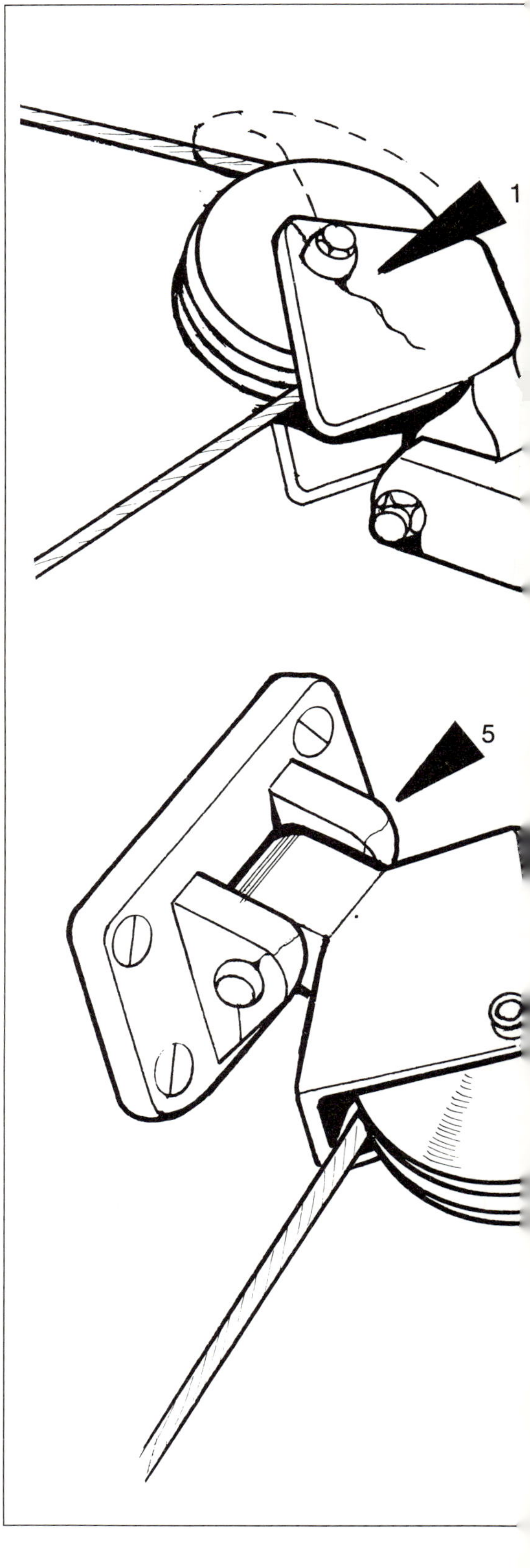

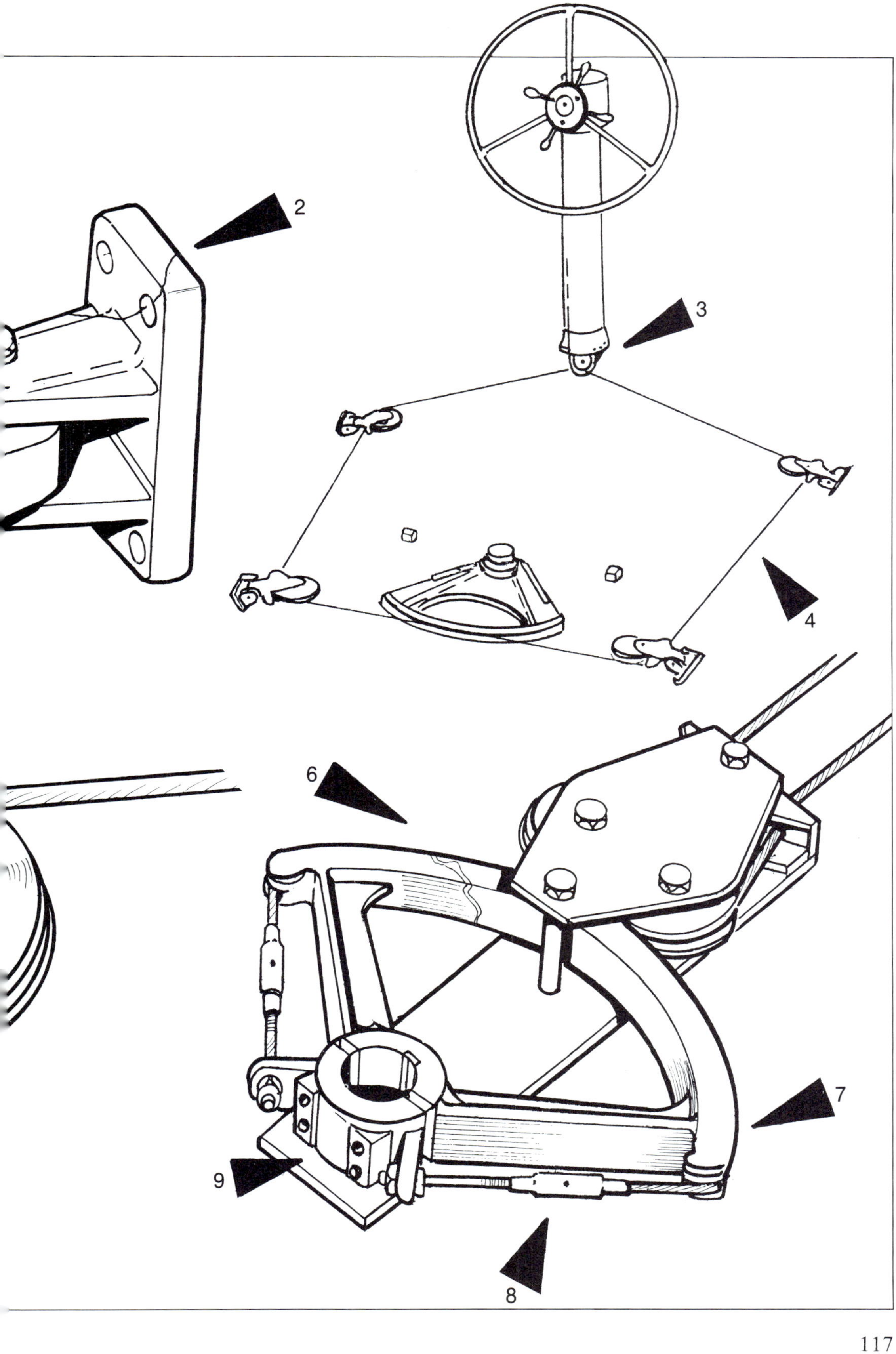
2
3
4
6
7
9
8

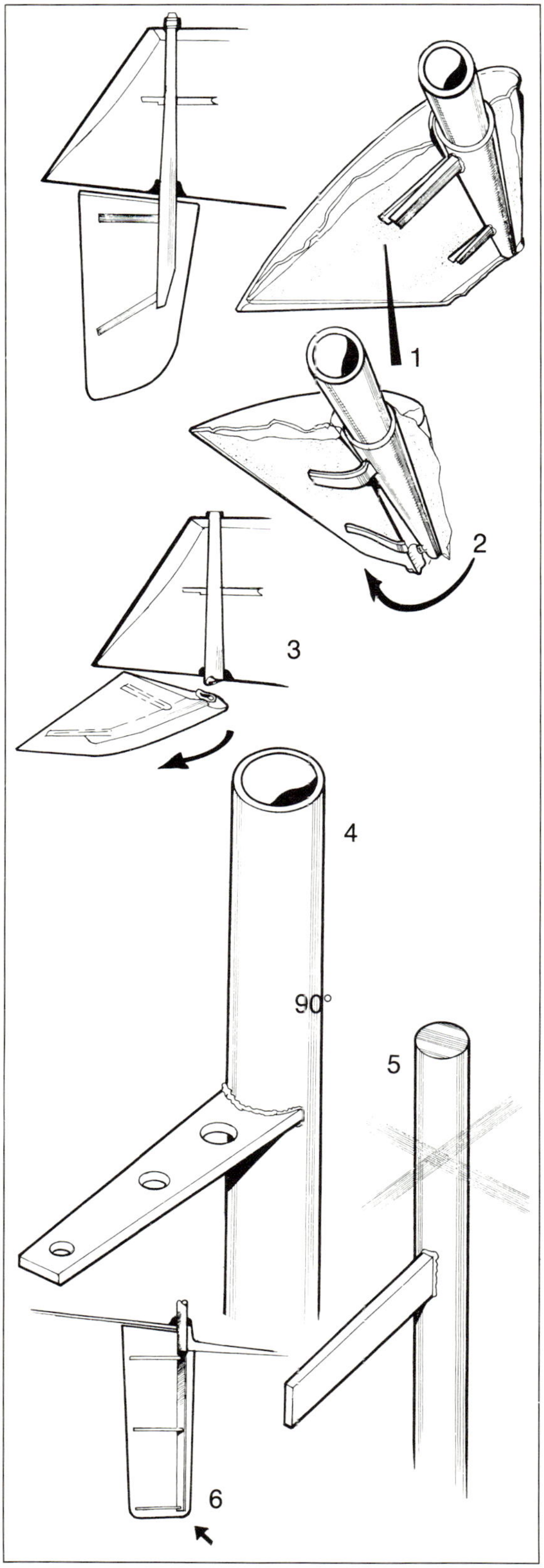

Mangelhafte Verbindung zwischen Schaft und Blatt

Die wohl häufigsten Ruderhavarien entstehen durch eine mangelhafte Verbindung der Kunststoff-Ruderflosse mit dem Schaft und den Stahlarmierungen. Besonders kritisch sind hier freistehende Ruder. Gewöhnlich bestehen die Ruderflossen aus zwei Halbschalen, die mit den Stahlarmierungen und dem Schaft verlaminiert beziehungsweise verpreßt und ausgeschäumt werden. Da diese Arbeit besonders schwierig ist und nur mit großem technischem Know-how einwandfrei ausgeführt werden kann, kommt es häufig zum Delaminieren der Kunststoffschalen oder zum Abplatzen ganzer Schalenteile **(1)**.
Dies kann auch geschehen, wenn die Querträger aus relativ weichem VA-Stahl mit zu geringer Materialstärke bei Belastung seitlich verbiegen **(2)**. Letztlich wird aus Ersparnisgründen häufig auch der Ruderschaft unterdimensioniert, so daß es zu einem Bruch der Ruderachse unterhalb des Rumpfaustrittes kommen kann **(3)**.
Wesentlich mehr Festigkeit garantieren Querträger, die entsprechend der Zeichnung **(4)** mit dem Ruderschaft verschweißt werden, und nicht hochkant **(5)**, weil hier die Gefahr des Verbiegens erheblich größer ist. Auch sollte der Ruderschaft bis zur Ruderunterkante durchgeführt sein **(6)**.

Aufholbare Heckruder

Besonders gefährdet für einen Bruch sind die am Spiegel aufgehängten, aufholbaren Ruder kleiner Yachten. Die Achse beziehungsweise Unterkante des Ruderkopf-Beschlages liegt häufig ziemlich weit über dem Wasserspiegel **(1)**, so daß hier große Querkräfte auftreten **(2)**. Ist das Ruderblatt aus Bootsbau-Sperrholz gefertigt, so trägt nur die Hälfte der Holzfurniere ausreichend, weil bei jeder zweiten Schicht die Holzfasern parallel zur möglichen Bruchkante verlaufen. Das ist der Grund, warum so häufig Sperrholz-Ruderblätter an der Ruderkopf-Unterkante abbrechen **(3)**. Am besten bewährt haben sich neben profilierten Metall-Ruderblättern, wie sie von größeren Touren-Jollenkreuzern gefahren werden, Ruderblätter aus längsverleimten Hartholzleisten mit gegenläufiger Maserung **(4)**. Bei Kunststoffblättern bestehen ähnliche Probleme wie bei den freistehenden Yachtrudern beschrieben, wobei die Bruchfestigkeit jedoch sehr hoch ist – vorausgesetzt, der Laminat-Aufbau wurde fachgerecht ausgeführt.

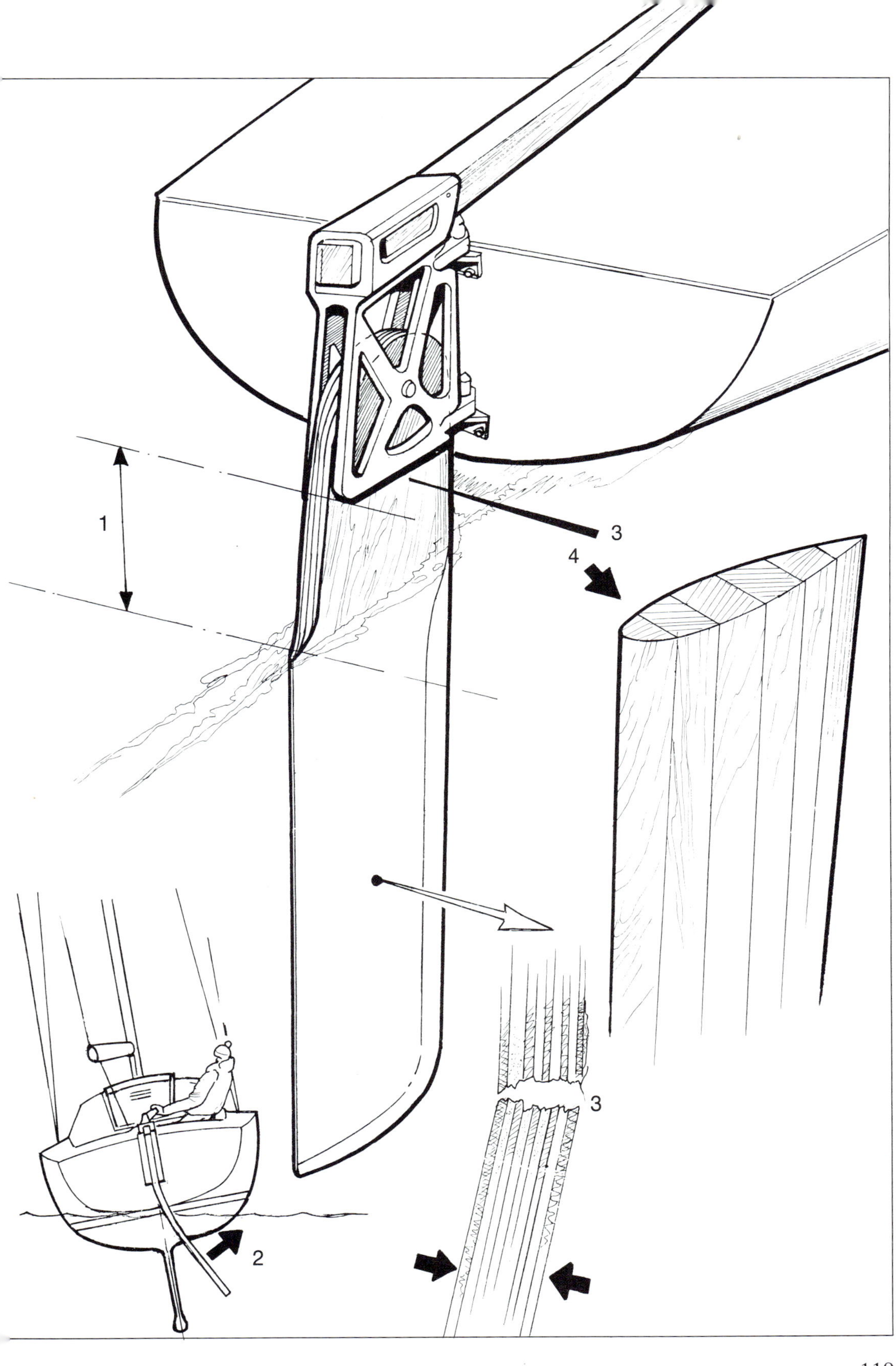
1
3
4
3
2

Ruderbruch beim Surfen

Auf schnellen Segelyachten können Ruderblätter beim Surfen vor einer Welle brechen. Durch die hohe Geschwindigkeit, die sich beim Hinuntergleiten von der Wellenvorderseite einstellt, wirken bereits bei geringer Ruderlage enorme Querkräfte auf das Ruderblatt ein **(1)**. Ein ähnlicher Effekt entsteht auf Regattayachten beim „Überziehen" unter Spinnaker, wenn das Boot durchluvt **(2)**, sowie ebenfalls beim Surfeffekt in der Welle.
Bei Fahrtenyachten, die sich auf einem Langtörn befinden, kann es zu Ruderschäden kommen, wenn die Selbststeueranlage das Hauptruder betätigt und somit für ununterbrochene Ruderausschläge sorgt. Die Lager schlagen aus, und GFK-Verbindungen werden mürbe.

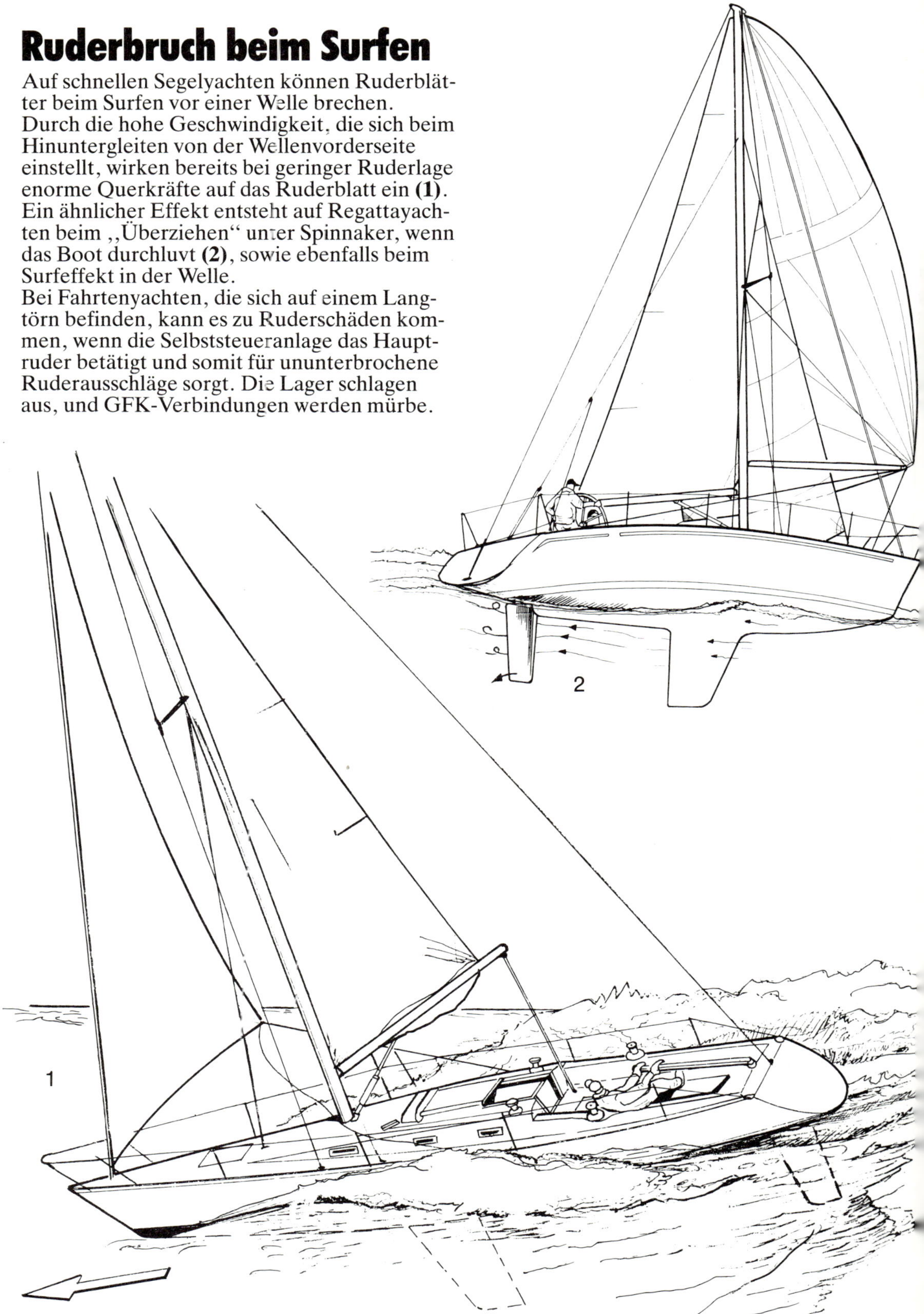

Achtung bei Rückwärtsfahrt

Ebenfalls nicht selten ist ein Ruderbruch bei Rückwärtsfahrt unter Motor. Bei zu hoher Geschwindigkeit wird die Pinne leicht aus der Hand geschlagen, das Ruderblatt stellt sich quer und bricht dabei nach vorn weg. Auch hier sind freistehende Ruder besonders gefährdet. Allerdings müssen stabil gebaute Schweberuder mit derartigen Belastungen spielend fertig werden. Man sollte also bei einer Werft-Probefahrt ruhig einen Test riskieren und das Ruder in voller Rückwärtsfahrt querstellen. Wenn sich keine Veränderungen zeigen, wird auch auf See kaum etwas passieren.

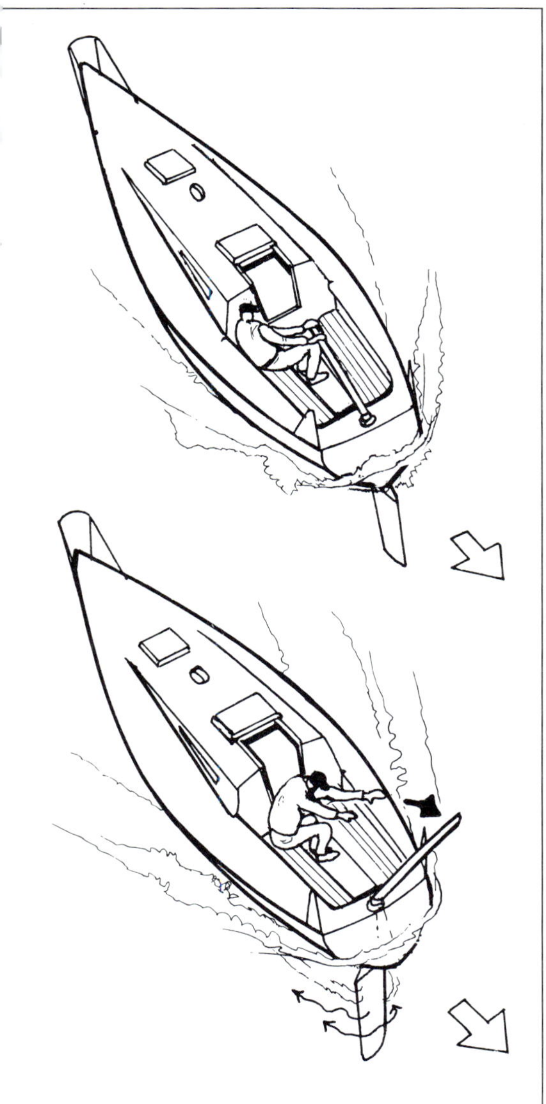

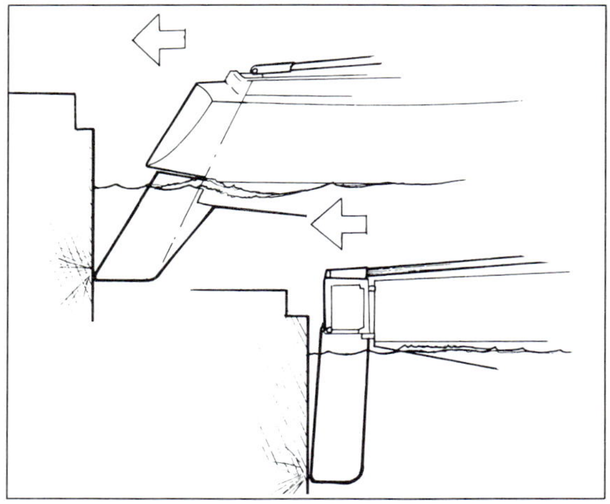

Vorsicht vor Kaimauern

Ruder, die unter Wasser schräg nach achtern über die Spiegelkante hinausragen, sind beim rückwärtigen ,,Einparken" in einen Liegeplatz gefährdet, wenn sich dort eine Kaimauer befindet. Noch leichter kann es bei einem angehängten Ruder zur Kollision kommen. Man sollte daher darauf achten, daß die Ankerkette oder die vorderen Festmacher so weit durchgesetzt sind, daß selbst bei Starkwind oder starkem Schwell im Hafen kein Vertreiben auf die Kaimauer möglich ist.

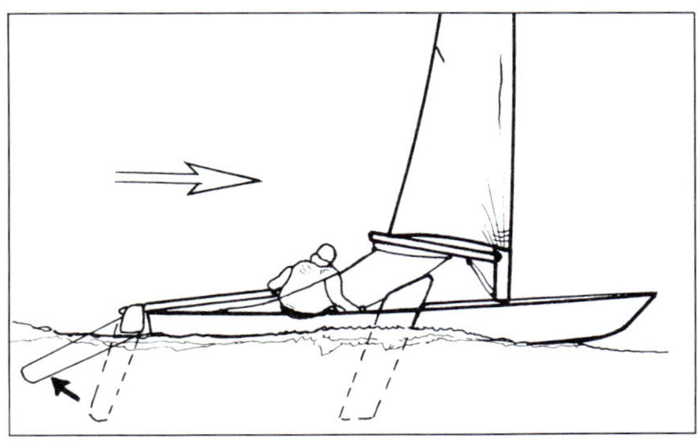

Schräge Anstellung des Ruders

Die häufigste Ursache für Ruderbrüche auf Jollen ist ein nicht ganz senkrecht gefahrenes Ruderblatt. Bereits eine leichte Anstellung nach achtern führt zu einer erheblich höheren Kraftkomponente, die vom Steuermann an der Pinne als stärkerer Ruderdruck registriert wird und entsprechend kompensiert werden muß. Klappt das Ruderblatt bei schneller Fahrt ganz nach oben, ist der Ruderbruch vorprogrammiert.

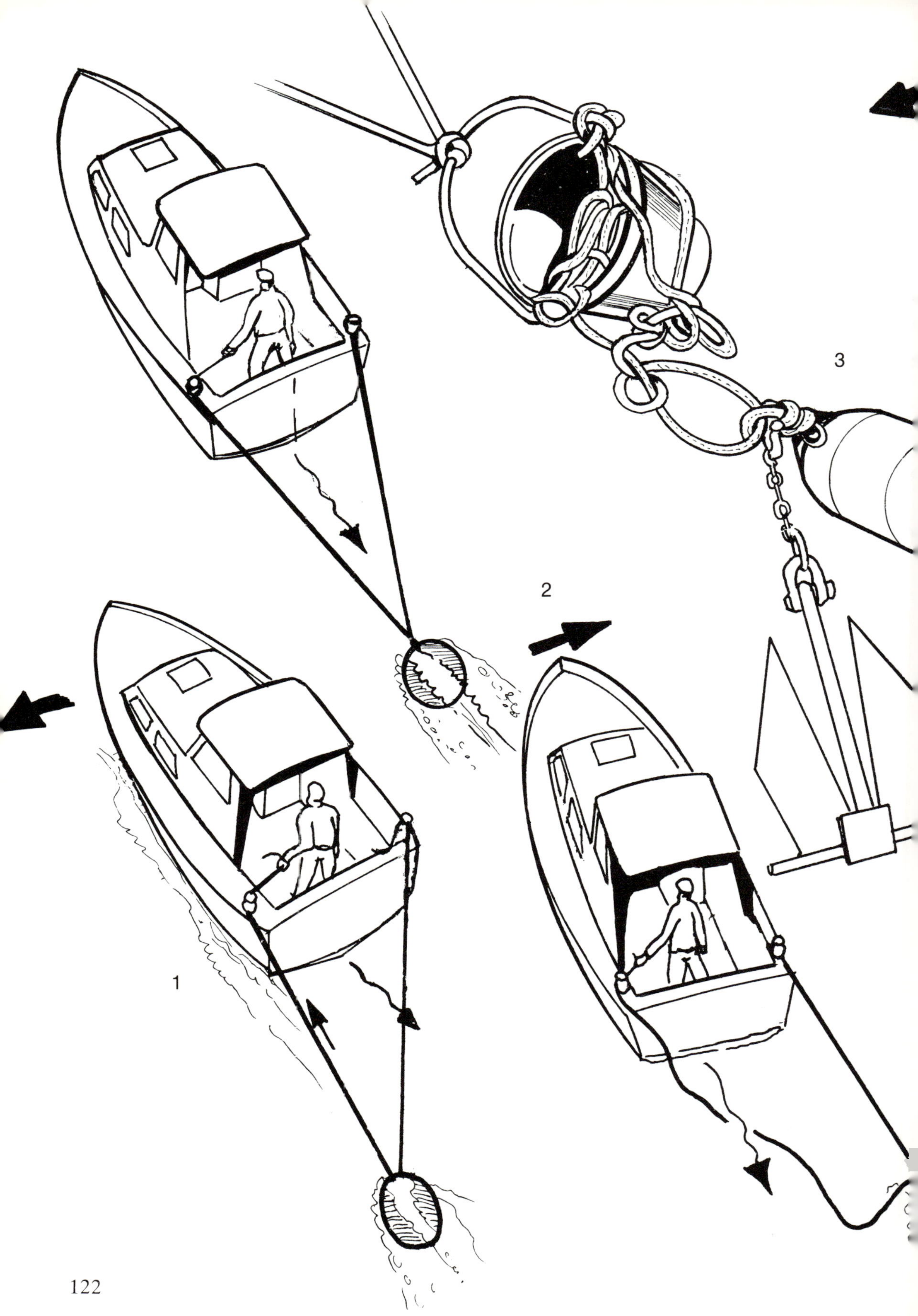

1
2
3

Widerstands-Schlepp

Bevor man bei einer Ruderhavarie Seenotalarm auslöst, sollte man die Chancen zur Behebung des Schadens überdenken. Auch bei dem totalen Verlust des Ruders läßt sich eine Yacht in den meisten Fällen mit geeigneten Hilfsmaßnahmen sicher in den nächsten Hafen bringen oder zumindest soweit auf Kurs halten, bis die Assistenz einer anderen Yacht in Anspruch genommen werden kann. Vor allem im freien Seeraum besteht gewöhnlich keine unmittelbare Gefahr für Schiff und Crew. Oft kann man sich mit einfachen Maßnahmen behelfen, wenn das Ruder einmal seinen Dienst versagen sollte.

So läßt sich das Boot beispielsweise mit Hilfe eines Widerstands-Schlepps steuern, der an zwei Enden achteraus gefahren wird. Zieht man die Backbord-Leine an, wird auch eine Kurve über Backbord erreicht **(1)**. Beim Auffieren der Backbord-Leine wird eine Kursänderung nach Steuerbord einsetzen **(2)**. Als Schlepp eignet sich ein großer Fender, der zusätzlich mit einem Anker, einer Pütz oder aufgeschossenen Leinen beschwert wird **(3)**.

Bei größeren Motor- oder Segelyachten muß der Schlepp allerdings einen größeren Wasserwiderstand bieten. Ein Schlauch- oder Beiboot, das halb mit Wasser gefüllt wird, kann die gewünschte Steuerwirkung erzielen. Allerdings besteht die Gefahr, daß die Schleppösen ausreißen. Niedrigste Maschinenfahrt ist daher unumgänglich **(4)**.

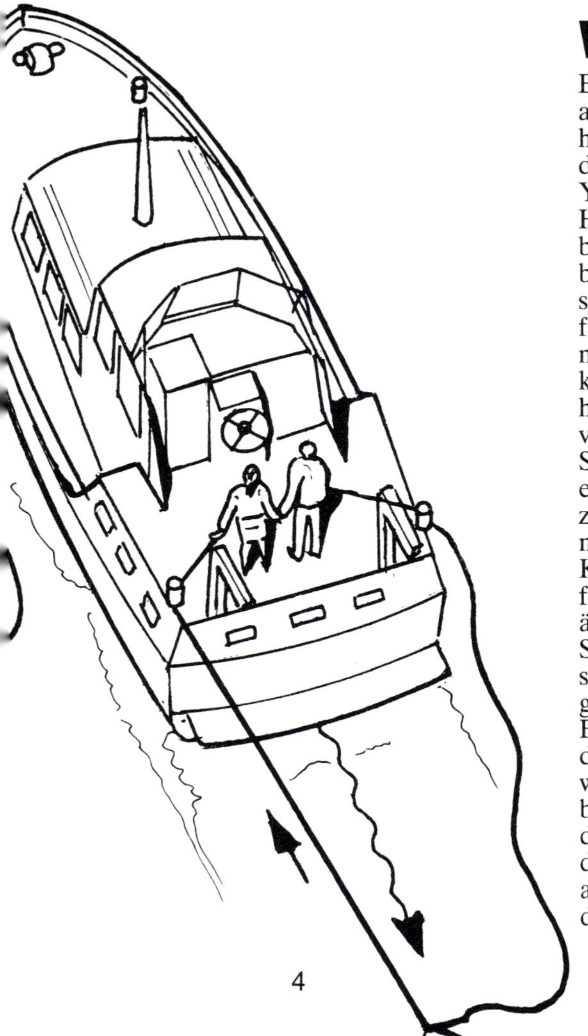

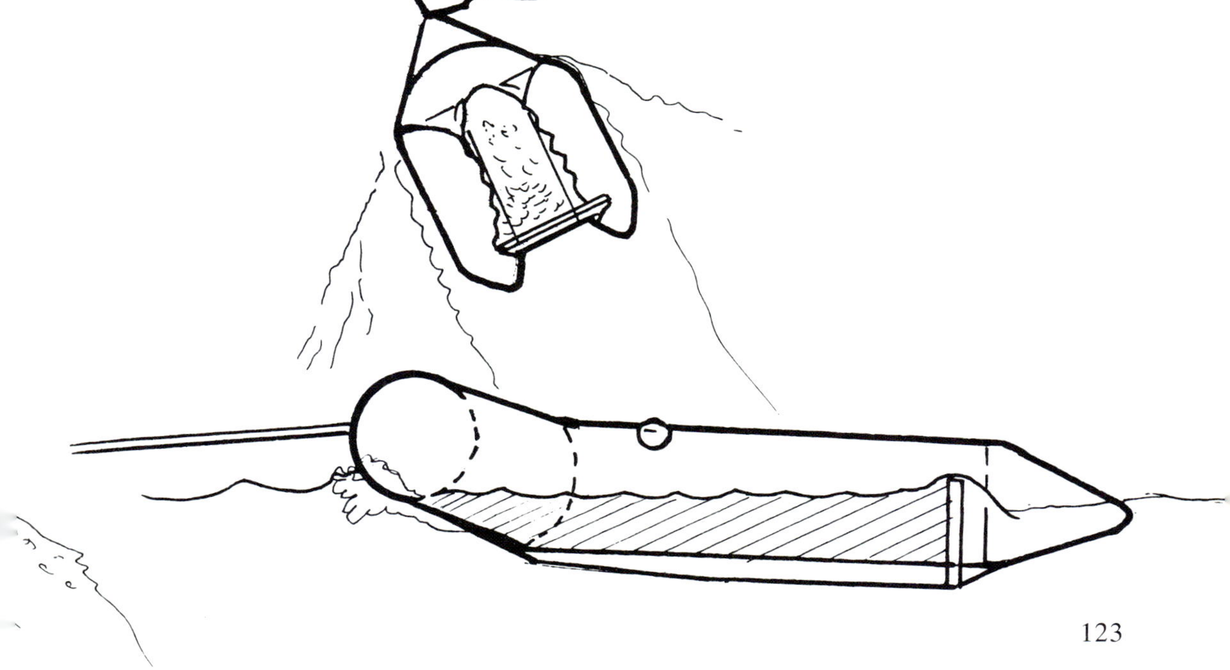

4

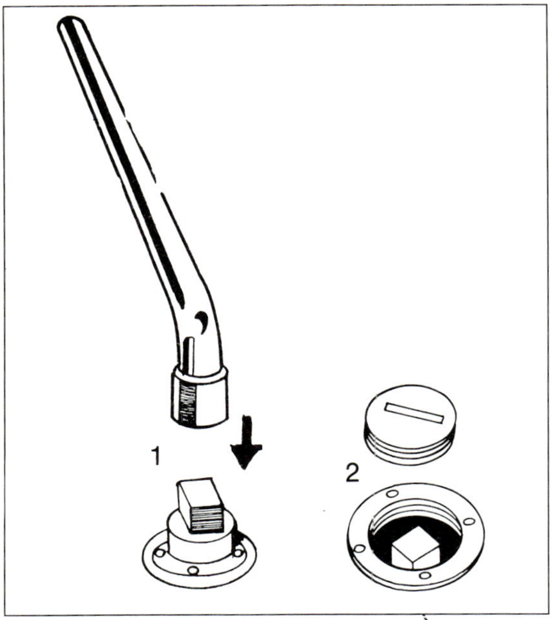

Die Notpinne

Eine Notpinne sollte heute auf allen Motor- und Segelyachten mit Radsteuerung selbstverständlich sein. Viele Werften liefern diese wichtige Notausrüstung auch mit, aber wie sieht die Praxis aus? Die Notpinne muß umständlich unter Deck geführt und irgendwo tief unten, verborgen unter Kojenpolstern und Schappdeckeln, auf den dafür vorgesehenen Stutzen gesteckt werden. Von der Plicht aus läßt sich die Pinne dann häufig gar nicht betätigen, oder sie wackelt so hin und her, daß ein Kurshalten kaum möglich ist. Man sollte es einmal ausprobieren!

Viel besser ist ein Notpinnenkopf direkt an Deck **(1)** oder, verborgen unter einem wasserdichten Schraubverschluß, eben unterhalb der Öffnung **(2)**. Auf jeden Fall muß die Pinne von der Plicht aus zu bedienen sein, was bei größeren Yachten mit Achterkajüte und Mittelplicht meistens schwere und lange Rohrstücke erfordert.

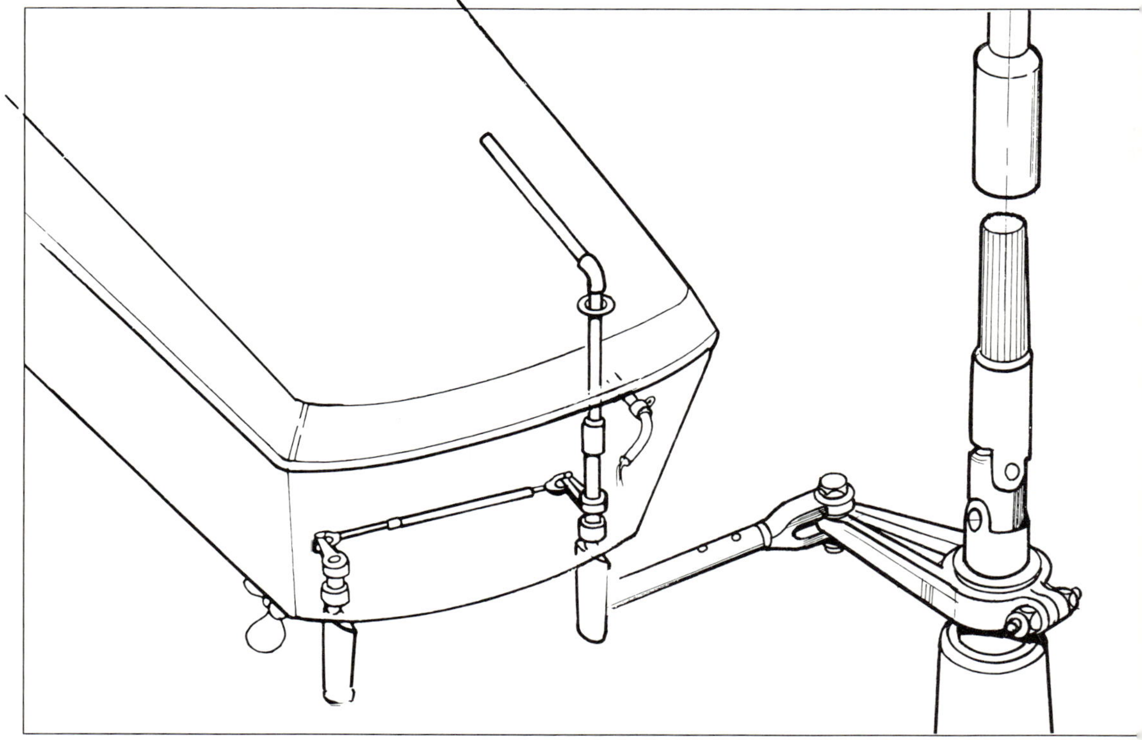

Auf Doppelschrauben-Motoryachten ist in der Regel die Möglichkeit, eine Notsteuerung anzubringen, nicht vorgesehen, da die Konstrukteure davon ausgehen, daß die Steuerung mit Hilfe der beiden Motoren aufrechterhalten werden kann. Das stimmt aber nur bedingt. Wer einmal miterlebt hat, wie schwer sich eine Motoryacht über längere Distanzen nur mit Hilfe des wechselnden Propellerschubs auf Kurs halten läßt, wird auf jeden Fall auch hier für die Installationsmöglichkeit einer Notpinne plädieren. Am besten eignet sich dafür eine Kupplung auf einer der beiden Ruderachsen, die man nachträglich anbringen lassen kann.

Am einfachsten und schnellsten läßt sich bei einem Versagen der Pinnen- oder Radsteuerung das Ruderblatt mit zwei Hilfs-Steuerleinen betätigen, die an der Ruder-Achterkante angeschlagen werden. Langfahrt-Yachten haben gewöhnlich einen speziellen Beschlag am Ruder (zum Beispiel zwei seitliche Ösen), in den die Leinen bei Bedarf oder, besser noch, vor Fahrtantritt eingepickt werden. Sind diese nicht vorhanden, kann man sich mit einer Schraubzwinge behelfen. Sie muß allerdings mit einem dünnen Ende gegen Verlust gesichert werden. Die Zeichnung zeigt, wie eine Steuerwirkung zu erzielen ist.
Beide Tampen der Steuerleinen können auch über extra geschorene Blöcke mit den Winschen geholt werden.

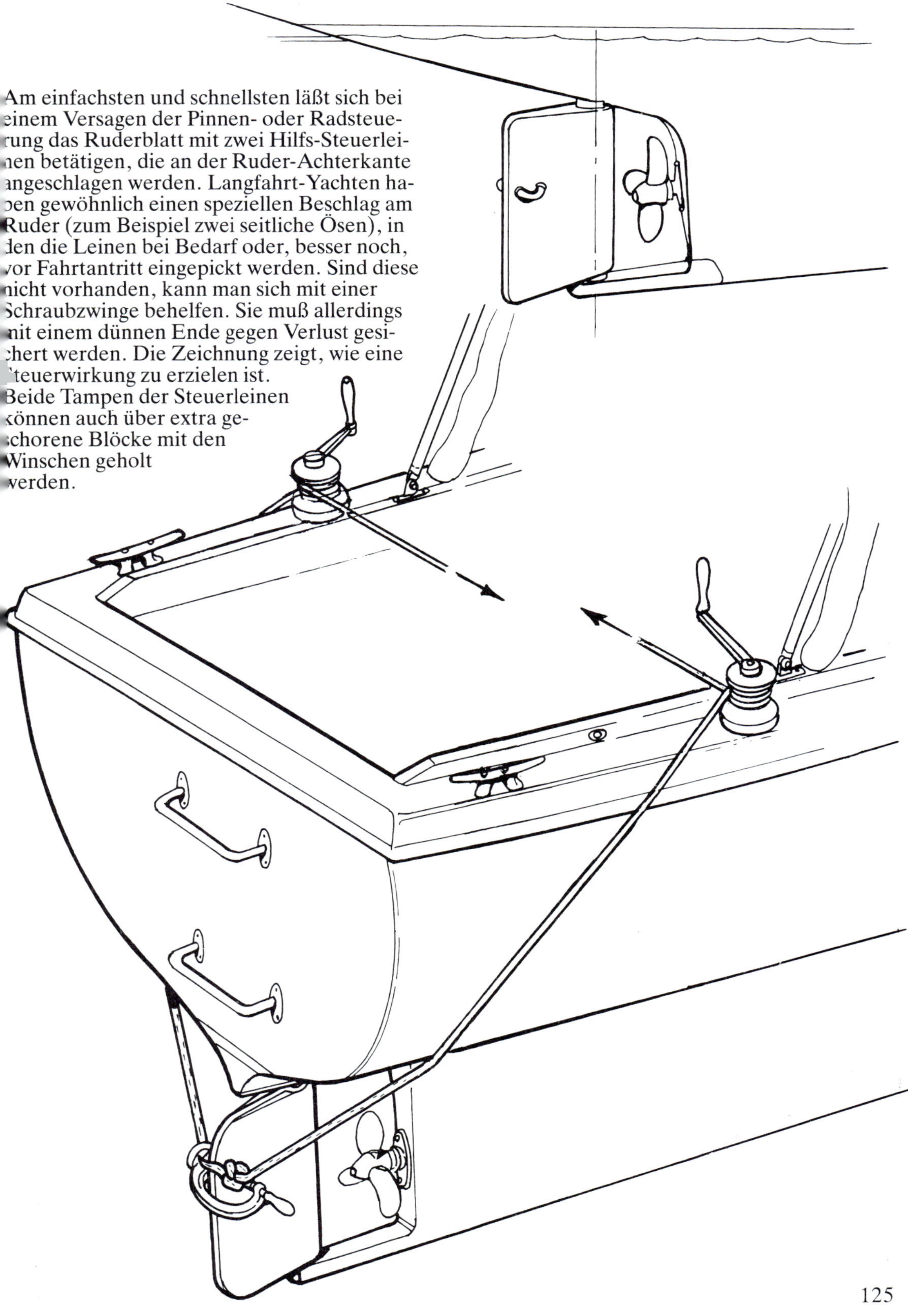

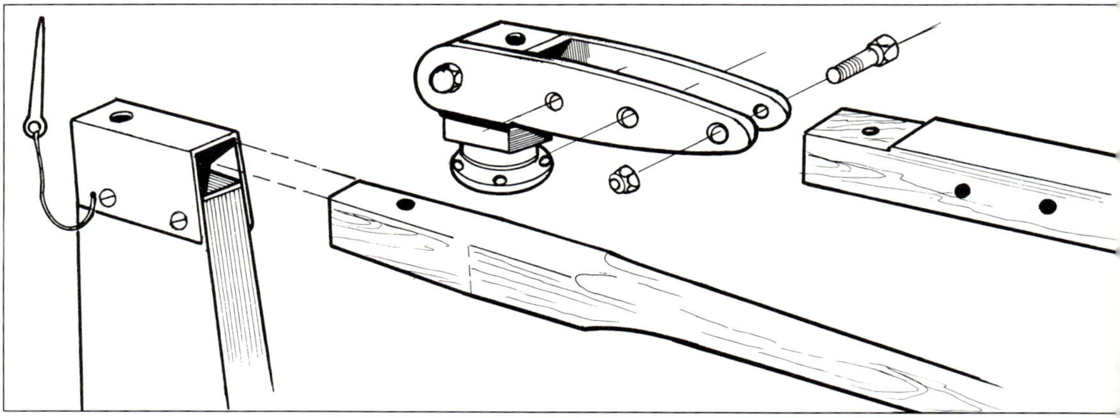

Auch auf kleinen Yachten empfiehlt sich die Mitnahme einer einfachen, aus Holz gefertigten Austauschpinne. Hier kommt es seltener durch Ruderbelastungen zum Pinnenbruch als vielmehr durch die Unachtsamkeit eines Crewmitglieds, das dagegentritt oder -fällt. Es ist wichtig, daß der Ruderkopfbeschlag so gebaut ist, daß sich Schrauben und Bolzen leicht erreichen und austauschen lassen.

Ist keine Notpinne vorhanden, so kann man sich bei angehängten Rudern, wie sie beispielsweise auf Spitzgatt-Kreuzern zu finden sind, mit zwei ausreichend starken Latten behelfen, die um den Ruderkopf herum verlascht werden. Die notwendigen Hölzer lassen sich mit Hilfe des Beils und der Säge aus der Einrichtung oder den Grätings etc. gewinnen. Besser ist indessen die vorbeugende Mitnahme geeigneter Latten, die sich auch für andere Havarien verwenden lassen.
Unter Umständen erfüllt der verkürzte Spinnakerbaum den gleichen Zweck, sofern sein Durchmesser nicht zu groß ist. Er wird seitlich an den Ruderkopf gelascht.

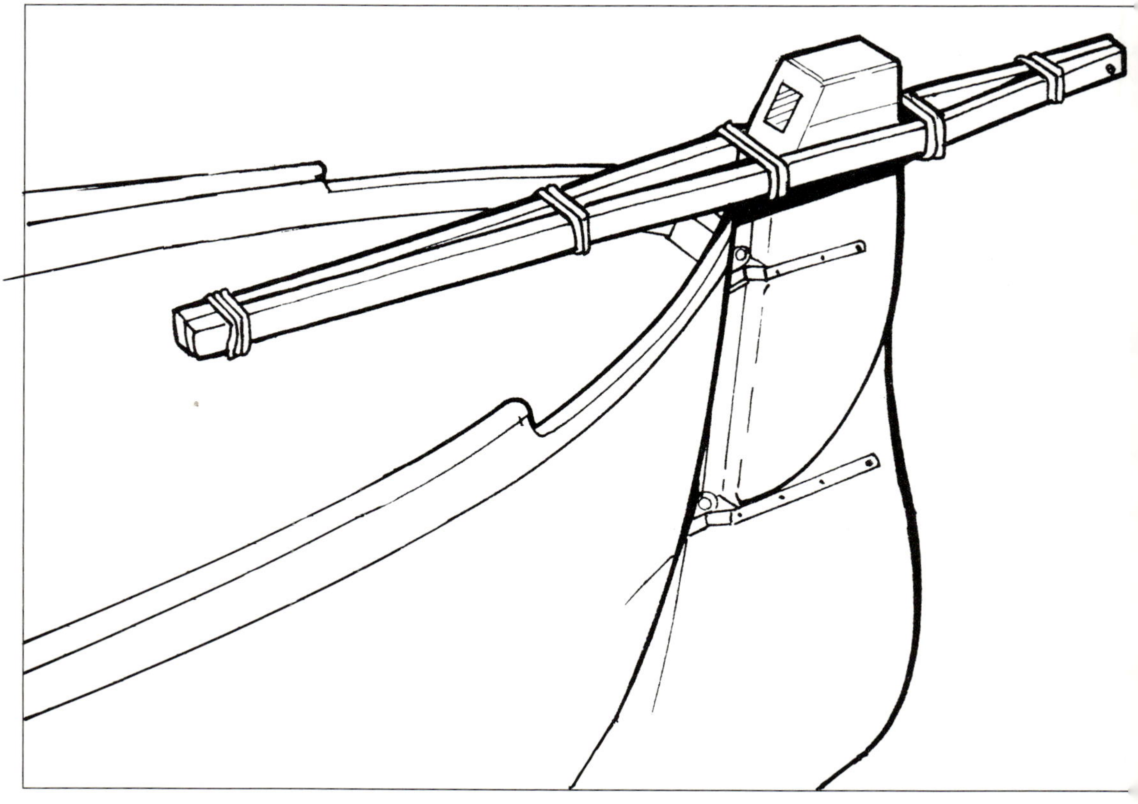

Notruder-Konstruktionen

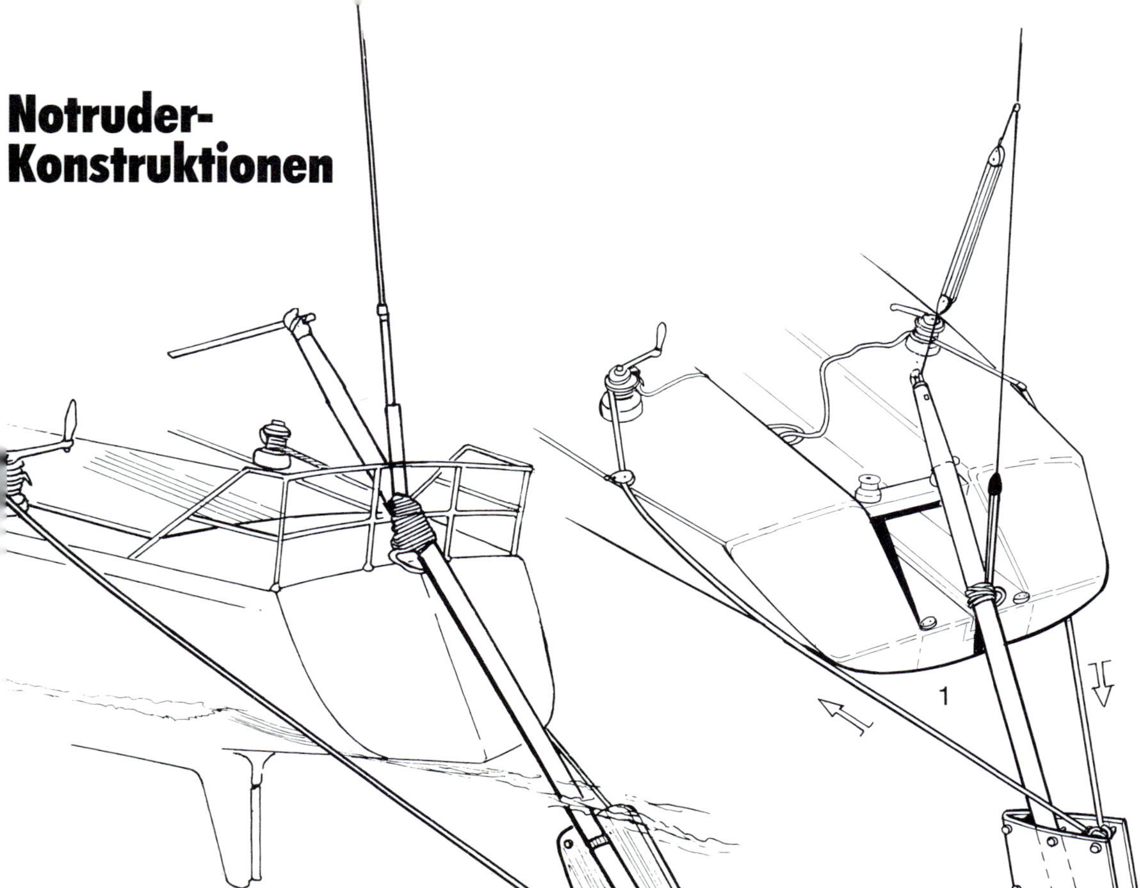

Aus dem Spinnakerbaum und zwei Brettern, die man aus Niedergangs-Schotten, Stauraum-Abdeckungen, Bodenbelägen oder sonstigen Holzeinbauten an Bord gewinnt, läßt sich gut ein Notruder herstellen. Besser ist es jedoch, zwei spezielle Bretter und passende Bolzen für diesen Zweck ständig mitzuführen **(1)**.

Der Spi-Baum wird in halber Länge am Achterstag-Beschlag verlascht. Eine Talje, die ebenfalls am Achterstag mit einem Stopperstek beigebunden wird, holt den Spi-Baum auf, wodurch das Ruder die notwendige Tiefe erreicht. Die Steuerung erfolgt über zwei Sorgleinen, die am Ruderblatt angeschlagen und wechselseitig über die Winschen geholt werden. Bei gutem Trimm ist eine Ruderfläche von einem halben Quadratmeter für Yachten bis zirka acht Tonnen ausreichend.

Leichte Yachten kommen möglicherweise mit einem einfacher zu bauenden Notruder aus. Ein Brett wird mit Schraubschellen (oder Tauwerk) am Spinnakerbaum befestigt. Den Auftrieb bei Fahrt durchs Wasser verhindert ein Anker mit Kette, der an das untere Ende des Ruderblattes geschäkelt wird. Es kann aber auch die anfangs beschriebene Achterstag-Talje verwendet werden. Die Steuerung erfolgt mit einer Notpinne, die in den Nockbeschlag des Spinnakerbaumes eingebunden wird **(2)**.

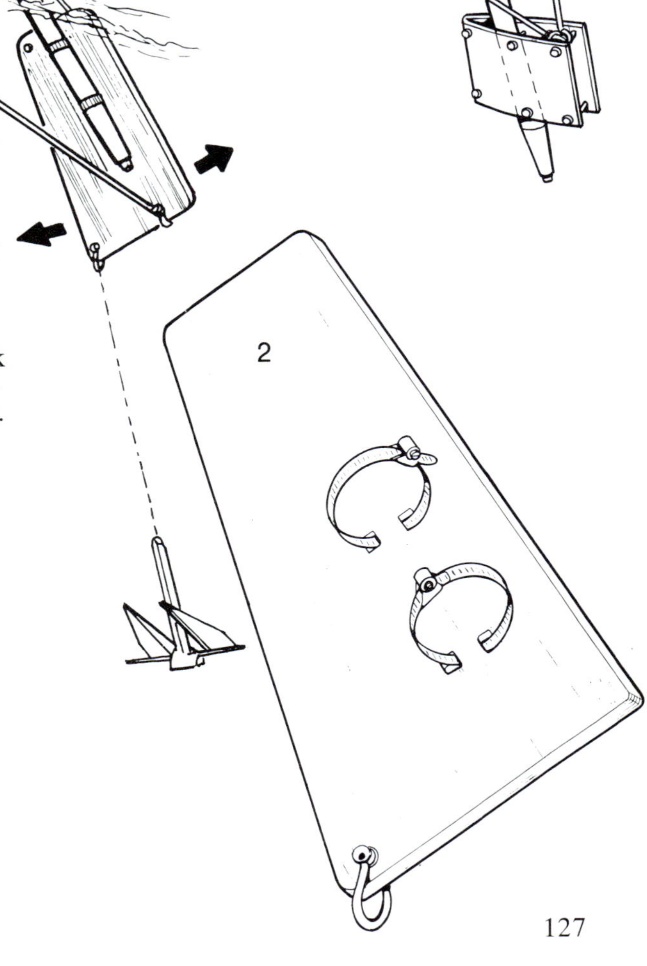

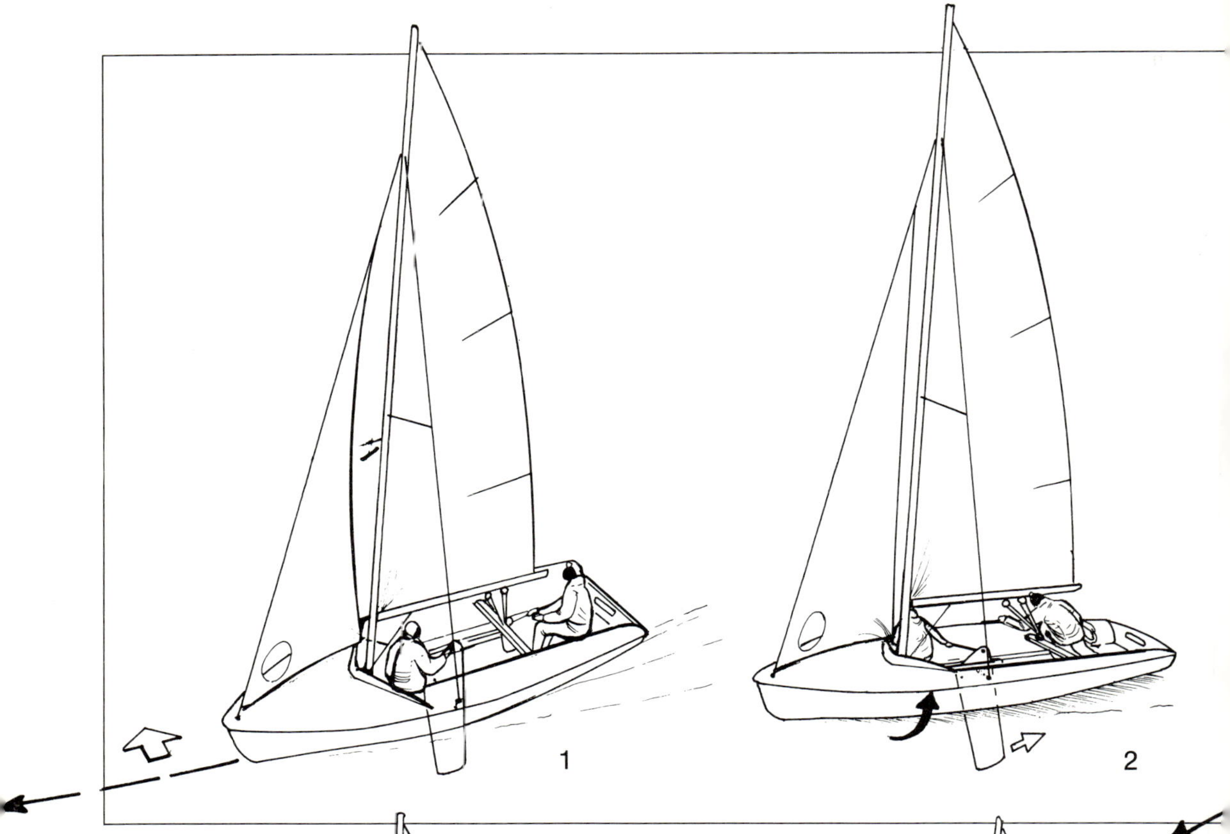
1
2

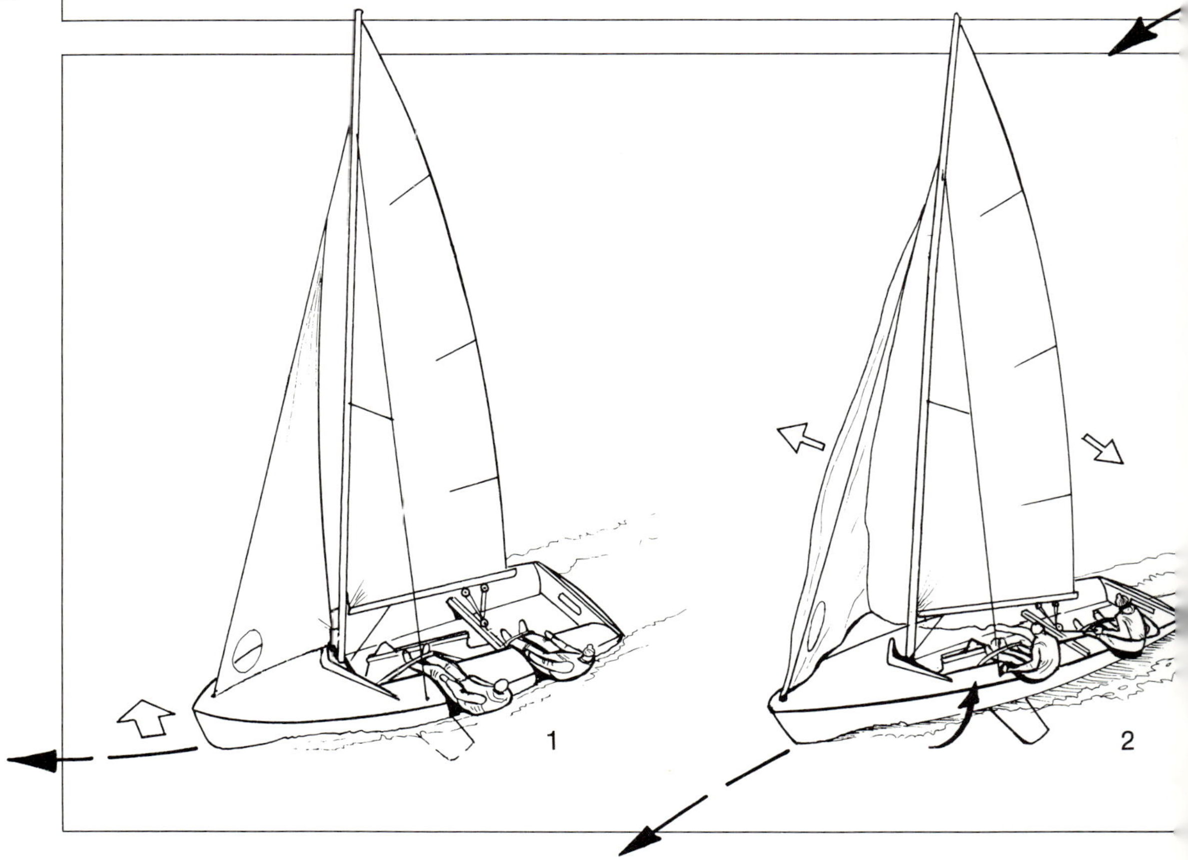
1
2

Steuern durch Gewichts- und Segeltrimm

Versierte Jollensegler sind in der Lage, ihr Boot bei einer Ruderhavarie nur durch eine Gewichts- und Trimmverlagerung sicher in den Hafen zurückzubringen – leichte Winde vorausgesetzt. Dies läßt sich am besten auf einem Kurs hoch am Wind demonstrieren. Hier sind die Vor- und Großschot dichtgeholt, und das Boot wird in normaler Trimmlage eine Tendenz zum Anluven haben. Die Crew bringt es zum Abfallen, indem sie sich in Luv auf das Seitendeck setzt und der Vorschoter das Schwert ganz absenkt **(1)**. Umgekehrt kann ein erneutes Anluven erreicht werden, indem der Vorschoter das Schwert etwas aufholt und die Crew durch Gewichtsverlagerung nach Lee die Krängung vergrößert **(2)**. Durch langsame Gewichtsverlagerung nach mittschiffs und Fieren des Schwertes kann nun die günstigste Trimmlage herausgefunden werden, bei der das Boot einen annähernd geraden Kurs steuert **(3)**.

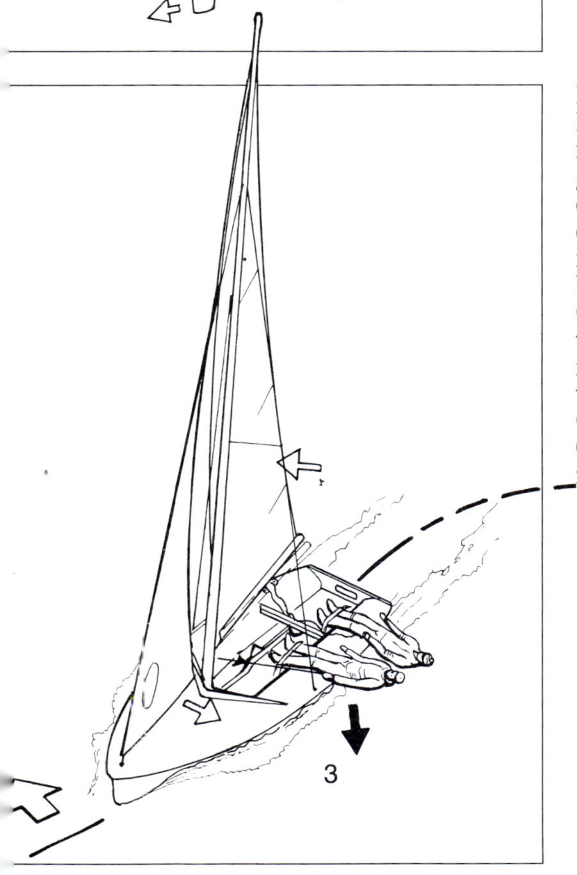

Bei stärkerem Wind läßt sich die Jolle mit leicht aufgeholtem Schwert und Austrimmen nach Luv nur durch das Spiel der Großschot gut auf Kurs halten. Höhere Wellen werden den Bug indessen immer wieder nach Lee abdrängen **(1)**. Vorschoter und Steuermann parieren dies durch Gewichtsverlagerung innenbords, wodurch die Krängung vergrößert wird. Gleichzeitig fiert der Vorschoter die Fock, während der Steuermann das Groß ganz dichtnimmt **(2)**. Wenn die Jolle jetzt zuviel anluvt, wird die Fock ganz dichtgenommen und das Groß leicht gefiert. Gleichzeitig hängt sich die Crew weit außenbords, um eine Krängung nach Luv zu erreichen **(3)**.

Grundberührung und Strandung

Nichts fürchtet der Seemann mehr als eine Grundberührung an einer Legerwall-Küste, also jener Uferzone, die dem auflandigen Wind schutzlos preisgegeben ist. Aus einer Grundberührung kann schnell eine Strandung werden, wenn es nicht gelingt, unmittelbar nach dem Aufsetzen mit eigener Kraft wieder freizukommen. War früher das Unvermögen großer Segelschiffe, gegen starken Wind und hohe Seen anzukreuzen, schuld an vielen Totalverlusten an einer Legerwallküste, so ereignen sich heute auf modernen Yachten Strandungen häufig durch die Unachtsamkeit des Schiffsführers beim Ansteuern schwieriger Fahrwasser oder durch Ankermanöver.

Gefahr bei Winddrehung

Das Ankern in Buchten und vor Stränden, die der Skipper aufgrund des ablandigen Windes als sicher erachtet, kann besonders gefährlich sein. Enge Buchten werden bei einer plötzlichen Winddrehung zur Legerwall-Falle, aus der es kein Entrinnen gibt, wenn der Anker slippt und die Yacht bereits Grundberührung hat. Jetzt laufen die Wellen im Flachwasser-Bereich der Bucht zu kurzen, brechenden Seen auf, die durch ihre ruckartigen Schläge fast jeden Anker zum Ausbrechen bringen. Oft ist die Crew an Land gegangen und bemerkt die Winddrehung nicht.

Freikreuzen von Legerwall

Das Freikreuzen aus einer Legerwall-Bucht oder von einer Legerwall-Küste mißlingt oft deswegen, weil starker, kurzer und hoher Seegang (Uferbrechung!) das Boot enorm versetzt und der Skipper aus Angst vor Krängung und Starkwind zuwenig Segelfläche führt, zum Beispiel nur die Fock gesetzt hat. Oft stehen die Segel aber auch schlecht und werden nicht optimal dichtgenommen. Dadurch macht die Yacht nicht genügend Fahrt voraus und segelt Abdrift und Wellenversatz nicht aus. Mit einer optimal flachstehenden Sturmfock und Trysegel oder flachgerefftem Groß ist dies hingegen in den meisten Situationen ohne Schwierigkeiten möglich.

Aus Angst vor dem Reffen wird in schwierigen Situationen häufig das Großsegel nicht rechtzeitig verkleinert. Der Skipper muß das Segel auffieren, wodurch es hoch am Wind stark an zu schlagen fängt. Die hierdurch entstehenden Verwirbelungen und Erschütterungen bremsen das Boot so stark auf, daß ein Weg nach Luv allein unter Fock nicht mehr wettgemacht werden kann.

Diese Grafik zeigt, welche theoretischen Chancen vier sehr unterschiedliche Segelyachten bei Windstärke 8 – also einem handfesten Sturm – haben, um sich von einer Legerwallküste freizukreuzen. Dies ist in erster Linie abhängig von dem Segeltragvermögen des jeweiligen Bootes.
Das obere stellt einen kleinen Kielschwert-Kajütkreuzer von zirka 5 m Lüa dar, der nur noch 20 Prozent seiner Segelfläche tragen kann. Unter kleiner Fock erreicht er eine Geschwindigkeit von zwei Knoten und segelt, bedingt durch Abdrift und Wellenversatz, maximal 80 Grad am wahren Wind. Wenn das Boot optimal gesegelt wird, kann eine Strandung auf Legerwall gerade noch vermieden werden, aber es macht in einer Stunde nur 0,4 Seemeilen nach Luv wett.
Das zweite Boot (von oben) ist ein Seekreuzer von 7,50 m Lüa. Er trägt Sturmfock und Sturm-Trysegel, zusammen 30 Prozent der Standard-Segelfläche. Bei einer maximalen Höhe von zirka 65 Grad am wahren Wind erreicht dieser Seekreuzer noch 3,5 Knoten und macht dabei 1,5 Seemeilen in der Stunde nach Luv wett.

Die dritte Yacht ist eine Hochsee-Fahrtenketsch von 13,50 m Lüa. Sie trägt bei Windstärke 8 noch die Kreuzfock II sowie den Besan, zusammen 40 Prozent der Standard-Segelfläche. Es werden bei zirka 50 Grad am wahren Wind noch 4,8 Knoten Geschwindigkeit erreicht, und damit kann sich diese Yacht relativ sicher und gelassen in einer Stunde drei Seemeilen von der Legerwallküste freikreuzen.

Das untere Beispiel zeigt eine moderne Maxi-Rennyacht von 24 m Lüa. Sie trägt noch die Genua IV sowie das doppelt gereffte Groß, zusammen 60 Prozent der Standard-Segelfläche, und erreicht damit eine Höhe am wahren Wind mit einkalkulierter Abdrift von zirka 37 Grad. Sieben Knoten reichen aus, um das Schiff in einer Stunde etwa 5,8 Seemeilen von der Küste freizusteuern.

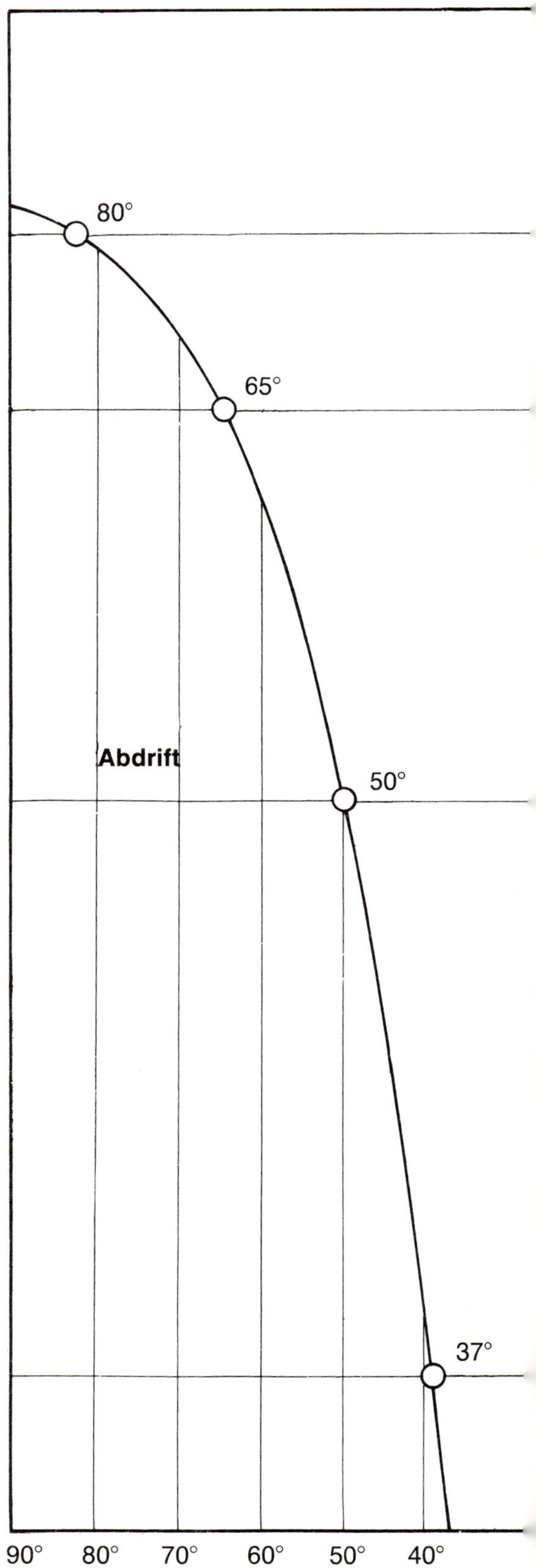

Windstärke 8

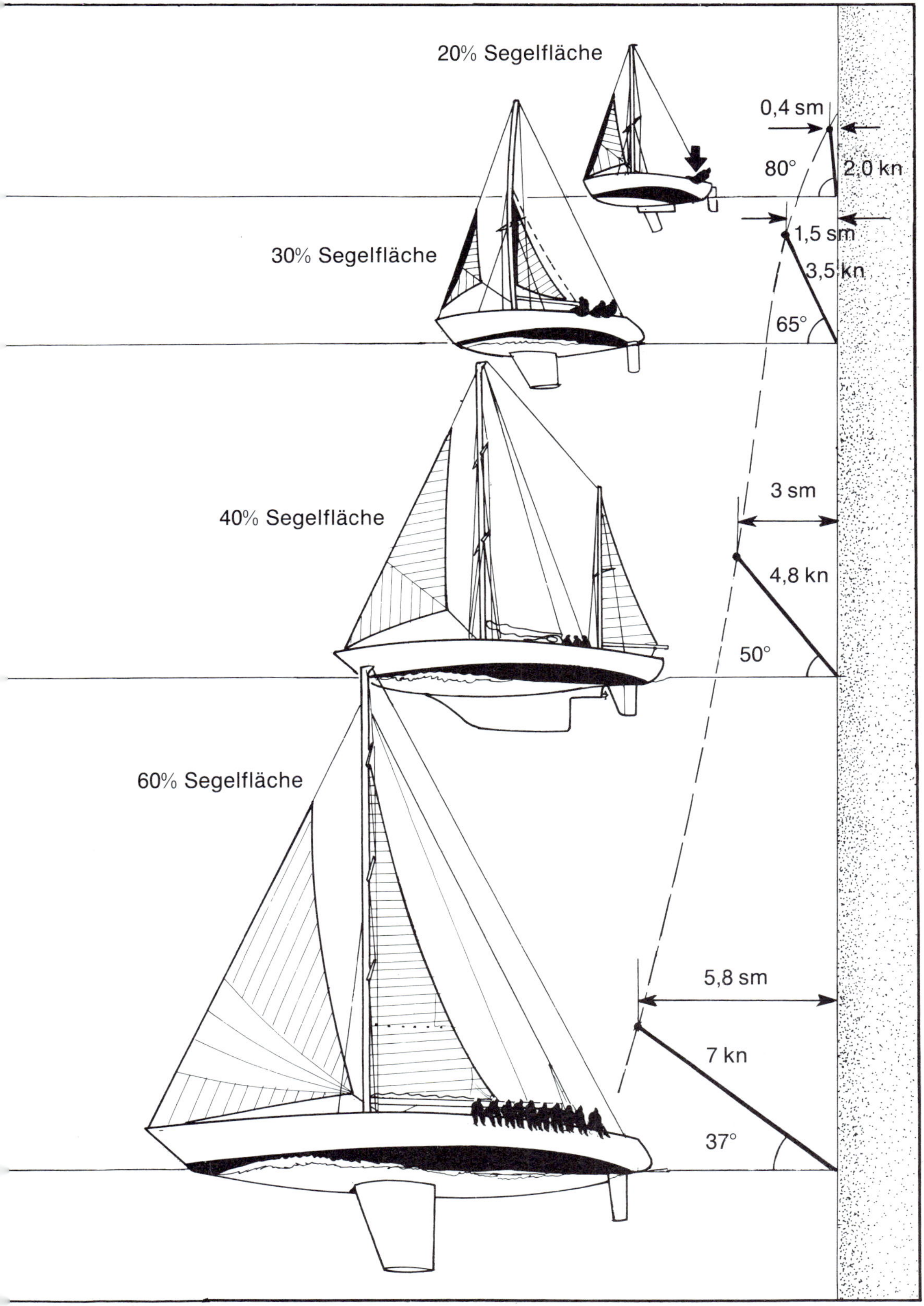

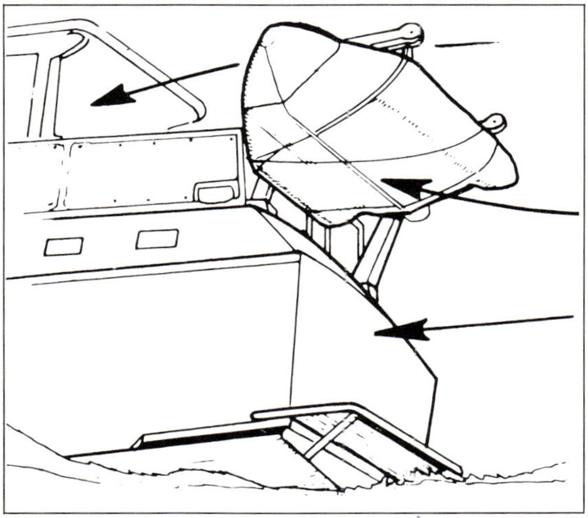

Buganker ausbringen

Motorboote treiben bei Motorausfall gewöhnlich mit dem Bug voraus vor dem Wind, weil die oder das Ruder als Lateralfläche wirken und die Aufbauten sich häufig im vorderen Drittel befinden. Das verführt den Skipper leicht dazu, kurz vor der Strandung achtern einen Heckanker auszuwerfen. Diese Maßnahme ist falsch! Das breite Heck gibt eine starke Angriffsfläche für die Seen, der Anker wird in den meisten Fällen nicht halten. Darum: Stets Buganker und soviel Leine und Kette stecken wie an Bord sind.

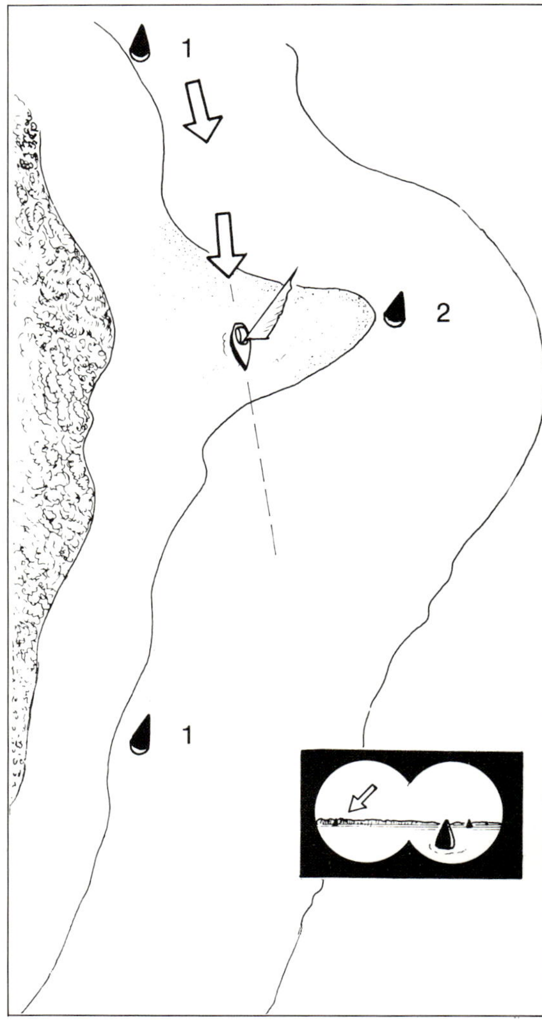

Auf Grund durch Navigationsfehler

Eine häufige Ursache für Strandungen sind Navigationsfehler. Kaps haben beispielsweise oft vorgelagerte Flachwasserzonen, die nicht durch Seezeichen markiert sind. Bei unsichtigem Wetter läßt sich der tatsächliche Abstand von der Küste nur schwer abschätzen. Skipper, die ihren wahren Standort nicht durch Abstandspeilungen kontrollieren, laufen Gefahr, festzukommen.

Beim seewärtigen Einlaufen in ein Fahrwasser (auf der Zeichnung von Norden her) verläßt man sich allzuoft auf Fahrwassertonnen, die im unmittelbaren Sichtbereich liegen und – scheinbar logisch – den Uferverlauf markieren, ohne daß man diesen mit der Seekarte vergleicht **(1)**. Dabei wird leicht ein Seezeichen übersehen, das weiter vom Ufer entfernt das Ende einer Flachwasserzone markiert **(2)**.

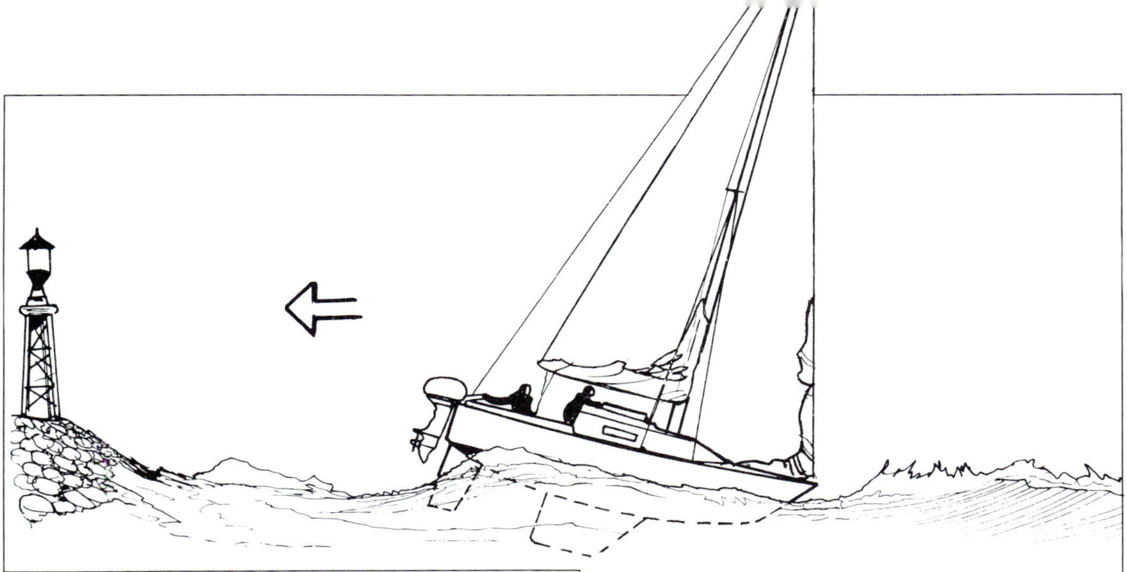

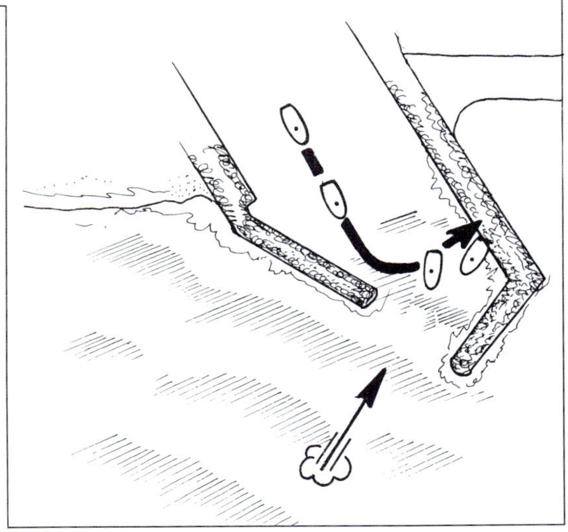

Wenn der Außenborder ständig austaucht

Beim Auslaufen aus einer schmalen Hafeneinfahrt mit starker einlaufender Welle und auflandigem Wind werden leichte Yachten mit Außenborder oft auf die seitlichen Steinmolen versetzt, weil der Propeller des Außenborders in jeder Welle austaucht und keine Fahrt voraus mehr gemacht wird. Gute Seemannschaft heißt: Kleinere Yachten laufen in einer solchen Situation nur mit gesetzten Segeln aus, deren Fläche so bemessen ist, daß ein sicheres Gegenankreuzen möglich ist. Kann die Hafenausfahrt nicht ausschließlich unter Segeln kreuzenderweise verlassen werden, sollte ein Auslaufen unterbleiben.

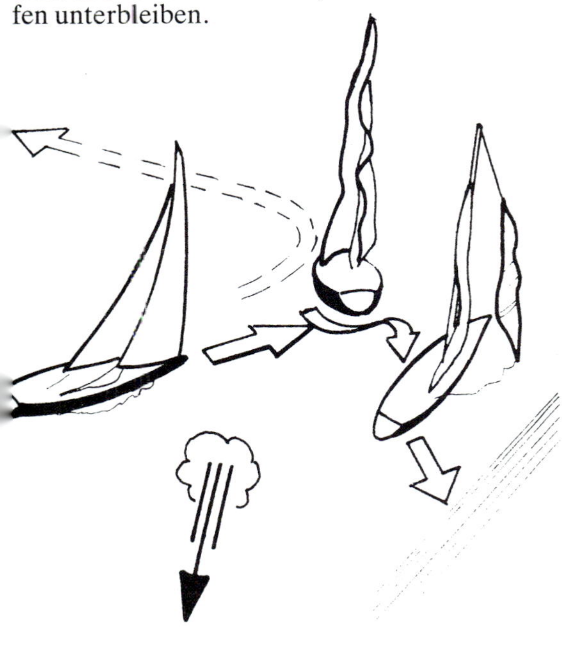

Gefährliche Uferböschungen

Die brechenden und sich überlagernden Seen in der Nähe einer Uferböschung werden von vielen Skippern unterschätzt. Die Seen laufen hier besonders steil auf und bringen eine Yacht bei der Wende vollständig zum Stillstand. Ein schneller Versatz nach Lee ist die Folge. Daher sollte man beim Aufkreuzen stets ausreichenden Abstand zu Molen, Böschungen und steilen Küsten wahren.

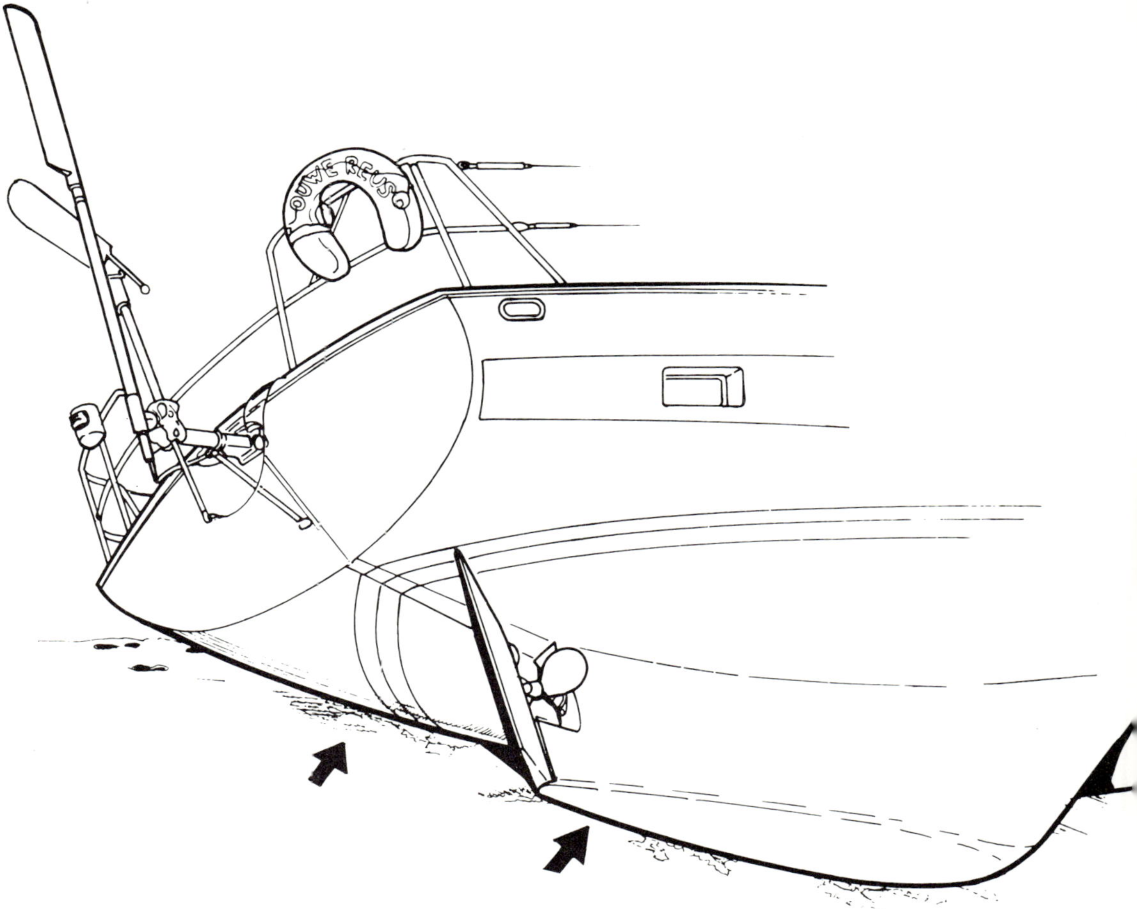

Die Strandung der „Ouwe Reus"

Bei der Strandung der holländischen Stahlyacht „Ouwe Reus" auf einem Riff im Pazifik handelte der Skipper umsichtig: Unmittelbar nach der Grundberührung legte er die Pinne nach Lee, so daß das Ruderblatt aufwärts gerichtet war und nicht beschädigt werden konnte. Danach wurde auch das Pendelruder der Selbststeueranlage aufgeholt. Diese Vorsichtsmaßnahmen sollten generell beachtet werden, wenn eine Strandung erfolgt ist. Die „Ouwe Reus" konnte beispielsweise vom Riff befreit werden und ihre Weltumsegelung fortsetzen. Der Stahlrumpf wurde zwar eingebeult, erhielt aber kein Leck.
Durch eine Analyse zahlreicher Strandungen wurde deutlich, daß Stahlyachten derartige Havarien besser überstehen als Holz- oder Kunststoffboote.
Vor allem Rümpfe, die aus glasfaserverstärktem Kunststoff (GFK) hergestellt sind, leisten scharfen Korallenblöcken oder Felsen nur wenig Widerstand, da das Baumaterial sehr empfindlich gegen Punktbelastungen ist.

Wenn eine Segelyacht strandet . . .

1: Liegt eine Segelyacht vor slippendem Buganker, treibt sie mit dem Heck voran auf Grund. Das Ruder wird jetzt zuerst Grundberührung haben und im Seegang starke Beschädigungen davontragen. Freistehende Ruder werden sofort verbiegen oder wegbrechen.

2: Wenn eine Segelyacht vor Topp und Takel zu stranden droht, treibt sie backstags zur Windrichtung, den Bug schräg auf das Ufer gerichtet. Der Kiel wird in einem Wellental zuerst den Grund berühren. Boote mit schmalem, tiefem Kiel schlagen dabei an der Kielaufhängung vor oder (häufiger) hinter der Kielflosse im Rumpf leck.

3: Langkieler mit untergebolztem oder eingegossenem Ballast können hingegen die erste Phase einer Grundberührung ohne größere Schäden überstehen. Sie geraten auch bei einer Kollision mit einem Unterwasserfelsen, zum Beispiel in den skandinavischen Schären, selten ernsthaft in Gefahr.

1

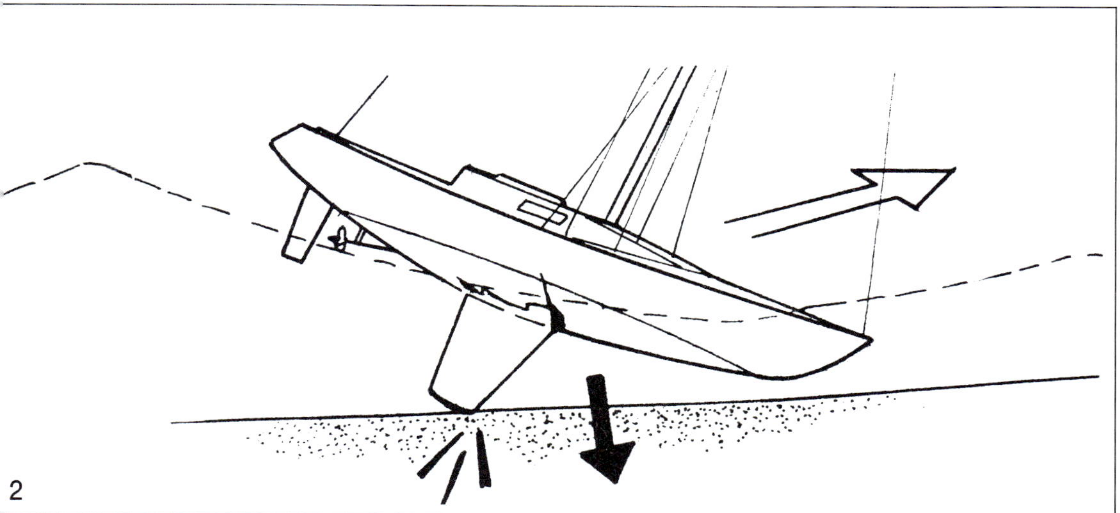

2

3

Die Strandung hat je nach Uferbeschaffenheit und Wind- beziehungsweise Welleneinfluß ganz unterschiedliche Auswirkungen. An sandigen Küsten, die steil aus dem Meer aufsteigen, stellt sich jedoch bei Fahrtenyachten mit geringem Tiefgang fast immer die gleiche Situation ein: Das Boot wird so auf den Strand versetzt, daß es mit dem Rigg zur luvwärtigen Seeseite kippt und das Deck gegen die anrollenden Brecher gerichtet ist. Ursächlich hierfür sind das Einschwemmen des Kieles in den Grund (was in kurzer Zeit erfolgt) und der starke Rücksog der Wellen, der das Boot wieder hinausziehen will. Durch den festgehaltenen Kiel kommt es dann zur gefürchteten Kenterung nach Luv.
Ein Beispiel hierfür ist die Strandung der legendären „Joshua“ von Bernard Moitessier 1983 vor der kalifornischen Küste nach einer plötzlichen Winddrehung zusammen mit 26 anderen Yachten, von denen die meisten in der Endphase mit dem Mast nach See zeigend auf dem Strand lagen.

Die Auswirkungen sind fast immer fatal. Deck und Aufbauten sind den brechenden Wellen schutzlos preisgegeben, Backskistendeckel und Luks werden in kürzester Zeit zerschlagen **(1)**, das Boot läuft voll Wasser. Auch das Deckshaus ist kein Hindernis, er wird von den anstürmenden Brechern zertrümmert **(2)**.

Bei einer Strandung im Flachwasserbereich wird eine Kielyacht so weit von den Brechern auf den Strand getragen und nach Lee gekrängt, bis die Außenhaut den Grund berührt. Jede brechende Welle hebt das Boot an und läßt es mit dem Leebug auf den Grund schlagen, wodurch ein schnelles Aufbrechen des Rumpfes eintritt. Die Endphase der Strandung bedeutet fast immer die totale Zerstörung des Bootes. Es sind Fälle bekannt, bei denen schon nach wenigen Stunden nur noch Rumpf-Fragmente übrig waren – speziell bei Kunststoffbauten.

1

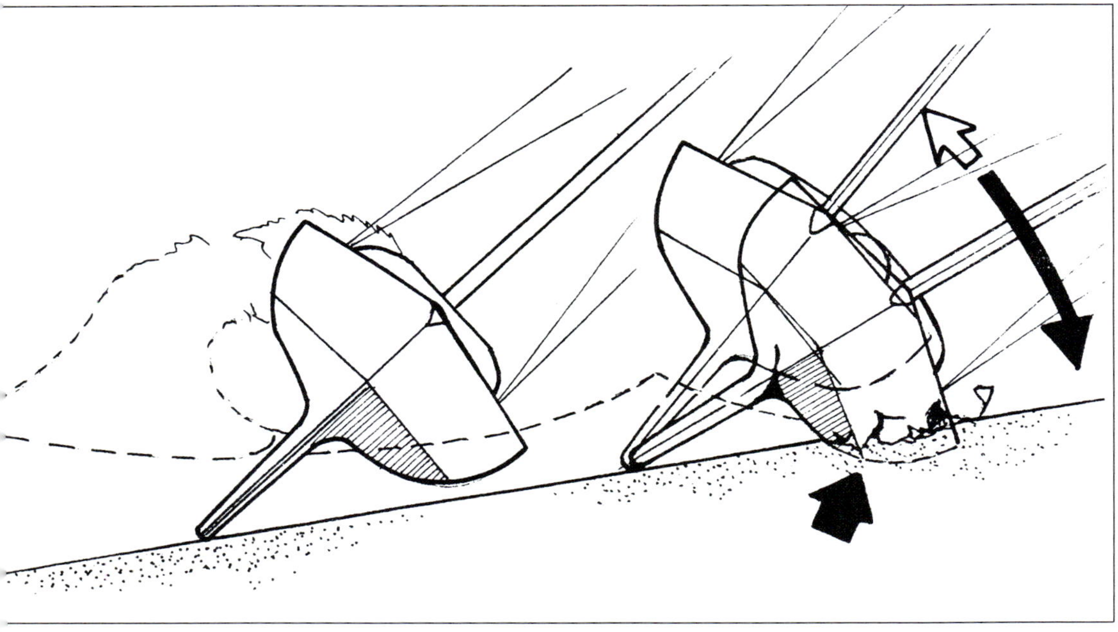

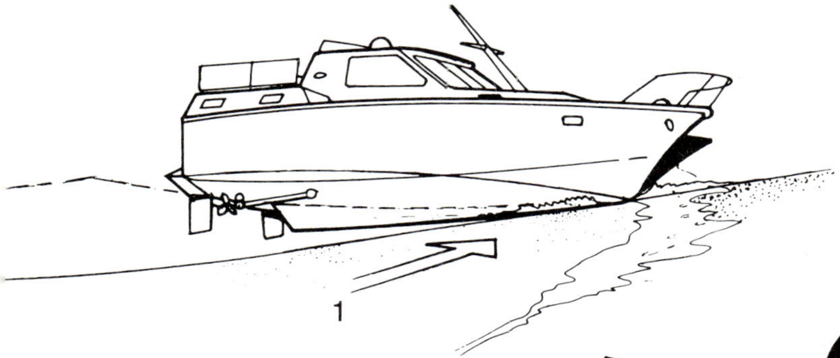

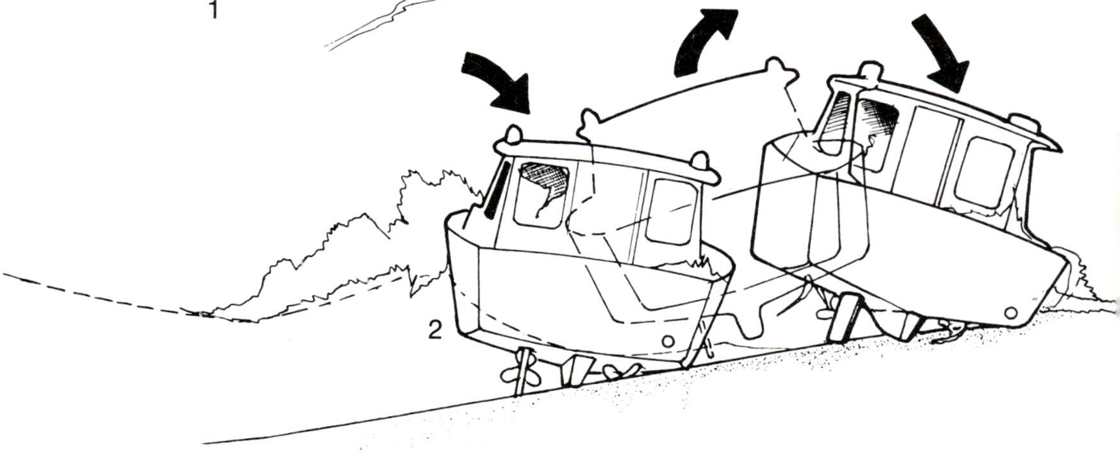

Wenn eine Motoryacht strandet ...

Eine Motoryacht treibt mit dem Bug voran auf die Legerwall-Küste. Da sie sehr wenig Tiefgang hat, erfolgt die Grundberührung unmittelbar vor dem Ufer. Beschädigungen im Bugbereich sind wahrscheinlich, haben aber in dieser ersten Auflaufphase gewöhnlich noch keine schwerwiegenden Auswirkungen **(1)**.
In der zweiten Strandungsphase nach der Grundberührung wird die Motoryacht sofort querschlagen und von jeder Welle höher auf das Ufer versetzt. Dabei erleiden Ruder, Propeller und Wellen starke Beschädigungen. Die Aufbaufenster werden eingeschlagen.
Rumpfbeschädigungen größeren Ausmaßes treten erst in der letzten Strandungsphase auf, wenn der Rumpf von jeder Welle in Luv angehoben und nach Lee gekippt wird. Durch diese Dauerbeanspruchung bricht das Motorboot an der Rumpfkimm auf – sofern es aus Holz oder GFK gebaut ist. Stählerne Yachten haben eine Chance, mit eingebeulter Außenhaut ohne Wassereinbruch davonzukommen **(2)**.

Abbringen mit eigener Kraft

Es gehört große seemännische Erfahrung und Umsicht dazu, will man eine Yacht nach der Strandung ohne fremde Hilfe wieder freibekommen. Dabei müssen vor allem einige Grundregeln beachtet werden:
Die mit dem Beiboot möglichst weit vom Schiff ausgebrachte Ankertrosse darf nicht am Bug, sondern nur mittschiffs geholt beziehungsweise über einen starken, extra geschorenen Block zur Ankerwinsch umgelenkt werden. Denn nur, wenn die notwendige Krängung während des gesamten Abbergevorgangs beibehalten werden kann, ist ein Erfolg wahrscheinlich. Krängung erreicht man, indem, vom Beiboot aus, ein Fall mit einem Auge auf die steif gesetzte Ankertrosse gesteckt und über die Fallwinsch dichtgeholt wird **(1)**. Je größer der Winkel zum Mast ist, desto leichter läßt sich die notwendige Krängung erreichen **(2)**. Jetzt wird mittschiffs über die Schotwinsch (oder über die Umlenkung) die Ankertrosse eingeholt, bis die Yacht vom Grund freikommt **(3)**. Dabei wandert das Auge des Falls zwangsläufig dichter an das Schiff heran, und die Krängung nimmt ab. Das Manöver muß daher unter Umständen mehrfach wiederholt werden.

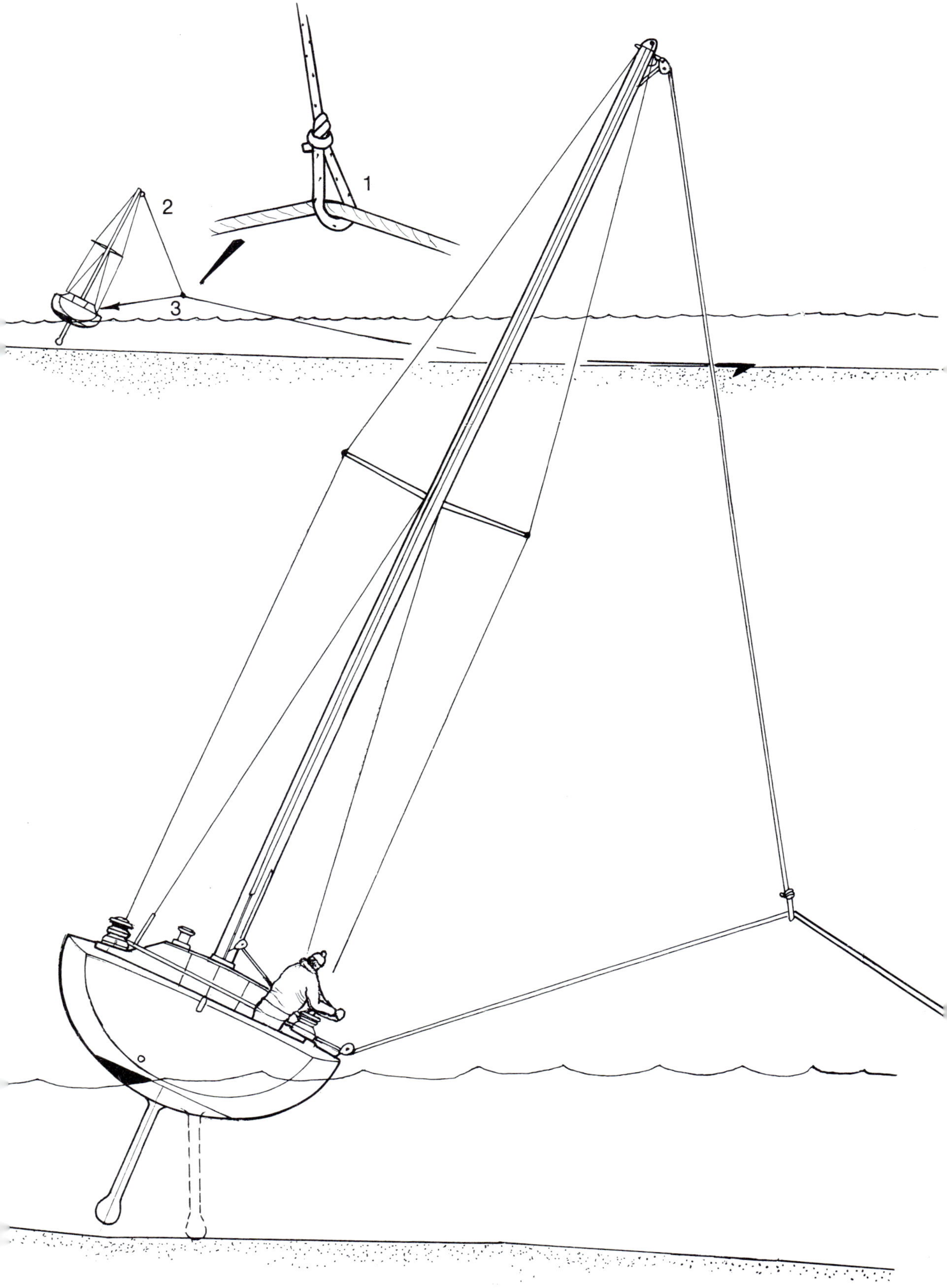
1
2
3

Grundsätzlich gilt, daß man den gleichen Kurs zurück wählt, auf dem man festgekommen ist. Nur so ist sichergestellt, daß die Yacht in kürzester Zeit wieder tiefes Wasser erreicht **(1)**.

Das Freikommen vom Grund kann leichter gelingen, wenn zwei bis drei Mann der Crew auf den Großbaum entern, der außenbords geschwenkt wird. Aber Vorsicht: Eine Taudirk muß vorher unbedingt durch das Großfall verstärkt werden, sonst kann sie brechen, der Baum an Deck schlagen und die Crew sich verletzen **(2)**.

Eine verstärkte Krängung kann auch erreicht werden, wenn ein Mann in den Mast aufentert und sich auf die Saling setzt. Die Crew an Deck erzielt dann bereits mit einer geringen Trimmveränderung eine große Krängung. Allerdings ist diese Maßnahme nur bei kleinen Yachten erfolgversprechend, und es kommt die Gefährdung des Mannes im Mast dazu. Niemals ohne Lifebelt und Sicherung durch das Groß- oder Fockfall aufentern **(3)**!

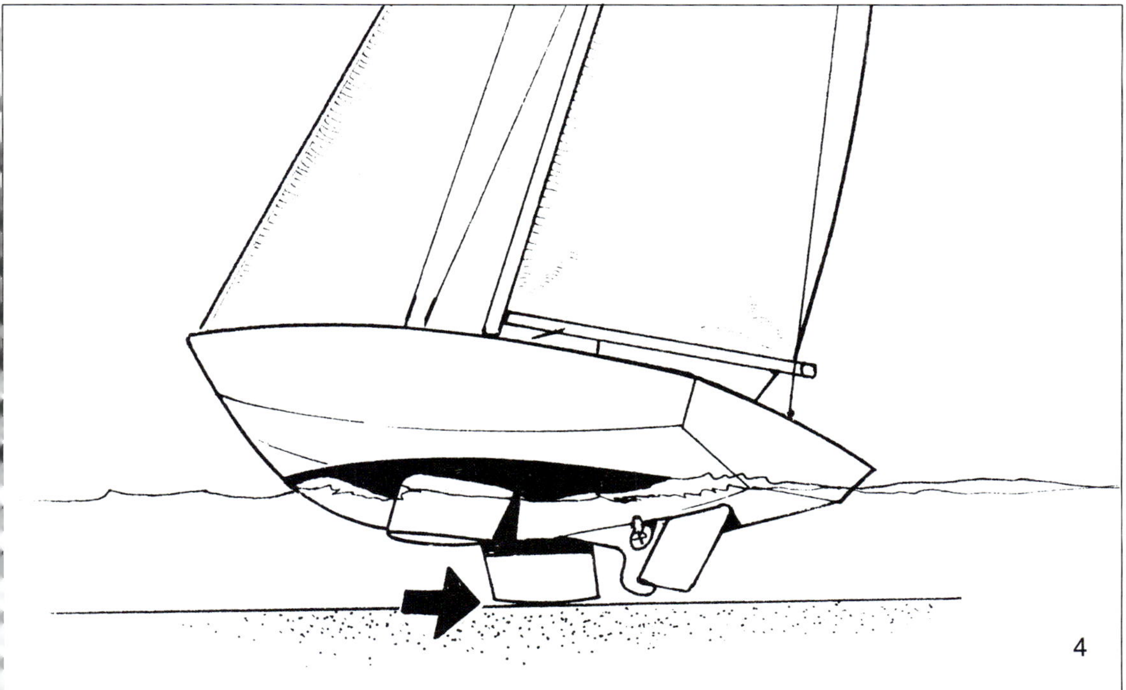

4

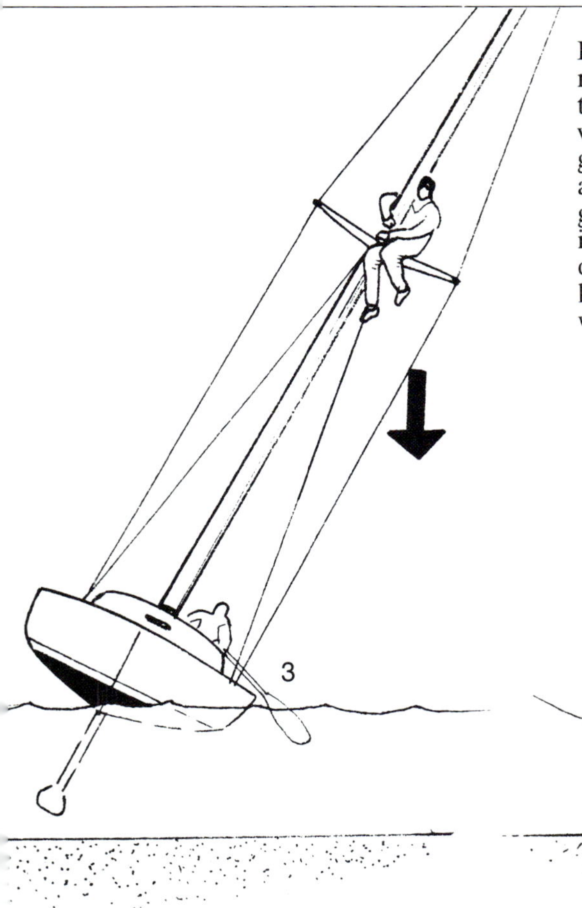

3

Bei Yachten mit Kimmkielen ist eine Grundberührung an der Kreuz meistens weniger dramatisch. Durch die Krängung kommt nur der leewärtige Kiel fest, und das Auffieren oder Bergen der Segel genügt meistens, um das Boot aufrecht zu trimmen, wodurch sich der Tiefgang verringert **(4)**. Schlecht sind Kimmkieler indessen dran, wenn sie mit Backstags-Wind oder vor dem Wind, also ohne Schräglage, festkommen. Denn sie lassen sich ja nicht krängen wie ein Schiff mit Mittelkiel **(5)**.

5

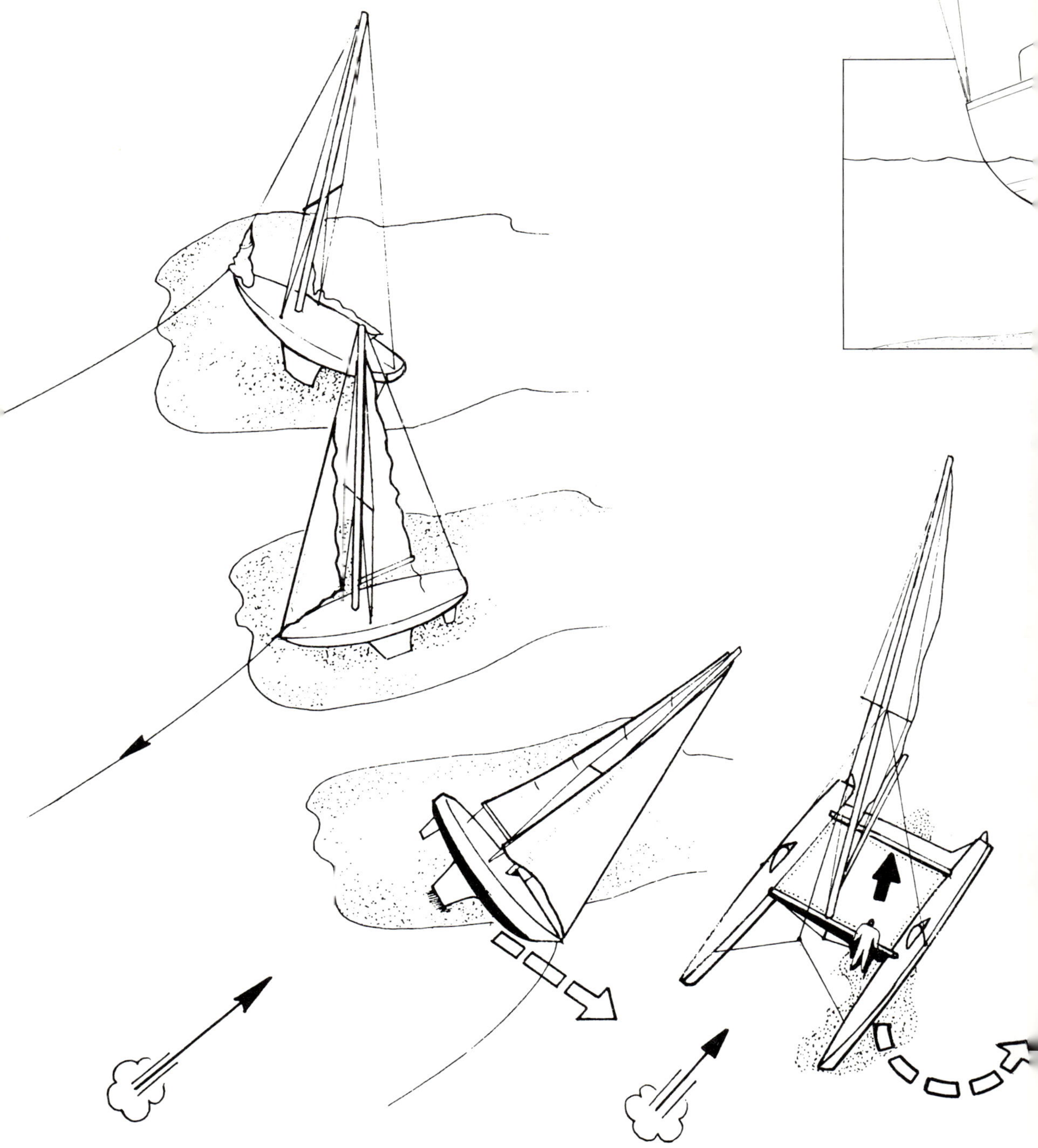

Hat man die Barre genau ausgelotet und festgestellt, daß das Schiff sich weder mit Hilfe des Bootshakens beziehungsweise Spinnakerbaumes noch mit Muskelkraft im Wasser herumdrehen läßt, so wird der Anker für diese Aufgabe eingesetzt. Sobald die Yacht durch den Wind auf den anderen Bug gedreht worden ist, werden alle Segel gesetzt, um eine möglichst große Krängung zu erzielen. Mit Motorkraft ist jetzt das Freikommen wahrscheinlich.

Katamarane laufen wegen ihres geringen Tiefgangs nur sehr selten auf. Sollte es dennoch einmal passieren, so ist die Situation um so komplizierter. Bei kleinen Sportkats ohne Schwerter wird es möglich sein, vom Wasser aus den jeweils am höchsten aufgelaufenen Schwimmer anzuheben, um so den Kat umzudrehen und von der Barre zu schieben. Bei Kreuzerkatamaranen ist hierfür stets ein starker Schlepper erforderlich.

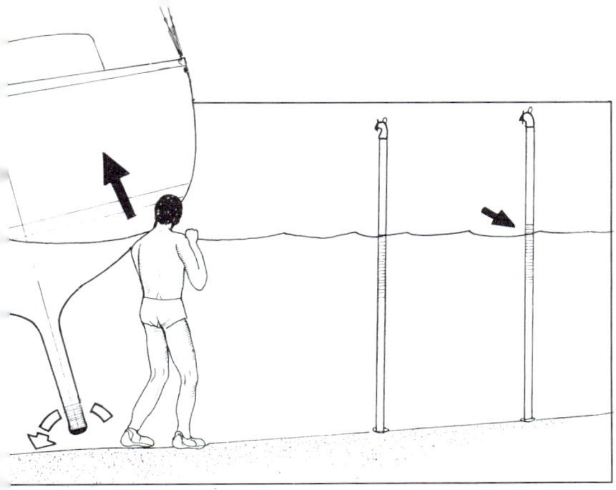

Ereignet sich eine Grundberührung bei ruhigem Wetter und auf einem Gewässer ohne Strömung, so kann man versuchen, das Schiff vom Wasser aus mit der Schulter abzudrücken. Sofern der Boden fest genug ist und die Füße Halt finden, wird dieser persönliche Einsatz in vielen Fällen erfolgreich sein. Aber Vorsicht: unbedingt anleinen und die Bordschuhe anbehalten! Es könnten Glasscherben und Dosen auf dem Grund liegen. Die Tiefen um das Boot herum lassen sich vorher gut mit dem Bootshaken ausloten, der mit verschiedenfarbigen Tape-Streifen markiert wird.

Ausbringen des Ankers

Wie die geschilderten Beispiele zeigen, ist der ausgebrachte Anker meistens die erfolgversprechendste Möglichkeit, das Schiff ohne fremde Hilfe wieder flott zu bekommen. Er muß so weit wie möglich zum tiefen Fahrwasser hin ausgebracht werden. Dafür ist am besten ein Schlauchboot geeignet, da es auch in vollgeschlagenem Zustand noch durch die Brandung zu manövrieren ist. Man verlasse sich dabei allerdings nicht unbedingt auf einen Außenborder, denn eine überkommende Welle könnte ihn funktionsuntüchtig machen. Die Kette und alle starken Leinen, die sich an Bord befinden, werden zusammengesteckt und ins Beiboot verladen. Jetzt versucht man, die Brandung zu überwinden beziehungsweise nach Luv zu rudern und den Anker wenigstens zehn Bootslängen vor der gestrandeten Yacht zu slippen. Mit auslaufender Kette und Trosse rudert man zurück an Bord, wo das Abbergemanöver eingeleitet wird. Erfolgversprechend dürfte es indessen nur sein, wenn die Yacht leichte Grundberührung hat und der Wind schwach ist.

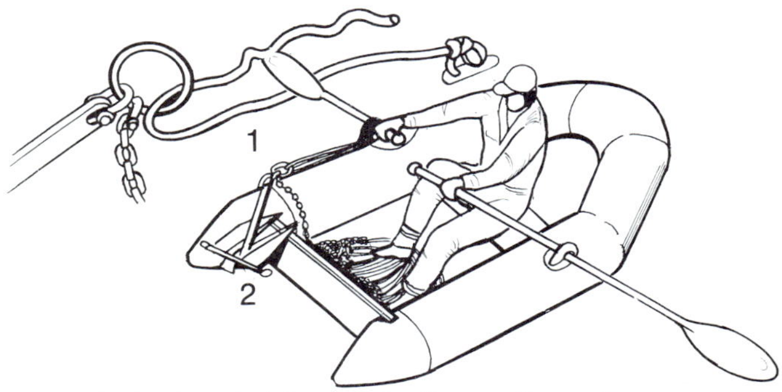

Damit das beschriebene Manöver reibungslos abläuft, ist es wichtig, daß Anker, Trosse und Tampen sehr schnell und ohne zu vertörnen von einer Person über Bord gefiert werden können. Der Tampen wird in großen Buchten sorgfältig achtern im Beiboot aufgeschossen. Die Kette, ebenfalls ohne Klinken zurechtgelegt, kommt obendrauf. Der Anker wird mit Hilfe eines Stropps **(1)** so festgelascht, daß er achtern bereits über Bord hängt und aus der Ruderposition sofort gefiert werden kann **(2)**. Auf keinen Fall darf vergessen werden, die Ankerleine mit ihrem Tampen vor dem Manöver am Beiboot festzulaschen.

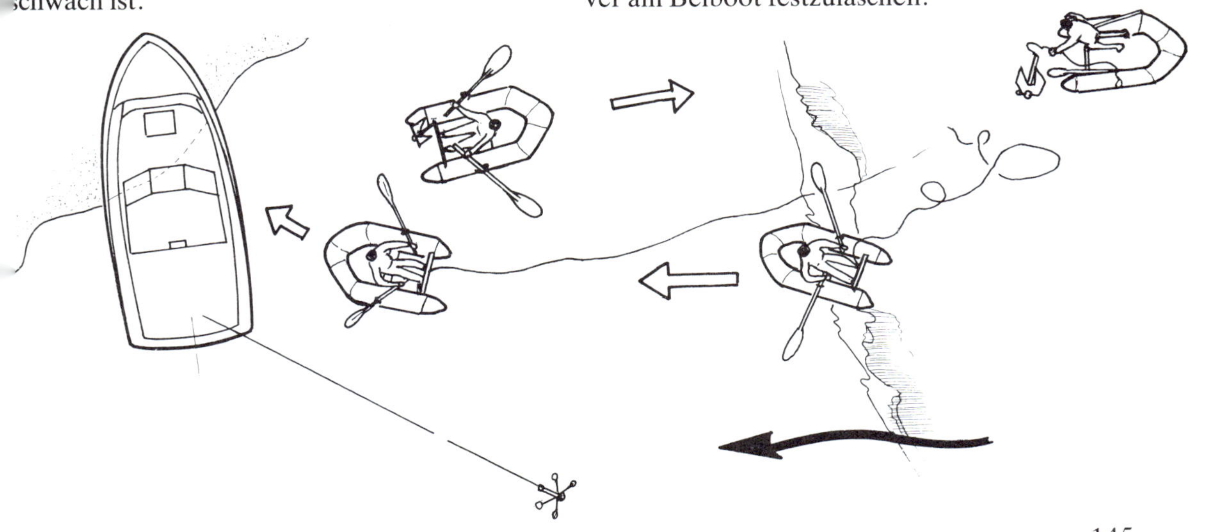

1

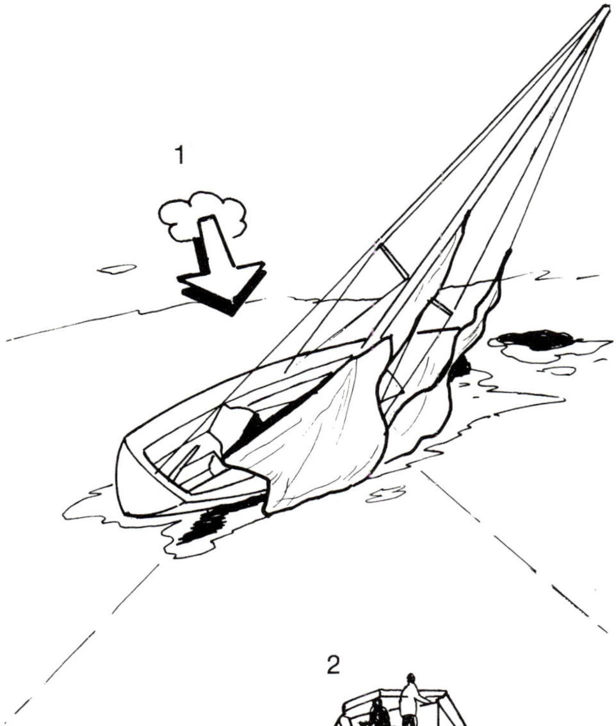

2

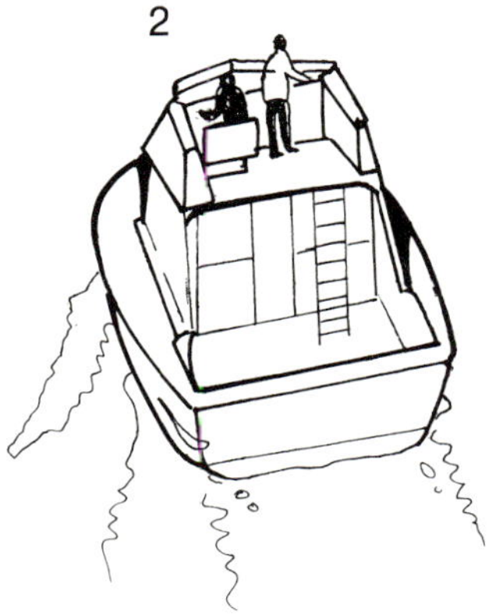

Abbergen – aber wie?

Aus der Sicht eines zu Hilfe kommenden Skippers sieht manche Strandung harmlos und eine Abbergung unkompliziert aus. Dadurch werden häufig notwendige Vorsichtsmaßregeln mißachtet und elementare Fehler bei der Vorbereitung des Manövers beziehungsweise beim Anlaufen des Havaristen gemacht, die den Berger selbst in größte Gefahr bringen können. Grundsätzlich läßt sich die jeweilige Lage nur vor Ort einschätzen.
Bei manchem gutgemeinten Abbergemanöver wird durch die Unkenntnis des Bergers der vorhandene Schaden noch vergrößert. Vor allem auf Gewässern mit Seegang muß sehr umsichtig manövriert werden.

Anlaufen von Lee

Ein häufiger Fehler ist die Mißachtung der Wind- und Wellenrichtung. Es wird versucht, mit achterlichem Wind und mitlaufender Welle an den Havaristen heranzufahren, wodurch es beim Abbergemanöver unweigerlich zur Kollision kommt **(1)**.
Richtig ist es hingegen, in einem spitzen Winkel oder direkt gegen die Windrichtung an die gestrandete Yacht heranzulaufen, vorausgesetzt, die Wassertiefe reicht für den Berger aus **(2)**. Kielyachten haben einen durchschnittlichen Tiefgang von 1,40 m bis 1,80 m, während Motorboote in der Regel weniger als einen Meter tief gehen.

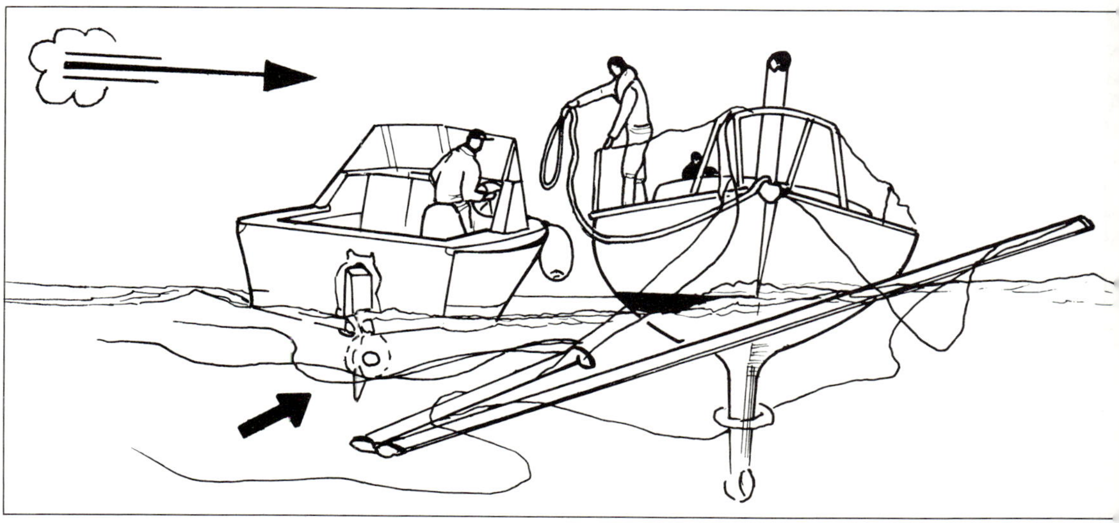

Freischleppen

Segler, die ein auf Legerwall festgekommenes Boot nur unter Segeln freischleppen wollen, überschätzen häufig die eigenen Möglichkeiten. In der Regel wird man zuerst mit Backstags-Wind, dann mit Halbwind an den Havaristen heranmanövrieren und bei einem Aufschießer versuchen, die Schlepptrosse überzugeben **(1)**. In diesem Moment treibt der Berger nach Lee und kann keine Fahrt aufnehmen, da das Steifkommen der Schlepptrosse die Abdrift verstärkt **(2)**. Eine Strandung neben dem Havaristen ist unvermeidlich **(3)**.

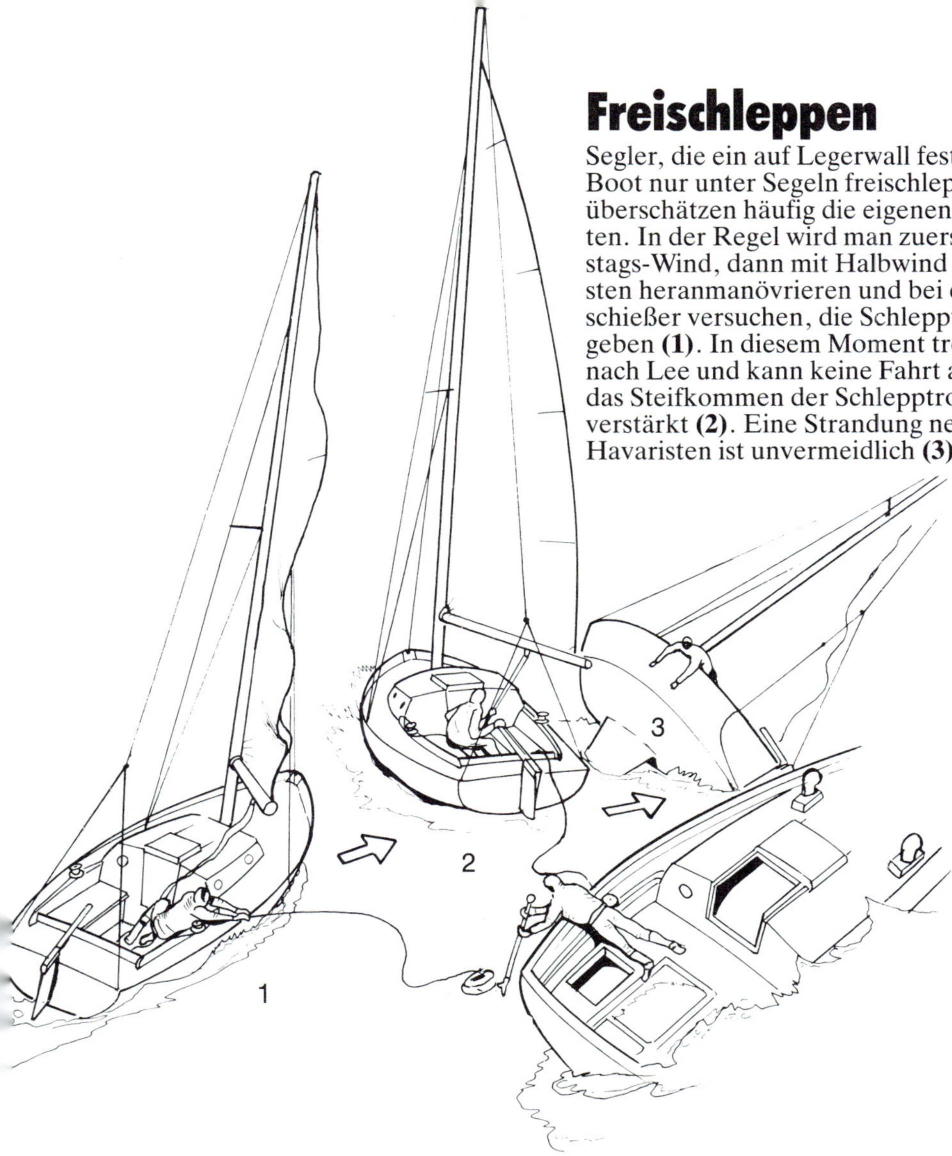

Auch Yachten, die mit Mastbruch treiben, werden häufig an der falschen Seite, in Luv, angelaufen (links). Dort aber treiben unter Umständen Leinen, Mast- und Riggteile, da diese wie ein Treibanker wirken. Sie können leicht in den Propeller geraten und den Berger selbst zum Havaristen machen. Auch aus diesem Grunde sollte das Schleppfahrzeug stets von Lee an den Havaristen heranfahren.

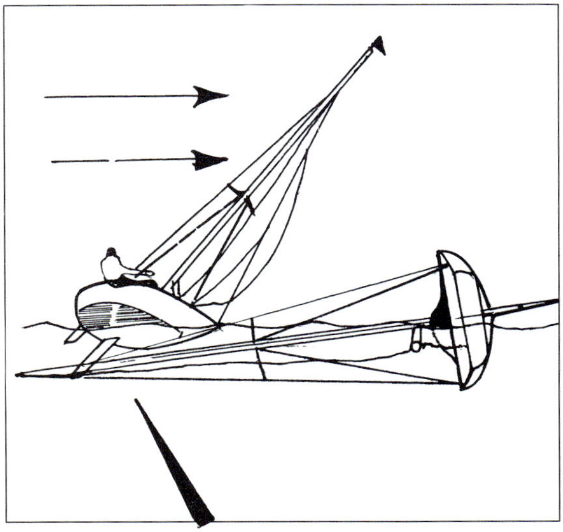

Dieses gilt auch für den Jollensegler, der einem gekenterten Kameraden zu Hilfe kommen will. Segelt er in Luv heran, so wird er unweigerlich von Wind und Wellen auf den Havaristen versetzt und mit dem Mast beziehungsweise mit den Segeln kollidieren, sofern die Jolle nicht durchgekentert ist. Bei der nächsten Bö kentert er vermutlich ebenfalls, Mast und Segel schlagen auf das havarierte Boot (rechts).

Das Abbergen einer Yacht von einer Legerwallküste ist, auch für eine Motoryacht, ein schwieriges und gefährliches Manöver, das nur dann erfolgversprechend ist, wenn Berger und Havarist sich der jeweiligen Situation entsprechend umsichtig verhalten. Vor dem Festgekommenen muß der Berger gegen Wind und Seegang aufdrehen. Der Steuermann beobach-

tet ständig das Echolot **(1)**. Ein weiteres Crewmitglied **(2)** fiert vom Achterschiff einen Schwimmkragen **(4)** mit einer langen Sorgleine **(3)** achteraus.
Der Vordecksmann muß bei dem Manöver mit Lifebelt und Schwimmweste gesichert sein **(5)**. Am günstigsten ist es, wenn eine starke Schlepptrosse vom Havaristen zum Berger mit Hilfe der Sorgleine übergeben wird, da die Trosse vorher sorgfältig um den Mast oder über die Winschen (siehe Kapitel „Schleppen mit Verstand") belegt werden muß **(6)**. Angeschleppt wird mit halber Kraft. Läßt der Havarist sich nicht von seiner Position bewegen, muß das Manöver abgebrochen werden, da sonst auch Gefahr für das eigene Boot besteht.

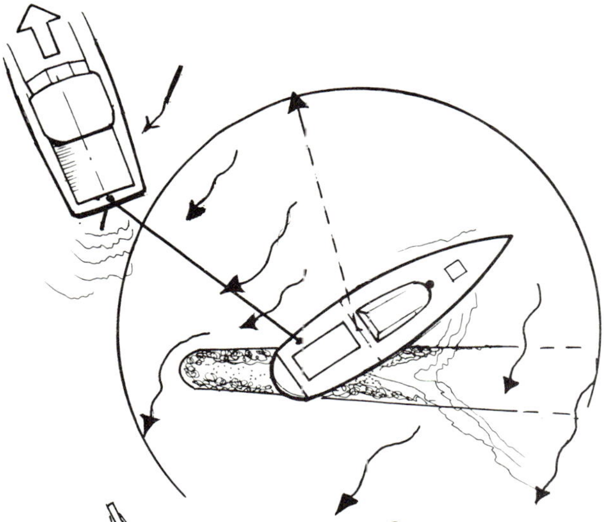

2

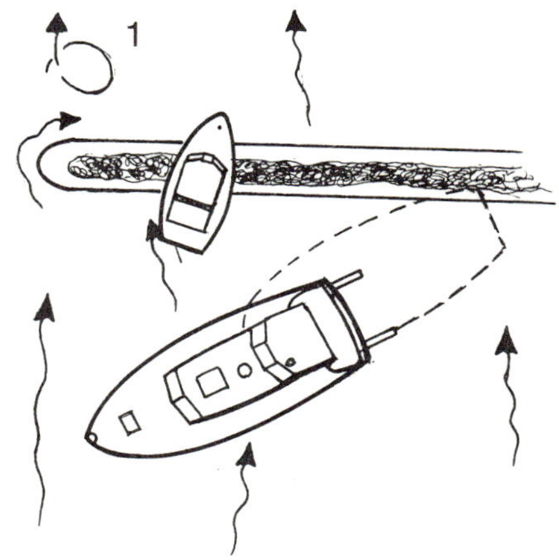

1

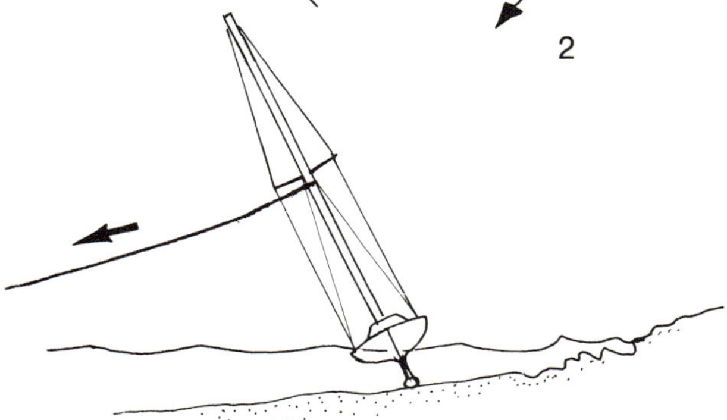

3

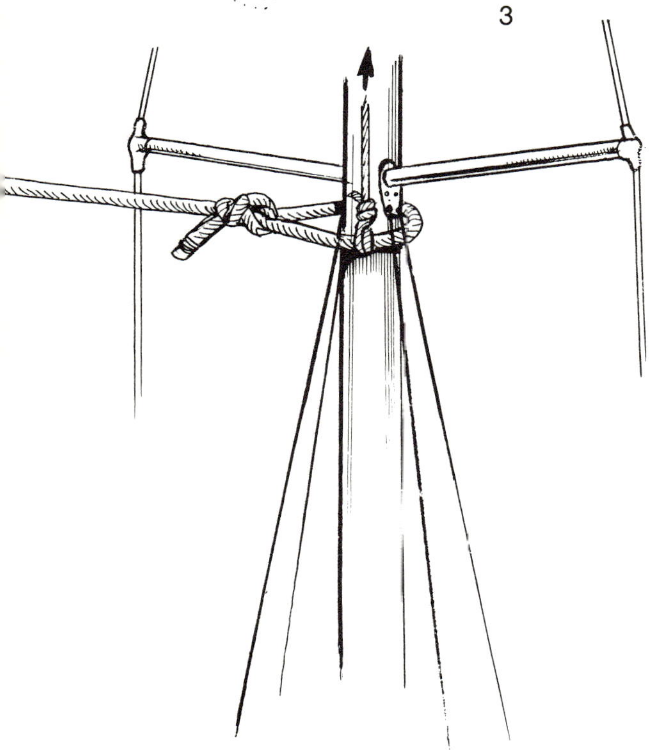

Selbst in Gefahr kann auch eine Motoryacht geraten, die ein anderes Boot abbergen will, das auf einem Stack im Strom festgekommen ist. Hierbei sind besonders die Stromrichtung, die Stromgeschwindigkeit und der daraus resultierende Sicherheitsabstand vom Stack zu beachten. Wird er zu kurz gewählt, so ist es wahrscheinlich, daß der Berger bei Übergabe der Schlepptrosse selbst auf das Stack driftet und bei Grundberührung nicht mehr mit eigener Kraft freikommen kann beziehungsweise Schaden erleidet **(1)**.

Bei festgekommenen Booten in Fluß- oder Tidengewässern muß stets die Strömung beachtet werden. Man nähert sich immer gegen den Strom. Ausnahme: Wenn die Yacht mit dem Strom auf einem Stack festgekommen ist, dann niemals mit dem Strom freischleppen, da man sonst den Havaristen noch weiter auf das Stack ziehen würde, sondern nur schräge gegen den Strom zur Fahrwasserseite hin ziehen **(2)**.

Auch ein starkes Motorboot wird sich unter Umständen vergeblich bemühen, eine aufgelaufene Kielyacht freizuschleppen, wenn es nicht gelingt, die Krängung des Segelbootes zu vergrößern. Dies gelingt am besten, wenn der Schlepptampen mit einem Pahlstek um den Mast gebunden und mit dem Fock- oder Großfall bis in Salinghöhe beziehungsweise unter die Wantenbeschläge aufgeheißt wird. Der Berger muß dann seitlich sehr vorsichtig anziehen, da bei zu großer Zugkraft der Mast brechen und das Rigg beschädigt werden kann **(3)**.

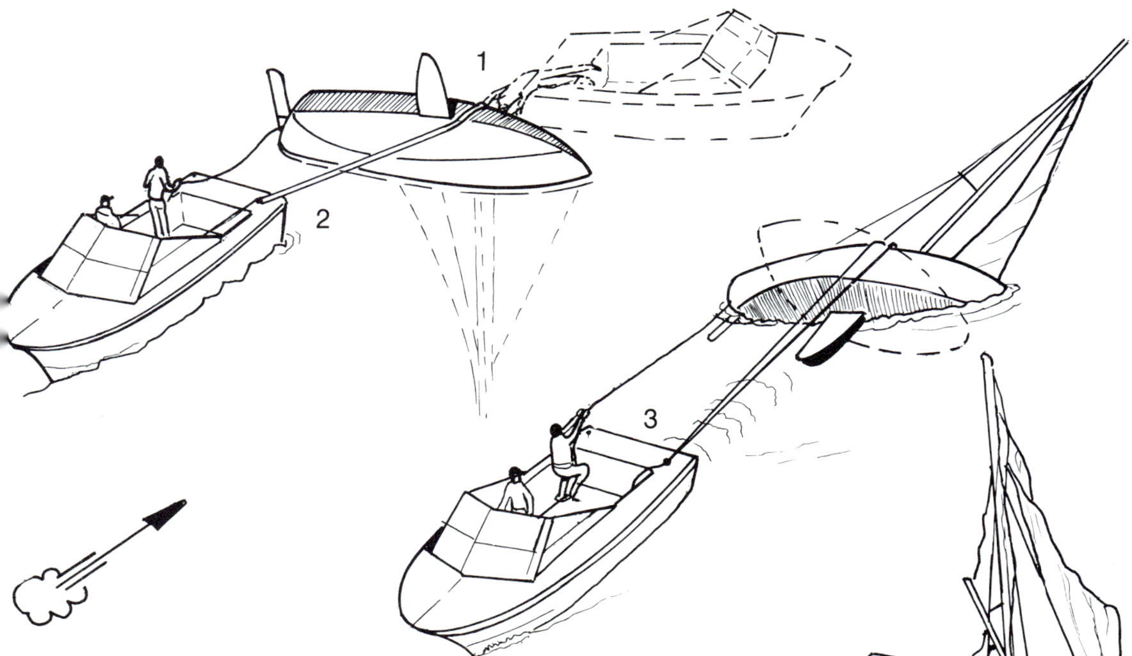

Aufrichten eines Schwertbootes

Ein durchgekenterter Jollenkreuzer (oder eine Schwertjolle) muß vor dem Abschleppen aufgerichtet werden. Hierzu manövriert der Berger vorsichtig von Lee an das treibende Boot heran und befestigt die Schleppleine an dem Pütting des Leewants. Gleichzeitig wird eine dünnere Trimmleine am Ruderbeschlag festgebunden **(1)**.

Mit beiden Leinen manövriert der Berger jetzt vorsichtig um den Havaristen herum und setzt sich in Luv davor **(2)**.

Beim Anschleppen kontrolliert ein Besatzungsmitglied mit Hilfe der Trimmleine die Lage des Havaristen quer zum Schlepper **(3)**.

Noch bevor sich das Boot vollständig aufgerichtet hat, muß der Berger seine Fahrt aufstoppen, da sonst die Jolle zur anderen Seite umschlagen würde **(4)**.

Nach dem Aufrichten wird die Jolle längsseits festgemacht und gelenzt. Vor dem Abschleppen werden die Segel abgeschlagen, das Schwert aufgeholt und das Ruder ausgehängt **(5)**.

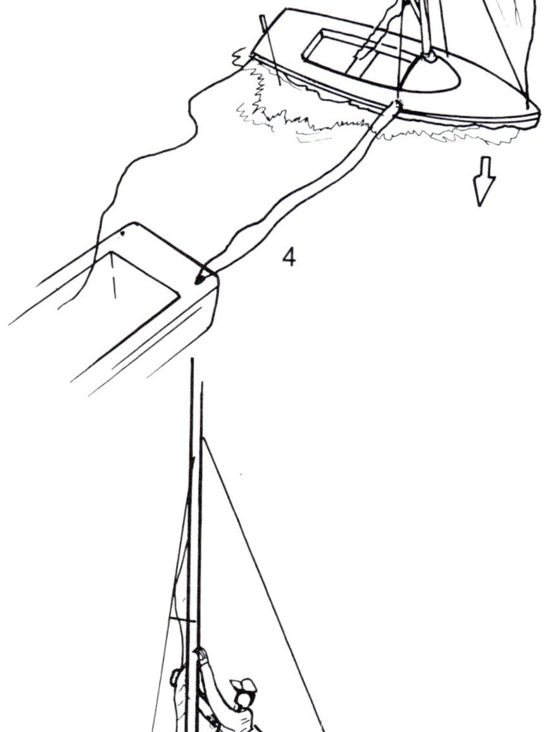

Abbergen von Menschen

Wenn der Berger direkt an eine auf Legerwall gestrandete Yacht heranfährt, um die Besatzung zu übernehmen, kann dies gefährliche Folgen haben: Die in der Adria gestrandete Yacht „Cormoran“ war, zwischen Felsen eingeklemmt, den anrollenden Seen hoffnungslos ausgesetzt. Der Rumpf bekam schwere Lecks und sank. Ein Fischer manövrierte direkt an das Wrack heran, um den Skipper und seine Frau abzubergen. Die Frau geriet dabei zwischen Wrackrumpf und Kutter und erlitt schwere Quetschungen an den Beinen. Der Skipper wollte ihr zu Hilfe kommen und brach sich beim Hinabspringen beide Füße. Das Ehepaar konnte dennoch gerettet werden.
Gefahr besteht vor allem bei schwierigen Abbergemanövern in hohem Seegang von Personen, die weitgehend bewegungsunfähig sind. Bei der Übergabe müssen sich beide Boote notgedrungen bis auf eine kurze Distanz nähern. Durch das Gewicht des verunglückten Crewmitgliedes werden bei der Übergabe beide Boote noch weiter zusammengezogen. Dabei kann der zu Bergende zwischen beide Rümpfe geraten und lebensgefährliche Verletzungen davontragen. Ein sicheres Festmachen am Havaristen mit entsprechend sorgfältiger Abfenderung ist daher für dieses Manöver unerläßlich, selbst wenn die Boote dabei Beschädigungen davontragen sollten.

Sollte ein Crewmitglied auf einer Segelyacht schwere Verletzungen erleiden oder Symptome einer ernsten Krankheit zeigen, so wird es ratsam sein, eine schnellere Motoryacht über Funk oder durch Notsignale herbeizurufen, damit unverzüglich ein Krankenhaus erreicht werden kann. Bei der Übernahme auf See manövriert die Segelyacht von achtern in Lee auf die Motoryacht zu, da letztere bei Seegang und in Langsamfahrt nicht feinfühlig genug manövriert werden kann. Der Bugbereich wird sorgfältig abgefendert **(1)**. Sobald der Bug mit dem Heck des Motorbootes überlappt, werden die Festmacher ausgebracht. Es ist auf See nicht ratsam, vollständig längsseits zu gehen, da bei stärkerem Seegang beide Boote schweren Schaden erleiden würden. Jetzt ist es möglich, das hilfebedürftige Crewmitglied vom Vordeck aus in die Plicht des Motorbootes zu übergeben **(2)**.

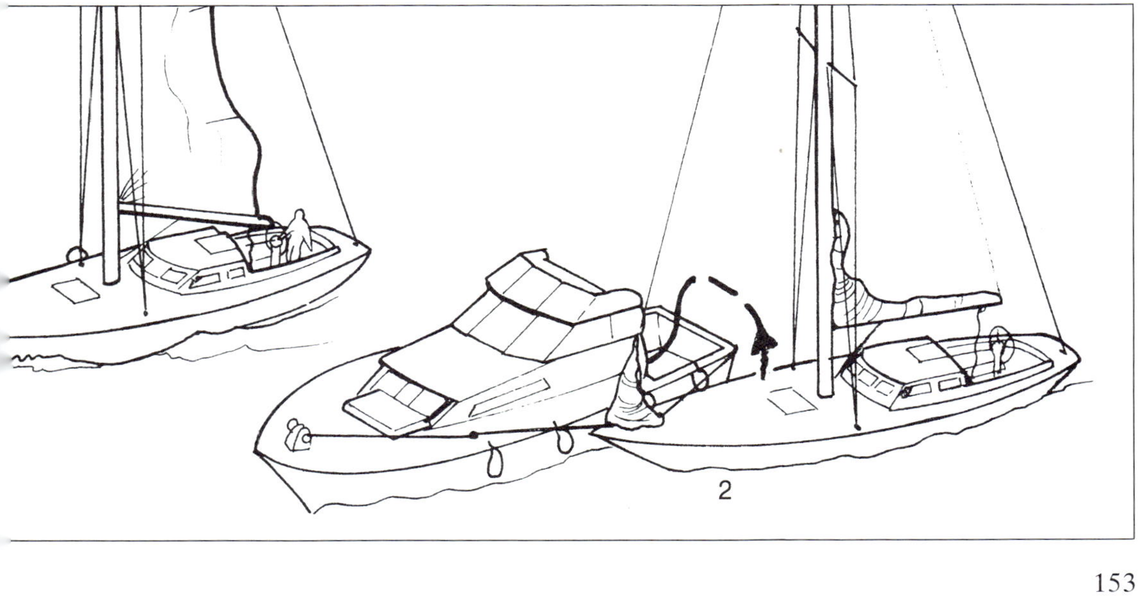

2

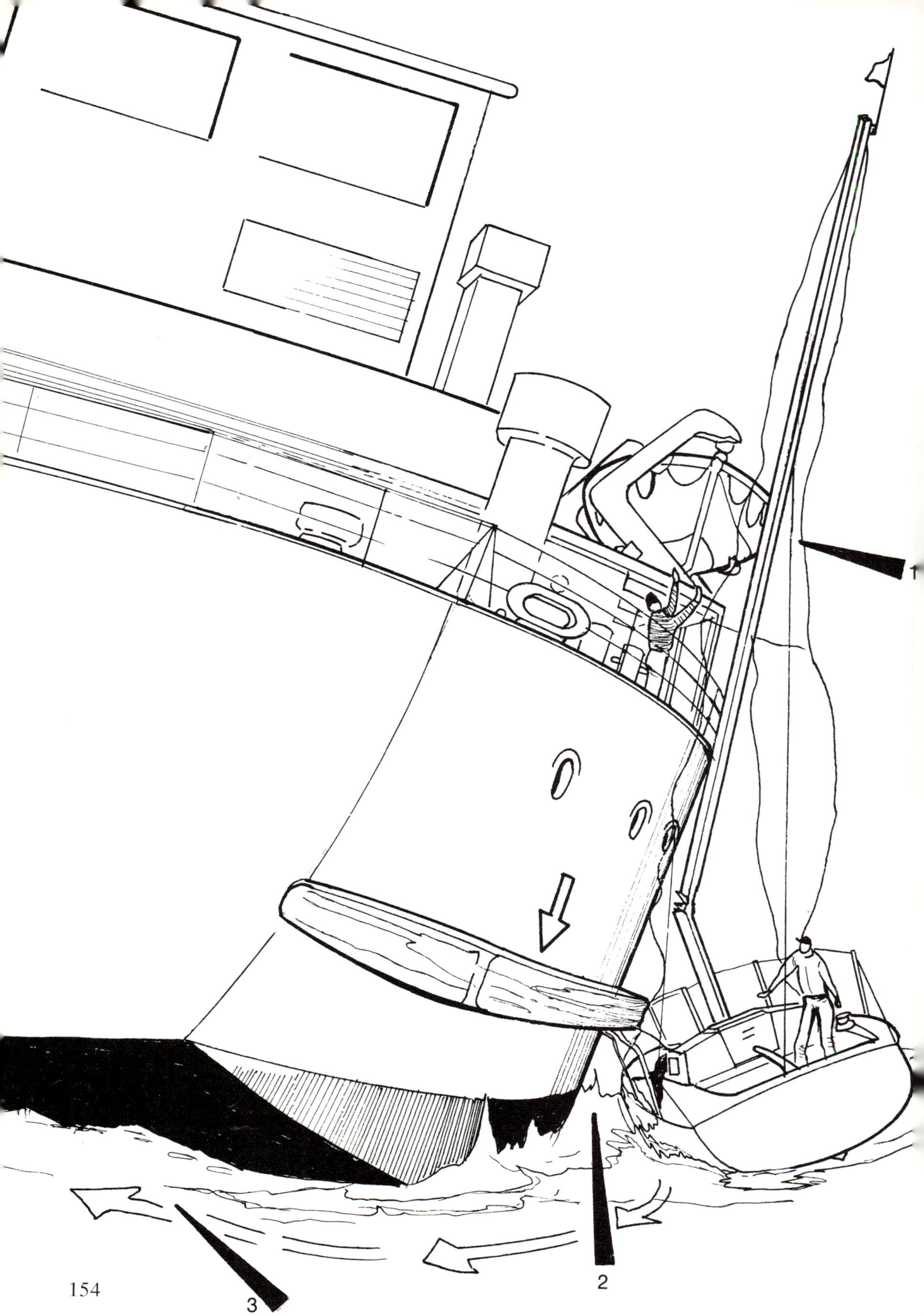
1
2
3

Abschleppen und Abbergen durch Berufsschiffe

Wie ein gescheiterter Abschleppversuch in der Nordsee endete, veranschaulicht diese Zeichnung. Der Skipper einer Segelyacht, die mit Ruderschaden manövrierunfähig in der rauhen See trieb, forderte über UKW Schlepphilfe von einem vorbeifahrenden Küstenmotorschiff an. Dieses stoppte sofort auf und ließ den Havaristen auf sich zutreiben. Der Sturm driftete die Yacht breitseits gegen das Heck, wo ein achtern außenbords hängendes Rettungsboot beim ersten Anprall das gesamte Rigg von Deck fegte **(1)**. Dann stampfte das schwere Bergholz am Heck des Kümos die Relingsstützen durch das Deck der Yacht, als diese im Seegang darunter gedrückt wurde **(2)**. Schließlich schlug die Yacht einige Male so stark gegen das breite Heck **(3)**, daß sie innerhalb einer Minute sank. Die Crew konnte gerettet werden, aber das Schiff ging verloren.

Bei einem anderen authentischen Abbergungsversuch vor der amerikanischen Atlantikküste wollte das Containerschiff „Paul Getty" im Sturm dem gekenterten Trimaran „Gonzo" Leeschutz geben und die drei Besatzungsmitglieder von Bord holen. Als sich das große Frachtschiff quer zum Wind und zur See vor den Havaristen legte, begann es, mit mehreren Knoten Geschwindigkeit auf diesen zuzudriften. Der Anprall war so heftig, daß die drei Segler ins Wasser geschleudert wurden und in Gefahr gerieten, unter das Riesenschiff zu kommen. Zum Glück schafften es Skipper Walter Green und seine zwei Mitsegler, wieder auf den kieloben treibenden Tri zu klettern. Weitere Bergungsversuche wurden daraufhin abgelehnt, und das Containerschiff nahm wieder Fahrt auf.

Später führte ein angeforderter Coast-Guard-Rettungskreuzer die Bergungsaktion erfolgreich zu Ende. Die Mannschaft legte das Schiff zuerst in Luv über den Havaristen, um Wind und Wellenstärke sowie die Driftgeschwindigkeit auszuloten. Dann wurde der Rettungskreuzer in großem Abstand um den gekenterten Trimaran herumgeführt und in Luv leicht gegen die Windrichtung aufgestoppt, um Leeschutz zu gewähren (gestrichelte Linie). Aus dieser Position ließ man zwei lange Schwimmleinen zum Havaristen hinüberdriften. Dadurch wurde ein direkter Rumpfkontakt in der ersten Abberge-Phase vermieden. An den Leinen wurde der Tri jetzt vorsichtig herangeholt, bis die Crew über das Enternetz gerettet werden konnte.
Einem kleineren Rettungskutter gelang es später, den gekenterten Tri fast unversehrt in den sicheren Hafen zu schleppen.
Dieses Beispiel zeigt, daß eine Abbergung auf See nur dann erfolgversprechend ist, wenn der Berger sich über Richtung und Stärke von Wind und Seegang sowie der daraus resultierenden Driftgeschwindigkeit im klaren ist und seinen Kurs entsprechend einrichtet.

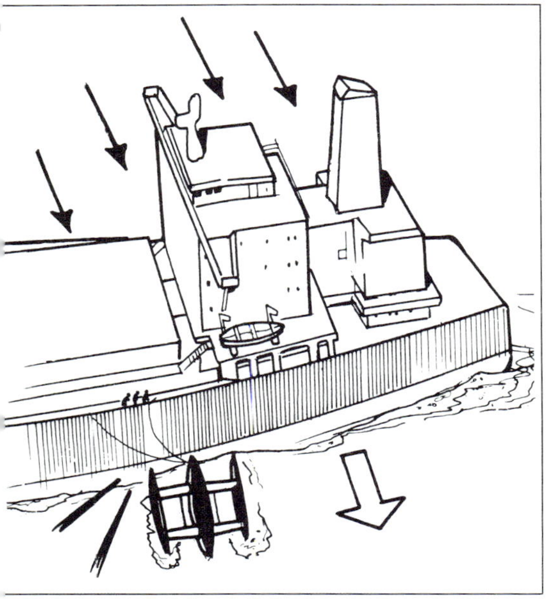

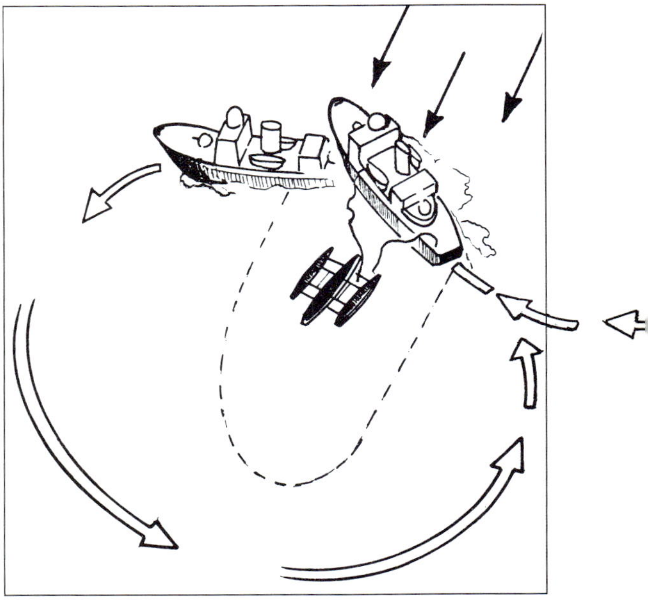

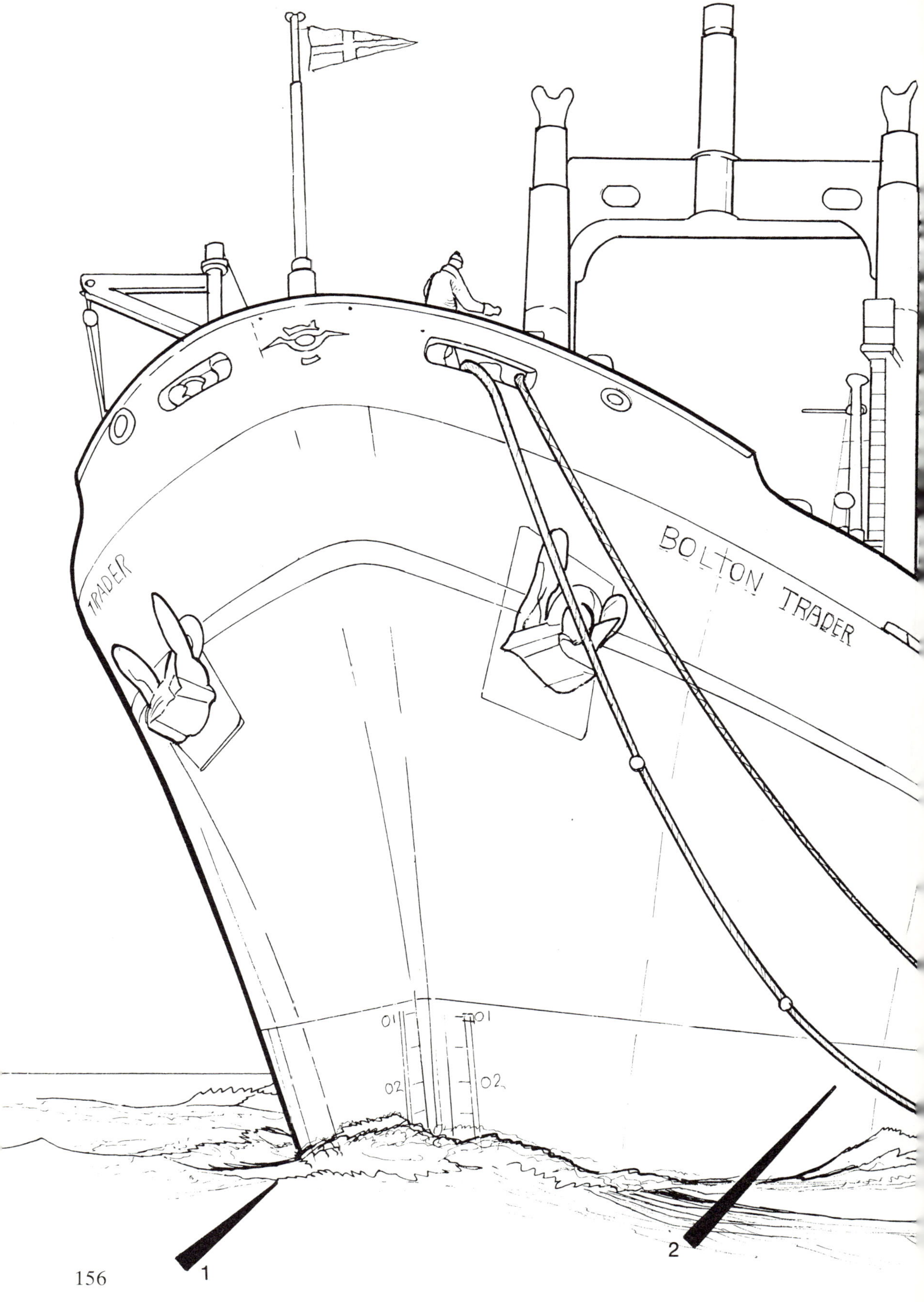
BOLTON TRADER
TRADER
01
02
01
02
1
2

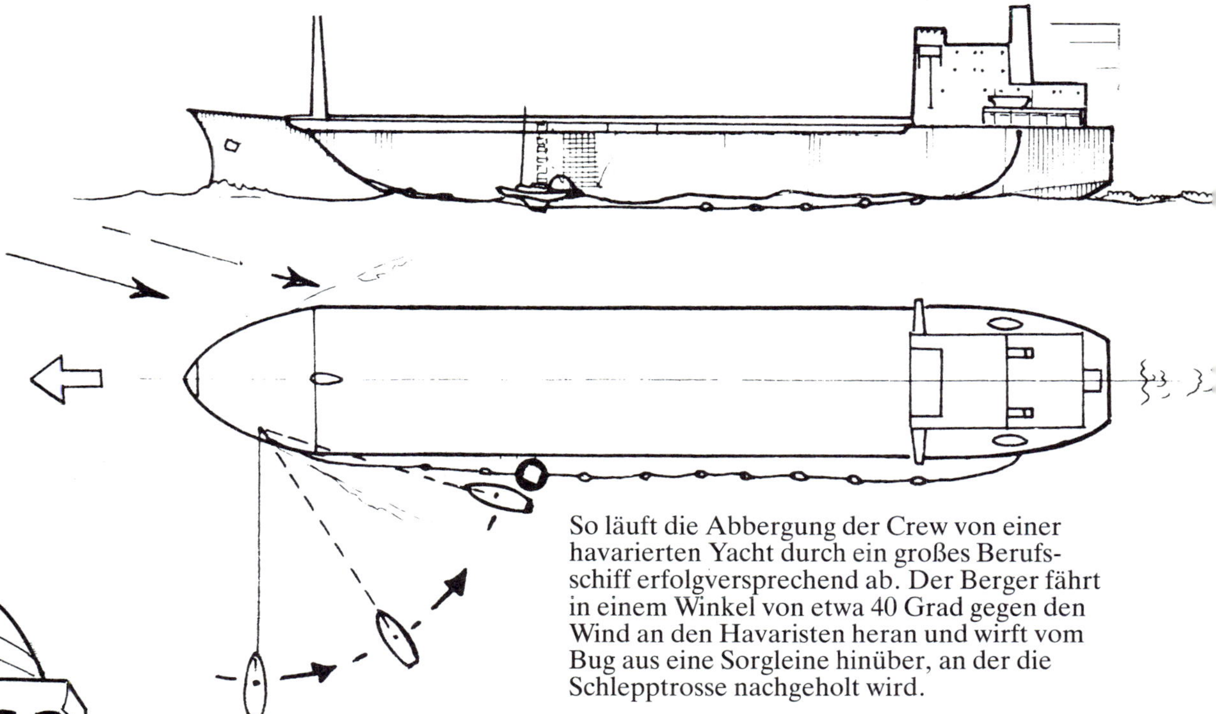

So läuft die Abbergung der Crew von einer havarierten Yacht durch ein großes Berufsschiff erfolgversprechend ab. Der Berger fährt in einem Winkel von etwa 40 Grad gegen den Wind an den Havaristen heran und wirft vom Bug aus eine Sorgleine hinüber, an der die Schlepptrosse nachgeholt wird.

Das Berufsschiff macht nach Übergabe des Schlepptampens weiterhin kleine Fahrt voraus **(1)**, um manövrierfähig zu bleiben. Der Havarist schwojt dadurch seitlich an den Berger heran, der vorher eine Treibkörperkette, auch „boat rope“ genannt, ausgebracht hat, um die Yacht vor Beschädigungen zu bewahren **(2)**. Sobald die Schlepptrosse **(3)** so weit aufgefiert ist, daß die havarierte Yacht die für die Bergung der Crew günstigste Position erreicht hat, bringt diese – speziell bei hoher See – die Rettungsinsel als wirksamen Fender zwischen Boot und Berger aus. Die Mannschaft des Frachters wird jetzt ein Enternetz vom Deck herablassen **(4)**, in das die Crew von der Rettungsinsel aus gut hineingreifen und sich daran hochhangeln kann. Vor dem Aufentern sollte sich jedes Crewmitglied mit einer zusätzlich abgefierten Sorgleine sichern.

1
2
3
4

Abbergen durch den Hubschrauber

Die erfolgreiche Abbergung eines Verunglückten von Bord einer Yacht durch einen SAR-Hubschrauber (SAR = Surch and Rescue, Suchen und Retten) erfordert umsichtiges und richtiges Verhalten der übrigen Crew. Ein „hovernder“, also ein auf einer Position schwebender Hubschrauber entwickelt einen starken „down wash“, einen abwärts gerichteten Luftstrahl durch die Rotorblätter, der Sturmstärke erreicht **(1)**. Daher sind alle Segel zu bergen beziehungsweise sorgfältig festzumachen. Der Hubschrauber fliegt den Havaristen zuerst an, um die genaue Lage und Position zu erkunden, und dreht dann ab, um erneut zur Abbergung anzufliegen. Also nicht in Panik geraten, wenn der Retter zuerst scheinbar weiterfliegt. Die Yacht muß währenddessen unter Motor direkt gegen den Wind in Fahrt und auf genauem Kurs gehalten werden.
Durch Handzeichen wird die Seite markiert, die für die Abbergung günstig ist **(2)**. Steht das Rigg noch, wird der Helikopter sich seitlich neben die Yacht setzen. Deswegen vorher den Baum abdirken und seitlich an Deck laschen **(3)**. Anschließend das Achterstag abschlagen. Während des Hoverns wird der Helikopter per Handhebel-Steuerung durch die Bedienungsmannschaft in der geöffneten Bergungsluke genau auf Position gehalten. Die Mannschaft wird das stählerne Winschseil beziehungsweise die Fangleine zuerst ins Wasser hinablassen, um elektrische Aufladung zu erden **(4)**. Andernfalls würde der Mann auf der Segelyacht unter Umständen einen elektrischen Schlag erhalten, der allerdings harmlos ist.

Besitzt die Yacht einen Besanmast, so wird die Abbergung direkt von Bord schwierig. In diesem Fall ist es günstiger, den Verunglückten mit dem Beiboot beziehungsweise Schlauchboot achteraus treiben zu lassen oder, falls dieses nicht vorhanden ist, die aufgeblasene Rettungsinsel achteraus zu fieren. Allerdings muß das Boot oder die Insel bestiegen werden, noch ehe der Hubschrauber darüber hovert, da der kräftige Downwash, der abwärts gerichtete Luftstrahl der Rotorblätter, diese leichten Schwimmkörper sofort umblasen würde.
Auch bei diesem Manöver wird die Yacht gegen den Wind in Fahrt gehalten, soweit dies der Schleppanhang ermöglicht. Der Abbergevorgang wird dann genauso ablaufen wie anfangs beschrieben.

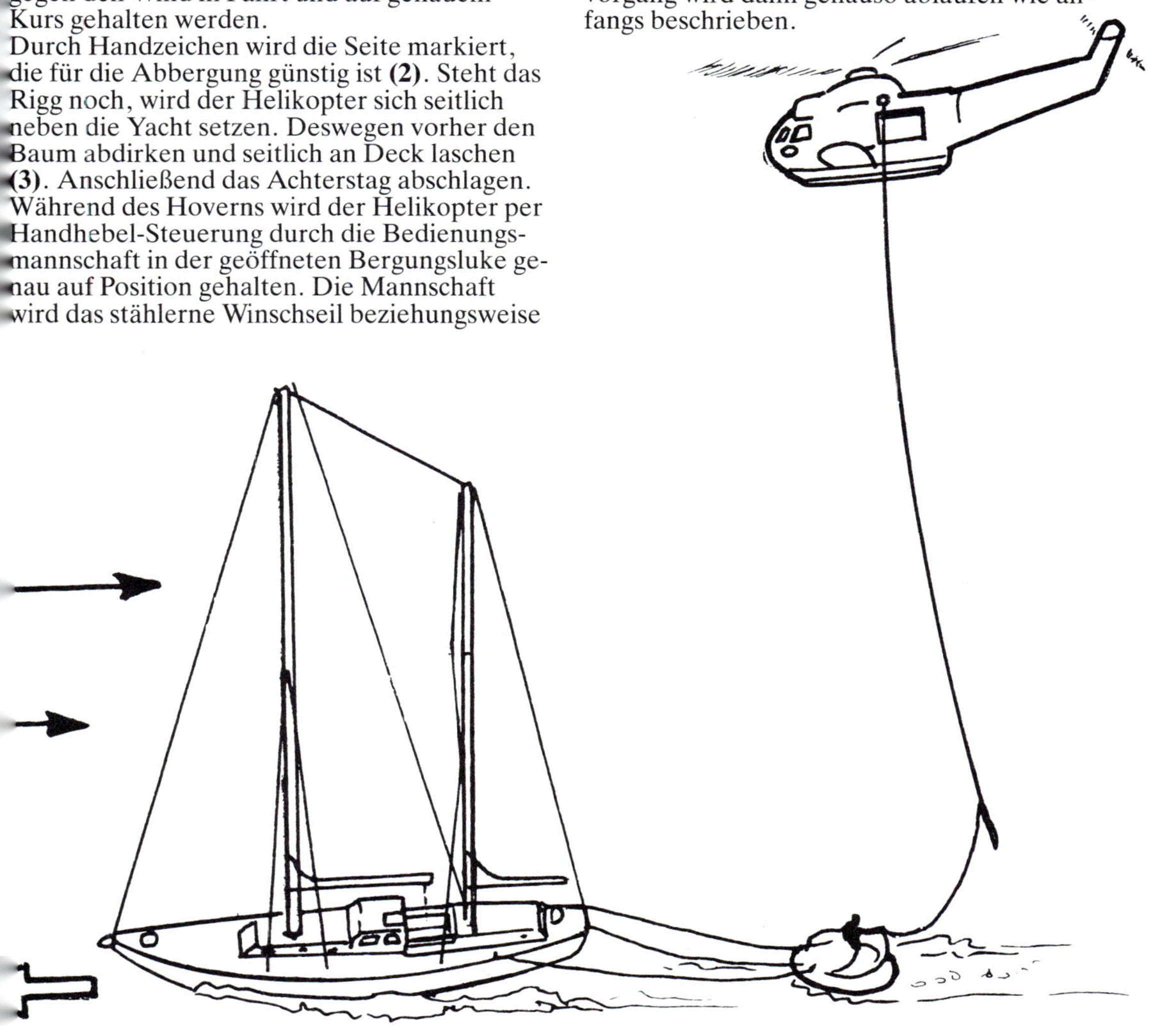

Bei der Abbergung eines Verunglückten, der im Wasser treibt oder selbst keine Hilfestellung leisten kann, wird stets eine Doppelwinschung durchgeführt. Dabei läßt die Helikopter-Crew einen Mann herab, der die Rettungsschlinge fachgerecht um den Verunglückten legt. Er sorgt auch dafür, daß der Körper während des Aufwinschens in der richtigen Lage bleibt. So kann selbst eine ohnmächtige Person sicher in das Flugzeug gehievt werden.

Für die Abbergung eines bewegungsunfähigen Crewmitgliedes von Bord setzt man indessen einen Tragekorb ein, in den der Verunglückte hineingelegt und durch Gurte gesichert wird. Der sogenannte „Stretcher" darf selbstverständlich auch nur an Deck gestellt und nicht festgelascht werden. In der Regel wird die Hubschrauber-Crew vorher einen Mann abwinschen, der das Manöver an Deck fachgerecht abwickelt.

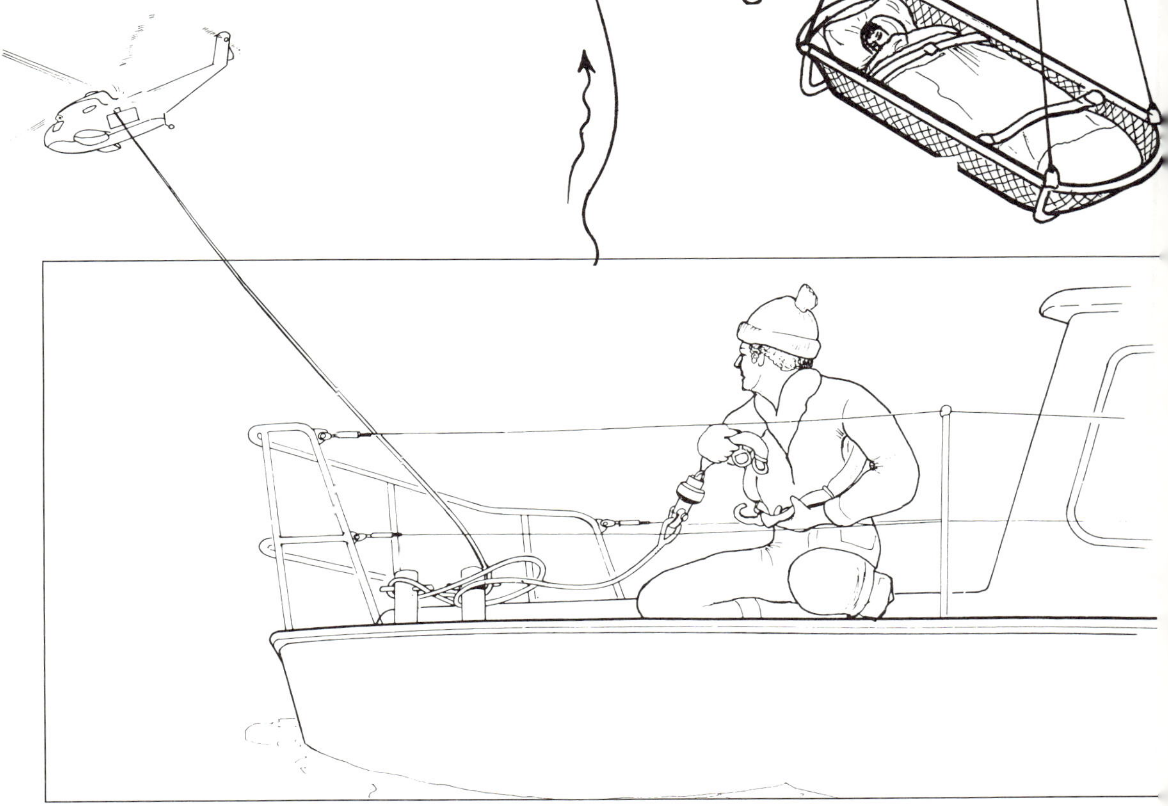

So nicht . . .

Auf keinen Fall darf nach dem Aufpicken des Winschdrahtes der hier gezeigte Fehler gemacht werden: Aus Angst, das Seil könne wieder entwischen, hat der Abzubergende es an Bord belegt. Der Hubschrauber käme in einer solchen Situation in ernste Schwierigkeiten, die Überlast-Sicherung der Winsch würde ausgelöst, und die Hubschraubercrew müßte in letzter Konsequenz das Seil absprengen, wodurch alle Rettungsmöglichkeiten vergeben wären.

. . sondern so

Jnd so wird das Aufwinsch-Manöver an Bord ler Yacht richtig ausgeführt: Sobald die Fangeine wahrgenommen worden ist, das Winscheil mit der Rettungsschlinge heranziehen.

Wenn möglich, sollte es ein Mann der Crew per Hand sichern. Die Rettungsschlinge wird **unter den Armen hindurch nach vorn** geführt und **vor der Brust** mit einer der Verschlußösen verbunden. Nur so ist sichergestellt, daß man beim Aufwinschen nicht aus der Schlinge rutscht.

Abbergen von Land aus

Wenn die Abbergung einer Yacht von einer Legerwallküste aussichtslos erscheint, muß die Besatzung vom Land her gerettet werden. Hierzu läßt die Crew der gestrandeten Yacht eine lange dünne Schwimmleine mit Hilfe von Schwimmkörpern (Fendern) durch die Brandung an Land treiben **(1)**. Daran wird eine stärkere Trosse nachgeholt und von den Rettungsleuten am Strand oder an einem Auto vertäut **(2)**. An ihrem Auge hat die Yachtcrew vorher einen eingeschorenen Block eingebunden (3), der wiederum mit einer entsprechend langen, dünnen Leine mit dem Havaristen verbunden ist. Unter Verwendung der zuerst an Land gegebenen Sorgleine läßt sich daraus ein Lift herstellen (4), mit dessen Hilfe jedes Besatzungsmitglied von der Rettungsmannschaft sicher durch die Brandung an Land gezogen werden kann (5).
Nur so läßt sich der gefürchtete Rücksog der Brandungswellen kontrollieren, durch den schon viele Wassersportler bei dem Versuch, das Ufer schwimmend zu erreichen, in die offene See zurückgerissen wurden.

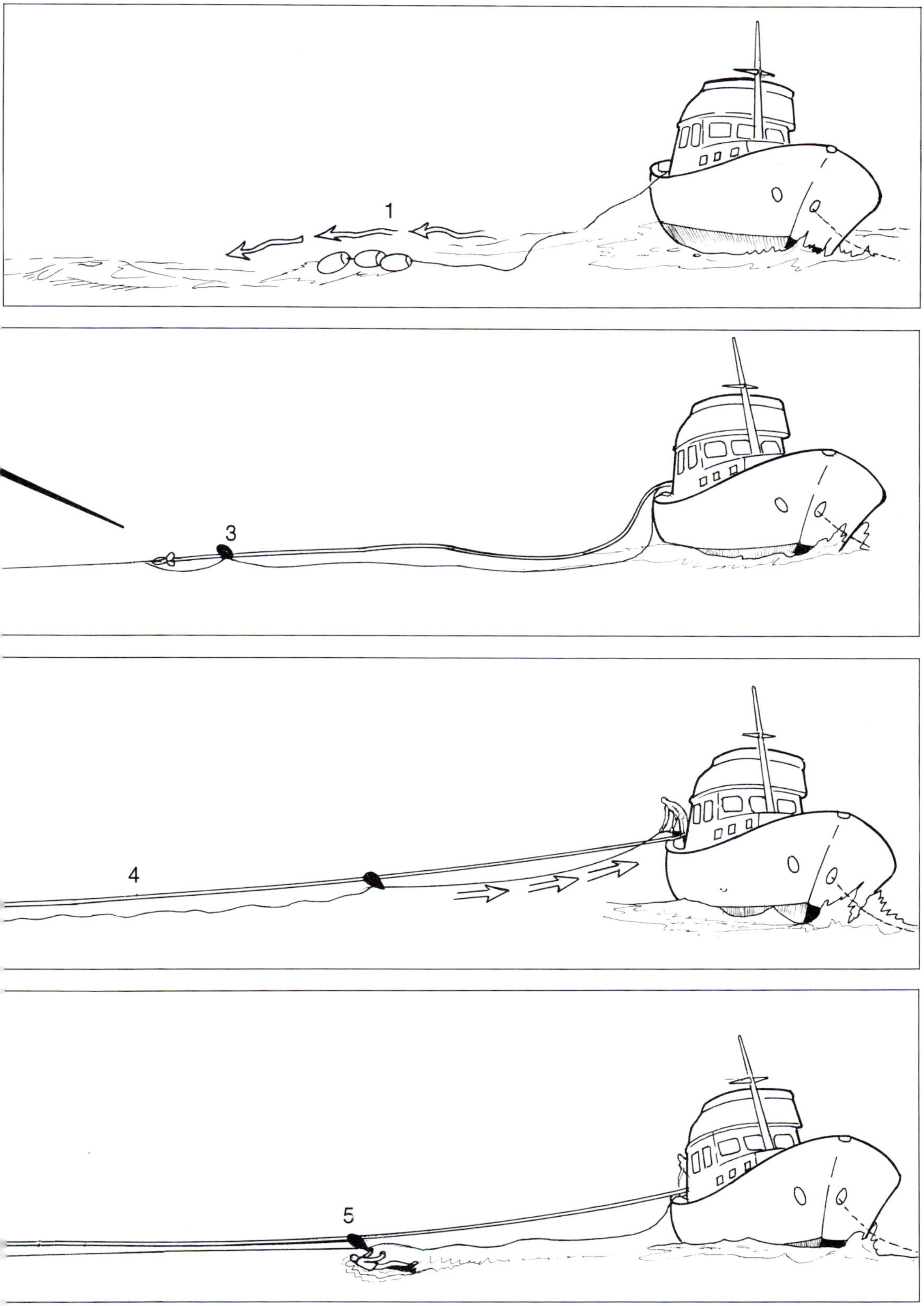
1
3
4
5

Hilfe, Wasser im Boot!

Angst vor einem Leck hat wohl jeder Skipper, der ein Schiff verantwortungsbewußt führt. Dabei muß ein Wassereinbruch gar nicht durch eine Kollision oder eine Grundberührung ausgelöst worden sein. Viel häufiger sind Materialermüdungen, undichte Rumpfdurchbrüche, schlechte Rumpf-Deck-Verklebungen oder mangelhafte Montage der Beschläge die Ursachen. Derartige Lecks sind zwar in der Regel nicht unmittelbar bedrohlich für Boot und Mannschaft, dafür aber um so tückischer, weil sie sich schlecht oder gar nicht orten lassen.

Eine Segelyacht, die mit durchschnittlicher Geschwindigkeit segelt, hat kaum Chancen, bei einer Kollision mit einem schweren, im Wasser treibenden Hindernis ohne Leck im Rumpf davonzukommen. Zu groß ist die Kraft der Masse, die abrupt gebremst wird. Die hauptsächlichen Ursachen schwerer Kollisionen sind auf See treibende Container, Fässer und anderes Decksgut der Frachtschiffahrt, Baumstämme, Pallhölzer und Dalbenreste, sowie Fahrwasser-Tonnen und – häufiger als angenommen – schlafende Wale. Mit Ausnahme der Tonnen schwimmt alles Treibgut tief im Wasser, so daß es vor allem in der Dämmerung, bei schlechtem Wetter und nachts kaum auszumachen und eine Kollision möglich ist.

Eine mit Krängung segelnde Yacht ist besonders gefährdet, da die Sicht nach Lee stark eingeschränkt ist. Außerdem hat eine Kollision in Lee verheerendere Auswirkungen als in Luv, da hier die Kraft der Masse durch Wellenversatz, Abdrift und Preß durch die Segel besonders groß ist.

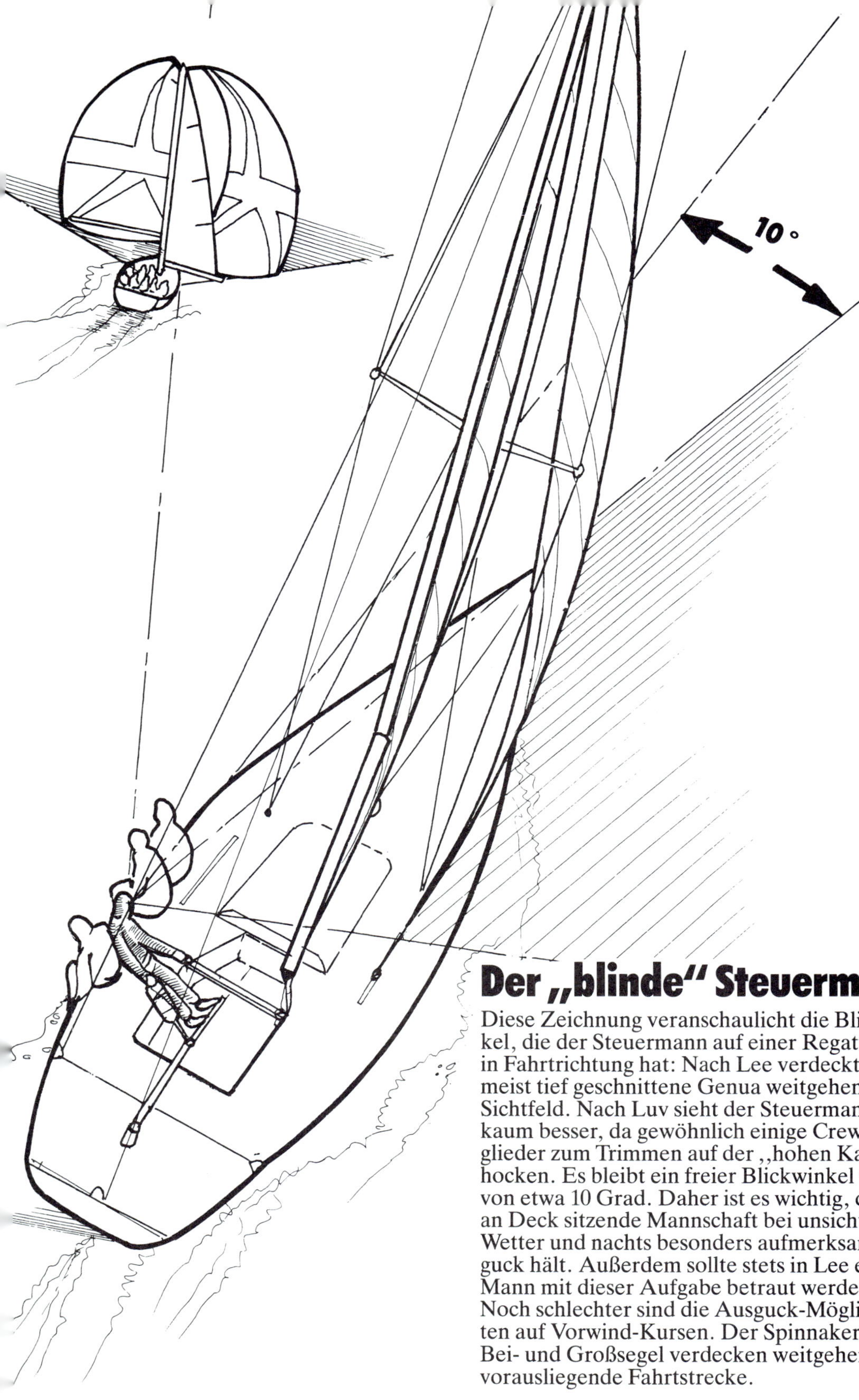

Der „blinde" Steuermann

Diese Zeichnung veranschaulicht die Blickwinkel, die der Steuermann auf einer Regattayacht in Fahrtrichtung hat: Nach Lee verdeckt die meist tief geschnittene Genua weitgehend das Sichtfeld. Nach Luv sieht der Steuermann kaum besser, da gewöhnlich einige Crewmitglieder zum Trimmen auf der „hohen Kante" hocken. Es bleibt ein freier Blickwinkel voraus von etwa 10 Grad. Daher ist es wichtig, daß die an Deck sitzende Mannschaft bei unsichtigem Wetter und nachts besonders aufmerksam Ausguck hält. Außerdem sollte stets in Lee ein Mann mit dieser Aufgabe betraut werden. Noch schlechter sind die Ausguck-Möglichkeiten auf Vorwind-Kursen. Der Spinnaker sowie Bei- und Großsegel verdecken weitgehend die vorausliegende Fahrtstrecke.

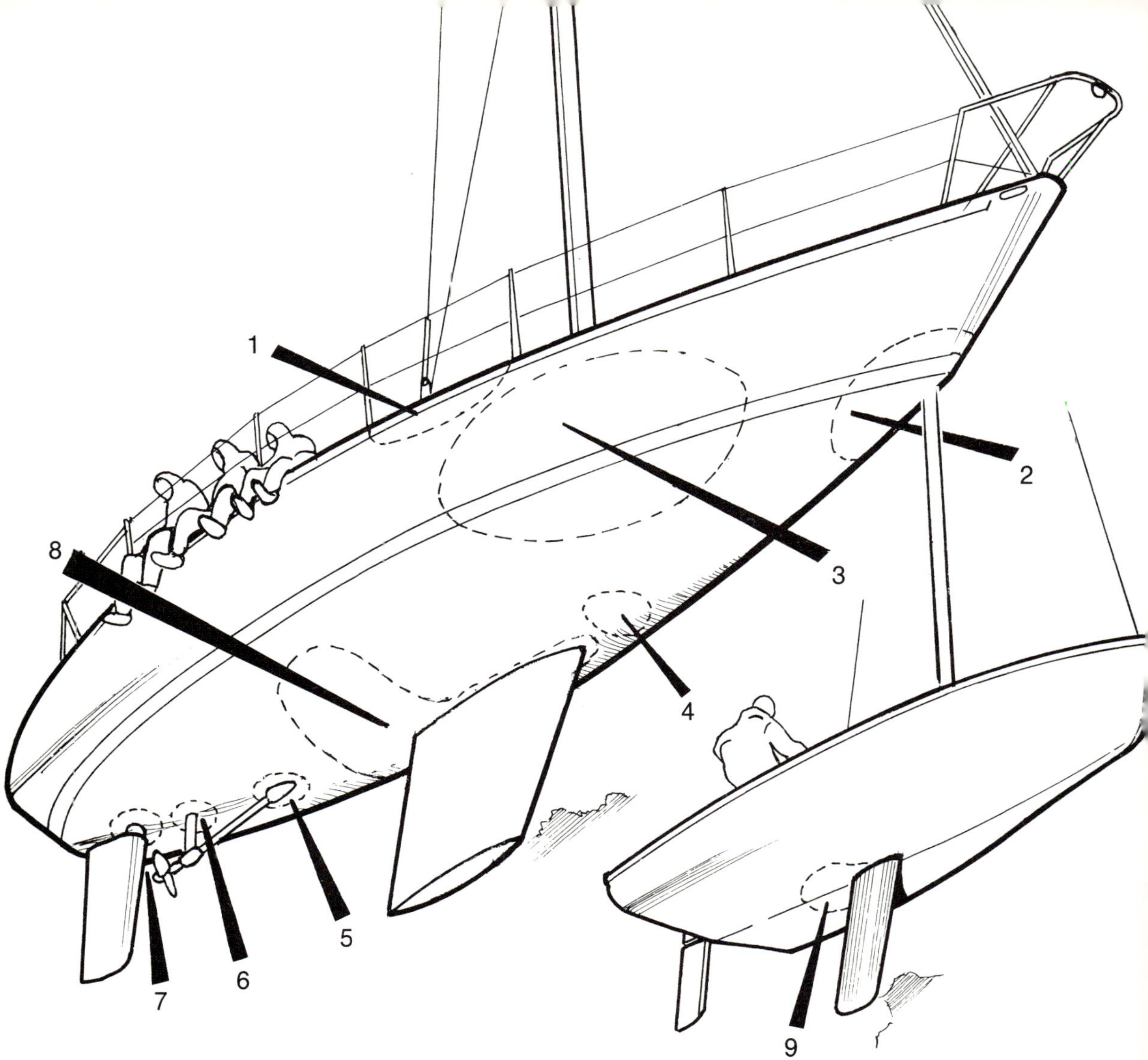

Gefährdete Punkte auf Segelyachten

Lecks können die unterschiedlichsten Ursachen haben. Auf dieser Zeichnung sind einmal die häufigsten Leckstellen und damit gefährdetsten Punkte einer Segelyacht dargestellt.

1: In ungezählten Fällen führte eine mangelhafte Rumpfverankerung der Püttinge zur Ablösung der Rumpf-Deckverbindung.
Zwar sind solche Leckagen nicht schwerwiegend, doch können sie auf Langtörns zu einer totalen Vernässung unter Deck führen.

2: Besonders gefährdet ist der Bug-Bereich bei Kollisionen und Strandung auf Molenköpfen, Steinbuhnen etc.

3: Noch schwerwiegender gefährdet sind die Vorschiffsflanken an Back- und Steuerbord bei Kollisionen mit Treibgut.

4: Risse im Laminat, ja sogar durchgebrochene Leckstellen hat es im Rumpf unterhalb des Mastfußes gegeben, in der Regel durch Fehlkonstruktionen oder Überbelastung.

5 und **6**: Nicht weniger anfällig sind der Wellendurchbruch im Rumpf sowie die Verankerung des Wellenbocks. Durch Wellen- und Propeller-Vibrationen (Unwucht) entstehen Laminatrisse.

7: Freistehende Ruder sind extrem gefährdet. Kollisionen mit Unterwasser-Treibgut oder schlicht Überbeanspruchung führen zur Rißbildung um das Rumpflager.

8: Grundberührung ist fast immer die Ursache für schwere Lecks im Bereich der Achterkante eines untergebolzten Kiels. Zwar tritt dieser Schaden weniger bei einem anlaminierten Kiel auf, der von innen mit Ballast gefüllt wird, jedoch kann hier eine andere, nicht minder große Gefahr bei Grundberührung (Steine und

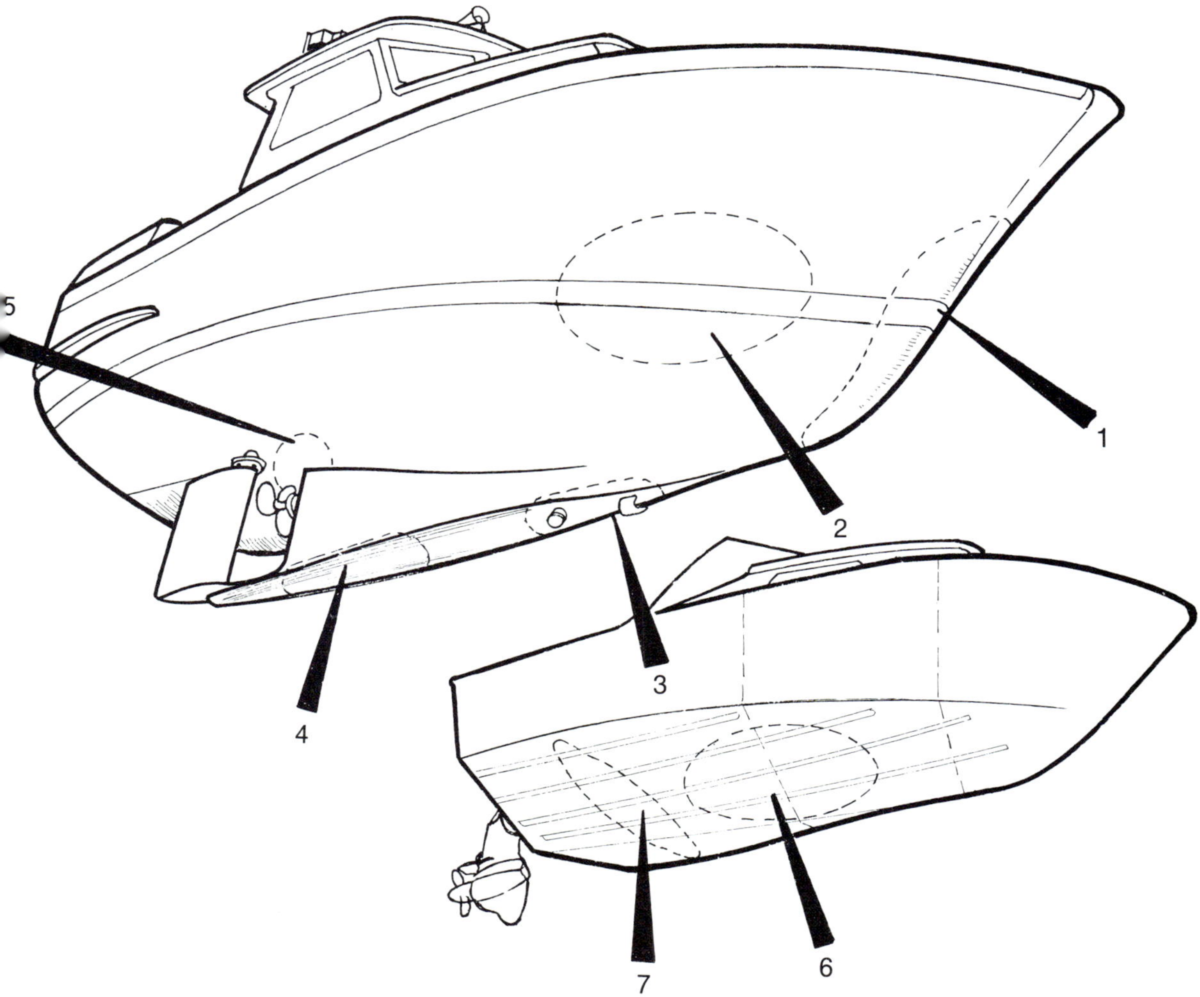

Felsen) entstehen: Durch ein Leck am Kielfuß wird das Wasser am Ballast vorbei ins Schiffsinnere gedrückt. Darum sollte jeder anlaminierte Kiel von oben mit Polyester wasserdicht vergossen sein.

9: Bei Jollen ist entsprechend die Achterkante des Schwertkastens beziehungsweise der Rumpfbereich hinter dem Schwertschlitz besonders gefährdet.

Gefährdete Punkte auf Motoryachten

Motoryachten sind gewöhnlich weniger leckgefährdet als Segelyachten. Kommt es jedoch zu einer Kollision, sind, auf Grund ihrer höheren Geschwindigkeit, fast immer totale Rumpfdurchbrüche mit entsprechend starkem Wassereinbruch die Folge.

1: Haupt-Kollisionspunkt ist der direkte Bugbereich, da seitliche Versetzungen und Schräglage wie bei einer Segelyacht nicht vorkommen.

2: Treibgut kann aber auch die Außenhaut in Höhe der Vorschiffswasserlinie verletzen.

3 und **4**: Bei Grundberührung wird gewöhnlich der Kielansatz und die Kiel-Unterkante, bzw. Kiel-Rumpf-Verbindung in Mitleidenschaft gezogen.

5: Extrem durch Treibgut sind auch der Propellerbereich und, bei freistehenden Rudern, der Ruderschaft-Austritt gefährdet.

6: Bei schnellen Gleitbooten mit V-förmigem Bodenprofil ist die Unterwasser-Schiffsfläche stark anfällig gegen Kollisionen mit Treibgut.

7: Im Bereich der Motorfundamente können durch Materialermüdung, Konstruktionsfehler oder Übermotorisierung Lecks im Bootsboden entstehen.

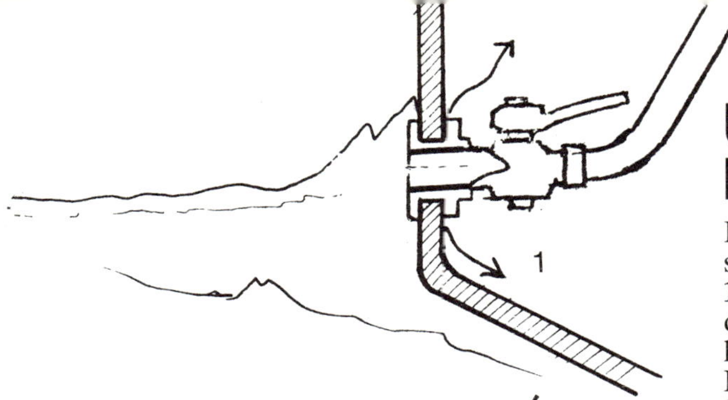

1

Undichte Rumpfdurchbrüche

Häufig sind es die vermeintlich harmlosen Ursachen, die eine Yacht zum Sinken bringen.
1: Rumpfdurchbrüche im Unterwasserbereich, die sich schwer kontrollieren lassen, können leicht im Seegang leckschlagen. Während der Hafenliegezeit zwischen den Wochenenden läuft das Boot dann langsam voll.
2: Auch menschliche Fehler führen zu Lecks im Boot, wie hier durch versehentliches Wegtreten des Speedometer-Gebers beim Säubern der Bilge. Auch vor dem Herausnehmen des Gebers sollte man Vorsorge treffen, wenn kein automatischer Verschluß vorhanden ist. Bevor sich die Verschlußkappe angefunden hat, kann bereits viel Wasser eingedrungen sein. Zum Glück weiß man hier genau, wo sich die Leckstelle befindet.
3: Viele Pump-Toiletten werden nicht fachgerecht eingebaut, so daß bei Schräglage Wasser über den Beckenrand ins Bootsinnere gelangt. Auf längeren Kreuzstrecken kann dies zu ernsten Komplikationen führen, insbesondere bei schlechtem Wetter und hohem Seegang.
4: Auch bei Motorfahrt kann Wasser über das Pump-WC ins Boot gelangen. Wenn die Stopfbuchse der Propellerwelle stark leckt, taucht das Boot durch das eindringende Wasser tiefer ein. Oft genügen nur wenige Zentimeter, um den Rand des Toilettenbeckens unter die Wasserlinie zu bringen. Darum stets die Toiletten-Seeventile geschlossen halten. Für die Seeventile an Spülbecken gilt natürlich das gleiche.

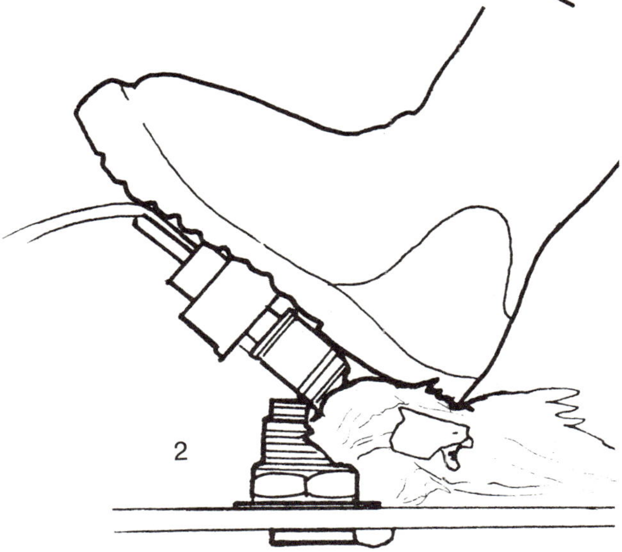

2

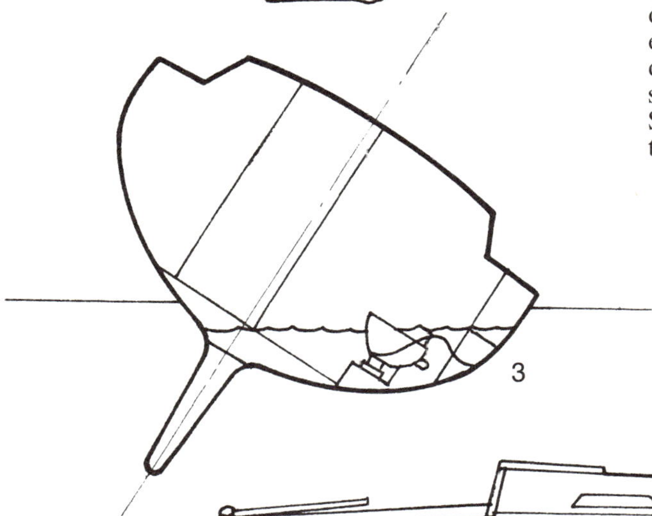

3

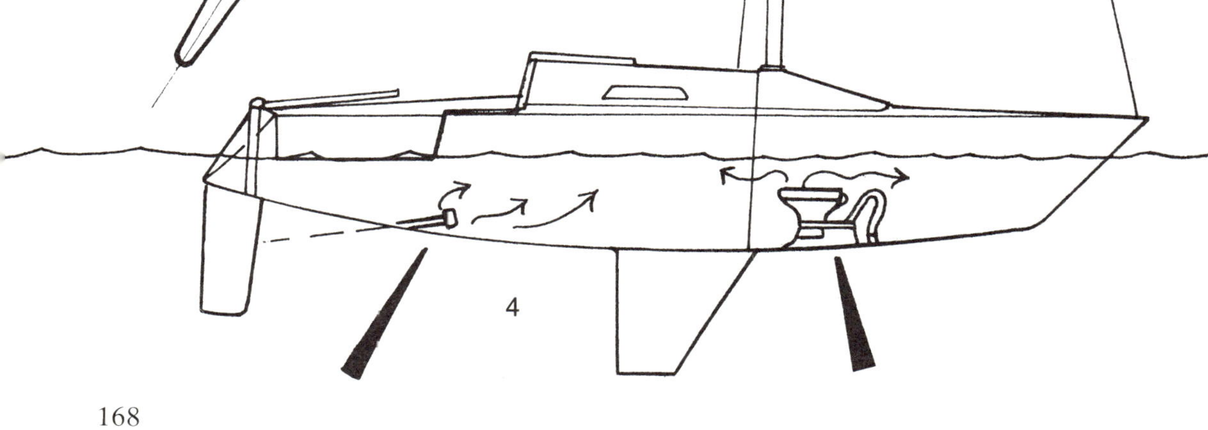

4

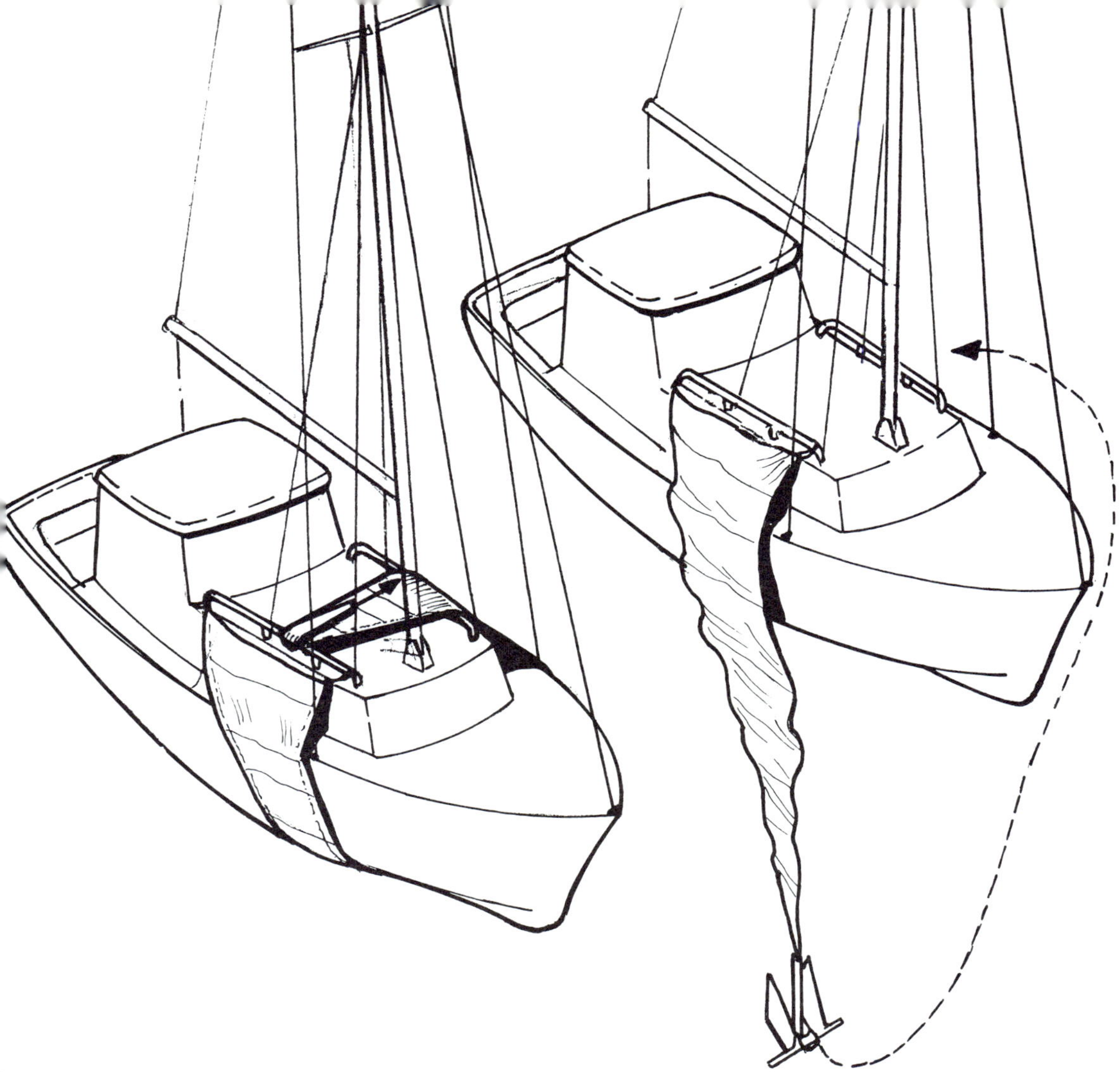

Leckbekämpfung

Für alle Maßnahmen zur Leckabdichtung ist die Ortung des Lecks von ausschlaggebender Bedeutung. Unter Umständen läßt sich ein Verlust des Bootes bereits durch eine Änderung des Trimms vermeiden. Vor allem bei kleineren Yachten kann durch entsprechende Postierung der Crew und Verlagerung schwerer Ausrüstungsgegenstände die Leckstelle über die Wasserlinie gebracht werden.
Liegt das Leck indessen so tief, daß eine Trimmverlagerung keine Wirkung hat, sollte als erstes eine provisorische Abdichtung mit einem Vorsegel vorgenommen werden. Verantwortungsbewußte Skipper (insbesondere auf Motorbooten) fahren für diesen Zweck ein speziell geschnittenes, mit Tauenden versehenes Lecksegel an Bord. Dieses (oder ein entsprechendes Vorsegel) wird mit der Basis beziehungsweise dem Unterliek an der Seereling, dem Handlauf oder an anderen, geeigneten Punkten befestigt. An den Kopf des Segels wird eine ausreichend lange Leine sowie ein leichter Anker gebunden, der das Segel unter das Boot zieht. Die Leine wird über Bug oder Heck zur anderen Bootsseite geführt. Nach dem Ausbringen bleibt meistens Zeit, eine sorgfältigere Abdichtung von innen vorzunehmen.

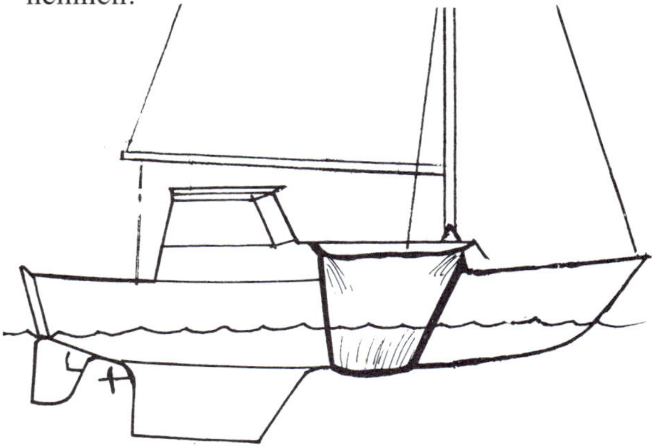

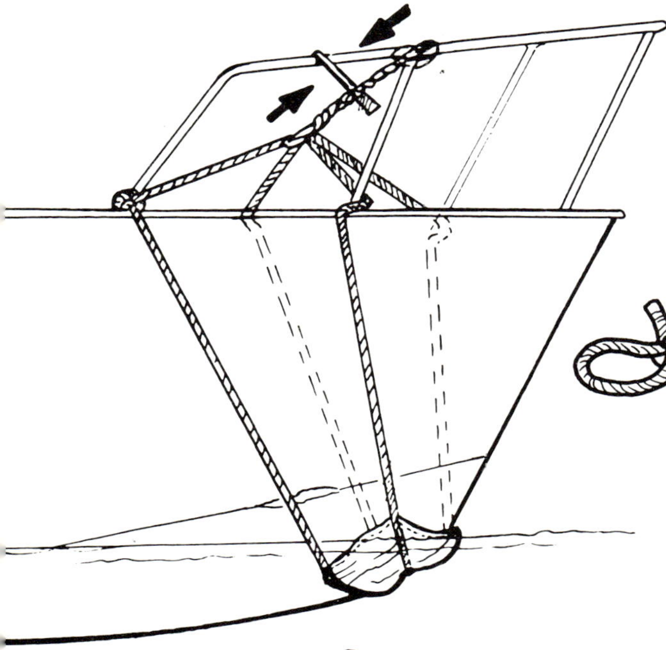

Bei Kollisionen im Vorschiffsbereich reichen meistens ein Polster oder eine Feststoff-Rettungsweste aus, um das unter der Wasserlinie entstandene Leck abzudichten. Das anschmiegsame Material wird durch Tauwerk gegen die Rumpföffnung gepreßt. Es ist ratsam, das Dichtungsmaterial vorher mit kurzen Stroppen an den Leinen festzubinden. Durch Verzurrung am Bugkorb und „Verspindeln“ der Leinen entsteht die notwendige Spannung.

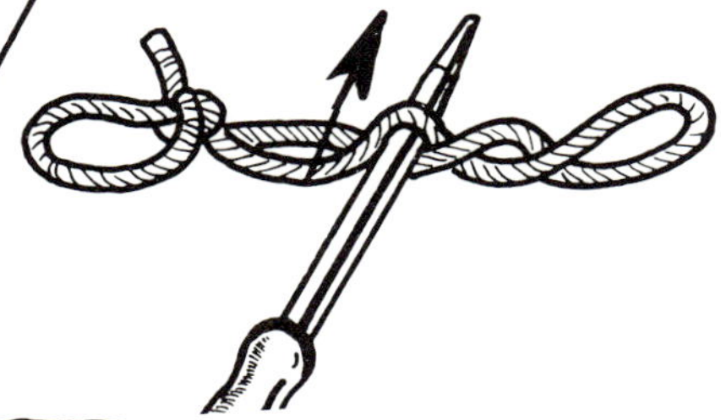

Abgebrochene Ventile, Echolotgeber und andere Rumpfdurchbrüche lassen sich weitgehend wasserdicht mit dem Griff eines Werkzeugs (z. B. Schraubenzieher) stopfen, indem der Griff mit einem Lappen passend zur Rohrstärke umwickelt wird. Durch kräftiges Hineindrehen entgegengesetzt zur Wickelrichtung ist der Wasserdruck leicht auszugleichen.

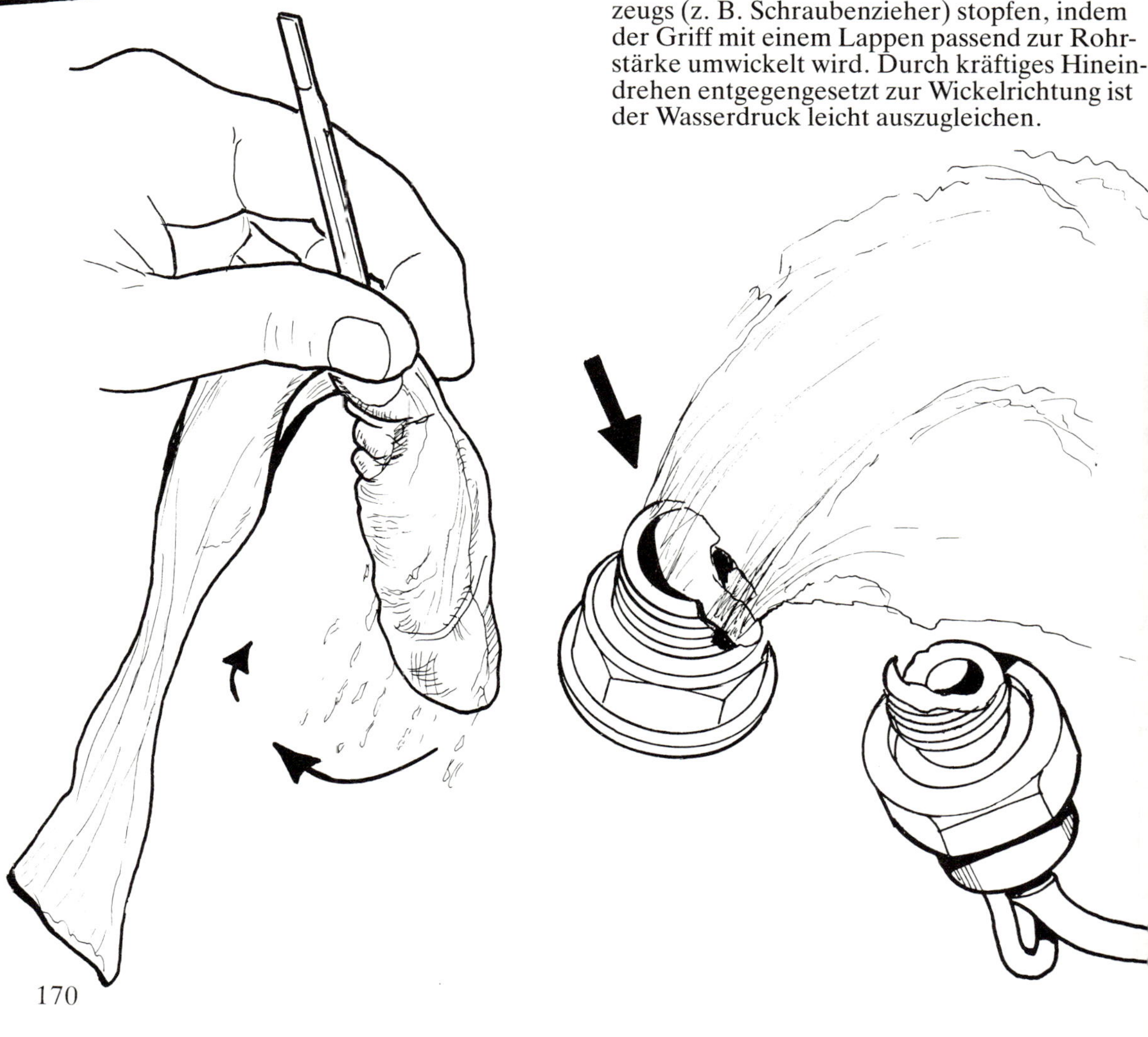

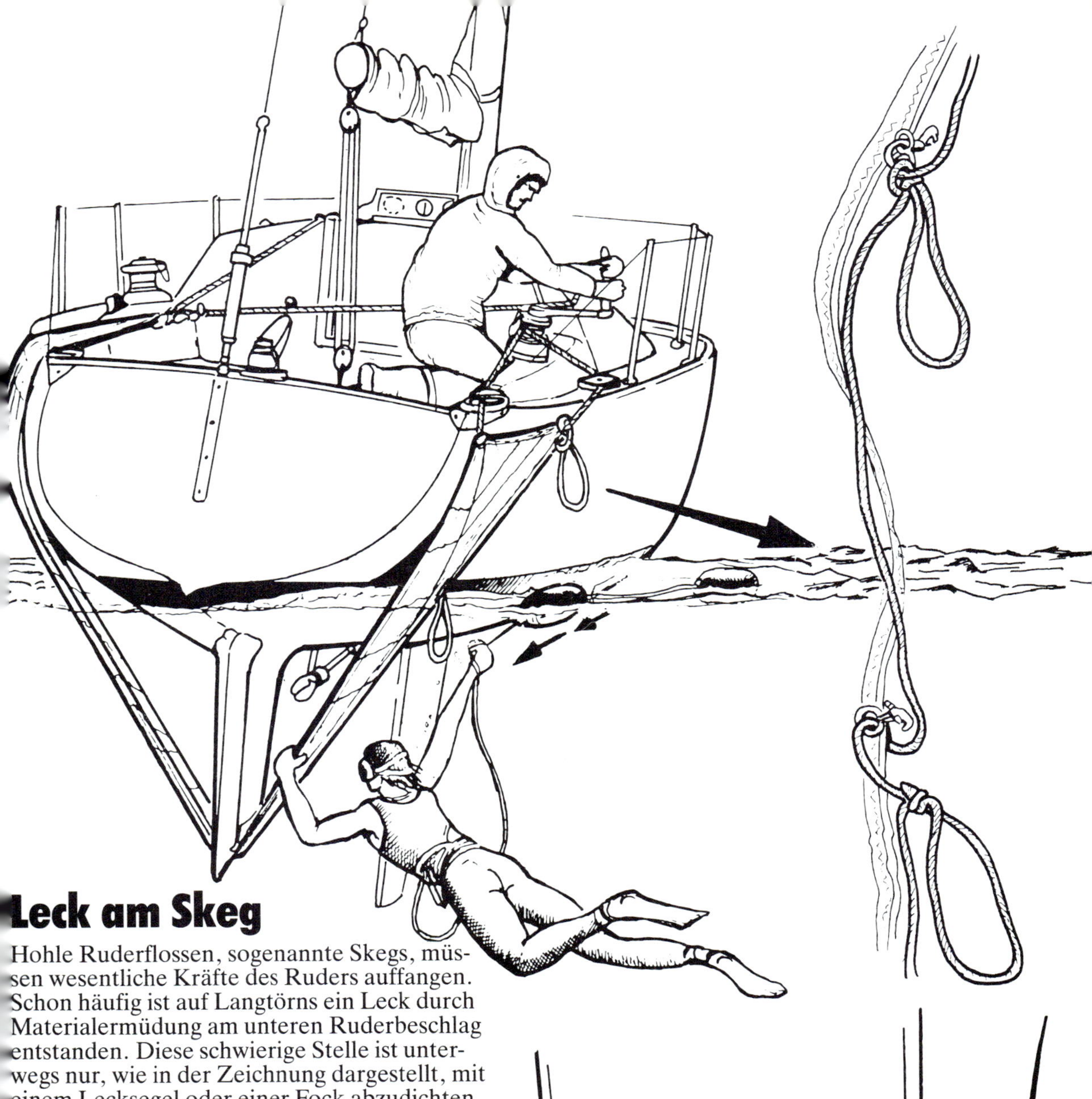

Leck am Skeg

Hohle Ruderflossen, sogenannte Skegs, müssen wesentliche Kräfte des Ruders auffangen. Schon häufig ist auf Langtörns ein Leck durch Materialermüdung am unteren Ruderbeschlag entstanden. Diese schwierige Stelle ist unterwegs nur, wie in der Zeichnung dargestellt, mit einem Lecksegel oder einer Fock abzudichten. Ähnlich verhält es sich mit einem Leck an der Kiel-Unterkante. Allerdings muß ein Taucher das Segel an die richtige Position dirigieren. Vorher am Vorliek angebrachte Tauschlingen zum Hineingreifen vereinfachen diese Arbeit. Signale für den Winschenmann lassen sich unter Wasser am besten mit einem kleineren Fender geben, der an eine Leine gebunden ist. Wird er einmal oder mehrfach ruckartig unter Wasser gezogen, bedeutet dies Dichtholen oder Fieren. Vor dem Ausbringen des Lecksegels ist der Auftrag von Dichtungsmasse aus der Tube empfehlenswert. Es gibt jetzt Fabrikate, die auch unter Wasser haften. Mit diesem „Verband" hat schon manche Yacht ohne Schwierigkeiten den rettenden Hafen erreicht.

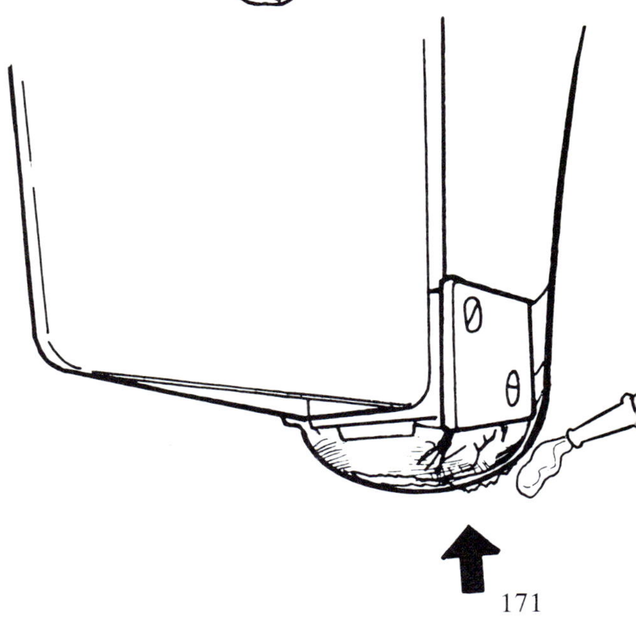

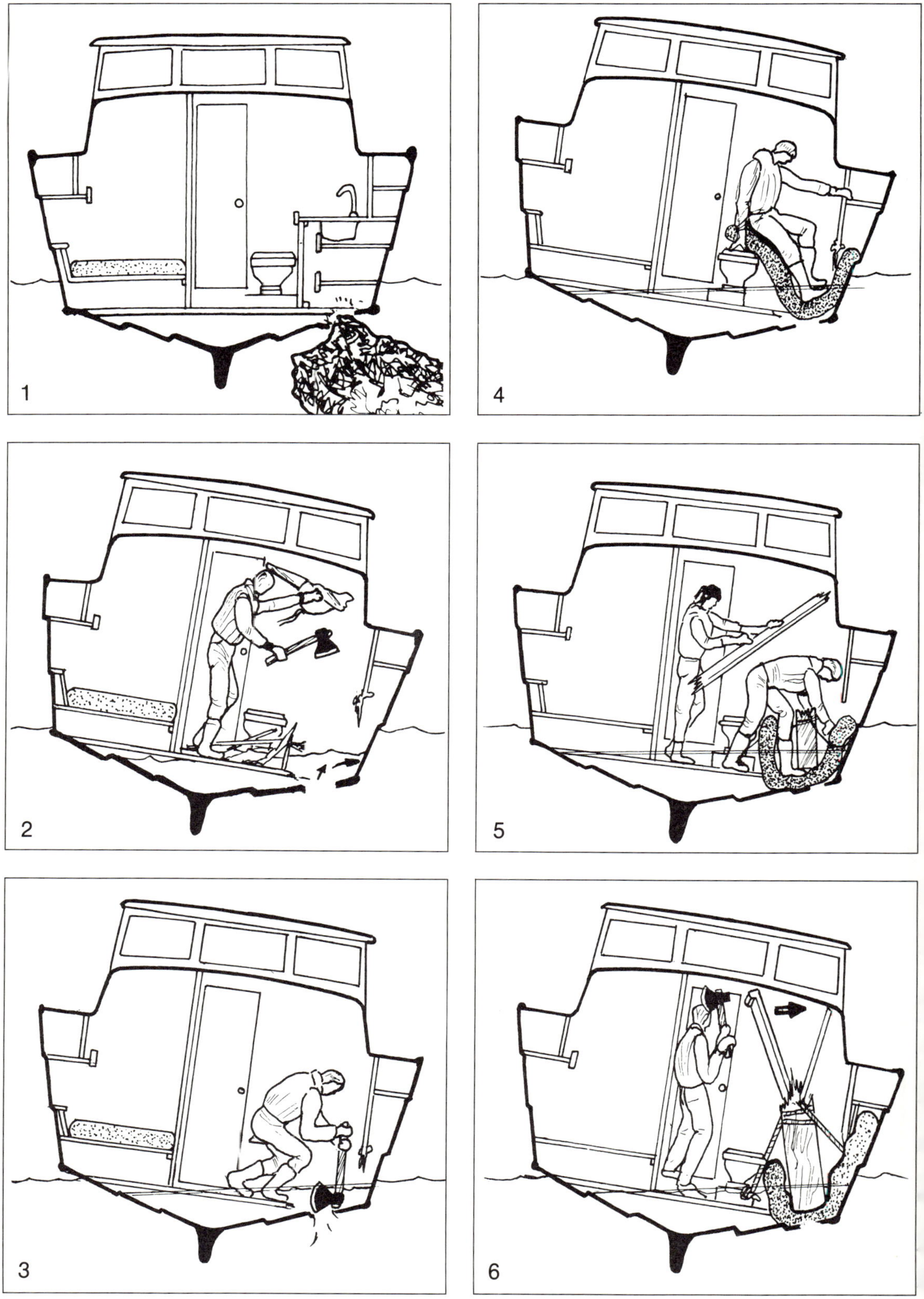
1
2
3
4
5
6

Ein Leck abdichten

Wie eine Rettungsoperation ablaufen sollte, zeigt diese Bildfolge.
1: Eine Motoryacht ist mit ihrem glasfaserverstärkten Kunststoff-Rumpf auf einen Felsen gelaufen. Unter der Schrankkonsole des WC-Raumes strömt Wasser durch ein fußgroßes Leck ins Schiff.
2: Die jetzt folgende, sofortige Maßnahme kostet Überwindung, ist aber entscheidend für den weiteren Erfolg: Liegt das Leck nicht frei, muß ohne Rücksicht die Einrichtung herausgeschlagen werden.
3: Die ausgefransten Ränder des Lecks werden anschließend flachgestoßen, damit eine gute Anpassung des Dichtungsmaterials gewährleistet ist.
4: Nun wird ein Polster hineingepreßt. Meistens läßt sich der Wassereinbruch bereits durch Fußdruck stoppen.
5 und **6**: Ein weiteres Crewmitglied gewinnt dadurch Zeit, aus den herausgeschlagenen Schottwänden eine Abstützung zu bauen, die mit Tauwerk verspannt wird.
7: Mit Holzkeilen, die durch die Tampen gesteckt und gedreht werden, erzielt man den notwendigen Preßdruck. Erst jetzt darf mit dem Pützen begonnen werden.

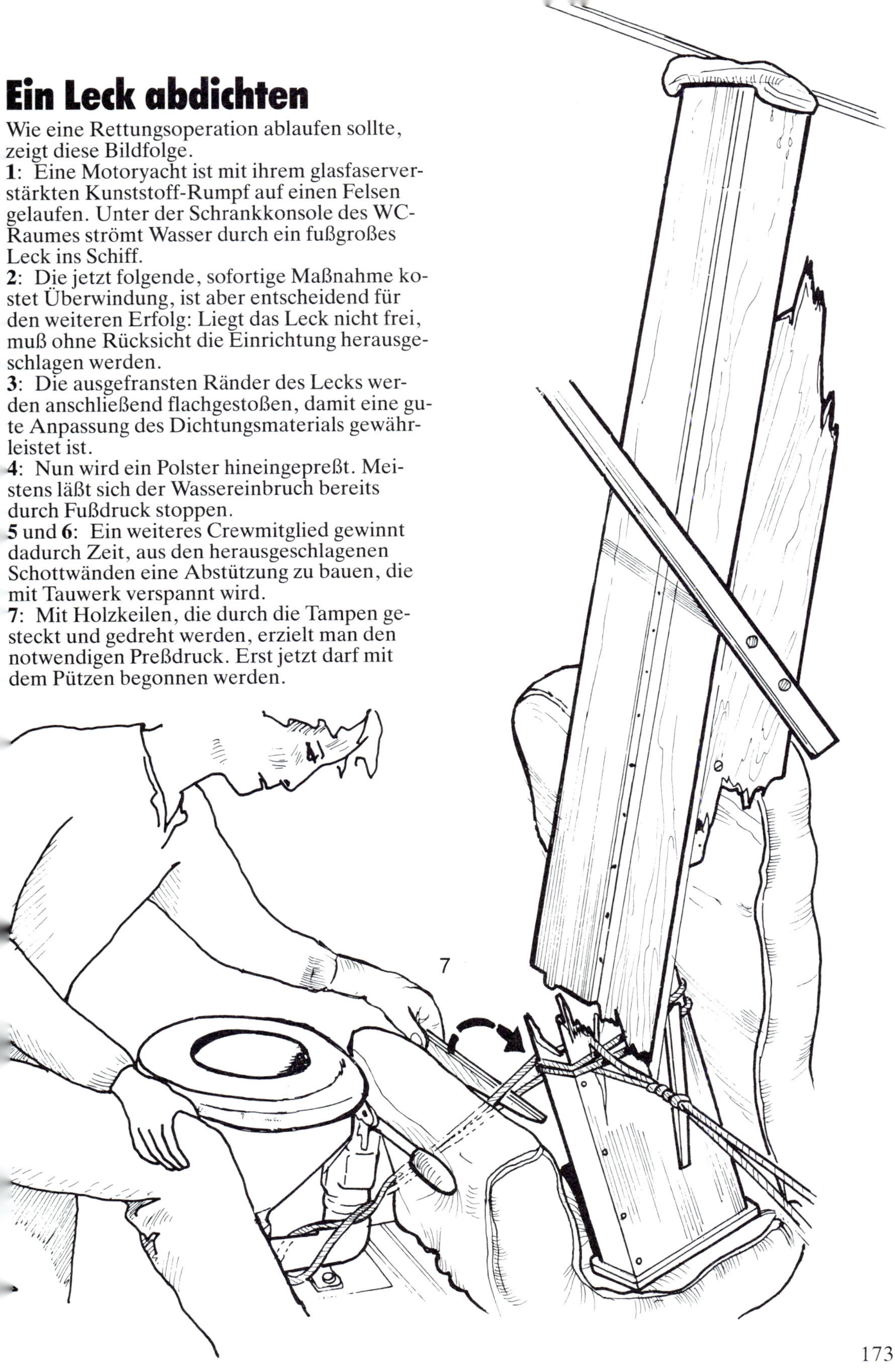

Der Leckschirm

Im Zubehörhandel ist dieser Leckschirm erhältlich, der zusammengefaltet von innen durch das Leck geschoben **(1)** und anschließend automatisch wie ein Regenschirm aufgespannt wird **(2)**. Durch den Wasserdruck preßt sich das Lecksegel selbständig gegen die Bootsaußenhaut und sorgt für eine weitgehende Abdichtung **(3)**. In der Praxis hat sich das Gerät bereits gut bewährt. Allerdings müssen anschließend von innen noch weitere Abdichtungen vorgenommen werden, da der Schirm immer noch eine gewisse Wassermenge durchläßt **(4)**. Außerdem läßt sich das Gerät nur dann einsetzen, wenn das Leck von innen gut erreichbar ist beziehungsweise sich nicht unmittelbar neben dem Kiel befindet.

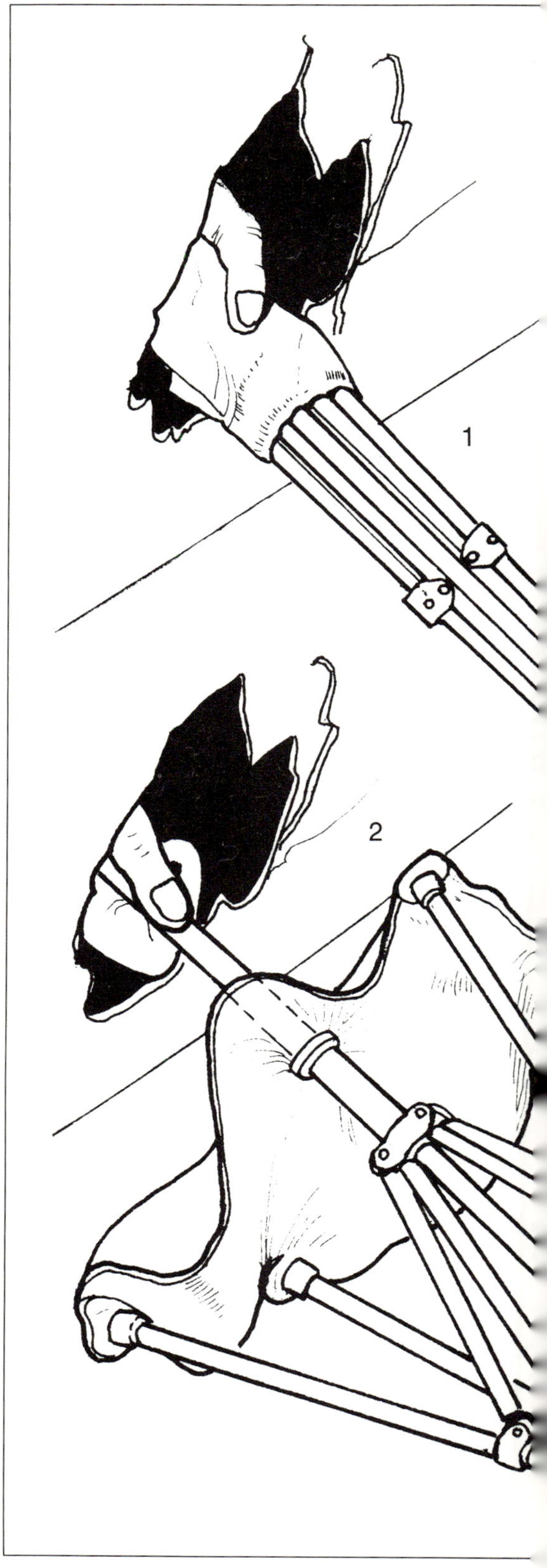

„Leck-Set"

Auf Langfahrtyachten ist ein „Leck-Set" für erste, gezielte Maßnahmen unbedingt empfehlenswert. Es sollte schnell erreichbar in der Nähe des Niedergangs oder aufrecht in der Backskiste gehaltert sein und Axt, Leckschirm und Lecksegel mit passenden Tampen enthalten. Eine Axt sollte man unbedingt an Bord mitführen. Allerdings darf es sich nicht um ein Spielzeug handeln. Der Schaft muß wenigstens sechzig Zentimeter lang und die Klinge drei Kilogramm schwer sein.
Oftmals sind die ersten Sekunden nach einer Kollision entscheidend für die mögliche Rettung des Bootes. Durch die Suche nach geeigneten Hilfsmitteln kann bereits soviel Wasser eingedrungen sein, daß das Leck nicht mehr zu orten und abzudichten ist.

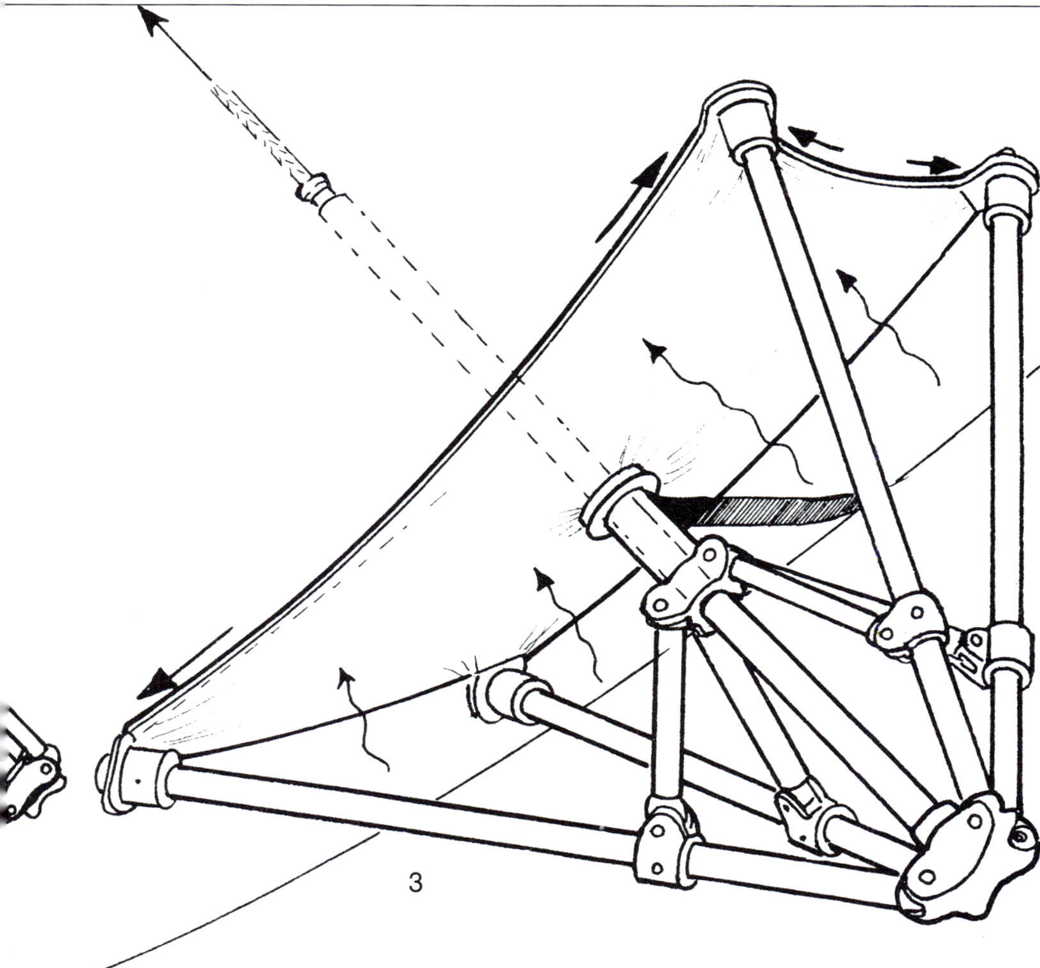

3

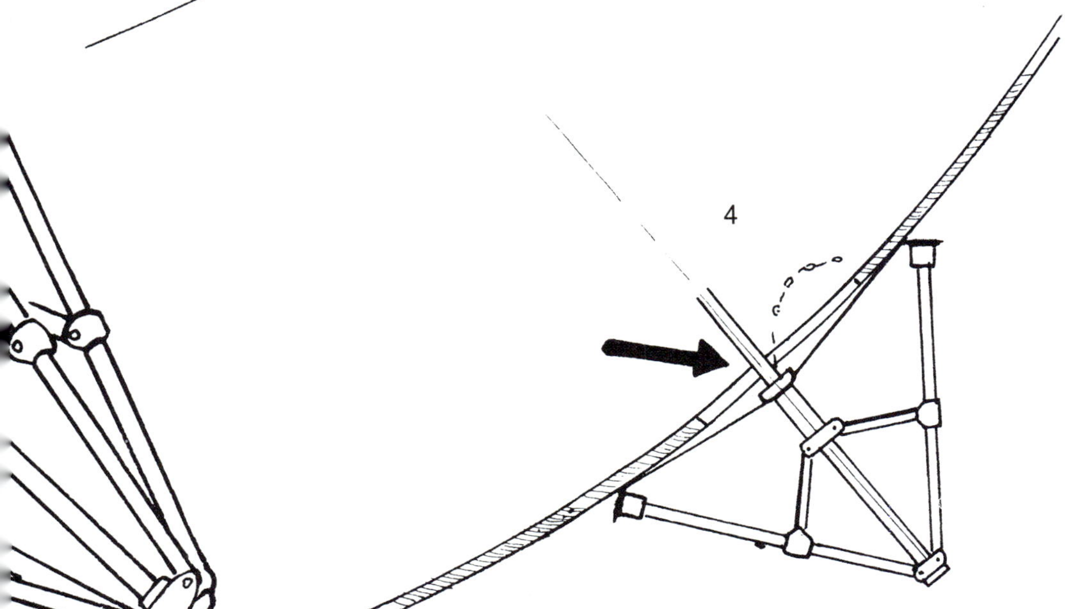

4

Feuer an Bord

Wenn auf einer Yacht ein Feuer ausbricht, muß dieses nicht gleich den Verlust des ganzen Bootes zur Folge haben. Eine vorbeugende Ausrüstung, Vorsicht beim Umgang mit leicht entflammbaren Stoffen und – falls ein Feuer ausgebrochen ist – eine umsichtige und gezielte Brandbekämpfung helfen gemeinsam, ernsten Schaden abzuwenden. Das folgende Kapitel zeigt Ihnen, was man gegen Feuer an Bord tun kann.

Die „feuersichere" Motoryacht

Wie eine Motoryacht feuersicher gemacht werden kann, zeigt diese Zeichnung:
1: Über Vor- und Achterkajüte ermöglichen große Luks die Flucht nach außen.
2: Die Gasflasche steht in einem separaten Gas-Compartment mit Abfluß außenbords.
3: Zur größtmöglichen Absicherung gegen Brände im Maschinenraum wurde ein Dieselmotor installiert.
4: Der Motorraum ist durch ein festes Schott vom übrigen Innenraum getrennt.
5 und **6**: Die Tanks sind durch Schotten, die

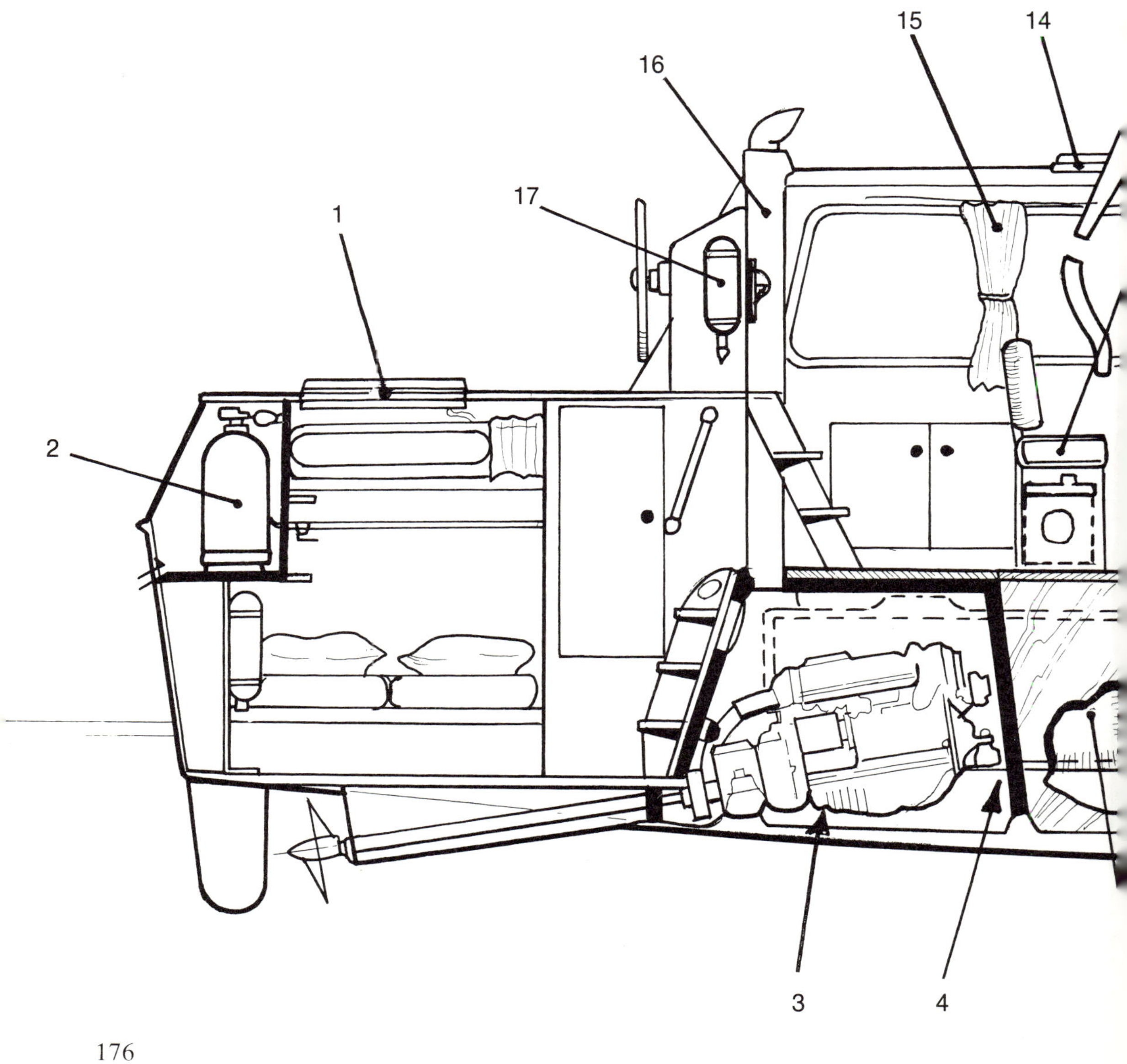

mit schwer entflammbaren Materialien verkleidet sind, vom Motorraum getrennt.
7: Die Bootsbilge hat zur Motorbilge keine Verbindung.
8: Der Kühlschrank ist mit einer automatischen Zündsicherung ausgestattet. Beim Verlöschen der Flamme wird das Gasventil geschlossen.
9: Auch im Vorschiff ist ein gut erreichbarer Feuerlöscher installiert.
10: Die Wandverkleidungen und Polsterstoffe bestehen aus schwer entflammbarem Material.
11: Der Gasherd, ebenfalls mit Zündsicherung, ist durch ein zusätzliches Gas-Hauptventil gesichert.
12: Auf dem zweiten Fahrstand, am Niedergang zum Vorschiff und zur Pantry, ist ein weiterer Feuerlöscher angebracht.
13: Die Batterie steht hoch im Schiff (wichtig bei möglichem Wassereinbruch) und vom Motorraum getrennt leicht erreichbar unter dem Fahrersitz.
14: Auch das Dach des Ruderhauses ist mit einem Fluchtluk ausgestattet.
15: Die Gardinen sollten sich schnell aus der Gefahrenzone reißen lassen.
16: Die Belüftung des Motorraums erfolgt über eine Zuleitung vom Kajütdach aus.
17: Neben dem Außenruderstand ist ein Feuerlöscher installiert, damit auch von außen gelöscht werden kann, wenn es unter Deck brennt.

3

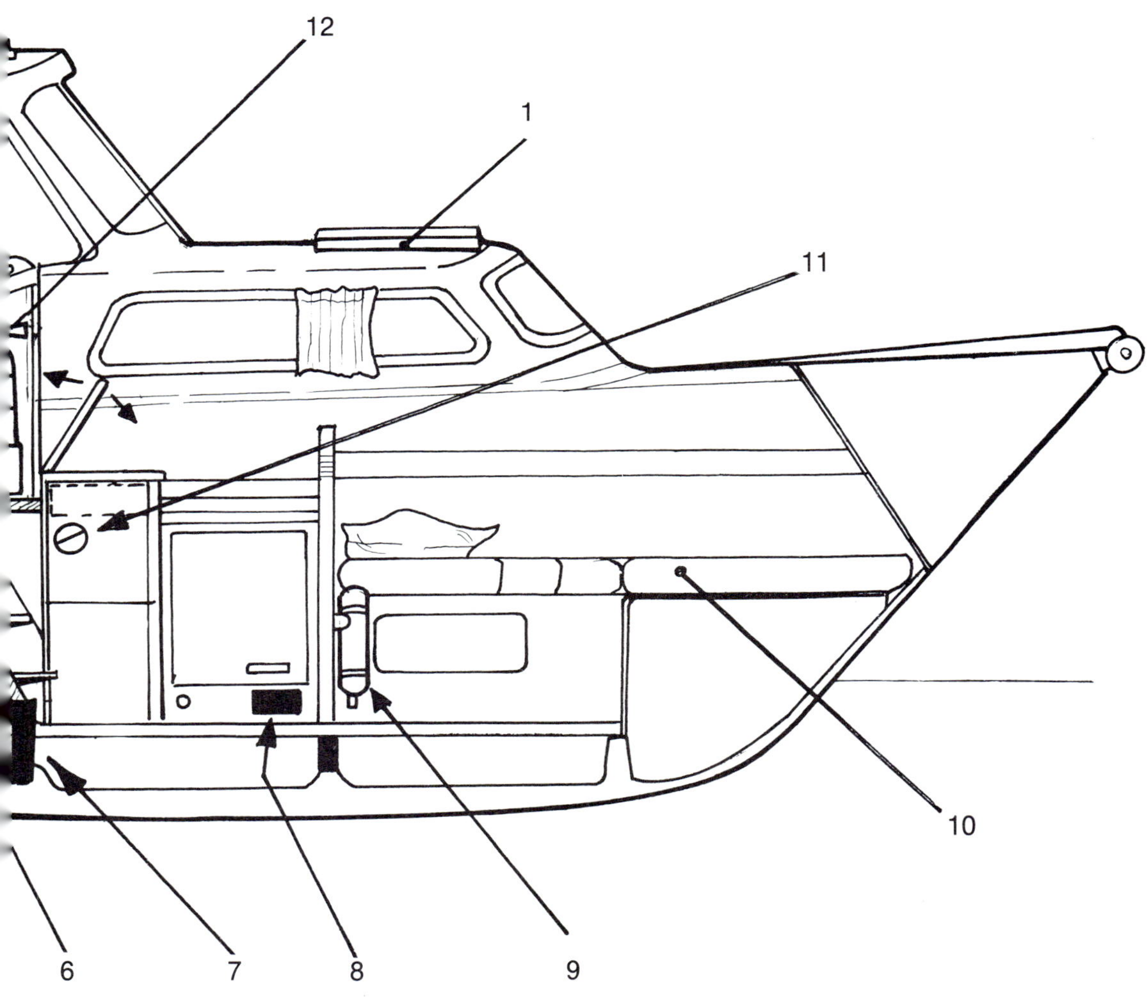

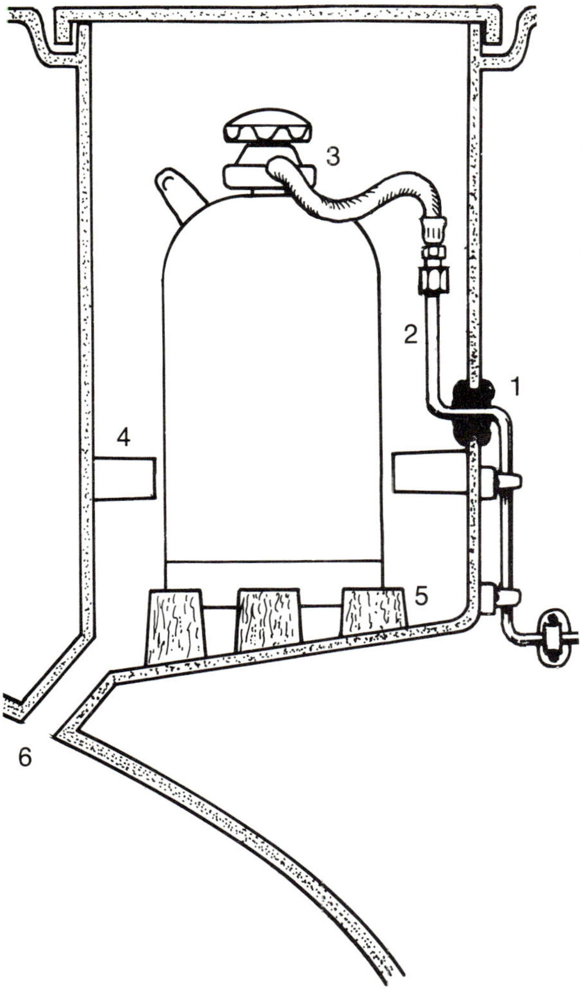

Gas an Bord

So sollte ein Gasflaschen-Compartment beschaffen sein: Der Stauraum darf keinerlei gasdurchlässige Verbindungen oder Öffnungen zum übrigen Bootsraum haben. Auch die Leitung von der Flasche zum Kocher muß gasdicht durch die Wand verlegt werden **(1)**. Vorschriftsmäßig ist eine feste Rohrleitung vom flexiblen Druckschlauch im Gasbehälter bis zur Brennstelle im Boot **(2)**. Die Flasche ist durch ein Ventil mit Druckminderer gesichert **(3)** und wird durch Abstandhalter festgeklemmt, damit sie nicht hin- und herschlagen kann **(4)**. Vorteilhaft ist es, wenn die Flasche auf Klötzchen steht, da sich bei Gasentnahme Kondenswasser bildet, das am Boden der Flasche zu Rostbildung führt **(5)**.
Da das Gas schwerer ist als Luft, sinkt es nach unten. Die Entlüftung muß folglich im Boden angesetzt und so nach außenbords geführt werden, daß kein Wasser in Windungen oder im durchhängenden Schlauch stehenbleiben kann **(6)**.
Die unten gezeigten Verbindungen von Kupferrohr und Druckschlauch mit Hilfe von Schraubklemmen findet man immer noch an Gasinstallationen auf älteren Yachten. Sie sind in höchstem Maße gefährlich und unzulässig, da das Kupferrohr sich leicht herausschieben kann. Wie eine zulässige Rohr-Schlauch-Verbindung aussehen muß, zeigt die Zeichnung links. Sie ist nur vom Fachmann zu installieren, beziehungsweise man kauft im Fachhandel die fertig vorbereiteten Rohr- und Schlauchstücke in der erforderlichen Länge.
Nimmt man Gasgeruch wahr, so sollten sofort alle Leitungen und Anschlüsse überprüft werden. Am sichersten ist es, einen Fachmann mit

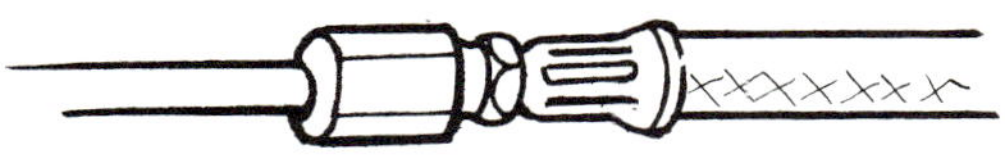

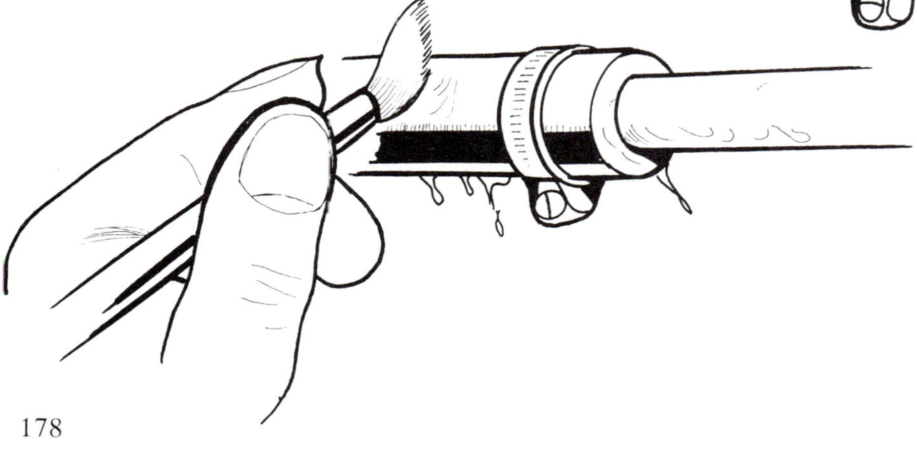

dieser Aufgabe zu betrauen, der die Leitungen abdrückt und untersucht. An Bord kann man sich behelfen, indem man die Schlauch- beziehungsweise Leitungsverbindungen mit starker Seifenlauge einpinselt. Der Handel bietet hierfür auch spezielle Sprays an. Bläschen signalisieren den Gasaustritt. Niemals offenes Feuer oder brennende Streichhölzer zur Überprüfung verwenden!

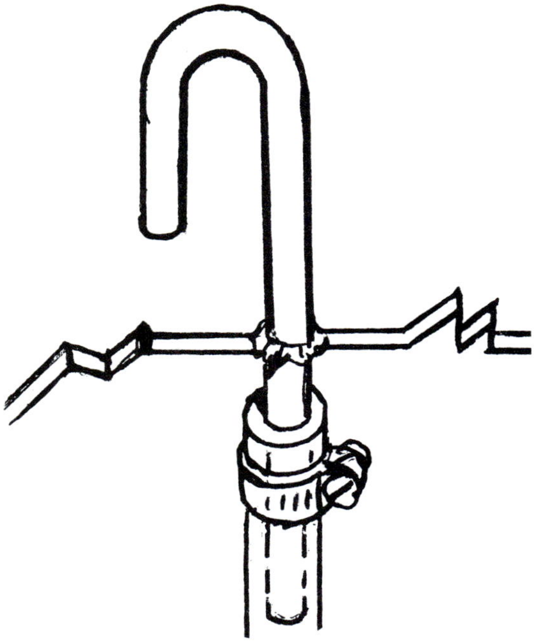

Tankentlüftung

Ursache für das Austreten von Benzingasen im Motorraum ist häufig die fehlerhafte Installation einer Tankentlüftung. Sie muß vorschriftsmäßig außenbords geführt sein (unten). Auch kommt es vor, daß überhaupt keine Tankentlüftung installiert wird. Es kann beim Tanken dann ein Überdruck im Tank entstehen, wodurch mangelhafte Schweißnähte platzen. Bei der Verlegung des Verbindungsschlauches ist darauf zu achten, daß dieser mit einem sogenannten Schwanenhals, also einer nach oben geführten Krümmung, deutlich über dem Tankniveau fixiert wird.

Die Entlüftung des Tanks über einen Krümmer im Deck ist ebenfalls möglich. Auch hier muß der Scheitelpunkt des Entlüftungsrohres über dem Niveau des Tankeinfüllstutzens liegen (rechts).

Alle Treibstoffleitungs-Verbindungen und Nebenverbraucher müssen regelmäßig nach dem Tanken auf Lecks untersucht werden. Außerdem ist von Zeit zu Zeit eine Überprüfung der Schweißnähte des Tanks ratsam, sofern er aus Metall ist.

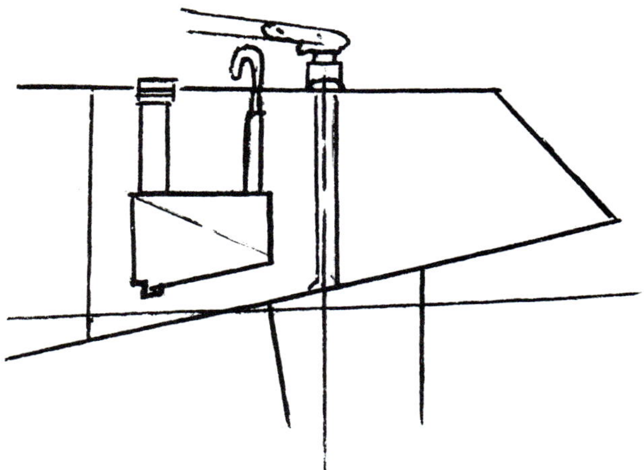

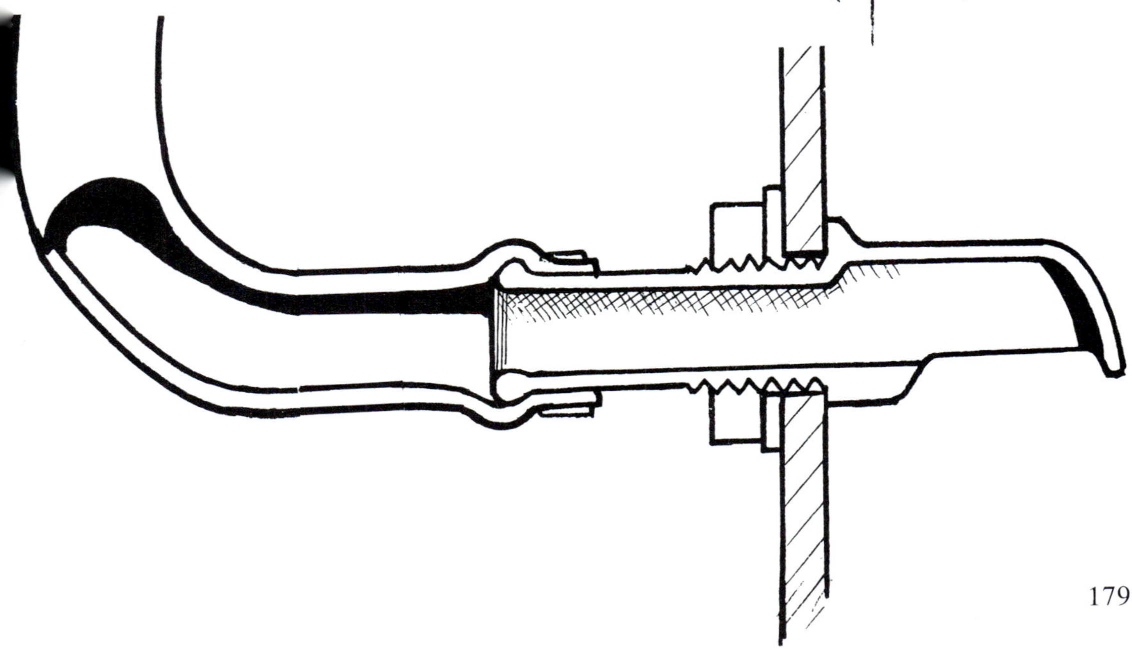

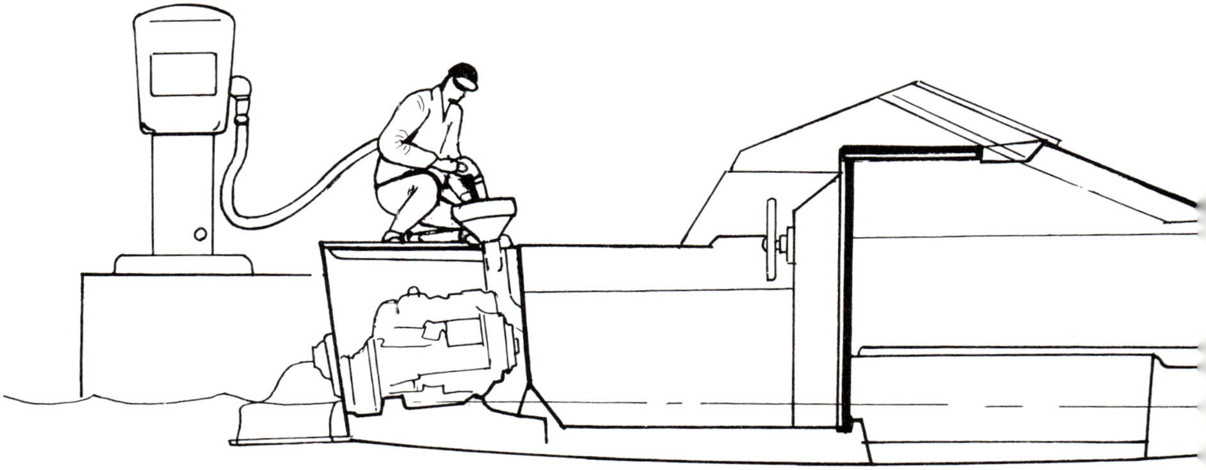

Gefahren beim Tanken

Die meisten Brände entstehen auf Sportbooten durch unsachgemäßes Tanken. Besondere Vorsicht ist bei Benzinmotoren geboten, da sich im Schiffsrumpf ein explosionsfähiges Benzin-Luft-Gemisch bilden kann. Überlaufendes Benzin verflüchtigt sich unter Deck.
Das Boot möglichst am Kai so festmachen, daß der Wind von vorn kommt. Außerdem beim Tanken: Fenster und Luken dicht.
Motor aus, nicht rauchen, keine elektrischen Schalter betätigen. Nicht von und an Bord gehen.
Metallischen Kontakt zwischen Tankpistole und Einfüllstutzen herstellen.

Schon ein beim Starten mit dem Zündschlüssel entstehender Funke kann zur Explosion führen. Daher muß nach dem Tanken ausreichend Zeit eingeplant werden, um das Boot durch Öffnen aller Luken und Einschalten des Motorraum-Gebläses ausreichend zu ventilieren.

Die wichtigste und einfachste Maßnahme vor dem Starten eines Benzinmotors ist die Riechprobe. Noch ehe das notwendige Ventilationsgebläse eingeschaltet wird, sollte man die Nase in den Motorraum stecken und prüfen, ob ein deutlicher Benzingeruch wahrnehmbar ist. In einem solchen Fall muß die Ursache sofort erkundet werden. Das Einschalten elektrischer Verbraucher ist zu unterlassen.

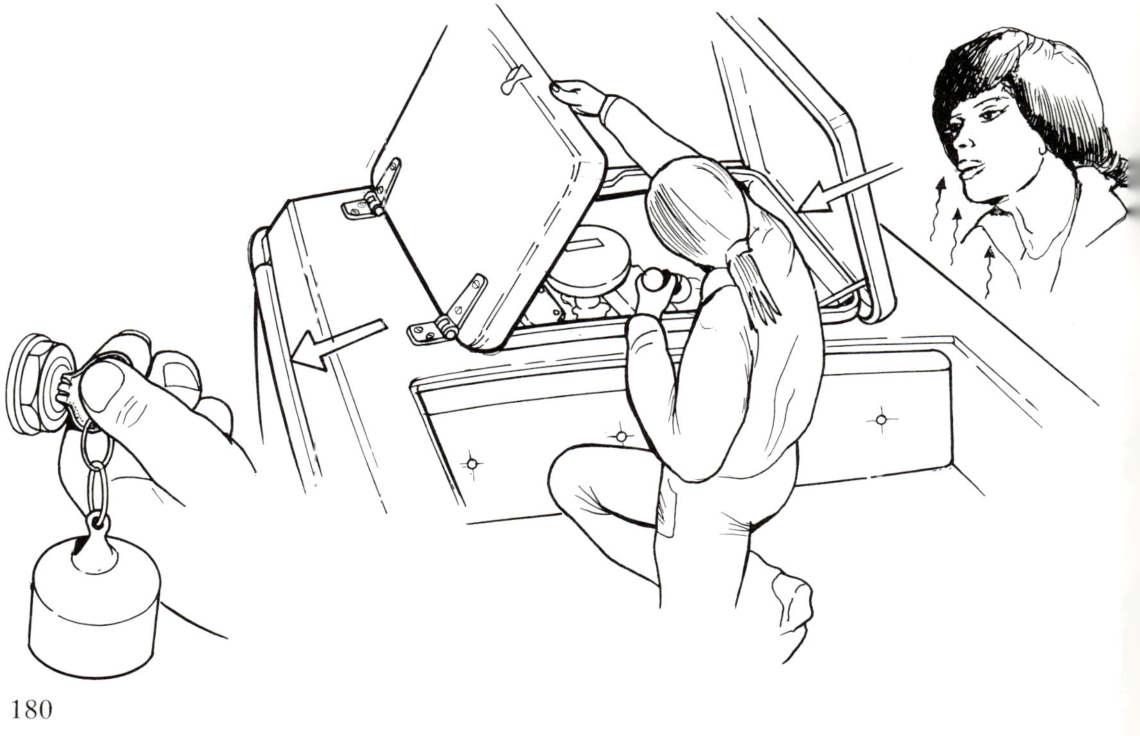

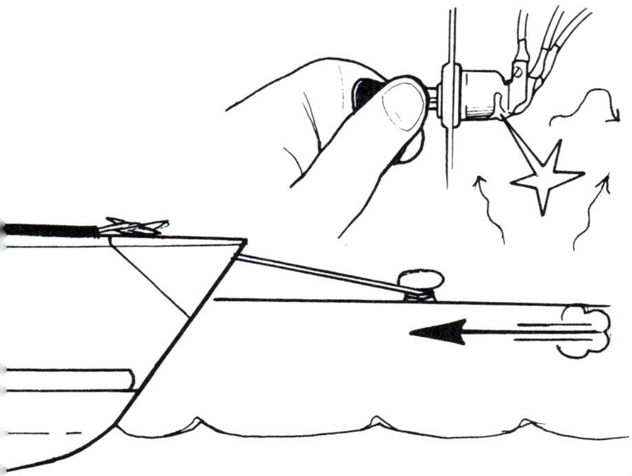

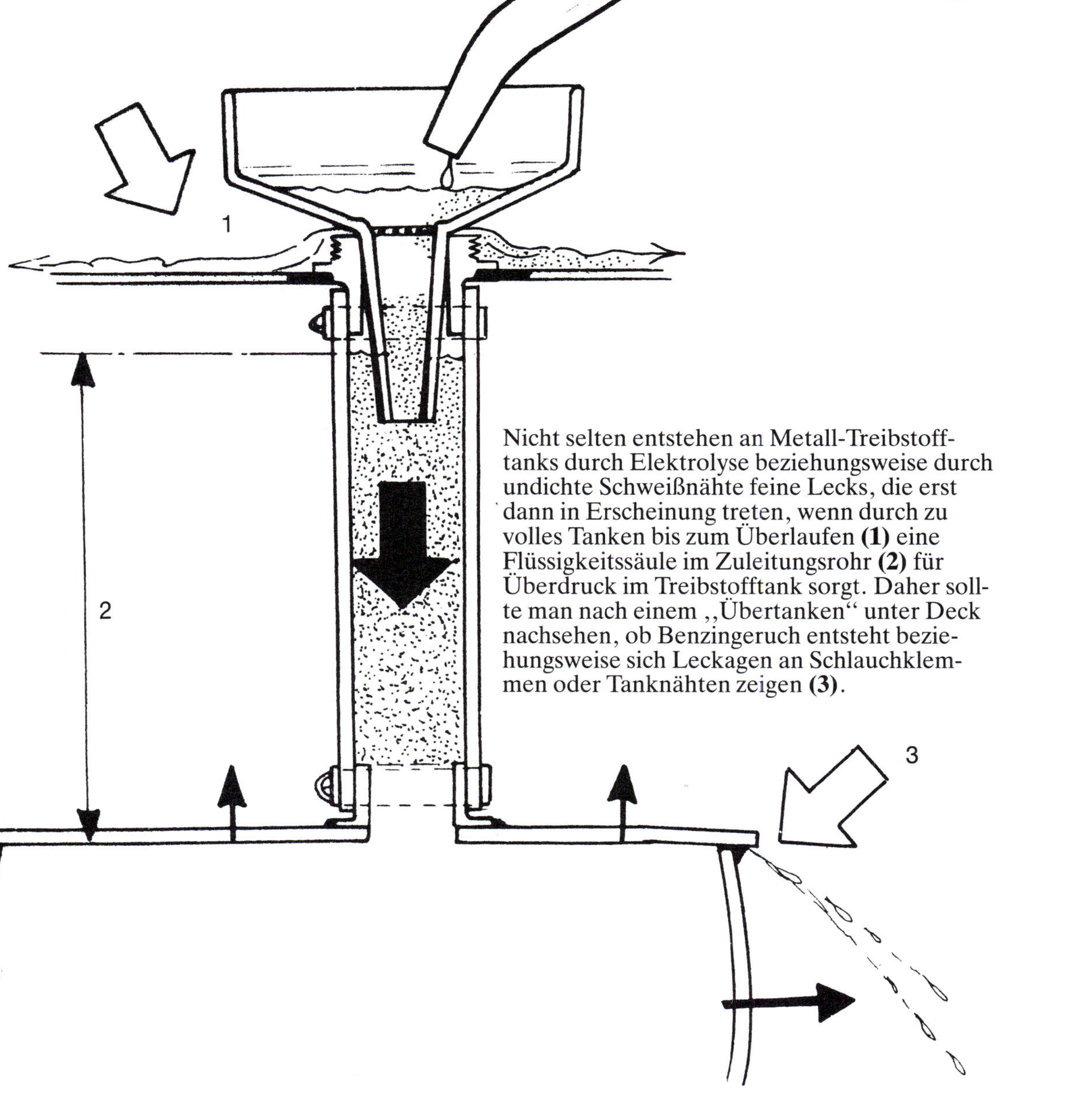

Nicht selten entstehen an Metall-Treibstofftanks durch Elektrolyse beziehungsweise durch undichte Schweißnähte feine Lecks, die erst dann in Erscheinung treten, wenn durch zu volles Tanken bis zum Überlaufen **(1)** eine Flüssigkeitssäule im Zuleitungsrohr **(2)** für Überdruck im Treibstofftank sorgt. Daher sollte man nach einem ,,Übertanken" unter Deck nachsehen, ob Benzingeruch entsteht beziehungsweise sich Leckagen an Schlauchklemmen oder Tanknähten zeigen **(3)**.

Brandgefahr durch Kocher

Sehr häufig entsteht Feuer an Bord durch den Betrieb des Kochers. Nach der landläufigen Meinung sind Gaskocher besonders gefährlich und Petroleum- oder Spirituskocher sehr sicher. Die Versicherungsstatistiken beweisen, daß dies nicht so ist. Vielmehr entstehen viele Brände an Bord durch schlecht gewartete Petroleumkocher, die nach ungenügendem Vorheizen eine hohe Stichflamme entwickeln können, durch die schon mancher Fenstervorhang oder die Deckenverkleidung Feuer fing. Unabhängig vom Kocher- und Brennstoffsystem kann eine hohe Stichflamme durch überhitztes Fett entstehen, das von der überschlagenden Kocherflamme entzündet wird. Auch Spiritus-Druckkocher können plötzliche Stichflammen entwickeln.
Da Spiritus besonders leicht entzündlich ist, sollte der Brennstoff nicht in der Nähe des Kochers aufbewahrt werden. Im Ausland wird Spiritus oft in dünnwandigen Kunststoff-Flaschen verkauft. Schon eine kurze Stichflamme genügt, um Flasche und Inhalt zu entzünden. Eine entsprechende Menge von brennendem Alkohol ist schwer zu löschen und entwickelt soviel Hitze, daß die Einrichtung in kürzester Zeit vom Feuer erfaßt wird.

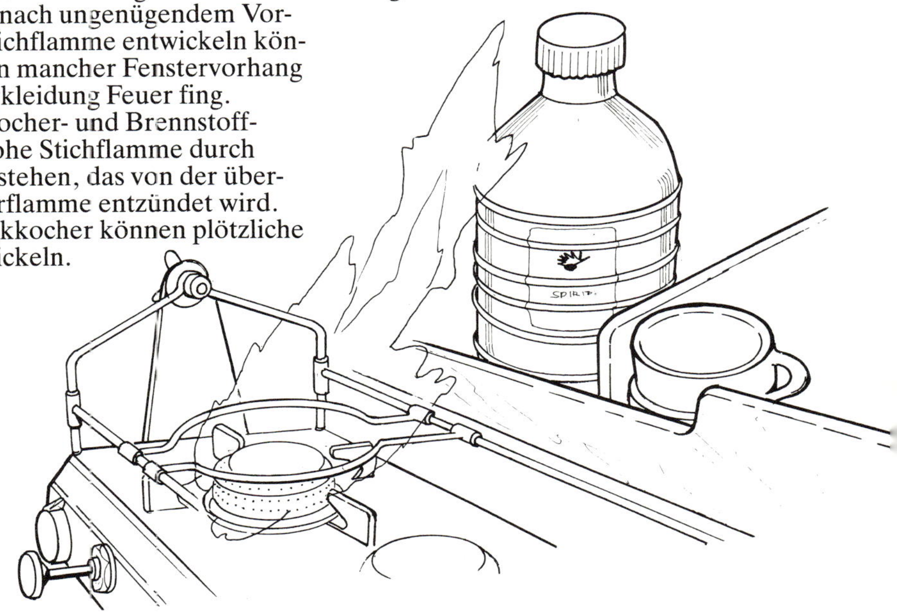

Leichtsinnig ist das Grillen mit Holzkohle im Cockpit einer Yacht. Abgesehen davon, daß die Nachbarn dabei durch Rauch und Geruch belästigt werden, besteht auch die Gefahr, daß Kunststoff oder Holzgrätings Feuer fangen. Dieses passiert fast immer dann, wenn der Grillherd unbeabsichtigt von der Ducht gestoßen wird. Die glühende Kohle läßt sich nicht schnell genug vom Plichtboden entfernen. Steht dann noch der „Zünder“, die Spiritusflasche, in der Nähe, ist ein Brand kaum unter Kontrolle zu bringen.

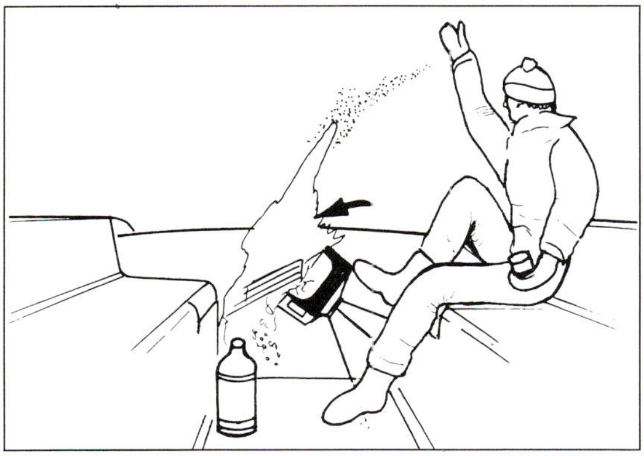

Vorsicht mit Lösungsmitteln

Schon mancher Yachteigner hat ein Boot leichtsinnig in Brand gesetzt. Beim Reinigen mit Lösungsmitteln, zum Beispiel Aceton, entstehen leicht entzündliche Dämpfe. Eine glühende Zigarette reicht aus, um unter Deck eine Verpuffung mit Brandfolge auszulösen. Bei allen Arbeiten mit Lösungsmitteln nicht rauchen, offenes Feuer vermeiden!

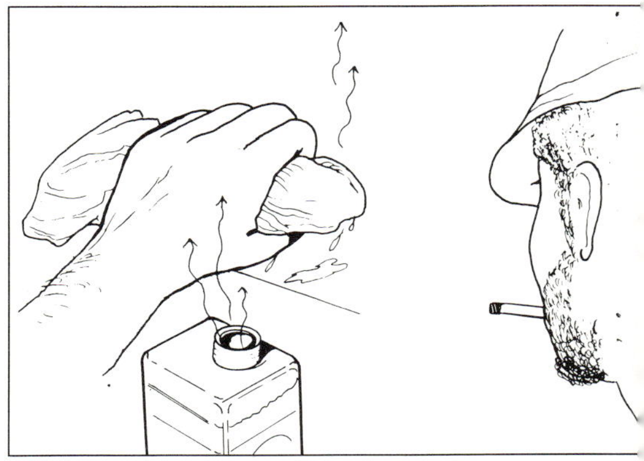

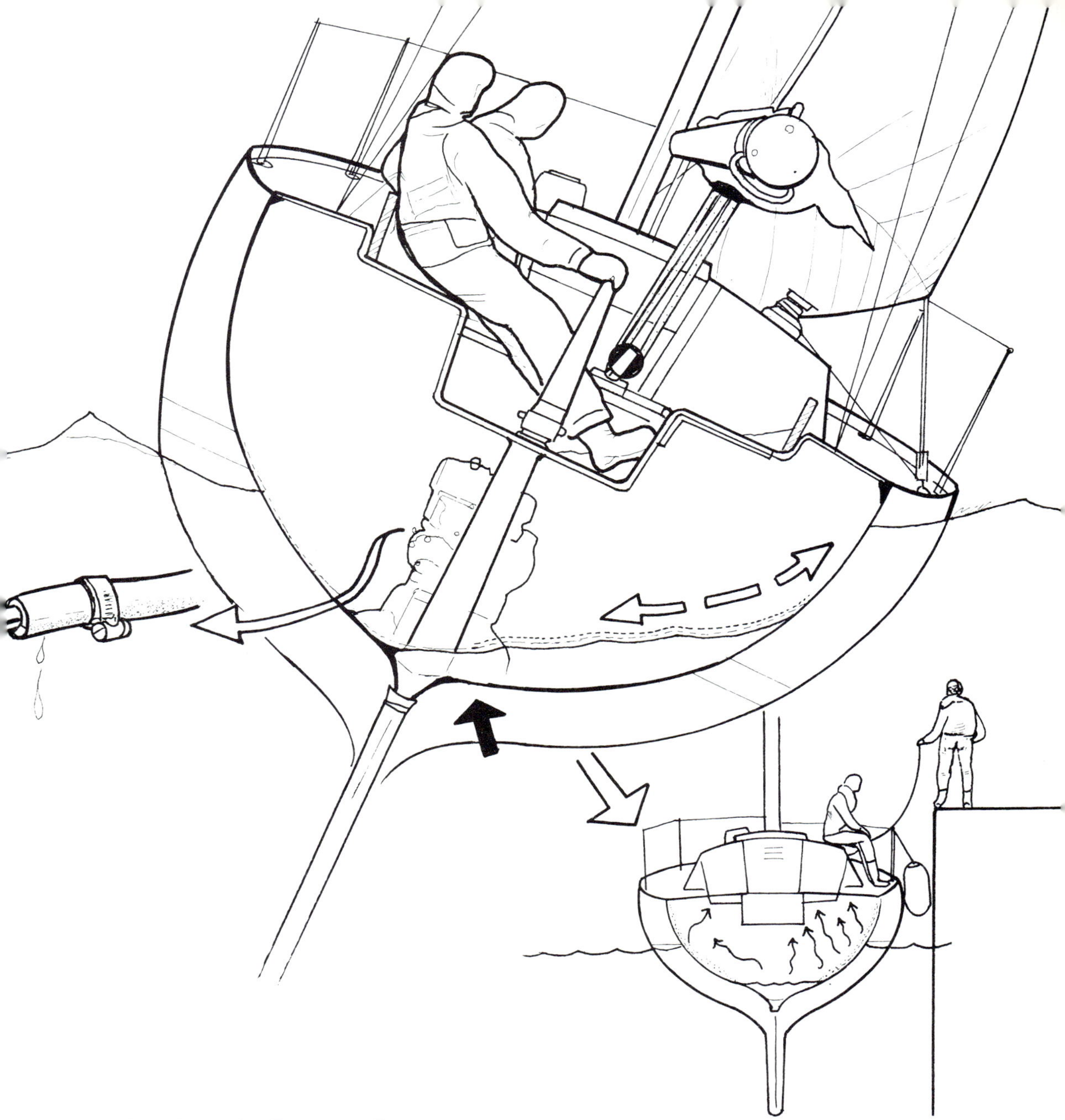

Das Schicksal der „Elia"

Die ,,Elia" befand sich auf einem Törn von England nach Süd-Norwegen. Die Crew konnte den Bestimmungshafen hoch am Wind auf Steuerbord-Bug anliegen, und da das Wetter sich verschlechterte, ging man bis zum Einlaufen nicht mehr unter Deck. Dadurch wurde der Benzingeruch nicht wahrgenommen, der sich aufgrund einer gelösten Verbindung der Brennstoffleitung bildete. Auch hier war eine feste Rohrleitung unzulässigerweise nur über eine Schlauchklemme mit der Brennstoffleitung verbunden worden.

Mit dem Bilgewasser wurde das Benzin an der Bordwand verteilt, wo es nach dem Aufrichten der Yacht im ruhigen Hafen großflächig haften blieb.

Da man auf den Zoll wartete, ging auch nach dem Anlegen niemand unter Deck. Hier hatten sich inzwischen hochexplosive Benzindämpfe gebildet. Als kurze Zeit später der Motor gestartet wurde, kam es zu einer Explosion, durch die ein Mann der Crew getötet und der andere schwer verletzt wurde. Ein anschließend ausbrechendes Feuer zerstörte die Yacht total.

1
2
3

Wie man größeren Schaden vermeidet

In einer Marina bei Cannes fing ein Daycruiser während des Tankens – vermutlich durch die nicht ausgeschaltete Zündung – an zu brennen. Der Eigner wollte mit einem bereitstehenden Feuerlöscher unmittelbar das Feuer bekämpfen, doch der herbeieilende Tankwart riß ihn zurück und drängte ihn aus dem Gefahrenbereich, auch wenn wertvolle Zeit verlorenging **(1)**. Es gelang, den achteren Festmacher zu kappen, wodurch das Boot über das Heck von der Zapfsäule wegdriftete **(2)**. Dadurch breitete sich das achtern ausgebrochene Feuer nicht weiter aus und konnte gelöscht werden **(3)**.

Die Auswirkungen eines Feuers an Bord sind je nach Art und Ausbreitung unterschiedlich. Nicht immer muß das Schiff fluchtartig verlassen werden, wenn es unter Deck brennt. Ist das Feuer noch überschaubar, sollten als erstes die Segel geborgen und der Anker geworfen werden, sofern die Wassertiefe dies zuläßt. Dadurch wird der Bug im Wind gehalten, und der Crew verbleibt ein rauchfreier Platz, an dem bis zum Eintreffen eines Retters ausgeharrt werden kann. Wenn möglich, sollten Großbaum und Segel aus der Gefahrenzone gezogen und alle Luken geschlossen werden.

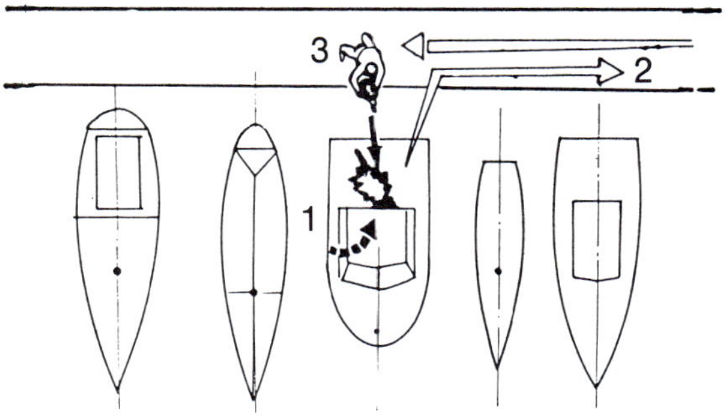

Wenn an Bord einer Yacht im Hafen ein Feuer ausbricht, sind die folgenden Maßnahmen einzuleiten: Zuerst Bordlöscher einsetzen **(1)**, zweite Person holt sofort den Steglöscher **(2)**, Brand vom Steg bekämpfen **(3)**.

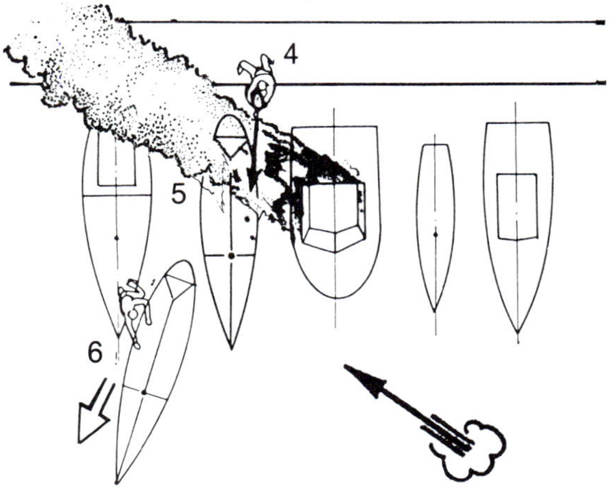

Wenn der Feuerlöscher nicht mehr hilft, Nachbarboot schützen **(4)**, Festmacher durchschneiden **(5)**, Boot treiben lassen **(6)**.

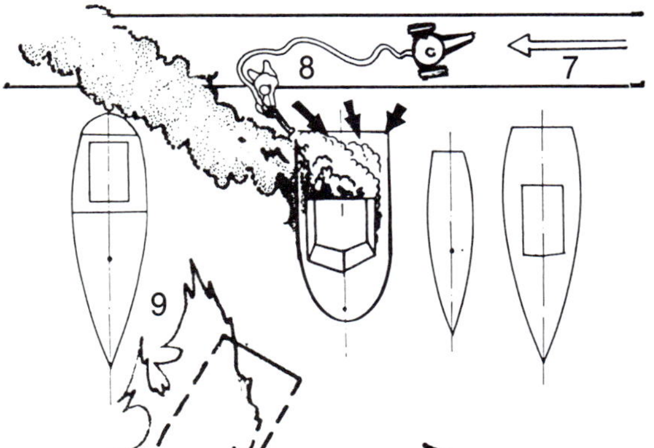

Wenn die Nachbarboote in Sicherheit sind, fahrbares Löschgerät einsetzen **(7)**, vom Steg aus löschen **(8)**, falls kein Erfolg, brennendes Boot wegschleppen **(9)**.

Falls das Feuer durch eine Explosion entstanden ist oder sich so schnell unter Deck ausgebreitet hat, daß alle Maßnahmen zur Feuerbekämpfung sinnlos erscheinen, sollte die Crew möglichst umgehend Rettungswesten anlegen und über Bord springen beziehungsweise die Rettungsinsel oder das Dingi benutzen. Daher ist es wichtig, daß die Rettungswesten grundsätzlich nicht unter Deck, sondern in einer Backskiste aufbewahrt werden.

Feuer auf einem großen Schiff

Auf größeren Charteryachten mit mehreren Kabinen ist die Orientierung nach Ausbruch eines Feuers meistens überaus schwierig, insbesondere bei starker Rauchentwicklung. Daher kann es lebensrettend sein, wenn der Skipper vor längeren Törns genaue Instruktionen gibt, wie sich die Crew bei Feuer zu verhalten hat und wo die Löschgeräte zu finden sind. Jeder einzelne sollte wissen, wie viele Türen zwischen seiner Kabine und dem Niedergang liegen. Dadurch kann man sich notfalls zum Ausgang tasten, auch wenn keine Sicht mehr vorhanden ist. Dies geschieht am besten kriechend, nachdem man sich ein feuchtes Tuch vor Mund und Nase gebunden hat.

Wassereinbruch über geschmolzene Schlauchverbindungen

Nicht selten sinken Yachten innerhalb kurzer Zeit, nachdem im Motorraum ein Brand ausgebrochen ist. Ursächlich hierfür sind in solchen Fällen fast immer Plastikschlauch-Verbindungen zwischen Cockpitlenzern und Bodenventilen, die bereits bei geringer Hitzeentwicklung schmelzen. Es ist daher empfehlenswert, das untere Rohrstück bis über die Wasserlinie aus Metall zu fertigen und fest mit dem Bodenventil zu verbinden.

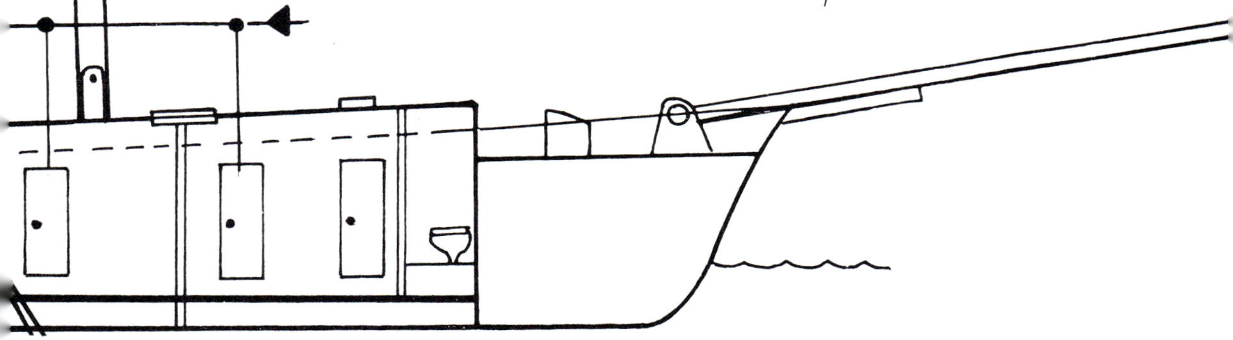

Feuerlöscher

Hand-Feuerlöscher sind die einfachste Feuerlösch-Einrichtung an Bord einer Yacht. Als mobile Einheit kann man sie an jedem Ort einsetzen. So steht in den Sicherheitsrichtlinien der Kreuzer-Abteilung des Deutschen Segler-Verbandes, daß Feuerlöscher gebrauchsfertig und leicht erreichbar an Bord vorhanden sein sollen. Zwar schreibt die Seeberufsgenossenschaft Löscher mit einer Sechs-Kilogramm-Füllung vor, doch kommt man auf Yachten bis zu einer Länge von zirka zehn Metern mit entsprechend beengtem Raum unter Deck besser mit Zwei-Kilogramm-Löschern klar.
Mindestens zwei Hand-Feuerlöscher mit je zwei Kilogramm Inhalt, amtlich geprüft und zugelassen (eine Typ-Prüfung nach DIN ist in der Regel ausreichend), sollten an Bord sein. Man bringt sie hier getrennt voneinander unter, einen von außen zugänglich. Nach den Regeln des Germanischen Lloyds sind Feuerlöscher auf einer größeren Yacht auf die einzelnen Räume zu verteilen. Hat die Yacht nur Hauptkajüte und Vorschiff, haltert man sie neben dem Niedergang. Sehr wichtig ist, daß der Löscher sich leicht aus seiner Halterung nehmen läßt; bei Feuer muß er sofort benutzt werden können.
Welche Art von Löscher verwendet man nun an Bord? Auch dafür gibt es Regeln: Ein Pulverlöscher sollte für die Brandklassen A, B und C geeignet sein. Zusätzlich kann man einen Halon-Löscher an Bord wählen, der ein rückstandsloses Gas freigibt und für die Brandklassen B und C zugelassen ist. Der Löscheffekt beruht auf unmittelbarer chemischer Einwirkung durch antikatalytische Beeinflussung des Brandvorganges.
Alle Feuerlöscher haben heute in der Gebrauchsanleitung einen Warnhinweis für Brandbekämpfung an elektrischen Anlagen im Niederspannungsbereich. Der Niederspannungsbereich geht bis 1000 Volt, mehr kommt auf einem Boot auch nicht vor. Die Gebrauchsanleitung besagt, daß bei Bränden an elektrischen Anlagen bei Wasser- und Schaumlöschern ein Mindestabstand von drei, bei allen übrigen Feuerlöschern von jeweils einem Meter einzuhalten ist.
Bei flüssigen Stoffen nach Brandklasse B ist zu bemerken, daß das Löschen durch Aufsprühen von oben und nicht in die Flamme oder Flüssigkeit erfolgen sollte.
Die Benutzung von CO_2- und Halonfeuerlöschern auf Yachten ist nur bedingt zu empfehlen, da diese Löschgase bei Nichteinhaltung der Sicherheitsvorschriften personengefährdend sind. Diese Gase sind erheblich schwerer als Luft und wirken ab ca. 10 Prozent Volumenkonzentration erstickend.

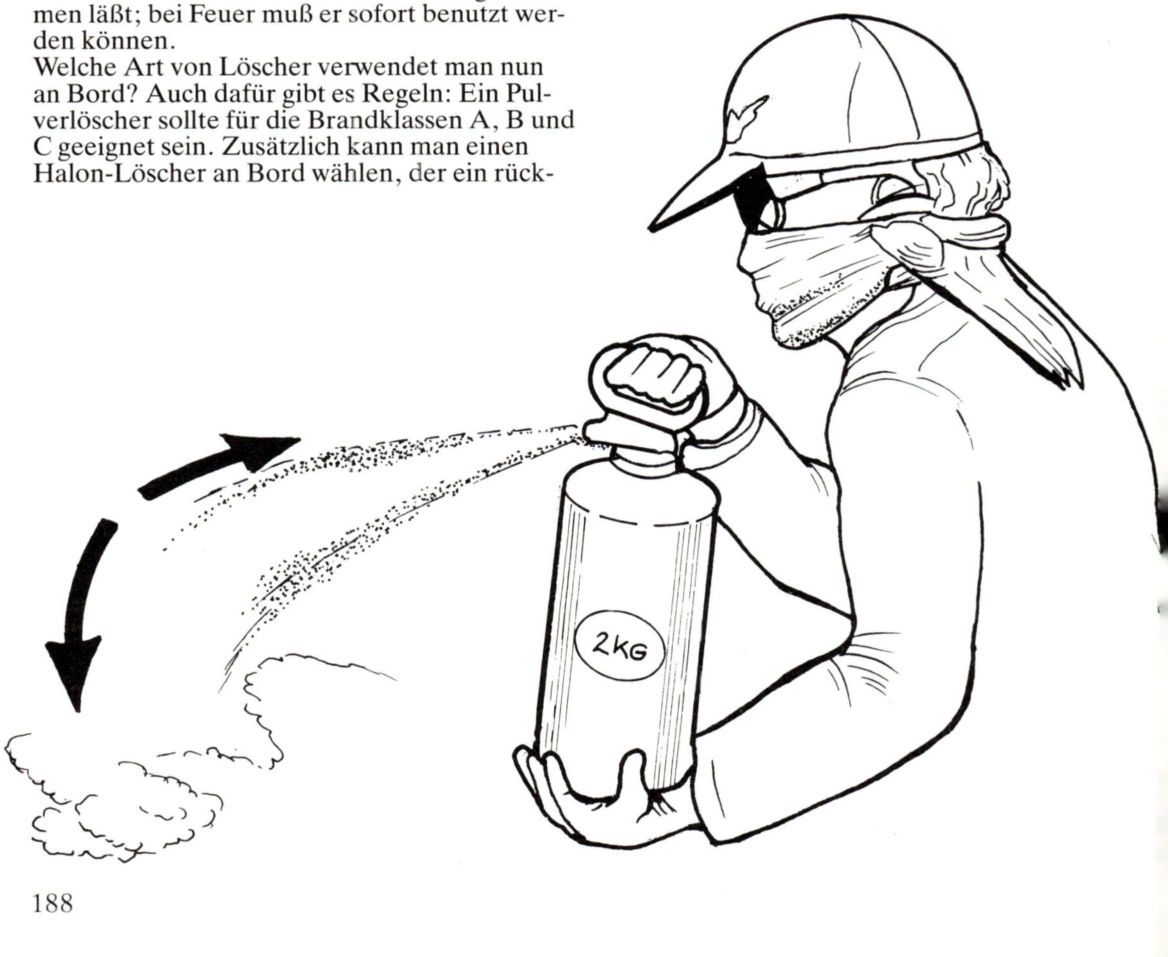

Die Brandklassen

Die einzelnen Brandklassen werden nach der europäischen DIN-Norm wie folgt definiert: A: Durch Wärme zersetzbare, feste (organische) Stoffe, flammen- und glutbildend. Zum Beispiel: Holz, Faserstoffe, Kunststoffe. B: Durch Wärme schmelzbare und flüssige (organische) Stoffe, flammenbildend. Zum Beispiel Gummi, Paraffin, Wachs, Harz, Fett, Öl, Lack, Teer, Kraftstoffe, Äther, Alkohol.
C: Gasförmige Stoffe (auch unter Druck austretende), flammenbildend. Zum Beispiel: Acetylen, Methan, Propan, Wasserstoff.
D: Leichtmetalle (Erd- und Erdalkalimetalle), stark glutbildend. Zum Beispiel: Aluminium, Aluminium-Magnesium-Legierungen, Natrium (Symbol nicht vorhanden).

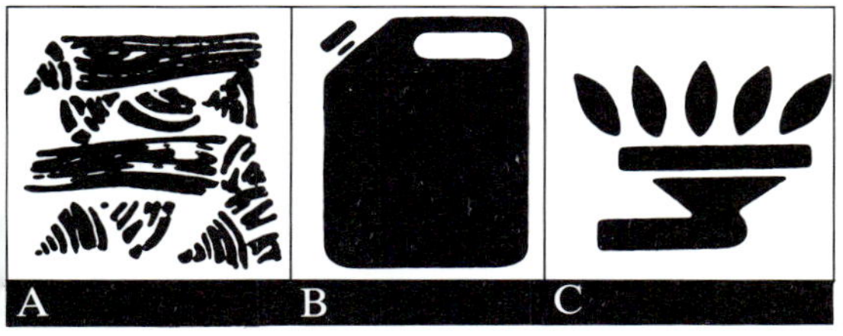

Die Brandbekämpfung

Hier einige Löschtips:

- Bei der Brandbekämpfung immer mit dem Wind löschen.
- Löscher erst am Brandherd betätigen.
- Löscher möglichst senkrecht halten und mit kurzen Sprüh-Betätigungen hin- und herschwenken.
- Die Löschdauer eines Zwei-Kilo-Löschers beträgt nur sieben bis 17 Sekunden.
- Löschmittel nicht sofort total versprühen, damit wiederaufflackernde Flammen bekämpft werden können.
- Das Feuer von unten nach oben beziehungsweise von außen nach innen löschen.
- So nahe wie möglich an den Brandherd herangehen, um das Löschmittel wirksam einsetzen zu können.
- Vorrang hat stets die Bergung und das Ablöschen von Personen. Ein feuchtes Tuch vor Mund und Nase gebunden sowie eine Brille schützen anfänglich vor Hitze und Rauchentwicklung. Achtung: Wenn Kunststoff-Einbauteile oder der Kunststoffrumpf der Yacht bereits brennen und starke Rauchentwicklung eingesetzt hat, nicht mehr die Kajüte betreten! Es entwickeln sich hochgiftige Dämpfe, die sekundenschnell zur Ohnmacht führen.

Brennen an Bord nur Holzteile wie beispielsweise Kajüteinbauten oder Grätings, dann kann auch mit Wasser (oder Sand) erfolgreich gelöscht werden. Anders sieht es aus, wenn Kunststoff Feuer gefangen hat. Hier sollte ein Schaum-, Pulver- oder Halon-Löscher eingesetzt werden. Für die in der Zeichnung rechts angedeuteten Brände an Bord kommen nur diese Löscher in Frage.

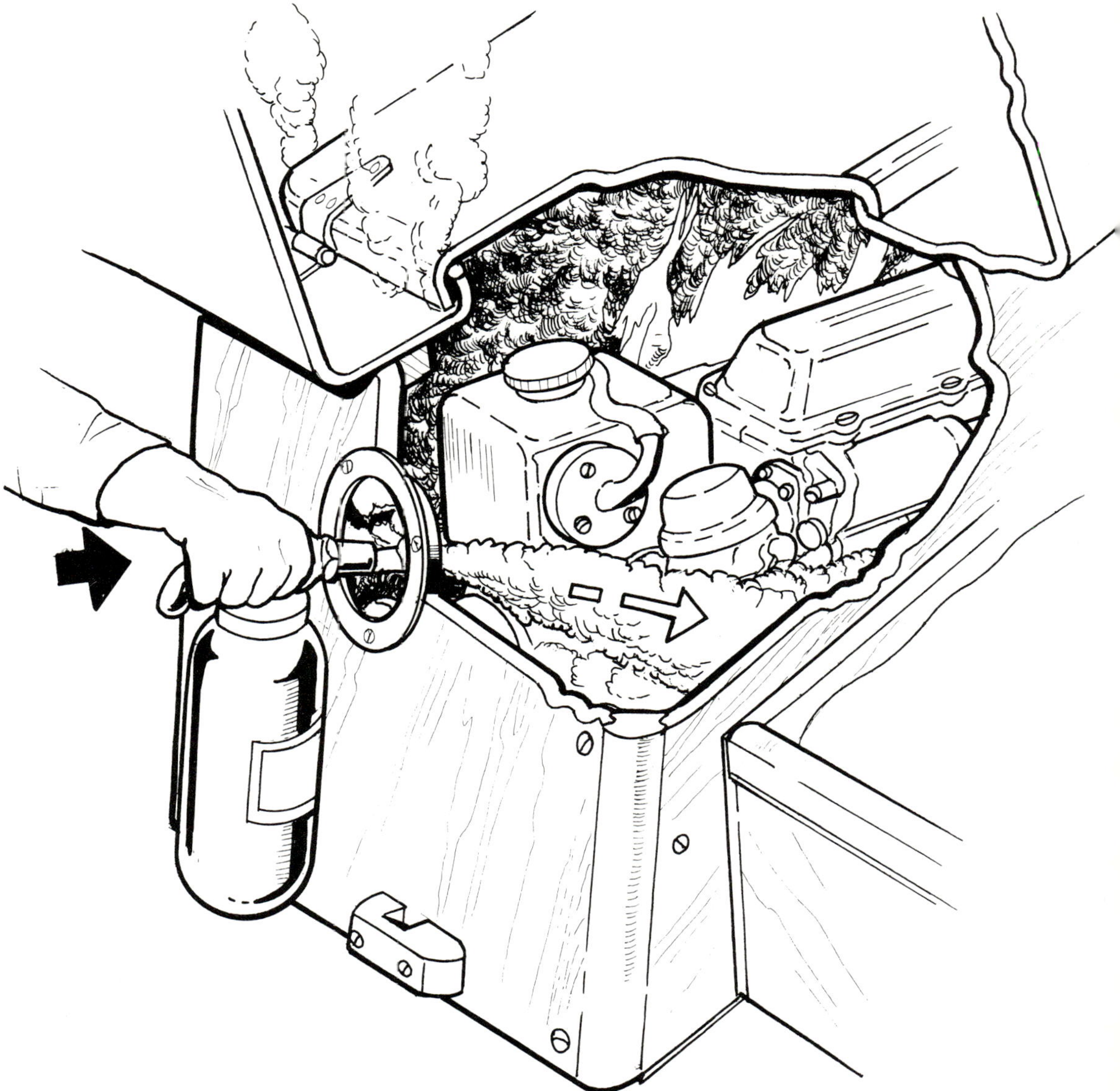

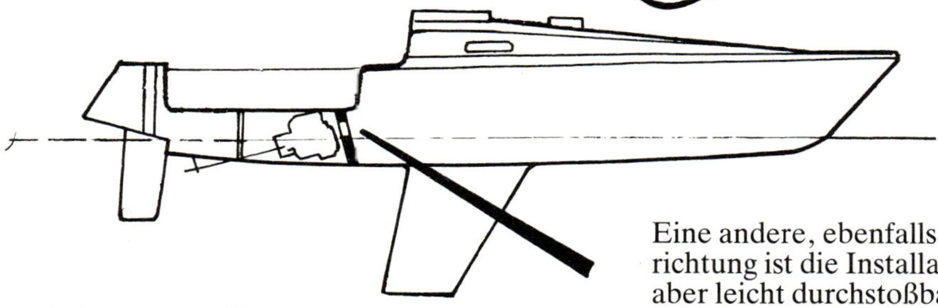

Bei einem Brand im Motorraum muß verhindert werden, daß Sauerstoff zugeführt wird, zum Beispiel durch das Öffnen des Motorraum-Luks. Empfehlenswert ist es, einen automatischen Halon-Löscher direkt im Motorraum zu installieren, der bei bestimmten Hitzegraden ausgelöst wird.

Eine andere, ebenfalls empfehlenswerte Einrichtung ist die Installation einer feuerfesten, aber leicht durchstoßbaren Membrane (die es im Fachhandel gibt) direkt über dem Motorraum oder in einer entsprechenden Abschottung. Die untere Zeichnung verdeutlicht die Einbaumöglichkeit. Mit Hilfe dieses Feuerlösch-Durchlasses kann das Löschmittel direkt an den Brandherd gebracht werden, ohne daß zusätzlicher Sauerstoff eintritt.

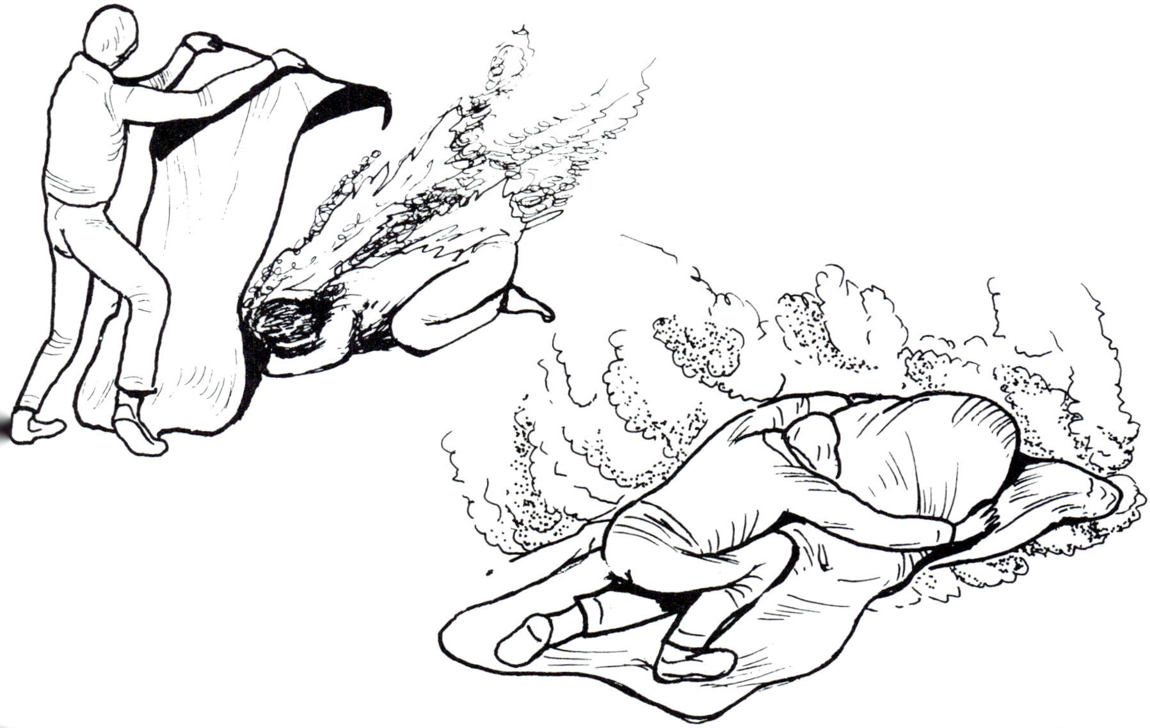

Hat die Kleidung eines Crewmitgliedes Feuer gefangen, so darf ein Feuerlöscher nicht zum Einsatz kommen. Statt dessen ist ein sofortiger Sprung ins Wasser ratsam, sofern sich das Boot im Hafen befindet. Liegen bereits Verbrennungen, Anzeichen einer Rauchvergiftung oder Ohnmacht vor, so muß die betreffende Person sofort von einem Helfer auf den Boden gelegt und das Feuer mit einer Wolldecke erstickt werden. Sie wird mit der Windrichtung, also von Luv aus, über die brennende Person gebreitet, beziehungsweise vom Kopfende her, um die Flammen vom Gesicht wegzuschlagen. Wichtig ist es, daß die Sauerstoffzufuhr für mindestens 60 Sekunden unterbunden wird. Daher muß die Wolldecke rund um den Verunglückten fest auf den Boden gepreßt werden. Nach diesem Zeitraum ist der Kopf freizuhalten.
Auf keinen Fall darf man Decken oder Planen aus Kunstfasern verwenden. Da diese Stoffe leicht brennbar sind, besteht eine starke Gefahr der Verletzung für Crewmitglieder durch Brandverstärkung (schnelle Entflammbarkeit der Decke oder Plane) und durch Anschweißen der Stoffteile auf der Haut sowie Vergiftung durch die Oxidationsstoffe der Decke.

Auch Kocherbrände lassen sich am schnellsten und nachhaltigsten mit einer Decke, besser noch mit einer Astbestmatte löschen. Hier wird das Abdeckmaterial an den unteren Kocherrand gehalten und von unten nach oben über den gesamten Brandherd geworfen.
Bei „jungen" Bränden, die noch keine starke Hitze entwickelt haben, empfiehlt sich stets die Abdeckmethode, da die gebräuchlichen Pulver-Feuerlöscher bereits bei einem kurzen Einsatz das Schiff sehr verschmutzen. Eine Feuerlösch-Asbestmatte sollte daher griffbereit in der Nähe der Pantry auf jedem Boot liegen.

Wenn der Mast bricht

Auf Segelyachten ist ein Mastbruch immer noch die häufigste Havarie-Ursache – trotz Verwendung moderner Werkstoffe. Überwiegend sind es jedoch Regattayachten, die ihren Mast verlieren, weil einmal aus Gründen der Gewichtsersparnis und besseren Trimmöglichkeit besonders leichte, biegsame Profile verwendet werden, zum anderen in Regatten bis an die Grenzen der Belastbarkeit gesegelt wird. In Küstennähe bedeutet ein Mastbruch in der Regel keine unmittelbare Gefahr für Boot und Crew. Auf hoher See fernab vom Hafen sieht es hingegen anders aus.

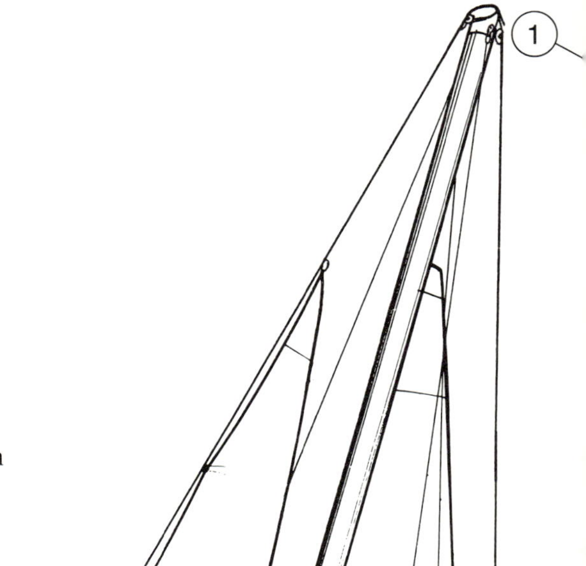

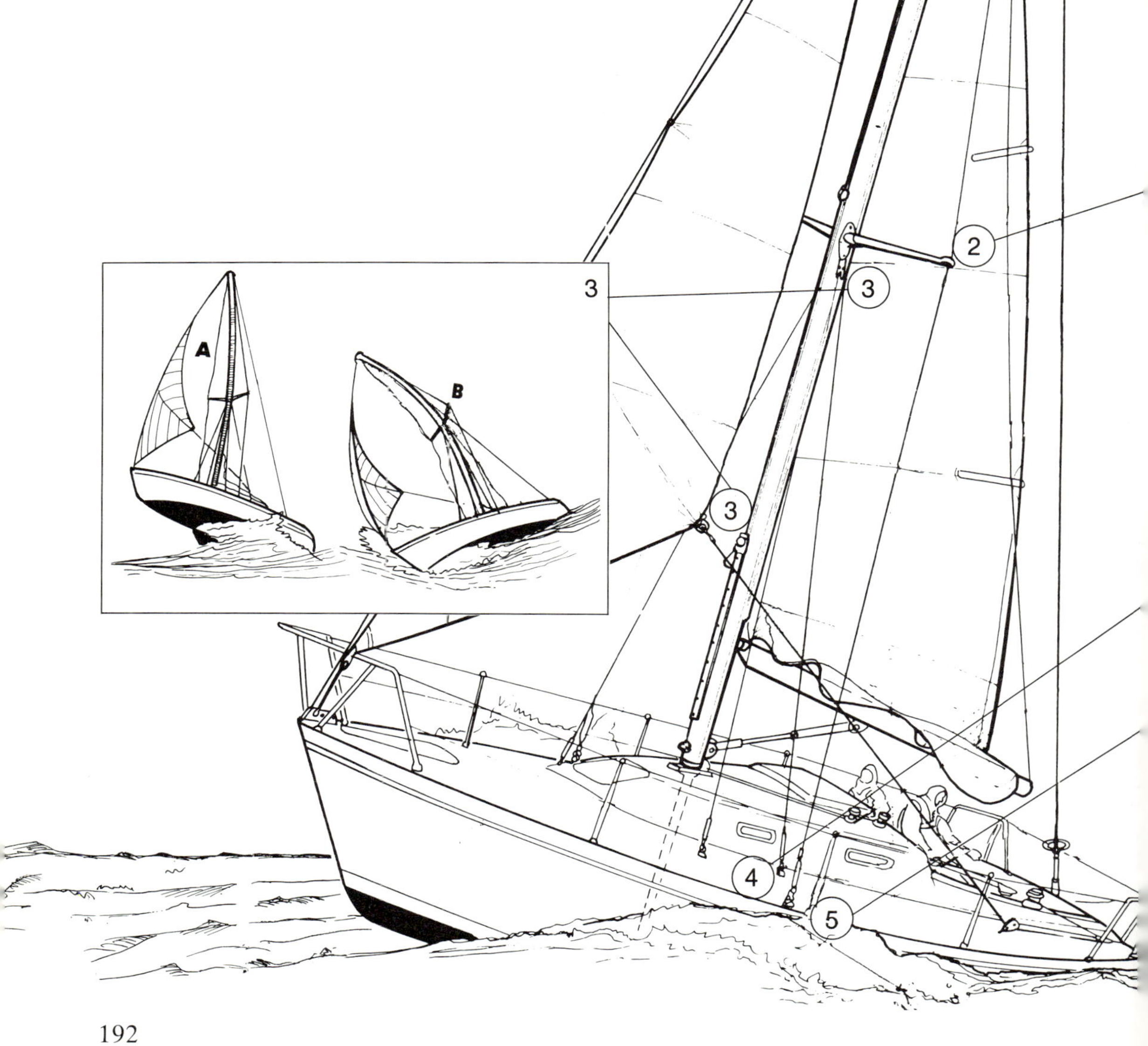

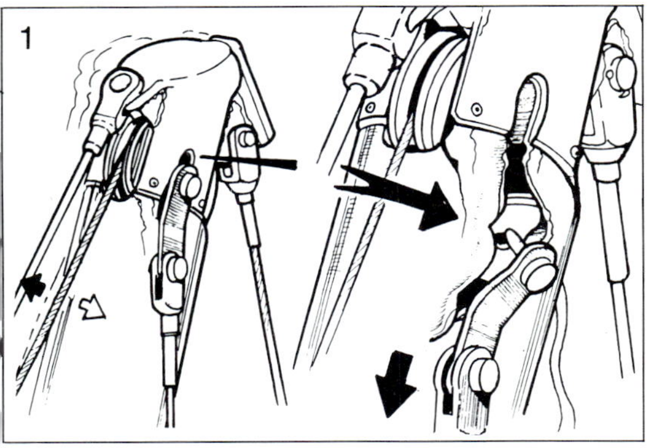

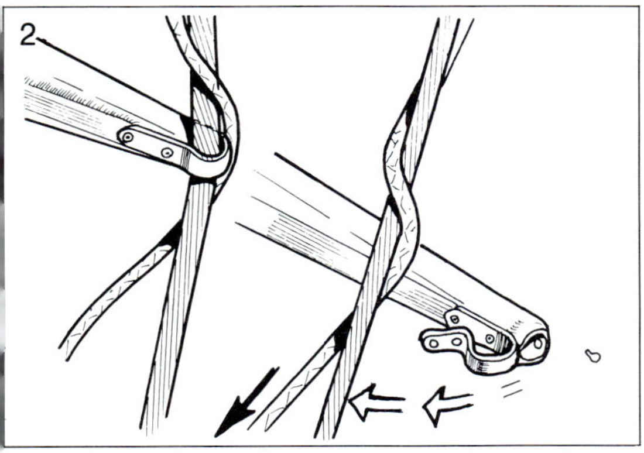

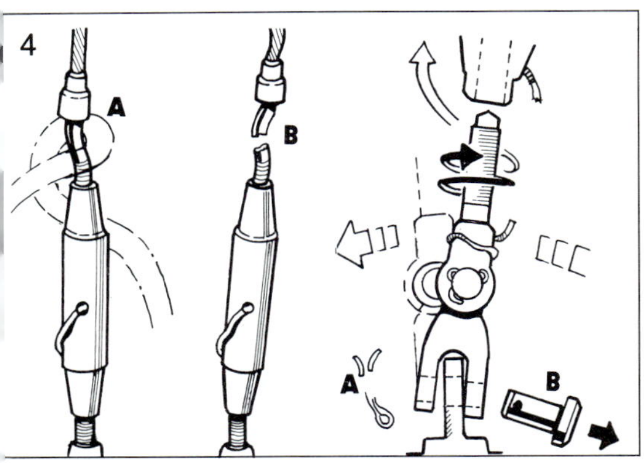

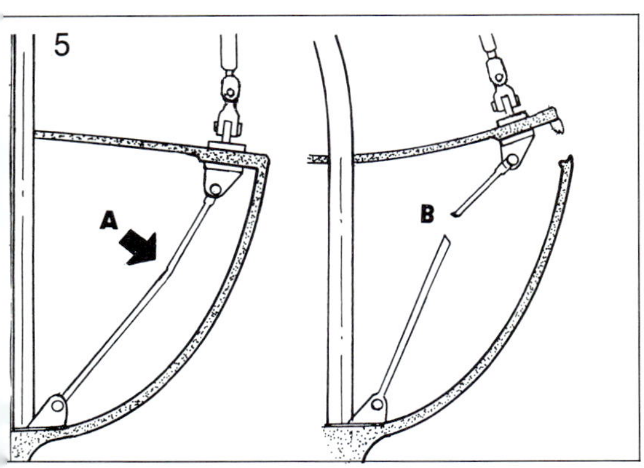

Moderne Aluminiummasten sind heute bei richtiger Profil-Dimensionierung enorm widerstandsfähig. Wenn sie dennoch brechen, liegt das in der Regel an Verstagungs-Mängeln.

1: Durch eine zu geringe Wanten- und Stagenspannung fängt der Masttoppbeschlag an zu arbeiten. Das Alu-Profil wird am Kopf brüchig, und die seitliche Oberwant-Befestigung kann dadurch ausbrechen. Daher ist zur Wintersaison stets eine Kontrolle des Toppbeschlages notwendig.

2: Ein anderer Schwachpunkt sind die Salinge. Vor allem hölzerne Salinge müssen alljährlich auf Verrottungserscheinungen kontrolliert werden. Zum Mastbruch hat bereits häufiger ein hinter der Salingsnock vertörntes Fall geführt, was nachts oftmals nicht bemerkt wird. Beim Durchsetzen des Falls kann das Want aus dem Nockbeschlag brechen.

3: Ein weiterer Fehler, der sehr häufig zum Mastbruch führt, wird immer wieder gemacht: Die vorderen Unterwanten sind zu schwach durchgesetzt. Der Mast biegt sowohl an der Kreuz als auch unter stark gerefftem Groß und Genua in der Mitte nach achtern durch. Begünstigt wird dies durch eine zu schwache Achterstag-Spannung und ein Vorbiegen des Masttopps **(A)**. Im Wellental macht ein hartes Einsetzen die Sache überkritisch. Die Saling biegt nach vorn durch und bricht **(B)**.

4: Ein Mastbruch kann auch durch schadhafte Wantenspanner verursacht werden. Gefährlich ist eine (ältere) Verkrümmung des Wantenspanners. Er verliert dadurch bis zu 40 Prozent seiner Festigkeit **(A** und **B)**. In Lee locker schlagende Wanten zerstören mit der Zeit Splinte und Sicherungen **(A)**. Ein Sicherungsbolzen kann herausfallen **(B)**. Die Spannschraube löst sich unbemerkt. In diesem Zusammenhang: Sind die Mastbeschläge nicht „angepoppt", sondern angeschraubt, nur selbsthemmende Muttern mit Plastik-Sicherungseinsatz verwenden.

5: Auf modernen Regattayachten sind die Püttings ungeschützt durch den Bootsrumpf gezogen. Stößt man mit schweren Segelsäcken dagegen, kann dies leicht zu Verformungen **(A)** und später zu einem Bruch führen **(B)**, wobei durch das Want die Rumpf- und Decksschale auseinandergerissen wird.

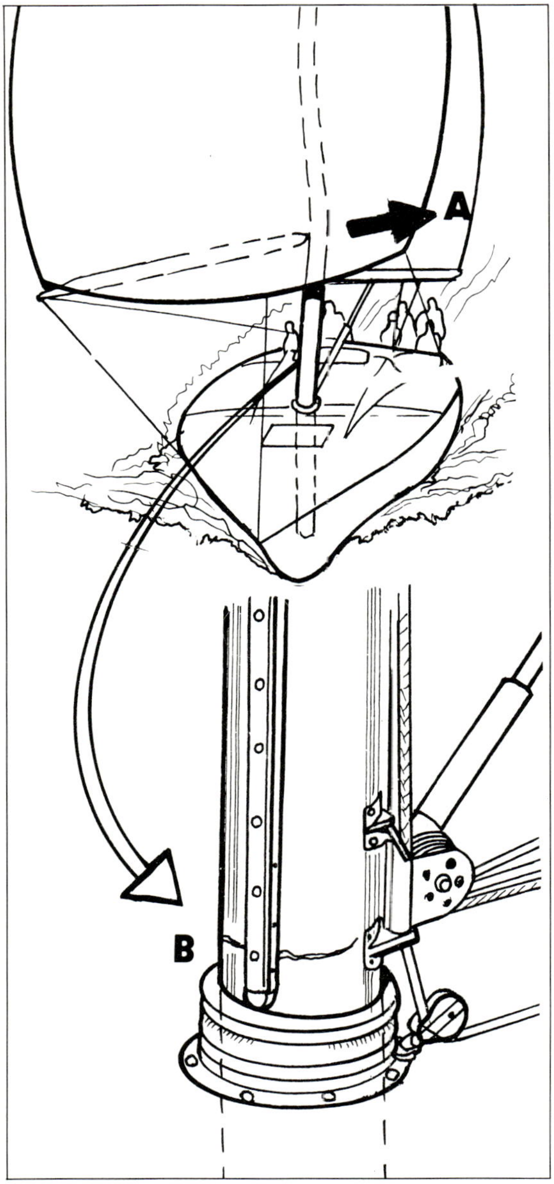

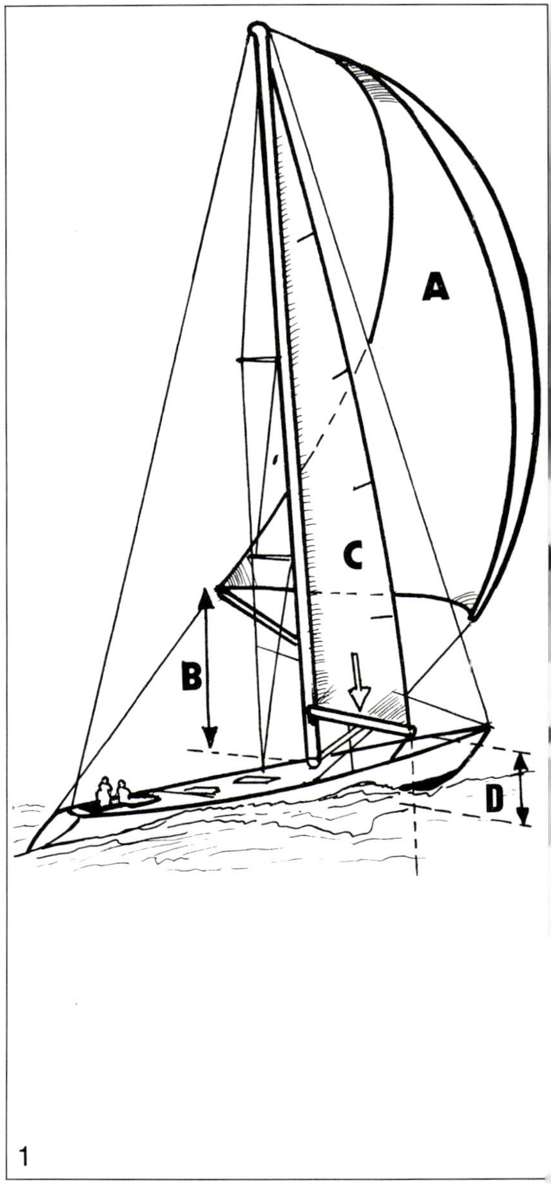

Rißbildung durch Spi-Bäume

Eine weitere Ursache für Mastbrüche auf Regattayachten mit durchgehenden Masten: Durch ständigen Stauchdruck der Spinnakerbäume **(A)** kommt es zur erheblichen Biegebeanspruchung in Höhe des Decksdurchbruchs, die schließlich zur Rißbildung im Alu-Profil führt **(B)**. Dadurch kam es im Whitbread-round-the-World-Race zu Mastbrüchen, weil hier fast ständig Spinnaker gefahren wurden.

So brach der Mast der „Incredible"

Diese drei Skizzen zeigen, wie es 1978 beim Transpazifik-Rennen auf der Yacht ,,Incredible" zum Mastbruch kam. Bei achterlichem Wind **(1)** mit Beaufort 8 hatte man den Sturmspinnaker **(A)** gesetzt. Dadurch mußte der Spinnakerbaum höher gefahren werden **(B)**. Das Groß war durch den stark niedergeholten Großbaum flach getrimmt **(C)**, wodurch sich der Abstand von der Baumnock zum Wasser verringerte **(D)**.

2

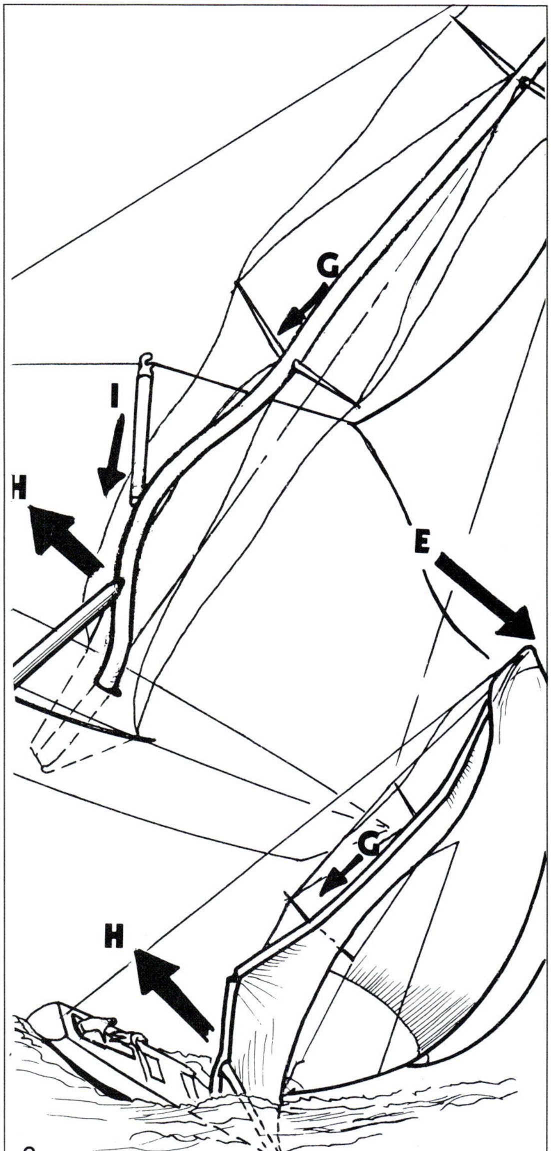

3

Bei dieser Segelkonstellation **(2)** kommt es zu einem starken Stauchdruck im Mastprofil **(G)**, weil die Vortriebskraft von Spi und Groß **(E)** durch die Spannung des Achterstags **(F)** kompensiert wird. Als die „Incredible“ von einer besonders hoch auflaufenden See in ein Wellental gedrückt wurde, passierte es: Der Baum tauchte in Lee unter Wasser **(3)**, wodurch sich der Druck auf den Mastfuß plötzlich verstärkte, weil der Bullenstander den Baum festhielt **(H)**. Die Fahrt wurde ruckartig abgebremst. Begünstigt durch den Druck des Spibaumes **(I)** verformte sich der Mast schlagartig im unteren Bereich. Die in dieser Situation verstärkte Zugkraft des Spinnakers **(E)** führte zu einem vermehrten Stauchdruck **(G)**, und das Mastprofil konnte die Belastungen nicht mehr auffangen. Fazit: Die Crew hatte zuviel Segelfläche mit gefährlichem Trimm gesetzt.

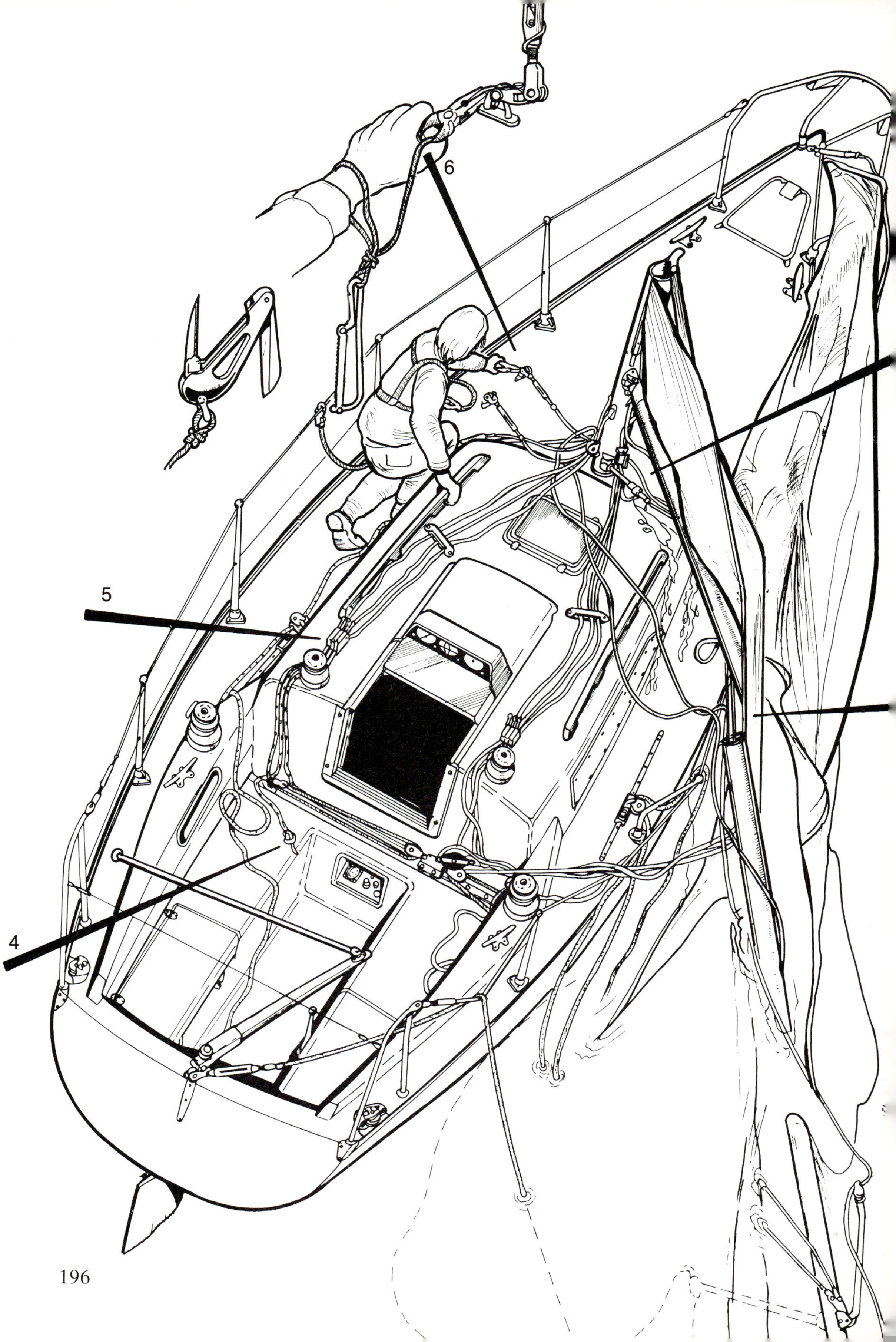
6
5
4

3

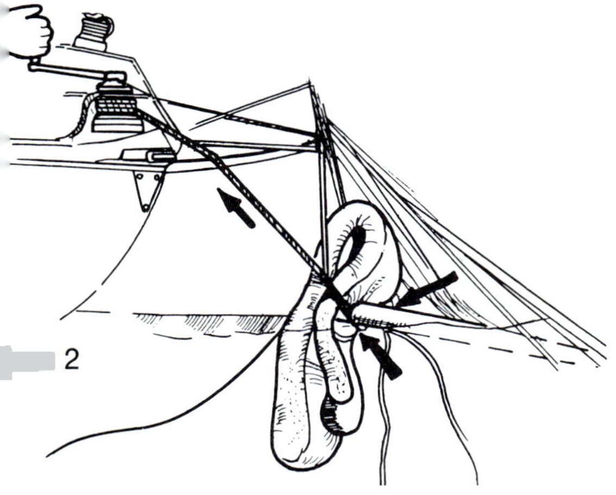

2

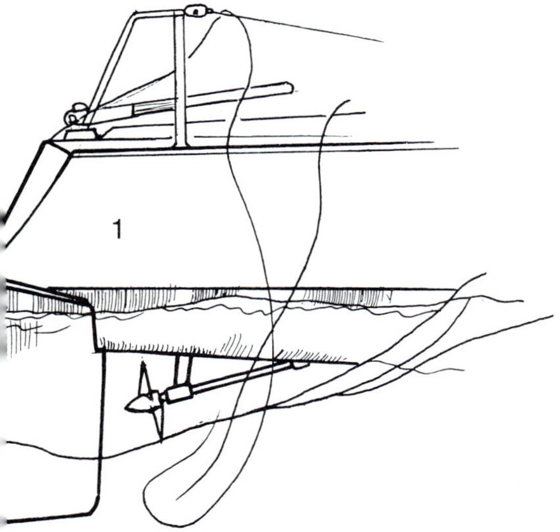

1

Wenn der Mast gebrochen und über Bord gegangen ist, beginnen die eigentlichen Gefahren für das Boot. Die Auswirkungen sind im Seegang oft schwerwiegender als der Mastbruch selbst und erfordern schnelles, aber umsichtiges Handeln der Crew.
Bergen oder nicht? Vor dieser Frage steht jeder Skipper in solcher Situation. Bevor die Antwort an Bord gegeben wird, müssen die möglichen Auswirkungen, bedingt durch die jeweilige Wetter- und Seegangssituation, kalkuliert werden. Auch ist zu überlegen, wie schnell sich der nächste Hafen mit Motorkraft erreichen läßt. Für manchen Havaristen hatte der Mastbruch fatale Folgen, weil die Crew nicht in der Lage war, das Boot von den Riggteilen zu befreien. Das gelingt nur, wenn man für den Ernstfall vorgesorgt und entsprechendes Werkzeug sowie andere notwendige Ausrüstung schnell erreichbar an Bord bereitliegen hat.
Genau überlegen sollte man sich, ob es unbedingt notwendig ist, Rot zu schießen. Oftmals läßt sich das Boot nach Bergung der Mastteile mit eigenen Mitteln wieder flottmachen bzw. mit Motorkraft bewegen. Rot wird nur geschossen bei drohender Strandung, starkem Wassereinbruch, Mann über Bord oder schwerverletzter Crew.

1: Wichtigste Regel: Nicht den Motor starten! Es ist damit zu rechnen, daß loses Gut und Fallen sich im Propeller vertörnen.

2: Der Bootsrumpf ist in größter Gefahr durch Baum- und Mastteile, die im Seegang schnell ein Leck schlagen können. Darum holt man die über Bord gegangenen Mastteile an Fallen oder mit Leinen als erstes so weit mit den Winschen dicht, daß sie keine Lose zum Schlagen haben. Zwischen Bordwand und Havarieteilen werden Kojenpolster geklemmt.

3: Vorsichtig an Deck bewegen! Auf den herumliegenden Tampen rutscht man aus. Wurde gar eine Ölhydraulik für den Baumniederhalter verwendet, kann das Deck aalglatt sein. Daher zweitwichtigste Regel: Nach Mastbruch die gesamte Crew anleinen.

4: Erst jetzt beginnt man, vom Cockpit aus alle Fallen, Strecker und Niederholer auszuscheren.

5: Stopper oder Fallklemmen öffnen und freimachen.

6: Bevor mit den Bergungsarbeiten begonnen wird, alle Werkzeuge durch Stropps sichern und anleinen.

Arbeitslampe

Bei Dunkelheit ist eine Lichtquelle unbedingt notwendig. Am besten eignet sich eine Kopflampe. Eine wasserdichte Stabtaschenlampe wird unter die Mütze bzw. Ölzeugkapuze gesteckt und von einem Mitsegler mit Klebeband gesichert **(1)**.
Der Handel bietet auch fertige Kopflampen an, die man in Fachgeschäften für Anglerbedarf kaufen kann. Sie werden komplett mit beweglichem Scheinwerfer, Batteriebox und Gummiband geliefert **(2)**, sind allerdings nicht wasserdicht.

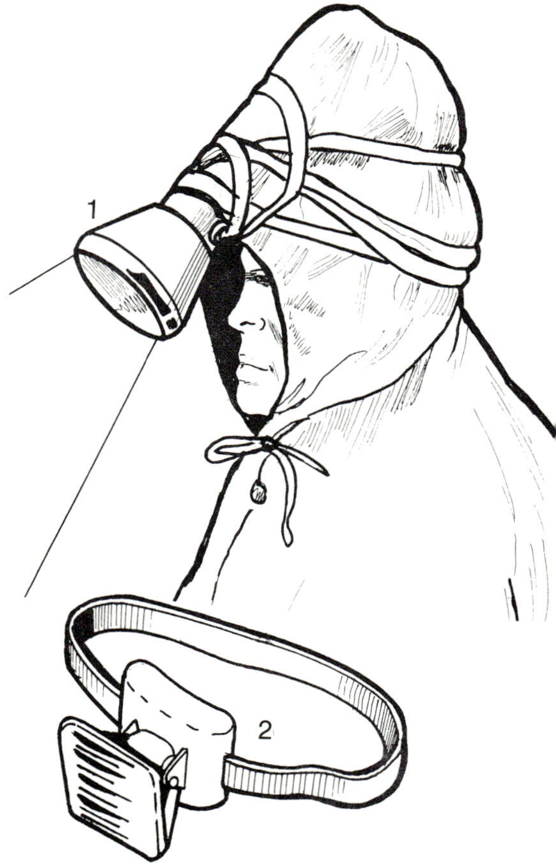

Wohin mit geborgenen Beschlägen?

Knietaschen im Ölzeug eignen sich zur Aufnahme der geborgenen Beschläge. Damit sie nicht wieder herausfallen, legt man einen Gummistropp um den Oberschenkel **(1)**. Zur Verstärkung des Taschenbodens kann das Hosenbein zusätzlich mit Klebeband umwickelt werden **(2)**.

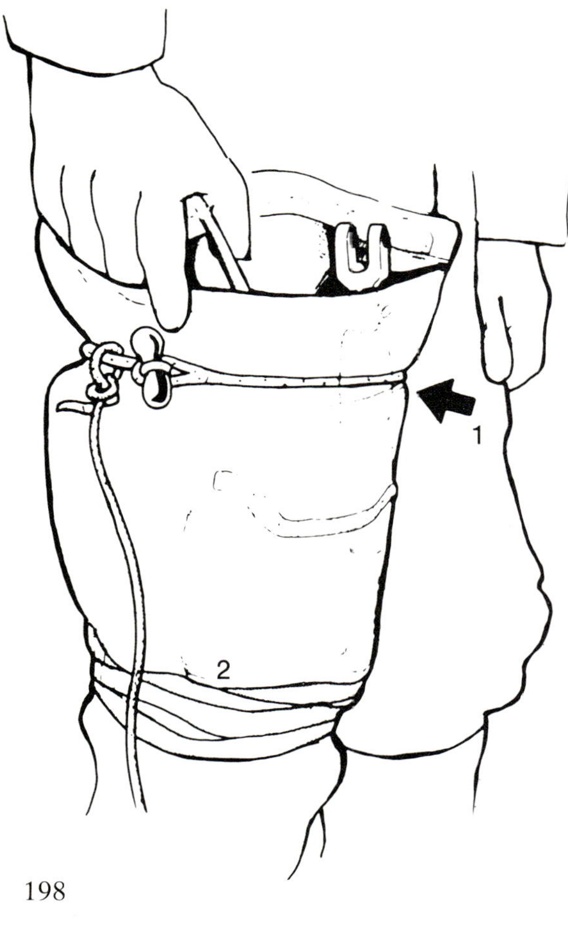

Das Werkzeug

Natürlich ist die Bereitstellung und Präparierung der Werkzeuge bei der allgemeinen Hektik und Aufregung nach einem Mastbruch sehr schwierig. Gute Seemannschaft verlangt daher, daß man einen „Mastbruch-Werkzeugbeutel" in Bereitschaft hat, der zwei Metallsägen, Ersatzsägeblätter, Kneif- und Kombizange, Spezialmesser, Hammer und Schraubenzieher enthält; alle versehen mit Sicherungsstropps.

Das wichtigste Werkzeug bei einem Mastbruch ist aber zweifellos ein sogenannter Bolzenschneider, mit dessen Hilfe sich Wanten, Stagen und selbst Wantenspanner bis etwa 10 Millimeter Durchmesser abkneifen lassen. Man sollte die Leistung nach der Wantenstärke des eigenen Riggs auswählen. Für Stagen aus massivem Metall, dem sogenannten Rod-Rigg, gibt es inzwischen hydraulisch betätigte Bolzenschneider. Ein solches Werkzeug ist nicht billig, sollte aber deswegen keinesfalls an Bord fehlen. Ergänzt wird es durch eine Bügel-Eisensäge, die einhändig bedient werden kann – unerläßlich für das Kappen von Mastteilen.

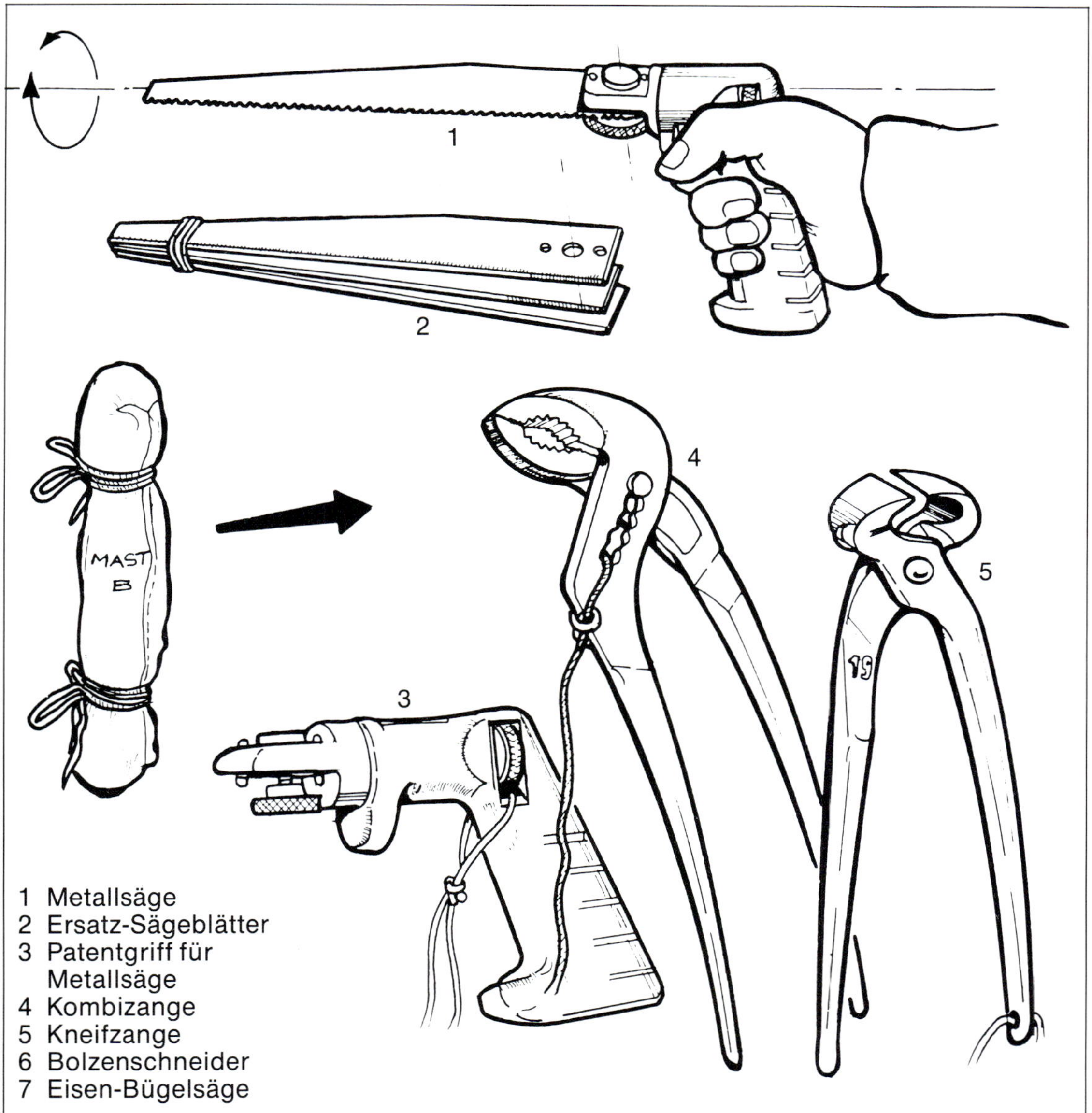

1 Metallsäge
2 Ersatz-Sägeblätter
3 Patentgriff für Metallsäge
4 Kombizange
5 Kneifzange
6 Bolzenschneider
7 Eisen-Bügelsäge

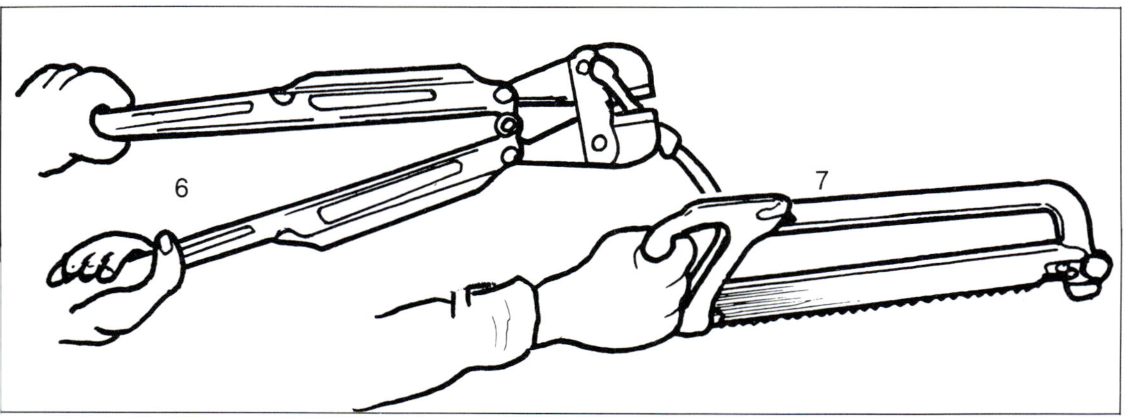

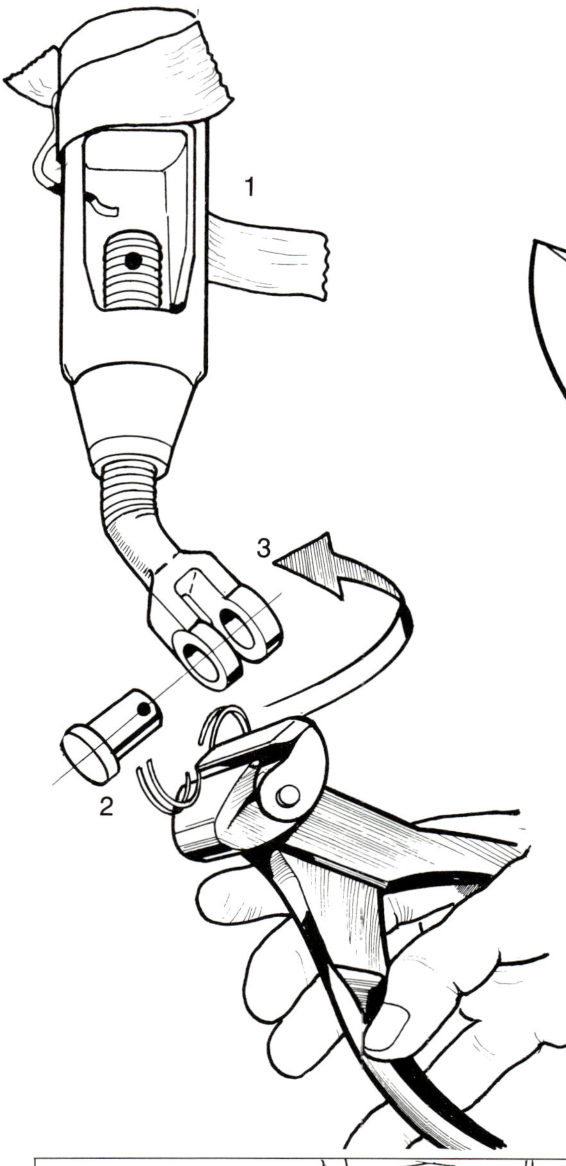

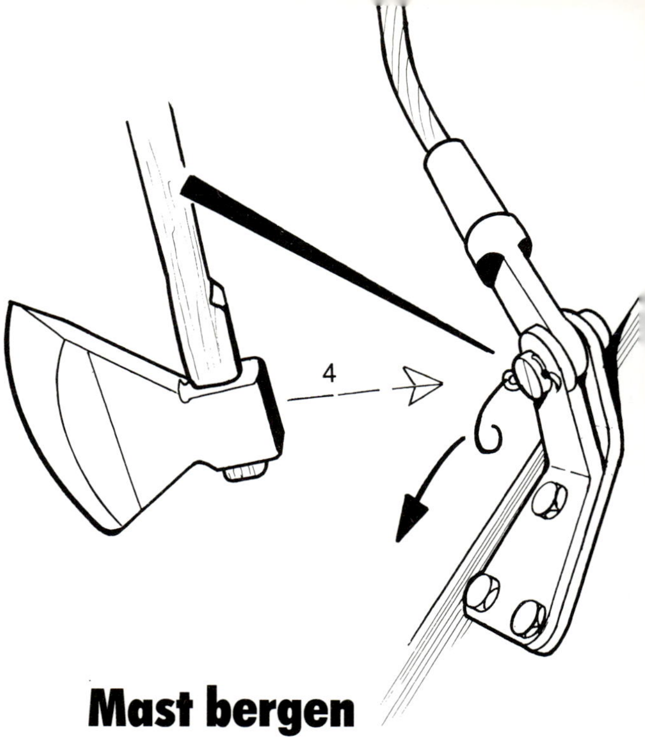

Mast bergen

1 Zuerst Klebeband-Sicherungen entfernen.
2 Splinte beziehungsweise Ringe durchkneifen.
3 Bolzen herausziehen.
4 Verklemmte Bolzen werden mit dem Hammer oder der Rückseite eines ,,Mastbruch-Notbeiles“ herausgeschlagen. Ein Beil ist wichtig, da sich damit am besten gebrochene Aluteile samt Kabel und Fallen auseinandertrennen lassen.

Sind schwere Spieren zusätzlich wassergefüllt, gestaltet sich die Bergung schwierig. Das Aufholen kann nur in Etappen geschehen, indem der Mast mit dem Winschstropp zentimeterweise beim Arbeiten des Rumpfes im Seegang durchgesetzt und jedes Mal die Lose mit einer Leine abgefangen wird.

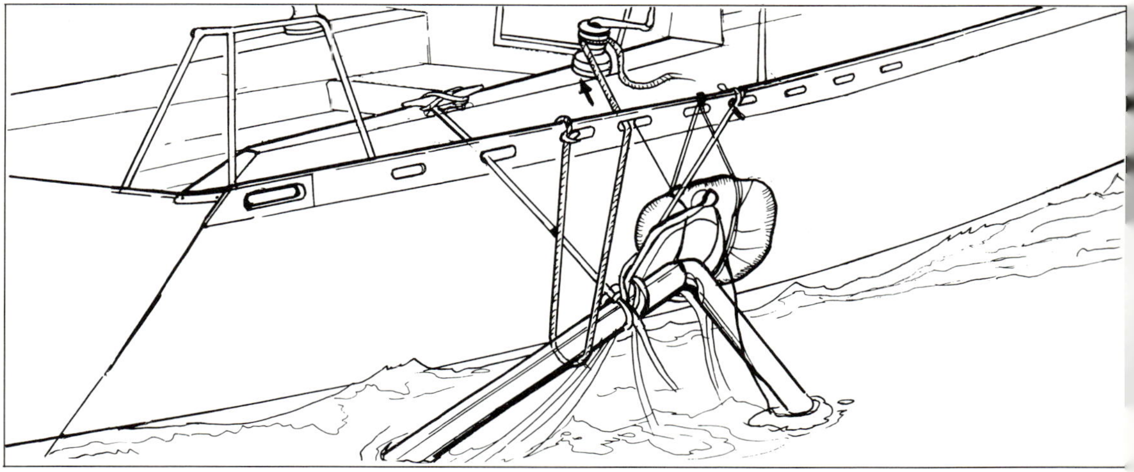

Bei hoher Bruchstelle und Seegang wird der Mast nach dem Lösen aller Fallen, Wanten und Stagen ganz über Bord gehen. Läßt es das Wetter zu, sollte man – fernab vom nächsten Hafen – versuchen, den Maststumpf einschließlich der Fallen zu bergen. Er wird daher vorab gesichert und nach dem Über-Bord-Gehen so weit an der Fußreling verzurrt **(1)**, daß ein sauberes Abtrennen der oberen Masthälfte möglich ist. Unterstützt wird die Sicherung durch eine Sorgleine, die über die nächste Winsch dichtgesetzt wird **(2)**. Verbindungen Segel/Mast so weit wie möglich entfernen **(3** und **4)**. Vorsichtig um den Mast herum sägen **(5)**, damit keine Fallen durchtrennt werden. Sie sind zum Setzen der Notsegel notwendig.

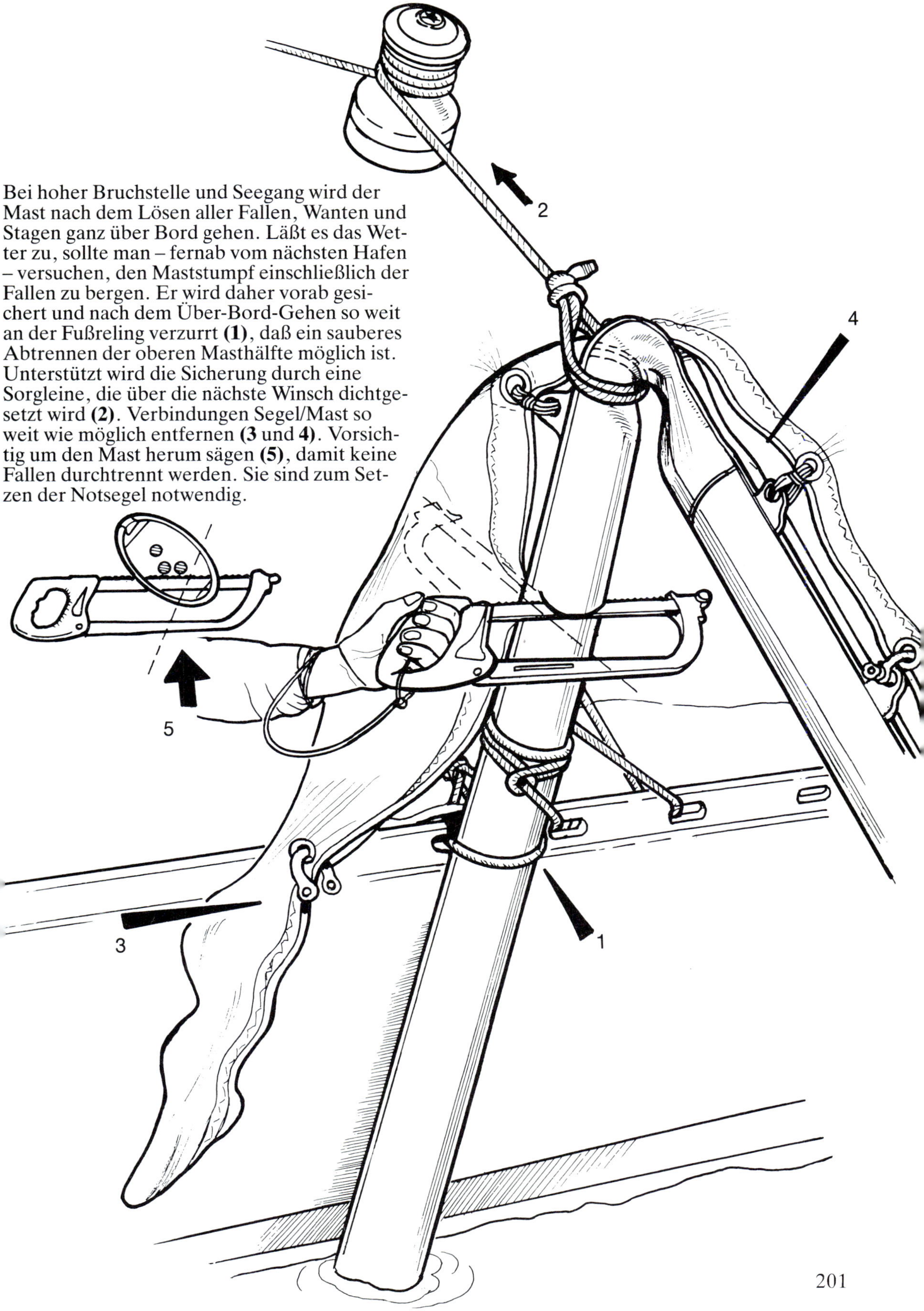

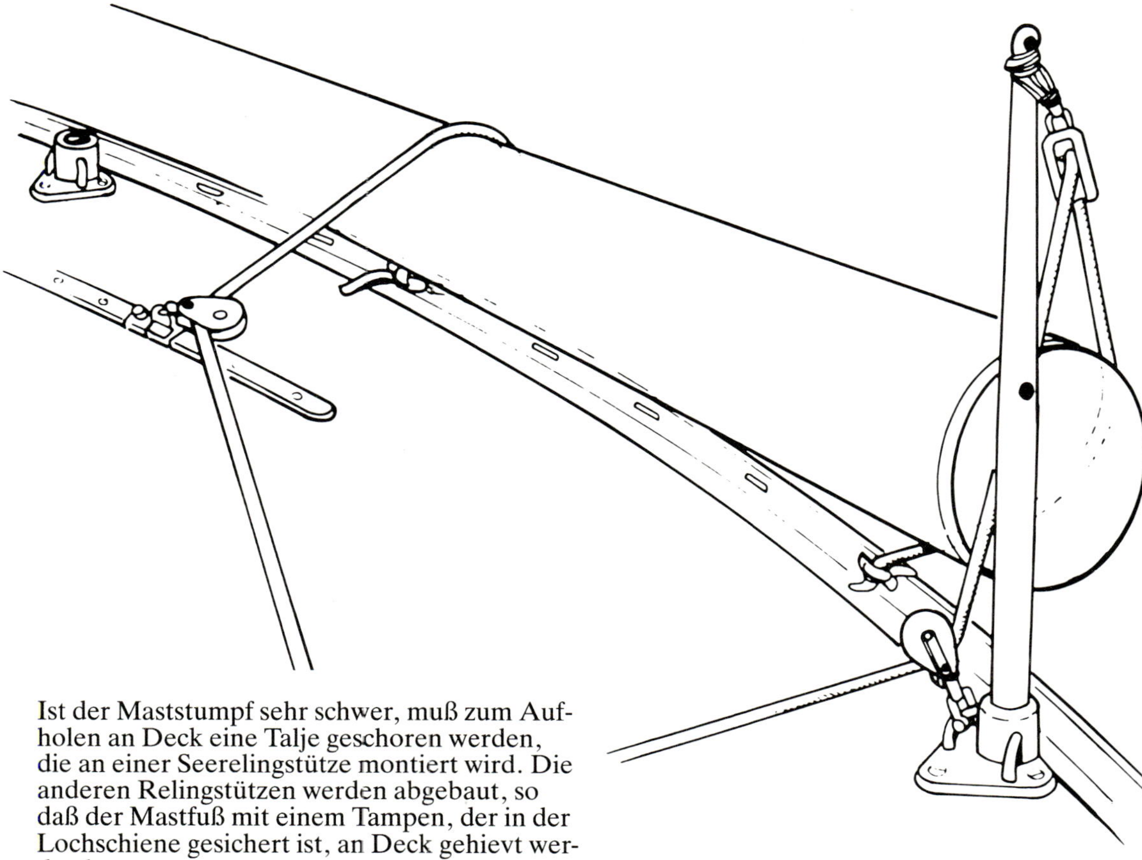

Ist der Maststumpf sehr schwer, muß zum Aufholen an Deck eine Talje geschoren werden, die an einer Seerelingstütze montiert wird. Die anderen Relingstützen werden abgebaut, so daß der Mastfuß mit einem Tampen, der in der Lochschiene gesichert ist, an Deck gehievt werden kann.

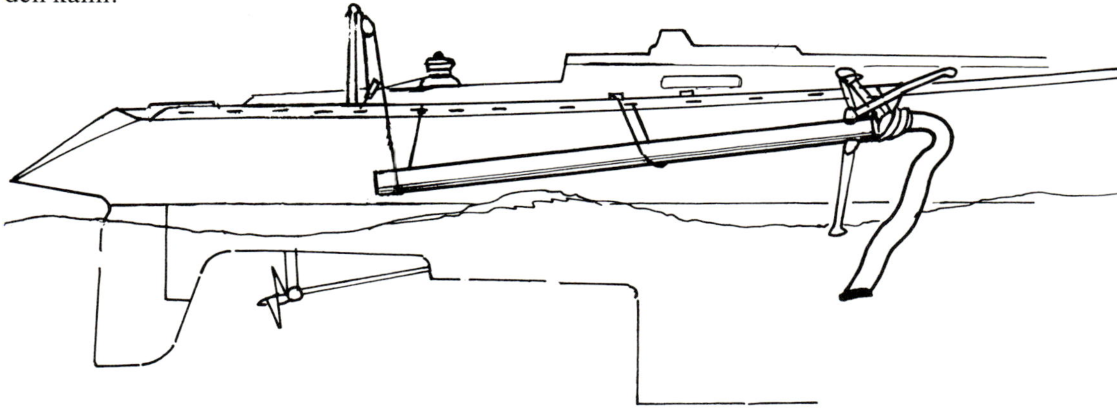

Ein wirksames Notrigg läßt sich aus dem Großbaum in Verbindung mit dem Spinnakerbaum riggen. Dies wird man versuchen, wenn der gesamte Mast über Bord gegangen ist und sich nicht wieder an Bord holen läßt.

Der Großbaum wird auf, beziehungsweise neben dem Mastschuh festgelascht und an seinem Lümmelbeschlag zu beiden Seiten nach achtern und nach vorn abgestagt. An diesem „Maststumpf" kann jetzt der Spinnakerbaum als verlängernde Spiere aufgeriggt werden. Ein Rundtörn wird durch die Spi-Nock um den Baum gelegt und der Tampen durch die Öse (oder den Block) des Baumniederholers geschoren. Daran läßt sich der Spibaum vorheißen **(1)**. Für die obere Führung legt man einen Rundtörn von der Großbaum-Nock um den Spibaum. Hierfür kann der Großsegel-Unterliekstrecker dienen, der im Großbaum geschoren ist. Auch hier wird der Tampen an Deck zurückgeführt, damit der Rundtörn nach dem

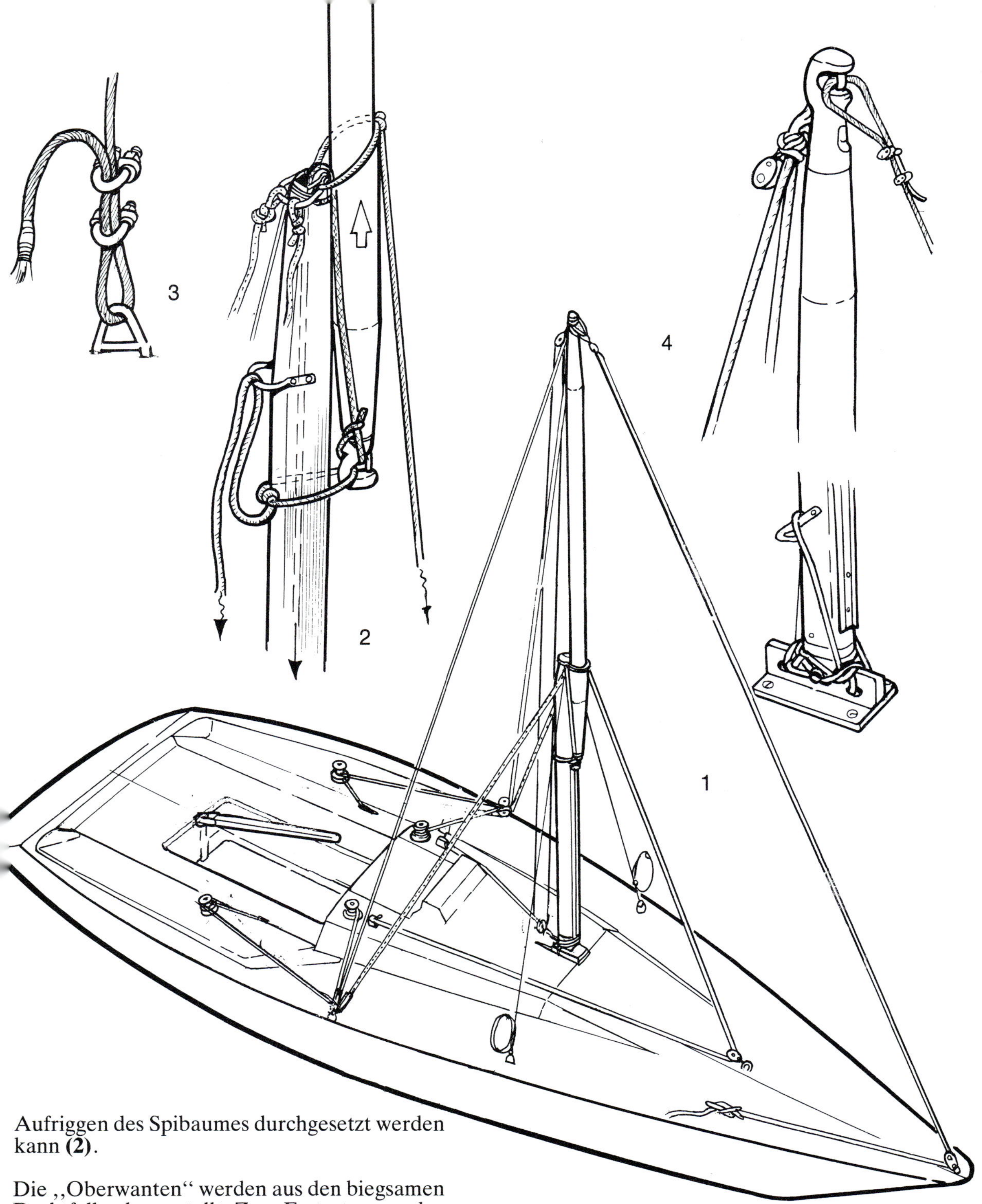

Aufriggen des Spibaumes durchgesetzt werden kann **(2)**.

Die ,,Oberwanten" werden aus den biegsamen Drahtfallen hergestellt. Zum Festsetzen an den Püttings eignen sich Drahtseil-Bügelklemmen **(3)**, die der ,,Mastbruch-Werkzeugbeutel" in ausreichender Anzahl beinhalten sollte.
Vor dem Aufriggen darf nicht vergessen werden, ein Fall für das Notsegel über einen Block an der Spibaum-Nock zu scheren **(4)**.

Sorgen mit der Seekrankheit

Anfänger wie erfahrene Seeleute leiden gleichermaßen an der Seekrankheit, wenn dafür eine gewisse Anfälligkeit vorhanden ist. Mancher, der von sich behauptet, nie seekrank zu werden, mußte sich in einer ungewöhnlichen, extremen Situation auf See eines Besseren belehren lassen. Denn äußere Umstände und das jeweilige Schiff, auf dem man sich befindet, können den Ausbruch der Krankheit unterschiedlich beeinflussen. Daher ist es wichtig, die in Frage kommenden Faktoren zu kennen, um sich gegebenenfalls vorbeugend darauf einstellen zu können.

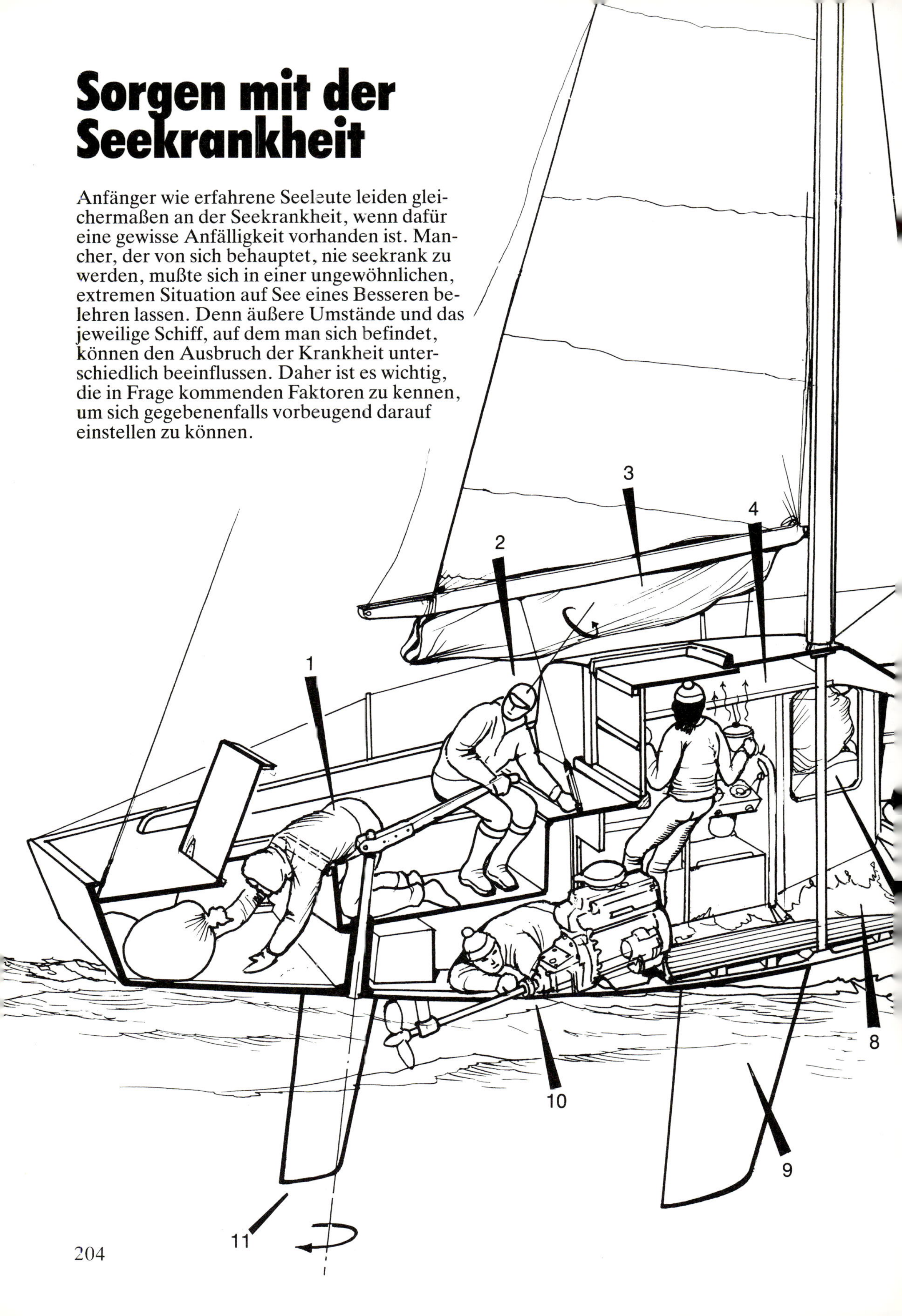

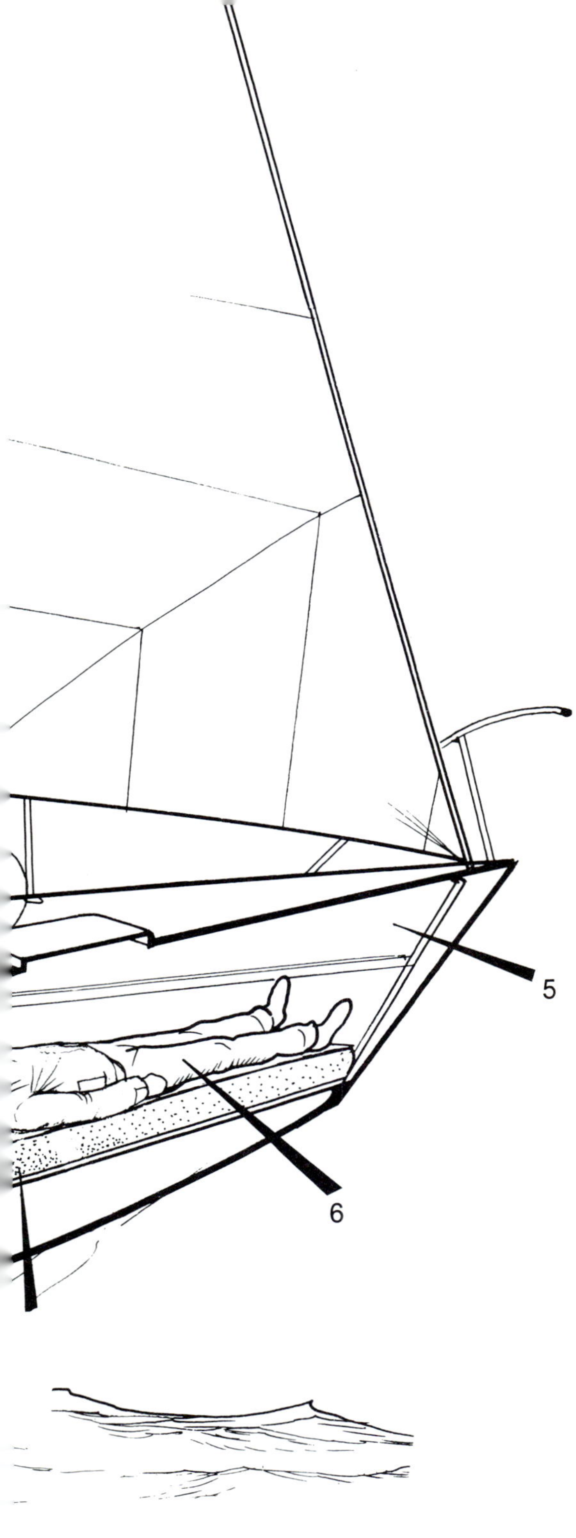

1: Seekrankheit kommt am schnellsten bei Arbeiten im Schiff auf, zum Beispiel beim Hinabbücken mit dem Kopf nach unten in einen ungünstigen Stauraum.
2: Schnelle und vor allem drehende Kopfbewegungen beschleunigen die Übelkeit ebenso wie eine fehlende Horizontsicht, zum Beispiel durch herabhängende Segelfläche nach dem Einreffen **(3)**.
4: Der Fortfall der optischen Kontrolle verstärkt die Bewegungsreize auf das Gleichgewichtsorgan. Optische Kontrolle fehlt auch unter Deck, und wenn dann Kochgerüche und der Anblick des schwankenden Kochers hinzukommen, ist es um die Standfestigkeit des Smuts meistens geschehen.
5: Im Bug- und Heckbereich sind die Bewegungen am stärksten. Daher wird die Freiwache **(6)** im Vorschiff schneller seekrank als mittschiffs.
7: Hat das Crewmitglied außerdem noch Alkohol getrunken und geraucht, ist es übermüdet und ausgekühlt, ziehen muffige Gerüche durch die Kajüte, ist ein totaler Ausfall vorprogrammiert.
8: Ein gefürchtetes Reizmittel ist Dieselgeruch, ausgelöst durch hin- und herschwappendes Wasser-Öl-Gemisch in der Bilge.
9: Boote mit kurzem Kiel, wie sie heute bei den Regattayachten und zunehmend auch bei Fahrtenyachten üblich sind, vollführen im Seegang viele kleine Kursschwankungen, die die Gleichgewichtsorgane der Besatzung beeinflussen.
10: Bei einer Motorreparatur auf See wird auch ein seefestes Besatzungsmitglied nach kurzer Zeit kapitulieren.
11: Freistehende Ruder tragen bei Seegang erheblich zu einem unruhigen Segelverhalten mit zahlreichen Kursschwankungen bei.

Besatzungsmitglieder mit ersten Anzeichen der Seekrankheit erkennt man daran, daß sie auffallend ruhig und später teilnahmslos werden. In diesem Stadium sind Reaktionsvermögen und Bewegungskoordination bereits eingeschränkt, und man sollte die Betreffenden nicht mehr zum Reffen oder Segelwechsel aus dem Cockpit lassen. Seekranken ist schließlich alles gleichgültig. Auch Fehler in der Navigation sind in diesem Zustand möglich. Navigieren sollte deshalb nur ein seefestes Mitglied der Crew. Wer in fortgeschrittenem Stadium seekrank ist, braucht Hilfe, denn die Bewegungen sind unkontrolliert und die Willenskraft ist teilweise vollkommen ausgeschaltet. In diesem Zustand ist es möglich, daß der Kranke sich beim Erbrechen nicht mehr aus der Rückenlage umdrehen kann und erstickt.

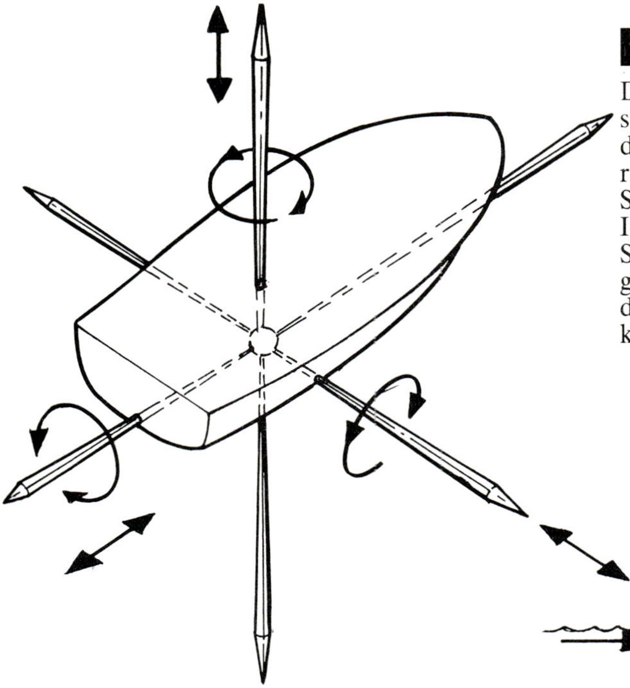

Die Bewegungsachsen

Die Bewegungsachsen einer Yacht zentrieren sich in einem Bereich, der achtern auf etwa dreifünftel der Schiffslänge liegt. Dort ist der ruhigste Punkt des Bootes, an dem sich ein Seekranker nach Möglichkeit aufhalten sollte. In der Praxis wird dies aber – zumindest auf Segelyachten – nur selten möglich sein, da hier gewöhnlich der Standort für den Motor ist und die Hundekoje nur mühsam benutzt werden kann.

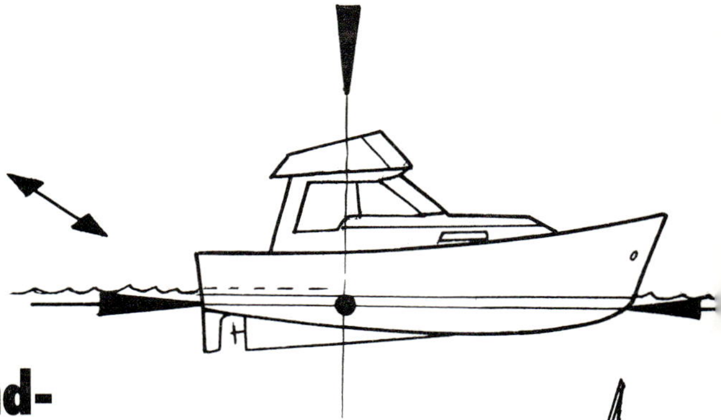

Seekrank auf Raumwind-Kursen?

Jollensegler werden während einer Küstenregatta bei Starkwind häufig auf Raumwind-Kursen seekrank. Das mag verwundern, da die Auf- und Abbewegungen im Seegang weniger abrupt sind als auf einem Am-Wind-Kurs, aber sie werden hier kombiniert mit weiträumigen Roll- und Schwojbewegungen, die auf den Steuermann weniger kontinuierlich wirken und die Orientierung zu den tatsächlichen Wellenbewegungen erschweren.

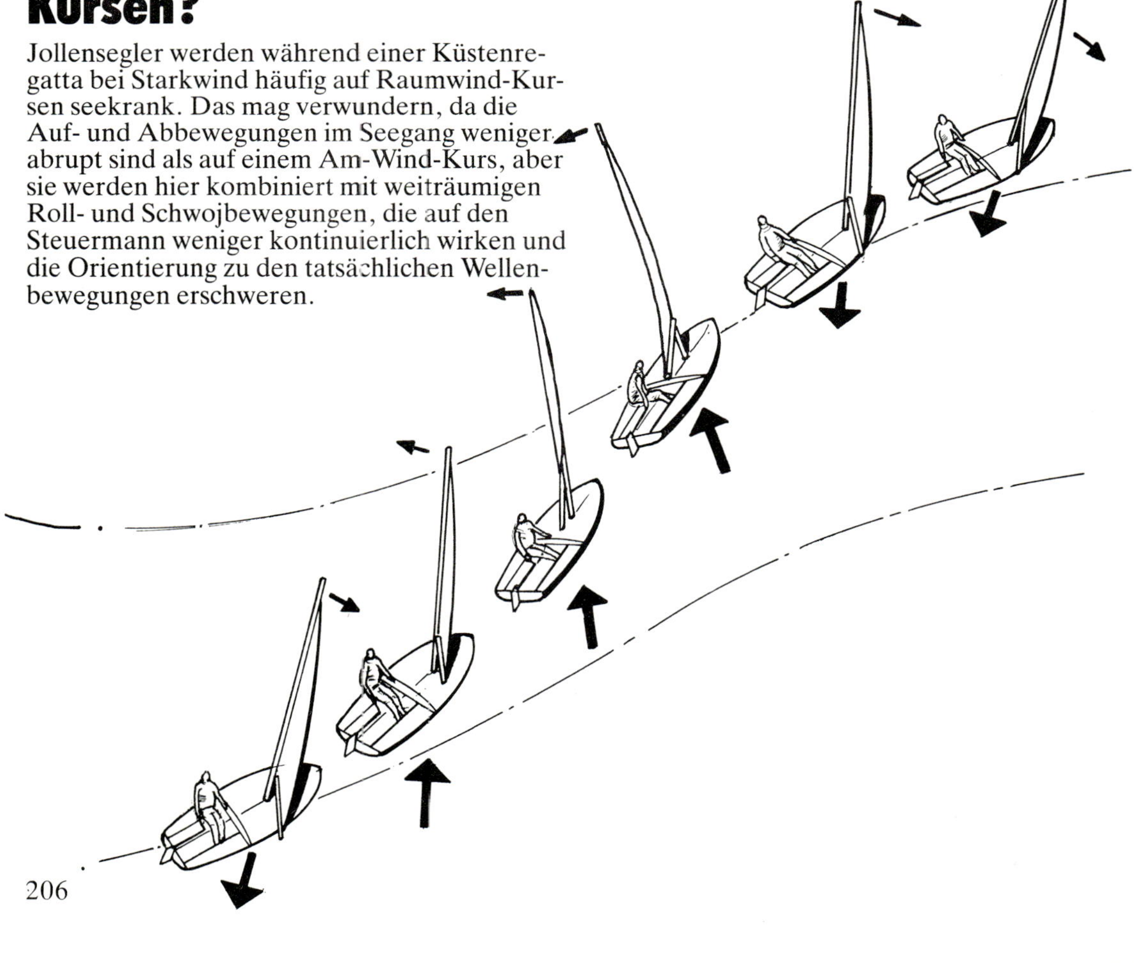

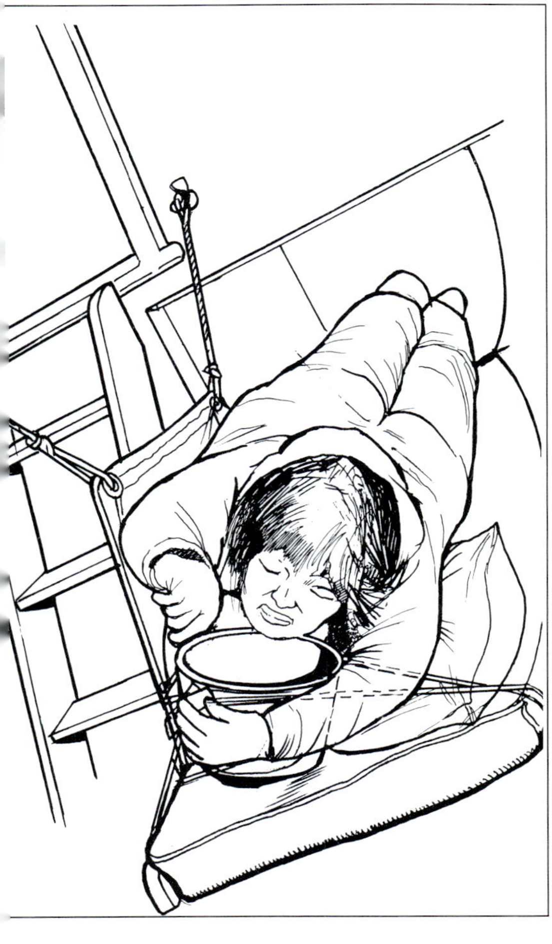

Was tun mit Seekranken?

Im Cockpit legt man den Seekranken am besten in der Leeseite auf den Boden – sofern die Cockpitlänge ausreichend ist – und dreht ihn in die Seitenlage. Ist das Boot mit einem ausreichend hohen Cockpitsüll versehen, kann man es bei schwerem Wetter riskieren, ihn auf die Leeducht zu legen und dort festzulaschen. Der Kopf sollte in Fahrtrichtung zeigen. Beim Spucken in einen möglichst flachen Eimer (notfalls Plastikpütz abschneiden) muß ein Besatzungsmitglied den Kopf beziehungsweise Oberkörper stützen und die Pütz sofort säubern.

Unter Deck ist der Seekranke häufig sich selbst überlassen, da die übrige Crew für Manöver und das Führen der Yacht im Cockpit fit bleiben muß. Unter Deck wird man generell schneller seekrank als in der Plicht in frischer Luft mit Horizont-Sicht. Aus diesem Grunde ist es nicht ratsam, den Kranken in die Leekoje zu legen, da er sich bei Krängung zum Spucken nicht allein über den Kojenrand emporziehen kann. Besser ist es, ihn in der Luvkoje auf dem Bauch zu lagern und mit dem Leesegel gegen das Herausfallen zu sichern. Die Pütz sollte in Kopfhöhe ebenfalls festgezurrt werden. Auch hier ist es wichtig, daß eine ständige Beobachtung durch die anderen Crewmitglieder stattfindet.

Es gibt eine ganze Reihe von Faktoren und konstruktiven Merkmalen auf einer Segelyacht, die sich günstig auf die Seekrankheit der Mannschaft auswirken können. Auch die psychologische Wirkung mancher Maßnahmen darf man nicht unterschätzen. So wirkt ein aufrecht segelndes Boot auf die Crew generell beruhigend, und daher sollte möglichst frühzeitig und ausreichend gerefft werden **(1)**.
Eine gute Luftzirkulation unter Deck über ausreichend große und wasserdichte Dorade-Lüfter schafft eine angenehme Bordatmosphäre **(2)**.
Der Navigator **(3)** ist besonders gefährdet, da er sich häufig unter Deck aufhalten muß. Günstig ist es, wenn die möglichst hochgelegene Navigationsecke so eingebaut ist, daß der Navigator Blickkontakt mit der Crew im Cockpit hat und den Kopf dazu nicht drehen muß. Dicht beim Niedergang hat er die beste Lüftung.

Das Sprayhood gibt nicht nur beruhigenden Schutz für die Crew, sondern schafft durch gewisse Sogwirkung Frischluft unter Deck **(6)**.
Eine Thermoskanne, in der Nähe des Niedergangs gehaltert, sollte vor dem Seetörn mit heißem Tee oder einer leichten Fleischbrühe gefüllt werden **(7)**.
Der Rudergänger wird am seltensten seekrank, da er die Bewegungen des Bootes vorher spürt und sich folglich am besten darauf einstellen kann. Außerdem fixiert er fast ständig den Horizont als feststehende Bezugslinie. Die Konzentration der Bootsführung eliminiert aufkommendes Unwohlsein. Vorteilhaft ist es, wenn eine vorliche Sitzposition eingenommen werden kann **(8)**. Wenn möglich, sollten daher Crewmitglieder, die mit einer aufkommenden

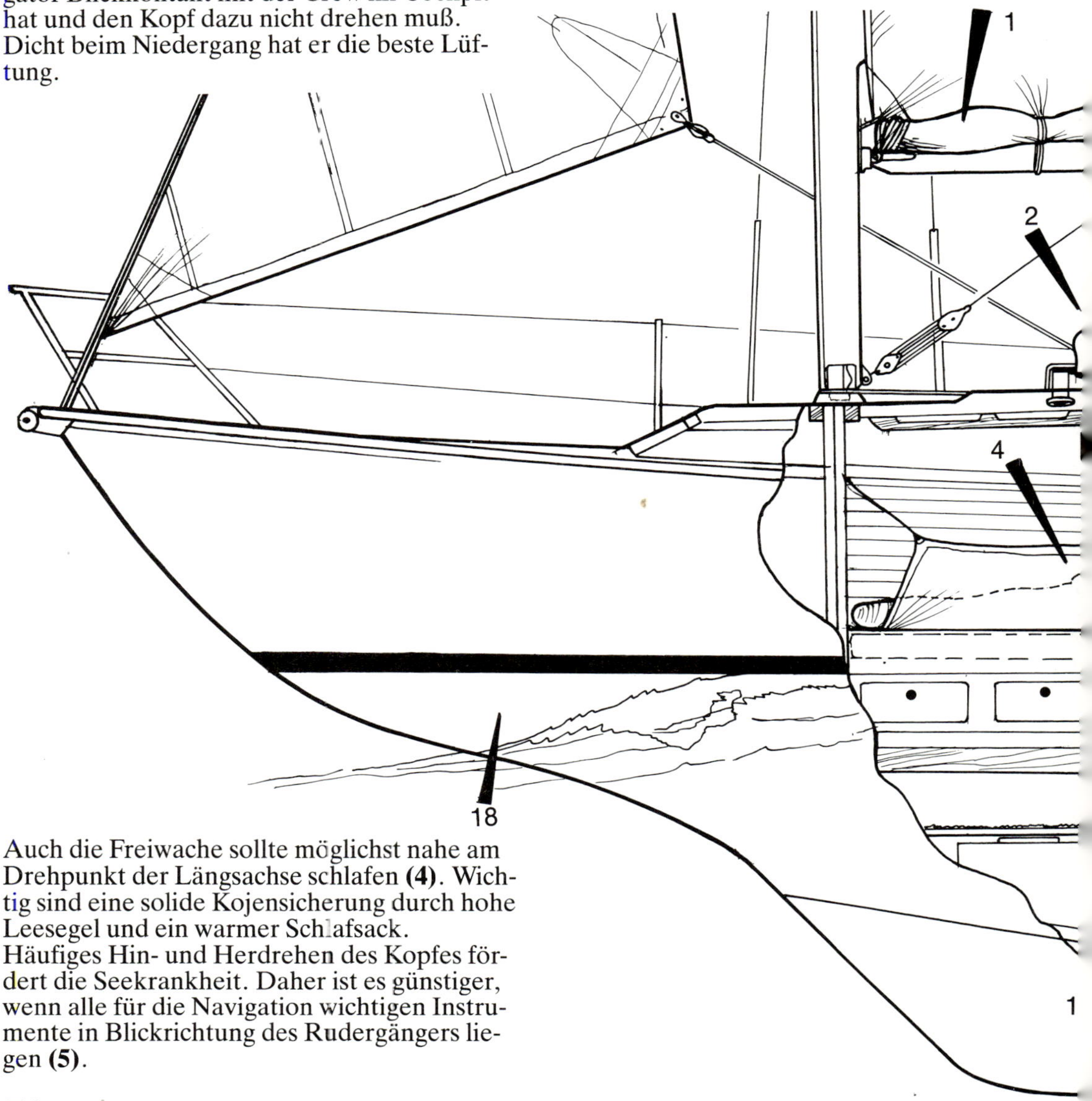

Auch die Freiwache sollte möglichst nahe am Drehpunkt der Längsachse schlafen **(4)**. Wichtig sind eine solide Kojensicherung durch hohe Leesegel und ein warmer Schlafsack.
Häufiges Hin- und Herdrehen des Kopfes fördert die Seekrankheit. Daher ist es günstiger, wenn alle für die Navigation wichtigen Instrumente in Blickrichtung des Rudergängers liegen **(5)**.

Seekrankheit kämpfen, zeitweilig das Ruder übernehmen.
Ein gutes Sicherheitsgefühl macht viel aus! Es ist bewiesen, daß Personen mit starken Angstzuständen schneller seekrank werden. Günstig ist daher die Geborgenheit eines tiefen Cockpits mit hohem Süll **(9)**.
Wichtige Ausrüstungsgegenstände und Sturm-Vorsegel sollten leicht erreichbar gestaut sein **(10)**, keinesfalls aber in tiefen Backskisten, in die man kopfüber hinabtauchen muß.
Zum Sicherheitsgefühl tragen auch große Cockpit-Lenzrohre bei, durch die überkommendes Wasser schnell abfließt **(11)**.
Generell ist das Verhalten eines Langkielers mit angehängtem Ruder im Seegang angenehmer als das eines Kurzkielers. Dank der langen Lateralfläche ist er kursstabiler und macht geringere seitliche Bewegungen **(12)**.
Eine sichere Niedergangstreppe mit abgeschrägten Stufen und Haltegriffen erleichtert den Ein- und Ausstieg für leicht seekranke Crewmitglieder **(13)**.
Wichtig ist auch eine abgetrennte und nach Möglichkeit abgeschottete Motorraum-Bilge, um Dieselgerüche weitgehend aus der Kajüte fernzuhalten. Zur Vorsorge gegen Seekrankheit gehört auch, daß man die Motorbilge stets absolut sauber hält **(14)**.
Ein Lenzbrunnen oder eine Leckwasser-Bilge ist die Gewähr für ein trockenes Schiff **(15)**.
Ein hoher Ballastanteil ermöglicht aufrechtes und ruhiges Segeln im Seegang **(16)**.
Schließlich ist ein ausreichender Trinkwasservorrat unter anderem auch notwendig, um Seekranke an Bord versorgen und erfrischen zu können **(17)**.
Das Vorschiff sollte auf Hochseetörns von anfälligen Personen ganz gemieden werden **(18)**.

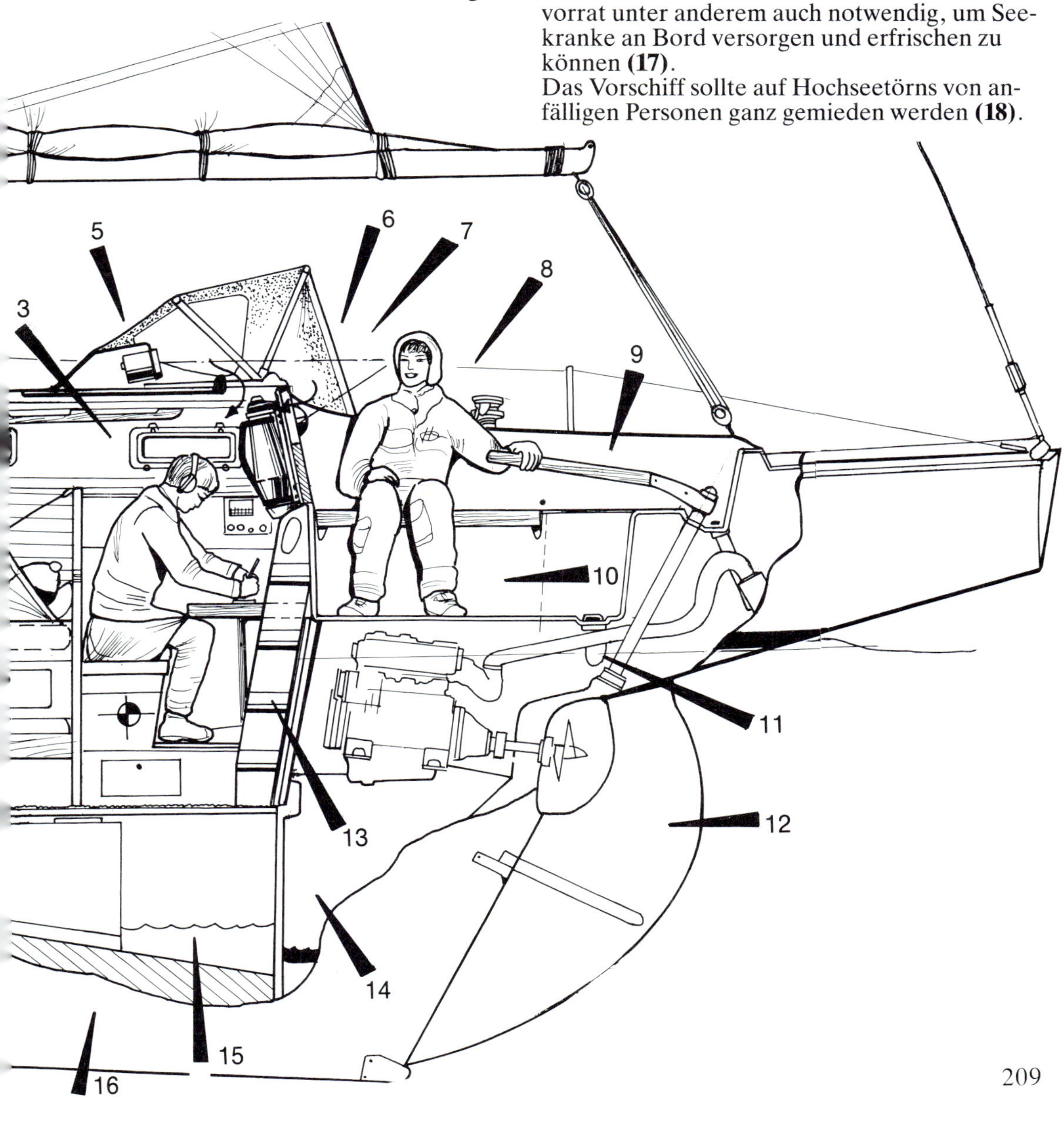

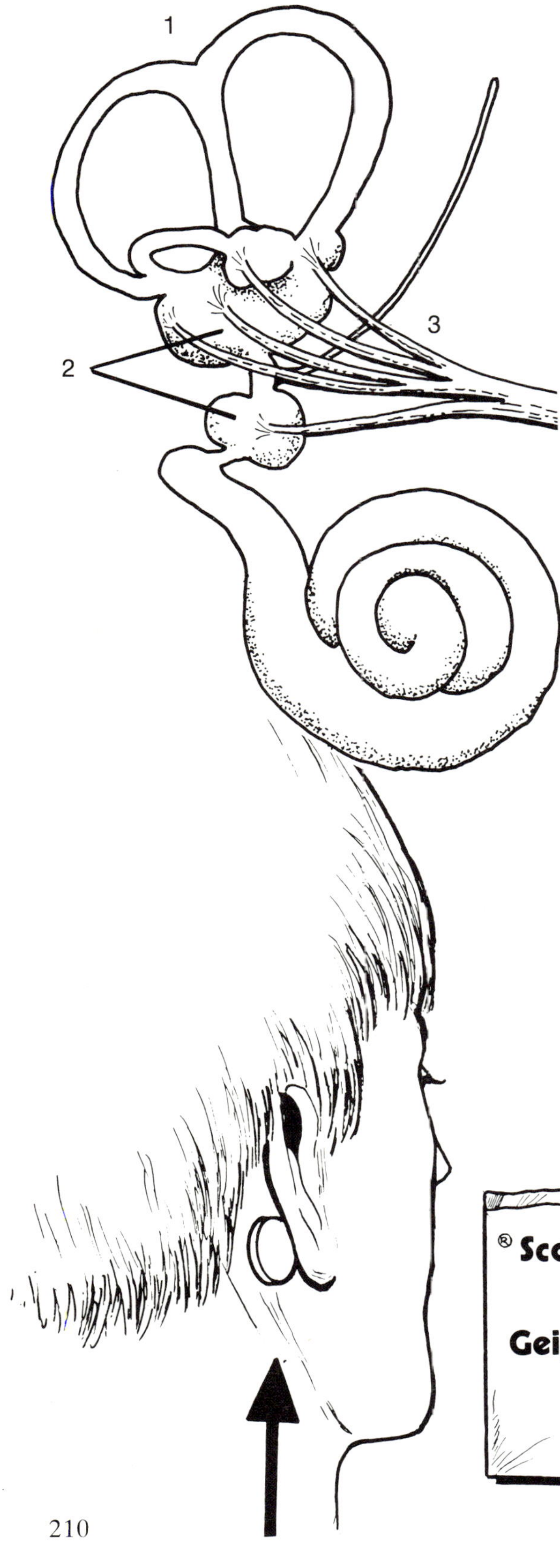

Die Gleichgewichtsorgane

Sie befinden sich an beiden Seiten des Kopfes im Innenohr. Sie bestehen aus den drei Bogengängen **(1)** und säckchenförmigen Erweiterungen **(2)**. Diese Säckchen sind mit Sinneszellen ausgekleidet. Bogengänge und Säckchen liegen in den drei Hauptebenen des Raumes und sind mit Flüssigkeit gefüllt. Sie registrieren Stampf-, Roll- und Drehbewegungen und leiten sie über die Sinneszellen und die Gleichgewichtsnerven **(3)** zum Gehirn. Wird das Gleichgewichtsorgan überlastet, kommt es zur Seekrankheit.

Mittel gegen Seekrankheit

Es gibt heute wirkungsvolle Medikamente gegen die Seekrankheit, deren Nebenwirkungen man jedoch kennen sollte. Relativ geringe Ermüdungserscheinungen erzeugen die Antihistamine wie Bonamine, Peremesin, Vomex A und andere, besonders wenn sie mit Coffein kombiniert sind. Weniger müde machen offenbar Stutgeron und Cerepar. Stehen Angst und Spannung bei seeunerfahrenen Personen im Vordergrund, kann ein niedrig dosiertes Psychopharmakon wie Psyquil angezeigt sein. Neben diesen bewährten Medikamenten, die als Tabletten, Kapseln oder Zäpfchen verabreicht werden, sind in jüngster Zeit Heftpflaster mit einem Scopolamin-Wirkstoff auf den Markt gekommen, der durch das Hautgewebe ins Blut eindringt. Dadurch wird der Magen-Darm-Trakt nicht belastet – ein Vorteil, der gerade bei Übelkeit wichtig ist. Die Pflaster werden hinter dem Ohr, in der Nähe der Gleichgewichtsorgane, auf die Haut geklebt und entfalten in kurzer Zeit ihre volle Wirkung. Sie hält etwa 72 Stunden vor. Medikamente gegen die Seekrankheit entfalten ihre volle Wirkung erst nach einiger Zeit. Daher sollten die Präparate bereits vor Fahrtan-

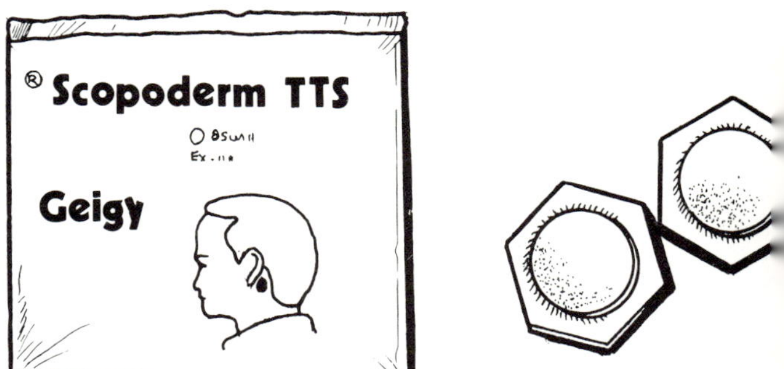

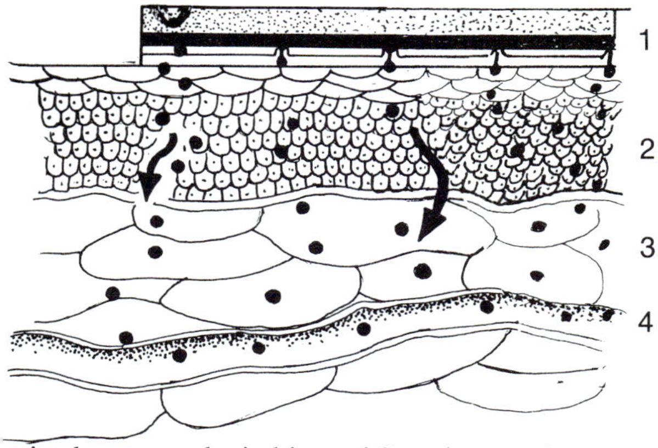

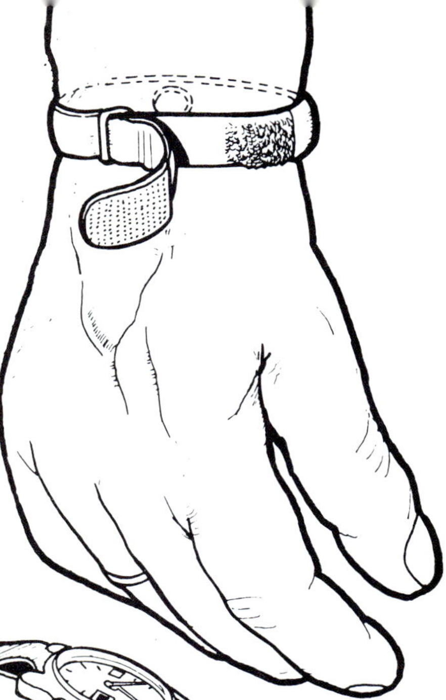

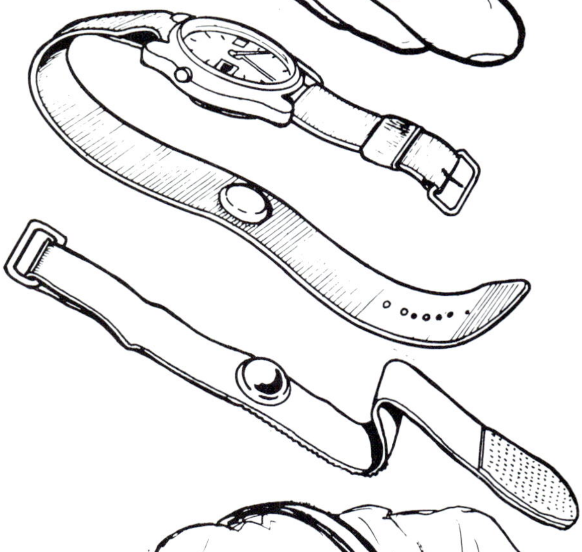

tritt, besser noch ein bis zwei Stunden vor dem möglichen Aufkommen von Übelkeit verabreicht werden.

Das im Pflaster eingebettete Scopolamin **(1)** dringt durch die Hautoberfläche **(2)** und die tieferen Hautschichten **(3)** bis zu den Blutgefäßen **(4)** vor. Das Blut transportiert den Wirkstoff zum Gehirn, wo es dämpfend auf die entsprechenden Zentren wirkt.

Akupressur ist ein Mittel gegen Seekrankheit, wenn Medikamente nicht vertragen werden oder unerwünschte Nebenwirkungen wie Müdigkeit und Sehstörungen verursachen. Allerdings ist der Beruhigungseffekt wesentlich geringer als bei entsprechenden Medikamenten, und manche Mediziner zweifeln die Wirksamkeit der Akupressur bei Seekrankheit überhaupt an. Dennoch haben Hochseesegler mit der Methode bei Tests Erfolg gehabt. Sicher spielt auch der „Placebo-Effekt", der Glaube an die Wirksamkeit, eine Rolle. Am einfachsten ist das Anlegen eines Akupressur-Armbands um das Handgelenk, in das eine halbkugelförmige Druckkapsel eingearbeitet ist. Der Druckpunkt liegt etwa fünf Zentimeter über dem Handgelenk, also dort, wo der Puls gefühlt wird. Man kann auch ohne diesen, im Handel erhältlichen „Seasick-Strep" ein Knöpfchen in das Uhrenarmband einkleben, so daß es auf dem bezeichneten Punkt zu liegen kommt.

Seit einiger Zeit sind wasserdichte oder weitgehend wassergeschützte, tragbare Kassettenrecorder mit Kopfhörern auf dem Markt. Stereomusik hat sich als wirksames Mittel gegen die Seekrankheit, vor allem auf Kurztörns, herausgestellt. Nicht nur Kinder und Jugendliche lassen sich durch Musik beeinflussen und beruhigen, sondern auch Erwachsene sprechen darauf an. Ablenkung ist alles, und in diesem Zusammenhang ist auch der gemeinsame Gesang aller Crewmitglieder ein probates Mittel, die Seekrankheit gar nicht erst aufkommen zu lassen – sofern man dann noch singen mag.

Stürme sicher überstehen

Chancen, einen Sturm unbeschadet zu überstehen, sind immer dann gegeben, wenn Boot und Mannschaft optimal auf die zu erwartenden Belastungen vorbereitet wurden und jeder an Bord im Ernstfall weiß, was zu tun ist.

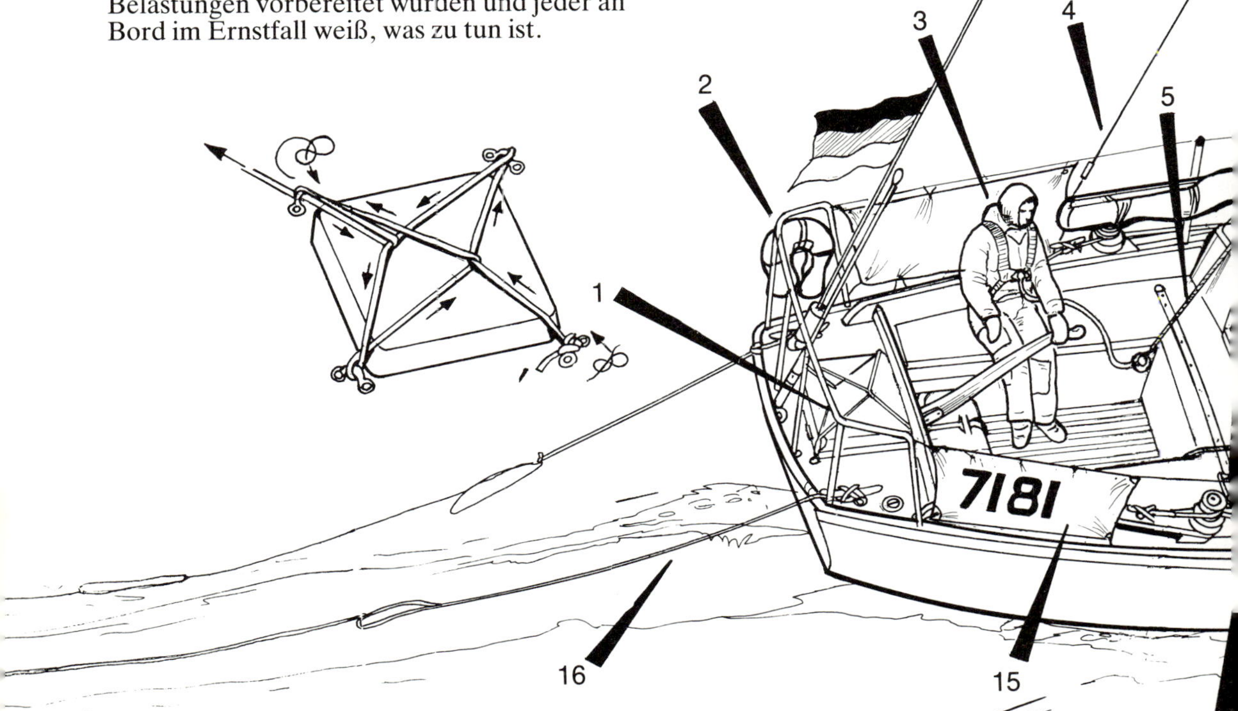

Vorbereitungen auf den Sturm, an Deck . . .

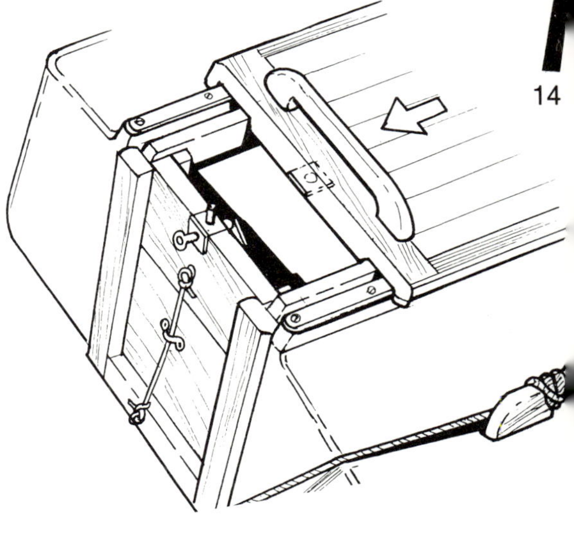

An Deck sind die meisten Vorkehrungen zu treffen. Manche Luks, zum Beispiel für Tampen- und Fender-Stauräume, haben keine Hebel oder sonstigen Verschlüsse. Sie benötigen eine sichere Verzurrung, die je nach Bordmöglichkeiten improvisiert werden kann **(1)**.
Am Heck wird mindestens ein Feststoff-Rettungskragen aufgehängt **(2)**, und die Mannschaft legt Ölzeug, Rettungsweste und Lifebelt an **(3)**.
Die Dirk wird so weit wie möglich durchgesetzt, um dem Baum zusätzlichen Halt zu geben **(4)**.
Im Cockpit können gespannte Leinen hilfreich sein, um sicher auf das Seitendeck zu gelangen **(5)**.
Das Großsegel wird stark eingerefft, wenn der Wind noch mäßig ist. Das Einreffen bei Sturm gelingt meistens nicht optimal, während das Ausreffen sehr viel leichter ist. Ein einwandfrei stehendes, sehr flach gezogenes und nicht killendes Großsegel ist eine der Voraussetzungen

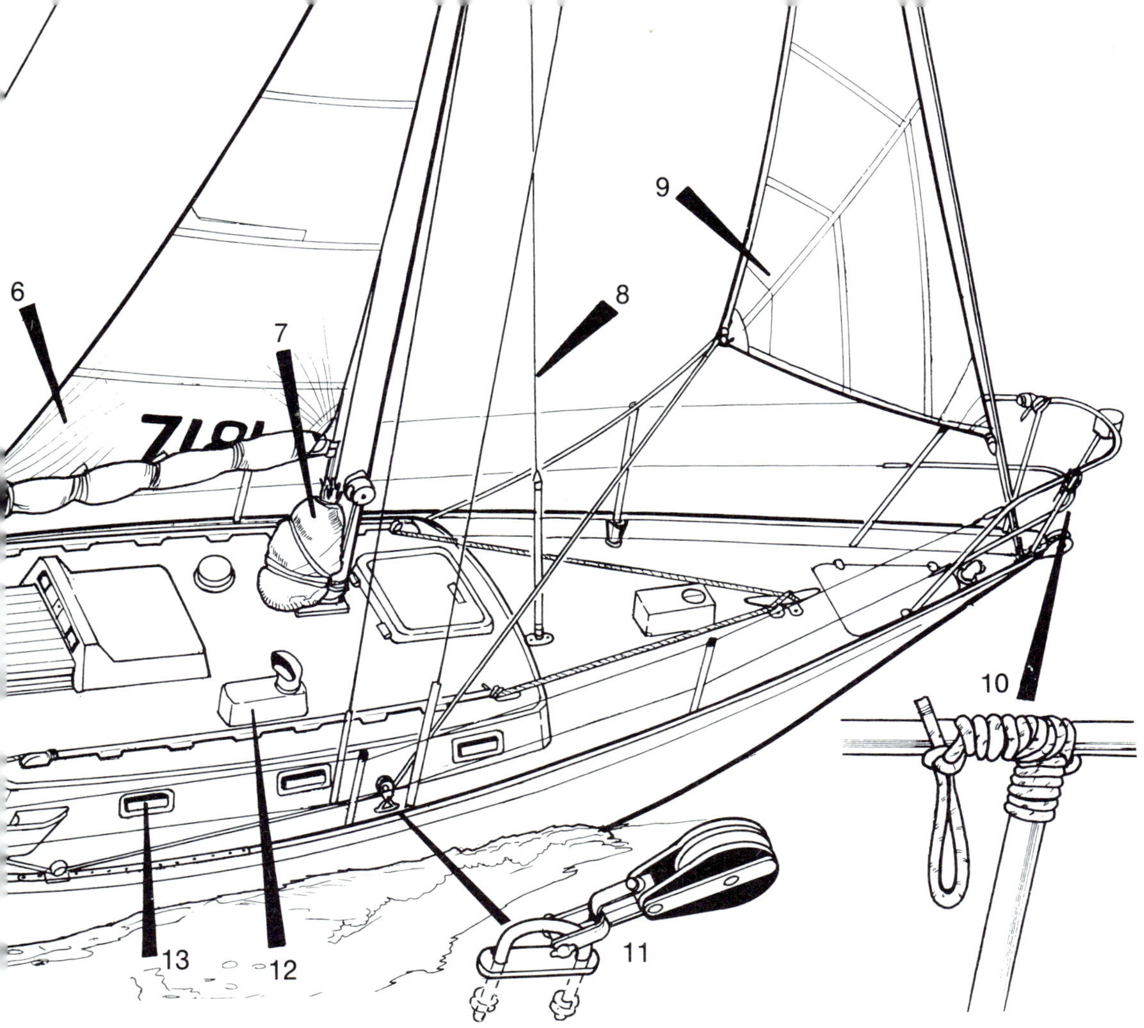

dafür, daß die Yacht den Sturm gut übersteht **(6)**.
Sollte ein spezielles Try-Segel vorhanden sein, so muß dieses am Mastfuß festgezurrt werden, damit es sofort eingesetzt werden kann **(7)**.
Der richtige Trimm von Wanten und Stagen ist im Sturm besonders wichtig. Sie müssen optimal dichtgesetzt werden. Vor allem die vorderen Unterwanten, beziehungsweise das Babystag **(8)** und das Achterstag müssen stark angezogen werden, um ein Durchbiegen des Mastes nach achtern zu verhindern. Die Sturmfock wird mit der Leeschot stark dichtgeholt. Damit bei einer Wende möglichst wenig Lose in das Segel kommt und ein Killen verhindert wird, holt man auch die Luvschot auf der Luvwinsch dicht **(9)**.
Am Bugkorb werden kurze Stropps festgezurrt, so daß beim Segelwechsel die Fock sofort gesichert und beigebunden werden kann **(10)**.
Eine gut ausgerüstete Yacht hat neben der Genuaschiene spezielle, durchgebolzte Leitblöcke für die Sturmfock **(11)**. Sind diese nicht vorhanden, sollten Notblöcke mit starken Stropps an den Wantenpüttings beigebunden werden.
Dorade-Lüfterklappen sind aus der Windrichtung zu drehen, Pilzlüfter und sonstige Decksdurchbrüche müssen sorgfältig geschlossen werden **(12)**.
Alle Fenster, die sich öffnen lassen, benötigen eine spezielle Kontrolle unter Deck **(13)**.
Die Niedergangschotten werden eingesteckt und von außen mit einem Stropp so gesichert, daß sie im Extremfall nicht aufschwimmen können **(14)**.
Eine Identifikation des Bootes (Bootsname oder Segel- bzw. Rennummer) auf der Relingsschürze ist für eventuell notwendige Rettungsaktionen vorteilhaft. Da diese Persenning im Sturm stark beansprucht wird, sollte sie extra stark festgezurrt werden **(15)**.
Als mögliche Hilfe für ein über Bord gegangenes Besatzungsmitglied können zwei Leinen mit eingeknoteten Haltegriffen über das Heck ausgebracht werden **(16)**.

. . . und unter Deck

Alle Leichtwettersegel werden abgeschlagen und, in Segelsäcke verpackt, sicher in der Backskiste verstaut **(1)**.
Die Handlenzpumpe muß auf ihre Funktionstüchtigkeit überprüft werden **(2)**.
Alle Werkzeuge, die eventuell bei einer Havarie – wie Mast- oder Pinnenbruch – notwendig sind, werden in der Nähe des Niedergangs, zum Beispiel in der Hundekoje, gestaut, desgleichen Ersatzpinne und Notsignale **(3)**.
Der Smut kocht vorbeugend eine kräftige Suppe, die in Thermoskannen abgefüllt wird **(4)**.
Ein Blick in die Bilge ist wichtig: Eventuell vorhandenes Bilgewasser sowie Schmutz oder Motorenöl müssen sorgfältig entfernt werden **(5)**.
Die Kojen müssen mit Leesegeln oder Schlingerbrettern versehen werden, damit die Freiwache sich ungestört ausruhen kann **(6)**.
Die Toilette wird leergepumpt, die Ventile geschlossen **(7)**.
In der Achterpiek werden die langen Leinen sorgfältig aufgeschossen und so klargelegt, daß sie gegebenenfalls für das Ausbringen eines Treibankers, zum Nachschleppen beim Lenzen vor dem Sturm oder zum Abbergen sofort zur Hand sind **(8)**.
Die Cockpitlenzer müssen von möglichen Verunreinigungen befreit werden **(9)**.
Alle losen Teile aus der Kajüte werden, sofern sie nicht in geschlossenen Schapps Platz finden, in einem Seesack in der Backskiste verstaut **(10)**.
Die Pole der Batterie sollten extra dick mit Polfett einbalsamiert werden **(11)**.
Der Brennstofftank ist vollständig zu füllen, sofern sich noch lose Reservekanister an Bord befinden **(12)**.
Alle Seeventile, auch die der Motorkühlung, müssen geschlossen werden **(13)**.
Auf dem Kartentisch befestigt der Navigator alle eventuell in Frage kommenden Seekarten

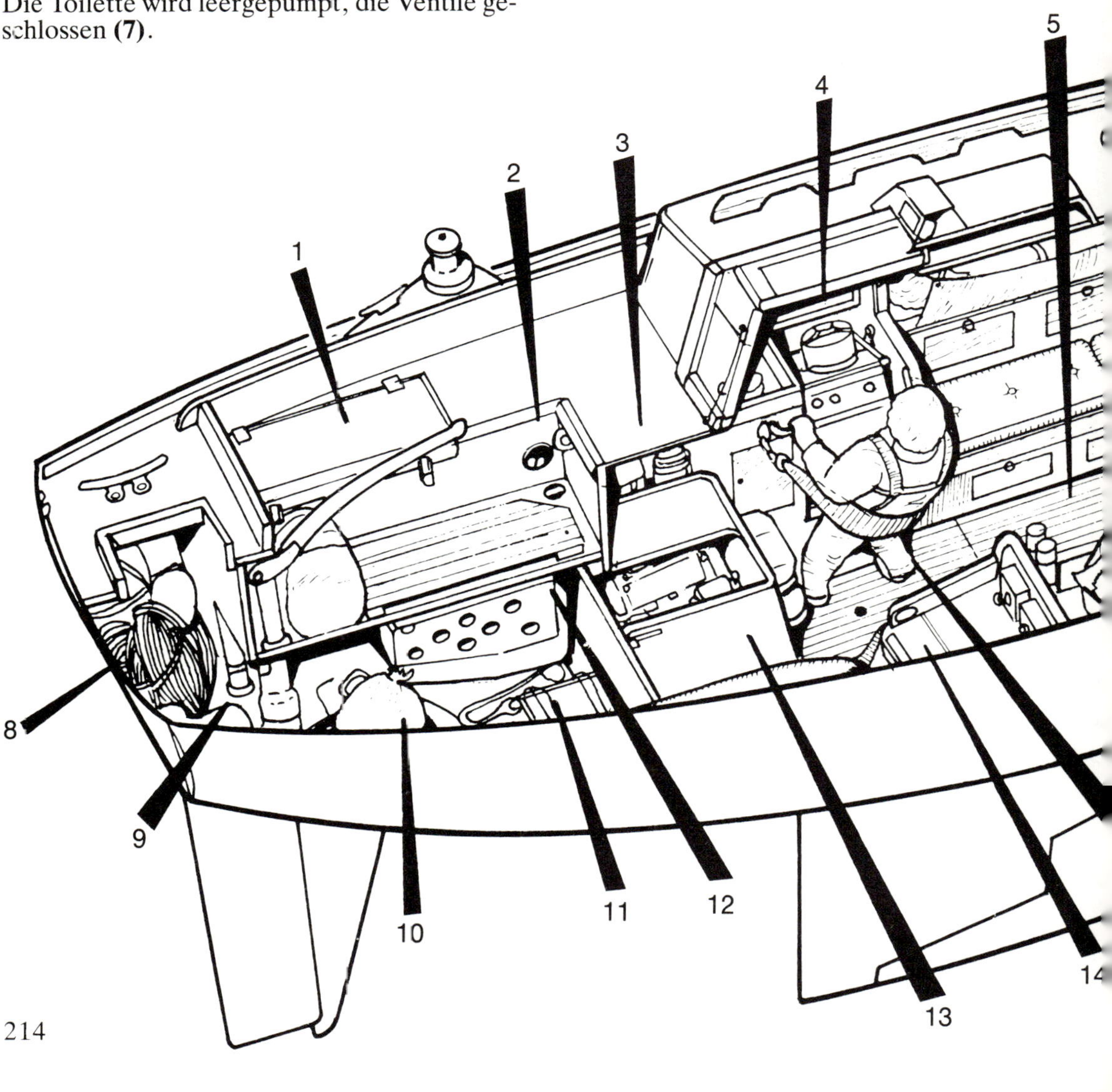

mit Tape und legt das gültige Leuchtfeuerverzeichnis bereit **(14)**. Alle Rundfunkstationen und ihre Sendezeiten für Wetterberichte werden handschriftlich vermerkt und ein Mann als Wetterfunk-Wache abgestellt.
Wenn möglich, sollten Arbeitsgurte an Pantry und Navigation geriggt werden. Ein eventuell vorhandener Kajütsteppich ist zu verstauen **(15)**.
Die Thermoskannen mit heißer Suppe sollten in Griffnähe der Freiwache am Kopf der Kojen sicher verstaut beziehungsweise festgebunden werden **(16)**.
Alle Schapps und Türen sind zu überprüfen, ob sie fest schließen. Notfalls müssen sie mit Tape extra verklebt werden. Schubladen werden mit Band oder Tape ebenfalls gesichert, da sie beim harten Einsetzen in die Seen herausspringen können **(17)**.
Die zwei erfahrensten Leute sollten noch bei ruhigem Wetter zur Koje gehen, da sie beim Einsetzen des Sturmes am dringendsten gebraucht werden **(18)**.
Alle Dinge, die durch Wasser verderben können, wie Lebensmittel, Bekleidung zum Wechseln, Papiere usw., müssen in wasserdichten Plastiksäcken oder -behältern untergebracht und möglichst sicher im Schiff verstaut werden **(19)**.
Ein eventuell vorhandenes Schlauchboot wird zusammengefaltet unter Deck verstaut, sofern eine Rettungsinsel zur Verfügung steht **(20)**.
Eine Reservefock mit möglichst wenig Quadratmetern Segelfläche wird unter den Vorschiffskojen bereitgelegt. Sie sollte mit Reserveschoten ausgerüstet sein **(21)**.

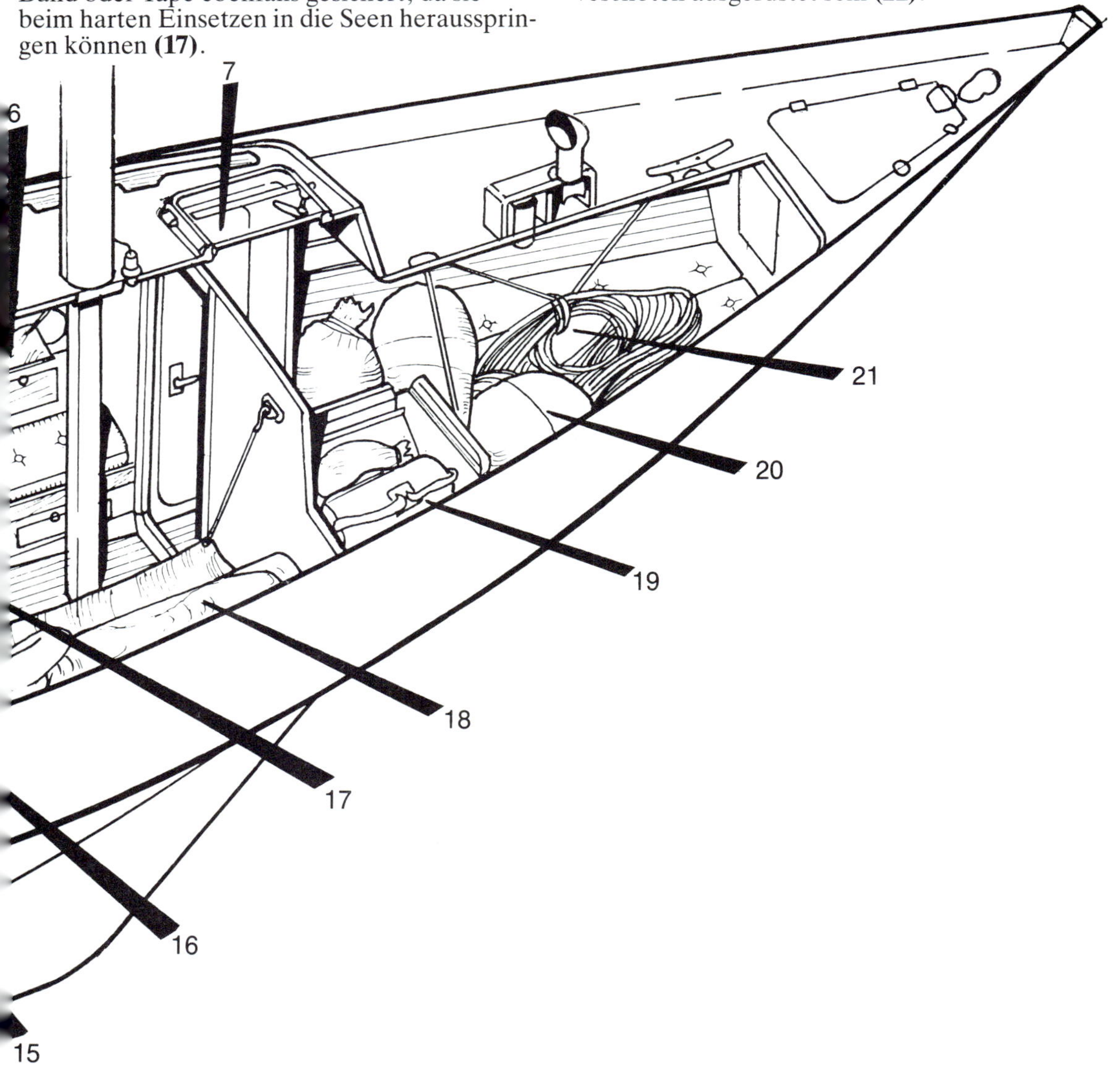

5
6
12
11
10
3
9
KING

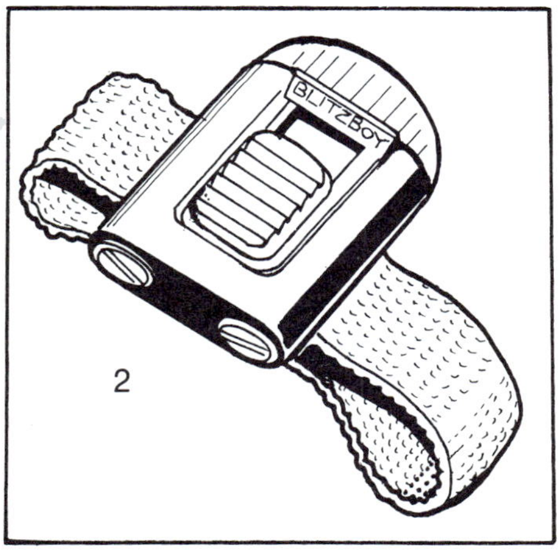

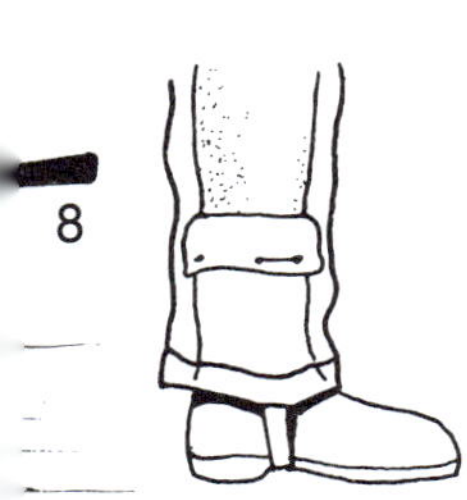

Die Vorbereitung der Crew

Von besonderer Bedeutung für das Überstehen eines Sturmes ist die Bekleidung der Crew. Der Zubehörhandel bietet heute Spezialanzüge und Wärmeschutz-Unterzeug an, die eine Unterkühlung des Körpers auch in kälteren Zonen verhindern.

1: Am wichtigsten ist ein wasserdichter Overall mit Innenfutter, das die kondensierende Feuchtigkeit vom Körper fernhält und gleichzeitig wärmt.

2: Eine am Handgelenk zu tragende Elektronenblitz-Leuchte ermöglicht das Wiederauffinden nach einem möglichen Mann-über-Bord-Unfall.

3: Eine ohnmachtssichere, selbstaufblasende Rettungsweste, die entweder in den Overall eingearbeitet ist oder (am häufigsten) extra darüber getragen wird, behindert auch beim ständigen Tragen nur wenig.

4: Ein Sicherheitsgurt ist zum Einhaken der Sicherungsleine (Lifebelt) notwendig. Er ist entweder in die Rettungsweste beziehungsweise in den Overall integriert oder wird extra angelegt.

5: Wasserdichte oder wasserabweisende Manschettenverschlüsse sind von Vorteil.

6: Eine absolut wasserdichte Armbanduhr ist unerläßlich.

7: Ein guter Overall zeichnet sich durch eingearbeitete Verstärkungen im Gesäß- und Kniebereich aus.

8: Die Gummistiefel sollten kurzschaftig und sehr flexibel sein.

9: Ein Gummiband zur Sicherung unter dem Stiefel beziehungsweise mit Klettenband zu verschließende Hosenbunde verhindern beim Arbeiten an Bord, daß man an vorspringenden Decksteilen hängenbleibt.

10: In der – möglichst wasserdichten – Overalltasche sollten enthalten sein: Pflaster, Leukoplast oder Tape, wasserdichte kleine Taschenlampe, Marlspieker, Messer, Papiertaschentücher, Pfefferminz- und andere Bonbons, eingeschweißte Schokolade oder Traubenzucker, Glukose.

11: Wird überwiegend in besonders kalten Gewässern gesegelt, sollte ein spezieller, auch unter extremen Bedingungen im Wasser wärmender Thermo-Overall gewählt werden.

12: Ist dieser nicht vorhanden, muß besonders der Kopf gegen Auskühlung durch eine warme Mütze sowie eine gutsitzende, fest mit dem Overall verbundene Kapuze geschützt werden. Dann ist auch eine Spezial-Thermo-Unterwäsche erforderlich beziehungsweise Jacke und Hose aus Faserpelz, die unter dem Overall getragen werden **(13)**.

Segelführung

Die Tabelle zeigt die richtige Segelführung unterschiedlicher Yachttypen von etwa elf Meter Länge über alles und einer Verdrängung von etwa acht Tonnen analog der herrschenden Windstärke. Das Sluprigg erfordert ab Windstärke 6 ein Reff im Großsegel und die Normalfock, während beim Kutterrigg die beiden Vorsegel verkleinert und das Großsegel einmal eingerefft werden. Auf der Ketsch wird von der Genua auf die Normalfock gewechselt und das erste Reff ins Groß sowie in den Besan gesteckt. Die Schoner-Segelfläche wird durch Wegnahme des ,,Fishermans“ (oberes Segel) und einfaches Einreffen des Großsegels (achteres Segel) verkleinert.
Ab Windstärke 8 liegt die Slup unter dreifachem Reff im Groß und Sturmfock am Wind, während der Kutter nur noch zwei Starkwind-Vorsegel führt. Die Ketsch trägt am Wind noch Sturmfock, dreifach gerefftes Groß und dreifach gerefften Besan, auf den aber auch ganz verzichtet werden kann. Der Schoner segelt unter gerefftem Schonersegel und Sturmklüver, während das Großsegel ganz geborgen ist. Bei Windstärke 9 und mehr lassen sich alle Bootstypen mit Sturmfock und Trysegel beilegen. Ein Aufkreuzen ist im offenen Seeraum bei dieser Windstärke nicht mehr möglich.

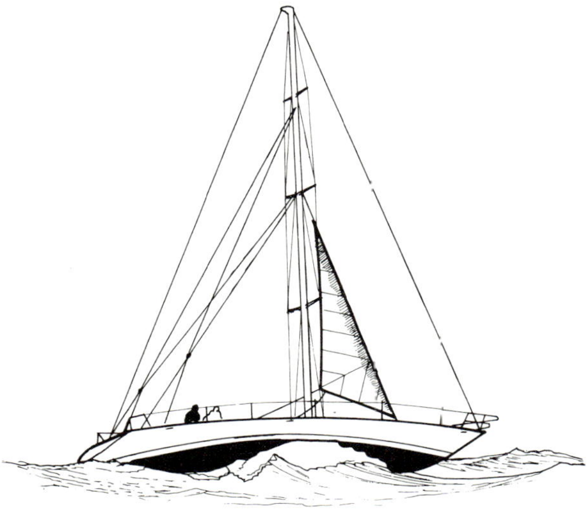

Rennyachten sind häufig mit einem sogenannten Baby- oder Trimm-Stag ausgerüstet, das von halber Masthöhe bis aufs Vordeck führt. An diesem Stag läßt sich sehr gut eine Sturmfock setzen, die dem Schiff in dieser Position eine ausgewogene Ruderlage gibt. Auf Fahrtenyachten wird hier häufig ein Kutterstag geriggt, an dem sich die Schwerwetter-Vorsegel setzen lassen.

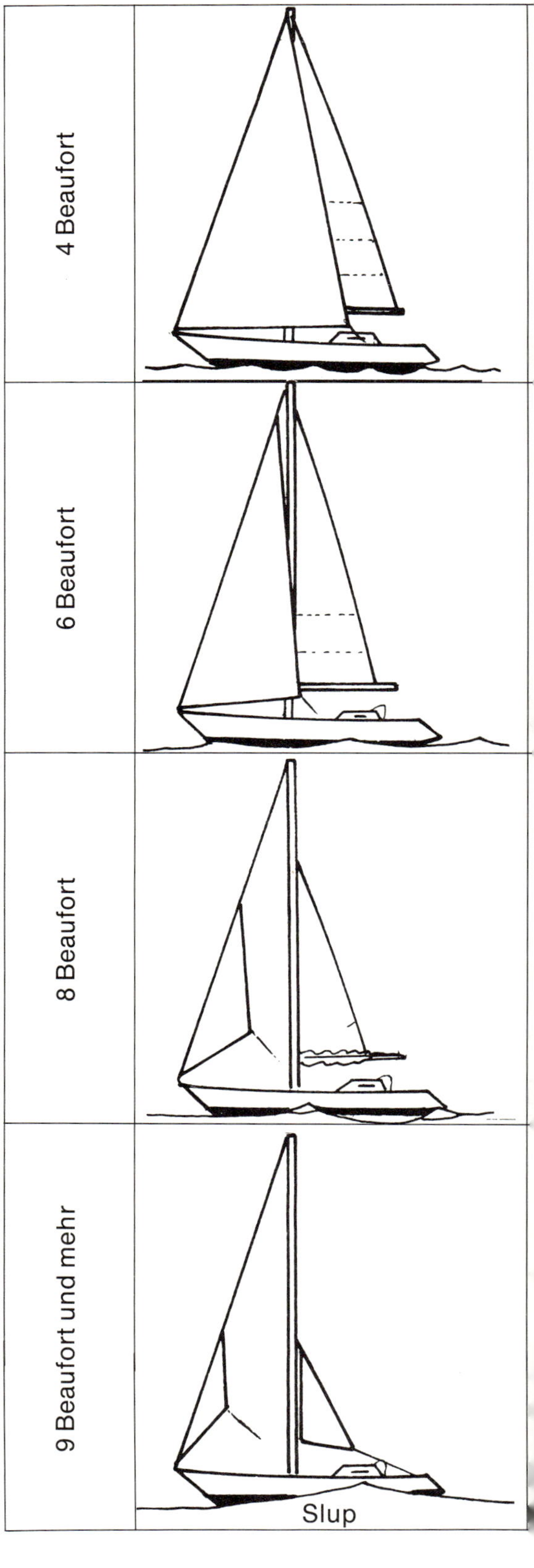

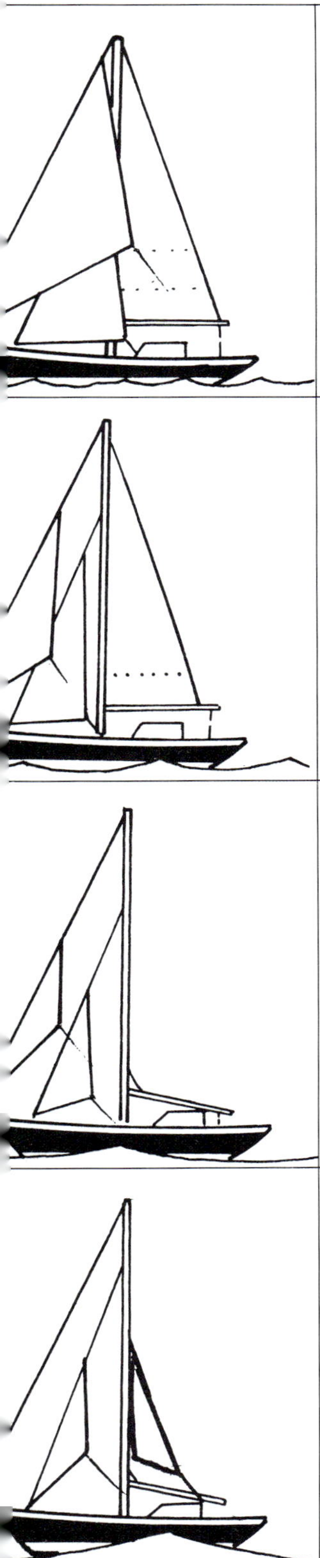

Kutter

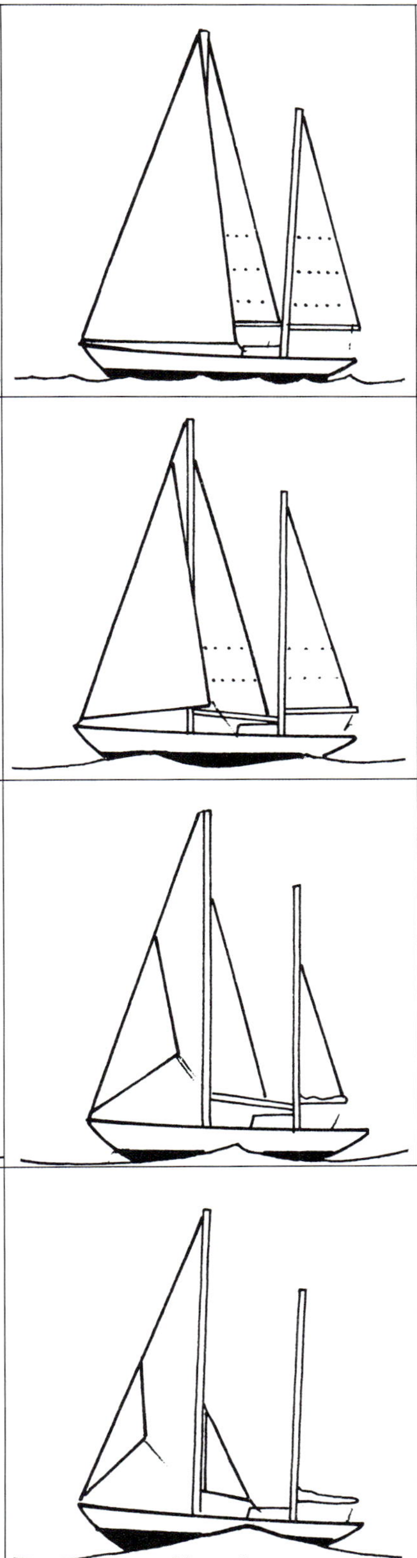

Ketsch

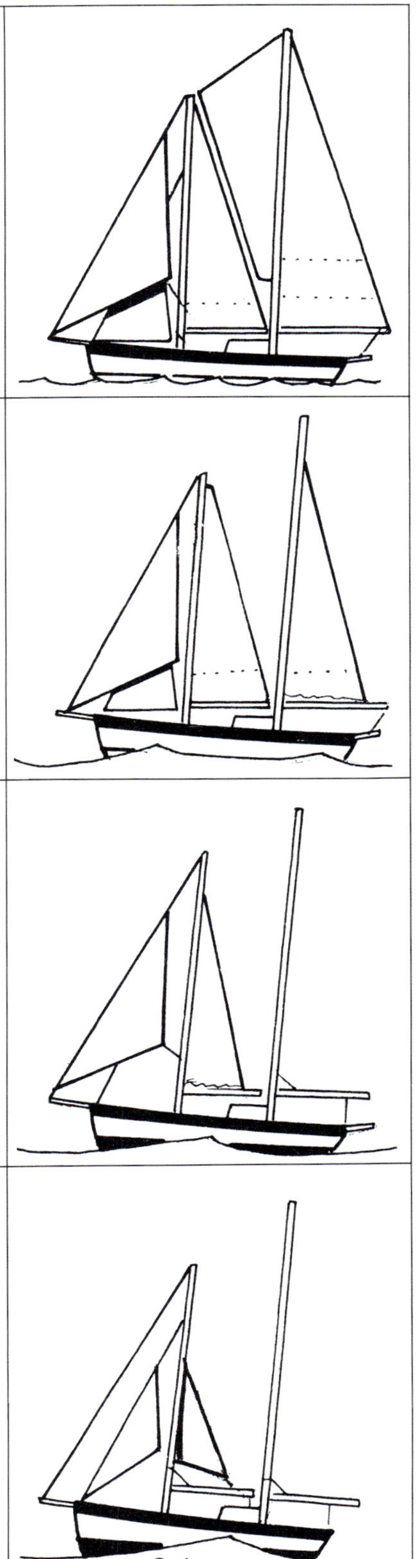

Schoner

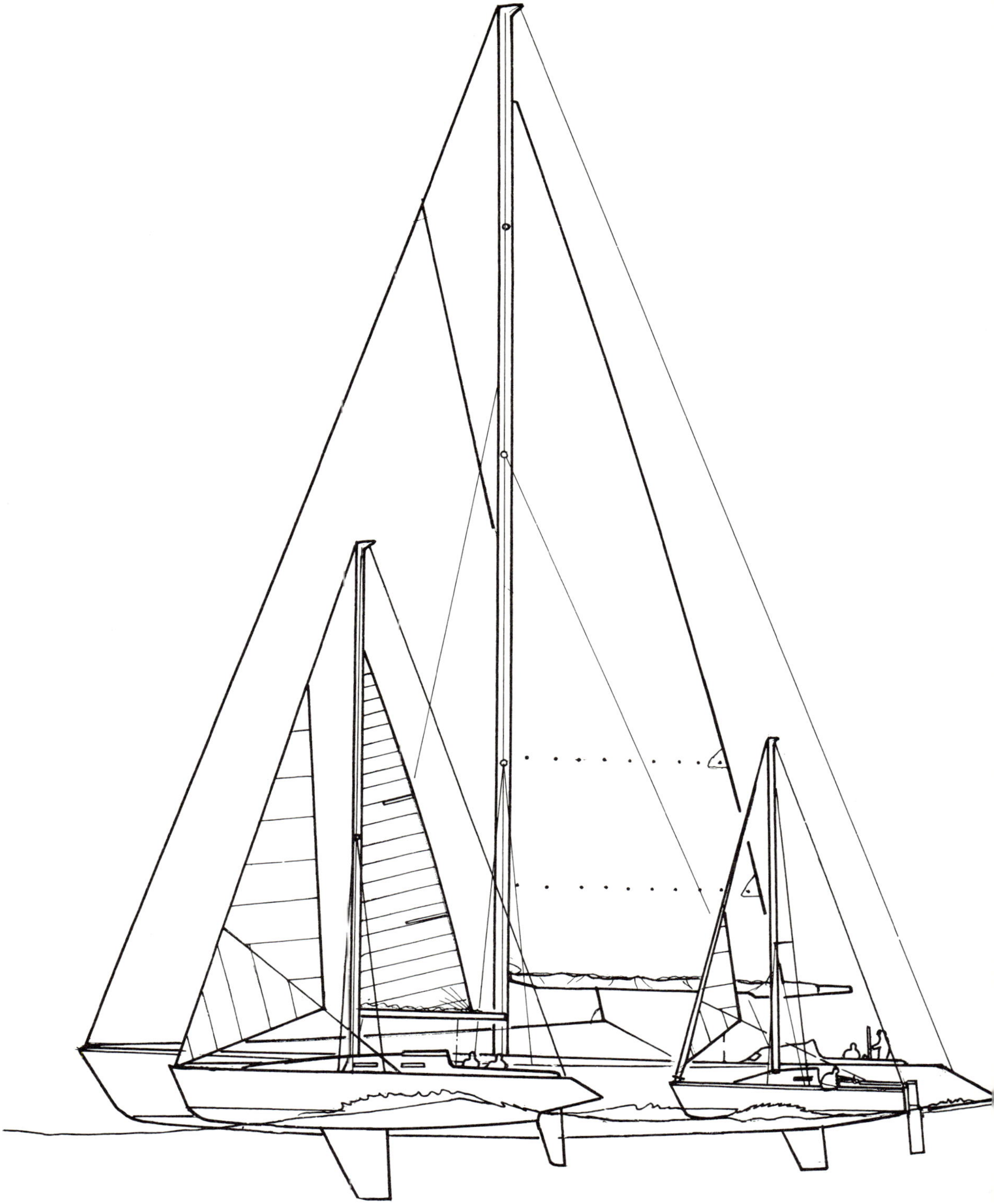

Das Segeltragevermögen ist direkt abhängig von der Größe einer Yacht, beziehungsweise ihren Verdrängungs- und Stabilitätsverhältnissen. Bei Windstärke 7 kann eine kleine Kielyacht von etwa sechs Metern Länge nur noch eine Sturmfock tragen, während eine moderne Yacht von zwölf Metern Länge noch mit stark gerefftem Groß und kleiner Fock segelt. Die Maxi-Rennyacht von etwa 24 Metern Länge ist hingegen bei diesem Wind gerade in ihrem Element und läuft unter der mittelgroßen Genua II sowie einfach gerefftem Großsegel.

Die Rollfock als Sturmsegel

Problematisch als Sturm-Vorsegel sind Rollreff-Genuas, da sie in weit aufgerolltem Zustand ein ungünstiges Profil haben können und sich selbst mit starkem Schotzug nicht optimal flachtrimmen lassen. Das liegt vor allem auch an dem relativ spitzen Winkel, der durch die Schnittführung von Achter- und Unterliek am Schothorn einer Rollreff-Genua entsteht. Die Lieken einer echten Sturmfock bilden hingegen am Schothorn einen Winkel von wenigstens 120 Grad, wodurch sich das Segel extrem flachtrimmen läßt – eine Voraussetzung für optimalen und noch Vortrieb (beziehungsweise wenig Krängung) bringenden Stand.

Reffen mit dem Drehreff

Drehreff-Vorrichtungen für den Großbaum, sogenannte Patentreffs, werden heute kaum noch installiert, da das Großsegel nach dem Eindrehen keinen optimalen Stand hat. Das notwendige Flachtrimmen des Segels läßt sich erreichen, indem man Handtücher oder andere auftragende Stoffteile mit dem Segel in Höhe des Segelbauches um den Großbaum wickelt.

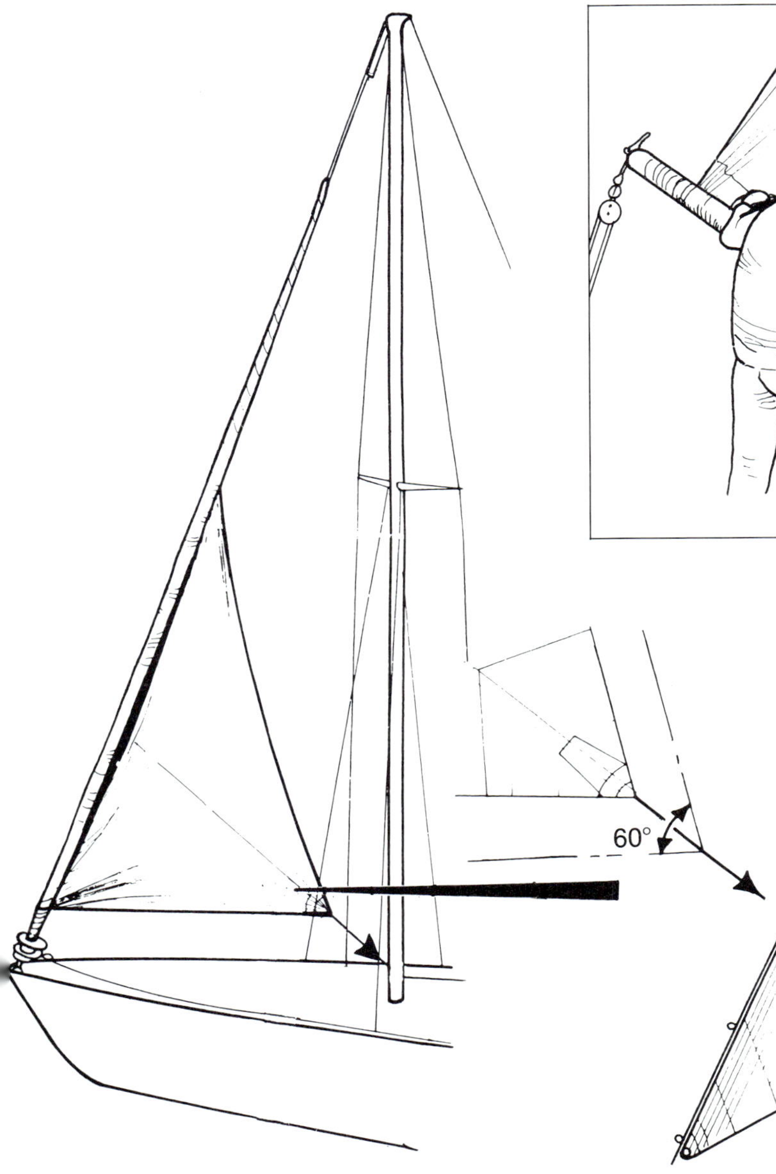

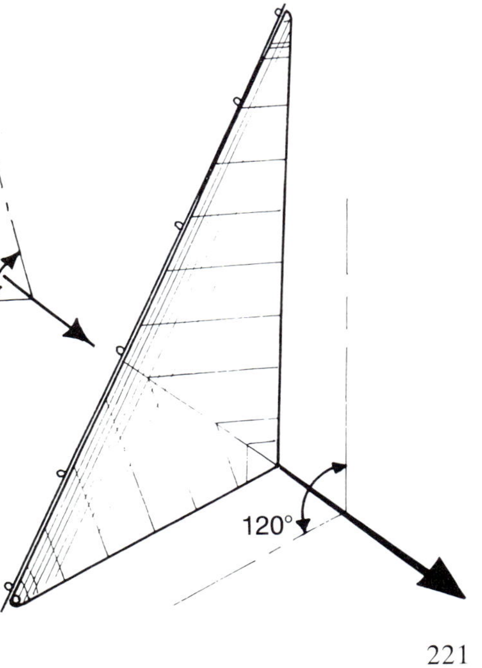

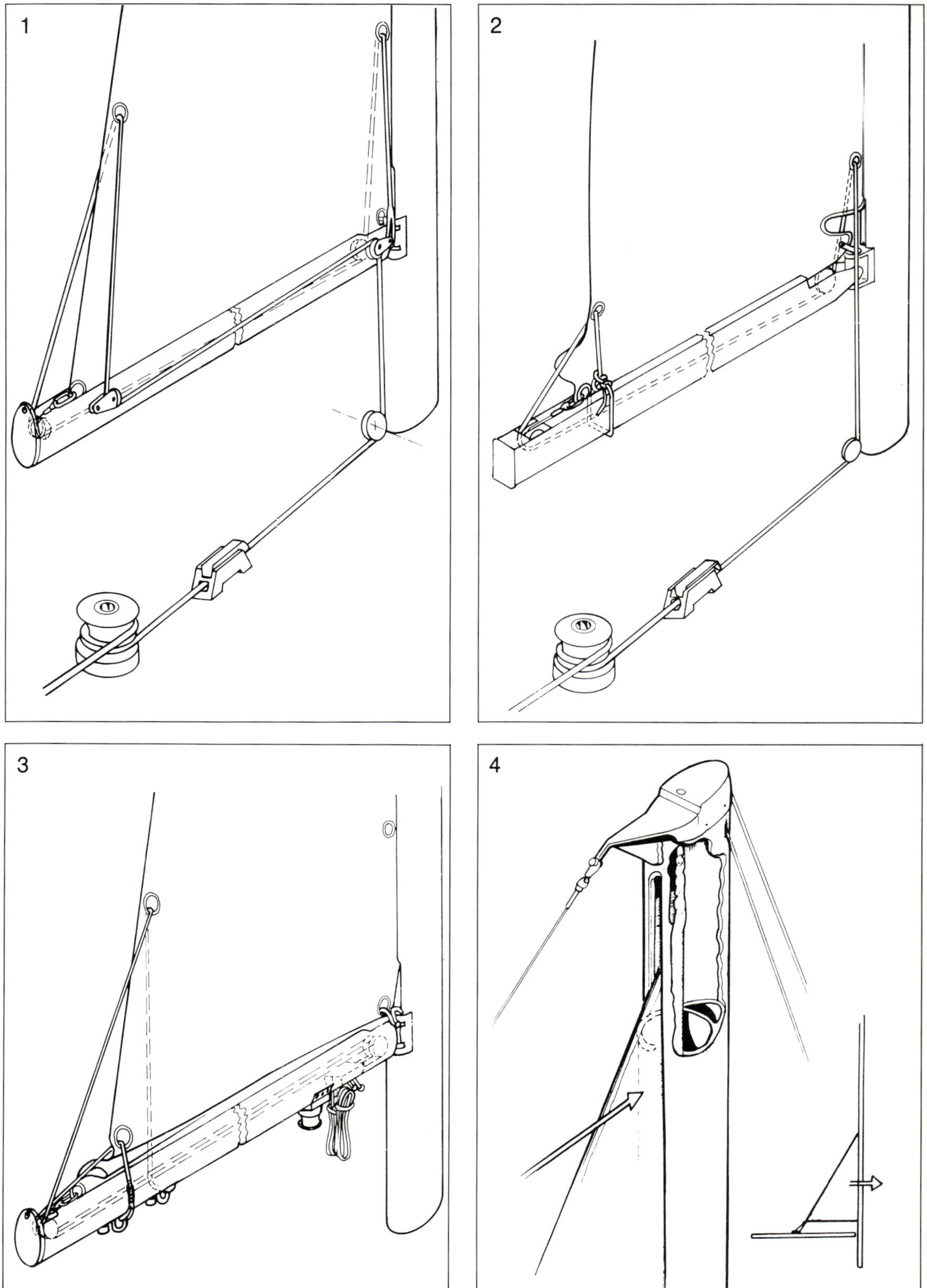
1
2
3
4

Reffen mit einem Smeerreep

Es gibt verschiedene Systeme, um das Großsegel von der Plicht aus mit nur einem Smeerreep zu reffen.

1: Auf größeren Yachten hat sich diese Konstruktion bewährt: Das Reep wird seitlich an der vorderen Baumnock angeschlagen, läuft von dort nach oben durch die Vorliekkausch und wieder zurück in den Baum, wo es nach achtern umgelenkt wird. Von der achteren Baumnock führt das Reep nach oben durch das Achterliek-Reffgattchen, wieder zurück in den Baum und durch diesen hindurch nach vorn, wo es austritt und bis zur Winsch auf dem Kajütdach umgelenkt wird. Wenn man jetzt das Großfall fiert, kann das Großsegel mit Hilfe der Winsch komplett gerefft werden. Nachteil: Das System läßt nur eine Reffstufe zu.

2: Kleine Yachten sind mit diesem System gut bedient: Das Smeerreep wird achtern am Baum angeschlagen, läuft von dort nach oben durch das Achterliek-Reffgattchen und wieder zurück in die Baumnock, wo es nach vorn umgelenkt wird. Hier tritt das Reep über eine Umlenkrolle aus, führt nach oben durch die Vorliekkausch und von dort wieder nach unten zum Mastfuß, wo es nach achtern zur Winsch auf dem Kajütdach umgelenkt wird. Auch hier kann der gesamte Reffvorgang von der Plicht aus durchgeführt werden.

Reffen mit zwei Smeerreeps

3: Auf den meisten größeren Yachten findet man ein Großsegel-Reffsystem mit zwei getrennten Smeerreeps. Sie laufen jeweils von ihrem Anschlagpunkt achtern am Baum durch Reffgattchen im Achterliek, werden wieder zurück in den Baum geführt, durch den sie hindurchlaufen und vorn über Umlenkrollen unterhalb des Lümmelbeschlages austreten. Moderne Bäume haben hier integrierte Hebelklemmen, mit denen man das jeweilige Smeerreep nach dem Reffvorgang festsetzen kann. Geholt werden die Smeerreeps mit einer speziellen Winsch an der Achterkante des Mastes. Dieses System hat den Nachteil, daß man zuerst das Großsegel-Vorliek so weit fieren muß, bis sich die jeweilige Vorliekkausch über einen Bügel am Lümmelbeschlag haken läßt. Nach dem Reffvorgang muß das Fall erneut dichtgesetzt werden. Dennoch ist es heute die gebräuchlichste Reffmethode auf Fahrtenyachten.

Rollreff im Mast

4: Auf größeren Fahrtenyachten ab etwa zehn bis zwölf Meter Länge und einer Großsegelfläche von zirka 30 Quadratmetern aufwärts hat sich das hier gezeigte Reffsystem im Mast bewährt. Dabei wird das Segel auf ein innenliegendes Stag gewickelt, das über eine Mechanik am Mastfuß manuell oder elektrisch drehbar ist. Auf diese Weise kann das Großsegel ohne Fieren oder Dichtholen des Falls problemlos vom Cockpit aus eingerollt werden. Der Reffvorgang erfolgt also nicht senkrecht von oben nach unten, sondern waagerecht zum Mast hin. Der Nachteil ist, daß keine herkömmlichen Segellatten gefahren werden können. Das Großsegel muß im Achterliek eher hohl geschnitten sein. Neuerdings verwendet man auch senkrecht eingearbeitete, also parallel zum Mast stehende Latten.

Refferleichterungen

Auf den alten Segelschiffen waren sogenannte „lazy jacks" (Faulenzer) unentbehrlich, seitlich vom Mast zum Baum geführte Hilfsleinen, die die Aufgabe hatten, das an der Gaffel gefahrene riesige Großsegel beim Reffen oder Bergen aufzufangen. Auf modernen Yachten macht man sich dieses System heute wieder zunutze, wenn es darum geht, die immer größer werdenden Großsegel zu bändigen. Beim Reffen leisten lazy jacks in der gezeigten Form gute Dienste, insbesondere, weil man sie gleichzeitig als doppelte Dirk verwenden kann, die den Baum beim Reffvorgang auf sicherer Höhe hält. Für Großsegel mit durchgehenden Segellatten sind lazy jacks unentbehrlich.

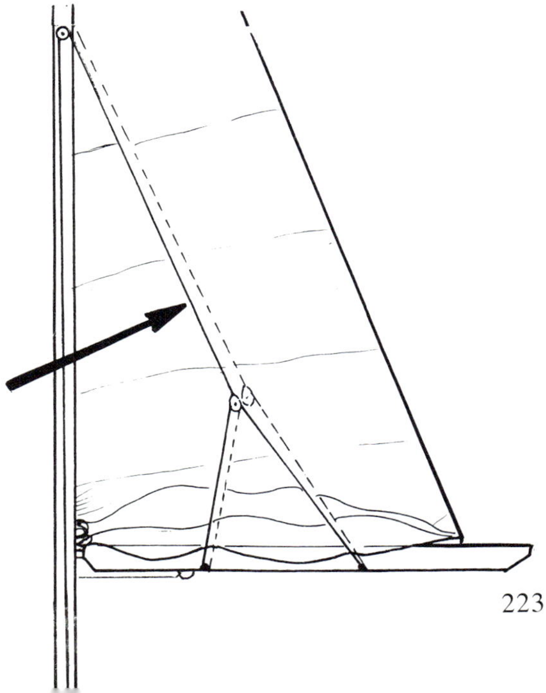

Das Verhalten einer Yacht im Sturm

Es ist unter anderem abhängig von ihrer Rumpfform und von den Aufbauten. Betrachten wir einmal drei charakteristische Yachttypen:

1: Ein klassischer Langkieler hat die beste Kursstabilität. Er wird auch zum Ablaufen vor dem Sturm die besten Voraussetzungen mitbringen und nicht zum Querschlagen neigen.

2: Der hochbordige Fahrtenkreuzer mit geteiltem Lateralplan wird sich in dieser Situation ungünstiger verhalten, speziell dann, wenn er eine hohe Achterkajüte hat, die dem Wind viel Widerstand entgegensetzt.

3: Die moderne Regattayacht kann bei umsichtiger Führung einen Sturm gut überstehen, weil sie flachbordig ist und einen tiefen Ballastschwerpunkt hat.

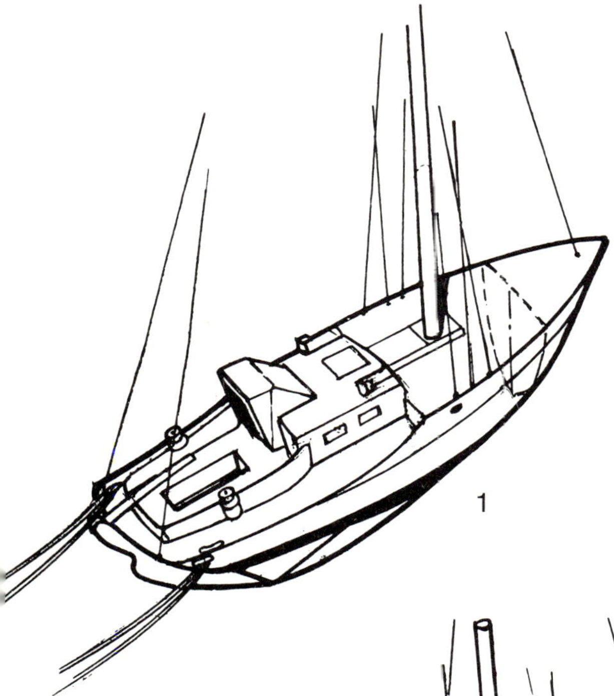

1

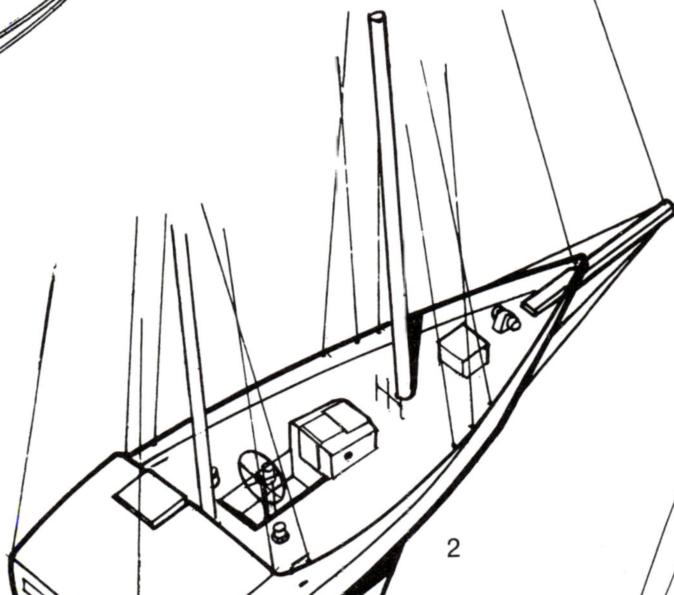

2

3

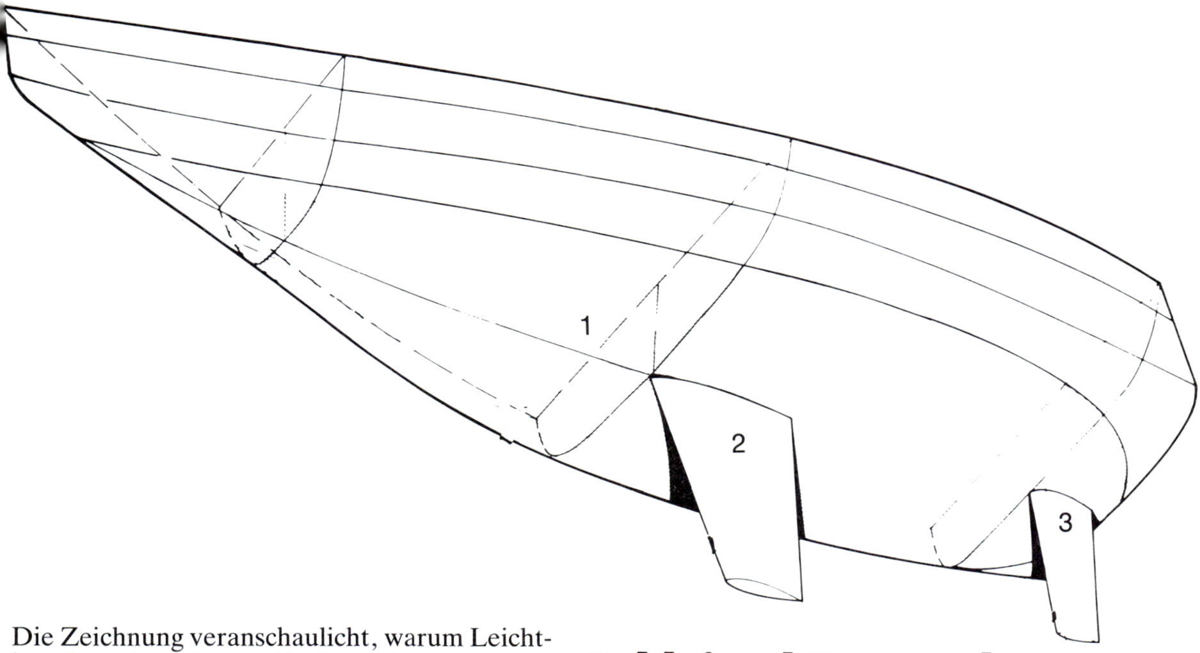

Die Zeichnung veranschaulicht, warum Leichtbau-Regattayachten schlechte Schwerwetter-Schiffe sind: Das Unterwasserschiff ist extrem flach, wodurch es zu einem sehr harten Einsetzen im Seegang kommt **(1)**. Der Kiel ist gewöhnlich als extrem schmale Flosse ausgebildet, die wenig Kursstabilität liefert **(2)**. Die schlechte Kursstabilität wird noch gefördert durch ein freistehendes, vorbalanciertes Ruder **(3)**, dessen Ausschläge im Sturm zentimetergenau mit der Pinne kontrolliert werden müssen. Damit sind auf die Dauer die meisten Steuerleute überfordert, so daß es nur eine Frage der Zeit ist, wann die Yacht in schwerem Seegang aus dem Ruder läuft.

Fehleinschätzung der Wellenhöhe

Die tatsächliche Höhe der Wellen wird an Bord meistens falsch eingeschätzt. Vor einem Wellenkamm abwärtslaufend erscheint aus diesem Blickwinkel die See voraus als sehr hoch. Ähnlich ist es, wenn das Boot sich auf der Rückseite einer Welle befindet und der Blickwinkel nach achtern abwärts gerichtet ist. Die nachfolgende See wirkt riesengroß. Man sollte diese Tatsache stets berücksichtigen und beim Anblick hoher Wellen nicht in Panik geraten.

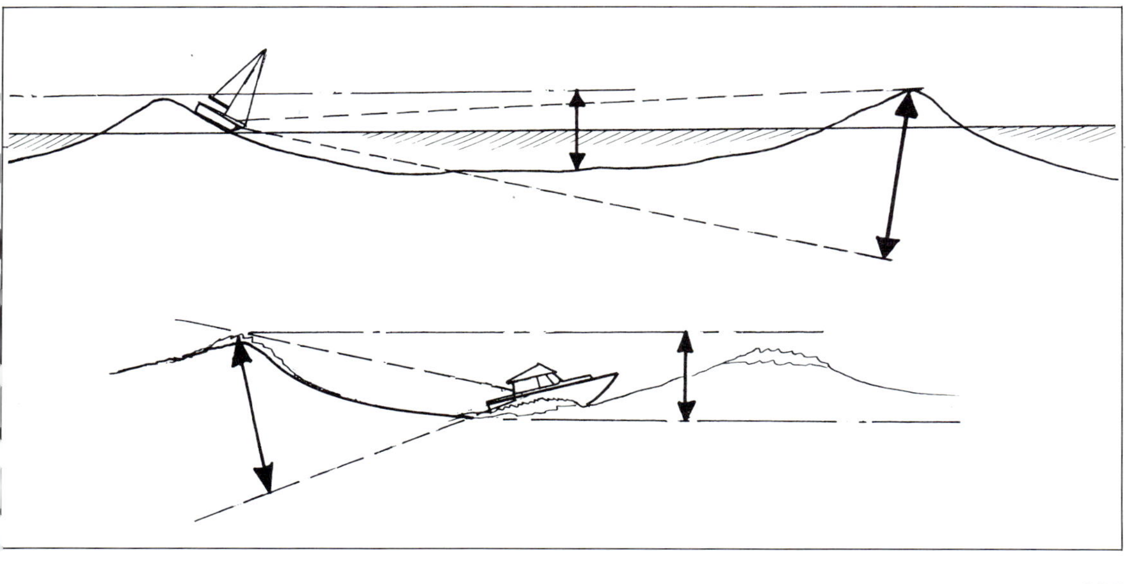

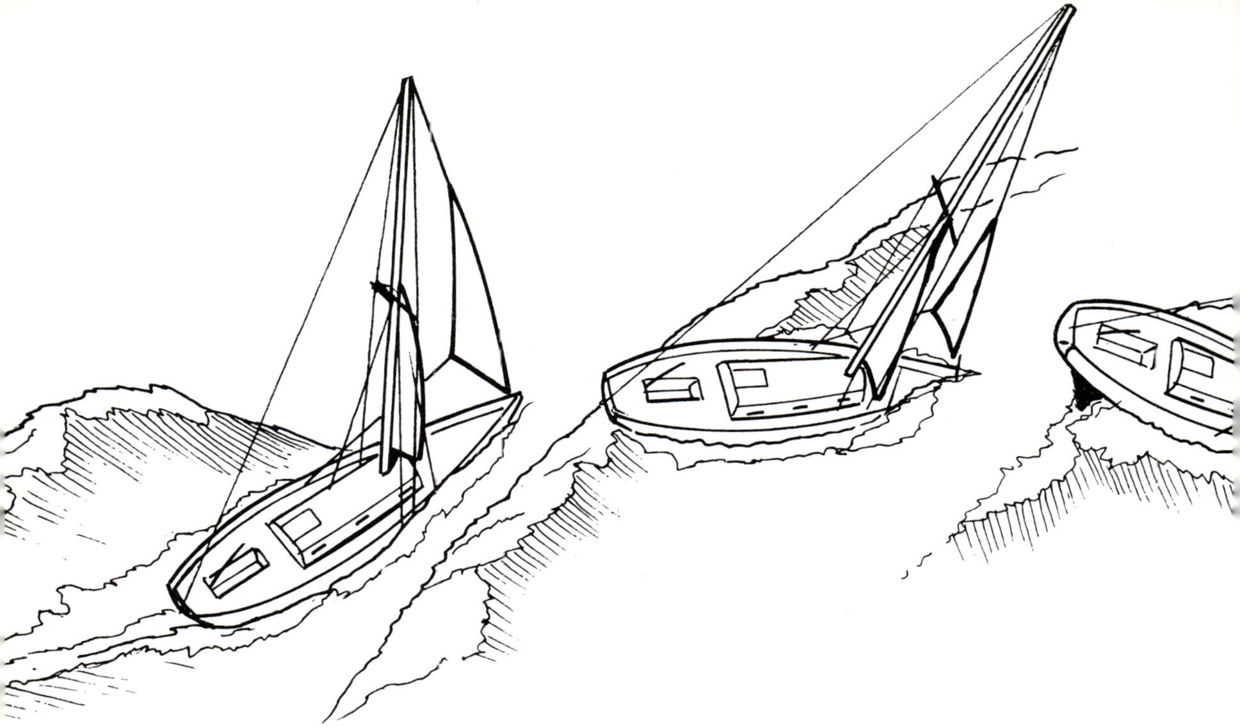

Kentern

Nicht immer ist die große Verdrängung einer klassischen Langkielyacht von Vorteil. Beim Ablaufen vor dem Sturm unter Sturmfock und gerefftem Großsegel kommt es vor, daß eine behäbige Fahrtenyacht nicht schnell genug ist. Sie wird in einer solchen Situation von der nachfolgenden Welle überholt. Das ist bei den Höhen der durchschnittlichen Sturmseen auf offenen Seeräumen ein normaler Vorgang und bringt die Yacht nicht in Gefahr. Der Wellenkamm einer sogenannten Monstersee kann aber das Achterschiff anheben, was bei einer modernen Leichtbauyacht zu einem Geschwindigkeitsgewinn mit nachfolgender Surf-Fahrt

Die verbreitete Meinung, schwere Hochseeyachten könnten nicht kentern, ist grundsätzlich falsch. Es gibt eine große Zahl von Seeunfällen, bei denen Langfahrtyachten im Sturm gekentert oder sogar durchgekentert sind. Ursächlich hierfür ist jedoch bei richtiger Segelführung niemals die Windstärke, sondern allein die Konstellation der Seen beziehungsweise die Ausrichtung der Yacht im Seegang. Es gibt unterschiedliche Situationen, die zur Kenterung führen können. Am häufigsten geschieht dies aber, wenn die Yacht nach dem Durchbrechen eines Wellenkammes von der nachfolgenden, noch höheren See quergeschlagen und seitlich mit dem Rigg aufs Wasser gedrückt wird.

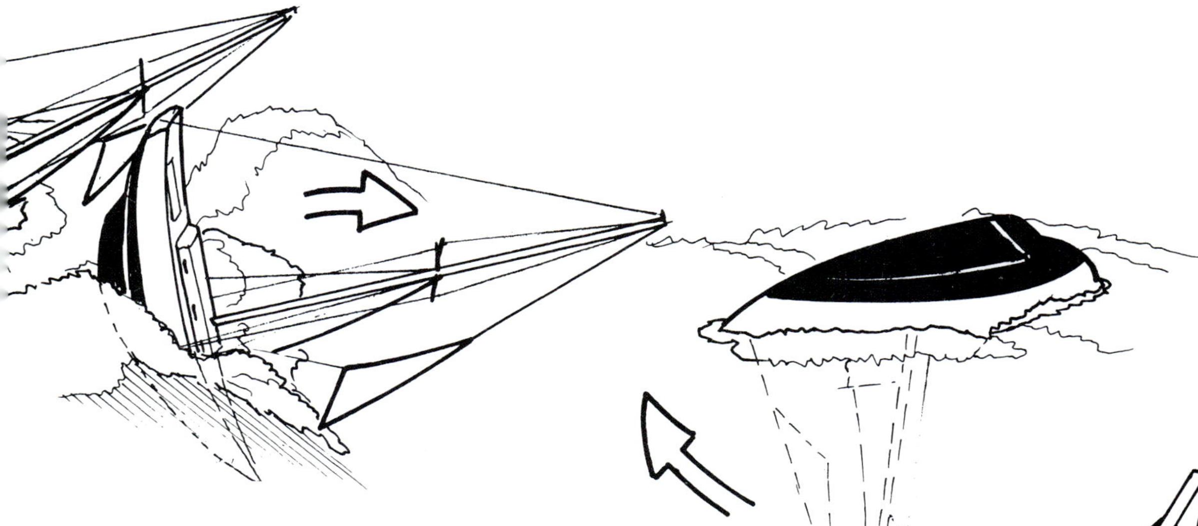

vor dem Wellenkamm führen würde. Die schwere, im Bugbereich füllig gebaute Fahrtenyacht kann hier jedoch die Energie der Welle nicht in Beschleunigung umsetzen, sondern wird mit dem Bug unterschneiden. Damit ist ihr Schicksal bereits besiegelt, denn der Wellenkamm wird den Rumpf erfassen und nun die Kenterung über den Bug vollenden.

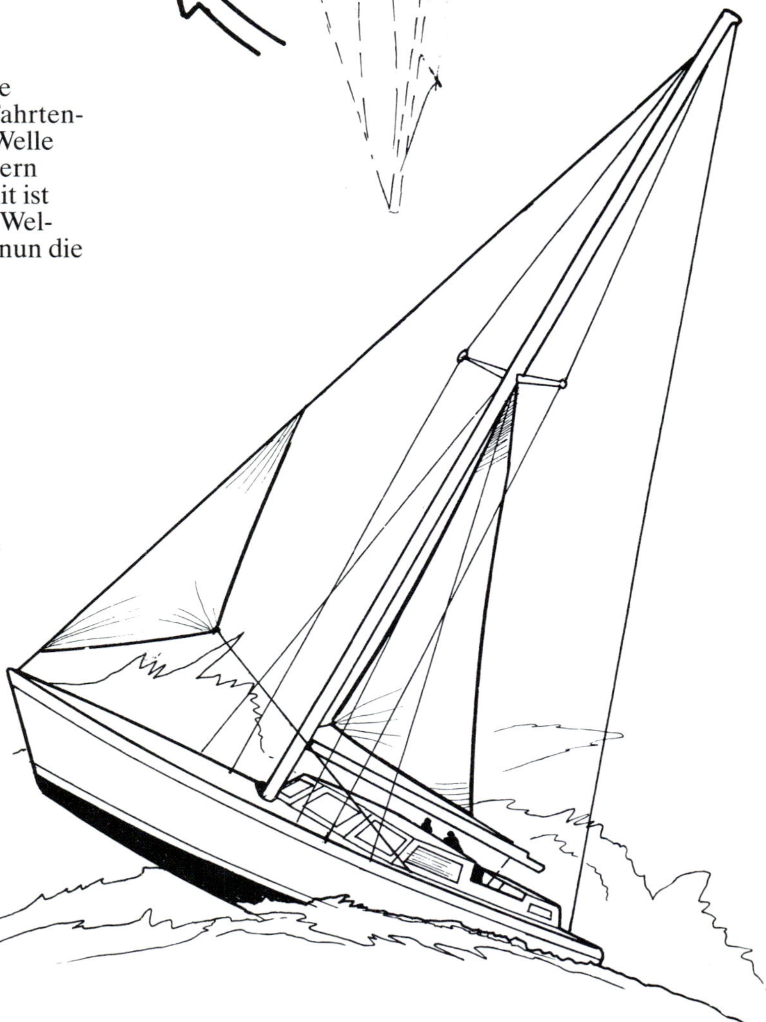

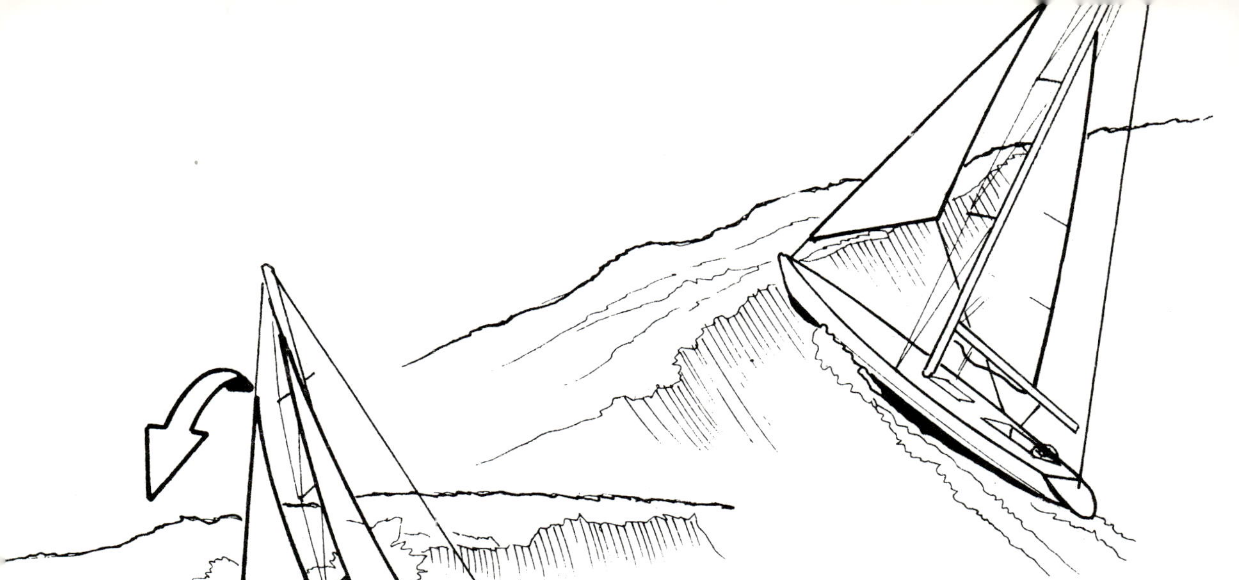

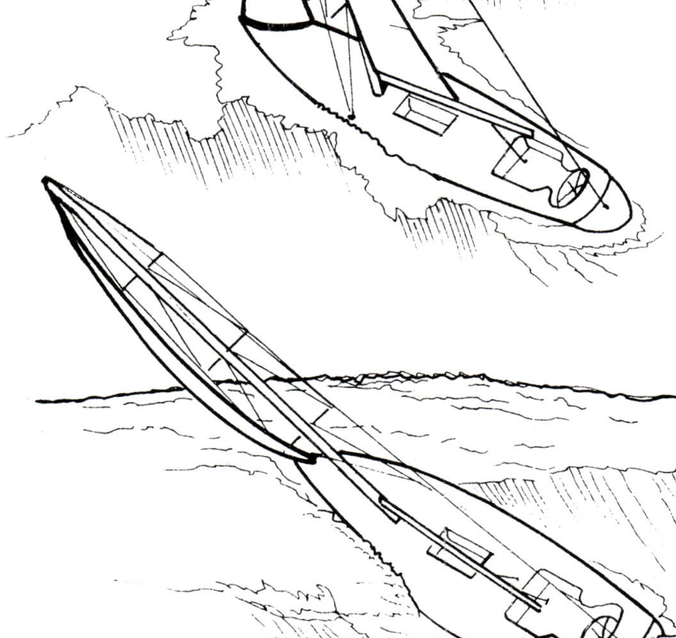

Die Crew einer großen Hochsee-Rennyacht wird in einem Ozeanrennen stets versuchen, den Kurs im Sturm solange wie möglich durchzuhalten, auch wenn dieser hoch am Wind liegt. Dabei sind spektakuläre Kenterungen bekannt geworden:
Schafft die Yacht es nicht mehr, mit genügend Fahrt einen besonders hohen Wellenkamm zu durchsegeln, so wird dieser den Bug nach Lee werfen und das Schiff gleichzeitig rückwärts beschleunigen. Dabei läuft es unweigerlich aus dem Ruder und schlägt quer. Durch die Wellenbewegung wird die Yacht dann so weit auf die Seite gelegt, bis der Mast das Wasser berührt und unterschneidet. Eine Durchkenterung ist die Folge.

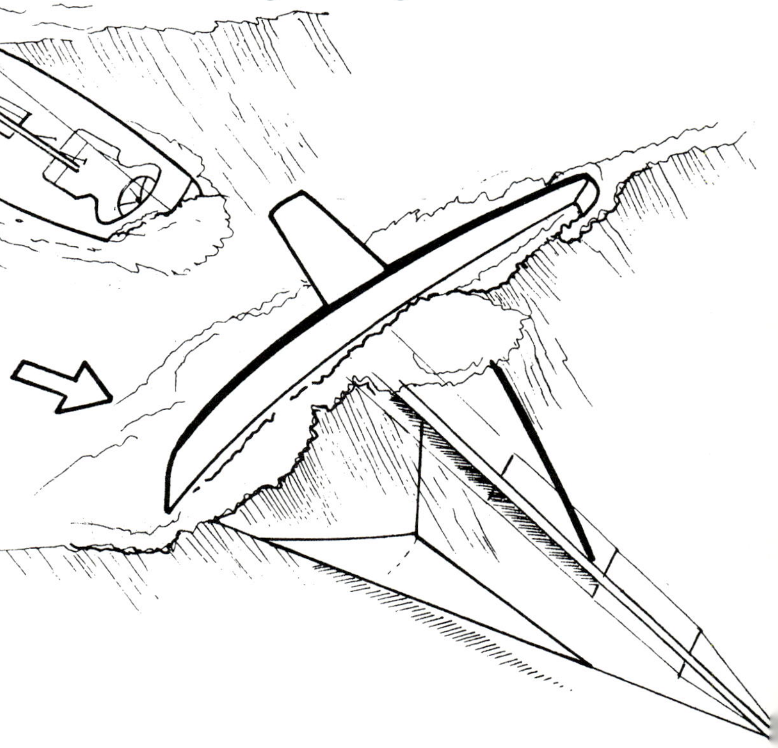

Gefahr durch eingeschlagene Fenster

Warum hohe Aufbauten mit großen, ungesicherten Fenstern auf einer Hochseeyacht besondere Gefahrenquellen darstellen, zeigt diese Zeichnung. Wird eine vor Topp und Takel treibende Yacht von einer hohen See seitlich aufs Wasser gedrückt, so können die Scheiben durch den seitlichen Druck bersten oder nach innen gepreßt werden. Als besonders anfällig haben sich in einer solchen Situation Fenster mit Gummieinfassungen gezeigt. Bereits durch eine einzige See kann bei einer solchen Havarie das Boot voll Wasser schlagen und sogar sinken.

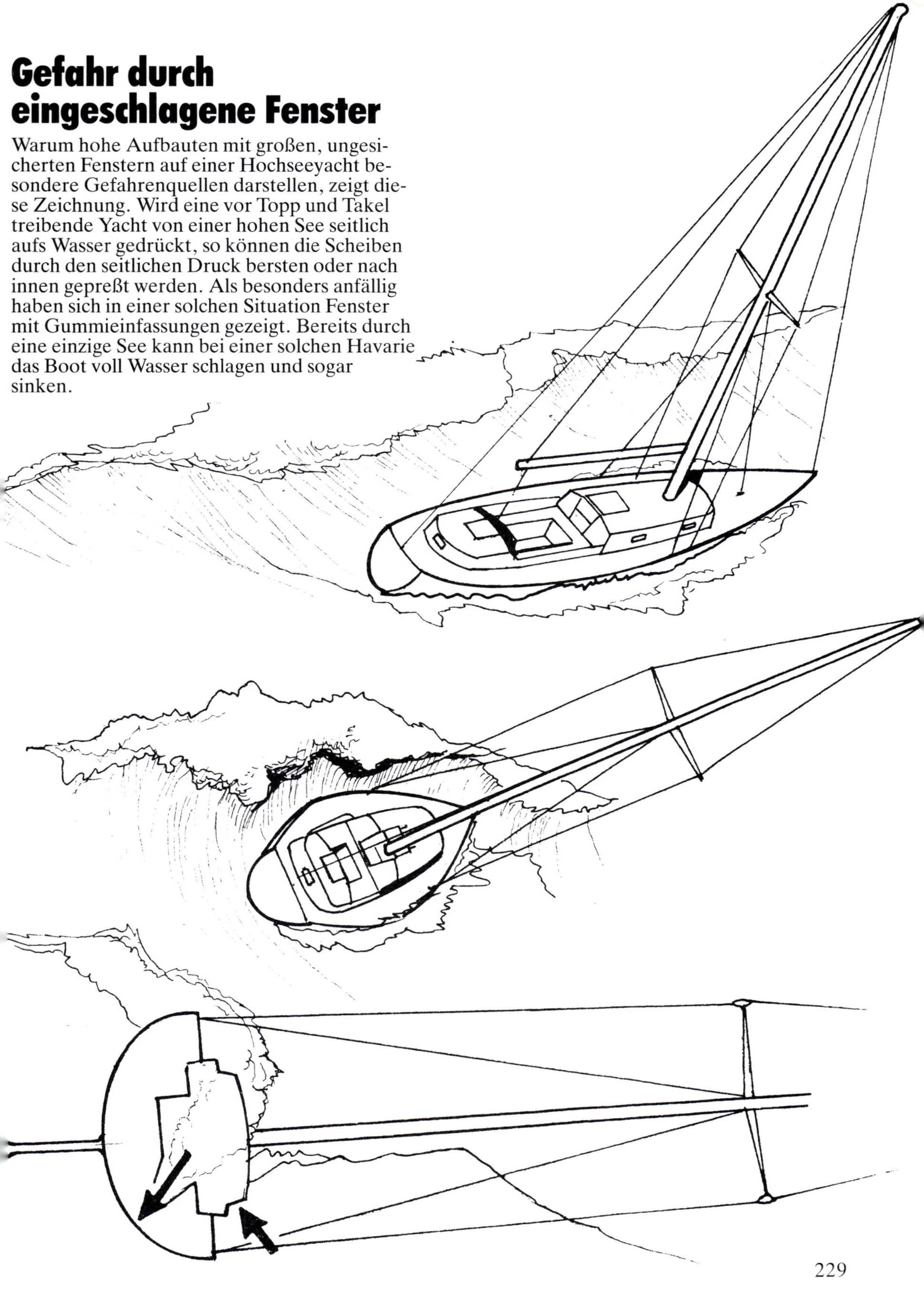

1

2

Kreuzer-Katamarane, die in extremen Situationen beziehungsweise bei falscher Führung durch die Crew ebenfalls kentern können, sind besonderen Gefahren ausgesetzt, da sie sich nach einer Durchkenterung nicht wieder aufrichten.
Hier ist ein Katamaran älterer Bauart mit durchgehendem Deck gezeigt, das bereits vielen Mehrrumpfbooten zum Verhängnis wurde **(1)**. Aufgrund der tragflächenähnlichen Form kann das Deck Auftrieb liefern, sofern es sehr starkem Wind ausgesetzt ist – zum Beispiel beim Durchstoßen eines hohen Wellenkammes im Sturm **(2)**. Segeldruck, Wellenbewegung und Auftrieb zusammen bewirken ein regelrechtes Abheben des Kats, der sich im nachfolgenden Wellental in der Luft umdreht und kentert **(3)**. Solche Unfälle haben sich vor allem in den Breiten um Australien ereignet.

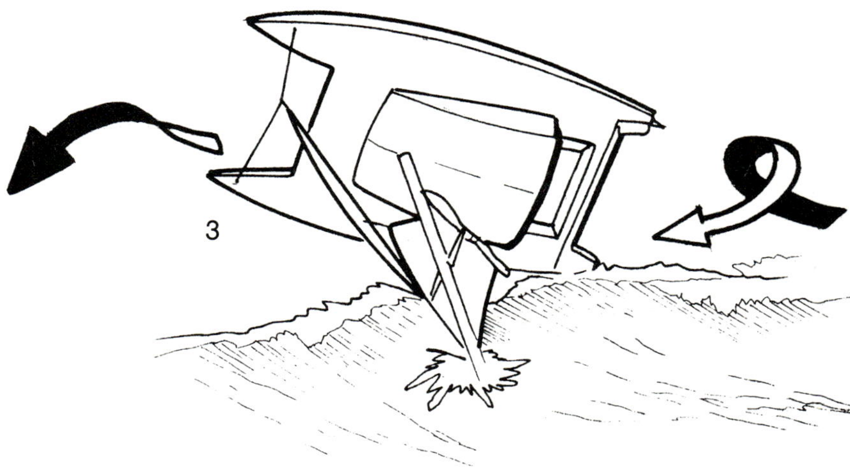

3

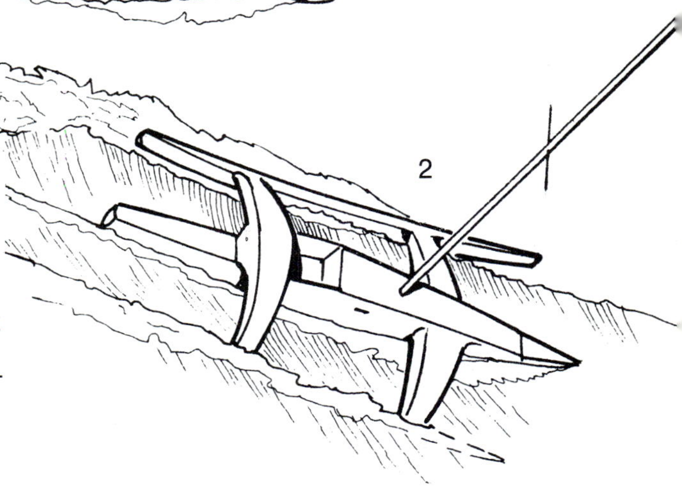

Für Trimarane, die kein durchgehendes Deck (und somit auch keinen aerodynamischen Auftrieb haben), wird oft die große Geschwindigkeit zum Verhängnis, die – auch beim Lenzen vor Topp und Takel – im Sturm erreicht wird **(1)**. Beim Surfen vor dem nachfolgenden Wellenkamm ist es gefährlich, auch nur geringfügig quer zur Wellenrichtung aus dem Ruder zu laufen. Sofort schneidet der Leeschwimmer unter, wodurch die Geschwindigkeit hier abrupt gebremst wird **(2)**. Der nachfolgende Wellenkamm vollendet die so eingeleitete Drehbewegung, der Leeschwimmer schneidet vollends unter und wirkt als zusätzlicher Treibanker **(3)**. Der Tri kentert in Sekundenschnelle durch **(4)**.

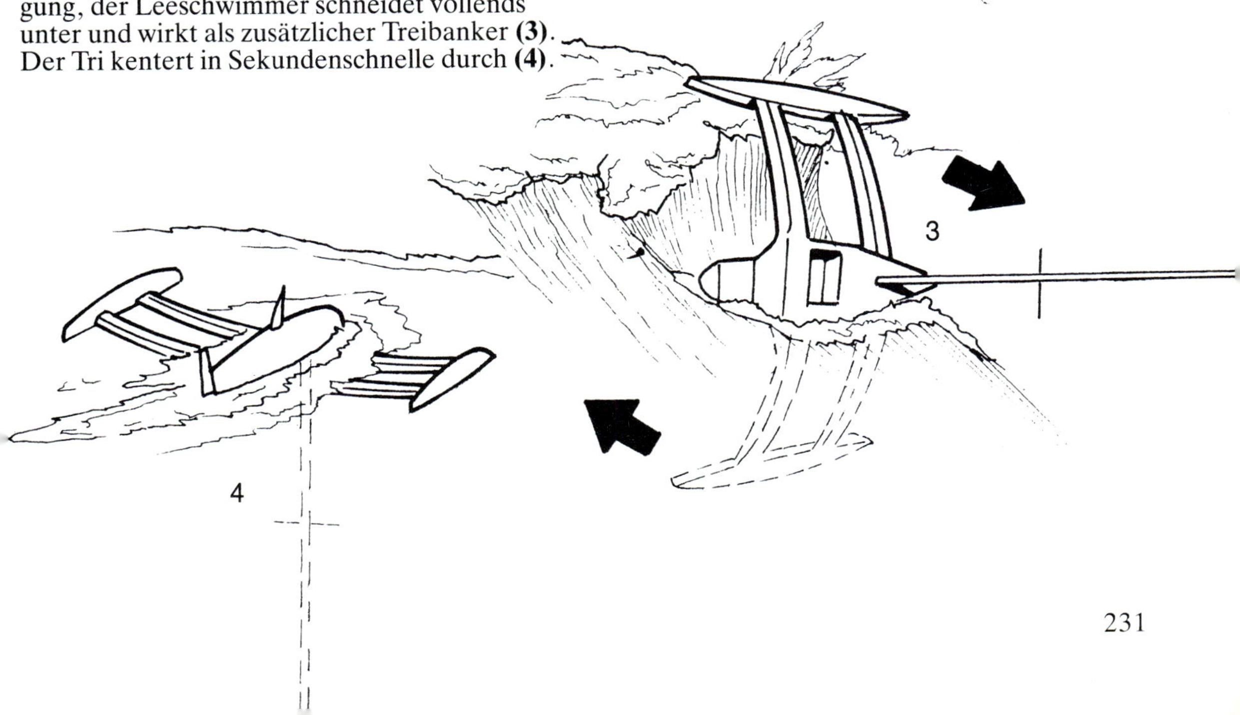

Ablaufen vor dem Sturm

Wie eine Segelyacht am besten mit einem Sturm fertig wird, hängt von ihrer Rigg- und Rumpf-Konstruktion ab. Manche Yachttypen überstehen einen Sturm am sichersten, indem sie vor Wind und Wellen ablaufen. Dazu gehören Mehrrumpf-Konstruktionen, die auf Grund ihres geringen Gewichtes und großen Geschwindigkeits-Potentials sicher vor den Seen surfen können. Wichtig ist hier nur, daß ein Kurs genau vor dem Wind eingehalten und damit ein Querschlagen vermieden wird.

Am besten haben sich beim Ablaufen vor Wind und Welle Fahrtenyachten bewährt, bei denen die größte Breite nicht zu weit achtern liegt, die aber über viel Auftrieb im Bug- und Heckbereich verfügen. Spitzgattige Yachten beziehungsweise Yachten mit sogenanntem Kanuheck sind besonders bei amerikanischen Langfahrtseglern beliebt **(1)**. Es ist jedoch eine irrtümliche Meinung, daß spitzgattige Hecks besser mit den Seen von achtern fertig werden. Spiegelhecks haben sich als ebenso seetüchtig erwiesen, sofern sie genügend ,,Reservedeplacement", also wasserverdrängendes Volumen, aufweisen. Langkieler verhalten sich beim Ablaufen vor dem Sturm am kursstabilsten. Eventuell läßt sich die Kursstabilität durch das Nachschleppen von Leinen noch erhöhen.

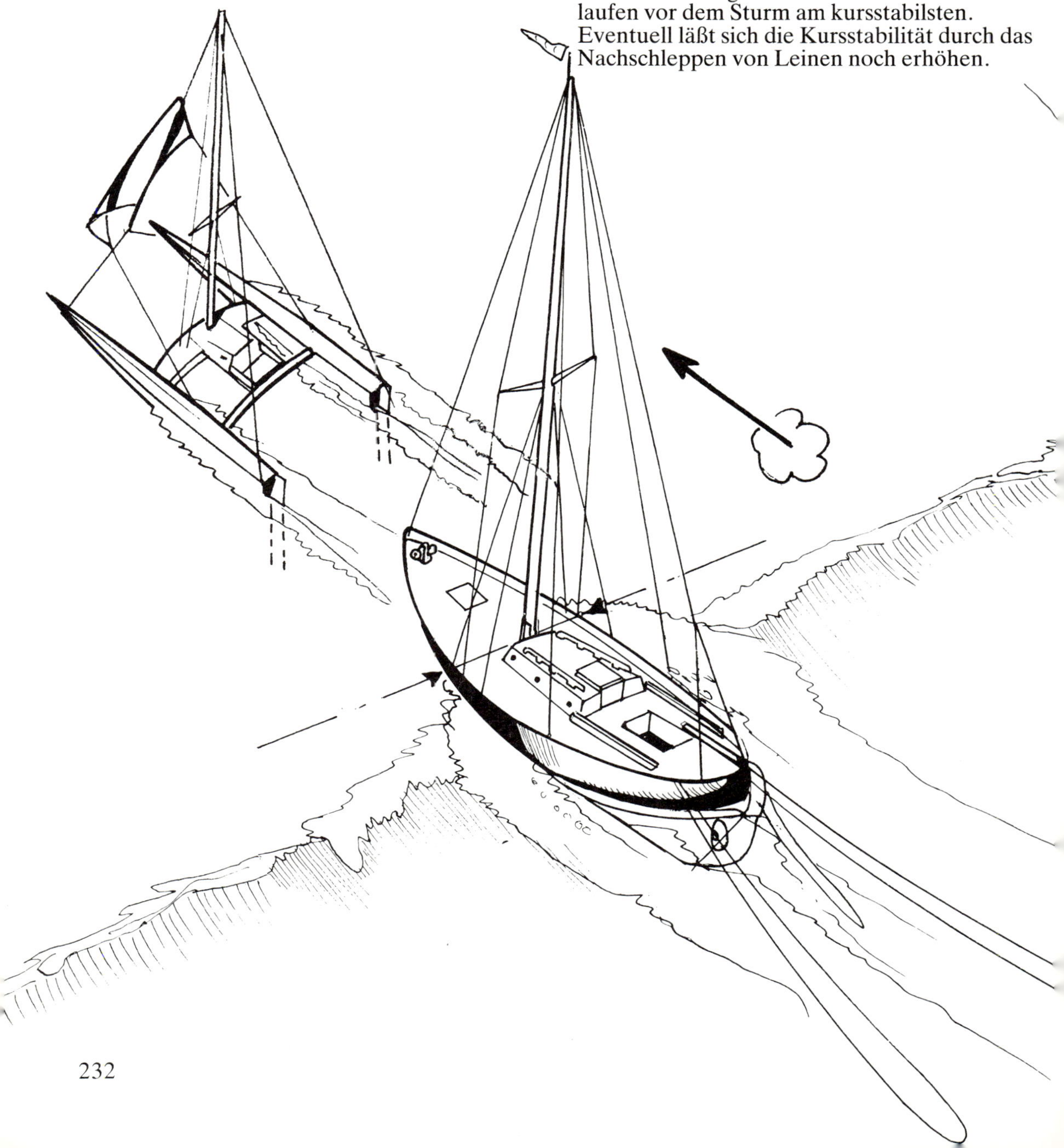

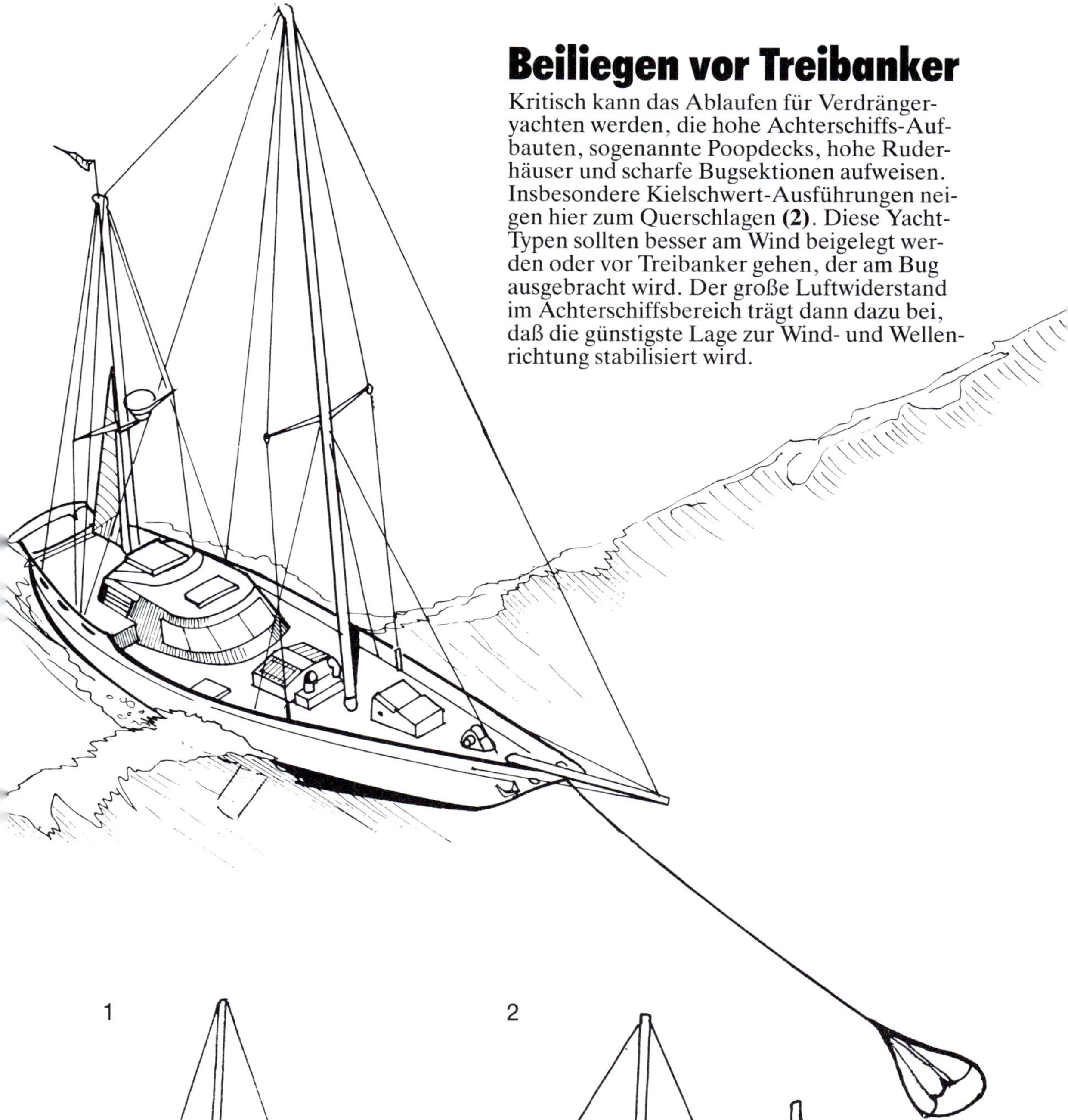

Beiliegen vor Treibanker

Kritisch kann das Ablaufen für Verdrängeryachten werden, die hohe Achterschiffs-Aufbauten, sogenannte Poopdecks, hohe Ruderhäuser und scharfe Bugsektionen aufweisen. Insbesondere Kielschwert-Ausführungen neigen hier zum Querschlagen **(2)**. Diese Yacht-Typen sollten besser am Wind beigelegt werden oder vor Treibanker gehen, der am Bug ausgebracht wird. Der große Luftwiderstand im Achterschiffsbereich trägt dann dazu bei, daß die günstigste Lage zur Wind- und Wellenrichtung stabilisiert wird.

1

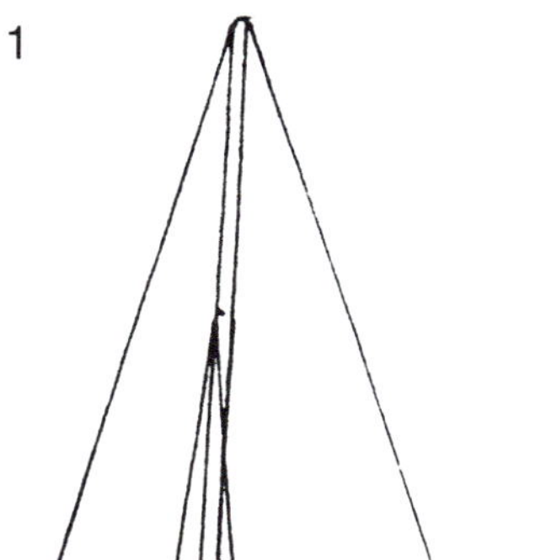

2

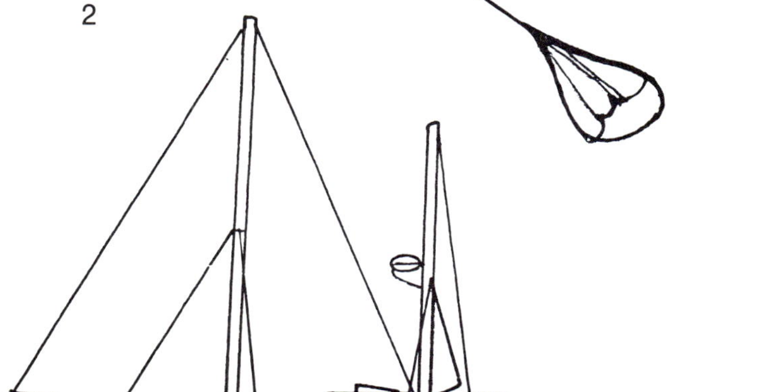

Segeln am Wind

Leichte, moderne Yachten mit geteiltem Lateralplan überstehen einen Sturm am besten, wenn sie unter Sturmbesegelung am Wind gehalten werden können. Die Taktik in der Welle ist dabei folgendermaßen: Vor der anlaufenden See wird so weit wie möglich angeluvt, so daß der Bug in einem sehr spitzen Winkel den Wellenkamm durchbricht. Beim Hinabgleiten von der Welle wird abgefallen, um Fahrt für das nächste Durchbruch-Manöver aufzunehmen. Durch diese Taktik bleibt die Yacht immer steuerfähig und die Gefahr des Querschlagens beziehungsweise Durchkenterns vor einer besonders hohen, rollenden See ist wesentlich reduziert.

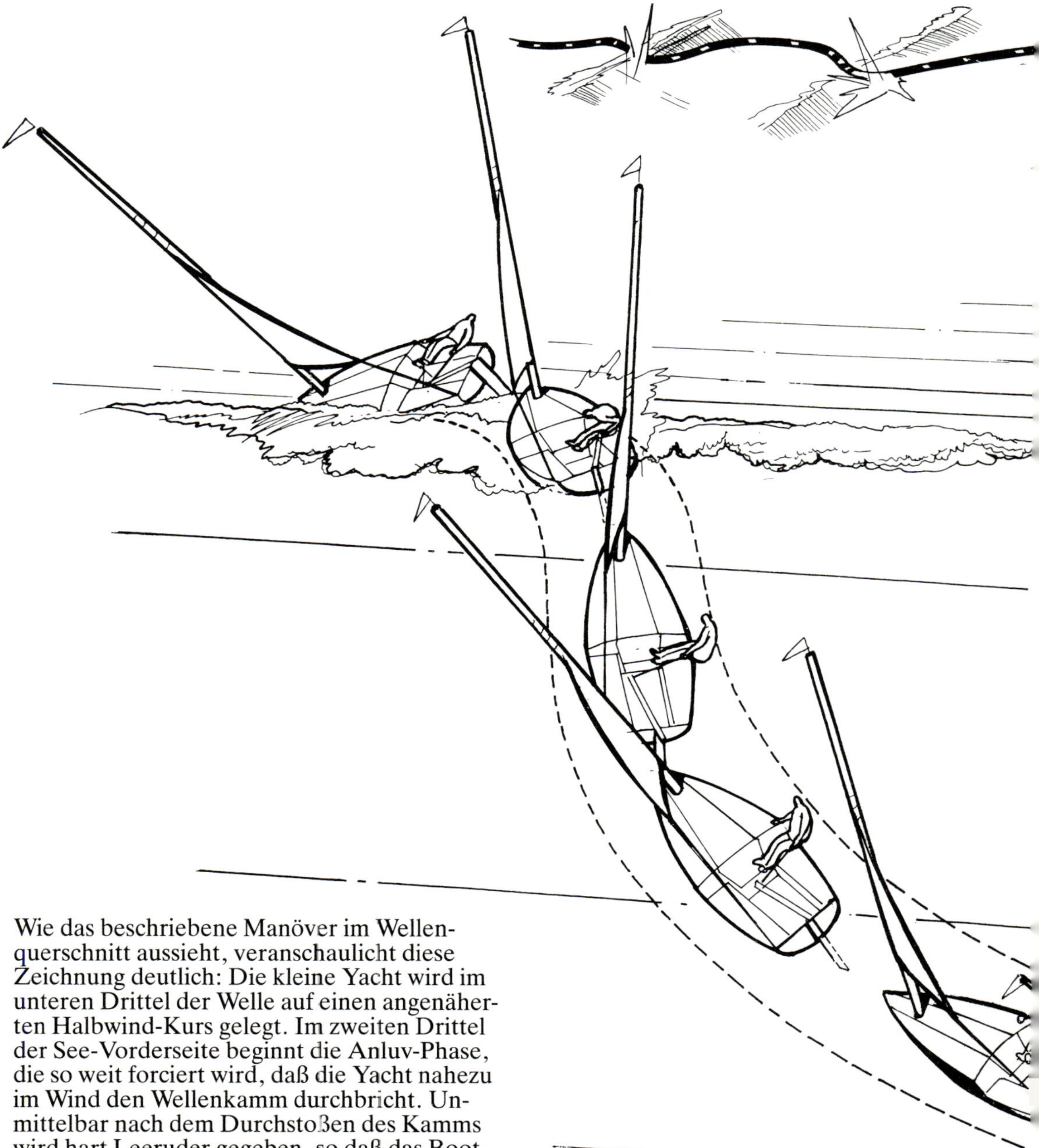

Wie das beschriebene Manöver im Wellenquerschnitt aussieht, veranschaulicht diese Zeichnung deutlich: Die kleine Yacht wird im unteren Drittel der Welle auf einen angenäherten Halbwind-Kurs gelegt. Im zweiten Drittel der See-Vorderseite beginnt die Anluv-Phase, die so weit forciert wird, daß die Yacht nahezu im Wind den Wellenkamm durchbricht. Unmittelbar nach dem Durchstoßen des Kamms wird hart Leeruder gegeben, so daß das Boot mit einem Kurs von etwa 60 Grad den Wellenrücken hinuntergleitet.

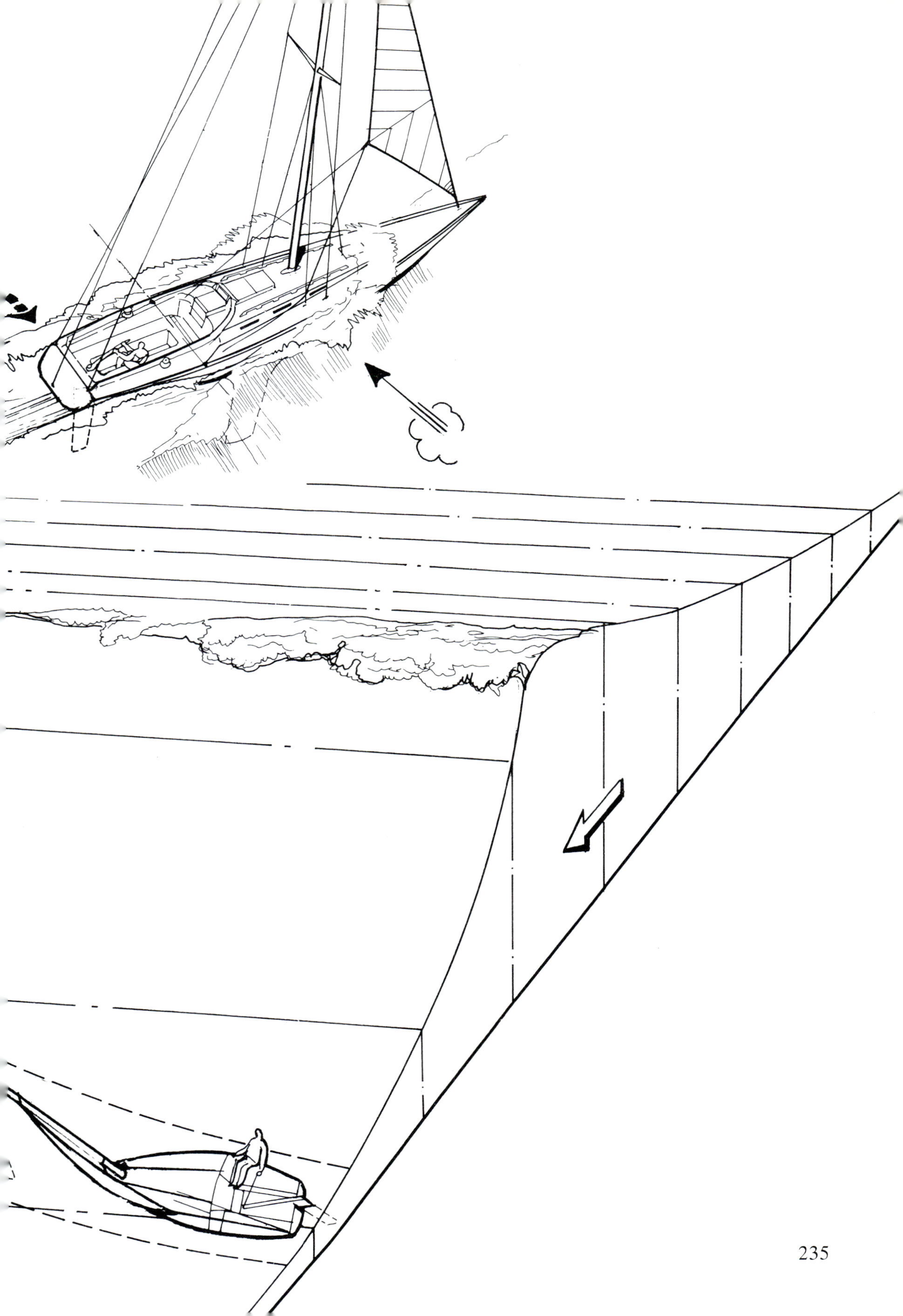

Wenn der Sturm eine Stärke erreicht hat, die das Gegenansegeln unmöglich macht, kann auch eine Regattayacht nur noch vor den Seen ablaufen. Eine erfahrene Crew wird mit aufmerksamer Ruderführung die Yacht sicher vor den Wellen auf Kurs halten. Die Segelfläche muß so bemessen sein, daß das Schiff auch im Surf vor der Welle noch steuerfähig bleibt. Nur dann kann das gefürchtete Querschlagen zuverlässig verhindert werden.

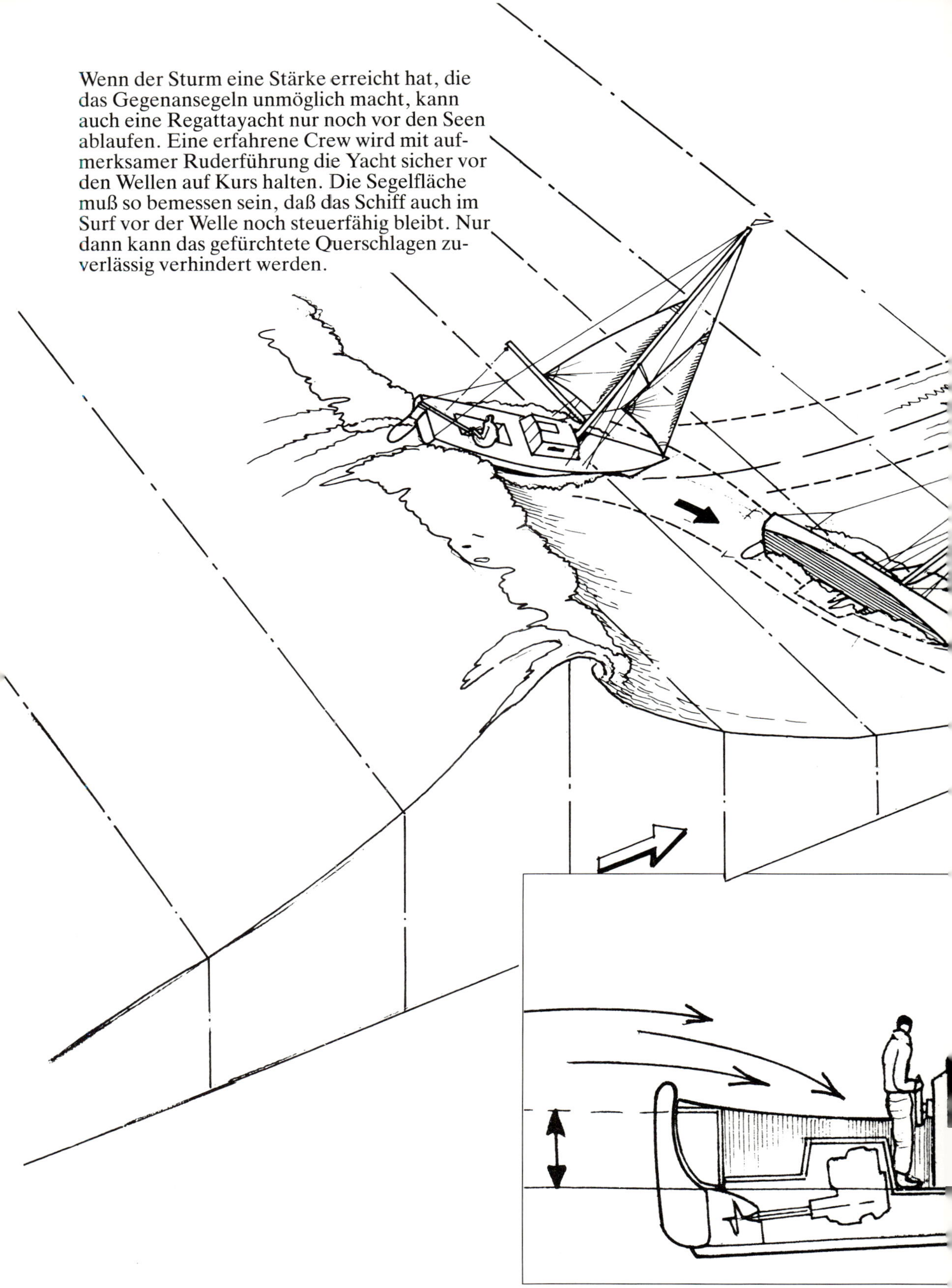

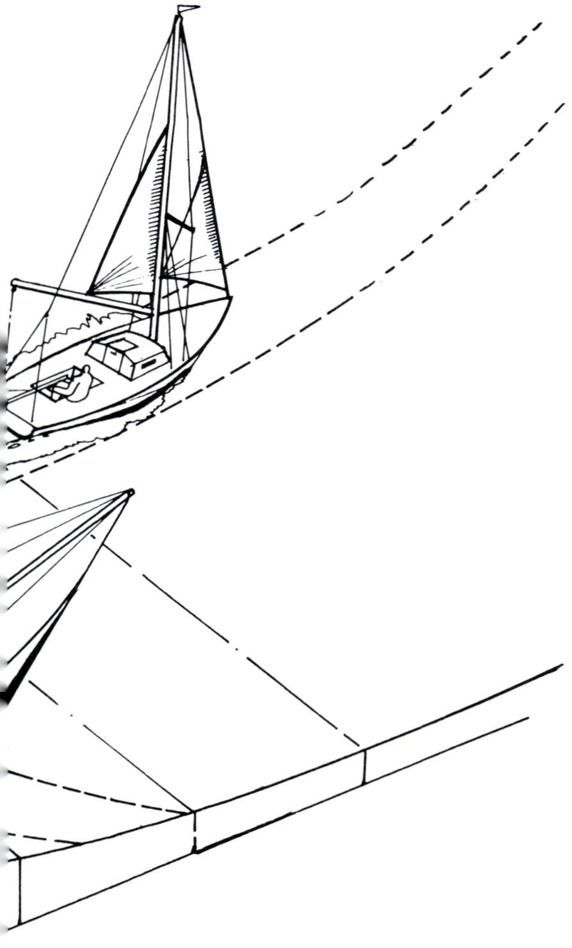

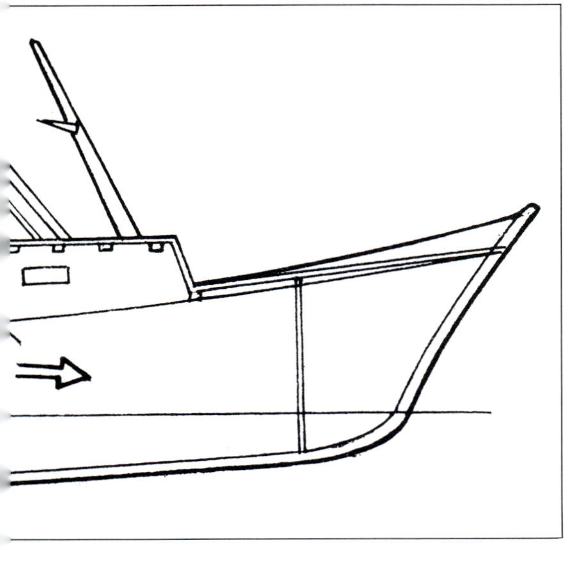

Ablaufen mit Motoryachten

Kleinere, halboffene Motorboote des konventionellen Verdrängertyps sind beim Ablaufen in hohem Seegang stark gefährdet. Durch den niedrigen Freibord können brechende Wellenkämme leicht in die Plicht gelangen, die wegen des dort installierten Motors gewöhnlich sehr tief und groß ausgelegt ist. Zur Kajüte ist bei den meisten Bootstypen keine ausreichende Abschottung vorgesehen, so daß sich die Wassermassen ungehindert im gesamten Rumpf ausbreiten können. Ein sekundenschnelles Sinken über das Heck ist die Folge. Motorboote dieser Bauart müssen daher, sollten sie unausweichlich an der Küste in einen schweren Sturm geraten, stets gegen die Wind- beziehungsweise Wellenrichtung gesteuert werden.

Alle anderen, größeren Motoryachten, ob Verdränger oder Halbgleiter mit hohem Freibord, sind bei langer achterlicher Sturmsee unproblematisch. Kritisch wird es nur in einer See, deren Länge der einfachen bis doppelten Bootslänge entspricht und deren Höhe die des Freibords übersteigt. Auf dem Vorderhang der Welle wird das Boot durch die Schwerkraft gerne zu schnell, und der Bug läuft sich im Tal oder im Anstieg der vorausliegenden Welle fest oder unterschneidet sogar, wobei das Boot querschlagen kann. Das wird bei Motorbooten aber nur gefährlich, wenn achteraus ein besonders steiler Brecher herankommt, gegen den man das Boot dann am besten ganz auf Gegenkurs bringt. Falsch ist es, in einer solchen Lage abrupt die Fahrt zu mindern oder zu stoppen, weil dann die Hecksee des Bootes sich mit der Welle achtern überlagert und das Boot einholt. Es ist immer richtig, in solcher See langsamer als die Wellen zu fahren. Vor allem hüte man sich, auch nur fünf Sekunden lang auf dem Wellenkamm zu reiten, da besteht höchste Kentergefahr.
Boote, die mit Sicherheit 17 Knoten durch das Wasser laufen können, lassen sich auf dem

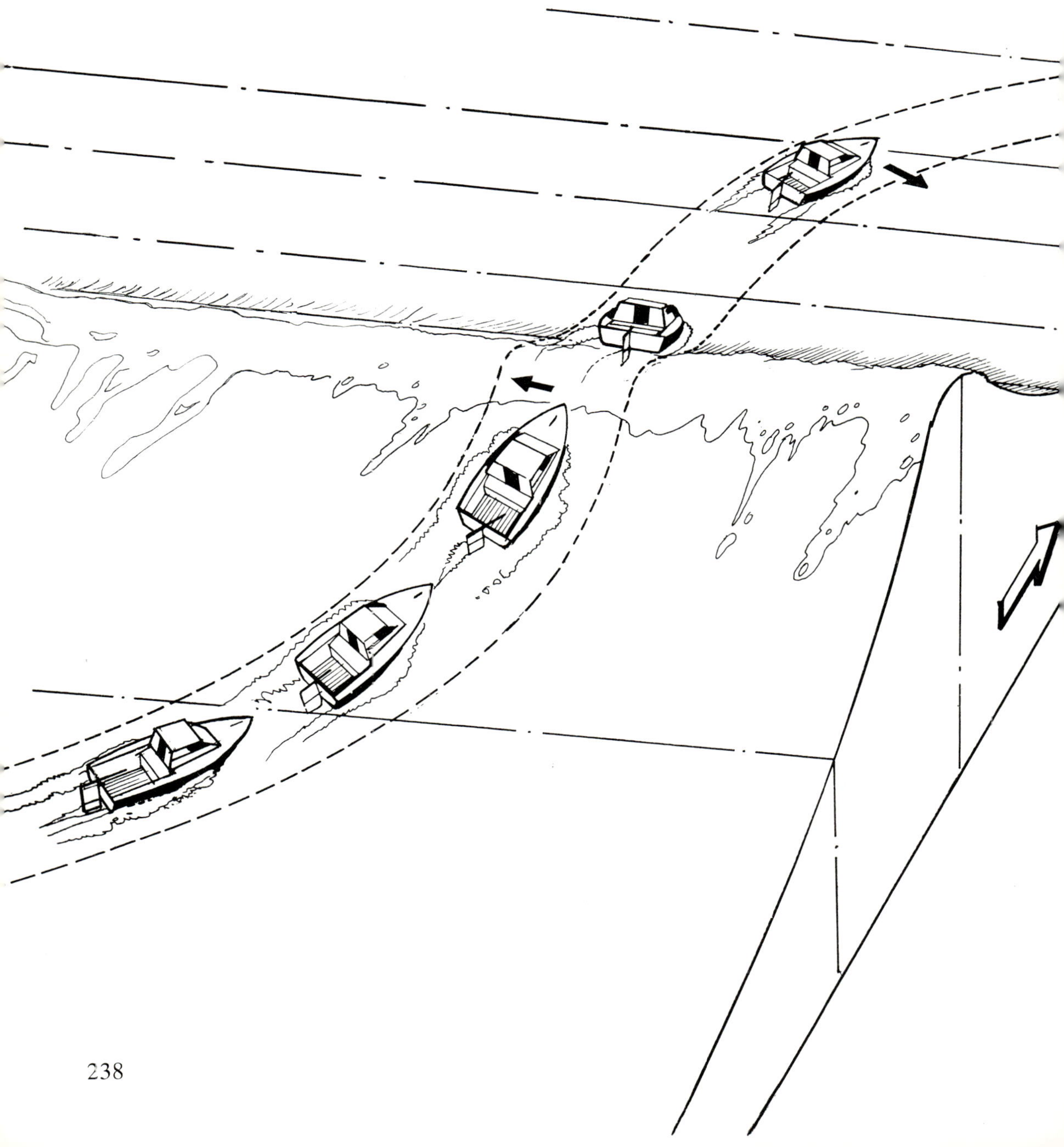

Rücken einer Grundsee über die Barre in den Hafen oder Fluß reiten. Man muß mit dem Gashebel so spielen, daß das Boot nicht auf den Kamm klettert, aber auch nicht ins Tal hinter sich zurücksackt. Es ist immer besser, in erkennbare Grundseen nicht hineinzufahren.

Hier wird noch einmal verdeutlicht, wie die Taktik des Ablaufens vor Wind und Welle mit einem Motorboot am zweckmäßigsten ist: Der Skipper hält stets Ausschau nach achtern. Kommt eine besonders steile, brechende See auf, so wird das Boot rechtzeitig im Wellental gewendet und mit geringer Fahrt auf Gegenkurs gebracht, bis der Wellenkamm durchbrochen ist. Im darauffolgenden Wellental wird wiederum zügig der Vorm-Wind-Kurs eingeschlagen. Man hüte sich aber davor, das Manöver zu spät, also direkt vor oder auf dem Wellenkamm, zu fahren. Ein Querschlagen wäre unweigerlich die Folge.
Im übrigen kann man Motoryachten auf allen Kursen von spitz zu den Wellen bis quer zu ihnen relativ gefahrlos fahren, langsamer oder auch etwas schneller als die See.

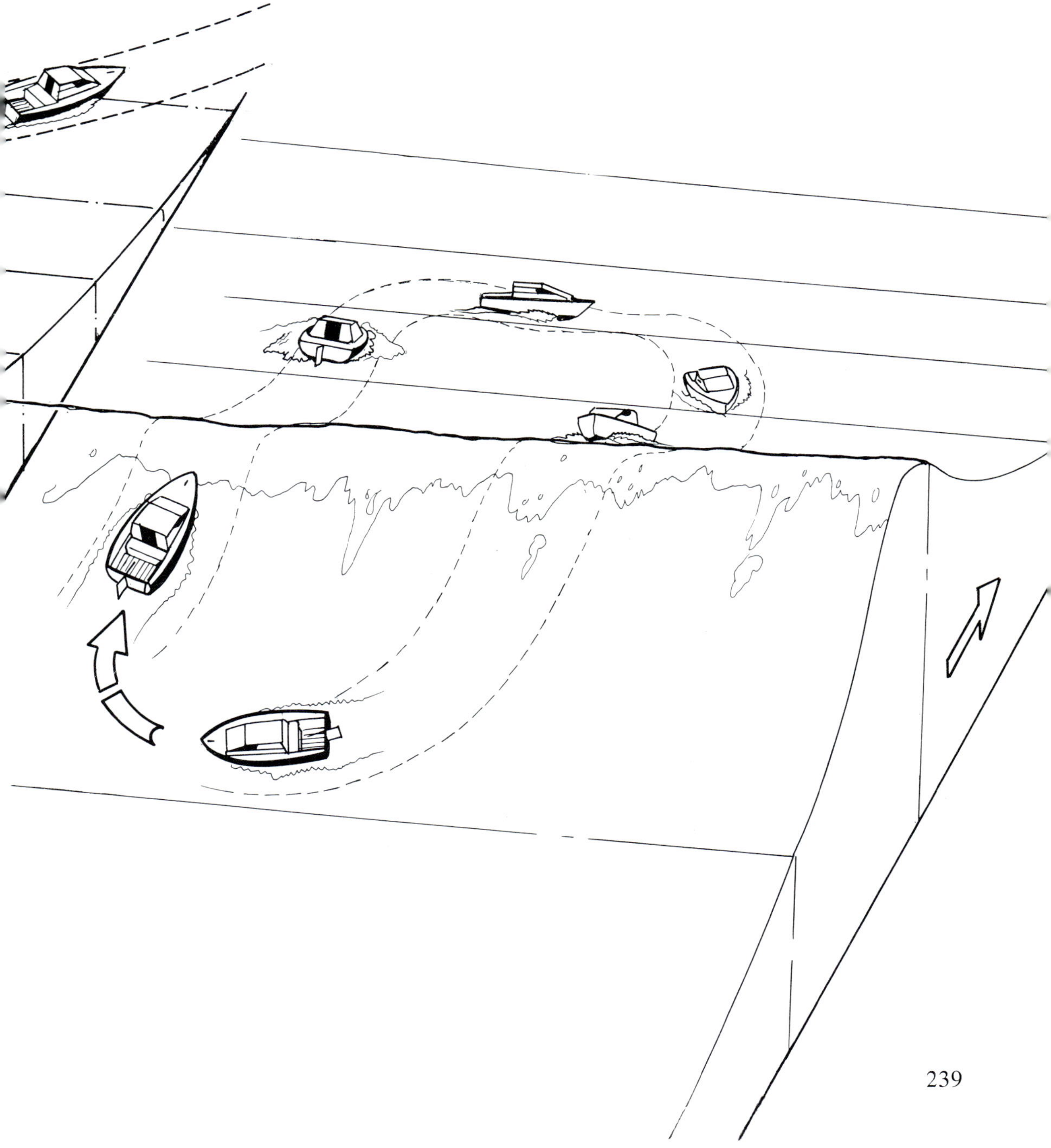

Über Bord und gerettet

Am schwerwiegendsten für eine kleine Crew ist es, einen Mann über Bord zu verlieren. In vielen Fällen gelingt es nicht, den Verunglückten wieder an Bord zu bekommen oder überhaupt wiederzufinden. Oftmals ist die an Bord verbliebene Crew nicht in der Lage, die notwendigen Manöver allein zu fahren. Daher müssen alle Ursachen für einen Mann-über-Bord-Unfall erkannt und rechtzeitig vorbeugende Maßnahmen durchgeführt werden. Sicherheit ist kalkulierbar!

Unterkühlung ist das größte Problem. Viele Wassersportler könnten noch leben, wenn sie eine der jeweiligen Wettersituation angepaßte Kleidung getragen hätten. Es gibt heute spezielle Kälteschutz-Kombinationen, die eine besonders gute Wärmeisolation des Körpers auch im Wasser gewährleisten. In Verbindung mit einer zuverlässigen, ohnmachtsicheren Rettungsweste sind die Überlebenschancen erheblich größer als in leichter, luft- und wasserdurchlässiger Bekleidung. Der umsichtige Skipper sollte daher darauf achten, daß sich seine Crew bereits vor dem Verlassen des Hafens warm und dem Wetter entsprechend anzieht und auch vorbeugend eine Rettungsweste anlegt.

1

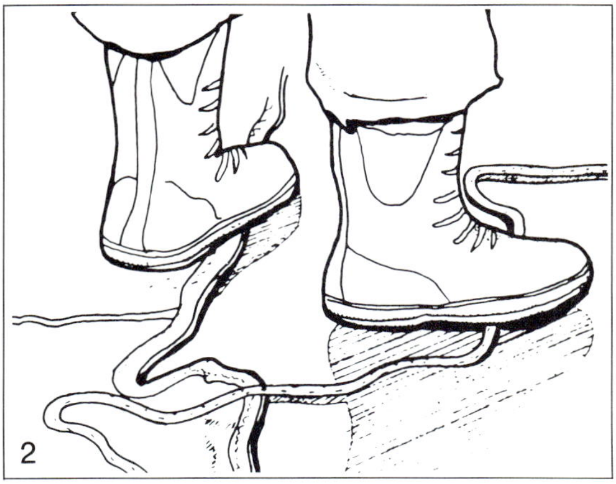

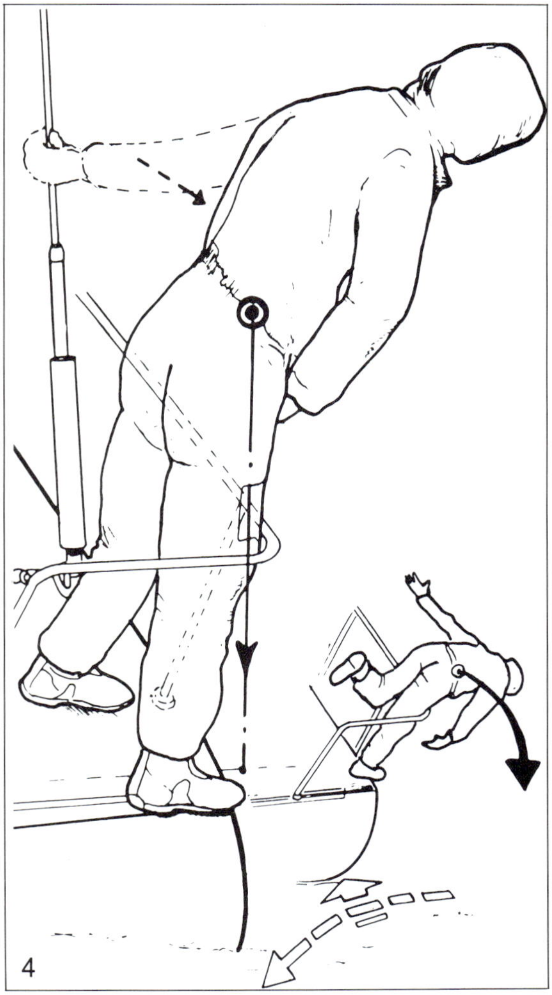

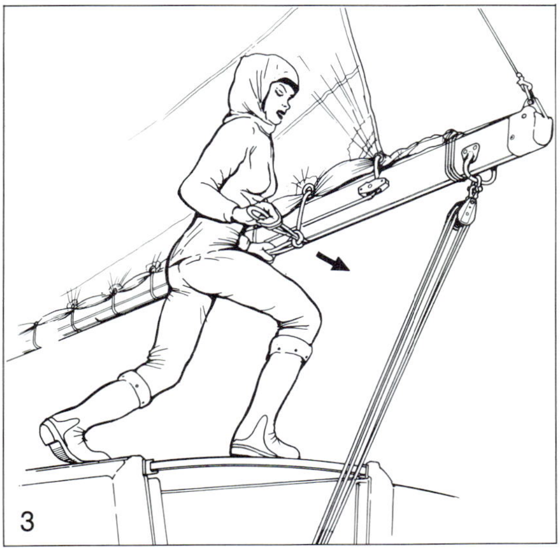

Risiken

1: Die häufigste Ursache für Mann-über-Bord-Unfälle ist die Seekrankheit. Sie vermindert die Reaktionsfähigkeit und schafft Apathie. Seekranke halten sich in Lee auf, um über Bord spucken zu können. Wenn in einer solchen Situation die Yacht hart in eine See einsetzt, kann es leicht passieren, daß der Steuermann von der oberen Ducht geschleudert wird und dem Mann in Lee einen Stoß versetzt. Aufgrund der Krängung beziehungsweise Bewegung des Bootes und der Apathie des Seekranken rutscht dieser unter der Seereling hindurch ins Wasser.
2: Gefährlich sind lose an Deck liegende Tampen und Segel. Tauwerk rollt ab, und Kunststoffsegel sind glatt wie eine Eisbahn. Daher lautet das oberste Gebot: Klar Schiff nach allen Manövern. Abgeschlagene Segel gehören unter Deck, Fallen und Schoten müssen sauber aufgeschossen werden.
3: Ein weiteres Risiko ist das Festsetzen der Reffbändsel beim Einreffen des Großsegels. Dazu braucht man beide Hände, so daß die Grundregel „eine Hand fürs Schiff, die andere für dich" nicht einzuhalten ist. Wird jetzt durch Unachtsamkeit plötzlich die Großschot gefiert, stürzt die Crew am Baum unweigerlich über Bord.
4: Ungezählt sind die Mann-über-Bord-Unfälle, die sich durch leichtfertigen Austritt im Heckkorb ereignet haben. Der Körper ist dabei über die Reling gebeugt, und eine kurzfristige, typische Bewegung des Bootes im Seegang, bei der das Heck aufwärts und nach Luv pendelt, reicht aus, um den Gewichtsschwerpunkt außenbords zu verlagern. In grober See kann diese Bewegung so stark sein, daß selbst die Sicherungshand am Achterstag den Körper nicht zu halten vermag.

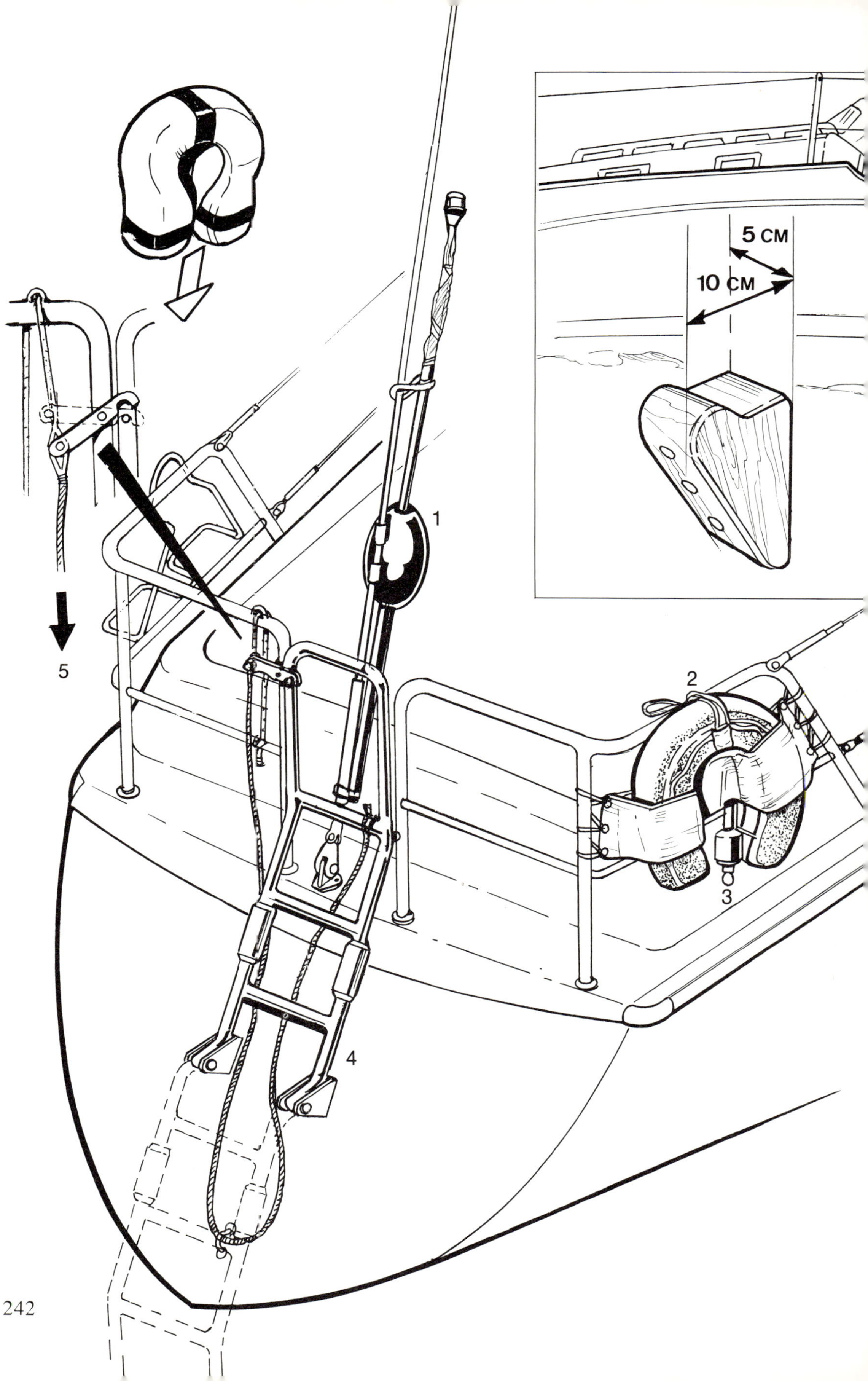
5 cm
10 cm
1
2
3
4
5

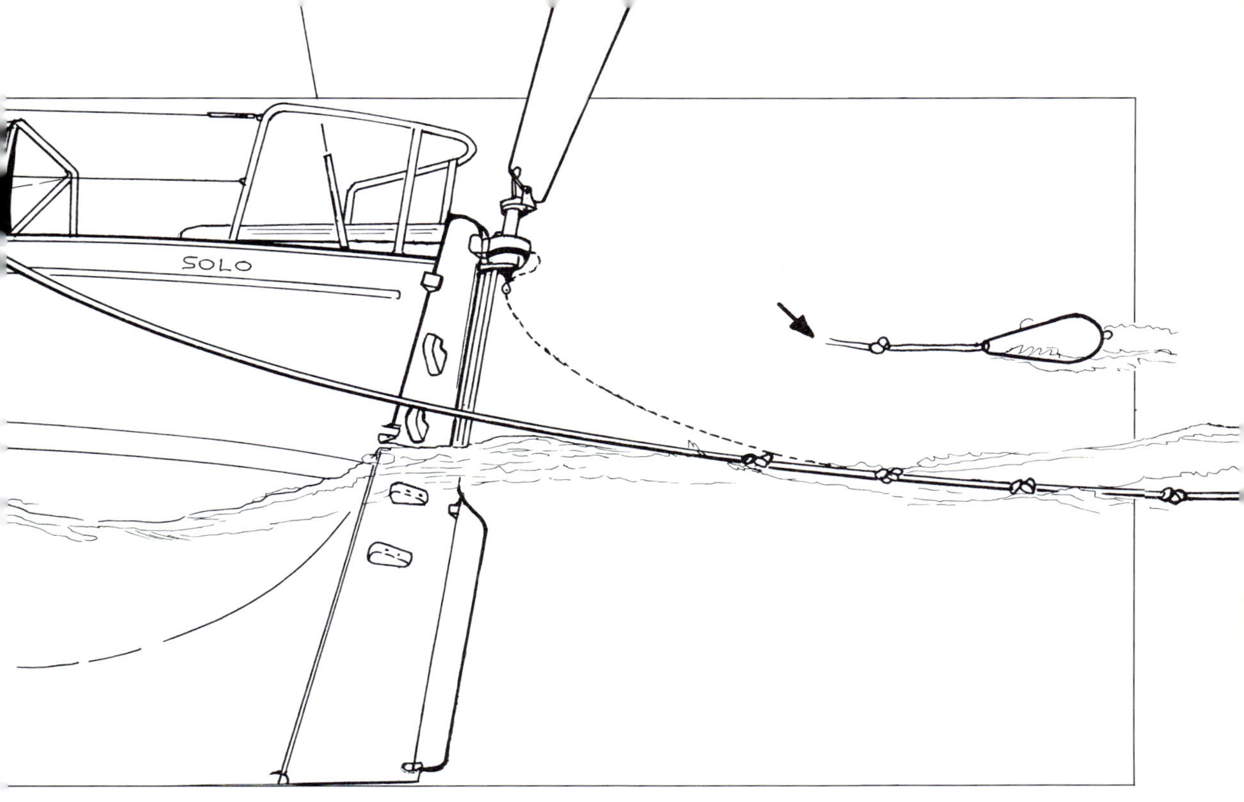

Rettungsmittel an Bord

Diese Rettungsmittel sollten zur selbstverständlichen Ausrüstung jeder seegehenden Yacht gehören:

1: Die (bei IOR-Regatten in Seegebieten der Kategorie 1 und 2 vorgeschriebene) Rettungsboje muß achtern so gehaltert werden, daß sie mit einem Handgriff über Bord geworfen werden kann.

2: Eine – oder besser zwei – Feststoffwesten beziehungsweise halboffene Wurfringe sollten am Heckkorb gehaltert sein, und zwar ohne zusätzliche Verzurrung.

3: Mindestens ein Ring muß mit einem sogenannten „Flashlight" verbunden sein – einer Blitzlampe, die in aufgerichtetem, schwimmendem Zustand sehr helle Blitze aussendet.

4: Jede Yacht sollte außerdem mit einer abklappbaren und tief reichenden Rettungsleiter ausgerüstet sein, die sich mit Hilfe einer außenbords hängenden Leine auch von einem Schwimmer im Wasser entriegeln und abklappen läßt **(5)**.

Im übrigen geben die jeweiligen Wassersportverbände Auskunft über die je nach Fahrtgebiet und Bootstyp erforderliche Sicherheitsausrüstung, die wesentlich umfangreicher ist als hier dargestellt.

Über Bord bei eingeschalteter Windfahnen-Selbststeuerung

Wenn ein Einhandsegler bei eingestellter Windfahnen-Steuerung auf Langtörns über Bord geht, hat er keine Überlebenschance. Daher ist das ständige Anleinen an Deck obligatorisch. Retten kann ihn allenfalls eine nachgeschleppte, wenigstens 25 Meter lange Leine mit eingebundenen Knoten, an denen die Hände Halt finden. Am Ende vergrößert ein birnenförmiger Fender die Griffmöglichkeit. Noch größere Chancen, wieder an Bord zu kommen, bieten eingeknotete Palsteks, durch deren Augen eine Trippleine von der Windfahnen-Entriegelung bis zum Fender geführt wird, so daß die Selbststeuerung im Wasser ausgeschaltet werden kann. Allerdings ist diese Vorsorge nur dann sinnvoll, wenn Stufen am Ruder oder eine vom Schwimmer erreichbare Rettungsleiter das An-Bord-Kommen ermöglichen. Aus der Schwimmlage kann man ohne diese Hilfsmittel nicht wieder an Deck einer seetüchtigen Yacht gelangen, selbst wenn der Freibord extrem niedrig ist.

Unterkühlung vermeiden

Die Überlebenschancen im Wasser sind maßgeblich von der Wassertemperatur abhängig. Daher ist es wichtig, den Körper vor Auskühlung zu schützen, so gut dies in der jeweiligen Situation möglich ist, und Vorsorge für ein schnelles Wiederauffinden zu treffen.
Der geringste Wärmeverlust tritt bei einer „Igelhaltung" im Wasser ein. Beine und Arme werden eng an den Körper gepreßt, und jede unnötige Bewegung wird vermieden. Die beliebte Pudelmütze **(1)** erfüllt auch im Wasser ihren Zweck, denn der ungeschützte Kopf kann bis zu 40 Prozent der Körperwärme abgeben. Eine Pfeife darf an keiner Weste fehlen **(2)**. Es sollten nur geprüfte, ohnmachtsichere Rettungswesten mit reichlich bemessenem Auftrieb getragen werden **(3)**, weil nur sie eine Igelstellung im Wasser ermöglichen. Hierfür sind auch enganliegende, nicht schwere Bordschuhe **(4)** dienlich. Eine um die Beine geschlungene Leine **(5)** sichert die Igelstellung und verbindet den Verunglückten mit der Rettungsboje, die sofort nach dem Ruf „Mann über Bord" ins Wasser geworfen wird. In vielen Fällen kann der Über-Bord-Gegangene dann diese Boje schwimmend erreichen. Dies erleichtern enganliegende Hosen, wie zum Beispiel Jeans **(6)**. Die Rettungsboje muß eine leuchtend orange Fahne **(7)** am Topp sowie eine helle, sich automatisch aktivierende Lampe **(8)** tragen. Besonders nachts wird diese wirkungsvoll durch das ebenfalls über Bord geworfene Blitzlicht unterstützt **(9)**. Die Blitze sind selbst dann noch am Horizont auszumachen, wenn die Lampe bereits außer Sicht gekommen ist.

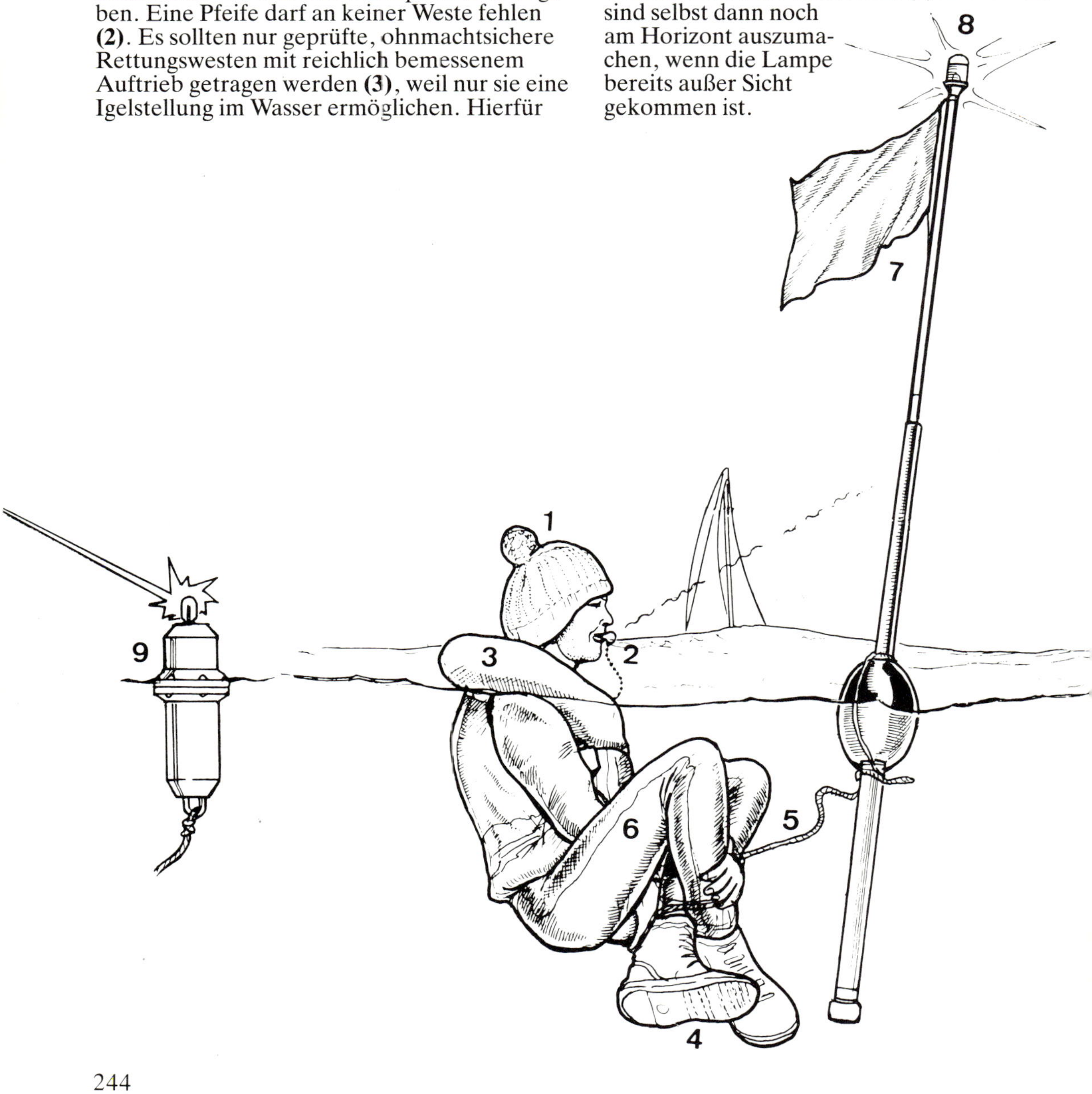

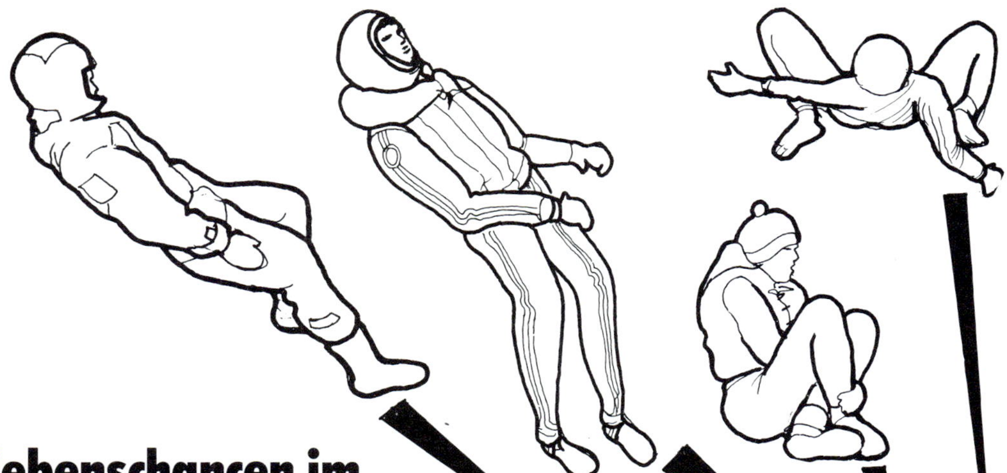

Überlebenschancen im Wasser

Die Tabelle gibt Auskunft über die Überlebenschancen je nach Wassertemperatur und Bekleidung. Die untere, waagerechte Skala zeigt die Wassertemperatur in Celsius-Graden, die senkrechte die Stunden der Überlebenschance. Nach Kurve **(A)** hat ein Mann in einem der modernen Überlebensanzüge selbst bei Wassertemperaturen um fünf Grad noch nach 25 bis 30 Stunden Rettungschancen. Auch der Naßtauch- beziehungsweise Neoprenanzug in Verbindung mit einer ohnmachtsicheren Rettungsweste **(B)** sichert bei durchschnittlichen Ostsee-Temperaturen bis zu zehn Stunden das Überleben. Kurve **(C)** zeigt die Chancen bei der Igelstellung, und Kurve **(D)** charakterisiert den ohne Weste und Ölzeug ungeschützt im Wasser treibenden Verunglückten. Die untere Zeichnung symbolisiert die zusätzlichen Überlebenschancen von ca. 1,5 Stunden bei zehn Grad Wassertemperatur, wenn eine geschlossene Schwimmweste oder aber eine Kälteschutzweste getragen wird.

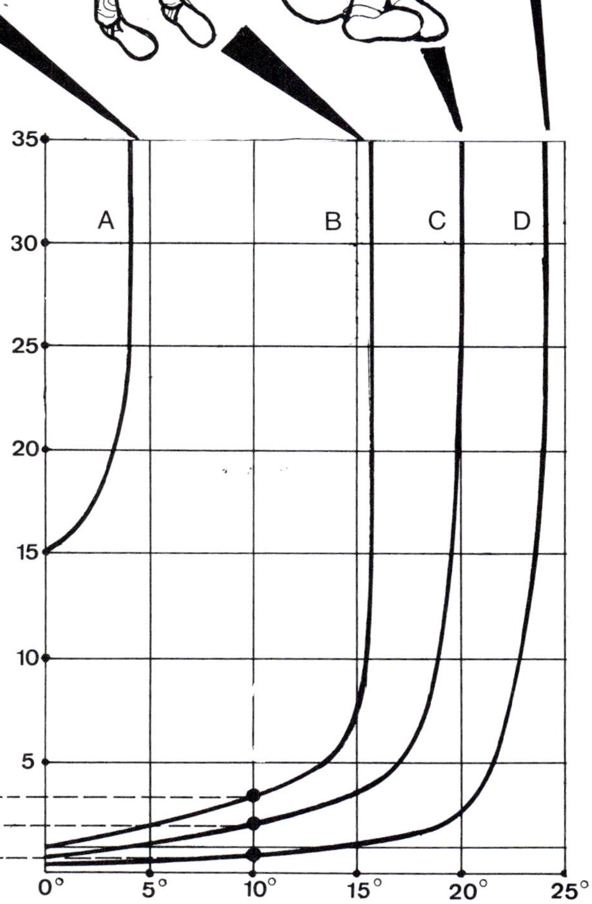

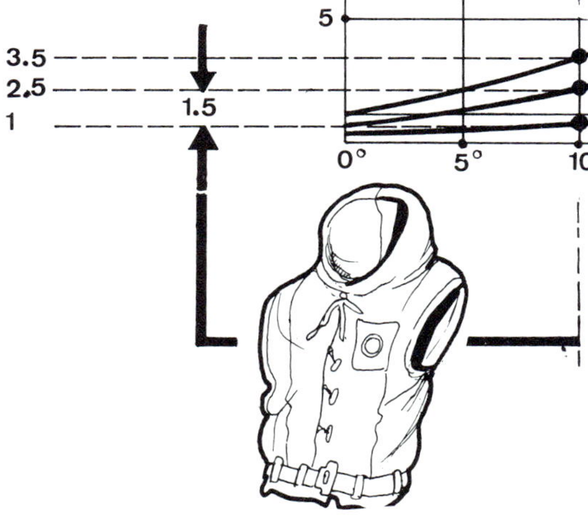

Mann-über-Bord-Manöver

Für Dickschiffe empfehlen sich je nach Situation verschiedene Mann-über-Bord-Manöver. Die Zeichnung analysiert die Möglichkeiten innerhalb eines Sichtkreises von höchstens 200 Metern Durchmesser.
Bei handigem Wetter ist es heute sicher die richtige Seemannschaft, zuerst den Motor zu starten, dann im Wind (bei geübter Crew nach zirka 30 Sekunden) die Segel zu bergen **(1)** und unter Maschine direkt auf den Über-Bord-Gegangenen zuzulaufen, der sich so nach zirka einer Minute und 30 Sekunden erreichen läßt **(2)**.

Unter Segeln ist das zweite Manöver schnell und sicher. Nach dem Ruf „Mann über Bord" wird die Wende eingeleitet. Nachdem das Boot auf dem anderen Bug liegt **(3)**, wird abgefallen und mit dem scheinbaren halben Wind noch etwa 30 Sekunden weitergesegelt **(4)**. Danach erfolgt die Halse, die bei Punkt **(5)** abgeschlossen ist. Ein Am-Wind-Kurs zum Verunglückten mit killenden Segeln beinhaltet die Möglichkeit, durch etwaiges Dichtholen wieder Fahrt aufzunehmen. Dieser sogenannte „Nahezu-Aufschießer" führt auch schwere Schiffe sicher in etwa zweieinhalb Minuten an den Mann im Wasser heran **(6)**.

Geübte Crews werden mit einer Halse **(7, 8, 9)** am schnellsten an den Über-Bord-Gegangenen herankommen, während unter Spinnaker nach dem Anluven, Einleiten der Halse **(10)** und Bergen der Vorsegel **(11)** unter allen Umständen der Motor zu Hilfe genommen werden sollte, um mit Unterstützung des Großsegels auf einem spitzen Am-Wind-Kurs direkt auf den Verunglückten zuzulaufen **(12)**. Motorboot-Skipper fahren einen Vollkreis **(13)** und können je nach Manövrierfähigkeit des Bootes innerhalb von etwa 30 Sekunden den Verunglückten erreichen. Für diese Grafik wurden eine Fahrtgeschwindigkeit von vier Knoten, eine Yachtlänge von zwölf bis 15 Metern sowie mäßige Sicht- und Windverhältnisse zugrunde gelegt.

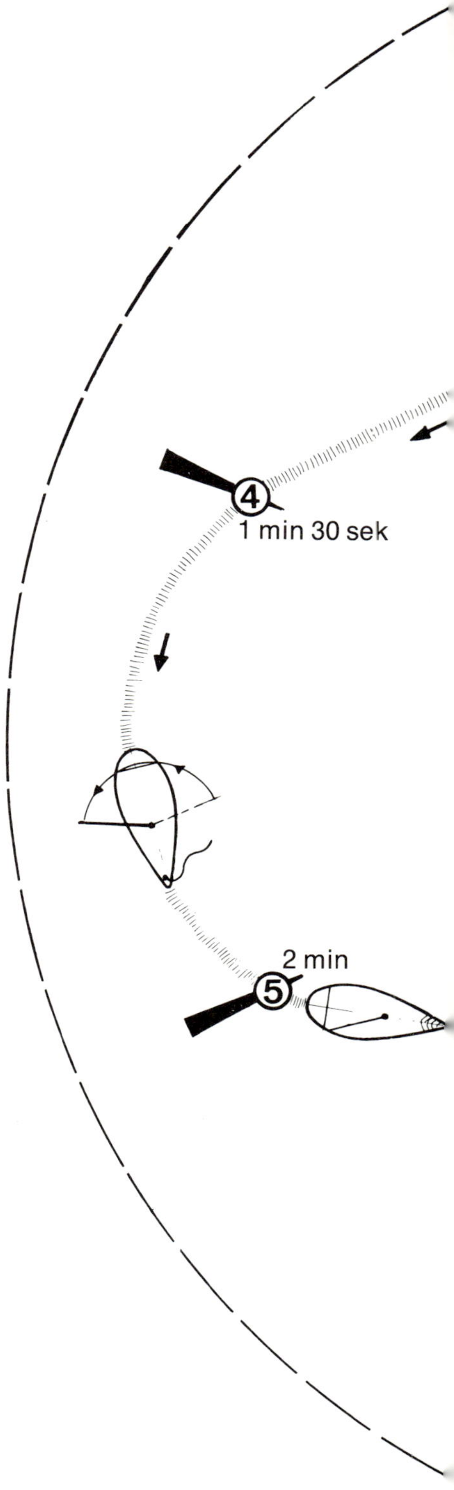

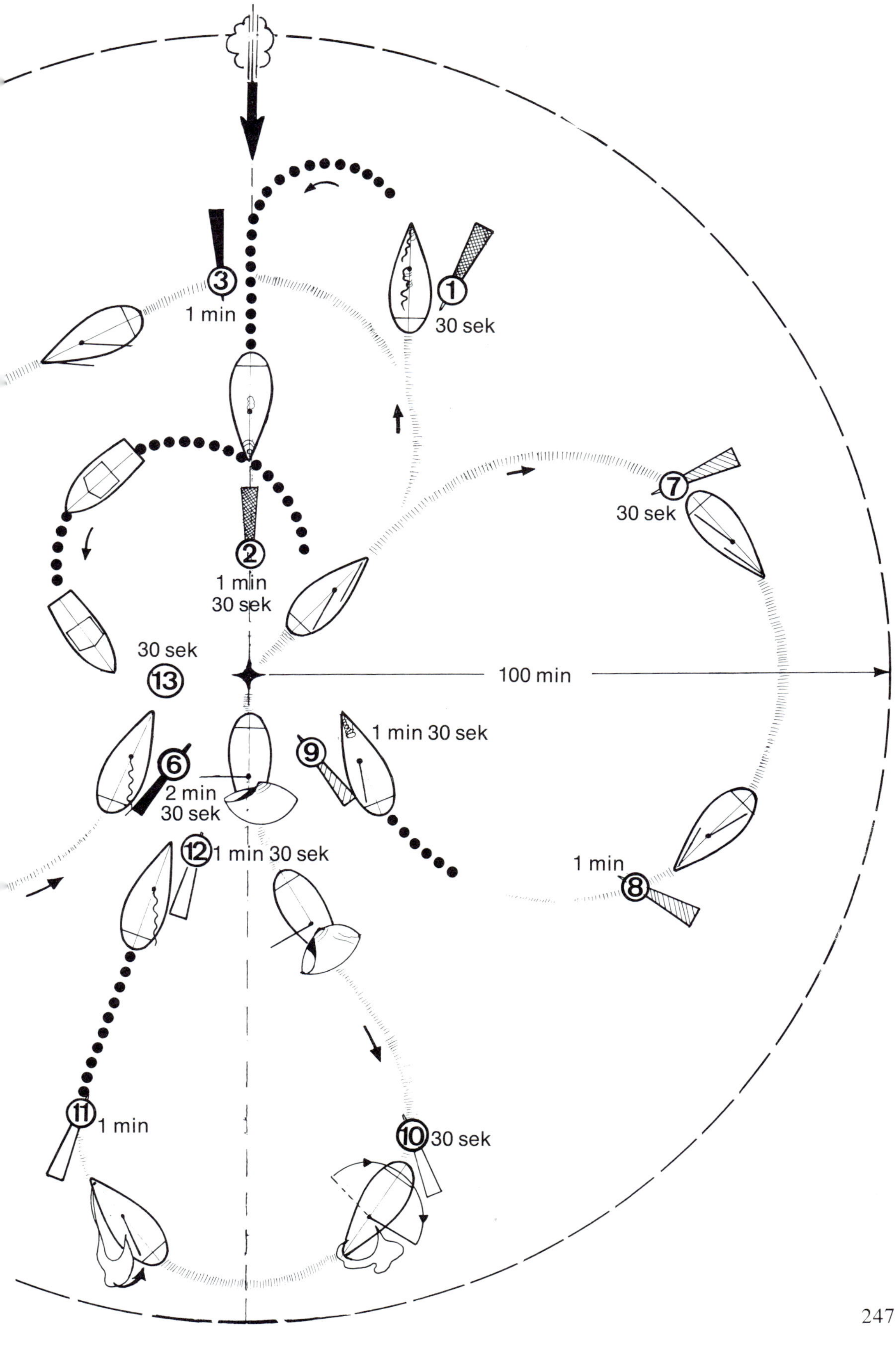
1
30 sek
3
1 min
2
1 min
30 sek
7
30 sek
100 min
30 sek
13
6
2 min
30 sek
9
1 min 30 sek
12
1 min 30 sek
1 min
8
11
1 min
10
30 sek

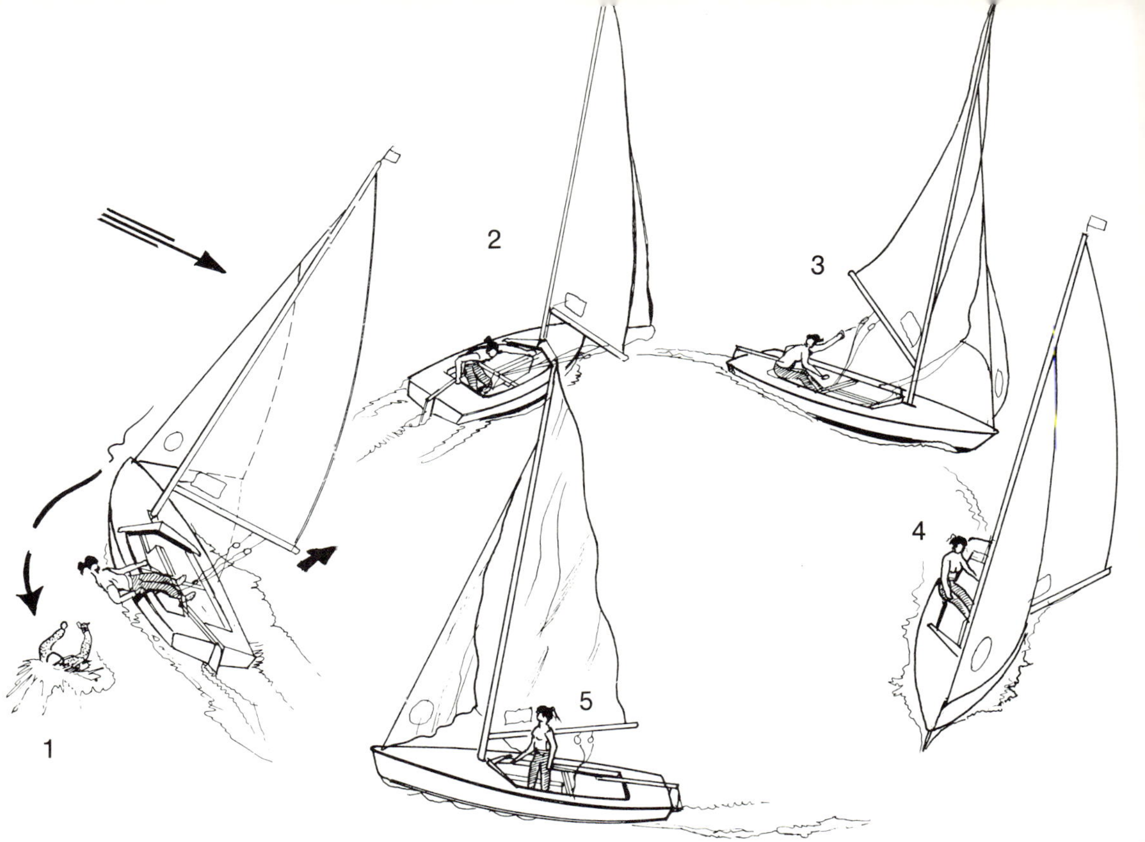
1
2
3
4
5

Bergemanöver mit der Jolle

Für Jollen ist die Halse zwar nicht das einzige und unter allen Umständen günstigste, aber doch schnellste Manöver, um den bei **(1)** über Bord gegangenen Vorschoter wieder aufzufischen. Die Steuerfrau in unserer Zeichnung gleicht das fehlende Trimmgewicht instinktiv richtig aus, indem sie sich weit außenbords hängt, die Pinne nach Luv zieht und gleichzeitig die Großschot auffiert. Eine Kenterung wird dadurch vermieden. Bei **(2)** leitet sie die Halse ein und blickt nach achtern. Bei **(3)** wird gehalst und bei **(4)** wieder angeluvt. In Position **(5)** werden die Segel aufgefiert. Die Steuerfrau stellt sich jetzt ins Cockpit, um eine bessere Übersicht zu haben, und steuert mit dem Pinnenausleger. Das Boot wird in Lee neben den Vorschoter dirigiert, und zwar so dicht, daß er die Bordwand erreichen und sich festhalten kann. In vielen Segelschulen wird dieses Manöver ohne Auffieren der Schoten vor der Halse gelehrt. Das geht schneller, und der Drehkreis ist kürzer, aber es beinhaltet auch die Gefahr einer Kenterung.

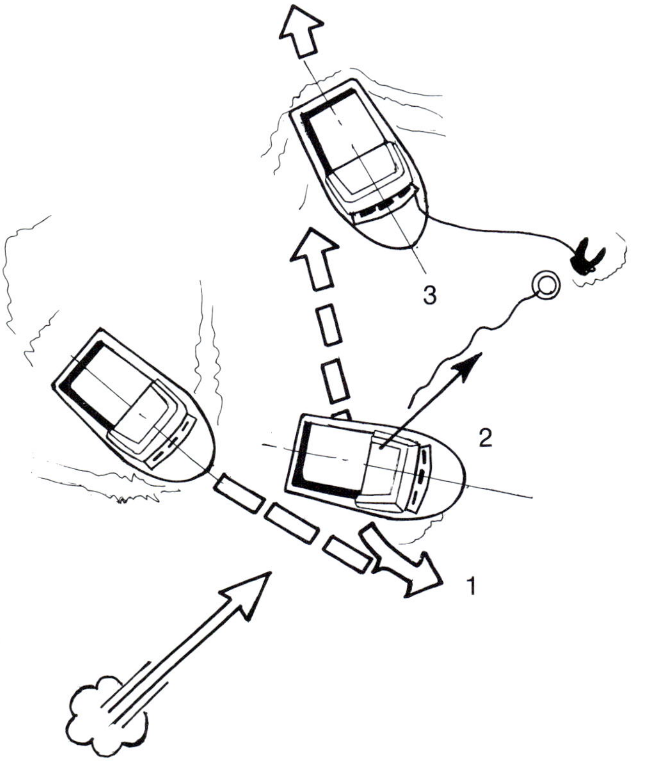

Manövrieren mit dem Motorboot

Der Anlauf in Luv empfiehlt sich bei größeren Motor- und Segelyachten, weil sich Leinen und andere Rettungsmittel leichter nach Lee werfen lassen, ein gewisser Schwellschutz durch den Bootsrumpf entsteht und die Gefahr des Wegdriftens von dem Verunglückten (speziell bei flachgehenden Motorbooten mit hohen Aufbauten) nicht gegeben ist. Allerdings muß unter allen Umständen vermieden werden, daß die Yacht über den Verunglückten driftet und dieser möglicherweise unter dem Rumpf in noch größere Gefahr gerät. Darum wird das Boot im rechten Winkel zur Windrichtung mit einigen Metern Abstand in Luv neben den Über-Bord-Gegangenen manövriert **(1)** und kurzfristig aufgestoppt. Es driftet jetzt sehr schnell auf den Mann im Wasser zu, wobei der Bug nach Lee schwenkt **(2)**. Daher muß sofort der Rettungsring hinübergeworfen werden. Sobald er ergriffen wurde, wird die Yacht mit Maschine rückwärts und entsprechender Ruderlage aus der gefährlichen Position gezogen. Erst wenn das Boot achteraus von dem Verunglückten liegt, wird dieser herangezogen **(3)**. Dabei sollte er um den Bug herum an die Luvseite und nach achtern bugsiert werden, wo der Einstieg über die Rettungsleiter erfolgt.

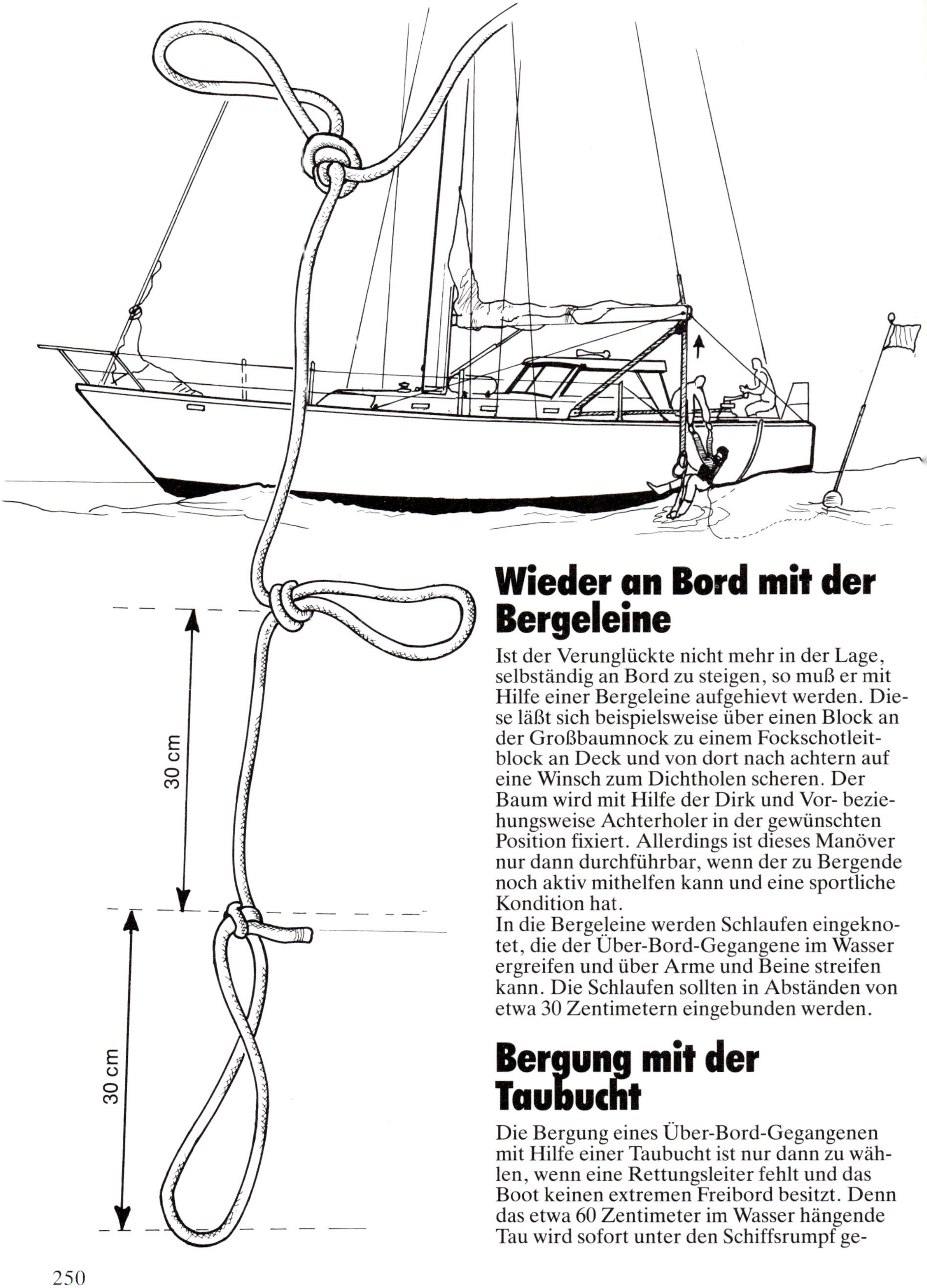

Wieder an Bord mit der Bergeleine

Ist der Verunglückte nicht mehr in der Lage, selbständig an Bord zu steigen, so muß er mit Hilfe einer Bergeleine aufgehievt werden. Diese läßt sich beispielsweise über einen Block an der Großbaumnock zu einem Fockschotleitblock an Deck und von dort nach achtern auf eine Winsch zum Dichtholen scheren. Der Baum wird mit Hilfe der Dirk und Vor- beziehungsweise Achterholer in der gewünschten Position fixiert. Allerdings ist dieses Manöver nur dann durchführbar, wenn der zu Bergende noch aktiv mithelfen kann und eine sportliche Kondition hat.
In die Bergeleine werden Schlaufen eingeknotet, die der Über-Bord-Gegangene im Wasser ergreifen und über Arme und Beine streifen kann. Die Schlaufen sollten in Abständen von etwa 30 Zentimetern eingebunden werden.

Bergung mit der Taubucht

Die Bergung eines Über-Bord-Gegangenen mit Hilfe einer Taubucht ist nur dann zu wählen, wenn eine Rettungsleiter fehlt und das Boot keinen extremen Freibord besitzt. Denn das etwa 60 Zentimeter im Wasser hängende Tau wird sofort unter den Schiffsrumpf ge-

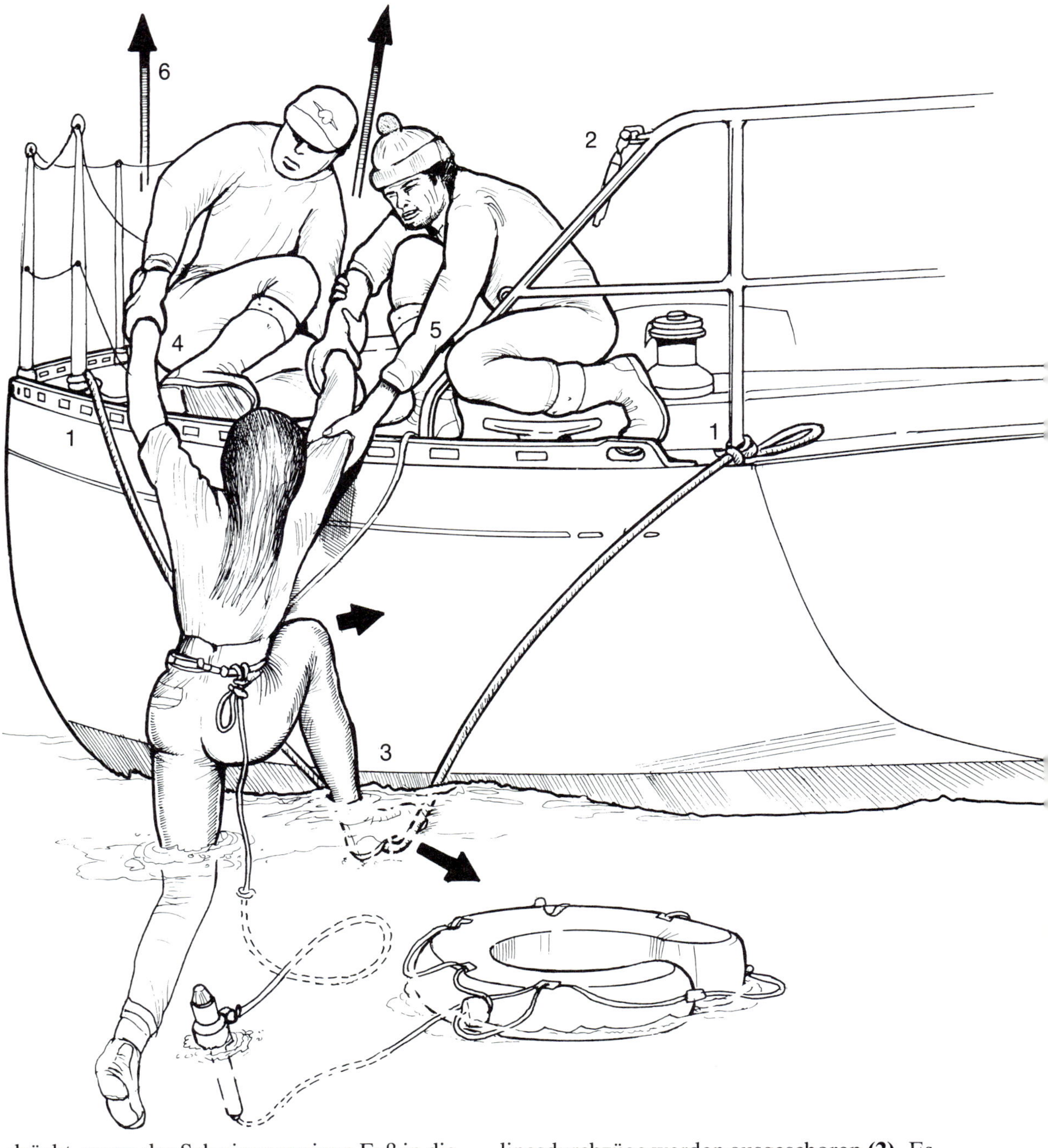

drückt, wenn der Schwimmer einen Fuß in die Bucht stemmt. Aus dieser Lage kann er sich nicht selbst befreien, es sei denn, zwei Mann ergreifen die emporgestreckten Arme und leisten aktive Bergehilfe. Ohne Fremdhilfe kommt man aus einer Taubucht nicht an Deck. Der Abstand der Befestigungspunkte, zum Beispiel zwischen Heckkorb und Relingsstütze **(1)**, darf nicht zu groß sein. Achtern ist der Freibord gewöhnlich am niedrigsten. Die Relingsdurchzüge werden ausgeschoren **(2)**. Es darf nur ein Fuß in die Taubucht **(3)** gestellt werden. Beim Hochziehen müssen Knie und Bein gegen die Bordwand gestemmt werden, während die Crew an Deck an der Fußreling Halt findet **(4)** beziehungsweise sich hinter dem Heckkorb verhakt **(5)**. Jetzt kann genügend Kraft eingesetzt werden, um den Über-Bord-Gegangenen emporzuziehen **(6)**. Auch in diesem Fall ist seine aktive Mithilfe erforderlich.

Hilfe bei Ohnmacht

Ist der Über-Bord-Gefallene bereits ohnmächtig oder haben ihn seine Kräfte weitgehend verlassen, so müssen andere Bergungsmethoden angewandt werden. Trägt er keinen Lifebelt oder eine Rettungsweste mit Bergegurt, so wird im Wasser die Bergeleine von achtern unter den Armen hindurch im Rücken verknotet. Wenn der Freibord nicht sehr niedrig ist, wird zum Anlegen der Bergeleine ein Helfer ins Wasser müssen. Natürlich muß er selbst entsprechend gut mit einem Bergegurt gesichert sein. Auch empfiehlt es sich, in der Bergeleine einen Palstek zu verwenden, damit sich die Taubucht nicht zusammenzieht.

Das Aufholen von ohnmächtigen oder bewegungsunfähigen Personen aus der Wasserlage mit Hilfe einer Fock hat sich vielfach bewährt. Der Segelkopf wird mit dem Fock- oder Großfall über eine Winsch aufgeholt. Problematisch bleibt es hier, den Ohnmächtigen unter der Reling hindurch an Deck zu rollen. Einer mehrköpfigen Crew sollte es aber gelingen, den Verunglückten unter dem Relingsdraht hindurch an Deck zu ziehen. Andernfalls müssen die Relingsdurchzüge gekappt werden.

Das schwierigste Manöver ist das Hineinbugsieren des ohnmächtigen Crewmitglieds in das Bergesegel. Ihm muß unbedingt bereits im Wasser eine Bergeleine umgebunden werden, einmal, um ein erneutes Abtreiben zu verhindern, zum anderen, um ihn in die richtige Position über dem Segel ziehen zu können, das vorher so weit wie möglich abgesenkt wurde.

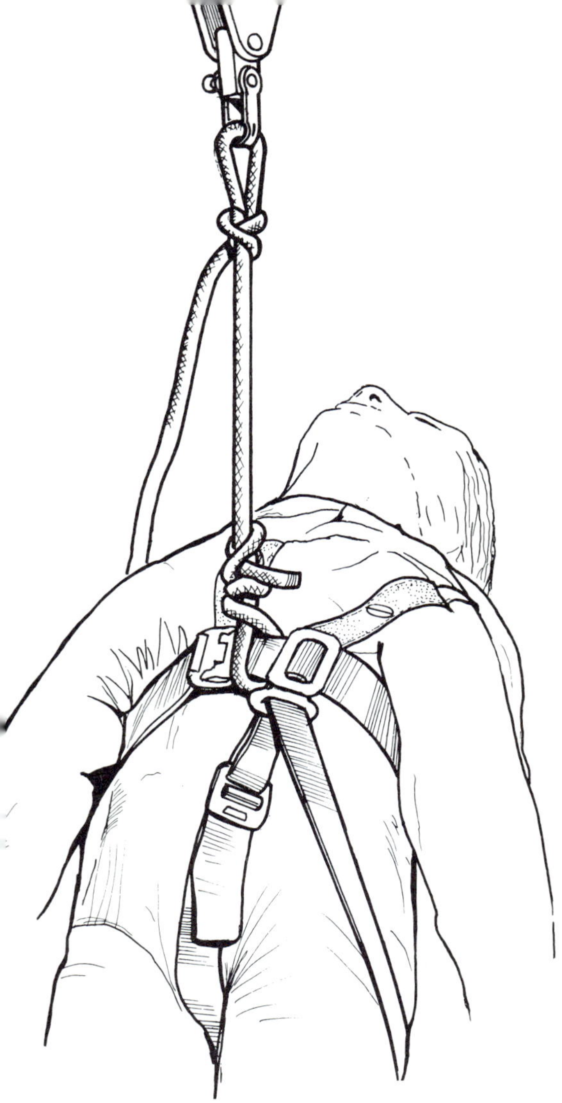

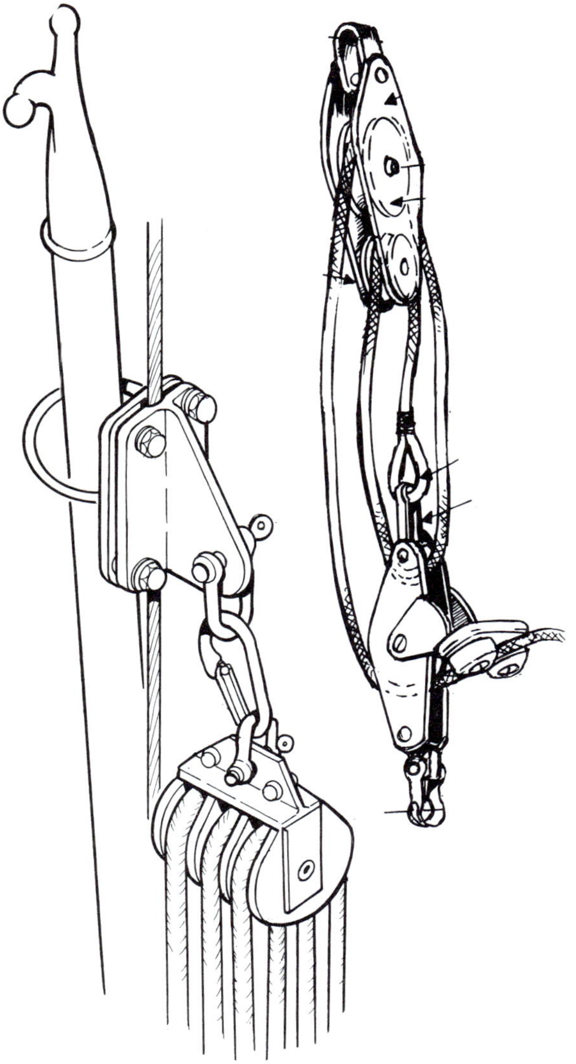

Aufwinschen mit Rettungstalje und Fall

Moderne Rettungswesten sind mit einer Lifebelt-Befestigung versehen, in die eine starke Rettungsleine eingebunden werden kann. Auf Segelyachten ist die Bergung mit Hilfe des Spinnakerbaumes und einer extra geschorenen Rettungstalje am günstigsten, weil zusätzlich ein Fall zu Hilfe genommen werden kann. Dies bedingt aber zwei bis drei Mann an Deck. Auch der Großbaum mit der Großschot vermag einen schwergewichtigen Verunglückten in vollgesogener Kleidung aus dem Wasser zu heben, wenn die Großschot über eine Winsch dichtgeholt wird.

Zum Anschlagen einer Rettungstalje hat sich ein spezieller Beschlag bewährt, der mit Hilfe von vier Bolzen am Oberwant etwa zwei Meter über Deck angeklemmt wird. Das Auge für die Rettungstalje zeigt außenbords, während innen am Beschlag ein Ring angeschweißt ist, durch den der Bootshaken gesteckt werden kann. Diese Befestigung der Talje ermöglicht einen günstigen Zugwinkel, so daß der Über-Bord-Gegangene frei neben der Bordwand aufgehievt werden kann. Allerdings eignet sich der Beschlag nur für größere Yachten mit starken Wanten-Querschnitten.

Die Rettungstalje sollte wenigstens zweifach, besser aber vierfach geschoren sein, damit unter Umständen auf den Einsatz einer Winsch verzichtet werden kann. Dazu ist es aber notwendig, daß einer der Blöcke mit einer Curry-Klemme ausgerüstet ist, in die der Tampen sofort eingelegt werden kann, wenn die Zugkraft erlahmt. Falls die Taljenlänge nicht ausreicht, wird sie über einen Stropp mit dem Lifebelt des Verunglückten verbunden.

1
2
3
4
5

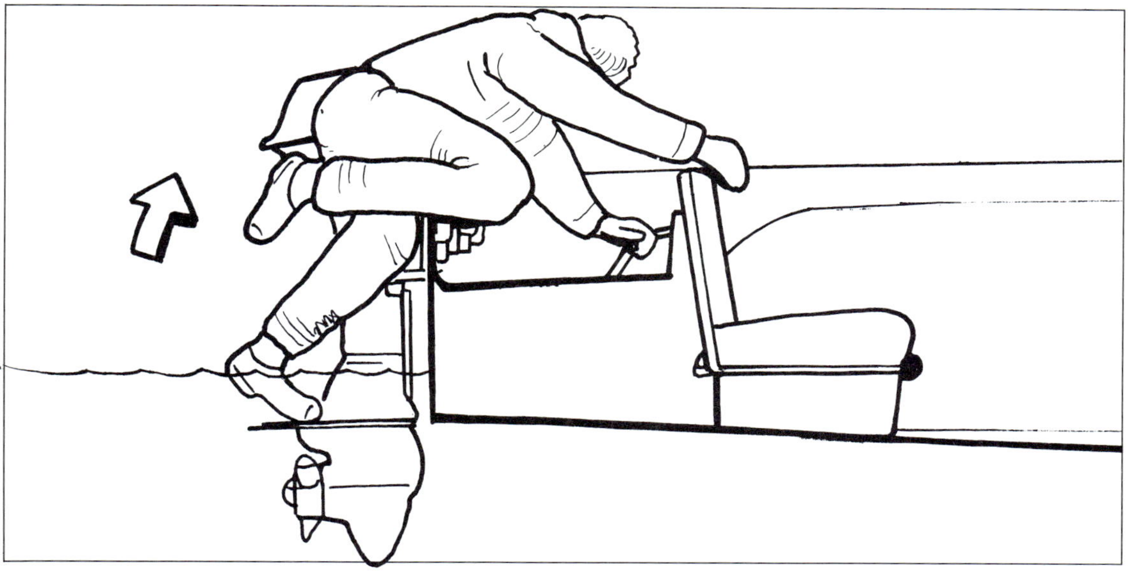

Bei kleinen Motorbooten über die Motorwanne

Kleine Motorboote mit Außenborder haben häufig eine Motorwanne im Heck, über die man ins Boot gelangen kann. Allerdings sollte man sich nicht täuschen: Die voll Wasser gesogene Kleidung ist so schwer, daß es meistens nicht gelingt, den Körper über den relativ niedrigen Rand der Motorwanne zu hieven. Der Über-Bord-Gegangene muß daher die Kavitationsplatte des Außenborders oder den Propelleransatz als Tritt benutzen.

Wieder an Bord bei Jollen

Auf Zweimann-Jollen kann der im Boot verbliebene Segler gute Hilfe leisten. Wichtig sind die Handgriffe: **(1)** So nicht, der Griff **(2)** hingegen ist richtig. Der Schwimmer unterstützt durch Kraul-Bewegungen der Beine die Bemühungen **(3)**, während die Seglerin im Boot auf der entgegengesetzten Seite für den notwendigen Trimmausgleich sorgt und sich hinter dem Schwertkasten abstützt **(4)**, der auch als Griff für den Vorschoter dient **(5)**. Die Jolle driftet dabei mit losen Schoten am Wind.

Bei leichten Booten und Einmann-Jollen ist der Einstieg über das Heck günstiger, da hierbei eine Kenterung vermieden wird. Bei älteren Jollentypen, wie beispielsweise Pirat oder Zugvogel, bietet zudem das Achterdeck dem Körper eine bessere Auflagefläche, und die Hände können bereits weit innenbords das Süll als Griffleiste umfassen.

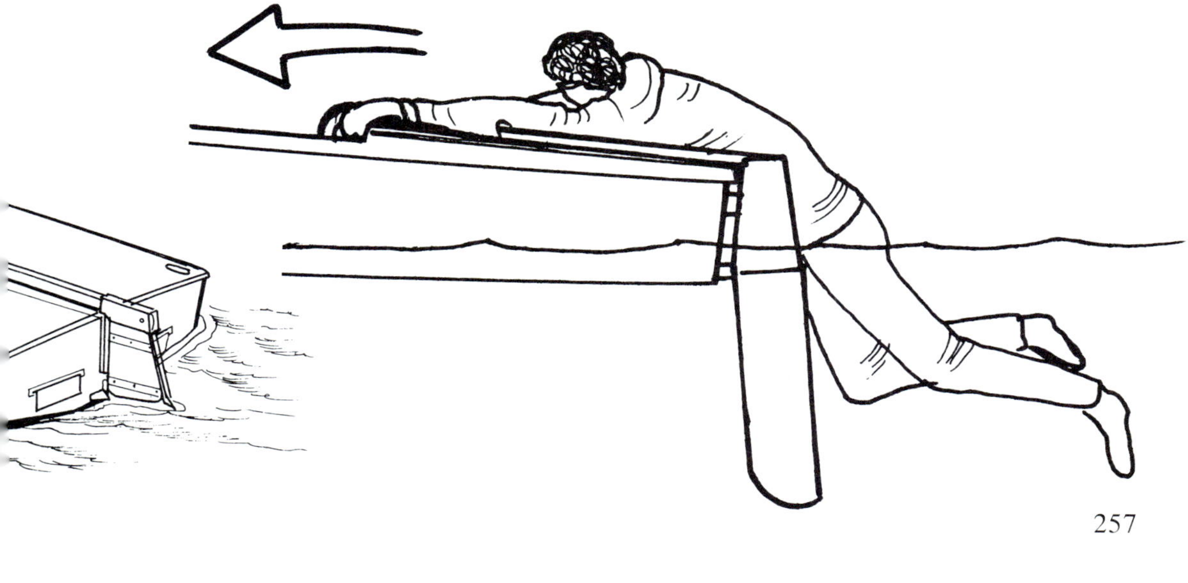

Sicherheits-ausrüstung für Blauwassertörns

Für Seetörns über längere Distanzen muß die Yacht mit allen Sicherheitseinrichtungen ausgerüstet werden, die erforderlich sind, falls ein Sturm, eine Havarie, ein Seenotfall oder eine Mann-über-Bord-Situation eintritt. Der Schiffsführer ist dafür verantwortlich, daß die hier beschriebene Sicherheitsausrüstung für jedes Crewmitglied an Bord vorhanden ist. Er kann sich nicht darauf verlassen, daß gelegentliche Mitsegler ihre eigenen Schwimmwesten, Lifebelts etc. mitbringen. Das Boot muß mit einer Sicherheitsausrüstung ausgerüstet sein, die der maximal zu erwartenden Crewstärke entspricht. Auch die Größe der Rettungsinsel

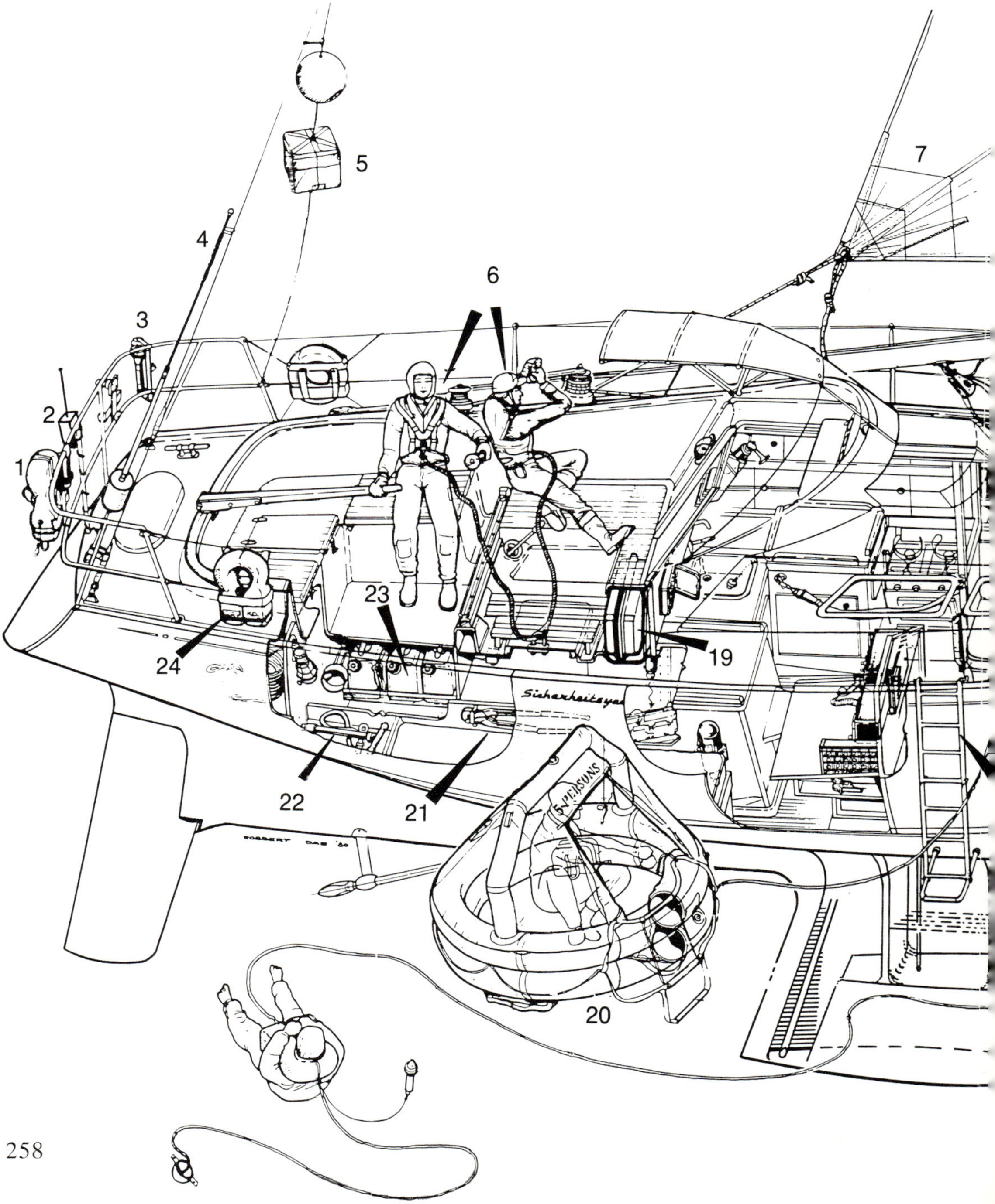

ist von dieser Maximalcrew abhängig. Eine Vier-Mann-Insel kann sechs Personen zwar kurzfristig aufnehmen; die Überlebenschancen jedes einzelnen sind aber gering, wenn eine längere Zeit bis zur Auffindung vergeht. Die Regel lautet daher: Feste Kojen an Bord = maximale Crew = erforderliche Sicherheitsausrüstung.

1 Feststoff-Rettungskragen in Gurten oder Metallkorb gehaltert, zum sofortigen Über-Bord-Werfen, verbunden mit einer Blitzlampe. Hier als Sonderausführung mit Katapult-Schleuder und Sicherheitsleine (siehe Seite 262).

2 Notantenne am Heckkorb für UKW-Funktelefon.

3 Schwimmfähige Blitzlampe, um einen über Bord Gefallenen wiederfinden zu können.

4 Markierungsboje für Mann-über-Bord mit roter Fahne und Lampe, die automatisch bei Wasserberührung aufleuchtet.

5 Internationales Seenotsignal, falls die Flag-

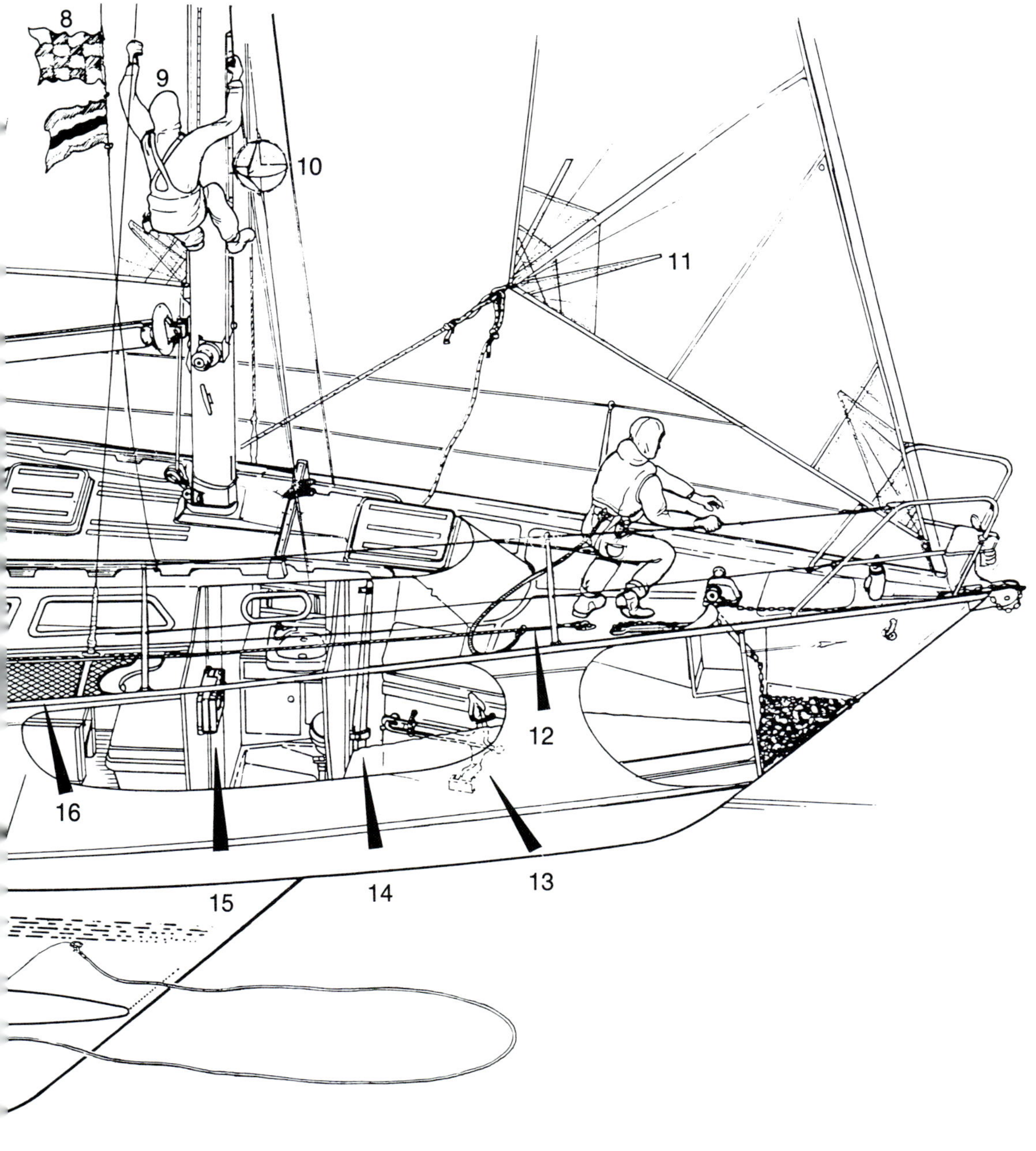

gen NC nicht an Bord sind: ein Ball mit einem Rechteck darunter oder darüber. Es genügt auch ein Ankerball mit einem Kissenfender.
6 Selbstaufblasende Automatik-Rettungswesten und zusätzliche Sicherheitsgurte, die über Lifebelts mit stabilen Beschlägen am Cockpitboden verbunden sind, für jedes Crewmitglied.
7 Trysegel für längere Stürme auf offenen Seeräumen.
8 Internationales Notsignal mit den Flaggen NC. Es zeigt, daß ein Seenotfall vorliegt und sofortige Hilfe notwendig ist.
9 Sicherheits-Bootsmannsstuhl, eine sogenannte Bootsmannshose, mit festem Boden sowie Arm- und Beinschlaufen, aus der das Crewmitglied auch bei Ohnmacht nicht herausfallen kann.
10 Vorheißbarer Radarreflektor mit Prüfattest, falls kein fester Reflektor im Masttopp gefahren werden kann.
11 Sturmfock mit hochgeschnittenem Unterliek, damit ein besonders flacher Trimm möglich ist und überkommende Seen keinen Schaden anrichten können.
12 Strecktaue aus Stahldraht, die bei Schlechtwetter in feste Augen im Deck eingeschäkelt werden. Hier kann sich die Crew mit dem Lifebelt einpicken und sicher das Vorschiff erreichen.
13 Reserveanker (Stockanker), unter Deck leicht zugänglich in Wandhalterung.

Rettungswesten zum ständigen Tragen

Feststoff-Rettungswesten, die, im Gegensatz zu den im Cockpit gehalterten Rettungskragen, irgendwo unter Deck verstaut sind, sollten von Bord verschwinden. Sie werden meistens gar nicht oder erst dann angelegt, wenn es zu spät ist. Nur Luft-Rettungswesten, die zusammengefaltet und in einer Hülle verpackt flach und flexibel sind, lassen sich ständig über dem Ölzeug tragen.

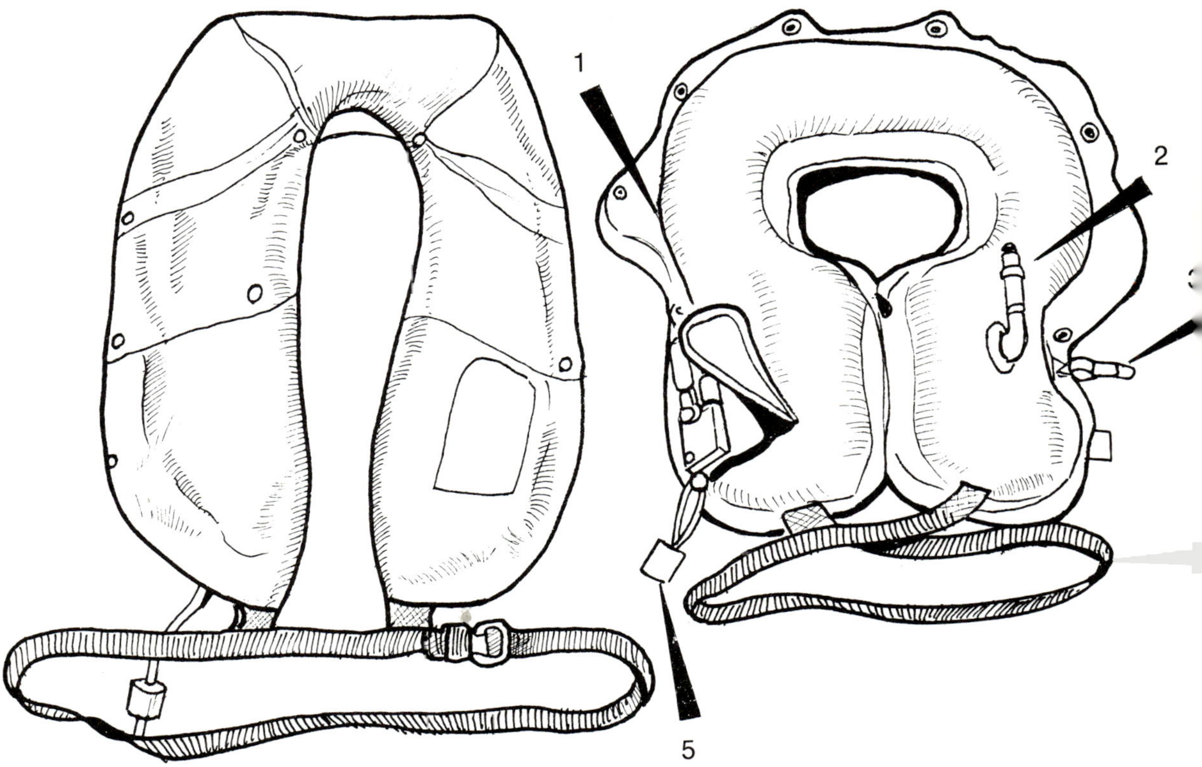

14 Notpinne, schnell erreichbar untergebracht.
15 Bordapotheke mit umfangreicher Spezialausrüstung, leicht zugänglich in Wandhalterung.
16 Rutschfester Belag an Deck.
17 Schwimmfähiger Seenotsender, der auf UKW ein Seenotsignal absetzt.
18 Rettungsleiter, die auf größeren Yachten seitlich an die Bordwand gehängt werden sollte, da das Heck in schwerem Seegang stark stampft und das Crewmitglied im Wasser unter den Spiegel geraten kann.
19 Rettungsinsel, so untergebracht, daß die Plicht nicht verlassen werden muß. Noch besser: Halterung außenbords am Heckkorb.
20 Rettungsinsel, ausreichend für die Maximalcrew, mit Doppelboden (Kälteschutz) sowie Mehrfachluftkammern.
21 Bolzenschneider, dessen Schnittleistung so bemessen sein muß, daß sich auch die stärksten Drähte des Riggs kappen lassen.
22 Reserve-Handpumpe mit großer Förderleistung.
23 Schwimmfähige Reserve-Wassertanks sowie Behälter mit Notproviant und Ausrüstung für längeren Aufenthalt in der Insel.
24 Weitere Feststoff-Rettungskragen, in Griffnähe der Crew gehaltert. Es sollten mindestens zwei dieser Auftriebskörper an Bord sein.

Ganz sicher fährt man mit Westen, die von der Seeberufsgenossenschaft zugelassen und ohnmachtsicher sind, das heißt, sie drehen den Träger auch bei Bewegungsunfähigkeit automatisch in die sichere Rückenlage. Damit sich die Weste auch selbständig aufbläst, ist sie mit einer Automatik ausgerüstet, die bei Berührung mit dem Wasser die Sauerstoffpatrone öffnet **(1)**. Außerdem kann die Weste mit einem Mundventil aufgeblasen werden **(2)**. Mit einer angebundenen Trillerpfeife kann man sich nachts bemerkbar machen **(3)**. Ein Rükken-Bauchgurt verhindert, daß die Rettungsweste sich vom Körper abhebt **(4)**. Mit der Handauslösung kann die Sauerstoffpatrone auch manuell aktiviert werden **(5)**.

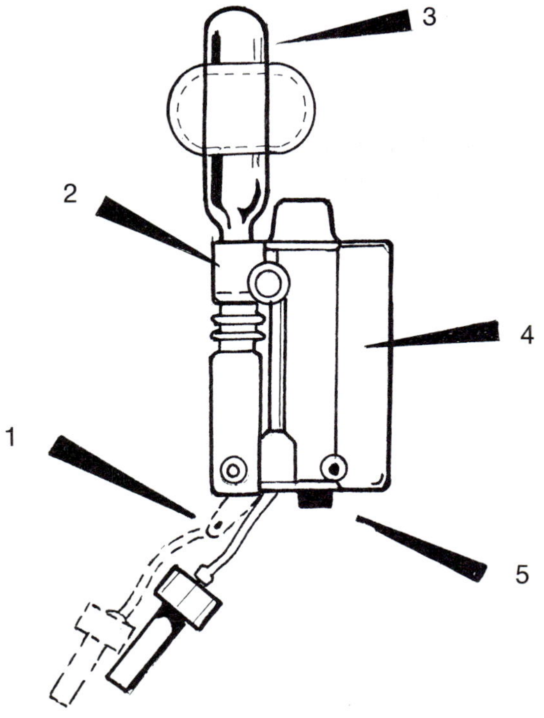

Es gibt je nach Hersteller und Westenfabrikat unterschiedliche Aufblasautomatiken. Alle haben jedoch das gleiche Auslöseprinzip: Ein Bolzen wird, sobald er entriegelt ist, von einer gespannten Feder in den Hals der Sauerstoffpatrone getrieben. Die Entriegelung erfolgt automatisch durch eine oder mehrere Tabletten, die sich unter Wassereinfluß in einer genau vorgegebenen Zeitspanne auflösen. Manuell kann man den Bolzen über einen Handauslösehebel freigeben. Die Tabletten müssen nach jeder Auslösung oder einmal im Jahr erneuert werden.
1 Reißleine mit Handauslösehebel, der nach der Auslösung im Gehäuse verschwindet.
2 Schraubgewinde für Sauerstoffpatronen.
3 Patrone.
4 Automatikgehäuse mit Tablettenreservoir.
5 Roter Kontrollknopf für Federbolzen, an dem ersichtlich ist, ob die Automatik gespannt oder ausgelöst ist. Leider haben sich die Hersteller nicht darauf einigen können, daß bei jedem Fabrikat die gleiche Knopfstellung (drinnen oder draußen) den jeweiligen Zustand der Automatik signalisiert. Darum: nach dem Kauf und vor jeder Wartung genau die Bedienungsanleitung studieren.

Feststoff-Rettungskragen und Sicherheitsleinen

Die modernen Rettungskragen haben die Rettungsringe abgelöst. Sie lassen sich zwar nicht so gut und so weit werfen wie Ringe, bieten dem über Bord Gegangenen aber erheblich mehr Sicherheit, da sie im Wasser wie eine Rettungsweste angelegt und mit Gurten um den Körper gesichert werden können.
Eine Weiterentwicklung ist der Katapult-Rettungskragen, der durch eine Federvorrichtung von seiner Halterung ins Wasser geschleudert wird. Dazu muß vom Cockpit aus eine Entriegelungsleine gezogen werden. Gleichzeitig spult sich eine mit dem Rettungskragen verbundene Leine ab, so daß der Mann im Wasser wieder ans Boot herangezogen werden kann, sobald er den Kragen erreicht hat. Die Verschlußkappe der Automatik dient gleichzeitig als Treibanker, der den Rettungskragen auf Position hält.

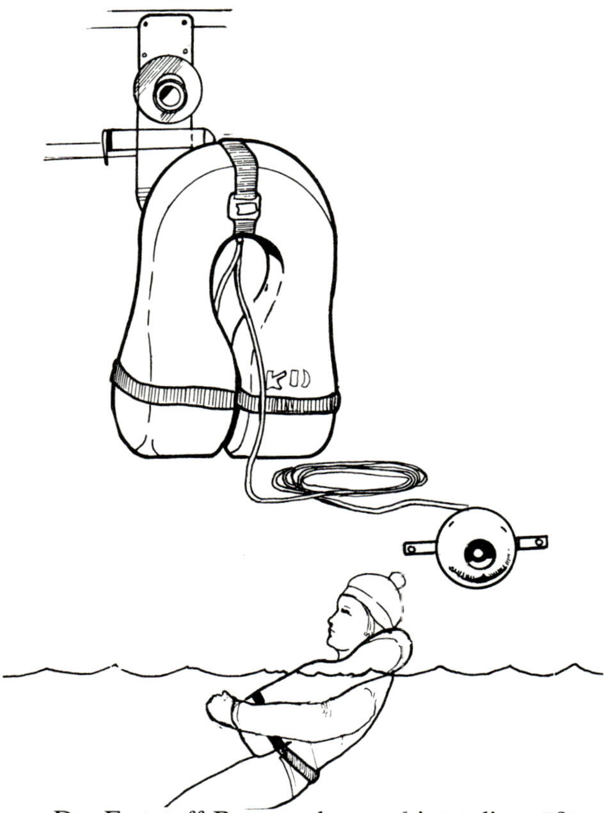

Der Feststoff-Rettungskragen bietet die größtmögliche Sicherheit, weil er sehr viel Auftrieb besitzt und auch eine schwere Person in die ohnmachtsichere Rückenlage dreht. Nachteil: Mit dem Feststoff-Rettungskragen kann man sich nicht schwimmend fortbewegen.

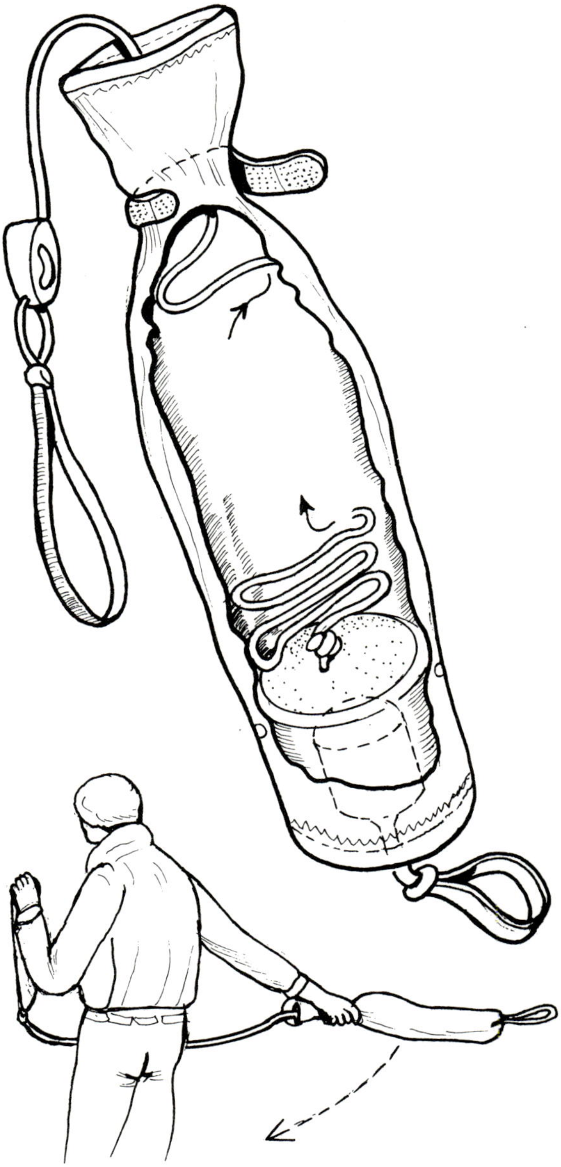

Es ist unzweckmäßig, Feststoff-Rettungskragen mit einer lose aufgeschossenen Leine zu verbinden. Sie wird sich vertörnen, sobald der Kragen über Bord geworfen wird, so daß die vermeintliche zusätzliche Sicherheit eher zum Nachteil gerät.
Statt dessen sollte am Heckkorb ein beschwerter Weitwurfbeutel angehängt werden, in dem eine dünne Leine mit hoher Bruchfestigkeit so aufgeschossen ist, daß sie beim Werfen des Beutels gleichmäßig ausläuft. Ein Schwimmkörper sorgt für Auftrieb, so daß der Tampen der Leine im Wasser leicht ergriffen werden kann. Der Zubehörhandel bietet entsprechende Fabrikate an.

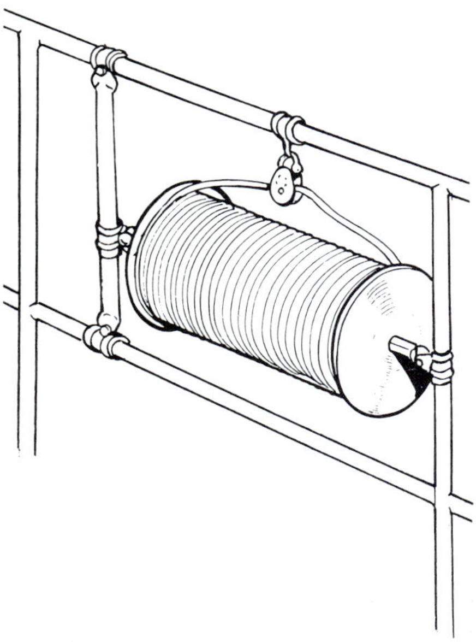

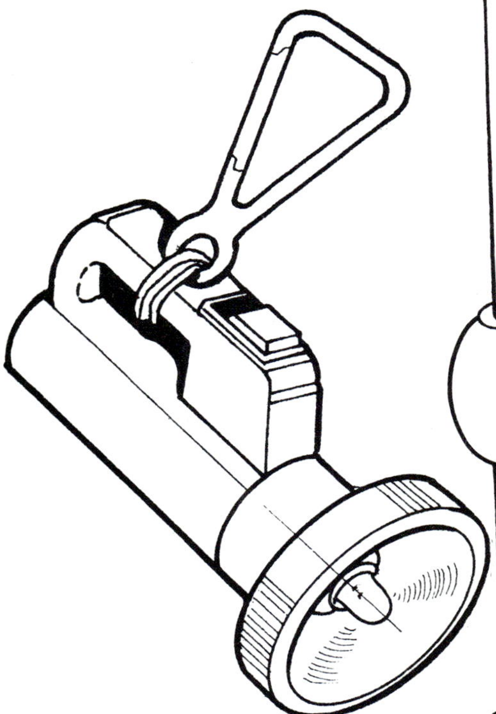

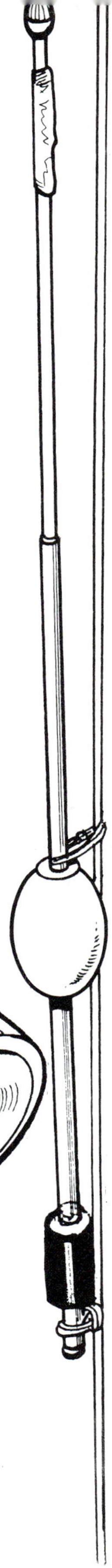

Ebenfalls im Handel erhältlich ist eine aus Stahl gefertigte Seiltrommel, die am Heckkorb angeschraubt wird und 100 Meter Leine aufnehmen kann. Die Leine wird mit dem Rettungskragen verbunden und läuft selbständig ab, wenn der Kragen über Bord geworfen wird. Der Klettenverschluß einer Schutzpersenning, die die Leine am ungewollten Auslaufen hindert, reißt dann automatisch auf.
Aufgrund der Länge der nachgeschleppten Leine ist es möglich, den über Bord Gegangenen mit dem Boot einzukreisen, falls ein direktes Anlaufen nicht möglich oder zu unsicher ist. So kann die Leine an einer beliebigen Stelle ergriffen werden.

Notlicht an Bord

An Bord sollten wenigstens zwei wasserdichte Stablampen von überdurchschnittlicher Lichtstärke vorhanden sein. Eine Lampe wird man zweckmäßig mit einem angebundenen Karabinerhaken am Heckkorb oder in der Nähe des Cockpits aufhängen. Hier ist sie stets griffbereit. Auch kann sie nachts am Lifebelt eingehakt werden, so daß sie gleich zur Hand ist.

Markierung der Unglücksstelle

Ist es nicht gelungen, den über Bord Gegangenen mit dem Feststoff-Rettungskragen beziehungsweise mit einer Leine zu erreichen, so muß am Tage sofort eine Markierungsboje nachgeworfen werden (nachts eine Blitzlampe)! Sie ist so konstruiert, daß ein Kontergewicht am unteren Stockende die Boje stets in einer aufrechten Schwimmlage hält. Ein Schwimmkörper im unteren Drittel sorgt für den notwendigen Auftrieb. Mit Hilfe einer roten Fahne, die sich selbständig entrollt, kann man die Boje auch über längere Distanzen ausmachen. Ein weißes Licht, das durch Seewasser aktiviert wird, sichert auch dann noch das Wiederauffinden, wenn sich die Bergung bis in die Dunkelheit erstrecken sollte.

Vorbeugen gegen einen Mann-über-Bord-Unfall

Jeder verantwortungsbewußte Schiffsführer wird bestrebt sein, daß es gar nicht erst zu einem Mann-über-Bord-Unfall kommt. Sicherheitsgurte und Lifebelts sind die beste Lebensversicherung.
Es gibt Gurtsysteme, die in die Öljacke oder den Overall integriert sind. Billiger – und meistens sicherer – sind hingegen Gurte, die über dem Ölzeug angelegt werden. Beim Kauf sollte man darauf achten, daß die Gurtbänder möglichst breit sind, damit sie eine gute Auflagefläche bieten und nicht so leicht vertörnen. Schlösser beziehungsweise Haken sollten unkompliziert vor der Brust zu schließen und großformatig dimensioniert sein. Gut bewährt haben sich Gurte, die mit einem festen Rückenteil kombiniert sind. Sie sitzen sicher, und bei einem eventuellen Fall über Bord werden die auftretenden Kräfte großflächig verteilt. Ein sogenannter Schrittgurt ist nicht empfehlenswert, da er Verletzungen verursachen kann. Vorzuziehen sind separate Beinschlaufen, die den Gurt zum Gesäß hin in der richtigen Position halten.
Der Lifebelt sollte eine kurze und eine lange Part haben, so daß man sich nach Bedarf kurz oder lang einpicken kann. Beim Gang aufs Vorschiff kann ein Karabinerhaken so lange angeschlagen bleiben, bis der zweite eingepickt ist.

Am sichersten ist es, wenn auf dem Cockpitboden ein solides Stahlauge festgebolzt ist, in das man den Karabinerhaken einpicken kann. Die Gefahr, aus dem Cockpit geschleudert zu werden, ist damit gebannt. Auf keinen Fall darf der Relingsdurchzug zur Sicherung des Lifebelts verwendet werden. Der dünne Stahldraht hält unter Umständen den Belastungen, die entstehen, wenn ein Mann ruckartig außenbords fällt, nicht stand.

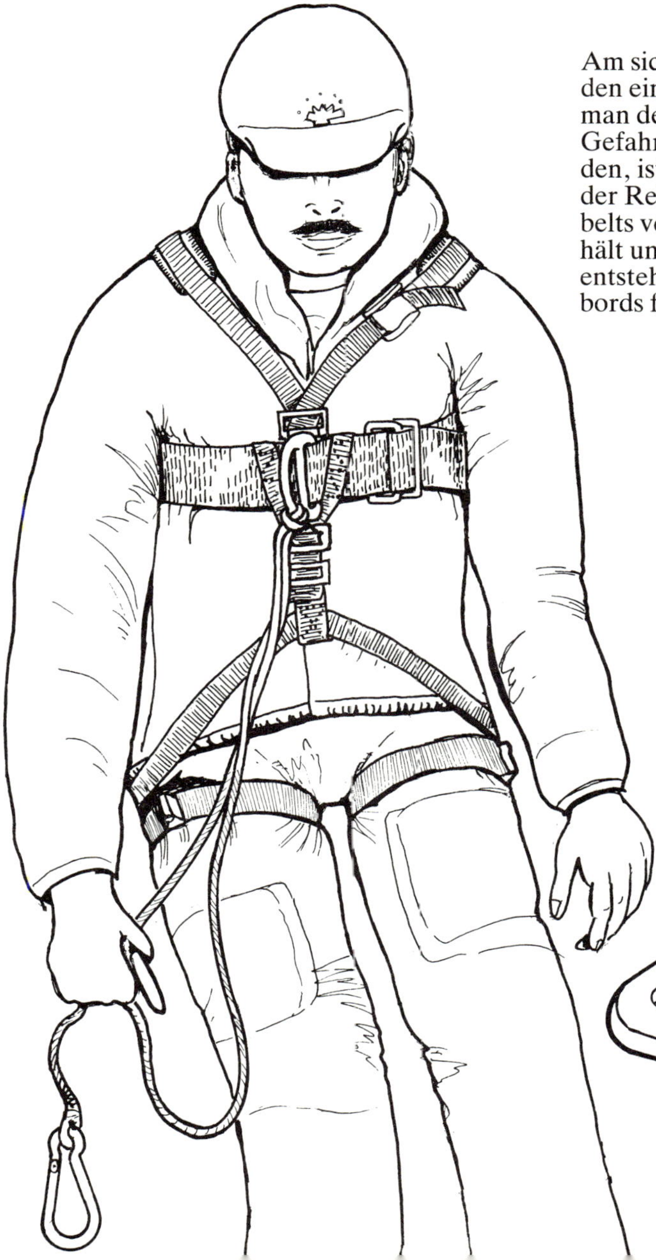

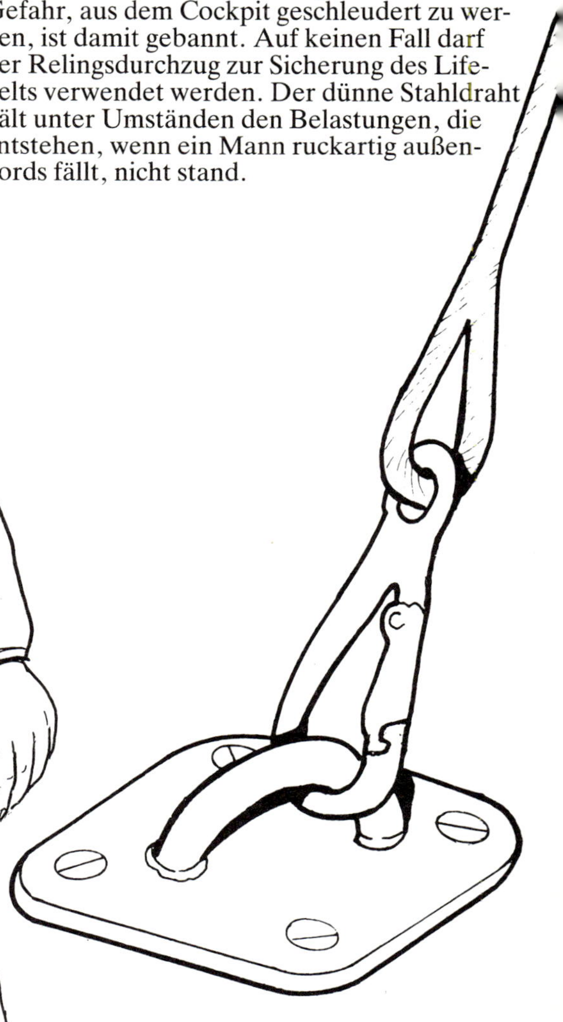

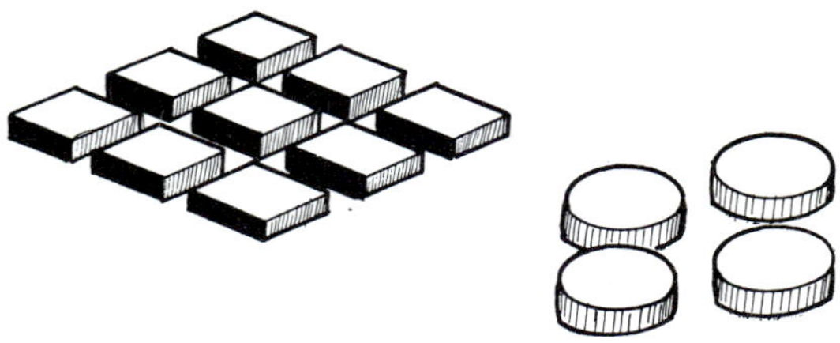

Bewährt haben sich spezielle Decksbeläge aus gummiertem Kork, die rutschsicherer als jedes andere Material sind. Die Laufflächen des Decks und Teilbereiche des Kajütdachs sollten damit beklebt werden, sofern die Yacht kein Teakdeck hat. Es gibt unterschiedliche Fabrikate mit Noppen- oder Rhombenmustern, die aber in der Wirkungsweise gleich sind.

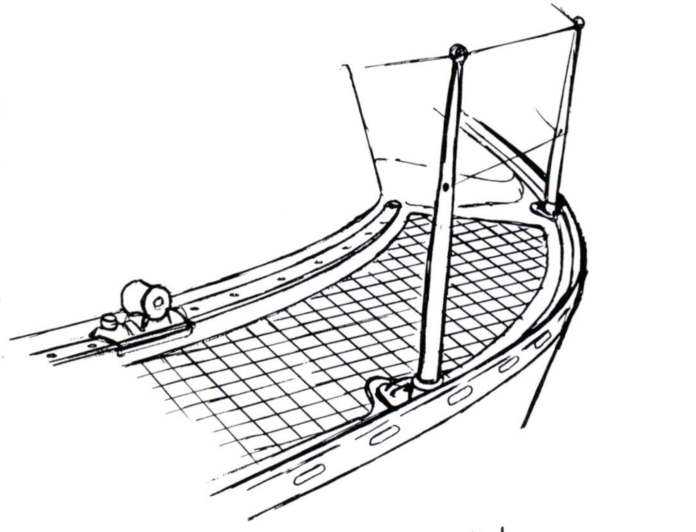

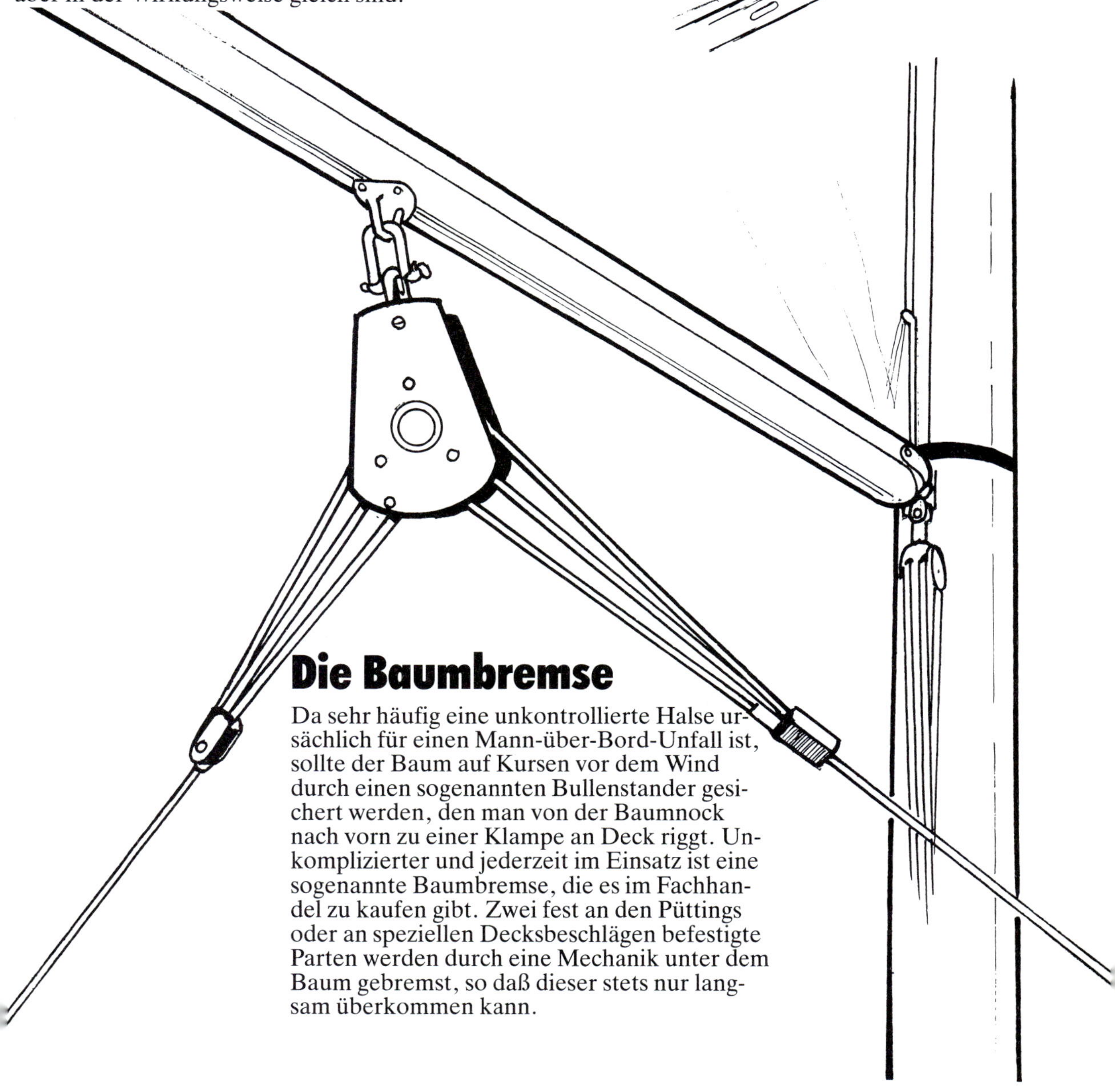

Die Baumbremse

Da sehr häufig eine unkontrollierte Halse ursächlich für einen Mann-über-Bord-Unfall ist, sollte der Baum auf Kursen vor dem Wind durch einen sogenannten Bullenstander gesichert werden, den man von der Baumnock nach vorn zu einer Klampe an Deck riggt. Unkomplizierter und jederzeit im Einsatz ist eine sogenannte Baumbremse, die es im Fachhandel zu kaufen gibt. Zwei fest an den Püttings oder an speziellen Decksbeschlägen befestigte Parten werden durch eine Mechanik unter dem Baum gebremst, so daß dieser stets nur langsam überkommen kann.

Hilfe durch Funk

Ein UKW-Funktelefon ist heute auch an Bord kleinerer Yachten kein Luxus mehr. Mit einem solchen Gerät kann man im gesamten Küstenbereich der Anrainerländer von Nord- und Ostsee sowie des Mittelmeeres Hilfe herbeirufen. Dafür ist der Kanal 16 international reserviert. Er kann mit einem rot gekennzeichneten Knopf sofort eingeschaltet werden.
Am Heckkorb sollte außerdem eine UKW-Notantenne angebracht sein, damit auch dann gesendet werden kann, wenn der Mast über Bord gegangen ist (rechts).

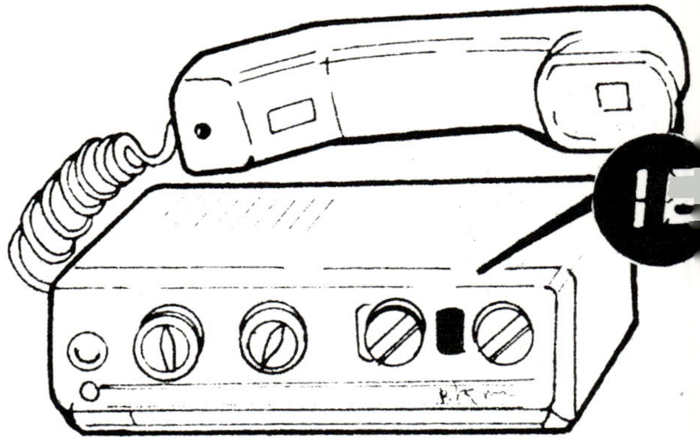

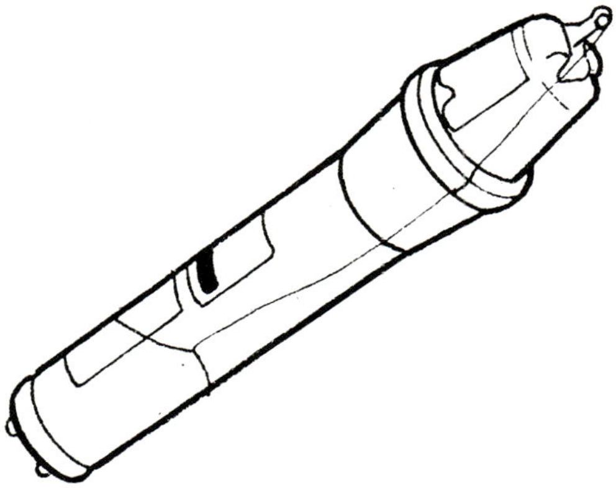

Eine UKW-Seenotfunkboje läßt sich in die Rettungsinsel mitnehmen oder kann einem über Bord Gegangenen in Verbindung mit dem Feststoff-Rettungskragen nachgeworfen werden. Das Gerät setzt auf zwei Frequenzen ein Seenotsignal ab, und zwar auf der Frequenz von 121,5 MHz, die von der zivilen Luftfahrt gehört wird, sowie auf 243 MHz der militärischen Luftüberwachung. In erster Linie aber dient die Funkboje dazu, nach dem Absetzen eines Notrufes über das UKW-Telefon die Unglücksstelle einzupeilen, so daß Rettungskreuzer oder SAR-Hubschrauber schnell zur Stelle sein können (links).

Eine Funkboje, die auf der Grenzwelle (Bereich zwischen Mittel- und Kurzwelle) sendet, hat eine größere Reichweite als eine UKW-Boje (zirka 150 Seemeilen). Mit ihrer Hilfe können Notrufe auf der internationalen Seenotfrequenz 2182 kHz abgesetzt und Antworten empfangen werden. Verschiedene Hersteller bieten wasserdichte Fabrikate an, die für Yachten geeignet sind (rechts).

Radarreflektoren

Jede Yacht, die sich auf einem Gewässer mit Berufsschiffahrt befindet, sollte mit einem Radarreflektor ausgestattet sein. Tests haben ergeben, daß nur Reflektoren mit einer großen Kantenlänge brauchbare Echos abgeben. Mindestens 30 Zentimeter fordert das Deutsche Hydrographische Institut für Reflektoren, die auf Berufsschiffen eingesetzt werden sollen, doch haben auch spezielle Yachtreflektoren mit kleineren Abmessungen ein Prüfattest des DHI erhalten. Darauf sollte man beim Kauf achten.

1: Ist es auf kleineren Yachten nicht möglich, den Reflektor fest auf dem Mast anzubringen, so muß er bei schlechter Sicht oder nachts vorgeheißt werden. Um Pendelbewegungen möglichst auszuschließen, sollte eine Führung seitlich am Want vorhanden sein. Der Fachhandel bietet entsprechende Modelle an.

2: Besonders leicht ist dieser Masttopp-Reflektor. Er besteht aus nur zwei Tripel-Spiegeln, die nach vorn und achtern reflektieren. Eine seitliche Reflektion ist auf Yachten mit Aluminium-Masten nicht unbedingt erforderlich, da diese selbst ein gutes Echo geben. Ferner reflektieren nasse oder feuchte Segel die Radarsignale sehr stark.

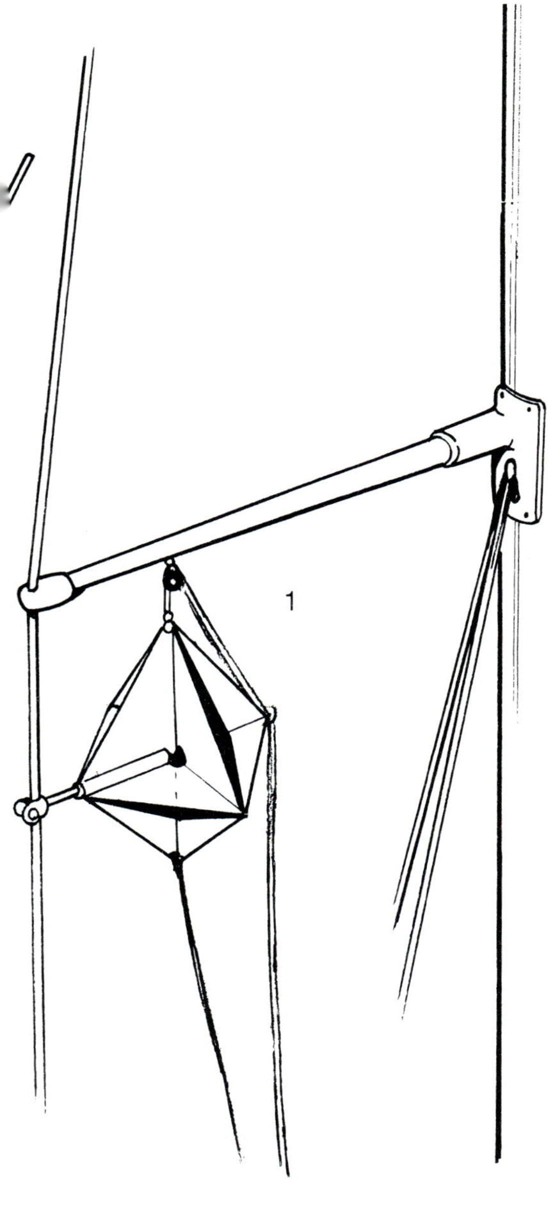

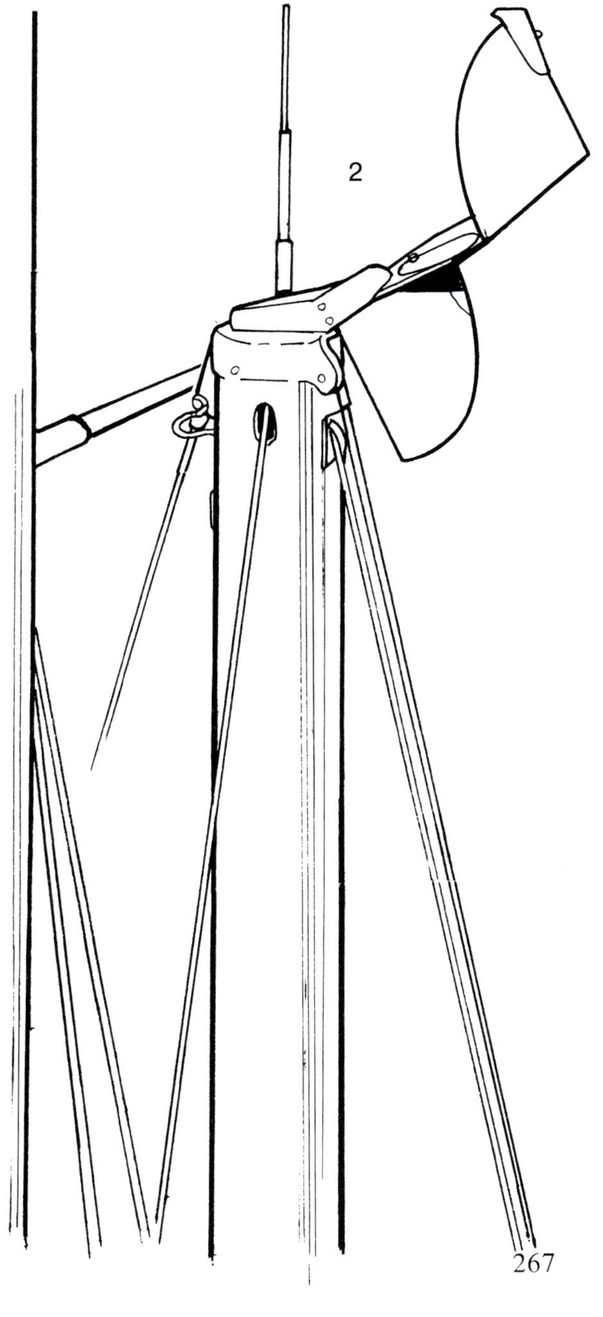

Die Rettungsinsel

Droht die Yacht aufgrund von Kollisionsschäden, Sturm oder Feuer zu sinken, so ist die Rettungsinsel auf hoher See das letzte und sicherste Rettungsmittel. Doch die beste Insel nützt nichts, wenn sie nicht rechtzeitig zu Wasser gebracht werden kann. Entscheidend ist der Platz, an dem die Insel an Bord untergebracht ist.

Auf Motoryachten bieten sich fünf Positionen an:
1: In der Plicht am Ruderhaus oder auf dem Cockpitfußboden.
Diese Unterbringung ist nicht empfehlenswert, da die schwere Insel ein beträchtliches Stück hochgehievt werden muß, bevor sie über Bord geworfen werden kann.
2: Auf dem Dach des Ruderhauses.
Auch diese Position ist wenig empfehlenswert, da es bei starkem Seegang und entsprechendem Rollen des Bootes kaum möglich sein wird, die Halterung freihändig zu lösen. Hier ist die Gefahr gegeben, daß das Crewmitglied eher über Bord geht als die Insel.
3: Auf dem Kajütdach.
Sicherer ist diese Unterbringung, doch kann es bei Seegang auch hier schwierig sein, die Insel zu erreichen.
4: Auf dem Achterdeck beziehungsweise auf der Achterkajüte.
Dies ist der beste Platz, um die Insel unter allen Bedingungen sicher und schnell zu Wasser zu bringen.
5: Auf der Heckplattform.
Diese Möglichkeit ist ebenfalls in Betracht zu ziehen, jedoch wird hier die Insel durch ständiges Spritzwasser beim Fahrbetrieb stark in Mitleidenschaft gezogen.

Auf Segelyachten sind ebenfalls fünf Unterbringungsmöglichkeiten denkbar:
1: In der Plicht vor dem Brückendeck oder in einem speziellen Compartment unter der achteren Querducht.
Hier bestehen prinzipiell die gleichen Bedenken wie bei einer Motoryacht.
2: Auf dem Kajütdach.
Dies ist die am häufigsten gewählte Position auf Segelyachten. Nachteile: Die Sicht voraus wird eingeengt, und bis zur Seereling muß die Insel über eine gewisse Distanz getragen werden.
3: Vor dem Mast.
Hier gibt es die gleichen Probleme wie auf dem Kajütdach. Außerdem ist die Entfernung zwischen Plicht und Insel bei Sturm oder Kajütbrand schwer zu überbrücken. Nicht empfehlenswert.
4: In einer Spezialhalterung außen am Heckkorb.
Dies ist die beste Unterbringung an Bord.
5: In einer speziellen Ausformung im Spiegel.
Auch diese Position ist empfehlenswert, sofern die Insel vom Cockpit aus zu erreichen ist.

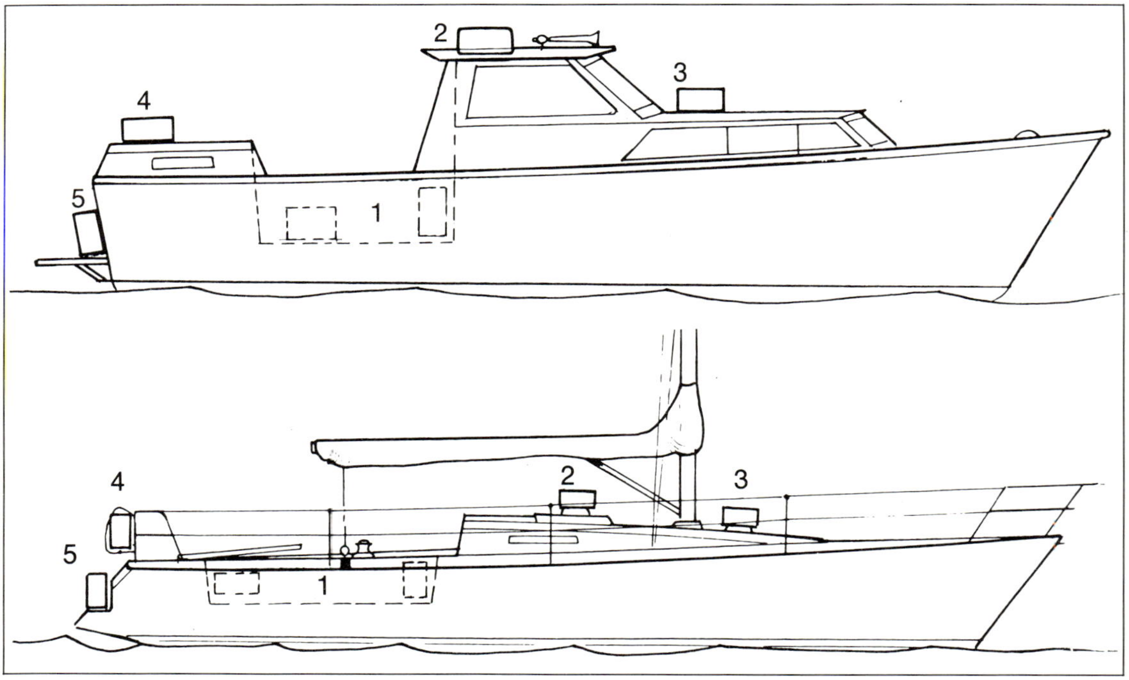

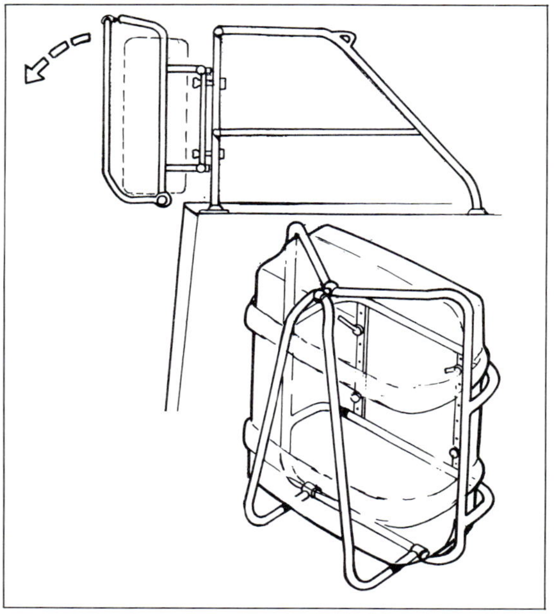

Der Zubehörhandel bietet verschiedene Rettungsinsel-Halterungen für den Heckkorb an. Die Insel fällt nach dem Öffnen des Bügelverschlusses selbständig ins Wasser. Wichtig ist es, daß dieser von der Plicht aus einfach zu erreichen ist und sich leicht öffnen läßt. Einige dieser Halterungen haben eine Diebstahlsicherung. Mit Hilfe eines Schlosses wird der Verschlußhebel blockiert. Hier ist Vorsicht geboten: Allzu leicht vergißt man, das Schloß vor Fahrtantritt abzunehmen. Im Ernstfall ist dann der Schlüssel nicht zur Hand, oder er befindet sich in der brennenden Kajüte.

Yacht-Rettungsinseln sollen alle zwei Jahre bei einer autorisierten Station zur Wartung gegeben werden. Angestrebt ist ein Ein-Jahres-Intervall. Diese Maßnahme ist notwendig, um die Sicherheitsausrüstung regelmäßig zu überprüfen sowie den Wasser- und Notproviant zu erneuern.

Eine gut ausgerüstete Insel enthält die folgende Seenotausrüstung:

Signalraketen, Handfackeln, eine Morsesignallampe, Leuchtstäbe, Trinkwasserbeutel, Seenotverpflegung, Erste-Hilfe-Ausrüstung, Kälteschutzdecken, Tabletten gegen Seekrankheit, eine Regenwasser-Sammeleinrichtung, Treibanker, Paddel, Wurfring mit Leine, Angelgerät, elektrisches Seelicht auf dem Inseldach, Reparaturausrüstung, Leckstopper, Schöpfgefäß, Schwamm, Blasebalg zum Ergänzen des Luftdrucks, Signalpfeife sowie entsprechende Merkblätter.

Sehr wichtig ist das Kappmesser für die Reißleine, das sich stets außen am Inseldach neben dem Einstieg in einer speziellen Halterung befindet. Die Reißleine hat zwar eine Sollbruchstelle, die verhindert, daß die Insel beim Sinken der Yacht mit in die Tiefe gezogen wird, jedoch ist es unter Umständen wichtig, daß man sich schnell von der Yacht entfernt, zum Beispiel bei einem Brand.

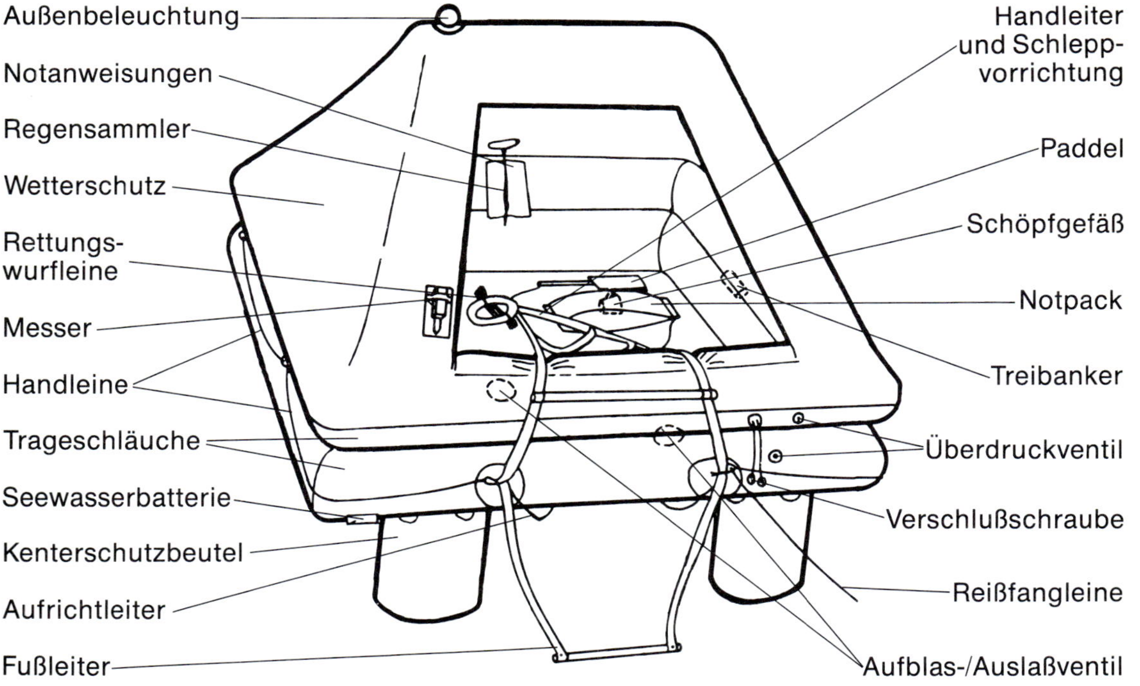

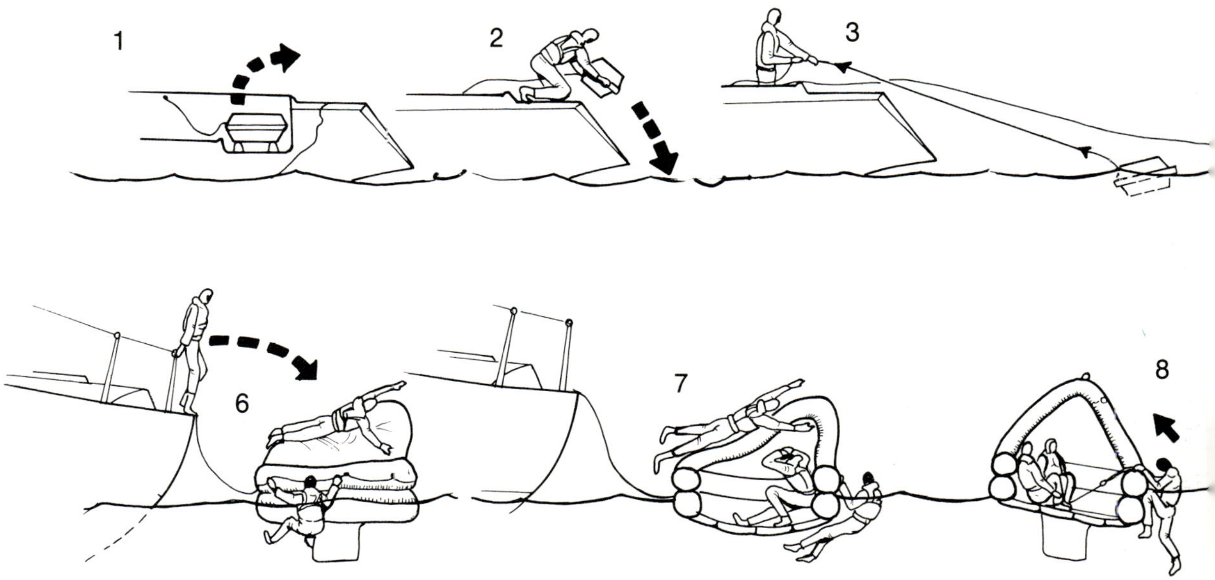

Das Einsteigen will geübt sein

Es ist nicht einfach, bei Seegang eine Rettungsinsel von Bord aus ins Wasser zu bugsieren und sicher hineinzugelangen. Jeder Eigner sollte sich mit der Handhabung vertraut machen. Dazu bieten sich Demonstrationen der Hersteller oder Veranstaltungen der Vereine im Schwimmbad an.

1: Die wichtigste Kontrolle vor dem Über-Bord-Werfen der Insel ist die Feststellung, ob die Reißleine der Insel (zur Auslösung der Aufblasautomatik) an Bord belegt ist. Vergißt man dies, so sind Insel und Sicherheit auf Nimmerwiedersehen dahin.

2: Die Insel wird am günstigsten über das Heck zu Wasser gebracht, da sie sich hier in der Nähe der Rettungsleiter befindet.

3: Die Reißleine ist so bemessen, daß eine gewisse Länge herausgezogen werden muß, bevor sich die Automatik auslösen läßt. Sobald ein Widerstand zu spüren ist, wird die Leine mit kräftigem Ruck angezogen.

4: In den meisten Fällen wird sich die Insel innerhalb von zehn Sekunden bis zirka einer Minute (je nach Fabrikat) automatisch vollständig aufblasen und richtig herum im Wasser liegen.

5: Sollte dies nicht der Fall sein, so muß die Insel von einem Crewmitglied aufgerichtet werden. Man springt von Bord aus auf die Insel, begibt sich auf die Leeseite und ergreift die für diesen Zweck angebrachten Aufrichteleinen. Danach verlagert man das Körpergewicht nach außen und zieht die Insel herum. Natürlich ist es unumgänglich, daß man dabei ins Wasser fällt.

6: Am sichersten gelangt man durch einen Sprung auf das Schutzdach in die Insel. Der luftgefüllte Aufstellkörper für die Dachbespannung ist so konstruiert, daß er diesen Belastungen standhält und bei einem Sprung nachgibt.

7: Sobald ein Crewmitglied in den Einstieg geschlüpft ist, setzt es sich an die Seite, die vom Boot abgewandt ist, so daß ein weiteres Crewmitglied unbehindert aufspringen kann. Befindet sich ein Mann bereits im Wasser, so kann er versuchen, die Insel in der richtigen Position zu halten.

8: Er wird zuletzt einsteigen und muß dafür die stets vorhandene Gurtleiter sowie die dafür

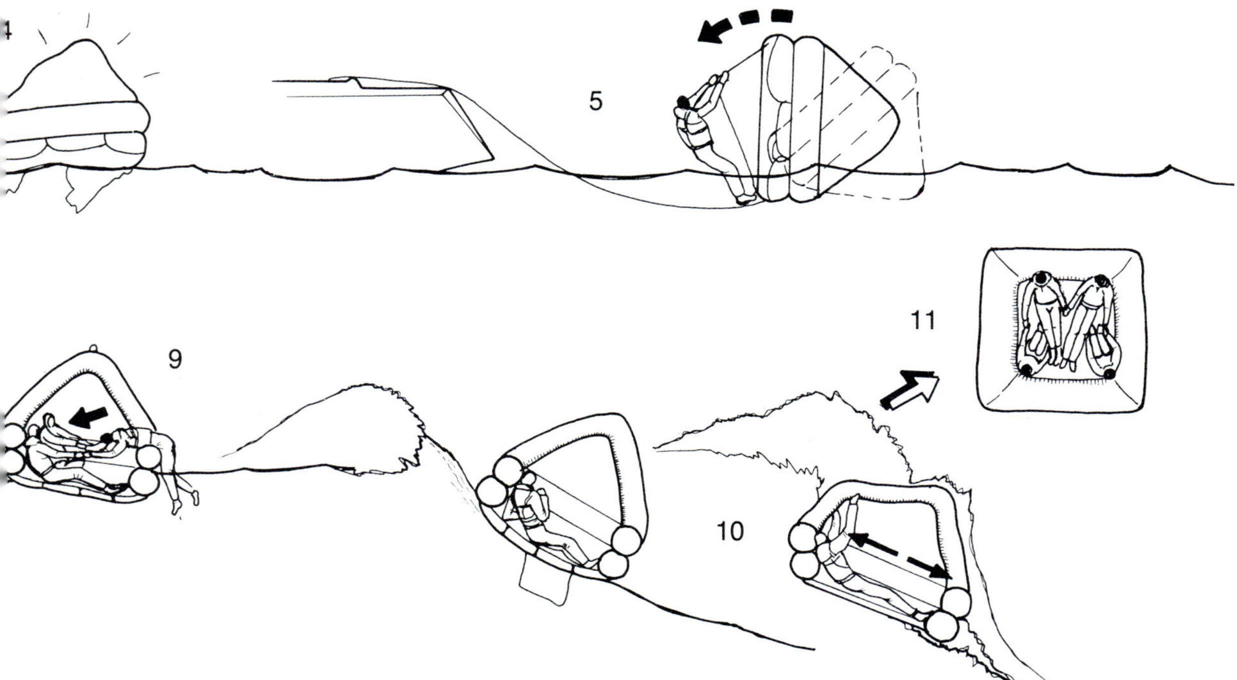

vorgesehene Hilfsleine benutzen. Die übrigen Personen in der Insel bilden ein Gegengewicht, indem sie gegenüber dem Einstieg zusammenrücken. So wird vermieden, daß die Insel trotz der Kenterschutz-Säcke unter dem Inselboden umkippt.

9: Das Einsteigen vom Wasser aus ist für ungeübte Personen recht schwierig. Die Crewmitglieder in der Insel müssen daher dem Mann im Wasser behilflich sein. Sie stützen sich mit den Füßen ab, sobald die Arme ergriffen werden können, und ziehen den Mann mit aller Kraft innenbords.

10: Bei schwerem Seegang wird eine Rettungsinsel kräftig gebeutelt. Brechende Wellenkämme sind durchaus in der Lage, das Dach und den Inselkörper zu verformen, insbesondere, wenn der erforderliche Luftdruck nicht vorhanden ist. Die Crew wird schnell herausfinden, wie sich die Insel mit Armen und Beinen in extremen Situationen stabilisieren läßt.

11: Die Platzverhältnisse in einer Vier-Mann-Insel sind nicht gerade üppig zu nennen. Sollte längere Zeit bis zur Rettung vergehen, so müssen die Crewmitglieder wechselnde Positionen einnehmen, die es jeweils zwei Personen ermöglichen, die Beine auszustrecken.

Zu guter Letzt

In diesem Buch war viel von Unfällen, Unglükken und Notfällen auf dem Wasser die Rede. Mancher neue Bootseigner wird nach der Lektüre möglicherweise mit Bangen dem kommenden Urlaubstörn entgegensehen und sich fragen, ob der Bootssport wirklich das Hobby ist, von dem er stets gehofft hat, daß es in erster Linie Freude und Erholung bringt. Die Autoren können die Zweifel zerstreuen: Nach eigener Erfahrung passieren die gezeigten und beschriebenen Unglücksfälle recht selten, und manche Situation ist weniger dramatisch, als es hier bei der komprimierten Darstellung von Bild und Text den Anschein hat. Doch ist es gut zu wissen, wie man reagieren sollte, wenn die Ausnahme wirklich einmal Realität wird. Dafür haben die gezeigten Beispiele beziehungsweise seemannschaftlichen Praktiken hoffentlich den Weg gewiesen.